◎ 经济学的诡计大全集 ◎

懂得经济学的诡计，让你识破机关，避开陷阱，有效地保护自身利益。

经济学的诡计

大全集

邢队 欧俊 周成龙 编著

中国華僑出版社

图书在版编目（CIP）数据

经济学的诡计大全集 / 邢队，欧俊，周成龙编著．—北京：中国华侨出版社，2010.10

ISBN 978-7-5113-0727-9

Ⅰ.①经… Ⅱ．①邢… ②欧… ③周… Ⅲ．①经济学—通俗读物 Ⅳ．① F0-49

中国版本图书馆 CIP 数据核字（2010）第 184625 号

经济学的诡计大全集

编　　著：邢　队　欧　俊　周成龙
责任编辑：文　丽
封面设计：李艾红
文字编辑：胡宝林
美术编辑：张军莲
经　　销：新华书店
开　　本：1020mm × 1200mm　1/10　印张：44　字数：792 千字
印　　刷：北京中创彩色印刷有限公司
版　　次：2010 年 12 月第 1 版　2010 年 12 月第 1 次印刷
书　　号：ISBN 978-7-5113-0727-9
定　　价：29.80 元

中国华侨出版社　北京市朝阳区静安里 26 号　邮编：100028
法律顾问：陈鹰律师事务所
编 辑 部：（010）64443056 64443979
发 行 部：（010）58815874 传真：（010）58815857
网　址：www.oveaschin.com
E-mail：oveaschin@sina.com

前言

PREFACE

某粮店开张，但顾客并没有老板预想的多。满街的商店降价促销的吆喝声不绝于耳，打折出售的招牌随处可见，看到这些红红火火、顾客盈门的场面，老板心想“薄利多销”是很有道理的。于是，老板将贴在外面的价目表改了一下，在原来的“1.8 元 1 斤”上用红笔划去了“1.8”换成了“1.7”，即“1.7 元 1 斤”。价格便宜了 1 角，但是并没有多吸引多少顾客。老板想，可能是因为降价的幅度不大，于是将“1.7”改为了“1.5”，变成了“1.5 元 1 斤”，这是非常便宜的价格了。但老板发现，吸引的顾客还是不多。等到晚上算账的时候，销售收入几乎没有增加。这使粮店老板十分纳闷：为什么销售收入没有增加？这时，来了一个经济学家买面，老板愁眉苦脸地和经济学家说了这事，这位经济学家对这位老板说：“很简单，明天你再挂一块牌子，在上面写上：今天面条每斤又涨了 5 分钱。”

数天之后，经济学家再到这家粮店，粮店排起了长龙。

为什么粮价便宜无人问津，而涨价却供不应求了？

在商业活动中，对于需求富有价格弹性的商品可以实行低定价或采用降价策略，这就是薄利多销。“薄利”是价格低，每一单位产品利润少，但销量大，总利润也就不少。因此，降价策略适用于这类物品。但是对于需求缺乏弹性的商品不能实行低定价，也不能降价出售。降价反而使利润减少，所以现实中很少有米面、食盐之类的商品降价促销。这位粮店老板因为不懂经济学中的这些“道道儿”，做出不明智之举，结果事与愿违，费力不讨好。

那么，经济学家写上涨 5 分钱的道理又何在呢？这就是对消费者心理预期的把握，人们通常买涨不买落。当粮店打出要涨 5 分钱时，就从心理上对消费者起到了某种暗示，面条涨价了。消费者预想“再不买还要涨”，于是就一窝蜂地涌到粮店了。

反过来，站在消费者的立场上看，经济学家的伎俩之所以得成，同样是因为普通老百姓也和粮店老板当初一样，对经济学中的一些“道道儿”浑然不知，被蒙在了鼓里，做了冤大头还以为占了大便宜。

这就是一个运用经济学诡计的典型案例。

经济学的诡计就是利用经济学的相关知识、原理及思维方法来设计圈套、骗局、陷阱，以迷惑、蒙蔽、欺骗对方，从而实现自身最大利益的方法和手段。其实我们的生活消费、职场工作、经营管理、婚姻爱情等无处不充斥着经济学的诡计，飘动着经济学陷阱的魅影：为什么你才买了没几天的笔记本电脑就遭遇大幅降价，心疼得你牙痒痒？为什么你干得比同事多几倍，工资却跟他差不多？为什么房价刚刚跌一点，又马上涨回去？为什么在同样的地段开同样的店，有的人赚得盆满钵溢，而有的人却亏尽血本？为什么电影院经营者对学生提供折扣电影票，但爆米花却不打折？为什么运动鞋贵过汽车轮胎？为什么飞机票比火车票便宜？为什么单身贵族结不起婚？……这些现象让我们迷惑和不理解。不得不承认，经济学的确很“诡”：它很诡异，一般人不会关注它；它有诡形，以多种形式潜伏在我们的生活里；它奸狡诡谲，常常成为商家哄骗消费者的工具；它诡计多端，让你掉进一个又一个求职、消费、创业、婚恋的陷阱。因此我们必须研究它，弄懂它！

为了让大家看清经济学中形形色色的诡计，同时又对我们的工作、学习和生活带来有益和必要的帮助，我们特组织专家学者编写了这本《经济学的诡计大全集》，全书分为九大编，分别介绍了消费、生产、职场、理财、爱情、婚姻等方面与经济活动相关的内容，既新颖有趣，又能启发读者思考，引人入胜。我们力求让读者认识到经济学“诡”计多端的一面，从容看清商家使用的花招，以及经济学到底在我们身边布下了什么迷阵，到底生活中都隐藏了哪些秘密，到底工作中又有哪些不为人知的故事，同时通过日常生活中的常见例子，来介绍经济学的基本知识，并且让读者把经济学的智慧运用到生活和工作中去，让你既能在精神上得到知识的愉悦，在诡计、陷阱和谎言背后读懂经济学，更能在工作和生活中以经济学家特有的“法眼”识破一切机关，从而避开陷阱，有效地保护自身的利益。

这是一本颠覆你的传统印象而又妙趣横生的书，书中幽默的故事、有趣的案例和我们对案例的精彩点评，避免了传统经济学著作空洞的理论、抽象的概念和公式、让人一头雾水的数字和符号。所以你大可不必担心看不明白，完会可以放下负担，抹去经济学给你的枯燥感，现在就跟随本书去拨开生活的迷雾，寻找破解一切的秘密！

学习经济学的诡计并不是教给你欺诈，而是要让你少走弯路；并不是要把你变成经济学怪才，而是让你在生活的陷阱中从容周旋。如果你不懂得这些经济学的诡计，你就会少些理性，多些冲动；少些智慧，多些愚笨。正如诺贝尔经济学奖获得者、美国著名经济学家约翰·凯恩斯所说：“经济学不是一种教条，而是一种方法、一种心灵的器官、一种思维的技巧，能帮助拥有它的人得出正确的结论。”我们学习经济学是为了利用经济学指导生活，而不是盲从于经济理论，否则，就很可能中了经济学的“诡计”。

目录

CONTENTS

序篇

诡计多端：千万不要和经济学家过招

为什么象牙威胁到大象的生存，而牛肉却保证了黄牛的繁衍

在非洲一些国家，偷猎者们为了取得象牙而大肆捕杀大象，大象到了濒临灭绝的境地。为什么象牙的商业价值会威胁到大象的生存，而牛肉的商业价值却保证了黄牛的繁衍呢？

对付偷猎，部分国家，如肯尼亚、坦桑尼亚和乌干达，已经把猎杀大象并出售象牙作为违法的行为。但这些法律一直很难得到执行，偷猎行为仍在发生，大象种群在继续减少。

另一些国家，如博茨瓦纳、南非、纳米比亚和津巴布韦，则采取另外的方式。他们通过法律，允许人们捕杀大象，但只能捕杀作为自己财产的大象。这样一来，大象便成为了私人物品，人们有了保护自己土地上大象的意识。结果在这些国家，大象的数量开始增加，在南非甚至出现了大象猛增的情况。

非洲国家制定的不同法律，其根源在于对经济学的掌握程度。大象之所以被猎杀，是因为象牙具有一定的商业价值，但并不是所有具有商业价值的动物都面临着这种威胁。比如黄牛，作为有价值的食物来源，没有人会担心黄牛灭绝。这是因为对牛肉的大量需求，促使人们大量饲养黄牛，从而保证了这种动物的繁衍延续。

经济学帮助我们找到了答案。因为大象是公共资源，而黄牛却是私人产品。大象遍布在非洲的热带草原中，不属于任何人，每个偷猎者都会尽可能多地猎杀它们，以获得更多的利益。偷猎者人数众多，每个偷猎者都想获得别人没有的利益，大象就会被疯狂地猎杀。而黄牛是私人放养的，每个养牛人为了赚钱，都会维持自己牛群的数量。正是基于这样的认识，非洲越来越多的国家开始实行南非等国的法律制度——将大象私有化。在这样的制度保护下，大象的灭绝得到了有效控制。

鸡虽然被宰杀，而且数量极大，但鸡从来没被当过濒危物种。这就引出了另一个问题：为什么有的物种濒临灭绝，有的却没有？

2007 年，环保组织“海洋守护者协会”用已故澳大利亚“鳄鱼猎手”史蒂夫·欧文的名字重新命名它的一艘反捕鲸船。这艘长 53 米的船只，原以绿色和平组织创始人之一、加拿大人罗伯特·亨特命名，誓言采取一切必要手段阻止日本的年度捕鲸活动。一旦日本被起诉到国际法院，按照国际法院的临时禁令，日本应当在听证会开始前立即停止所有捕鲸行动。

2009 年 12 月 11 日，澳大利亚总理陆克文这样警告日本：如果日本不立即停止以科研名义从事的捕鲸活动，将对日本提起国际诉讼。陆克文当天接受澳大利亚媒体采访时说：“我们

不接受日本所谓捕鲸是出于科研目的之类的说辞，我之前说过，如果这事无法通过外交途径解决，我们就把日本告上国际法庭，我是认真的。”

日本以研究之名进行的南极捕鲸作业，2009 年预计要捕杀 935 头小须鲸和 50 头长须鲸。虽然 1986 年国际法院已经禁止商业捕鲸，但在科学研究的名义下，捕鲸还是允许的。

在日本，鲸鱼肉在市场上广为销售。日本人捕鲸的真正目的就是用来销售鲸鱼肉以牟利。日本外务大臣冈田克则表示：日本不打算停止在南极海域捕鲸活动。冈田只字不提捕鲸是出于科研目的，辩称从事捕鲸是因为食用鲸肉是日本文化的一部分，“我认为饮食是一国文化中的重要元素，因此有必要相互尊重并认同彼此的文化。”

日本商业捕鲸有 400 多年的历史，是目前世界上最大的捕鲸、食鲸国。1986 年，国际《禁止捕鲸公约》生效，世界各国宣布放弃商业捕鲸，包括日本。但日本从 1987 年开始，打着“科学研究”的旗号，绕过国际公约，重新开始大规模捕鲸。因为日本的捕鲸活动，鲸的数量已经急剧减少，濒临灭绝。

其实不仅仅是澳大利亚政府谴责日本捕鲸，几乎每年环保主义者都会上街游行，谴责国际捕鱼业对许多大型海洋哺乳生物的生存造成了威胁。可从来没有人上街抗议，号召大家拯救小鸡。这是为什么呢？

鲸鱼的数量锐减，是因为鲸鱼不属于任何人。它们在公海里巡游，而好几个国家拒绝遵守保护鲸鱼的国际条约。日本捕鲸人绝对理解自己目前的做法会威胁到鲸鱼的生存，进而损害自身的生计。可每个捕鲸人也都知道，由于鲸没有主人，自己捕不着的鲸鱼，最终会被别人捕获，这样，捕鲸人无法从自我限制中获益。

反过来看，世界上大多数的鸡都是有主人的。如果你今天杀掉了自己的一只鸡，明天你就会少了一只鸡。如果养鸡是你的谋生手段，那么，你必然有着强烈的动机，要使送去市场卖的鸡和新养的鸡在数量上保持平衡。

鸡和鲸鱼都有经济价值，人们对鸡能享有可靠的所有权，但对鲸鱼却不能。这一事实解释了前者繁衍不息、后者濒于灭绝的原因。

在产权明确的前提下，社会和法律会为物主提供产权保护，即使鸡本身很弱小也不要紧。有了产权的保护，社会的经济秩序就可以建立起来。虽然宰杀的牛和鸡比猎杀的大象和鲸鱼要多得多，但是，市场仍然能够保证牛肉和鸡肉的供应。我们永远不会担心牛和鸡会灭种，牛群、鸡群将永远繁衍下去。而大象、鲸鱼的命运可能就比较惨了点——濒临灭绝。

为什么美国人愿意搬家，而中国人却要买房

曾经有一个故事，说在中国一个老太太要存一辈子的钱等老了才能住上房子，而美国老太太住了一辈子的房子到老才付清贷款。但实际上在美国，并不是所有人都像我们熟悉的故事中“美国老太太”一样贷款买私房，也有不少人像“中国老太太”一样攒钱买房，甚至攒了钱也不买房而是租房。至于住房面积，发达和中等发达国家城市普通百姓也不追求宽敞，韩国城市里面积小于 59 平方米的小型住宅达到 40%；日本普通人家的住房面积，大都是六七十平方米；而德国前总理施罗德，为了省租金，租住两室的公寓，女儿来了就加一张床，一间房睡 3 个人。比德国、日本和韩国穷得多的中国，现在城市里造的新房八九十平方米的房型都算是小的，动辄一百多平方米，没有钱便节衣缩食借巨债购买。

在南京“对话中国”高层论坛上，外交名嘴龙永图，与戴着丝方巾的美国前贸易代表巴尔舍夫斯基女士为中国百姓住房问题的“偏头痛”“把脉听诊”：“最主要的症结在于，老百姓没有改变观念，每个人都想买房，其实这种观念是非常错误的。”

龙永图在拿美国人人均占有住房作比时说：“美国三成人群买房，六成人群租房，实际拥有住房的人并不多。”他认为：“大部分中国人应该在相当长的时间内解决租房问题，百姓的目标是‘有房子住’，而不是总将注意力一股脑儿扑在‘高房价’上。”

比尔结婚 13 年来一共搬了 6 次家。当比尔的妻子杰西在迈阿密找了一份导游的工作时，

杰西举家迁到了迈阿密，这是他们的第5次搬家。美国人热爱家庭，人到了哪里，家就必须迁到哪里，房子可以换，家可以搬，就是夫妻不能分居。

他们刚从美国西海岸的旧金山搬到这里。比尔的妻子就辞去了迈阿密导游的工作，而同时比尔在洛杉矶找了一份不错的工作。不到两年时间，杰西从美国西海岸搬到东海岸，又从东海岸搬回西海岸。这位老兄真是够能折腾的了。

很多美国人都有像比尔这样因工作而搬家的经历。很多美国企业诸如微软、可口可乐都会为从外地搬来的员工支付搬家费。美国人一生平均要搬十几次家。优美的环境、清新的空气、当地税收少、生活成本低、更换了工作，甚至哪个地方的餐馆多、味道好，都会成为美国人搬家的理由。

美国人搬家不怕麻烦，甚至乐此不疲。美国人刚参加工作时收入不高，一般是租住小房子，工作几年收入高了点，就立刻换租大一些的房子，等有钱付首付款了就贷款买房，收入再增加了，就毫不犹豫地把小房子卖掉再买大房子。如果再发达了，进入中产阶级的行列，就搬到条件更好的地方去住。

在美国搬家没有任何限制，没有户口制度，搬家不必经过任何人的批准，甚至也不需要到警察局去报告一声。搬家也很方便，有专门的搬家公司，有的专管本市搬家，有的则经营往外地的搬迁。搬家时，人们几乎100%地都用汽车作搬运工具，人们可以利用专门的搬家汽车。家具一般是不搬的，多半就地卖掉。搬完之后，再按房间的大小、色调和风格重新购置。

搬家之所以方便，主要因为美国有住房市场。在住房市场条件下，通过房租水平的升降，供应和需求永远是平衡的。换句话说，在美国，你只可能感到房租贵，而不会租不到房子住。相比中国，租房更容易。同时西方发达国家有明确的法律法规保护租客的利益，严防出租方滥涨价，所以在伦敦、纽约，有些房屋的租金甚至还是上个世纪四五十年代的水平。

为什么小孩会说真话，而专家最有可能欺骗我们

一位奢侈的国王每天只顾着穿衣服，不管其他任何事，最后竟然还受骗，穿着……不，是什么都没穿去游行！没有人去揭穿谎言，甚至还夸耀，最后一个孩子天真的一句话才结束了这场闹剧。为什么周围的大臣、贵族不说出皇帝没有穿衣服，小孩却说出了真话。

专家通常指对某一事物精通，或者说有独到见解的人。

一项针对美国无家可归者的研究就是一个很好的例子。20世纪80年代早期，一位名叫米奇·斯尼戴尔（Mitch Snyder）的人开始为美国无家可归者奔走，他宣称美国当时至少有大约300万人无家可归。至少有超过美国人口总数1%的人无家可归。这听起来确实有些太离谱了，可既然这是专家的统计数据，那应该是不会错的。于是这个话题立刻引起了全美公众的关注。斯尼戴尔甚至跑到国会力陈此事的严重性。据说他还曾经在大学演讲的时候告诉听众，说每秒钟会有45名无家可归的人死去，也就是说，美国每年都会有14亿无家可归的人死亡（当时的美国人口总数为2.25亿）。假设斯尼戴尔口误或者可能是记者引用错误，假设他的意思是，每45秒钟就有一个无家可归的人死亡，那每年死亡的人数仍旧可以达到70.1万——几乎是美国每年死亡总人数的1/3。最后，当有人质问斯尼戴尔该统计数据的真实性时，他终于承认自己是在捏造，因为当时记者们一直追问他具体的数据，他不想让他们失望。

利斯特防腐液（Listerine），该产品发明于19世纪，最初被当成一种效果奇强的外科抗菌剂。它后来被一些商家进行提炼，当做地板清洁剂和淋病药物出售。直到20世纪20年代，当它被标榜为治疗“慢性口臭”（当时被认为是一种健康不良的标志）特效药的时候，这种药物才最终取得成功。在利斯特防腐液的新广告中，有一对神情沮丧、郁郁寡欢的男女，他们一方面很想结婚，另一方面却又为对方的口臭而苦恼不已。“我能忍受他的口臭吗？”广告中的女性自言自语道。在此之前，人们一直没有把口臭当成是一个严重的问题，可利斯特防腐

液的出现改变了这一切。就好像广告学者詹姆士·特维切尔（James Twitchell）所写到的那样：“利斯特防腐液让人们感觉口臭甚至比淋病还要严重。”就这样，在短短7年的时间里，生产利斯特防腐液的公司的收入从11.5万美元上升到800万美元。

像斯尼戴尔、特维切尔这样的专家居然会为了自己的利益去欺骗别人，这听起来不仅让人有些难过，甚至让人感到意外。其实进行欺骗的并不仅仅是斯尼戴尔、特维切尔他们。

2008年12月11日8点30分，美国伯纳德·麦道夫投资证券公司董事长、与“股神”巴菲特比肩的投资大师、犹太“基金教父”、纳斯达克前主席——伯纳德·麦道夫，因遭举报，涉嫌进行一项规模达500亿美元的“庞氏骗局”，在他曼哈顿的豪华寓所中，被美国联邦调查局（FBI）执法人员带走……

与此同时，由伯纳德·麦道夫执掌的、纳斯达克最大做市商（market maker）、纳斯达克五大经纪公司之一、纽约证交所第三大经纪公司——伯纳德·麦道夫投资证券公司被查封……

伯纳德·麦道夫被他的投资人亲切地称呼为“伯尼”。胖胖的、笑起来很可爱的犹太人“伯尼”，在很多人看来，几乎是一个无懈可击的人，是大家的好朋友，也是家族基金的可靠委托人。在佛罗里达以及纽约的犹太社区里，麦道夫被很多人视为投资方面的“上帝”。麦道夫的基金，被圈子里的人简称为“犹太人基金”。

1990年，麦道夫借用自己作为成功的股票上市经纪人的身份成立了一家资产管理公司。麦道夫通过自己的社会网络为这个基金公司进行筹资，他在透过棕榈滩乡村俱乐部或其他慈善团体的场合，广交朋友，并利用一些已落入他陷阱的投资客做介绍人，介绍更多客户给他。那些介绍人可以收取回佣，自然乐于做中间人。这样就有了“滚雪球效应”。有报道说，正是在这个俱乐部中，麦道夫找到了一个后来给他吸引了其他成员加入的投资者。

在表面看来，麦道夫的基金是一项风险很低的投资行为。他的庞大的基金有着稳定的利润返还率。一个月中可能达到一到两个百分点的增长率。增长背后的原因是该基金不断地做着购买大盘增长基金和定额认股权等生意。这种综合性的投资组合一直被人们认为可以产生稳定的投资收益。

根据美国证监会的说法，2005年的时候，麦道夫的投资基金生意逐渐变成了一个新的“庞式骗局”，所有的返还给投资者的收益都是来自于越来越多的新加入的投资者。根据美国证监会早些时候的数据显示，直到2008年1月份，麦道夫的基金一共管理着171亿美元的资金。虽然2008年的形势不断的恶化，但麦道夫依然在向投资者报告说他的基金仍然在稳健的增长当中，这一增长数字直到去年11月依然高达每月5.6%，跟标普相比平均增长37.7%。

2008年12月9日，麦道夫突然宣布伯纳德·麦道夫投资证券公司将提早发放红利。而按常规，公司的红利都是在第二年的2月发放。对此异常举动，麦道夫的儿子十分不解。

12月10日，麦道夫的两个儿子准备在麦道夫的办公室和他讨论这个问题。没有意识到公司已濒临破产边缘的两个儿子，质问麦道夫：“如果不能支付投资者，公司又怎能发红包呢？”麦道夫示意回家后再谈。

当天晚上，麦道夫的儿子来到他的寓所，见到麦道夫的脸上出现了罕见的沮丧。麦道夫向儿子透露，由于一拨客户要求赎回的投资达到70亿美元，令公司出现了严重的资金周转问题。

事态发展到这一步，麦道夫向才儿子摊牌：“一切都是谎言。”他不得不承认，麦道夫公司的投资管理业务“基本上是一个巨大的‘庞氏骗局’”。

在“庞氏骗局”中，诸多知名机构被击中。西班牙金融业巨头桑坦德银行，在此次诈骗案中的风险敞口高达31亿美元，此外还有法国巴黎银行、欧洲银行巨头汇丰银行、日本野村证券等。

……

2009年6月29日，被纽约南区联邦法院判处150年监禁、罚款1700亿美金、现年71岁的麦道夫将在监狱里度过他的余生。

这长达20年、高达500亿美元的投资骗局是对华尔街监管者的极大讽刺。到处都是经济学家的华尔街怎么没能拆穿麦道夫的骗局，使他愚弄了华尔街的诸多投资家，欺骗了一大批具有丰富专业经验的投资者？

自2009年9月中旬金融危机爆发以来，目睹一个个金融巨头倒下，华尔街投资者们的心理承受能力照说是经历了足够的锻炼。但是，当传奇人物、纳斯达克股票市场公司前董事会主席伯纳德·麦道夫11日被戴上手铐带走，并由此引出一个可能长达20年、高达500亿美元的投资骗局之后，华尔街还是被震动了。

一个拥有近半个世纪"白璧无瑕式"从业记录的投资专家，一种并不新鲜的欺骗手段（用高额回报引诱投资者，同时用后来投资者的资金偿付前期投资者），一大批具有丰富专业经验的受害者，完美欺骗了我们。

近年来，一些专家常为了吸引眼球，言论往往过于标新立异，或出于个人目的而歪曲以往的定论，使我们觉得莫名其妙。

如："中国是否应健全福利与社会保障制度？我建议取消所谓的养老保险、失业保险、工伤保险等福利，目的是保持大家的工作热情和能力。"

"经济学家就是为利益集团服务的。"

"我把堵车看成是一个城市繁荣的标志，是一件值得欣喜的事情。如果一个城市没有堵车，那它的经济也可能凋零衰败。1998年特大水灾刺激了需求，拉动了增长，光水毁房屋就几百万间，所以水灾拉动中国经济增长了1.5%。"

"在公有制下，官员索取剩余可能是一个帕累托改进（以意大利经济学家帕累托的名字命名的，就是一项政策能够至少有利于一个人，而不会对其他任何人造成损害）。因为它有利于降低监督成本，调动官员的积极性。私人产品腐败的存在，对社会经济发展来说即使不是最好的，也是次优的、第二好的。反腐败力度的把握要非常适度，如果力度把握不适当，间接带来的负效应也非常大。"

"看病最不难是中国，看病最不贵是中国。"

国内一些知名度甚高的经济学家一再发表完全悖于常理，也脱离经济学、社会学和政治学的基本准则。

所以我们不能迷信专家的谎言，我们应该有着自己清醒的认识，我们需要用自己学到的知识和方法去判断社会中的经济现象。如果一味做经济学家的应声虫，最终受到伤害的还是我们自己。

为什么油价只追高不追低，而粮价只追低不追高

国家发展和改革委员会突然宣布，自2009年6月1日零时起将汽、柴油价格每吨分别提高400元。调整后的汽、柴油供应价格分别为每吨6130元和5390元，分别上升了6.3%和6.1%。发展改革委说：自2009年3月25日国内汽、柴油价格上调以来，W T I原油期货价格由每桶53.98美元上涨到66.31美元，国内成品油价格调整参考的国际市场原油价格由每桶45美元左右上涨至目前的57美元左右。根据完善后的成品油价格形成机制，决定上调汽、柴油价格，并综合考虑相关因素，适当缩小了价格调整的幅度。

对于此次油价上调有三大质疑：为什么只追高不追低？在2009年1月15日油价调整后，国际油价也曾有低点，2月17日跌破每桶35美元。有消费者表示，为何政府调油价只追高，不追低？为什么库存高还要涨？工信部部长李毅中曾表示，2月末，全国成品油库存量1485.23万吨，同比增长36.3%，环比增长11.4%。为什么经济危机下增加企业成本？国内经济受经济危机冲击，前4个月工业企业利润大降的情况下，调涨油价不利于企业复苏。涨价到底谁说了算？是按照市场需求还是油汽巨头的垄断？一些人提出中国的油价比美国的还要高。

2009年6月30日起，中国国家发展和改革委员会又一次上调了成品油价格。在上海地区，汽、柴油零售价上涨均超过了0.4元/升，此次上调幅度超过了6月1日的调价幅度。

发改委在6月份一个月内连续两次上调成品油价后，有舆论质疑国内油价"虚高"，并指中国油价已高于美国。对此，中国石化一位权威人士于7月6日提供了一份详尽的中美两国

成品油价对比数据，力证国内油价目前仍低于美国。

以 2009 年 7 月 6 日的油价水平为例，美国当天的汽油零售价为每加仑 261.2 美分，其中包含了联邦税 18.4 美分 / 加仑以及州税 21.72 美分 / 加仑，税占比为 15.36%。按照汇率折算之后，美国不含税的汽油价格折合人民币为 3.99 元 / 升。至于柴油，美国不含税的柴油价格折合人民币为 3.83 元 / 升。

而 7 月 6 日中国 90 号汽油的最高零售价为 7543.67 元 / 吨，其中包含了增值税 1096.09 元 / 吨、消费税 1388 元 / 吨、城建等税收 248.409 元 / 吨，税占比为 36.22%。最终，不含税的国内汽油价格为 3.47 元 / 升，比美国低 13.03%，不含税的柴油价格为 3.38 元 / 升，比美国低 11.75%。

上述数据中，国内最高零售价采用中国各省市的平均值，但因北京采用的是国 IV 标准，造成国内平均值较高。尽管如此，从这一数据比较可以看出，中国不含税的油价仍比美国低。

虽然专家的苦心“力证”，终于把中国的油价证低了。但公众关于高油价的质疑依然声浪不减。虽然是专家证明的，但仔细分析其中的“硬伤”太明显。

专家用的是裸价，只选 90 号汽油，并且把北京等高于全国平均水平的地区排除在外。显然，中石化的专家这样做是有考虑的，中国 93 号汽油的价格和美国的差距更大。把北京的油价排除在外用其他地方的平均油价代替，这样才能证明出油价“真的”比美国低。按照这位专家的意思，生活在北京的人就应该承受比美国高的油价。北京的民众也在喊油价太高。

中国的成品油价格已经高于美国 2 元左右。

从美国能源管理局网站上，我们可以非常清楚地找出目前美国的官方油价。美国，汽油价格是 1 加仑 200 美分左右，1 加仑相当于 3.785 升，若按照美元和人民币 1 ∶ 6.83 的比价折算，那么美国汽油价格大概每升相当于人民币 3.6 元，而且已经是含税的价格，比我们国内低 2 元人民币。即使在全美汽油价格最贵的夏威夷州，油价也只有 3.1 美元 / 加仑，相当于 5.59 元 / 升，仍然比现在上海的油价低了 0.4 元 / 升。不过，上海地区的油价比起北京来还是便宜的，如果按北京地区 93 号汽油 6.37 元 / 升的价格比较，中国和美国的油价差距更大。

我们的油价是随时追高的，但相对于农民生产出来的粮食，其价格却只追低不追高，农民辛辛苦苦种出的粮食却难卖。

虽然囤了一年，5 月 18 日，湖北建始县红砂村村民孙伟还是将他家去年没舍得卖的 5 袋油菜籽和新收的油菜籽掺在一起卖给了上门小贩，由于去年菜籽比较干，和今年的油菜籽混合在一起小贩才给了 1.78 元每斤的价格，比单卖新菜籽每斤高 2 分钱。

孙伟：“还是卖掉省心，去年油菜籽上市价格曾达到 2.8 元一斤，最高还卖到 3 块，去年装袋后一直没舍得卖，总想着还能再涨到 3 块，没想到后来一路下跌，2009 年春天小贩干脆就给 1.6 一斤，就是那样，小贩还挑三拣四，甚至卖不掉。”

孙伟：“种油菜的好日子到头了，去年 10 月份国家收储价还是 2.2 元，虽然农民一般都卖不到那么高，但毕竟有市价撑着，小贩们不敢压得太低，2009 年只有 1.85 元，国家都调低了，想再涨上去也不可能，我打算以后再也不种油菜了。”

农民的油菜价格被一压再压，从而导致农民丰产并不能丰收。这打击了种油菜农民的积极性。

为保护农民利益、保障粮食市场供应实施了粮食价格调控政策。一般情况下，粮食收购价格由市场供求决定，国家在充分发挥市场机制作用的基础上实行宏观调控，必要时由国务院决定对短缺的重点粮食品种，在粮食主产区实行最低收购价格。当市场粮价低于国家确定的最低收购价时，国家委托符合一定资质条件的粮食企业按最低保护价收购粮食。

但我们看到是最低保护价收购粮食，而不是高价收购粮食，农民种出来的粮食远不能按照市场出售的价格卖，同时在市场上，由于小商小贩的挤压，农民种出来的粮食往往成为有粮难卖。

市场上，油价只愿意追高，而粮食收购价只愿意追低，这是因为无论是企业还是小商小贩、中石油还是中储粮，其市场活动的目的就是从中赚取差价，赢得利润。油价在售卖的时候高一点，就能多一点利润；粮价在收购的时候低一点，就能降低一点成本。一高一低折射出市场活动买卖的全过程。

为什么统计数据看见的不重要，看不见的才重要

房地产商费尽心思大力宣传，你所居住的小区是高档小区，你邻居的年均收入是20000元；而该区域的税务部门却反复向政府强调，这里居民的平均年收入只有2000元，是该减减税了。有人说统计数据就像比基尼，让人们看得见的完全是一些无关紧要的，而一些重要的数据往往看不见。

我们对统计数据的真实性抱有很大的怀疑，比如物价指数、平均工资的统计，我们感到物价飞涨的时候，统计部门发布的物价指数却在负增长；我们的工资仍然处在一个很低的水平，统计部门公布的平均工资却大大超出我们的想象。

北京市统计局发布的统计数据显示：2008年北京市职工年平均工资为44715元。与2007年职工年平均工资39867元相比增长了4848元，涨幅达12.7%。

但在这份统计数据的背后，很多人感觉工资低于全市水平，工资被增长。由于各单位所处行业、隶属关系、单位性质、所在区域、经济效益及个人所在的岗位不同等诸多因素，工资水平客观上存在较大差异。主要是因为以下因素造成平均收入被增长：

不同行业之间的收入差异较大。个别单位职工年均工资高达上百万元，有的单位年底基本工资都不能兑现，而公布的职工平均工资是一个平均数，反映的是全市职工工资的平均水平。部分单位职工工资水平在低位徘徊或增长比较缓慢，尚未达到全市平均水平。因此，在这些单位工作的职工感觉公布的平均工资水平偏高。金融行业仍居平均收入榜首，最高平均收入与最低平均收入相差上百万。 金融证券行业仍高居平均工资榜首。平均工资最低的仍是纺织服装鞋帽制造业。

统计数据显示，2008年职工年平均工资较高的行业中，证券业，银行业，水上运输业，航空运输业，保险业，烟草制品业和广播、电视、电影和音像业等行业年平均工资超过10万元；电信和其他信息传输服务业，计算机服务业，软件业，专业技术服务业等行业在8 ~ 10万元之间。

行业内部也存在较大差异。如工资水平较高的证券业，收入高的单位职工年均工资超过百万元，收入低的单位职工年均工资不到5万元。职工年平均工资低于2万元的行业有纺织服装鞋帽制造业等。

职工平均工资不包括个体户。2008年全市职工平均工资反映的是国有、集体、各种合资、合作、独资公司以及私营单位职工工资的平均水平，不包括个体工商户。采用的是全面调查与抽样调查相结合的方法。2008年全市共调查了13.8万个法人单位，包括企业、事业、机关和社会团体等组织机构类型。

全市职工年平均工资是由统计部门根据每个单位上报的数据汇总计算得来，即用各单位全年的职工工资总额合计除以同口径的职工年平均人数，计算出职工年平均工资。

一些普遍的观点认为，中国的收入分配不平等程度比较严重，但公布的统计数据却没有真实反映出收入差距。

中国社会科学院经济研究所收入分配课题组赵人伟教授和李实教授领导，利用国家统计局城乡家计调查的资料，坚持研究我国收入分配问题17年。其中，还在1988、1995和2002年三次组织样本户入户调查，分别估得这三年全国的基尼系数为0.38、0.45和0.46。

2006年7月11日，《北京日报》刊登了经济学家萧灼基先生的观点：对中国基尼系数“不要感到有多么严重、可怕”。他说：现在社会上有一种炒作基尼系数的现象，认为基尼系数高了，就要发生动乱。从我国的具体情况来说，这种基尼系数引起社会动乱的可能性不大。第一，总体来说我国经济处在一个发展上升阶段，贫困人口总体来说是在下降和减少，广大群众生活水平在提高。第二，我国还有3条保障线：贫困线、低保线和下岗职工的最低补助线。第三，我们的目标是要实现共同富裕。魏杰教授在发表的《基尼系数理论与中国现实的碰撞》文章中认为：“用于判断城市化和工业化进程中国家的收入差距影响的标准应该适当放

宽，而不是教条地使用0.4作为警戒线。中国的基尼系数超过0.4，进入收入差距过大的区间，但其对于经济的负面影响并不突出，工业化和城市化的步伐仍在继续，不能据此判断中国收入差距影响超过警戒线。”

对于基尼系数的怀疑，典型的有两种表现：第一种表现是认为我国过高的基尼系数不可怕，不会出现大的社会动荡；第二种表现是认为基尼系数本身并不准确，有夸大之嫌，可能被利用作为“劫富济贫”的手段。

斯坦福大学学者尼妮·郭和约翰·潘卡维刚指出，由于中国居民收入变动性很大，现在计算出的基尼系数，将误导人们对中国居民收入的理解。我国统计的基尼系数虽然低于拉美和非洲的一些国家，但与亚洲和欧美国家相比，已经处于严重不平等行列。根据世界各国发展经验，如果不加控制，将引发社会的动荡和经济萎缩。

不论是平均收入的统计，还是基尼数据的统计，我们都没有看到真实的数据，或者说一些重要的数据被隐藏起来，从而造成了统计的假象。这也就是人们常常会对统计数据产生怀疑的原因。

为什么经济学家常常往前看，而普通人常常往后看

西汉时期有个读书人叫朱买臣，家境贫寒，但他仍然坚持读书。几年时间过去了，他的妻子实在受不了贫寒的生活，终于决定离开他而嫁给了一个家境殷实的人。

几年后，朱买臣出人头地，做了太守。当他衣锦还乡时，他的前妻挤在街道两旁的人群中，看到朱买臣穿着官服，戴着官帽，煞是威风。她不禁为以前离开朱买臣而自责，主动上前要求和朱买臣复婚。朱买臣叫随从端来一盆水，泼在地上，对前妻说：“泼出去的水，再也收不回来了。”

后来，“覆水难收”便比喻一切都已成为定局，不能更改。这其实就是“沉没成本”。企业的机器、厂房会随着时间的推移而逐渐丧失其价值，在无形之中就贬值了。这源自两方面的原因：一是机器和厂房都有一定的使用年限，超过了这个时间就得报废；二是由于新的技术和生产手段会大量涌现，机器和厂房会在无形中贬值。

单位发给员工每人一张免费的音乐会门票，位置在前排中间，价值300元。可是天公不作美，在开音乐会的那天，突然来了一场暴风雪，这场突如其来的暴风雪，导致所有公共交通工具都暂停使用，但是音乐会照常进行。你如果要去，只能冒着寒风步行半个小时去音乐厅。请问你会不会去听这场音乐会？

去？不去？

如果这张票不是单位发的，而是你自己花300元钱买的呢？你又会不会去听音乐会呢？

很多人在第一种情况下都不愿出门，音乐会门票浪费就算了，想想自己的损失也“不大”；但是在第二种情况下，人们就感觉非常舍不得，宁愿冒着寒风和交通不便，也要坚持去听音乐会。为什么看似相同的问题，却做出完全不同的决定呢？

另外，我们还不免疑问的是，为什么人们在自己花钱买票以后，就有更大的动力去听音乐会呢？

这种现象在行为决策理论中被称为沉没成本谬误：人们在决定是否去做一件事情的时候，不仅看这件事情将会给自己带来的好处和因此引发的成本，而且也看过去是不是已经在这件事情上面有过投入，虽然这些投入已经是不能收回的沉没成本。

当然有时候沉没成本只是价格的一部分。比方说你买了一辆自行车，骑了几天然后低价在二手市场卖出。此时原价和你的卖出价中间的差价就是沉没成本。在这种情况下，沉没成本随时间而改变，那辆自行车骑的时间越长，一般来说你的卖出价会越低。

2001年诺贝尔经济学奖得主斯蒂格利茨教授说，普通人（非经济学家）常常不计算“机会成本”，而经济学家则往往忽略“沉没成本”。

不计沉没成本也反映了一种向前看的心态，而计较沉没成本也反映了一种向后看的心态，

我们很多人常常会惋惜、惆怅。

对于整个人生历程来说，我们以前走的弯路、做的错事、受的挫折，何尝不是一种沉没成本。过去的就让它过去，总想着那些已经无法改变的事情只能是自我折磨。

过去所说的话、所做的事均代表着昨天，无论对错，无论你如何后悔都已经无法更改，这与沉没成本的道理是一样的。昨天的成本已经打进去了，是赢是亏，都是昨天应该的支出。从今天来看，这些成本是昨天的沉没成本。人在思考问题时老是后悔莫及、悔不当初，其实是非理性的，是自己给自己寻找痛苦。

所以，应该承认现实，勇敢地承认自己过去言行的对与错，把已经无法改变的“错”视为昨天经营人生的坏账损失，今天经营人生的沉没成本。以全新的面貌去面对今天，这样才是一种健康的、快乐的、向前看的人生态度，以这样的态度去面对人生才可能轻装上阵，才可能有新的成功，才会有辉煌的人生。

为什么八个经济学家换不掉一个灯泡

有这样一个关于经济学家的段子：

问：要多少个经济学家才能把一个坏灯泡换掉？

答：8个。一个人负责把灯泡换上，剩下的7个人负责保持所有其他条件不变。

问：要多少个芝加哥学派的经济学家才能把一个坏灯泡换掉？

答：一个也不用。要是灯泡坏了，万能的自由市场机制自然会把它更换，如果市场没有更换，那就说明没有换灯泡的需求，那就不必去更换。

问：要多少个新古典学派的经济学家才能把一个坏灯泡换掉？

答：那就要看当时的工资水平和物价指数如何了。

问：要多少个凯恩斯学派的经济学家才能把一个坏灯泡换掉？

答：越多越好。因为这样便可增加就业，刺激消费，经济就这样发展起来了。

问：如果我们派1000个经济学家去换灯泡，他们多久能换好？

答：永远也换不好。这1000个经济学家会先分成10个派别，每个派别会分别拥戴一个自己的精神领袖，然后众多派别开始口水大战，纷纷寻找对自己有利而对他人不利的证据，然后报纸、杂志和电视台也陆续加入助战，最后还是没人去换灯泡。

这就是经济学家，每天都在经济学理论的思维指导下追求资源最优化配置的经济学家。然而，如果生活中的大小琐事都做得如此较真，未免又会让人觉得太过于小题大做，让人觉得迂腐和不可理喻。

上则笑话里面提到，芝加哥学派的经济学家认为市场机制自然会把灯泡换掉，这当然是过分夸张的说法。芝加哥学派的经济学家相信市场机制跟自由竞争，反对任何形式的干预，也反对计划经济和凯恩斯主义。

当然，市场机制不会自己把坏掉的灯泡换掉，但自由竞争是芝加哥学派的信仰。有好事者就说，既然市场只要自由竞争就好，还要经济学家做什么呢？

从20世纪起，经济学家成为一个十分引人关注的职业，经济学家有着耀眼的光环。有人曾预言：“骑士时代已经过去，来临的是经济学家的时代。”颇有影响的英国《经济学家》杂志曾在早些时候说：“将来的经济学家，会赋予有限责任制度的无名的发明者像与瓦特、斯蒂芬森以及工业革命的其他先驱并驾齐驱的地位。”有的经济学家甚至认为这个社会离不开的、最重要的就是他们——经济学家。

外科医生、经济学家、工程师等人争论这个话题时，外科医生和工程师并不同意这种说法。外科医生首先表示反对，他站出来举例说明：“在创世纪的时候，上帝取下了亚当的一根肋骨造就了夏娃，这件事情如此古老，而且只有外科医生可以做到，所以，外科医生才是最古老的职业。”

而工程师也同样提出了反对，他说：“上帝创作世界之前，陆地和海洋就已经分开了，除了我们工程师，谁还能做到呢？”

这时，经济学家才站出来，慢悠悠地说：“不要着急，上帝创造世界之前，地球可是一片混沌，你们认为谁该对此负责呢？”

这个故事无非是想证明制造了世界混沌的是经济学家，并探讨了他们的社会价值。经济学家在如今变得越来越重要，人们需要他们为市场打开混沌的局面，制造均衡市场。但事实上，他们并不是万能的。

两位大国首脑在会谈的间歇闲聊。其中一个人说：“你知道吗，我遇到了一个麻烦。我有100个卫兵，但其中一个是叛徒，而我却无法确认是谁。”听罢，另外一国的首脑说：“这算不了什么。令我苦恼的是，我有100个经济学家，而他们当中只有一个人讲的是事实，可每次都不是同一个人。”

这则讽刺经济学家的笑话意在揶揄经济学的华而不实。实际上，经济学之所以成为一门科学，必有其可取之处。放眼当今世界，随着信息技术的发展、各国间合作与竞争的加强、社会分工的进一步明确，人们正越来越切身感受到掌握经济学知识的必要性和重要性。

我国改革开放30多年来，市场经济逐步发展，人们对经济学也从陌生走向熟悉。蓦然回首之时，才发现经济学原来就在我们身边。经济学概念已经不再为经济学家所垄断，CPI、成本、股票等生活中的经济学词汇，人们已经耳熟能详。可以说，生活在当下，如果不懂一点经济学，你就会觉得自己仿佛置身于世外，简直是寸步难行。

有心者也许会发现，我们的一举一动几乎都与经济学有着千丝万缕的联系。例如，商品价格起伏涨跌，口袋里的钞票价值增减，是买房还是炒股……每一件小事背后其实都有一定的经济规律和法则可循，我们的生活已经离不开经济学。

有一个经济学家、一个医生和一个牧师约好某天去打高尔夫球。这天，玩兴正浓时，他们发现有一个人老是在球场上漫无目的地乱跑，这严重影响了他们的兴致，于是他们决定去向球场交涉。球场的管理人员向他们解释：“球场为了向全社会的残疾人献爱心，星期一下午向盲人免费开放。今天是星期一，那个到处乱跑的人是盲人。如果他的行为影响了你们，我向你们道歉。”3人听后，有3种不同的反应。牧师听后大为感动，遂决定抽出一定时间，免费为残疾人祈祷，祈求上苍保佑，为残疾人带来福音。医生听后，马上决定，向球场学习，并准备在他的诊所里，留出一定的时间免费为残疾人提供医疗服务。经济学家却不以为然地说：“我有些不明白，你们球场为什么不把向盲人开放的时间从白天改到晚上？”

从经济学的理性视角来看，白天与黑夜对于盲人没有区别，把对盲人开放的时间从白天改到晚上，一点都不损害盲人的利益。如果盲人在白天和正常的游人一起共享高尔夫球场，盲人的利益虽然能得到保证，但显然，正常游客的利益就会受到损害。这就是说，盲人的利益是建立在一般游客利益牺牲的基础上，如果这样，球场资源的配置是缺乏效率的。

经济学家从资源配置的角度来看待问题，不能不说其具有一定的合理性。当然在现实生活中，人不可能处处都以经济学理性的视角观察世界。毕竟，世界上还有除了经济之外的一些东西，比如亲情、友情、同情心，如果一味把经济学的方法论运用到一切生活准则中，生活将不可避免地有点变味。

经济学越来越贴近人们的生活，以经济学理性的视角看待问题，已经成为人们的习惯。有经济学知识或具有经济学思维的人做决策或经营会更理智，事业一般会更成功。这也正是大多数人都愿意学点经济学的主要原因。

经济人的理性思维，就是每个人都知道自己的利益所在，都会用最好的办法来实现自己的利益。当然，这里的“理性”指的是有限理性。因为人不是全知全能的上帝，人的行为受到各种因素的制约，如占有信息的多少、理智和聪明的程度以及外部条件的复杂多变使人难以驾驭等。但是，尽管如此，每个人还是会尽力做出最有利于自己的决策。趋利避害既是每个人的本能，也是他的理性使然。

经济学是建立在理性经济人的人性假设基础之上，超脱和排除了其他的价值判断，即不去判断一件事是好还是坏，对社会有无精神价值，而仅仅从资源优化配置的角度思考问题。在社会生活中，必须培养起自己的经济学视角，比如机会成本意识、成本收益观念等，以理性人的视角面对生活，这样会使我们的生活变得更加丰富多彩。

为什么海盗想过渔民的生活，而毒品贩子还要和妈妈住在一起

1991年索马里内战的爆发，令亚丁湾一带海盗活动更趋频繁，曾多次发生劫持、暴力伤害船员事件。

纳吉彼是一名海盗，现年30岁，他看上去很沧桑。纳吉彼的家，在当地新建的一片富人区，房子很漂亮，但周围环境很差。

在成为海盗前，纳吉彼是海滨小镇埃勒的一个渔民，虽然国内政局不稳，但渔民在当地是一群富有的人：渔民们经常能够捕捉到鲨鱼，而每公斤鲨鱼鱼翅在当地能卖到150美元。当时，纳吉彼每个月能有1万美元的收入——这足够他在世界上任何一个国家过上幸福的生活。

但当大量外国渔船涌入索马里海域开始捕捞之后，纳吉彼能捕到的鱼就越来越少。“他们的机械化捕捞船布满了海域，各自占据一块地盘，那都是鱼最多的地方。”到最后，他发现，自己几乎捞不到鱼，生活也无法维持下去。

两年前，纳吉彼开始知道埃勒成为海盗据点的消息，而且那些海盗中不少人以前都是自己的朋友、同行，而现在他们都有着巨额的收入。纳吉彼决定，卖掉房子和土地，并用这笔钱购买武器。

索马里当地有大量的武器可以自由出售，摩加迪沙最多，邦特兰也不少。在邦特兰，一支AK47现在的价格大约700美元，一颗子弹为1美元左右。纳吉彼的钱，买几十支枪绰绰有余。买到武器之后，纳吉彼很快拉上了20多个和自己情况类似的朋友，武装了起来。

对纳吉彼来说，把埃勒作为抢劫海域是当然之选。纳吉彼说，埃勒是一个地势险峻的地方，易守难攻，而且背靠印度洋，打不过时，还可以乘快艇从海上逃走。

纳吉彼是一个有头脑的人。建立起自己的武装后，他并没有马上开始“工作”，而是先找到了一个中间人。纳吉彼说，索马里海盗找到的中间人，多半是一些翻译，他们往往会说两种乃至更多的语言，可以和多个国家的人进行沟通。“他们中的大多数并不参与海盗的分赃，但他们收取高额的佣金。”

根据过来人的指引，纳吉彼选择在2007年11月的一天晚上出行。那晚，他和11个伙伴带着GPS和卫星电话，开着两艘小艇，往北进发，在近海找寻落单的渔船。

几个小时后，在哈丰角附近海域，他们找到了一个目标——一艘并不算太大的船。他们的船逐渐靠近目标，纳吉彼扔上去绳梯，开始攀爬。就在这个时候，他们被船员发现了，船上的人想把绳梯弄下来，但在纳吉彼拿着枪对天一阵狂扫之后，再没有人敢轻举妄动了。最终，纳吉彼带着3个人上了船：“你们被我劫持了！快叫你们船长过来！”

在经过一系列的讨价还价后，纳吉彼的中间人终于与渔船所在的渔业公司就赎金数额、赎金交割地点等达成了一致，双方为此耗费了几天的时间。第一次抢劫，纳吉彼一个子儿都没让：150万美元。

拿到赎金后，纳吉彼和伙伴们拿走赎金中的大部分——100万美元。因为是首领，纳吉彼拿得最多——50万美元。其他的人从数千美元到数万美元不等。

但他很认真地说：“相信我，这不是我们的错，我并不想成为一个海盗，我的生活并没有以前的好。”

一个小伙子非常得意地掰开鲨鱼的嘴给我们看鲨鱼的牙齿，他说光是一条鲨鱼的鱼翅就能卖到上千美元，“以前运气好的时候，一天能捕捞到20条，那样的话，一年都不用工作了。我喜欢捕鱼。”

这几年，海盗问题成为一些国家包括中国头疼的问题，我们国家已经派出舰队在索马里护航，以期解决这个问题。

索马里海盗并非十恶不赦的高级犯罪团伙，相反，拿起枪的是越来越多的普通百姓，他们因为国内政治、国外渔船等一系列原因而不得不走上海盗这条道路，也正如他们自己所说

的，他们的生活不是变好了而是变坏了。他们还是愿意过渔民的生活。

在一个贩毒集团里，处于顶级位置的120名头目每个月的开支占总收入的一半以上，但从人数上来说，他们只占贩毒集团总人数的2.2%。除了那些顶级的头目之外，大多数毒品贩子仍然跟自己的妈妈住在一起。

加索尔每年的净收入大约为10万美元，这显然要远远比办公室里的白领挣得多。加索尔只是整个毒品贩卖系统之中上百名领导中的一位。该犯罪团伙的20名顶级成员平均年薪都在50万美元以上。所以有些大的毒品交易商能够买得起大房子，那些“董事会”成员更可以买得起豪宅。

在加索尔的手下有3名副手以及大约50名小兵，如果按照这个规模进行类推的话，整个贩毒集团至少还有5 300名成员，他们都在为顶级的120名“大哥”工作。那么这些普通成员的收入到底如何呢？下面是加索尔支付给手下的工资明细：

付给3位副手的总开支2 100美元；

付给所有小弟的总开支7 400美元；

月度薪酬总开支9 500美元。

由此可以算出加索尔付给他手下的钱一共只有9 500美元，比他自己的账面工资高出1 000美元。加索尔每小时的薪水是66美元。相比之下，他的3位副手每个月只能拿回家700美元，也就是说，他们每小时的工资只有7美元，小弟们每小时的工资只有3.3美元，而这远远低于美国最低工资水平。

在这里我们找到了为什么还有毒品贩子跟妈妈住在一起的答案：因为他们没有挣到足够的钱去买大房子、豪宅。他们别无选择，只能跟自己的家人住在一起。

所以，铤而走险去犯罪，其所得的收入并不比普通劳动者的收入高，甚至，这些犯罪分子还顶着很大的风险。

第一编

你喝咖啡谁赚钱：消费中的经济学诡计

- 储蓄也有过错，节俭不如消费
- 优惠券：占了便宜还是吃了大亏
- 为什么司机会拒绝载客

第一章

储蓄也有过错，节俭不如消费

为什么节俭导致衰亡，奢侈反而导致兴隆

18 世纪，一个名叫孟迪维尔的英国医生写了一首题为《蜜蜂的寓言》的讽喻诗。这首诗叙述了一个蜂群的兴衰史：

一群蜜蜂为了追求豪华的生活，大肆挥霍，结果这个蜂群很快兴旺发达起来。后来，有一位有识之士站出来说："弟兄们，咱这么挥霍，对资源是多么大的浪费，那可不应该啊！"众蜜蜂认为言之有理。于是大家吃得也少了，用得也省了，开支立马小了许多。也正因此，大家每天干活也没有那么起劲了，因为不必挣那么多呀！没过多久，这群本来挺兴旺的蜜蜂，变得没了生气，日渐衰落。

由于这群蜜蜂改变了习惯，放弃了奢侈的生活，崇尚节俭，结果却导致了整个蜜蜂社会的衰败。这首诗的副标题是"私人的罪过，公众的利益"，意思是说，浪费是"私人的罪过"，但可以刺激经济，成为"公众的利益"。这部作品在当时被法庭判为"有碍公众视听的败类作品"，但是 200 多年后，英国经济学家凯恩斯从中受到启发，提出了"节俭悖论"。

20 世纪 20 年代英国经济停滞和 30 年代全世界出现了普遍的生产过剩和严重失业状况。凯恩斯对此给出了让人们信服的经济学解释。从宏观上分析，在短期中决定经济状况的是总需求而不是总供给，对商品总需求的减少是经济衰退的主要原因。总需求决定了短期中国民收入的水平。总需求增加，国民收入增加；总需求减少，国民收入减少。从微观上分析，某个家庭勤俭持家，减少浪费，增加储蓄，往往可以致富；但从宏观上分析，节俭对于经济增长并没有什么好处：公众节俭→社会总消费支出下降→社会商品总销量下降→厂商生产规模缩小，失业人口上升→国民收入下降、居民个人可支配收入下降→社会总消费支出下降……

引起 20 世纪 30 年代大危机的正是总需求不足，或者用凯恩斯的话来说是有效需求不足。节俭悖论告诉我们：节俭减少了支出，迫使厂家削减产量，解雇工人，从而减少了收入，最终减少了储蓄。储蓄为个人致富铺平了道路，然而如果整个国家加大储蓄，将使整个社会陷入萧条和贫困。

以上推理看似荒诞，但是若跟我们每个人的日常生活相联系，就不难发现其合理之处了。

一是"过分节流"看似积攒下不少财富，实则忽视了"开源"，从而失去了获取更多财富的可能性。靠精打细算、节衣缩食，只能达到小富即安的状态，并且这种安逸有时候是以牺牲生活品质为代价的；用控制欲望的方法最多只能是缩小收支缺口，而无法填平这一缺口。

二是节俭有可能让人安于现状，没有动力去投资理财。人们常说：“心有多高，天就有多高。”当满足于目前消费水平时，人们自然会想，何苦再去费力地赚更多的钱。

三是某些日常用品的重复性消费，好像每次都很节省，但加在一起却是惊人的浪费。上中学时，很多人都有一台随身听或是MP3，为了省钱大多舍不得买贵的耳机，而是用在地摊儿上花十几元买的便宜货。结果是，经常断线，过段时间就不得不更换耳机。几年下来，花在廉价耳机上的钱要比买品牌耳机的钱还多，还得忍受很多时候仅一只耳机响或是音效不好的状况。生活中类似耳机消费的事还很多。

1933年当英国经济处于萧条时，凯恩斯曾在英国BBC电台号召家庭主妇多购物，称她们此举是在“拯救英国”。在《通论》中他甚至还开玩笑地建议，如果实在没有支出的方法，可以把钱埋入废弃的矿井中，然后让人去挖出来。

已故的北京大学经济系教授陈岱孙曾说过，凯恩斯只是用幽默的方式鼓励人们多消费，并非真的让你这样做。但增加需求支出以刺激经济则是凯恩斯本人和凯恩斯主义者的一贯思想。

我国的居民消费支出占GDP的比重不到40%，美国超过了70%，而世界平均水平为62%。居民消费不足，使得我国经济增长过多依靠外需。能否改变居民消费这个短板，是决定我们能不能从中国制造走向中国市场，能不能从投资主导走向消费主导，未来经济能不能可持续增长的关键。

我国经济发展的一个突出特点就是：储蓄率过高而消费率过低。因此，正确理解“节俭悖论”，有助于提高我们对高储蓄可能带来的不良后果的认识。居民消费需求不足，造成大量商品生产过剩，企业开工不足，失业人员增加，经济增长受到影响。在国际金融危机的背景下，为了刺激消费扩大内需，国家采取了积极的财政政策，扩大“低保”范围和提高“低保”标准等一系列措施鼓励大家消费，这些措施都是以扩大国民消费来带动经济发展。

只有消费才能拉动生产，才能让整个经济活动持续和循环起来。明白了“节俭悖论”的内涵对于我国这样一个崇尚节俭的社会具有积极的意义。我们应该根据自身的收入水平适当消费，而不是一味地去节俭，这样对自身、对社会都具有积极作用。但是，“节俭悖论”并不是要求我们要选择一种奢侈的生活方式。我国是一个人口众多的国家，自然资源尤其是能源非常紧缺，非常有可能成为制约我国未来经济发展的主要因素，所以理性的选择是“有选择的奢侈”，而不是一味的、不分场合的奢侈。因此，我们不仅要让自己合理增加消费，也要大力提倡理性消费，理直气壮地反对浪费。

为什么皇帝不禁止奢侈，富人不应该鼓励节俭

清乾隆三十三年，两淮盐政的尤拔世上书奏报，指责当地盐商挥霍成性，引发奢靡之风，请求乾隆皇帝对他们加以惩处，并力荐安养民生应当倡导节俭。乾隆看此奏章后，不以为意，遂批示“此可不必，商人奢用，亦养无数游手好闲之人。皆令其敦俭，彼徒自封耳。此见甚鄙迂”。这几句话是说，富商们奢侈消费能够增加就业，供养更多闲散之人。若让他们节俭，反倒对百姓没有好处。如此看来，富商的消费有什么不对？又有什么理由要加以禁止？

乾隆的一番说辞，让大臣们茅塞顿开，从此不再提禁奢之事。

从历史上看，乾隆皇帝的这一主张的确是明智之举。富人的积极消费极大地刺激了清朝的经济发展，并促生了有名的“康乾盛世”。也是从这个案例中，后人提出了这样的主张——鼓励富人消费。

很多人对此仍不理解，为什么要鼓励富人消费呢？历史上，富人消费的例子，最后不都是丧家败国么？像史书中，就描写丢掉夏朝的桀，残暴奢靡。他曾倾空国库，建筑自己的豪华寝宫——倾宫；曾大费人力在王宫内设计酒池肉林；曾用整块的玉石雕建宫门，并用象牙修饰蜿蜒的长廊。而败光商朝的纣王也毫不逊色，穷奢极欲的程度有过之而无不及。吃饭要吃旄象豹胎；穿衣要锦衣九重；住房要广厦高台；观景要摘星之阁，高筑鹿台。

此类说法，难免有些偏激和片面。要知道，夏桀、商纣是富人消费的极端例子，他们不惜动用全国人民的财富来任由自己挥洒，引起民怨民愤，才导致了自己的灭亡。但历史上大多数富人的消费花的都是自己的收入，并不对其他人造成危害，为什么不鼓励呢？更何况，在现代的西方经济学理论中，对富人奢靡消费还能找到合理的解释。

社会中穷人和富人的区别在于，两者的收入有差别。收入又直接决定了个人的消费能力。同穷人相比，富人的消费能力强是不可争议的事实。因此，富人们的支出在社会消费的总支出中占据着重要的位置，并对整个经济的发展带来更大的推动。

例如，一个富人在投资中获利2000万。他先利用645万购买了一辆劳斯莱斯幻影系列软顶帐篷跑车，又用1000万购买了一个私人庄园，剩下的钱用于购买布置庄园的高端设备等。那么，购买劳斯莱斯的645万就推动了汽车和相关物品与劳务市场的发展，用于购买私人庄园的钱则带动了建筑、园林设计等行业的进展，而用于布置庄园高度设备的钱不仅创造了新的职业岗位需求，还刺激了高科技产品的繁荣。最后，汽车业、房产业、高科技产业又带动了钢材、水泥、高尖端技术等行业。如此，在水波般的影响下，整个国家的经济都被带动，于是，经济的整体增长必然会超过当初富人花费的2000万。而在各个环节上被涉及的人员，无论是汽车设计师、私人庄园雇员，甚至清洁庄园的工人，都将得到薪酬上的回报。相反，我们绝不可能在一个穷人的消费上，看到这么大的影响。

可见，富人的消费对增加消费和总需求意义重大，对经济的发展也更为重要。但是，往往政府的决策却并没有很好地体现这一点，对富人的高消费造成了阻碍。

2007年，德国政府为了解决经济增长乏力、失业率高居不下、财政赤字屡屡超标等财政问题，提出一项向富人加征税收的决议，将增值税率从16%提高到19%，并将年收入25万欧元的单身个人和年收入超过50万欧元的夫妇，税率由42%提高到45%。结果这一措施不但没能积极促进经济的发展，还压抑了富人消费，严重地打击了零售业的发展，并让更多人因减少的消费需求而失业。由此，引发了产业界和民众的诸多不满。

德国的案例告诉我们，消费刺激经济的思想是值得认同的。就如凯恩斯说的那样，经济状况在长期中取决于生产能力，即供给。在短期中当生产能力不确定时，则取决于需求。也就是说，当富人的消费增加时，需求增加，刺激国民经济发展，国计民生的状况自然会良性发展。

如今，中国经济常年以高速度稳定增长，良好的经济形势促生大量百万、亿万富翁。据统计，目前内地的富人俱乐部约有30万～40万人（所谓的“富人”，是指净资产在5亿欧元以上——约合7.19亿美元的个人）。另外，根据胡润富豪榜的统计，2007年资产超过10亿美元的中国富豪人数已经达到106名，是2006年的7倍之多。而美国美林公司和法国凯捷咨询公司估计，中国资产净值在100万美元以上的人数仅次于日本，位居亚太地区第二名。这些都足以证明，中国的富人有着强大的潜在消费能力。事实上，他们也正在运用自己的财富影响着中国乃至世界的经济发展。

看到中国富人的消费能力，我们为什么不深度地挖掘一下富人的需求呢？政府扩大内需，主要一部分不就是要扩大富人的消费么？因为，除了上面提到的奢侈品，富人的高消费还可以延伸到文化、娱乐等消费领域，并积极地创造市场上的新需求，从而进一步刺激市场的发展。另外，富人的资产也可以用来投资，增加社会生产能力。

一个富人奢靡消费的过程，减少了他自己的资产，却增加社会的财富，创造更多就业机会，引导更多的穷人脱贫致富，这样的高消费对整个社会有什么不利吗？

为什么只买江诗丹顿手表，而不是上海手表

戴一只几百元的上海手表和戴一只价值百万元的江诗丹顿手表，其使用功能是相同的，都是可以显示时间。但戴一只用18K金做壳，满是钻石的名牌江诗丹顿表能显示出主人与众不同的身份。

经济学家把消费这种价格极其昂贵的名牌商品称为炫耀性消费，这种消费并不仅仅是为了获得直接的物质满足与享受，而在更大程度上是为了获得一种社会心理上的满足；这种消费行为的目的不在于其实用价值，而在于炫耀自己的身份——通常也称为“显摆”。

由于消费者可能是想通过使用价格高昂、优质的产品来引人注目，具有一定的炫耀性，因而这种现象又被称为“炫耀性消费”。其实，这反映了一种消费心理——“炫耀性”心理，它是指存在于消费者身上的一种商品价格越高反而越愿意购买的消费倾向。

1894年，美国工业发展的速度已超过其他资本主义国家，跃居世界第一位。经济的飞速发展造就了一大批暴发户，而这些暴发户的行为则成了凡勃伦关注的焦点。凡勃伦以其敏锐的洞察力，亲眼目睹了“镀金时代”的暴发户们在曼哈顿大街购豪宅，疯狂追逐时髦消费品。鉴于此，凡勃伦提出了“炫耀性消费”。

后来的经济学家们将这种炫耀性消费的商品称之为“凡勃伦物品”，甚至画出了一条向上倾斜的需求曲线——价格越高，需求量越大。经济学家们发现，“凡勃伦物品”包含两种效用，一种是实际使用效用，另外一种是炫耀性消费效用。而后者由价格决定，价格越高，炫耀性消费效用就越高，“凡勃伦物品”在市场上也就越受欢迎。

著名品牌LV其发展过程始终是与上流社会密切相关的。1837年，品牌创始人Louis Vuitton来到巴黎寻求生计。经过多年的磨砺，他进入了法国皇宫，开始为王室服务。法国皇后乌婕尼喜好出游，经常需要人打点行李。凭借出色的手艺，Louis Vuitton能够巧妙地将拿破仑三世皇后的衣物绑在行李箱内，而且衣物经过长时间的路途颠簸而不皱，由此得到了皇后的喜爱和信任。在跟随皇后的这段时间里，他为能更好地提供服务，还尝试着自己制作行李箱。随着经验的积累，其技术和品味有了很大的提升，并为其日后制作经久不衰的高档旅行箱提供了“技术保证”。

1854年，Louis Vuitton结束了在皇宫中的工作，在巴黎开了一家皮具店。其制造的皮箱因造型美观，经典实用，广受欢迎。从这一刻起，LV品牌正式创立。凭借多年为乌婕尼皇后服务的经验，Louis Vuitton还创了经典的“Trianongrey”帆布行李箱，它的面世在巴黎的上层社会引起了轰动，很快就成了巴黎贵族出行的首选行李箱。即使是现在，每当人们走进Louis Vuitton的很多销售店中，仍能看到墙上悬挂着的当年贵族们携带着LV旅行箱上火车的照片。

就这样，在LV发展的早期（19世纪50年代），LV靠品质赢得了第一批消费者——皇宫贵族。对于他们来说，购买Louis Vuitton的理由很简单：方便。在那个没有大众媒体的年代，LV逐渐在上层社会中流传开来。随着法国贵族们旅行的足迹，口碑也在欧洲逐渐传遍，最初是在欧洲的宫廷之间，后来扩散到欧洲大陆的贵族们……

100多年来，世界经历了很多变化，人们的追求和审美观念也随之而改变，但LV不但声誉卓然，而且仍保持着无与伦比的魅力。人们不仅迷恋于它的时尚耐用，而且迷恋于它尊贵的历史，以及品牌背后所暗示的主人身份。虽然一件印有“LV”这一独特图案的交织字母帆布包动辄上万元，但丝毫不影响人们的购买兴趣。

对于人的消费而言，维持和延续人体基本生存的生活资料属于必需的消费品，如满足人体新陈代谢所需的食物、满足人们保暖的衣服和住房等。奢侈品在国际上被定义为“一种超出人们生存与发展需要范围的，具有独特、稀缺、珍奇等特点的消费品”，又称为“非生活必需品”。奢侈品在经济学上，指的是价值、品质的关系比值最高的产品。从另外一个角度上看，奢侈品又是指无形价值、有形价值的关系比值最高的产品。从经济意义上看，奢侈品实质是一种高档消费行为，本身并无褒贬之分。因此，买生活必需品还是买奢侈品，永远只是不同的消费选择。

奢侈品对富人具有炫耀性的效果，如购买高级轿车显示地位的高贵、收集名画显示雅致的爱好等，这类商品的价格定得越高，需求者反而越愿意购买，因为只有商品的高价，才能显示出购买者的富有和地位。这种消费随着社会发展有增长的趋势。

炫富心理其实在普通人的日常生活中也很常见。消费心理学研究表明，商品的价格具有很好的排他作用，能够很好地显示出个人收入水平。

利用收入优势，通过高价消费这种方式，高层次者常常能够有效地把自己与低层次者分开。这也正是消费者出手阔绰，常有“惊人之举”的原因所在。

据说，上世纪90年代初手机刚出现时，天津街头出现过这样一个镜头：一位西装革履的年轻男士手拿一个“大哥大”，边走边大声冲它喊话。同一条路的另一侧，一位年轻女子手里也拿着一个“大哥大”，口中振振有词。因为这条路太窄，路人很快发现这一对男女分别是在跟对方通话，而二人相距只是不到10米的距离！也就是说，他们完全可以从耳边收起“大哥大”，直接用嘴聊。

有人讥讽说，这是北方人爱显摆，即使在用不上手机的情况下，他们也“坚持”掏出那玩意儿，让别人看到他是用“大哥大”的“老大”。因为那时手机刚兴起，买一部还得一两万元。

不得不承认，很多时候我们买一样东西，看中的并不完全是它的使用价值，而是希望通过这样东西彰显自己的财富、地位或者其他。更常见者，以拥有动物皮制作的奢侈品最突出，比如鳄鱼皮手包、紫貂皮围巾、水貂皮大衣……每一件动辄都数万元起价，甚至有人讲“哪天若能拥有一件紫貂皮大衣，则此生无憾”，人类与生俱来的喜新厌旧特性又迫使人们不停地追逐更多珍稀动物的皮毛。于是，大量的财富消费在这上面，LV、蒂凡尼等品牌也成了东西方通知的奢侈之物。

据高盛投资银行统计，中国已成为全球第三大奢侈品消费国，其奢侈品消费总额仅低于日本的41%和美国的17%。高盛预测，截止到2008年，中国的奢侈品消费额的年增长率将在20%左右，直到2015年其年增长率将约为10%，到那时中国的奢侈品消费总额有望超过115亿美元，中国也将替代日本成为世界第一大奢侈品消费国。

为什么比尔·盖茨该坐头等舱，赵本山应该买飞机

如今，大多数人都过上了衣食无忧的好日子，生活的优越，方便了我们的衣食住行，就连过去想都不敢想的飞机逐渐也成了人们常用到的交通工具，越来越多的人搭乘飞机去办公务或者旅游。

1987年，还是在比尔·盖茨与温布莱德相好的时候，一次，他们在一家饭店约会，助理为他在该饭店订了间非常豪华的房间。比尔·盖茨一进门便呆了，一间大卧室、两间休息室、一间厨房，还有一间特大的、用于接见客人的会客厅。比尔·盖茨简直气蒙了，禁不住骂道：“是哪个混账东西干的好事？”

比尔·盖茨一年四季都很忙，有时一个星期要到四五个国家召开十几次会议。每次坐飞机，他通常都坐经济舱，没有特殊情况，他是绝不会坐头等舱的。

有一次，在美国凤凰城举办电脑展示会，比尔·盖茨应邀出席。主办方事先给比尔·盖茨订了张头等机舱的票，比尔·盖茨知道后，没有同意他们的做法，硬是换成了经济舱。还有一次，比尔·盖茨要到欧洲参加展示会，他又一次让主办方将头等舱机票换成经济舱机票。

比尔·盖茨这位世界巨富常常外出办公务，但奇怪的是，他从不坐头等舱。不管多远的旅程，他总是坐经济舱。很多国内的富豪中，也出现效仿者。他们为什么要这么做？省钱？区区几文头等舱票款，与几千万、几个亿甚至几百亿的身家相比，简直可以忽略不计！且不论他们出于什么目的，既然有钱，你就该坐头等舱！

在经济学里，消费者的消费水平一般都受到自己购买力的限制，购买力对消费者作出决策有预算约束的作用。有钱人相对购买力强，能够支付头等舱的价格，或者根本对其就是九牛一毛。普通大众可能就没这个能力。既然没有超过自己的预算，又能享受舒适的待遇，何乐而不为？

同普通舱相较而言，头等舱更舒适，能给消费者带来更多的享受，如果花钱能花得舒适，花得开心，这样的消费也是值得的。有一段描述头等舱的话：“头等舱的服务周到体贴。用餐时，空姐会递上带有各式菜色的精美菜单，以及各种高级香槟酒水，任由你根据自己的口味

进行选择。休息时，只需将按钮轻轻一摁，坐椅就会慢慢变成一张可以舒适入眠的床！而每一个座位，都用弧型板墙同他人隔开，让你完全可以享有独立的空间。”可见头等舱的服务更人性化，虽然贵些，但也会让你觉得物有所值。

再者，坐头等舱，花更多的钱消费还能为国家的GDP做贡献。政府一直强调要扩大内需，这一目标的实现需要消费者配合，若我们都不去购买服务，又怎样实现这一目标、拉动经济增长？这样一来，如果具备经济实力，选择头等舱就是理所当然的事了。

如今，大家的生活变好了，手头更宽裕了，到商品丰富、秩序良好的市场购买自己喜欢的东西，或跟着旅游团去祖国各地旅游，这些事情同坐头等舱的道理是一样的。做个会享受的消费者也很好。钱本来就是拿来用的，只要条件允许，该花就花。

过去许多人很穷，结果就穷怕了。有钱时，就秉着“能不花就不花”的信念，一分都不敢乱花。可你是否想过，那些一点点增加的数字能带给你现实中的快乐和享受吗？有很多人存了一辈子钱，到最后，很富有，可是连飞机都没坐过，连电影院都没进过。条件允许的情况下，就不该再委屈自己了。所以，我们主张，有钱就该去坐头等舱！随着国家经济的增长，生活水平的提高，在经济允许时，我们也应当生活得好一些！

2009年年初，赵本山与加拿大一架航空公司取得联系，特别定制了一架17座的小型客机，总价值近2亿元人民币，用于日后出行。

赵本山购买的这架飞机虽然乘坐人数不多，但里面酒吧、健身房、卧室应有尽有。“赵老师十分喜欢这架飞机，早早地就把飞机模型摆在了自己的卧室里，没事的时候就看看，还时常拿出来向大家展示，很期待飞机早一点制作完成。”

美国好莱坞明星买飞机不是什么新闻，但赵本山此次买飞机，却是内地演艺圈的第一人。赵本山买飞机引起了热议。据赵本山的工作人员说，每次赵本山出行都要订购民航机票，有时由于客票紧张，曾多次发生迟到、延迟活动的状况；而赵本山每次出行都是多人陪伴，每年本山传媒的机票开销数字惊人；另外，每次乘坐民航客机，赵本山都会被乘客“追星”，搞得赵老师每次都无法休息，所以他买飞机有很多好处。还有的人说赵本山准备进入民航业。

也许这也是赵本山买飞机的一些缘由，但就买飞机事情本身来说，他带动了消费，同时飞机每次飞行需要消耗，从而拉动了经济增长。

为什么“900一只”有人买，“1800一双”无人问

在一场猫王专辑的小型拍卖会上，有小琳、小文、老李、阿俊四个猫王迷同时出现。他们每一个人都想拥有这张专辑，但每个人愿意为此付出的价格都有限。小琳的支付意愿为100元，小文为80元，老李愿意出70元，阿俊只想出50元。

拍卖会开始了，拍卖者首先将最低价格定为20元，开始叫价。由于每个人都非常想要这张专辑，并且每个人愿意出的价格远远高于20元，于是价格很快上升。当价格达到50元时，阿俊不再参与竞拍。当专辑价格再次提升为70元时，老李退出了竞拍。最后，当小琳愿意出81元时，竞拍结束了，因为小文也不愿意出高于80元的价格购买这张专辑。

那么，小琳究竟从这张专辑中得到什么利益呢？实际上，小琳愿意为这张专辑支付100元，但他最终只为此支付了81元，比预期节省了19元。

这“节省”出来的19元就是小琳的“消费者剩余”。

消费者剩余（Consumer’s Surplus）是指消费者购买某种商品时，所愿支付的价格与实际支付的价格之间的差额。

在西方经济学中，这一概念是马歇尔提出来的，他在《经济学原理》中为“消费者剩余”下了这样的定义：“一个人对一物所付的价格，绝不会超过，而且也很少达到他宁愿支付而不愿得不到此物的价格。因此，他从购买此物所得的满足，通常超过他因付出此物的代价而放弃的满足。这样，他就从这种购买中得到一种满足的剩余。他宁愿付出而不愿得不到此物的价格，超过他实际付出的价格的部分，是这种剩余满足的经济衡量。这个部分可以称为消费

者剩余。”

话说我国五代时期，有一位出名的宰相，名为冯道。当时他与和凝同朝为官。一日，刚下早朝，和凝问冯道说：“您的靴子是新买的吧，花费多少？”

冯道看了看和凝，抬起左脚，说：“900。”

和凝性急，说：“我俩的靴子一样，怎么我的靴子就要1800呢？”

他瞪着为他买靴子的吏役，大骂开去。

哪想到，冯道又说：“还有这只也900啊。”接着不慌不忙地抬起了右脚。

众人哄堂大笑。

不排除冯道有戏弄和凝的因素，他故意将1800一双的靴子说成900一只，没准就是要看场笑话。同样的价钱，不同的说法就有不同的理解和含义。冯道的成功，不凑巧就是因为他触到了和凝大人消费的神经，更确切地说，他“动了”和凝大人的消费者剩余价值。

故事中，两位大人买的是同样的靴子。对于和凝大人来说，为靴子付钱1800，在没有同市场上价格比较时，他认定市面上的均衡价是1800。冯道买的靴子高过或者刚刚等于1800，那他就会感到合理，甚至很高兴。

合理——冯道买靴同样花费1800，和凝大人愿意对靴子支付的价格与市场价格相同。

高兴——冯道买靴花费高于1800，和凝大人愿意支付的价格与市场价格有差额，有消费者剩余价值。

偏偏，冯道只举起左脚说“900”，和凝一听，觉得不平衡了。他认为买靴付出的钱高过市场价格，消费者剩余为负数，自然发起火来。直到冯道说出实价的时候，他才感到心理平衡了。

消费者对于物品的评价是完全主观的。实际上，和凝大人的消费者剩余并没有让他实际收入增加，而是一种心理上满足的感觉。即使当他觉得消费者剩余为负数的时候，也不会出现金钱损失，只是一种心理上“值”与“不值”的差距而已。

一日，某市场上来了个卖马鞭子的人。他的马鞭子和其他的相比，样子比较破旧，可奇怪的是，这只旧马鞭要价却不低。他一张口就是500钱，别人的新马鞭才50钱，他的却这么贵。有个人试探问：“那100钱呢？”卖马鞭子的人生气了，不做回应。又有个人说：“300钱总该行了吧？”卖马鞭子的大怒道：“你不想买就走，不用多说，这鞭子少了500钱不卖！”恰巧，有个有钱的少爷来买马鞭子，听说了这件事，走过去仔细端详了这个马鞭子，果然发现，这根马鞭子的确非比寻常，鞭把是用一种最名贵的树木所制，鞭梢也是使用最有韧性、最结实的兽皮所制，更难得的是，这个马鞭子是一个出土的文物，价值几千元。这个有钱人很痛快地将他买了下来，然后，他就拿着这根昂贵的马鞭子，悄悄回家去了。

有钱的少爷找到个识货的人来看马鞭子，行家说：“鞭梢直而不弯，坚韧而且有弹性，鞭把手握之处有个自然的弯曲，正好可以用手握住，整个鞭把有一个自然的、很轻的弧度，木质高贵，这一看就知道是个珍品，而且拿在手里也有重量，是我见过的最好的马鞭子。这鞭子才要了你500钱，据我估计至少值2000钱。”阔少爷明白了这鞭子是名贵货，立即叫家丁收藏起来。

有钱的少爷用高价购买了马鞭，外人看，他亏本了。但根据他的估测和行家的鉴定，这马鞭是珍贵的文物，远远超过这个价值。所以，他对马鞭的预期价值远远超过了付出的价格，感觉得到了较高的剩余价值，自然会果断地买下这个马鞭。

星期天，老李到农贸市场去买活鸡，临出门时老伴一再嘱咐：“不要买太贵的，超过15元就不要买了。”老李很快到了农贸市场，直奔卖鸡的摊位。老王随机问了几个人，都在15元以上。老王想，这比老伴的嘱咐要贵多了，于是一直找卖15元的活鸡。

转遍了大半个市场，终于找到一个小贩卖15元一只。老李很高兴，正准备掏钱买下，突然听到不远处的吆喝声：“活鸡便宜了，12元一只。”老李走过去，将鸡掂了掂，和先前的差不多，只要12元。赶紧掏钱将这只鸡买下，心里想：占了3元钱便宜，今天真是不虚此行啊。于是高高兴兴地回家了。

老李花12元买了一只鸡心情之所以高兴，是因为他不仅没有超过老伴给他制定的15元的限制条件，反而以便宜3元的价格成功地买到了一只鸡。从买鸡这件事，老李心理上得到了一种剩余3元钱的满足感。

另外，消费者的剩余价值还会与个人的偏好有关。前面我们提到过，每个人因为文化、经济、社会等因素会产生不同的性格与偏好（偏好，实际上是潜藏在人们内心的一种情感和价值倾向），对于不同的商品的看法也不同。而消费者又常常是按照自己的喜好对可供选择的商品进行评价的。所以，当个人购买商品时，能否获得消费者剩余价值，能获得多大的剩余价值，偏好也起到了很大的影响。

一个城里人地里有一尊祖传的大理石雕像。一个偶然的机会，这尊雕像被一名艺术家相中，认为它造型独特、举世无双，于是出高价买下了这尊雕像。城里人得到大笔的钱后感叹："这钱会带来多少荣华富贵，居然有人用这么多钱换一块破石头。"艺术家端详着雕像想："多么巧夺天工的艺术品，居然有人拿它换几个臭钱。"

交易的艺术家和城里人，由于偏好不同，对同一件物品——雕像的评价也不同。城里人觉得雕像不如钱，而艺术家却认为钱不如雕像。可见，正是两者的这种主观看法差异，让双方得以交易。尤其是艺术家，认为自己得到的价值大于付出的，感受到剩余价值。

而以上和凝大人的例子最为典型，如果他感受到消费者剩余为负，日后定然不再到当初买靴的店里消费了。消费者的剩余价值在绝大程度上依靠个人的主观判断，有时它与产品真实价值无关，却实在地影响着消费者的选择，并进一步引起消费者对商品的反应——倾向于更多或更少地消费产品。

为什么消费者更愿意去便利店，而不愿意去超市

小陈是一个爱抽烟的人，在他家附近有卖烟的小贩。小陈明明知道小贩卖烟的价钱比远处超市里的价格高，但小陈有时还是会在小贩那里买烟。如果要解释小陈为什么这样做，实际上就与什么叫做交易费用有关了。到小贩那里，只需走几步路；要去超市，则要坐车或骑车去。有时候，小陈不要说花车钱，就是时间也不愿搭。

在楼下小商店里买香烟，虽然贵5毛钱，但你只需要下楼就能够买到香烟。倘若去商场，你要乘车，或要多走很长时间的路，其中所消耗的时间，是你并不愿意支付的。多花5毛钱，为自己节省了大段时间和精力，对于绝大多数人来说是很合算的。

大卖场卖的商品种类很多，应有尽有，而且价格便宜，但通常都不在家门口。便利店卖的基本都是些生活必须用品，遍布居民区，而且还是24小时，很方便。在小陈看来，多花一点钱，节约时间和精力是值得的。也就是说，楼下小商店在定价的时候，已经将你的交易成本算进去了。

交易费用就是实现人与人之间的交易所必需的费用。如果小陈不从家走到卖烟者（小贩或超市）那里，是买不到烟的。究竟到哪儿去买烟，取决于交易费用的高低。因此，从每个人的经验来看，交易费用也是进行经济决策时所要考虑的一个重要因素。

当然，交易费用不仅指实现交易所要走的路程，还包括更多的内容，如搜寻交易对象和价格的费用、讨价还价的费用、交易中发生纠纷和解决纠纷的费用，等等。

"交易费用"的思想是科斯在1937年《企业的性质》一文中首次提出的，而后成为新制度经济学的最基本的概念。科斯认为，交易费用应包括度量、界定和保障产权的费用；发现交易对象和交易价格的费用；讨价还价、订立合同的费用；督促契约条款严格履行的费用。

同样在中国还有一个很奇怪的现象：县城的一般选择去省城购物，北京选择到香港购物。元旦假日，正是省城众多商家打折促销的高峰期，不仅吸引了许多市内的市民，许多城郊、周边市县的人们也纷纷进城"赶趟"、购物，其人数之众，成了商家不敢忽视的一个群体。

文女士在她的博客里这样写下了一次去省城购物的经历：几个同事相约去省城，早上10∶30出发。一个小时就到了。就这样开始了我们的"淘宝之旅"。我们几乎逛遍了小商品城里所有的摊位，我是头晕眼花，饥肠辘辘，口干舌燥。淘到一个钱包，一块冰箱的饰布，

一个榨蒜器，一双高跟鞋。再看看我同事，手里拿着各自不同的心爱之物！一抬手表，接近下午1点了。大队人马挥师南下，寻找用餐的地方！在一家地下商城的快餐店用过午餐之后来到了这家全省著名的地下超市，商城里丰富货物令我欣喜若狂。人流如织，丝毫看不出金融危机的影响。在好友给孩子买到几桶奶粉，我买了几斤糖果以后，我们就转战到了地面。因为我们实在不想浪费自己的钱包，来买家乡超市都有的东西。接着又去了一个茶叶店，买到了自己心爱的铁观音，想着茶壶"呲呲"冒出的热气，我仿佛已经美美地喝上一壶了。吃过晚饭，我们在夜色中返程了。看看手里的东西还真不少，榨蒜器、饰布、奶昔机、铁观音，还忘了一个钱包！希望在一个时间、天气都很合适的时候能再来！

在某市解放西路，许先生与妻子正带着上初中的儿子来选购衣服。他说："儿子总说澄迈那边的衣服款式不多，现在放假有时间了，就全家一起来逛逛，顺便给娘俩买新衣服过年。"

许多人趁着节假日带着孩子来逛街、买衣服。也有的乡亲是来买家电的。主要是因为镇上的家电商城不多，品牌少价格还贵，而省城的一些家电商场到了节假日就大幅度降价，赠品也划算，所以乡亲们都爱在节假日来省城买家电，顺便逛逛街。

很显然，这些经济学的理性人一定知道赚钱与不赚钱的道理，去省城交易费用过大的问题，但这些去省城购物的经济人正是看上了省城商品质优价廉的一些特点，张先生说，由于相比同型号的彩电，省城的价格比乡镇的至少要便宜300元，像一些价格较贵的高端机，最高可便宜到800元。

对于传统的购物方式来说，交易成本主要分为出行成本和搜索成本。

出行成本是消费者为了购物而出行所花费的时间、金钱等成本。对于传统的购物方式来说，这个成本是无法避免的，即便是"一站式"的超级大卖场，这个成本依然存在。但是，对于网购来说，这个成本几乎是零。

搜索成本是获取下一个报价所附加的成本，简单的理解就是消费者"货比三家"所花费的成本。传统购物方式的搜索成本占据了交易成本的大部分，消费者通常还只能获得有限的商品信息。而且消费者的搜索点是随机的，在传统的购物方式下，地理位置也限制了信息的获取。

2008年末，金融危机席卷全球。在多数经济市场处于萎缩的情况下，网购却在国内外市场掀起一轮狂潮。知名购物网站亚马逊，2008年圣诞期间的销售额同比2007年增长44%，成为"历年来最旺的圣诞节销售"，并创下单日280万个订单的纪录（平均每秒32个订单），发往全球217个国家和地区。而在国内，根据淘宝网和艾瑞咨询联合发布的数据，2009年春节期间，淘宝网交易额比2008年同期增长60%，日均销售额超过3亿元，并创下单日销售4.6亿元的纪录。

年轻的小圆是个网虫，她喜欢各式各样新颖的服饰。不过，和别的女孩有所不同，小圆并不喜欢逛街。于是，上网逛网店成了她的最爱。这既节约了上街的时间成本和劳力成本，又能看到更多的服饰。对于网购，小圆是乐此不疲。

事业有成的刘先生更喜欢在网上买书和买一些家居小玩意。网上的图书折扣低，并且还能送货上门，既方便又省钱。刘先生家中的藏书，几乎都是从网上订购的。

网购之所以如此盛行，也源于人们对交易成本的把控。喜欢网购的多数是年轻人。"小资"是网购人群的重要组成。他们追求时尚，又懂得如何节约成本。"降低生活成本，但不降低生活品质！"是小资们的省钱之道。电子优惠券、淘宝家居用品、在实体店看好物品再网购……这些都是网购爱好者们常用的省钱窍门。

根据网购的特点，我们可以将网购的交易成本界定为消费者为了完成网络交易而付出的购置设备、知识学习、信息搜索、时间、货币以及所承担的风险等成本的总和。而交易成本的自身性质决定了消费者是否会从传统的购物方式转移至网络进行交易，取决于网购成本与收益的比较及其与传统方式交易成本的比较。

通过互联网，消费者可以利用搜索引擎，轻易让商品的所有报价尽收眼底，而且通过排序功能还能使商品进行价格排列。这样，商家便丧失了传统模式下的"地域"优势。

理性的消费者会更多地考虑交易成本的问题，网购的交易成本和出行购物的交易成本的差别是显而易见的。电子商务在经过多年的发展后，网络上的商品已经足够丰富，物流供应日趋完善，而且网络交易安全基本得以保证。于是，会有越来越多的消费者转向网购。

对于网购来说，方便与省时省力是更多人的选择理由。交易成本中，搜索成本花费的时间成本占据很大的比重。时间是一种稀缺性资源，随着社会经济的发展，时间的价值在不断提高。通过网购，消费者能够节省更多的时间成本，这也决定了他们会选择网购的重要原因。

同时，互联网最大的优势是提供了大量的信息。在我国网民中，有39%的网民上网是为了查询信息，在各类上网目的中所占比例最高。在消费行为中，消费者获得的商品信息越多，消费者在整个交易中占据的地位越有利，其交易效用也越高。与传统的商场相比，浏览网站商品可以以百万级来计算，这样消费者能掌握足够多的信息，在交易中占据有利位置。

通过网购，消费者可以避开商场里的人山人海，不用走得腰酸背疼就能买到心仪的商品。网上有着24小时永不歇业的商铺，有着琳琅满目的各式商品。作为一个时尚的理性消费者，网购是理想的选择。在无限的网络空间里，只要动动手指和鼠标，就可以买到价廉物美的商品，何乐而不为呢？

交易成本是人与人之间交易所必需的成本。对于每个不同的人来说，其自身的交易成本是不同的。在菜市场上可以看到不少老太太与小商贩为几毛钱的菜价而讨价还价。这是因为，老太太已经退休，她用来讨价还价的时间并不能作他用，如果能买到便宜的蔬菜，就是降低自己的生活成本了。但是如果放到年轻人身上，贵几毛钱就贵几毛钱吧，有讨价还价的时间还不如抓紧时间多挣钱。

为什么有人愿意在吉祥号码上花大价钱

一个吉祥手机号码价值多少？

一个最后7位都是“8”的手机号价格高达22万元。

类似的还有天价车牌号。

……

谁为这些天价买单？

据调查，这些天价商品无非是买来送人，或是一些有钱人的个人嗜好。这些天价商品的价值在哪里呢？据介绍，买家几乎全部是生意人，他们不仅仅是出于便于记忆和对吉祥数字的崇拜，更重要的是用来“撑门面”，当然也可当做礼物送人。

正因为天价商品有市场价值，才成了收藏爱好者的宝贝。有一个收藏爱好者从事吉祥号码收藏已两三年，一共收藏了20多个吉祥号。其中多数号码都是花钱买来的，像尾数为7个“8”的号码，两年前的收购价就超过10万元。此外，尾数为5个“8”或“6”的号码，他的手头还有好几个。

“吉祥号码”又称为“个性号码”，是指由于人们的传统观念和个人喜好而产生的对某个或某组数字的崇拜。有人认为这些数字能够给自己带来好运，于是这些数字就像我们通常所说的“图腾崇拜”一样，受到人们的青睐。

对这些数字的崇拜往往是由于谐音或传统的思维习惯形成的。就像图腾崇拜一样，不同的部落和民族，往往有各自不同的崇拜对象。不同地方的人由于有不同的观念和生活习惯，即使是对同一个号码，也会产生不同的吉祥观念。比如说，我国许多地方都有人认为“8”能给自己带来好运，主要是因为8与“发”谐音，常让人联想到“发财”。何人不希望发财呢？于是“8”就受到人们的喜爱。还有“168”作“一路发”解释，“888”是“发发发”的意思，“666”意为“六六大顺”，等等。

正是出于对“吉祥号码”的崇拜，我国普遍存在着吉祥号码拍卖的现象。吉祥日子、吉祥时辰早已成为人们迎新嫁娶、开张庆典、签约剪彩等经济活动的首选日子。许多地方也曾经在这些所谓的吉祥日子里出现了交通拥挤异常、喜庆气氛非凡等现象。相反，一些数字则被人们所厌弃，比如带有4的手机号码，往往可以免费赠送，有些楼盘甚至不设13、14层，迎合了一些住户的喜好。

在 2009 年新版的吉尼斯世界纪录中，卡塔尔电信运营商 Qtel 被认定拍出了全球最昂贵的手机号码。一个“6666666”的手机号是于 2006 年 5 月 23 日被拍卖的，最终成交价格为 1000 万卡塔尔里亚尔，根据当时汇率水平计算约合 275 万美元。吉尼斯世界纪录此前记载的最昂贵的手机号码是中国四川航空以 48 万美元拍得的“88888888”的手机号。

为了吸引高端用户，中国联通于 2008 年开放了 156 号段的吉祥号码网上申请。如尾号“88888、6666、2008、6699”等号码，用户可在网上竞拍获得，不同“靓号”需预存话费，从 1200 元到 24 万元不等。

用户只要登录中国联通网址，就可以申请中意的吉祥号码。而该网站上显示，价格最贵的尾号 6 位相同数字（如尾号 AAAAAA），用户需要预存 24 万元人民币，月最低消费额 2 万元；而尾号 88888、66666 等较受欢迎的号码，则需预存 3 万元，月承诺话费 2500 元；不含 6、8、9 等号码的 2 连号尾号（如 55、77），则只需预存 1200 元和承诺每月最低 100 元话费就可以申请。这样的手机号码可谓“天价”。

但是这些号码毕竟是有限的，有限的资源不可能使每个人得到满足。因此，在资源稀缺的前提下，对于这些吉祥号码，就必须以高价才能获得。稀缺是经济物品的显著特征之一。

资源的稀缺性，有些是天生的，如金子、钻石等。有些是衍生的，如耕地，随着人口的增多，人均耕地越来越少。因为稀缺才能更显其价值，这也是人们选择天价吉祥号码的最大动因。假使每个人都能用尾号为“888”的号码，手机号码自然不会有“天价”之说。因为存在资源稀缺这一特性，才使得人们在选择手机号的时候，要么多花钱选择吉祥号码，要么少花钱选择普通号码。

尽管天价吉祥号码的出现遭到了不少人的诟病，但从经济学的角度来说，选择天价吉祥号码是符合经济规律的。

为什么小城市白领的职业装比大城市要便宜

衣服是需要花钱的，最便宜的一件衣服也比简单的一顿饭贵出很多，所以，这方面如果不注意，会出大漏洞的。因为白领是体面的身份，一两件合体昂贵的服装是必备的，衣服能给人增加自信，这点毋庸置疑。

爱荷华市，一位白领人士所“必需”的职业装，价钱只相当于曼哈顿或洛杉矶同类人士所需的一半。石家庄市一位职业人士所“必需”的职业装，价钱只相当于北京或上海同类人士所需的 1/3。

要给人留下良好的第一印象，穿着干净的补丁衣服可不行。我们必须穿得比大多数人要好。这就使得人人都有动机在衣服上多花钱、少节省。可要是人人都在衣服上多花了钱，外观的相对标准也就提高了。

人们挣的钱越多，越愿意在大多数消费品上花钱。汽车和衣服也不例外。郑州市城调队一项调查结果显示，2006 年，郑州市民的可支配收入增加了 13.6%，达到 10977 元，市民在花钱上也大方起来，其中的 7398 元都用于消费。2005 年居民家庭人均衣着类支出 844 元，比去年同期增长 30.8%。其中购买服装支出为 621 元，比去年同期增长 35.4%，购买服装占衣着类支出的 73.6%。居民购买服装的单价比去年同期高 23.9%，服装档次提高。

吉利集团董事长李书福的穿戴最为著名的是他的那双鞋。在接受中央电视台采访时，李书福曾当场把鞋脱下来展示给观众。他坦然地说，这是浙江一家企业生产的皮鞋，物美价廉，结实耐用。“今天太忙，没来得及擦亮，擦亮是很好看的，”他很认真地说，“鞋子作为行走的工具，结实耐用就可以了，没有必要去刻意追求什么。”

让人们津津乐道的还有李书福的衣着。平常在公司的时候，李书福常常身着工作服、头戴安全帽出现在工厂车间里。有外事活动时，包括随国家领导人出访、与国外合作伙伴签约、出席“两会”等等，总是那身藏青色的西装。一次，李书福在接受采访时指着自己身上的衣服，说："这是我最贵的西装，也只是和其他高管一样的工作服。" 他说，我从来没穿过上千元的西装。

李书福虽然是有钱人中的一个例外，但毫无异议，富人在衣服和汽车上花的钱都比穷人多。但收入并不是此类支出的唯一决定因素。比方说，假设收入和品味都类似，可律师花在衣服和汽车上的钱就比大学教授多。为什么会存在这一差异呢？

我有一个朋友，刚刚上班就买了一套很名贵的西装，我们都笑话他很奢华，他却无奈地说，没有办法，我们要长时间出去和客户打交道。在人们的眼中，人们挣钱多少和花钱多少成正比关系。人们的能力高低和他们在竞争性劳动力市场上所得到的薪水也成正比关系。合在一起，所以，我们可以根据一个人穿什么样的衣服，或者开哪种车子，粗略地猜测一个人的才能高低。而这些白领也会更加注重自己的穿衣以及出行的工具。

这种说法，用在某些职业上比另一些职业更准确。比方说，有才能的律师，需求量大，收费高；而最有才能的教授，也往往比其他能力稍差的同事收入要高些。而根据对方穿什么衣服、开什么车来判断其潜在能力的高低，用在律师身上比用在教授身上更准确。倘若客户想聘用业务纯熟的律师，必然会拒绝一个开着锈迹斑斑、车龄 10 年的雪佛兰的家伙。反之，倘若一位化学教授开着同样的车，学生毫无理由怀疑他的能力。

对潜在客户来说，律师开什么样的车，能暗示出其能力的高下，那么，律师肯定会在汽车上多花钱，充分利用这一信号的暗示含义。只要律师们在这一支出竞赛上较上了劲，从平均的角度来看，最有能力的律师还是会开着最昂贵的车。可也有不少人会因此在汽车上花掉超出预计的钱。简而言之，律师在汽车和服装上面临更大的压力，因为对他们来说，要是客户由于这些信号误会了他们的能力，代价未免太大。没能跟同事保持同等支出水平的律师，会显得比真实能力要差些，正如没能在打架时竖毛的狗，会显得比实际体格小一些。

反之，教授们最重视的专业成就，并不因为他们在衣服或汽车上花更多钱就更容易实现。教授希望自己的论文发表在顶尖学术期刊上，希望自己正在研究的课题能得到资金赞助。可负责作上述决策的人，一般并不在乎教授穿什么衣服开什么车。

为什么吃豆沙糕而不是巧克力薄饼

阳光明媚的午后，好不容易处理完公司的财务报告，喝杯下午茶休息一下吧，来点甜点怎么样，豆沙糕还是巧克力薄饼？

"豆沙糕还是巧克力薄饼" 类似于古老的 "鱼还是熊掌"。被这个问题难住的人里面，你不会是第一个，也可能不会是最后一个。甚至有许多数学家都为此苦恼不已。当罗素·克劳（电影《美丽心灵》的男主角）会见约翰·纳什（纳什均衡的创立者，诺贝尔经济学奖获得者）时，纳什是花了 15 分钟的时间来决定 "是喝茶还是喝咖啡" 这个问题的。

决定要豆沙糕还是巧克力薄饼、茶还是咖啡、鱼还是熊掌，需要我们仔细地加以考虑。要想圆满的回答这个问题，我们先得了解一个经济学概念：机会成本。

日常生活中我们所说的成本一般是会计成本，是可以用来做加减乘除的，其特点是现实存在的、已经发生的、我们可以加以利用的，和生产和消费有直接的关联。而在经济学上，如果没有特殊说明，成本就是指机会成本。

机会成本，指除了现在的行动外的最佳选择能实现的价值。用现有资源做一件事就不能做其他事了，这些资源就是机会舍弃。就是我们说的 "有得必有失"。

比如一个农民有一块土地，他可以用来种小麦、种蔬菜、养猪。假设这块地种小麦的收益是 100 元，种蔬菜的收益是 150 元，养猪的收益是 200 元。如果农民拿这块地用来种蔬菜了，相应的他就没法去种小麦或养猪，那么他种蔬菜的成本是多少呢？是 150 元吗？不是，150 元只是会计成本，真正的成本是 200 元，即他舍弃的另外两个项目中价值最大的那一个项目的价值！

此外，机会必须是你可选择的项目。若不是你可选择的项目便不是属于你的机会。比如农民只会种小麦、种蔬菜和养猪，搞房地产就不是农民的机会；又比如你只想吃豆沙糕或者巧克力薄饼，那么油条就永远成不了你的机会。

再者，机会成本必须是指放弃的机会中收益最高的项目。放弃的机会中收益最高的项目才是机会成本，即机会成本不是放弃项目的收益总和。例如农民只能在种小麦、种蔬菜和养猪中选择一个，三者的收益关系为：养猪＞种蔬菜＞种小麦，则种小麦和种蔬菜的机会成本都是养猪，而养猪的机会成本仅为种蔬菜。

同理，经济学上的利润跟会计利润也不相同。会计利润是全部收入减去会计成本。经济利润是全部收入减去经济成本，即减去机会成本。

可见，如果农民把地用来种蔬菜或种小麦，他的经济利润是负的，只有他把地用来养猪，他才能获得利润。

这里的高明之处在于，在一般人看来，干什么都可以挣钱，都对自己有好处；而在经济学家看来，在一定的时期内，只有做一件事情才有利润，做其他任何事情都亏损。

机会成本又是和时间约束这个概念紧密相关的。时间是一种珍贵的资源。但糟糕的是，时间是一种供给固定的资源。我们不能在同一时间出现在两个地方，我们的选择总会受到限制。这意味着，我们要选择能使自己最充分利用那个时刻的行动。

如果我喜欢吃豆沙糕，但我更喜欢吃巧克力薄饼。你让我在两者之间选择，我就会选择巧克力薄饼；假如巧克力薄饼恰好没了，那么来点豆沙糕也无妨。因此，接受豆沙糕的机会成本是放弃巧克力薄饼。不妨给食用这两种食物的收益设个数：吃豆沙糕的收益是 5，那么吃巧克力薄饼的收益是 10，因为吃豆沙糕的经济利润是负的，所以我只能选择吃巧克力薄饼，而放弃豆沙糕。

当然，我选择巧克力薄饼的同时就要面对放弃享受豆沙糕这个机会成本，但我愿意这么做，因为只有这一种选择是对我有益的。机会成本是对选择行为的一个不可避免的约束，因为你总得需要决定哪一个选择是最好的，并且放弃最好的替代物。

吃豆沙糕还是巧克力薄饼？以上是经济学教给我们如何选择。可问题似乎还远没有结束，因为我们还会关心一下今天这两种食物的口味，所用的材料是不是过期了，还有医生是不是嘱咐我不能吃甜的等等。

为什么强吃剩饭是更大的浪费

一位李姓老夫人，年近 70，体态臃肿，每次逛街买衣服都非常不易，耗去很多时间和金钱不说，还时常受到别人的“注目礼”。对此她非常苦恼，而且她由于肥胖，健康每况愈下。想想自己年轻时很苗条，怎么到老了却长出这么多的脂肪呢？

原来，李老夫人生性节俭，幼时的苦日子让她每每看到剩菜剩饭就不能安心，舍不得丢掉，结果就勉强多吃。时间长了，体形也就变了样子。这样节俭的事例在我们生活中再常见不过了，特别是上了年纪的父辈、祖辈们，他们更是忍受不了我们一丝一毫的浪费。“谁知盘中餐，粒粒皆辛苦”的思想，在他们的头脑中根深蒂固，因此才有了类似李老夫人的痛苦。

浪费确实可惜，但为了防止浪费而把剩余的东西“塞进”自己的肚子里，这样的思想正确与否，值得思考。尽管我们小时候也曾接受过家长的类似教育，但从经济学角度来看，未必要这样做。因为剩饭不管是吃掉还是扔掉，都不会改变其浪费的性质。可能有人会问：扔掉那是浪费，这毋庸置疑，为什么说吃掉也是一种浪费呢？

这是因为，一方面，强吃剩饭不会让你有吃饭的满足感，相反，却可能因强迫自己吃饭而感觉到痛苦；另一方面，强吃剩饭会给胃部消化系统等造成负担，久而久之也就容易出现李老夫人那样的情况，对身体的伤害很大。既然这样，我们就能得出一个结论：吃剩饭实在不是明智之举。吃得太多，不但没有了享受美食的感觉，更谈不上强身健体；相反，如果剩饭造成了肠胃负担，导致消化系统紊乱，那就是吃出毛病了，赔上医药费不说，还会让身体和精神双方面受损。

其实，选择吃还是不吃，应当根据经济学的边际效用递减和成本收益理论来衡量。在这方面，边际效用递减规律是一个普遍的规律，在经济学、生物学、物理学、心理学方面都成立，使用它能让你懂得更多的生活哲理，也能更理性地生活。成本收益在此处则是从另一个角度进行观察。

倘若吃下去，你仍能觉得是顿美餐，则其边际效用还是正的，还能让你增添些满足感，吃了倒也无妨。但若是感到有些痛苦了，那它的边际效用已经成为负的了，不吃也罢。同样的道理，若你认为，吃下去能给你带来更多的收益，就可以吃，若是吃下去可能给你带来更多的身体不适，那吃下去显然就不是明智之举了。

最后，不得不承认，吃不吃在于你。但是李老夫人的经历告诉我们：扔掉剩饭是一种浪费，强吃掉剩饭又何尝不是呢？没准，它还会让你付出更多的代价！这种可能携带负的溢出效应的浪费，难道不是更大的浪费吗？很多事情都是同样的道理，但是若你从经济学的角度去看，用更理性的方式去想，就不会再犯这样的错误了。看透扔掉剩饭的浪费与吃掉剩饭的相对的浪费，就能让你清楚该如何在现实中对不同经济价值的事物进行抉择，如何进行取舍。所以，浪费抑或是不浪费，换个角度，就会有不一样的答案。不要困于常理，在生活中要善于利用经济学的思维思考。

第二章

优惠券：占了便宜还是吃了大亏

为什么很多餐厅都为饮料提供免费续杯

一位网友在“天涯”上描述了他去麦当劳遭遇的令人非常生气的一件事情：

我是天津人，因为工作的需要去滨江道附近工作，下午两点多去买了一份麦当劳的套餐！拿到套餐后，坐在位置上打开咖啡杯的盖子，发现杯子里的咖啡比平时少了很多，然后转动杯子，看到杯子里面的咖啡离分界线足足差了1厘米多！感觉真的很无奈。就在这时候来了一位服务员，我就把事情和她说了，他给我的回答真是令人气愤！

她看了看杯子然后说：“咖啡不可能给您打满的，那样容易流出来，您不是还要放奶精和糖嘛！咖啡是可以免费续杯的，喝完了您可以再续杯！如果您感觉不行的话，可以现在就要求加满！”

听完她说的我也没说什么了，感觉说了也没什么必要了！我把奶精和糖放到咖啡里，咖啡上涨了半厘米，还是没有到达那个界线！

在我走之前用手机照下了咖啡杯的照片，先前的服务员可能是看到了，然后走过来问了一句：“你需要续杯吗！”我说：“不用了！”

事后，这个客户还这样愤慨地说：“真的作为一个老爷们儿不应该斤斤计较。我也确实不是那样的人，就是感觉麦当劳不应该这样对待客户！咖啡并不重要，重要的是对待顾客真诚的感情！”

其实可能很多顾客跟这位友人一样，不知道麦当劳的咖啡是免费续杯的，可能更多的人也不知道，而在其他国家的麦当劳，可乐也是管够的，而并不是来区分大杯、小杯和中杯。同样在很多餐厅，饮料也是提供免费续杯的。这位客户的愤怒也可能是出自他对餐厅咖啡免费续杯的不了解。

很多人必然要问一个问题，如果免费续杯，餐厅如何赚钱，或者说对消费者自己来说，真是件再好不过的事，但商家自有商家的聪明之处。

从餐馆的角度来看，这种做法的存在，与完全竞争的逻辑相矛盾。该逻辑认为，顾客会支付自己购买的任何额外商品或服务的全部成本。但竞争其实并不充分。和很多其他行业一样，在餐馆业，随着就餐顾客人数的增长，为顾客提供服务的平均成本会下降。这也就是说，餐馆提供膳食的平均成本，比一顿膳食的边际成本要高。由于餐馆为每顿膳食索取的费用，必须要高于该顿膳食的边际成本，那么，只要能吸引到额外的主顾，餐馆的利润就可增加。

已故的乔治·伯恩斯（George Burns）曾讲过一位企业主的趣事，此人说，他每卖一样东西都亏不少钱，全靠量大赚回来。当然了，真靠这种做法，什么企业都维持不了长久。所以，饮料免费续杯的常见做法就成了一个谜。餐馆怎么可能提供这种服务又不亏本呢？

大多数企业都要卖不少货物。要想维持经营，企业用不着对每一件货品索取高于其成本的费用。相反，它只需要使总收入等于或超过所卖货品的总成本即可。所以，要是主菜、甜点和其他物品已经包含了足够的利润率，餐馆当然可以提供免费续杯服务，同时又不亏本。

如果所有的餐馆都不提供免费续杯服务。假设此时有一家餐馆突发奇想开始提供免费续杯服务，情况会怎么样呢？在该餐馆享受到了免费续杯服务的就餐者，会觉得做了一笔划算交易。随着口碑流传开来，该餐馆很快会发现，自己的顾客比从前多得多。虽然续杯服务会增加一定成本，但这部分成本相当低。

虽然饮料免费了，餐馆在多卖出的膳食上所获取的利润必须要超过免费续杯的成本。而由于餐馆在多卖出的膳食上的利润率极可能超过它为免费续杯所承担的成本，餐馆的整体利润就会出现增长。

看到该餐馆在免费续杯服务上获得成功，竞争餐馆肯定会争相效仿。随着这么做的餐馆越来越多，第一家餐馆就餐者的增幅会逐渐变小。如果所有的餐馆都开始提供这一服务，每一家餐馆的业务量，就跟从前它们都不提供免费续杯服务时差不多了。又因为餐馆业的利润率一般都很薄，对不少餐馆来说，免费续杯似乎预示着亏损。

如果食物的价格一直保持不变，的确会给餐厅造成损失。这就会促使餐馆提高膳食的价格。等一切尘埃落定，膳食的价格应当会大致提高到足以涵盖免费续杯成本的程度。

另一个需要考虑的因素是，一杯只值几毛钱的冰茶、软性饮料加苏打水一类，餐馆一般要收 5 元。要想喝够本，一个人得添上无数次杯才行。要是有 10%的客人因为免费续杯的缘故点了饮料，几乎可以肯定，餐馆是稳赚的。

所以，你如果在餐厅喝上了免费续杯的饮料，你一定不要暗自庆幸自己的运气好，而在这背后，你已经为免费饮料买好了单，如果可以的话你多喝几杯，你支付的价格相对要便宜一点。

为什么航空公司提供的机上餐那么难吃

一位旅客刚好在一天之内坐了 3 家航空公司的飞机，他把在东航、南航和港龙航班上坐飞机吃饭的有趣经历写了下来：

在东航的飞机上正好赶上一顿午餐。照例是从发饮料开始的。虽然穿着中式服装的空姐满脸堆笑，但提供饮料的速度却非常缓慢。原因之一是东航提供给乘客的品种太过简单了。坐在我前排的一位乘客先是要了啤酒，在被告之“不提供”后只好改要茶水，令人惊讶的是，空姐也不能立刻提供，只表示要过一会儿才能端过来。那名乘客显然非常不满：“我看全世界的航空公司也没有东航这样服务的，真节省啊，连茶水都要等！”我在他身后被逗笑了，这是东航的一贯作风啊，在送水之类的“小问题”上很讲“节约”。之后的机上午饭也是乏善可陈，基本只能起到果腹的作用。如果给东航的这顿午餐评分的话，显然是不能够及格的。最关键的问题，是在东航空乘人员身上，体现不出对乘客真正的热情，即使他们的脸上也挤满了尴尬的笑容。

在南航的飞机上赶上的同样也是午餐。虽然没有十分出彩的地方，但感觉南航是真心为乘客着想，而且也比较接近国际惯例。与东航上连送水都磨磨蹭蹭相比，南航的效率显然比较出色。同样是一男一女两位乘务员，虽然脸上没有“假惺惺”的笑容，但动作却十分麻利，而且能够主动为乘客加水和饮料。与东航的“抠门”不同，南航的班机上提供啤酒，而且是出发地的“本地啤酒”，这一点也体现了南航的细心之处。不足的地方依然是饭菜的质量，虽然量不大，但乘客们对这种口味不佳的航空餐也显然没有什么胃口。南航上的这顿正餐显然评分要比东航的高不少，胜在对服务理念的把握和服务的水准。而总体分数也不会很高的原因是被正餐食物的质量拖了后腿。

乘坐港龙的航班，提供的是一顿晚餐。一上飞机，乘客就可以发现座位前有一小瓶矿泉水，可以先润润喉咙。飞机起飞后不久，空姐就会给乘客发送一包果仁，然后是提供饮料。坐在我边上的是一位老外，先要了一罐嘉士伯啤酒，几乎是一饮而尽，马上又要了一罐。就这样一直要了四罐啤酒，但空姐都面带微笑地满足了他。这让我想到东航上面那位等茶水等急了的乘客，都是“上帝”，待遇咋差那么多呢！除了啤酒，港龙的航班上还有红酒、白葡萄酒和各种饮料，这与东航寒酸的推车形成了巨大的反差。值得称道的还有机上正餐，在菜单上标明是与北京一家著名餐饮公司合作的，质量虽然不能和饭馆里的比，但已经足可以让乘客有滋有味地享用了。

虽然港龙航空的机上餐在客户的心中要比南航、东航的好一点，但毋庸质疑的是机上餐永远没有地上餐馆的饭好吃。其实不止是这一位顾客抱怨，几乎坐过飞机的人都抱怨过飞机上的东西难吃。不仅中国航空的机上餐难吃，国外航空公司的机上餐也如此。确实，要是有哪家餐馆敢卖那样的食物，肯定没几天就倒闭了。

我们似乎理所当然地觉得航班上的食物该和餐馆里的一样好吃。但这样想有道理吗？按照成本收益原则认为，当且仅当收益大于成本时，航班才应当改进饭菜的质量。食物更好吃的收益或许可以根据乘客的付费意愿来衡量，即更高的飞机票价。倘若美味的饭菜要增加10美分的机票钱，恐怕大多数人都愿意买单。问题在于，要在一万米高空中的狭小机舱为所有乘客及时准备这样一顿饭，成本恐怕很高。

当然，麻烦归麻烦，办还是办得到的。比方说，航空公司可以从飞机上拆掉20张座椅，安置一套设备精良的现代厨房，聘用额外的人手，在菜品上花更多钱，等等。可是，这样做的话，每名乘客额外承担的成本，恐怕就是100美元了。尽管我们所有人都对航班食品抱怨连连，可很少有人愿意承担这笔额外负担。所以，航班食物注定要继续难吃下去。

为什么酒吧里会提供免费的花生米

某大酒店开业，在电视和报纸上做了一个广告，称开业当天全天免费。几个好友当天正好闲来无事，便相约去吃这顿免费的午餐。去吃饭之前大家都兴致勃勃的，吃完饭后却一个个闷闷不乐，为什么？原来酒店所说的全天免费，并不是让你随便吃，而是根据酒店的规定，每人免费供应一份订餐，所谓的订餐，不过是一碗米饭、一个小菜、一小碗鸡蛋汤而已。

如果想要吃其他的，就得自己掏腰包。看来，这全天免费只是酒店钓鱼的诱饵而已。再看酒店里前来消费的人群挤得人满为患，显然大家都是冲着这免费来的。虽然被骗了，但有火还没地方发，谁叫你来的，姜太公钓鱼——愿者上钩，人家广告上明明写着：解释权归酒店所有，虽然字很小，不太醒目。再说你也不好意思理论，为了吃人家的免费餐，还要人家管你吃个够。大庭广众之下，面子上也过不去呀。送的免费餐吃不饱，只好自己再点上些炒菜、酒水，一结账，几百块钱出去了。这顿免费餐吃得还真不便宜。

作为商家，追求的都是利润最大化，他们为什么要给你提供免费午餐呢？但现实生活中，总有一些人相信这样的事情。原因何在？因为虽然每一个人都是经济人，也追求自身利益的最大化，但是，经济人的理性是有限的，在利益尤其是能轻易获得的利益面前，人们就很容易失去理性。

我们经常看到此类广告：本店清仓大甩卖，商品一律四折！其实商品的标签早已在打折前进行了修改，不过是将现在的价格提高为原来的两倍而已。说到底，没有谁会赔钱赚吆喝。

商家的目标是赢利，所以商场也好，酒店也罢，都不可能免费为你提供商品或服务，免费的午餐是不可能存在的。

也许有人会提出反对意见，很多酒吧里的花生米是免费的。可是你注意到没有，花生米可随意索要，饮用品则贵得很，连一杯清水都要好几块钱。按常理，花生的生产成本要比水高，酒吧为什么要这么做呢？

理解这种做法的关键在于，弄明白水和花生米对这些酒吧的核心产品——酒精饮料的需求量会造成什么样的影响。花生和酒是互补的，花生吃多了，会有干渴感，要点的酒和饮料也就多了。相对于酒和饮料的利润来说，花生是极其便宜的。多吃花生米能带动酒和饮料的消费，而酒吧主要靠酒和饮料来赚取高额利润，所以，免费供应花生米只是为了提高酒吧利润而已。

反之，水和酒是不相容的。水喝得多了，要点的酒类自然少了。所以，即使水的成本很低，酒吧也会给它定个高价，减弱顾客的消费积极性。

免费的花生米实际上是引导顾客多消费酒水而已。酒吧的做法正是应了那句——世上没有免费的午餐。

去美国参观旅游过的大多数人都知道，位于华盛顿的国家美术馆是免费对游人开放的。这么说，是不是国外就有免费的午餐呢？其实不然，华盛顿的国家美术馆一楼是展览大厅，楼下是画廊，有出售画家作品的，还有出售美术期刊、画册、图书、工艺品的。最多的是出售世界名画仿制品和印刷品的，一楼每一幅展出的名画在楼下都能找到其仿制品和印刷品，两者的价格相差悬殊。例如，一楼展出的凡·高名画《向日葵》，其标价是几百万美元，而楼下出售的仿制品却只卖20美元，印刷品更是便宜，几美元就能买到。面对如此大的差价，人们对仿制品和印刷品的购买欲望怎能不强烈？

试想，如果国家美术馆收门票，前来参观的人肯定会少很多，买楼下仿制品和工艺品的人也将随之减少，售出的商品也会减少，楼下的铺位对外出租的价格就会降低。如此一来，门票收入可能还不及铺位对外租金的减少。所以，虽然从表面上看，国家美术馆没有收门票，是赔钱的买卖，其实暗地里他们早已通过高额的铺位租金费，把比门票更多的钱赚到了口袋里。

的确，免费是个很诱人的东西，最显著的例子不是马云也不是阿里巴巴，而是马化腾和他的QQ。从1998年开始，QQ就开始提供免费的即时聊天账号和软件下载，并且在功能上不断完善自己。直到有一天，那个胖企鹅说自己要收费了，我们才恍然大悟——你已经离不开他，你身边的所有人都在用QQ。直到现在，腾讯还保持着这个传统，每个业务初期都是免费的，瞄准现在年轻人爱时尚爱攀比的心理，赚足了票子。

如此看来，作为一个消费者、一个经济人，不能只片面地追求利益最大化，面对商家免费午餐的诱惑，我们应该清醒地提醒自己“天底下没有免费的午餐”，精明的商家是不会让你轻易拣便宜的。

为什么运动鞋贵过汽车轮胎

让一位家长感叹的是，他在孩子的生日时给孩子挑了双运动鞋，付账的时候发现这一双知名品牌运动鞋要抵买四个轮胎。

运动鞋本不应该贵过四个轮胎，无论是从制造过程、原材料抑或是从功能，还是从耐久性来考虑。此外，在生产设施的投资以及从技术的层面上来看，生产轮胎的要求都要比生产运动鞋的要求高得多。因为，倘若是生产出不合格的轮胎，还不知道会贻害多少条宝贵的生命。这就是品牌的原因。从需求的层面上来看，轮胎与运动鞋并无二样，只有当消费者认为其具有较高的价值时，商品才能以较高的价格“优雅”地卖到消费者手里。

无论是买一双要抵买四个轮胎的名牌运动鞋也好，还是价格令人瞠目结舌的牛仔裤也罢，都要同时满足下述两个条件：

第一，消费者对其品牌认知度与忠诚度较高。形象广告时代，消费者的选择大部分基于品牌形象所提供的附加价值。这就是品牌忠诚度（Brand Loyalty）。消费者对某一商品认可或不认可，在很大程度上取决于这种商品的市场销量和品牌知名度。对消费者来说，商品品牌是自己身份、地位、个性、价值观甚至于人品的体现。品质精良、把握国际流行设计风尚、不断精进的舒适性能、切实可信的“贵族气息”才能吸引“非草根阶层”的垂青。

第二，通过商品差异化，赋予商品较高的稀少价值。小孩子说：“要买就只买XX品牌”，虽然父母高呼商品贵得不得了，但厂家却不管这么多，只要确保10岁的小孩子们喜欢就行。在设计上花工夫，在品质上赚噱头，耐久性、伸缩性、时尚感等，让消费者在进行比较时获得优越感及满足感。尽管市场上同样商品的品种多种多样，但寻找某个品牌运动鞋或牛仔裤的消费者始终不缺。

午夜，两个窃贼偷偷摸摸进了一家商场，他们想趁此夜无人之时，大捞一笔。在他们费了老大的劲儿，终于进入一家大的专卖店后，却发现收银台里没有现金。无奈之下，两人只好对着满室的衣服大发牢骚。

突然，一个人对着另一个人说："不公平，太不公平了！！！"

另一个人问："为什么？"

第一个人大叫说："都说我们是抢劫犯，太冤枉了，这套衣服才是抢劫犯呢，还是光明正大地抢，你看这标签。"

另一个窃贼看了一眼衣服的标签，也傻眼了，那上面标的是：20万元人民币。

这两个窃贼产生强烈不满的那套衣服为什么有如此高的标价？原因就两个字：品牌。

在经济学中，品牌是给拥有者带来溢价、产生增值的一种无形的资产，它的载体是用以和其他竞争者的产品或劳务相区分的名称、术语、象征、记号或者设计及其组合，增值的源泉来自于消费者心中形成的关于其载体的印象。

品牌的英文单词"Brand"，源出古挪威文"Brandr"，意思是"烧灼"。人们用这种方式来标记家畜等需要与其他人相区别的私有财产。到了中世纪的欧洲，手工艺匠人用这种"打烙印"的方法在自己的手工艺品上烙下标记，以便顾客识别产品的产地和生产者。这就产生了最初的商标，并以此为消费者提供担保，同时为生产者提供法律保护。16世纪早期，蒸馏威士忌酒的生产商将威士忌装入烙有生产者名字的木桶中，以防不法商人偷梁换柱。到了1835年，苏格兰的酿酒者使用了"OldSmuggler"这一品牌，以维护采用特殊蒸馏程序酿制的酒的质量声誉。

随着市场的发展，越来越多的国外品牌涌入中国市场，诸如时尚品牌——路易威登、爱马仕、阿玛尼、迪奥、香奈儿等，还有汽车品牌——奔驰、宝马、凌志、本田等，电脑品牌——IBM、苹果、戴尔、东芝等，遍及工作、生活的方方面面。很多人如数家珍，非品牌不买。哪怕同样的产品，品牌的贵很多，很多消费者也都会心甘情愿地掏钱。

2005年，耐克推出了限量版飞人乔丹13代复古低帮鞋，引得数百消费者排起了长队。耐克 pigeon dunks 推出，使得数十位争抢的"骨灰级"耐克迷在耐克销售店发生冲突，直到警察赶到才解决了问题。据说，该款耐克鞋全球仅有150双。

英国滑板品牌西拉斯 & 玛丽亚的东京店，每次只能进20名消费者，其他人则站在门外由工作人员拉起的绳子后面等待。在前一批购物者离开之后，货架上的产品会重新更换。消费者不仅不因排队而烦躁，反而乐此不疲。

名牌产品虽然价格昂贵，但仍能让消费者对其忠诚，且让消费者感到自己获得了独一无二的荣誉感。这就像消费者买电脑一样。很多人只认ThinkPad这个品牌的笔记本，说同样的产品、同样的性能，如果不是这个牌子，消费者就不愿意买账。有了品牌效果，就是不一样。

很多人在搬新家后，会选择换一套新的家具家电，这个时候他们的选择往往是一些大的名牌产品。比如最常见的电视机，在商场里，同样规格、不同品牌的液晶彩电，价格相差很大。而实际上，国内家电尤其是电视机产品的质量相差不大，用的都是进口显像管。但多数消费者往往会选择价格更高的名牌产品。

造成这种现象的原因很简单，名牌能给消费者带来更多的信赖感。所以即使在产品质量相同的情况下，人们依然会选择名牌，而不在乎价格的差异。

人们对电视机产品的质量认可，并不能通过实践得来。电视机不像普通的易耗品那样需要经常更换，购买一台电视机后通常能使用数年甚至十几年，因此消费者很难积累起感性经验。消费者的购买行为，多数是受报纸上公布的评比和调查结果影响，如哪种电视机销量最大、哪种电视机评比第一、哪种电视机寿命最长等，而在这些方面，名牌产品的投入会更大。

不仅仅局限于商品市场上，即使在高校培育上，也存在着名牌效应。经济学家斯宾塞在哈佛大学读博士的时候，就曾发现一个很有意思的现象：很多MBA的学生在进哈佛之前很普通，但经过几年哈佛的教育再出去，就比其他学校的毕业生多挣几倍甚至几十倍的钱。这就是名牌大学的作用。哈佛的名校效应，使得它的毕业生比同类大学生更具有市场竞争力。

在市场经济中，人们认可名牌，是名牌潜在效益的体现。

名牌具有的潜在效益，根源在于最初建立名牌时的投入。在经济市场上，企业的产品价格主要受成本、需求和竞争等因素的影响，而名牌产品的定价还要考虑其无形资产的价值。

一个名牌就是一笔财富，具有丰富的价值内涵。

首先，是名牌的成本价值。成本价值是形成名牌效益的物质基础，培育一个名牌产品往往要付出更高的投入。企业需要聘请专业机构进行市场调研、委托专家设计产品等。而当产品投入市场之前，还需要投入更多的广告宣传费用。企业在打造名牌之前，往往还要注重产品的商标包装。比如美国的埃克森公司，就曾为自己的一个汽油商标，支付的设计、咨询、印刷等费用超过10亿美元。

其次，名牌具有的信誉价值。信誉价值主要是指名牌在市场上较高的知名度与美誉度，这是构成名牌价值的重要组成部分。知名度反映了消费者对名牌产品的了解和熟悉程度；美誉度体现了消费者对名牌的认同与偏好程度。名牌产品的信誉价值在市场上具有强大的影响力和吸引力，也成为企业的重要资源和持续发展的动力，其为企业创造的潜在效益远远高出企业研发产品时的成本投入。

说到底，名牌的生命保障其实就是产品的质量。在经济市场之中，名牌产品无一不是以优质赢得消费者的。而企业为了维持名牌产品的质量是需要付出较高代价的，如采用先进的技术、精湛的工艺、优质的原料以及独特的配方等，所有的这些投入，都只是为了享受到更多的名牌效益“产出”。

为了要保持住名牌产品的质量领先地位，企业往往会为其制定一个较高的价格，这样才能弥补名牌产品的成本投入并且加大对名牌产品的科技投入和广告投入，使其成为市场上的常青树。我们经常会看到，在市场上，一件名牌服装的价格是普通服装的数倍，甚至数十倍。而消费者一旦认可了名牌产品，多数都会心甘情愿地付出较高的代价。

因为投入成本的巨大，为了得到更好的回报，在市场经济中，企业会着重打造自身的品牌。品牌是消费者保证自身购买到高质量商品的最有效方法，因为品牌使消费者能够更容易判断产品的质量，也能促使企业保持自己的品牌声誉。

比如，很多日常的百货店里，不仅有可口可乐之类的饮料，还有很多不知名的饮料。不知名饮料的价格通常要低于可口可乐，这种情况下，多数人仍会选择可口可乐。因为不知名的饮料从未喝过，消费者无从知晓它的质量如何。与此对应的是，可口可乐是世界知名品牌，通过它的品牌完全可以判断其质量是有保证的。

为了安全起见，价格的差异往往会被忽视，这就是可口可乐的潜在效益作用。因为消费者认为可口可乐的品牌，能保证该公司产品的质量。如果某个顾客由于喝了可口可乐而生病，这会使可口可乐公司多年来以高昂的广告费用建立起来的声誉丧失殆尽。

相对应的是，如果消费者由于喝了某些小公司生产的劣质饮料而生病，其解决的成本就相应低很多。即使这些小公司不得不关门停业，它们的损失也不会太多。因此，可口可乐公司确保自己饮料安全性的激励更大，低质量的产品会给可口可乐公司造成巨大的损失，这就迫使可口可乐公司必须严把质量关，其产品的质量就值得消费者信赖。

为什么凡·高的画在他生前卖不出去，在他死后却价值连城

今天，所有的雄伟壮丽的画馆，都以一展凡·高的杰作为荣，荷兰和法兰西都争称凡·高是她的儿子，在巴黎和阿姆斯特丹都巍然耸立着他的纪念馆。而在一百年前，凡·高却并未得

到人们的承认。

凡·高，这位荷兰籍的青年一百年前来到法兰西后，等待他的是贫困和饥饿。小镇欧维尔的一间小客栈，便是他生命最后一段时间的居停所。房间很小，阴暗而潮湿，只够放置一张小床和一张破椅，根本无法在室内作画。于是，苍苍穹庐、恢恢大地便是凡·高的画室。没有钱雇模特儿，他只好对着镜子画自画像。在欧维尔，凡·高留下了他最后的杰作之一——《欧维尔教堂》。

当时，人们根本不知道凡·高，他连被人嘲笑、诟骂的资格都没有。在人生的道路上没有比被彻底忘却更痛苦的了。凡·高拿起了手枪，向心窝射了一枪。然而他没有倒下，一路流淌着鲜血回到他的卧室，呻吟、流泪，无法说话，最后死在深爱他的弟弟德奥的怀中。神父拒绝为自杀者作弥撒，甚至教堂也不让灵车送葬，只好在附近的小镇借来一辆破旧的灵车，才将凡·高在遗体送到墓地。

凡·高的一生没卖出过一张画，弟弟德奥为了慰藉他，仅仅以几十法郎买过他的一张画。凡·高在给弟弟的信中说："我相信终有一天，我有办法在一家咖啡馆办一次画展。"

一个多世纪前，当英国苏格兰艺术品经销商亚历山大·里德从法国巴黎返回家中，将新结识的画家凡·高给自己画的两幅肖像画展示给父亲看时，他怎么也没想到父亲竟会勃然大怒，并随后将这两幅"粗制滥造的油画"以每幅9美元的低价出售给了一个法国商人。

1987年3月，伦敦古画拍卖市场上，凡·高的《向日葵》被日本安田火灾海上保险公司以2250万英镑的高价买下。（按近期比价：1英镑=15.8元人民币，约合人民币35550万元，即：三亿五仟五百五拾万元。）另一次拍卖会上，《加歇医生像》以8250万美元成交，仍保持着世界艺术品拍卖的最高纪录，约合人民币6.8475亿元，真可谓价值连城。

凡·高生前一直不得志，直到死后才声名大噪。他的画是独一无二的，没有和他一样画风的画家。虽然印象派很多，但是用那么鲜明颜色，点汇成画的笔法的画家，当时应该只有他吧。

毫无疑问，他的画是稀缺的。所谓的稀缺，并不是绝对的数量多少，而是指相对于人们无限多样、不断上升的需求来说，用以满足这些需求的多寡，即有用的资源总是相对不足的。再也不会有第二个凡·高，这就具有极小的价格弹性，所以他留下的仅有的画作就会价值连城。

一名收藏家在2008年5月16日以6600英镑（约13200美元）的价格买下了威廉·托帕斯·麦戈纳格尔的一些原作。麦戈纳格尔被称为"世界上最糟糕的诗人"。

麦戈纳格尔诗作的拍卖价格超过了爱丁堡居民J·K·罗琳的一套珍贵的、签有罗琳大名的《哈利·波特》丛书。罗琳的书在此次拍卖会上的成交价为6000英镑。

麦戈纳格尔1830年出生于苏格兰爱丁堡，被认为是史上"最蹩脚诗人"，他的诗毫无章法可言。他创作的一部剧本中，毫无思想内涵，再次证实"最蹩脚诗人"的称号名副其实。他是纺织工人的儿子，而他本人有生之年也大多以纺织为业。据传他的创作灵感起源于47岁那年，他说一名"缪斯"造访了他的公寓，从此一发不可收拾。麦戈纳格尔曾在自传中这样描述创作热情："我的身体突然开始燃烧，顷刻间身体内部充斥着强烈的创作热情。这种愿望如此强烈，以至于我总能听到耳边响起一个声音：'写吧，写吧！'"

麦戈纳格尔的诗几乎无人赏识。他不讲究章法，甚至连每行的字数都没定规，只使最后一个字押韵，因此受到读者恶意嘲笑。但他没被冷嘲热讽击败。之后，落魄的麦戈纳格尔萌发前往美国的想法，倾尽家当远赴大洋彼岸，在那里依然碰壁。最终，他不得不靠借债回国。

麦戈纳格尔的作品，主要以妇女的选举权及阿伯丁市一个剧院的大火为创作题材。文学界认为，他的作品缺乏想象力、词汇贫乏、语句重复而且不押韵，"赐予"了他"最差诗人"的称号。他还创作了一本短篇自传，其中两册上的题词为："献给他自己，一个伟大的诗人。"

1902年，沦为乞丐的麦戈纳格尔死去，被葬在家乡的无名墓地中。他没想到的是，生前未出名，死后却名气大增。苏格兰当地的《人民日报》刊发了他的讣告，一大群"粉丝"忽然冒出，他们中有后来的喜剧明星史派克·密利根、BBC喜剧片《MontyPython的飞行马戏团》的演员，甚至《哈里·波特》的作者J·K·罗琳为纪念这位"最蹩脚诗人"，还给哈里·波特的老师起名"麦戈纳格尔"。

2002 年 9 月 29 日，麦戈纳格尔逝世 100 周年，苏格兰人以他的名字命名了一条新铺设的河滨人行道，算是对他逝世百年的纪念。之所以用他的名字命名苏格兰邓迪市泰河河畔一条人行道，是因为他的一首诗描述了泰河——一百多年前的情形。诗歌本身并不出名，但泰河却因为那首诗歌而出了名。

麦戈纳格尔在生前连一个末流的诗人都算不上，但死后却获得人们的追捧和热爱。2009 年，全球乐坛最有影响力的一件事就是迈克尔·杰克逊的死，这个生前饱受“娈童案”困扰的歌手，死后却获得了多项音乐大奖。美国歌手迈克尔·杰克逊生前录制了一百多首歌曲，仍未发表，他曾表示这是“留给儿女的遗产”。这些歌曲如果公开发行，必会引发抢购热潮，有人甚至说杰克逊死后的身价反而更高。

杰克逊是全球著名的音乐人，生前就赚了大把大把的钞票，让人没有想到的是，死后的杰克逊更是收获了无数的荣誉和金钱。美国 HitFactory 唱片公司（曾为杰克逊录制过其最畅销专辑《震颤》）负责人杰瑞·雷斯曼说：“坦率地讲，他死后将会比生前更富有。仅唱片在全球的版税一项，他未来产生的收益将高达数十亿美元。”

人们对杰克逊的迷恋随着杰克逊的逝去会更加强烈，而世界上也不会有第二个杰克逊，所以，这就是杰克逊的产品，以及杰克逊的电影会在全世界受到追捧的原因。

资源的稀缺性是现代微观经济学的基本命题，资源的稀缺性及由此决定的人们要以最少消耗取得最大经济效益的愿望，是经济学作为一门独立的科学产生和发展的原因。

为什么麦当劳对城里人涨价，却对农村降价了

提起全球连锁的麦当劳快餐店，大家可能都会有因为菜单和价格完全相同，即使去外地也能放心食用的印象。但这种观念应该发生转变了。

2007 年夏天，麦当劳在日本开始实行不同地区不同价格的制度。此制度实施后，约 90% 的麦当劳连锁店进行了提价，其幅度按照地区不同分为 3 个档次。剩下的店铺有的价格不变，还有极少一部分店铺实行了降价。2007 年 8 月 27 日《日经流通新闻报》报道：实行新的价格制度后，原价 580 日元的巨无霸套餐在东京、大阪、神奈川、京都的价格最贵，涨到 640 日元；千叶、琦玉、爱知、兵库、静冈、广岛其次，为 620 日元；包括北海道、冲绳在内的大部分的县（相当于中国的省）上升到 590 日元。青森、石川、爱媛、熊本等县保持原价不变，而降到 560 日元的只有山形、宫城、福岛、鸟取、岛根这 5 个县。

从以上的价格变化分析，东京、大阪等大城市的涨价幅度达到了 10% 以上，相反降价的只有东北、山阴地区的 5 个县。之后，麦当劳在 2008 年 5 月再次进行了价格调整，下调了青森、爱媛等县的价格，这样最低价格的县就增加到了 12 个。城市和农村之间的价格差距更加明显了。

那么，麦当劳为什么对城里人严格，而对农村人宽松呢？其实，也有其他的全国连锁快餐店实行不同地区不同价格的制度。

麦当劳快餐店为了提高营业额，采取了不同地区不同价格的制度，调整后城市和农村的售价各不相同。在城市来吃饭的顾客大多都拥有较高收入，不会太介意便宜商品的价格。因此，即使提价销量也不会有太大的变化。店方预计即使价格上涨 30%，销量也只会下降 20%，提价后的新营业额可以增加到 10 万 4000 日元（260 日元 ×400 个），所以选择提价。

相反，在农村来吃饭的顾客大多是低收入、对价格敏感的节约型消费者。如果提价的话，销量会大幅度减少，所以店方会通过降价来提高收入。店方预计如果降价 20% 的话，销量会提升 40%，所以降价后的新营业额可以增加到 11 万 2000 日元。

想要提高收入的企业在考虑应该提价还是降价时，应该重点分析消费者对价格变化的反应大小，经济学称之为需求价格弹性。总体上说有两方面的内容：一方面是“消费者对价格弹性小（反应迟钝）的时候，企业可以选择提价”；相反，“消费者对价格弹性大（反应敏感）的时候，企业可以选择降价（上述事例中农村店铺的做法）”。

新上市的日产风雅共有3个级别：豪华版本（BaseModel）47.8万元，豪华导航版本（NaviModel）51.8万元，VIP版本（VIPModel）54.8万元。

上海市场，47.8万元的豪华版本一辆未售出，而51.8万元的豪华导航版本和54.8万元的VIP版本两辆样板车，均已被客户购买。

“我们第二批车订的全是VIP版本，”某汽车销售有限公司的谈先生说，“买得起这种价格的车的客户，是不会选择相对低配置的车型的。根据我的经验，这种消费档次的客户，一般都会看重车的舒适度，在同一排量和价格档次的基础上，喜欢选择一些‘享受型’的配置，如GPS、分独立空调等。”

中高档车消费群体的特殊性，决定着这部分有能力消费中高档车的消费者，更看重车辆的配置与自己身份的相配程度，他们对价格相对不敏感，不会为了几万元甚至十几万元退而求其次，所以在中高档车市场，特别是豪华车市场，一般情况都是越豪华、越高配置越好卖。相反，那些购买桑塔纳、捷达、奇瑞汽车的消费者对几千块甚至几百块的价格都非常敏感。

对不在乎价格的顾客高价出售，对在乎价格的顾客低价售出，这是一种价格歧视战略。根据消费者的弹性实行价格歧视时，一般的做法是，按照价格弹性的大小将消费者分为几类，根据各类的特性制定不同的价格。

800块钱的一瓶酒在饭店卖到880块，价格上涨了10%，对请客吃饭的有钱人来说，并没有太大的区别，反正他们都要请客人喝这一顿酒。

为什么机票现买价更高，而演出的门票现买价却更低

下面是某飞机票销售公司的一则广告：

航程：北京到雅典

机票价格：单程：3050元；往返：4200元（具体价格以电话咨询为主）

航空公司：汉莎航空

尊敬的旅客朋友，您能选择我们公司特价申请部提前预订机票，选择我们为您服务，就是对我们最大的鼓励和支持，我们也一定会把您的需要当做自己的需要，用心尽责的为您服务。依托我们与多家航空公司合作多年的密切关系，承诺为您预定申请到的机票价格是全市即时最低价；另外，无论您的行程多复杂，我们的专业操作人员都会为您精心设计出最合理、最经济、最舒适的行程路线。只要是在本公司预定的机票，无论您的行程有什么变化或有什么问题，只需一个电话，我们都会为您解决，让您感受到我们切实贴心的服务。

每到出行淡季，为保证上座率，各航空公司不惜推出大量低折扣机票。像北京、上海等许多热门航线，也都能轻松买到5折以下特价票，很多航线甚至将折扣降至为2折，比火车票还便宜。如从银川到北京的机票原价是1090元，2折价格就是218元，加上燃油附加费和机场建设费200元，共计418元。又如，从杭州到北京，如果买到2折机票，只要350元，如果不算上燃油附加费，和一张320元的火车硬卧票价格已相当接近，远远低于550元的Z10次列车票价。据机场工作人员介绍，只要提前半个月订票，这种低折扣机票都可以买得到。

我们都知道很多时候机票提前预订比较便宜，现价买的时候往往较贵。而演唱会的门票、或者体育场的门票往往现买价更便宜，提前预订却较贵。

戏剧迷下午到人民剧院广场的售票窗口，能以半价买到当天晚上不少国家大剧院演出的票。但要是有人预订当天晚上的飞机票，就只能出高价，其售价都有可能比平时高一倍。如何解释这样的差异呢？

飞机起飞时或剧院幕布升起时还剩有空座，意味着收入上的一笔恒久损失。因此航空公司和剧院都有着尽量填满空位的强烈动机。与此同时，以折扣价填满一个座位，往往意味着失去其他人出全价购买同一个座位的机会成本，所以，航空公司和剧院要克服的营销难题是——尽量续满座位，又不至于在每座平均收入上做太大牺牲。

提前预订飞机票的是旅游、度假的，他们对时间不敏感，对机票的价格却比较敏感。相

比度假游客，商务人士在临行前一刻变更出行安排的可能性更大，而且对票价不太敏感。故此，航空公司的策略是，对最后一刻才买票的乘客（大部分都是出公差的）收全价，而对提前订票的乘客（主要是度假游客）打折。

剧院业略有不同。和航空业一样，高收入者比低收入者对票价要麻木得多，但看戏剧的高收入者一般都不愿意在最后一刻才买票。事到临头才在售票口买半价票，观众要面对两道门槛。一是需要一两个小时的排队。高收入者大多不愿只为了省几个钱而这么做。第二点，也是更重要的一点，只有少数剧目（一般都是不特别受欢迎的剧目）有折扣票卖。高收入者时间的机会成本高，他们好不容易腾出一个晚上的宝贵时间看剧，当然只想看自己最想看的剧目。而对价格更敏感的低收入观众，这两道门槛都比较容易迈过。要是不能在售票窗口排队买半价票，他们说不定根本不会去看国家大剧院的表演了。

为什么在很多洗衣店，清洗女士衬衣比男士衬衣收费高

在一座小城的一家洗衣店，干洗熨烫一件女士有领衬衫收费10元，男士衬衫却只收5元。清洗女士服装总要比清洗男士服装贵一些。难道洗衣店老板都有性别歧视吗？

虽然调查显示，在珠宝、首饰、汽车等可以还价的昂贵物品上，女性往往会比男性多出钱，但洗衣服务并不属于昂贵物品消费。针对男女衣物，洗衣店通常情况下都会贴出不同的价格，而无论是女顾客还是男顾客，几乎都没有打算为此和洗衣店讨价还价。

一般来说，洗衣店是一个竞争激烈的行业。如果洗衣店在处理女士衬衣方面索取了高于成本很多的价格，那任意一家洗衣店如果业绩不好，只需打一个广告：男女衬衫清洗统一价，那么，过不了几天，就会占有当地清洗市场相当的份额。然而，现实中却并没有清洗公司这么做，我们看到的依然是，清洗男女衬衫收取不同的价格，不管这家公司是新开的还是已经运营了一段时间。对于这个问题唯一的解释只能是处理男女衬衣的成本不同。

和大多数服务行业一样，洗衣店的主要成本是人力成本。但我们很难想象，清洗女士衬衫怎么会比清洗男士衬衫需要更高的人力成本？无论是男士的还是女士的衬衫，还不都是扔进洗衣机里就完事了？再进一步分析，清洗衣物一般有两个环节：首先用水清洗，然后熨烫。既然清洗都一样，那么多出来的成本就应该是在熨烫环节了。为了提高工作效率，现在的洗衣公司一般都用标准熨衣机熨衬衫。可是，如果衬衫太小、扣子太多、细节太烦琐的话，就不能够再拿到熨衣机上熨烫了。这是因为标准熨衣机从下摆部分紧紧夹住衬衫，会在布料上留下一处特别明显的压痕。那么，那些不能用熨衣机来处理的衬衣该怎么办呢？显然，只能用手工熨烫。

这样，问题就来了，手工熨烫会很耗时，也比较费力。由于女士衬衫大多做工复杂，扣子、蝴蝶结等装饰非常多，很容易被熨衣机弄坏，不像男士衬衫在处理时那么方便简单。而且女性大多不会把衬衫塞进裤子或裙子，要是衣服下摆被熨衣机夹出一排压痕，会让对外表格外苛求的女士无法接受。反过来说，男士们会把衬衫塞进裤子里，或者哪怕不塞进裤子里，男士对衣服也没有那么高的要求，有压痕也问题不大。当然，男士衬衣熨坏的可能性也是非常小的。

另一方面来说，洗衣店洗一些高档面料的衣物往往要承担更大的风险，生产者为了生存的考虑，势必会对风险进行规避，于是这部分的风险成本也被转嫁到清洗高档面料的消费者身上。女士衣物多比男士衣物的面料更高档、更讲究，这就不难理解为什么清洗女士衬衫会比男士衬衫收费高了。如果您是位女士，如果您想要穿的比男士高雅，那么，为您的高雅付更高的洗衣费吧！这也说明，女士对洗衣费的敏感性不如男士。

香烟是需求的价格弹性较小的商品。对于吸烟上瘾的人来说，价格上涨不会减少消费，对于不吸烟的人来说，香烟的价格再低他也不会消费。吸烟对本人、对社会都是不利的，因此，为限制香烟的消费，政府对香烟征收重税。但是烟厂的利润依然相当可观。因为消费者对香烟有依赖感，生产者因此可以将其税负转嫁给消费者，这样香烟的税主要是由消费者来承担。

家用电器是需求的价格弹性较大的商品，价格上涨会减少消费，价格下跌会增加消费。在当前买方市场的情况下，各个家电企业竞争非常激烈，如果税赋转嫁给消费者，就会使价格上涨，价格上涨则会减少消费，不利于提高市场占有率，因此家电产品的税赋主要由生产者负担。

由此得出，需求富有弹性则税赋主要由生产者负担，需求缺乏弹性则税赋主要由消费者负担。

为什么苹果在旺季销售下降，而房价却在旺季价格上升

在一般情况下，价格与需求的关系成反比，即价格越高，需求量越小；价格下降，需求量上升。例如，如果每勺冰激凌的价格上升了 2 毛钱，你将会少买冰激凌，而购买冷冻酸奶。如果每勺冰激凌的价格下降了 2 毛钱，你会多买一些。需求量随着价格上升而减少，随着价格下降而增加，这就是需求量与价格负相关。价格与需求量之间的这种关系对经济中大部分物品都是适用的，而且，实际上这种关系如此普遍，以至于经济学家称之为需求规律：在其他条件相同时，一种物品价格上升，该物品需求量减少。

价格是市场的晴雨表，反映了供给与需求之间的相互作用与变化。供给与需求是使市场经济运行的力量，它们决定了每种物品的产量以及出售的价格。另外，价格的变化与市场环境的变化也息息相关。如果你想知道任何一种政策将如何影响市场的价格，你就应该先考虑它将如何影响供给和需求。例如，当“非典”袭击中国的时候，全国食醋、消毒液、药用口罩的价格都上升了，一些日用品也成了普通消费者的抢购对象，这主要是因为突如其来的“非典”病毒造成了消费者对这些物品需求的剧增。在欧洲，每年夏天当新英格兰地区天气变暖时，加勒比地区饭店房间的价格就会直线下降。当中东爆发战争时，美国的汽油价格上升，而二手凯迪拉克轿车价格下降。这些都表现出供给与需求对市场的作用，而所有的这一切都是通过价格来反映的。

供给量与需求量恰好相等，既不存在短缺的现象，也不存在供给过剩的现象，因此也就不存在使价格进一步变化的压力。

市场上，需求和供给对市场价格变化作出的反应是相反的。由于均衡是暂时的、相对的，而不均衡是经常的，所以经常发生供不应求或供过于求。

2008 年北京市密云县新城子镇东沟村苹果喜获丰收，产量翻倍，但是苦于没有销路，果农只能看着堆在屋里的整箱整箱苹果愁眉不展。

距离城区近 300 里的新城子镇东沟村“翻过山就是河北”，沿着 101 国道进入山区，山沟里的平整地如今果树成林，山里昼夜温差大，水分小，新城子镇的水土适宜种苹果。

东沟村以前种玉米，2002 年按照退耕还林政策，村里 450 亩玉米地改种果树，全村 180 户村民都靠卖苹果为生。村民们按照有机苹果标准种植，苹果个大味甜，无污染。可是现在销路成了大问题，明年苹果产量预计还得增加三成，后年苹果的产量比现在将翻一番。现在村里人只要提起家里的苹果，便是“一声叹息”。

“种了 7 年苹果，这两年好不容易产量上来了，可 2009 年苹果才卖了三成，现在里屋外屋有 400 箱苹果。”村民秀大爷家中，几十平方米的屋内，装好箱的“苹果山”堆得快要到房顶了，卧室里除了两张炕，全部被苹果“占据”。

在村民秀国华家中，1500 余箱苹果挤满了 3 间屋子，“家里的 10 亩地全部种上了苹果树，每年仅有机肥就要花费几千元，这两年进入产果期，产量每年提高，可没有买主就只能堆在家中，我们在山沟里怎么找销路。”

秀国华是村里的“苹果大户”，每箱 20 斤苹果，一共装了 2000 余箱。“如果过年都卖不出去，今年就赔进去 2 万块。”村支书李树元说，“现在村里还积压了 6000 多箱苹果，全村有近一半的果农家里都还堆着‘苹果山’等待买主。”

“前些日子有些媒体报道我们这儿苹果 7 分钱一斤，每天都有好几拨人来村里看货，可是

一听说苹果均价两三元，都不愿再谈了。”秀国华说，“苹果也分档次，7分钱的苹果都是落地果，直接被县里的厂家收走做加工品了，实际积压更多的是一级果、二级果。”

当一个市场价格高于均衡价格时，物品的供给量将超过需求量，这样就会存在物品的过剩：在现行价格时，卖者不能卖出他们想卖的所有物品，这种情况被称为“超额供给”。

例如，当苹果市场上存在超额供给时，水果商就会发现，他们的冷藏室中装满了他们想卖而卖不出去的苹果，他们对这种超额供给的反应是降低其价格，一直下降到市场达到均衡时为止。

同样，如果苹果市场价格低于均衡价格，此时，物品需求量将超过供给量，这样就会存在物品短缺：需求者不能按现行价格买到他们想买的一切，这种情况被称为“超额需求”。例如，当苹果市场出现超额需求时，买者不得不排长队等候购买可提供的几个苹果的机会，由于太多的买者抢购太少的物品，卖者可以作出的反应是提高自己的价格，而不是失去销售量。随着价格上升，市场又一次向均衡变动。

因此，许多买者与卖者的活动，自发地把市场价格推向均衡价格。一旦市场达到其均衡价格，所有买者和卖者都得到满足，也就不存在价格上升或下降的压力。但这里有一个问题，为什么苹果在旺季时销售价格会下降，而房屋的价格在旺季销售价格上升了？

2009年11月份最后一周，武汉中心城区商品住房成交均价达到7405.41元/平方米，比武汉新房房价历史最峰值高出204.90元。其中最突出的是位于武汉汉口中心区的房价。11月汉口中心区成交均价8321.63元/平方米，比去年5月份最高价上涨了700多元，武昌、汉阳则回升至与去年5月高峰时持平。据悉，2009年9月下旬以来，武汉汉口商品房均价率先回升至历史峰值附近，并保持了近10周的持续增长，10月底突破8000元大关，11月则一直保持在8000元/平方米以上。

合肥的王明说，9月份他看中了一个楼盘的房子，当时房价为每平方米4400元。但是到了10月份，房价涨到每平方米4800元，11月份他好不容易排到了号，但是被告知房价已经涨到每平方米5180元，而12月初新推出的楼盘价格则直接上涨到每平方米5300元左右。不到两个月房价上涨了近千元，导致之前准备的购房首期款和预算的月供数都不够了。

长沙、西安、济南等城市的房价走势同样如此，近期成交价纷纷达到或超越历史最高价。长沙公寓楼盘单价的纪录也在不断刷新，“长沙之芯”楼盘超越8000元/平方米，涨幅最高达到2000元/平方米，同样创下新的历史纪录。

所以，当需求增加（如房屋），均衡数量增加，同时，均衡价格出现上涨。当供给增加（如苹果），均衡数量上涨，而均衡价格出现下挫。

第三章

为什么司机会拒绝载客

为什么乘坐同一架飞机票价却并不相同

三位乘客乘飞机从北京回大连，在飞机上闲聊，结果发现他们的机票价格各不相同。第一位乘客通过旅行社订机票去大连旅游，票价 340 元；第二位乘客提前一个月预订机票，票价 580 元，第三位乘客去大连有急事，临时买的机票，票价 740 元。

熟悉民航公司的人，对于这样的差额并不觉得惊讶。民航机票一般有两种价格标准：全价与折扣价。对周六在所到达城市住一晚的乘客收折扣价，对周六不在所到达城市住的乘客收全价。从经济学角度看，这种对同一次航班（服务完全相同）收取两种不同价格的做法，运用的是歧视价格的定价方法。简单地说，歧视价格是对同一种物品或劳务，在同一时间里向不同消费者收取不同的价格。

第一位乘客对机票的需求弹性最大。因为是去旅游，什么时候去、怎么去比较灵活，所以在旅行社订机票很便宜。还由于旅行社和航空公司有长期合作的关系，且购票数量大而稳定，所以会享受到很低的价格。第二位乘客弹性需求居中。提前订票会给航空公司留出时间做合理的飞行安排，所以航空公司会给出比较合适的折扣。第三位乘客需求弹性最小。因为有急事，只有乘飞机最快，属于临时订票，这类乘客无论机票有没有折扣都要走，所以不会给他优惠。

歧视价格得以实行，在于消费者分为不同的集团，不同集团的消费者对同一种物品或劳务的需求弹性不同。以民航服务而言，消费者大体可分为两个群体：公务出差者和私人旅游者。前者因为公务有时间性，且由公费支出，故出差者只考虑时间的合适性，很少考虑价格变动，价格变动对这部分人坐飞机的需求量影响很小，需求缺乏弹性。而旅游者时间要求不严格，但由私人支出，要更多考虑价格因素，价格变动对这部分人坐飞机的需求量影响很大，需求富有弹性。

如果民航公司不实行打折，私人旅游者难以增加，但如果实行都打折，本来不打折需求量也不会减少的公务出差者也沾了光，对民航公司又是一种损失。实行歧视价格，就能够最大限度地增加民航公司的收益。这就是说，公务出差者仍以原价购买机票，乘客不会减少（需求缺乏弹性），来自这部分乘客的收益不会减少。私人旅游者以折扣价购买机票，由于需求富有弹性，乘客增加的百分比大于机票降价的百分比，来自这部分乘客的收益增加。这样，总收益就增加了。而且，这种方法还使客源在时间分布上趋于稳定：公务出差者在工作日外出者多，而私人旅游者为了省钱会选择在休息日外出。这样就不会出现乘客过多或过少的现象，也有利于民航业的正常运行。

通常，航空公司在进行价格决策的时候，会反复思量一个问题——价格的高低。如果把价格定低了，就会少赚很多钱，弄不好还会亏损；而如果把价格定高了，又会吓跑很多支付能力不高的顾客，同样也赚不到钱。那它能不能根据不同的市场、不同的群体收取不同的价格呢？只要能将不同的顾客和市场分割开，就能够对有差异的消费群体实行差别价格，也就可能会让企业获得最高的利润。于是，价格歧视就产生了。航空公司对收入较高、稳定的人群，售之以正常的价格，而对那些收入较低、或有特殊困难的人群，就售之以优惠的价格。

同时，从消费者的角度看，价格是消费者购买飞机票的代价。消费者会在消费前考虑这样的价格对其承受能力的影响，再决定是否要购买。也就是说，价格能对其起到引导作用。不同的价格，能够吸引不同收入水平的消费群体来进行购买。这样，通过价格歧视，卖方得到了最多的收益，既使飞行的平均成本降低，又提高了资源使用的效率。此外，卖方的行为还增加了消费者剩余和社会福利。如此看，不失为一笔多赢的买卖，何乐而不为？

不过，在销售优惠票的时候，航空公司总会设置一定的门槛，使优惠票限制在一定范围内。否则，大规模的优惠，对于航空公司来说也是个不小的负担。在这个时候，航空公司通常会找个名正言顺的理由实行优惠，例如，根据中国尊老爱幼的传统，将老幼群体单独划分出来，享受优惠价格；或者将伤残人士、荣誉军人等划分出来，享受几折的优待，等等。一般，这样的理由都能为绝大部分旅客所接受，因为在我们的观念中，一向都认为它们是合理且正当的，是富有人情味的。

如此，航空公司才能做到，既可以实行价格歧视，充分利用资源，又不会引起旅客的不满和投诉。既获得最多利润，又不损害到旅客和社会的根本福利。可见，它们设置这样的门槛是有必要和合理的。

“雷克萨斯”是目前世界范围内最成功的日系豪华车。有人将雷克萨斯在2008年的“歧视定价”摘录如下：

中国市场：有GS300和GS430两款车型，售价68.8万元～90.4万元。

美国市场：有GS350、GS430和混合动力的GS450h三款动力车型，加上四驱版本的GS350。售价区间44150美元～54900美元，约合人民币33.5万元～41.7万元。

德国市场：有GS300、GS430和混合动力的GS450h三款车型。售价43291欧元～59090欧元，约合人民币44.0万～60.2万元。

日本市场：有GS350、GS430和GS450h三款动力车型，另外GS350还有四驱版本。售价522.0万日元～772.0万日元，约合人民币34.9万元～51.7万元。

中国GS300 68. 8万元的售价，跟德国市场约合人民币44万元的价格比起来高了20余万元，更是比美国的售价高出一倍的价钱。雷克萨斯GS430，在美国市场的售价为51500美元；在欧洲市场的售价为54200欧元，折合人民币均只有40万元左右。而同一款汽车，在中国的售价却超过90万元。

价格歧视的前提是市场分割。如果生产者不能分割市场，就只能实行一个价格。如果生产者能够分割市场，区别顾客，而且要分割的不同市场具有明显不同的支付能力。这样企业就可以对不同的群体实行不同的商品价格，尽最大的可能实现企业较高的商业利润。雷克萨斯就是成功分割市场，将中国市场的富豪支付能力视为最高，从而为它的“歧视定价”提供了依据。

歧视价格作为一种垄断价格，应该加以限制。但是，限制歧视价格并非要取消一切歧视价格。在具有自然垄断性的公用事业中，对于一些不能贮存的劳务，采用高峰时期和非高峰时期的差别价格，将某些高峰需求调向低峰时期，可以更充分地利用其设备资源，对于社会来说，是具有积极意义的。

为什么“的哥”会拒载乘客

“去哪儿？”

“东四十条。”

“走不了，准备交班了。”

两名外地女乘客刚想拉开一辆停在眼前的出租车的车门，就被司机一句话给“噎”了回去，俩人无奈地向远处走去。

装着顶灯，安着计价器，车门上也印着出租车公司的名字，分明就是正规出租车。然而，就是这样的正规出租车在王府井大街上却明目张胆地“筛活儿”，其中新月出租公司 BH 的“的哥”在短短 10 分钟内就拒载了 5 次。

16 时 30 分，北京饭店东门旁，三辆出租车停在路边，司机无聊地在车前踱步。

“建国门去吗？”有位女乘客试探地问其中一名银建公司 BM 的司机。

“哟，走不了，现在只往南走，您赶时间的话就坐地铁吧，挺近的。”“的哥”随口打发了这位女士。

不一会儿，又来了一对提着大包小包的男女。

“去北京西站。”

“那儿现在不好走，弄不好就得被罚 200 大元。”这一次，“的哥”换了个借口。男乘客忍不住向女乘客抱怨：“你看，我说了吧，他们现在都这样，近的地方都拒载。”

王府井大街南口马路两边并不能长时间停车，但仍有不下 10 辆出租车在此“趴活儿”。有几个司机好像很熟的模样，一边抽烟一边聊天，见到有乘客来打车，还互相帮忙议价。随着气温的持续下降，市民出行打出租车遭遇“的哥”不打计价器（议价）、拒载的现象也在增多。现在好多司机都这样，不但拒载，还议价。

为什么“的哥”会拒载乘客了，说白了是“的哥”的成本和收益问题。

“的哥”老胡说：“每天交给所在出租车服务公司的车份（还购车贷款），分别为 220 元（无首付）和 160 元（有首付），交付车份的年限为 3 年。现在正常载客的日收入，按白班和夜班满负荷运营，一般在 400 元左右，除去车份和燃料钱，两个班次的“的哥”日收入平均不足 100 元。你说在路上转悠半天，才拉一个 5 元的活，要是你，你拉吗？”

微软全球技术支持中心的部门经理刘润在去机场的路上，司机向他讲述了一系列开出租车的“窍门”，对开出租车的成本核算居然“量化”到了分钟，而对乘客的细分也精确到了从外表就能判断是否是最有价值的客户……

刘润在美罗大厦前找寻出租车。这时一辆“大众”发现了刘润，非常专业的径直停在刘润的面前。

“去哪里？……好的，机场。我在徐家汇就喜欢做美罗大厦的生意。这里我只做两个地方——美罗大厦、均瑶大厦。你知道吗？接到你之前，我已经在美罗大厦门口兜了两圈，终于被我看到你了！从写字楼里出来的，肯定去得不近。”

“哦？你很有方法嘛！”刘润附和了一下。

“做出租车司机，也要用科学的方法。”他说。刘润一愣，顿时很有些兴趣：“什么科学的方法？”“要懂得统计。我做过精确的计算。我说给你听啊。我每天开 17 个小时的车，每小时成本 34.5 元……”

“怎么算出来的？”刘润追问。

“你算啊，我每天要交 380 元，油费 210 元左右。一天 17 个小时，平均每小时固定成本 22 元，交给公司，加上平均每小时 12.5 元的油费，这是不是就是 34.5 元？”

“成本是不能按公里算的，只能按时间算。我做过数据分析，每次载客之间的空驶时间平均为 7 分钟。如果上来一个‘起步价’——10 元，大概要开 10 分钟。也就是每一个 10 元的客人要花 17 分钟的成本，就是 9.8 元。不赚钱啊！如果说做浦东、杭州、青浦的客人是吃饭，做10元的客人连吃菜都算不上，只能算是撒了些味精。”

“所以千万不能被客户拉着满街跑。而是通过选择停车的地点、时间和客户，主动地决定你要去的地方。”

刘润非常惊讶，这听上去很有意思。“有人说做出租车司机是靠运气吃饭的职业。我以为不是。你要站在客户的位置上，从客户的角度去思考。”这句话听上去很专业，有点像很多商业管理培训老师说的“Put yourself into others’ shoes”。

“给你举个例子，医院门口，一个拿着药的，一个拿着脸盆的，你带哪一个？”刘润想了想，说不知道。

“你要带那个拿脸盆的。一般人小病小痛的到医院看一看，拿点药，不一定会去很远的医院。拿着脸盆打车的，那是出院的。住院哪有不死人的？今天二楼的谁死了，明天三楼又死了一个。从医院出来的人通常会有一种重获新生的感觉，重新认识生命的意义，健康才最重要。那天有个说：走，去青浦。眼睛都不眨一下。你说他会打车到人民广场，再去坐青浦线吗？绝对不会！”

到了机场，刘润给他留了一张名片，在飞机上他迫不及待地记录下这堂生动的MBA课。

司机拒载乘客，是出于司机自身利益的考虑，如果长时间的没有载客，或者只载一些短途乘客，那么司机的空载率就会上升，他花时间找乘客就会多一些，这样一来他自然赚不到太多的钞票了。

这位司机的高明之处就在于他能选择合适的地点、合适的时间去拉一个长途客人，这样他既可以少干活，还可以多赚钱。

为什么飞机票比火车票便宜

武广铁路客运专线，是中国铁路“四纵四横”快速客运网中京广铁路客运专线的重要组成部分。武广铁路客运专线26日开通运营。1068.6公里！3小时！490元！

根据国家发改委、铁道部批复，12月26日正式开通运营京广高速铁路武广段，武汉至广州高速动车组列车实行试行运价，二等车票价为490元。试行期间，武汉至广州间原有其他铁路旅客列车档次、票价均不变。

武广铁路客运专线全程票价，一等车票价为780元，二等车票价为490元。与目前京广线列车车票相比，武广铁路客运专线票价比特快列车硬卧铺票价贵一倍，是硬座票价的3倍。

武广高铁的开通运营导致航空公司价格战愈演愈烈。武汉飞广州（未计燃油税和机场建设费）最低只需180元。这一价位，比武广高铁一等车票价780元、二等车票价490元都要低。

2009年12月18日，南航正式推出武汉至广州“空中快线”，同时启用电子登机牌，以应对即将开通的武广高铁。南航的武汉至广州航线，将达到每天往返14个航班，并逐步增至16班~20班。从早上8时30分至晚上9时30分，基本每小时一班，类似公交车式的穿梭飞行，旅客可随到随走。

与快线配套的还有几大专用设施。为实现快速通过，天河机场为武广“快线”设置了专用值机柜台、安检通道、登机口和专用行李提取区。天河机场为专用安检通道配备了7名安检员，高峰期每小时可安检200人。在对应的广州白云机场，也有同样的设施配置。

同时启用的还有电子登机牌。雷先生说，他在网上订票后，南航向他的手机发送了一个二维条码，登机时只需扫描此条码或二代身份证，打印一张“电子登机牌安检通行凭证”即可。

“配套出击”的还有特价机票。在众人关注下，南航湖北分公司同时推出“654321”的特价机票政策。如：“1”是指经广州中转的国际航班，武汉至广州段为1折；“3”是指广州、深圳、珠海三地散客往返及缺口3折。而武汉出发经广州中转至欧美澳地区的旅客，可免费乘坐武汉至广州航段。提前15天购买还享有最低390元的特价机票。

同样受武广高铁冲击的还有长沙至广州航线。除圣诞节和元旦前后的机票价格较高外，大部分价格维持在 210 元左右，也比武广高铁长沙到广州的二等票价便宜。

事实上，除南航外，国航、东航和深航等各大航空公司都加入了这场价格战。武汉至广州、长沙至广州航线，深航、国航和海航均出现不少 2 折特价票，而此前这些短途航线很少有如此低的折扣。这样的超低价，无疑对可以预知出行时间的旅客颇具吸引力。

南航是受武广高铁影响最大的航空公司。南航在武汉和长沙都有基地，在上述航线上的航班密度也最大，占了近 2/3。在武广铁路 13 日公布试行运价后，南航在第一时间便作出降价反应。

从武汉飞往广州的雷永军先生，仅用 10 分钟就完成了所有登机手续。办理行李托运、电子登机牌、安检的所有时间，最多不超过 20 分钟。

有人评价说，武广“空中快线”的开通，说明航空公司对高铁的开通“很焦虑”。对此，南航湖北分公司总经理孙建华说：“高速铁路确实对航空有一定影响，分流了部分旅客，但更多的是带来机遇。”他举例，青藏铁路通车后，拉萨机场的客流不降反升，因为不同的旅客喜欢不同的出行体验；武广客专拉动了鄂、湘、粤的经贸往来，为航空带来了更多客源。而且，铁空联合也有先例，双方是互补的。

随着我们国家高速铁路网的建成通车，由高速铁路所引发的飞机、汽车的价格竞争会越来越为常见。他们之间的竞争愈发激烈，消费者愈能从中受益。虽然，每一次的竞争都引起了新一轮票价的上涨，但显而易见的是其服务的质量更高了。

为什么单双号限行不是符合经济学的最佳决策

2008 年 7 月 20 日至 9 月 20 日，北京市和外省区市进京机动车按单双号行驶。在单双号限行期间，每天设置 3 个小时缓冲时间，零时至 3 时机动车上路不受单双号限制。限行措施将使北京停驶机动车约 200 万辆。

2008 年 7 月 21 日，家住北京的董明一反常态起了个大早，因为今天他要挤公交上班。这对习惯于开车上班的他来说颇有些新鲜，更重要的是，他觉得自己为奥运做出了贡献：积极响应政府的“单双号限行”政策。

北京举办奥运会期间，即从 2008 年 7 月 20 日起，北京正式开始实行为期两个月的限行政策。之后，不少省市也纷纷效仿北京的做法，希望通过“单双号限行”来改善交通拥堵状况。但是，效果似乎并没有预期的好，到了上下班的高峰期，堵车的情况依旧如故。

为什么限行之后，堵车依然厉害呢？

其实，“单双号限行”只是一时地限制了汽车的数量。短期内，人们有可能会看到汽车流量减少，时间久了，反而会刺激汽车的消费和使用。举个例子，之前车辆增加，是因社会的进步和人民收入的增加，倘若长期实行“单双号限行”，随着人们收入的不断增多，有车族完全可以再买第二辆车，这样，遇到限行也不必担心会影响开车出门。即便是现在，很多家庭也拥有两辆车，但一般只开一辆，结果一限行，两辆换着开，限行对他们并没有什么影响。如此看来，限行政策还是没能解决问题。

据有关数据统计，截至 2008 年底，北京市机动车保有量已突破 350 万辆，平时有大约 30% ~ 40% 的车被闲置而没有使用。但是限行之后，这个库存被充分挖掘出来，反而使出行车辆增加。很多有钱人或者企业为了出行方便，还买了更多的车以备不时之需，所以路上行驶的车不是减少了而是增多了。

另外，虽然“单双号限行”能减少一定数量的车，但为了保证奥运会的顺利进行，又增加了许多奥运专线车。尽管相关部门表示，设置奥林匹克专线是国际惯例，是我国向国际奥委会作出的承诺，可车辆增加也是事实。

按照前面所说，“单双号限行”无意中成为了推动汽车消费的助力，而奥运专线车同限行却没有任何替代效应关系，只是将减下去的汽车数量又弥补了回来。所以，堵车的情况仍旧存在。

另外，限行不仅对交通改善的作用有限，从另一方面来说，限行还不利于提高汽车的使用率。根据经济学的理论，某样产品在需求一定的情况下，应当是使用率越高越好。同理，汽车也应如此，否则就是社会资源的浪费。而且，私家车的使用效率越高，才越有利于交通的畅通。“单双号限行”政策，恰恰阻碍了汽车的使用。它短期的社会成效不能改变一个事实——在长期内，它不可能改变和降低整个社会总的用车需求，却只会降低每一辆车的使用效率。

因此，从经济学的角度来看，“单双号限行”这种措施并没有预想中的那么完美，是不是还有更好的解决方法呢？北京大学政府管理学院杨开忠教授提出这样的建议：“单双号限行只是一种城市治堵方法，不一定是最好的，还可以有补充或者其他方法，比如像新加坡、日本的收取拥堵费、提高停车费；韩国、美国的减少公车、提供班车，或者提高车辆的排放标准等，这些都是可以借鉴的。这有赖于交通管理、环境保护等相关部门与公众一起研究、探讨，尽早制定出动态、全面、科学的办法。”

为什么“最可恨的人”——票贩子成了“最可爱的人”

有一位男士因特殊情况必须坐某趟车回家乡，时间紧急，不能有一点延迟。当他去火车站买票时，由于限定了时间和地点，票极难买。在售票处得到的回答不是日期不对，就是买不到票。此时，幸好遇到一个票贩子，几经讨价还价，终于以略高价位的钱买到了票。虽说是付出了更多代价，但是满足了这位男士的需求，使其认为得到了较高的效益。双方不仅成交，还皆大欢喜。

票贩子怎么就成了最可爱的人？

这还要从火车票难买说起。如果不是碰上特殊情况，平时买火车票还不成问题，可一到节假日，购买火车票就成了让大家头疼的事情。购票需要排上半天队不说，还经常会遇到排了十几个小时却被告知没有票的情况。这时候，你只会有一个希望——让拿到票的过程能够更好、更快！此时，你最容易想起的人恐怕就是票贩子，因为，他们能够带给你真正的“福音”，他们能带给你最高的效率！

这么看来，“仅从百姓的实际需要来看，票贩子的存在是有一定合理性的。如果没有票贩子，在你着急，陷入买票困境的时候，该怎么办？”

正是有这样的想法，人们不愿意举报那些能帮助自己的人，票贩子也才屡禁不止。

从经济学角度看，票贩子有如下优点：

票贩子让你减少机会成本。衡量一下，你是选择为了买票而耽误工作和休息，还是选择从票贩子那里购买车票，以免除排队误时之苦。很多人选择后者。因为，不耽误高效工作和休息的同时，还可以买到车票，此行为本身就有可能降低你的机会成本。否则，你就会为了买火车票而耽误过多的时间。

票贩子让你提高效率，甚至能得到一定的消费者剩余。票贩子的服务态度一般良好，并能让你获得最实在的好处。绝大多数情况下，票贩子都能保证票源，所以，不怕你拿不到票。同那种在火车站排了半天队也未必能买到票的情况相比，是不是更有保障些？思量之后，你就会发现，票贩子效率高，且只要他的要价在你的心理承受范围之内，就会为你和他创造最大的效益和尽可能多的消费者剩余。

从经济学的角度看，倒票其实对社会是无害的，根本不像吸毒贩毒那样导致艾滋病蔓延和社会犯罪等危害社会和家庭的后果。倒票既满足了乘客乘车的要求，也可以拉伸车票的价格，票贩子不可能把票价定得太高，由价格调整来满足了火车票的需与求，买卖双方最终都获益，这是自由市场经济的一个基本法则。

“票贩子是最可爱的人！”

当出席全国政协十一届一次会议的李国安委员听到这句话时，说："这真是莫大的嘲讽，也对我们现行的铁路售票制度提出了考验。"

正如李国安委员所说，越来越多的人愿意从票贩子手上买高价票，是对铁路系统的嘲讽。

实际上，称票贩子为"最可爱的人"有悖常理。他们倒卖车票，赚的差价利润很高，从几十元到几百元不等。倘若急需要票，消费者此时没有还价的余地，未必是心甘情愿地买票。但为什么还会有这么多人买高价票？其中恰恰反映出了我们铁路系统的问题——低效率、态度差、购票麻烦，等等。

这么看来，若非铁路系统的管理制度和售票制度不完善，也不会使票贩子市场这么繁荣。李国安委员对此非常不满，并不停地强调，此种情况不能再持续下去，更不能再让铁路系统继续遭受世人的嘲讽。他建议政府应当建立长效、可靠、便捷的火车票预售制度，从而使相关情况得以改善。

为什么中国汽车价格远超过美国

CBN 刊发《销量全球第一背后：中国车价仍远超美国》，引发了消费者对中国车价奇高的热烈讨论，众多网媒上跟帖无数，刚花 23 万多元买了一辆凯美瑞轿车的武汉汽车维修厂老板李先生，在得知这车在美国只要 2 万多美元，折合人民币不过 15 万元时，也忍不住反问 CBN 记者："中国不是人力成本和原材料比美国便宜很多吗？为什么凯美瑞在中国比美国还贵这么多？"

中国售价普遍在 20 万元以上的中高级车，在美国售价多为 15 万元左右。28 万元买一辆雷克萨斯或奔驰，在国外轻而易举。50 万元，几乎在国外可以买到大部分品牌的高端豪华车，包括奔驰 S 系列部分车型和宝马 7 系。

不仅仅中高级车和豪华车，在中国处于入门级的中级车售价也高于美国。丰田 2009 款卡罗拉美国售价为 1.5 万美元 ~ 1.99 万美元，折合人民币 10 万元 ~ 14 万元。而在国内，卡罗拉售价为 12.78 万元 ~ 19.28 万元。越野车方面，丰田 FJ Cruiser 特别版在美国售价为 2.44 万 ~ 2.92 万美元，约合人民币 17.5 万元 ~ 21 万元。国内仅有一款 FJ Cruiser 在售，售价为 45 万元。

中国的车价大部分是由竞争关系决定的，成本只是其中一部分因素。相对于欧洲和美国超过 100 年的汽车销售史，中国汽车市场无论规范程度还是竞争激烈程度均远远落后，企业平均运营利润也远远高于欧美。

标准普尔公司 2008 年报告称，中国国内汽车制造商平均运营利润率为 30% ~ 35%。西方成熟市场的平均运营利润率仅为 5%。

以豪华车为例，中国的豪华车领域几乎被宝马、奔驰和奥迪三个品牌瓜分。而在美国和欧洲，宝马、奔驰和奥迪却要面对更多的竞争对手，比如凯迪拉克、林肯、玛莎拉蒂、美洲虎等。中国的中高端车领域也存在着类似的情况。2007 年在凯美瑞上市之前，雅阁和帕萨特几乎占有了中高端车市场的大部分份额。凯美瑞上市后，该区间竞争加剧，售价开始出现下滑。

技术转让费也进一步抬高了中国车价。中国的合资汽车公司中，中方与外方的股比多为 50 ： 50，外资公司对引进到国内的车型，均征收技术转让费，大部分该项费用占到整车成本的 10% 以上。这意味着，一辆 20 万元的车，其中 2 万元是额外支付给外方的"学费"。

除了竞争关系外，国内多家汽车公司表示，中美汽车的巨大价差跟中国特殊的税收政策也有关。中国的宝马之所以比美国的价格高出许多，"主要是来自海关的税收及政策因素"。以售价 116 万元的宝马 740Li 为例，从进口到被中国消费者购买，中间有三道税，分别为：25% 的进口关税，排量 3.0 升以上征收的 25% 消费税，消费者购车时 9% 左右的购置税。其中，关税和消费税为包含在车价内的税费，购置税为车价以外的税费。因此，消费者在买卖中承担的税费成本约为"进口关税 19 万元 + 消费税 19 万元 + 购置税 10 万元"，共计 48 万元。

国产车虽然没有进口关税，但也要缴纳其他相关税费。一辆汽车在生产环节要上缴17%的增值税和5%的消费税。车辆上市销售后，购买者还必须支付约9%的购置税。在美国，大部分州对汽车公司仅征收5%～10%的税费，终端环节也没有购置税。在日本，轿车的平均税率大概是11%。德国仅为7%。

某杂志的一篇购车亲历说明了税费和各种繁杂的手续对人们购车积极性的打击。这篇购车记中引述了一个销售人员所做的一个自然人贷款买“桑塔纳”的详细报价：车价97800元，首付10%，分期5年，月还款1514元，车损保险1414元，三者险1170元，盗抢险978元，自燃险392元，贷款额78240元，购置税8359元，验车500元，保证保险金1721元，管理费4900元，其他20元，首付合计29234元。

该文报道的收费项目，只是购车环节支付费用的一部分。购买一辆小汽车还要交纳停车泊位证明费，车船使用税……还有一笔费用是汽车生产厂家代消费者交纳的：3%～8%的消费税。

汽车厂家也有税费的苦恼。一辆汽车，厂家要负担17%的增值税。轿车成为国内税率最高的机电产品。再加上一些地方和部门数量惊人的各种乱收费，中国汽车真是不堪重负。

厂家既已交纳了增值税，为何还要征收消费税和购置税？这不是多次重复征税吗？一些地方政府把汽车当做“唐僧肉”，与汽车能搭上关系的环节都要从车上“扒层皮”。结果呢，汽车购买价格和使用价格居高不下，使巨大的潜在需求难以转化为有效需求，人们空怀“开上自己的车”的强烈欲望而难圆轿车梦。

与此相对应，中国的汽车工业在消费者有限的支付能力和政府的高税费面前只好苦哼高价的阳春白雪，长期走不出“价格高——市场小——规模小——价格高”的恶性循环。最后，政府也不可能从汽车生产和汽车消费中拿到足够多的税收。

我国2009年1月～11月汽车销量超过1200万辆，而2008年同期销售量总计860万辆。据全国乘用车市场联席会议发布的数据显示，乘用车11月销售104万辆，在9月后再次创下历史新高。而同期，美国乘用车市场1月～11月累计销量为937.6万辆，其中11月乘用车销量为74.5万辆。在12月留下的悬念并不是中国超越美国的问题，而是中国汽车能否突破1300万辆。

19家重点企业实现营业收入10476亿元，同比增长14.76%，增长额为1347.35亿元，增幅比上半年提高13.81个百分点，且19家企业中有14家都高于上年同期。在车市放量增长的情况下，显然普通百姓并没有分享到实惠。

国务院在2009年1月14日公布的《汽车行业调整振兴规划》中提出，从2009年3月1日到12月31日，国家将安排50亿元，对农民报废三轮汽车、换购轻型载货车及购买1. 3升以下排量的微型客车等，给予一次性财政补贴。实施细则对补贴标准、补贴方式、车型范围等方面作出更为详细的规范。很明显，这一系列动作是为了减税减费，减少消费者的负担，增加汽车的销量。

轿车现在已经走进了寻常百姓家，但作为曾经的奢侈品，轿车承载着很多的税费，这既限制了消费者的消费，也直接造成了我国汽车行业的长期落后。

第二编

爆米花竞争：生产中的经济学诡计

- 亿万收入不如万人心：经营商品还是经营人心
- 个性也是生产力：产品的形状和颜色也值钱
- 大象跳舞：市场是优胜劣汰还是劣胜优汰
- 丰产不能丰收：为什么猪肉只能卖出白菜价

第一章
亿万收入不如万人心：经营商品还是经营人心

为什么水贵过钻石，土豆会贵过苹果

2007年，俄罗斯首富罗曼·阿布拉莫维奇为了取悦其绯闻女友——俄罗斯社交名媛达莉娅·朱科娃，在瑞士日内瓦的一场竞拍会上一掷千金，购下一块世界最贵的钻石。该钻石重达84.37克拉，价值900万英镑。

这块让阿布拉莫维奇垂涎的稀世宝石，多年前出产于南非某钻石矿，后由世界最大的钻石商南非德比尔斯公司加工出品。由于通体晶莹剔透，没有一丝瑕疵，其市场估价高达900万英镑（约合人民币1.4亿元），堪称当今世界最贵的钻石。

要买下这块稀世钻石并不容易，阿布拉莫维奇面临着其他买家的竞争，其中包括中国亿万大亨以及阿拉伯富商。

水，源源不断，随地可掬，供给量大，所以不值钱；钻石，稀罕物，供给量小，所以值钱。当然也有例外，“上甘岭”上一滴水，比生命还珍贵；水在沙漠里，比油还珍贵。

同样是水，农夫山泉和娃哈哈卖的不一样，西藏自治区的水和武汉的水卖的不一样。都是两个氢原子和一个氧原子结合起来的一种纯净物质，由于不同的包装和不同的品牌，就有了不同的社会消费文化内涵。于是品牌就成了完全同类商品之间的主要的和唯一的区别。品牌的定位是人为设计的，品牌战略是人为制定的。同样是水，品牌定位不同，价格会有很大差别；同样是酒，二锅头卖4元，茅台酒却卖400元。品牌不同，天壤之别呀！

在搜索引擎“搜搜问问”上，有这样一个问题：土豆和苹果哪个贵？在其回答上有一个不容置疑的回答：“当然是苹果贵。”但现实总是这样诡异，我们还是先看看下面的故事再来回答这个问题。

内蒙古自治区的武川县号称“土豆之乡”，因为这里独特的气候条件，使得土豆特别好吃。内蒙古自治区有句流传很广的夸武川的话：“武川有三宝：土豆、莜面、羊皮袄。”尽管土豆是个好东西，这里的农民祖祖辈辈种土豆、吃土豆、卖土豆，但1斤土豆的价格也就一两毛钱，也没有听说谁家因为卖土豆发了财的。

王喜莲24岁就嫁到了哈勒村，丈夫是村里的民办教师，就这样，家里的日子过得也非常紧巴，她至今仍然记得，儿子3岁时想吃根冰棍，她竟浑身上下掏不出5分钱。王喜莲不甘心就这么穷下去。

高中毕业的她，在自家承包的几十亩地上动起了脑筋。她先是在乡技术员的帮助下，在镇里头一个盖起了日光温室，种一些蔬菜，靠“庭院经济”脱了贫。然后她又专门培育引进适合当地种植的马铃薯优良品种供应乡亲们，秋后又帮他们找销路。慢慢地，能干的她因勤劳致富在当地出了名。

2001年，王喜莲被评为“内蒙古自治区十大杰出青年农牧民”，乡亲们还推举她当上了呼和浩特市人大代表。直到今天，她仍然是内蒙古自治区人大代表。

因为经常到外地开会，王喜莲耳濡目染接触到外面精彩的世界，看着人家都是穿着名牌，她开始思考一个问题：武川的土豆远近闻名，为什么农民却不能从土豆身上致富？

细心的她经过调查发现，因为农民都是各自为政，小打小闹，形不成规模，价格自然上不去。加上没有自己的品牌，假冒武川土豆的现象也很普遍。大部分农民就知道卖原料，几乎没有什么深加工。

2005年5月，王喜莲向工商管理部门申请了“川宝”土豆商标。9月，她又注册了自己的公司。

她的“打法”很简单，就是给土豆精“包装”，她把挑选出来的最好的土豆一个一个用纸包起来，放进精致的礼品盒。

如此一包装，打着“川宝”品牌的5公斤土豆，一下子就身价大增到20元！火热的销售势头证明王喜莲的第一招出对了。

5公斤土豆她最低卖20元。就这样，每天守在她家门口，操着南腔北调口音向她要土豆的商贩仍然络绎不绝。一位老板高兴地对她说：“以前给生意上的朋友送土豆，都是拿破麻袋装，既不好看也没面子，现在用你这川宝土豆，再合适不过了。”

有了品牌，王喜莲又建起了自己的5000亩土豆基地，每年和农民签种植合同。2008年，仅她一家就向农民收购土豆120万公斤。

王喜莲的公司已经正式落户武川县金三角天骐工业园区，深加工车间也已开始投产。她说：“我的梦想就是让武川土豆走向全国、走向世界。”

说起土豆，没有人会感觉陌生。但可能很少有人听说过贵过苹果的土豆。更没有人听说过包装有品牌的土豆。当用礼品盒包装起来的土豆卖到20元钱时，我们完全相信了品牌的力量。

品牌是给拥有者带来溢价、产生增值的一种无形的资产，他的载体是用以和其他竞争者的产品或劳务相区分的名称、术语、象征、记号或者设计及其组合，增值的源泉来自于消费者心智中形成的关于其载体的印象。

王喜莲的土豆能贵过苹果，正是因为她通过包装等形象识别区别于其他不同的土豆，有了自己的品牌，土豆不只是能贵过苹果，还能贵过很多的东西。世界上最贵的土豆——法国La Bonnotte品种的土豆，每公斤售价500欧元。

现在全国都在积极引进和发展水果和蔬菜产业，以此作为发展农业、农民增收的重要途径，因而果蔬产业的竞争越来越激烈。这就需要我们发展名特优产品，创立品牌。没有品牌、没有特色就没有竞争力，就难以立足市场，有了品牌，才能保证农产品的生产持续稳定发展。

一旦确立了品牌，赢得了消费者的信誉，品牌土豆、品牌蔬菜就成为了“钻石”，而普通土豆、普通蔬菜就成为了“水”。

一时间，品牌战略成了企业必须重视的首要战略。书店里，品牌战略的书卖得火起来了，搞品牌形象设计的人吃香了，围绕品牌搞企业形象识别的设计人员发财了。国内开始出现要么是自封的“十大品牌专家”、要么是若干个人聚集在一起共同册封的“十大策划大师”等各色人等，怀里揣着菲利普·科特勒或是迈科尔·波特的著作，开始为企业“策划”、“包装”。企业开始为自己的品牌往中央电视台送广告，那些“黄金时段”的广告价位开始从500万猛涨到1000万，从5000万猛涨到1个亿，从1亿再涨到3亿、5亿。“秦池”、“爱多”等广告“标王”，一个接一个出现，又一个接一个倒下。他们在呼喊着：“为了品牌的辉煌，前进！”前扑后继，勇往直前。

为什么麦当劳紧随肯德基，新航道紧随新东方

红鼻子“麦叔叔”还有与之齐名的白胡子“肯爷爷”在全国许多大中城市差不多可以说无人不晓。麦当劳和肯德基如影随形，似乎有麦当劳就会有肯德基的身影。麦当劳、肯德基从一开始就注定成为竞争对手。

麦当劳和肯德基是世界餐饮行业中的两大巨头，分别在快餐业中占据第一和第二的位置。其中，麦当劳有30000多家分店，肯德基有11000多家分店。原本是针锋相对的对手，但是在经营上有异曲同工之处。

例如，经常光顾麦当劳或肯德基的人们不难发现这样一种现象，麦当劳与肯德基一般都在同一条街上选址，或在相隔不到100米的对面，或同街相邻门面。若按常理，这样的竞争会造成更剧烈的市场争夺，以至于各个商家利润下降，但为什么两家偏偏还要凑作一堆呢？

别的商家都愿意“独霸一方”，偏偏这两个快餐业的王者要挤在一起，所谓“一山难容二虎”，它们这样做为何？难道真的只是为了挤压对手或者争那一小口气？

反过来看，麦当劳和肯德基的“比邻”对消费者也是有利的。因为，丰富的商品种类满足了消费者降低购物成本的需求，而且两者的聚集实现了区域最小差异化，给消费者购买快餐提供更多的选择余地，让消费者充分感受到“一站式”消费的便利；况且，两家经营者为了适应激烈的市场竞争，争夺相对竞争优势，还会通过降价打折、送礼物等方式来吸引消费者。至少从短期看，对普通消费者是十分有利的。例如，每逢儿童节、国庆、店庆等，麦当劳和肯德基都会做出优惠活动。

此外，对于相互竞争的对手来说，这样也有利于获取对方的信息，学习对方的技术，从而形成知识和技能的学习。例如，以前，麦当劳以牛肉为主要原料，经营的食品主要是汉堡包系列；肯德基则是以鸡肉为主要原料，炸鸡系列是它的经营重点。但后来，在中国扎堆后，麦当劳推出了麦辣鸡翅和麦乐鸡，肯德基推出了鸡腿汉堡。在近距离的观察中，正是所谓“照葫芦画瓢”，两者互相借鉴，搜集竞争信息，从而推动两者各自开发新的产品，省去不少创新研发的成本。

俗话说“冤家路窄”，人们往往以为相互竞争的冤家对头是不宜见面的，但通过分析麦当劳和肯德基的实例，我们也能看到，原来只要形成的规模效应对自己有益——“对头也可以扎堆，敌人也可以比邻”。

当中国电子大厦一层两个蒙着的红布突然掀去，深蓝色的“北京新航道学校”赫然面对新东方大厦。新东方和新航道、俞敏洪和胡敏的竞争关系如同一张画纸昭然天下。

在中国的教育培训市场，竞争并不鲜见。但是，新航道与新东方有着一层特殊的关系：创办新航道的正是原新东方总裁胡敏。在创办新航道学校一年的时间里，胡敏从图书向培训延伸，先后成立了北京和天津两个英语培训学校，与北大合作成立了“北大新航道对外汉语培训中心”，逐步将新航道定位在打造拥有国际化平台的中国跨媒体语言出版教育的行业目标。据透露，新航道已经与国外投资机构达成协议，完成了第一期融资。这使得新航道胡敏有了与新东方俞敏洪分庭抗礼的资金保障。不过，胡敏敢于竞争新东方的资本，还有胡敏对执掌新东方时经验、教训的总结。

新航道成立后，胡敏连续推出了多个具有自主知识产权的系列图书，形成了“雅思第四套教材”、“真经系列”等雅思教学及辅导教材以及“考研英语系列”图书等，保证了新航道拥有自己的知识产权。

胡敏只不过是新航道众多名师中的一位。新航道成立伊始，胡敏就给了自己明确的定位——“绝对不控股”，从而吸引了大批人才。此外，在新航道领导层中，除了胡敏之外，其他的成员都是来自全球顶级商业教育机构的管理者，形成了学术风格与商业经历相结合的管理团队。

新东方总裁俞敏洪通过“新东方”在美国纽约证券交易所成功上市，以及在国内二、三

级市场迅速扩展。同时，新东方的创始人徐小平等人的回归也为新东方增强了竞争实力。

新东方与新航道处在同一个领域，做着同样的事情，但是，胡敏坦言，综观国内外各个行业，竞争对手总是紧随相伴。国外的品牌有可口可乐与百事可乐、麦当劳与肯德基等，国内的品牌有中国移动与中国联通、伊利与蒙牛等。

正是有了竞争对手之间的不断挑战和超越，让你没有孤独感，从而保持昂扬斗志。竞争对手的出现只是时间的问题。如果今天不是胡敏站出来挑战新东方，那么明天也一定会有其他竞争对手站到新东方面前。所以新东方总裁俞敏洪不害怕竞争，更敢于竞争。或许正是有了新航道的追赶，俞敏洪才能继续扬鞭奋蹄，一路疾驰，一路充实。

商业的聚集还会产生"规模效应"。一方面，体现所谓的"一站式"消费，丰富的商品种类满足了消费者降低购物成本的需求，而且同业大量聚集实现了区域最小差异化，为聚集地消费者实现比较购物建立了良好基础；另一方面，经营商为适应激烈的市场竞争环境，谋求相对竞争优势，会不断进行自身调整，在通过竞争提升自己的同时让普通消费者受益。正因为如此，聚合选址使商家能够充分发挥自己的优势，吸引更多的消费者。

聚合选址不可避免地存在着竞争，竞争的结果是企业要生存和发展就必须提升自己的竞争力。连锁企业有个性，才有竞争力。在超市经营上要有特色，方显个性，这就要明确市场定位、深入研究消费者的需求，从产品、服务、促销等多方面进行改善，树立起区别于其他门店类型和品牌的形象。如果聚合的每一个连锁超市都能够做到这一点，就可以发挥互补优势，形成"磁铁"效应，这样不仅能够维持现有的消费群，而且还能够吸引新的消费者。

在北京南桥镇聚集了永乐、苏宁、国美"三巨头"连锁家电超市，聚合的市场使"三巨头"在激烈竞争的同时，也寻求着特色发展之路。永乐电器以"CDMA 手机营销模式"促进 CDMA 手机普及，推出了以退换保障、质量保障、价格保障和额外支出保障为基础的四大保障体系，以服务和价格的双重优势吸引顾客。国美电器率先在其连锁店内开设了各类音像制品的销售，从而拓展了经营业务范围，同样也起到了招揽更多客户的作用；同时推广"普惠制"，让各类电器的消费者都能够实实在在地得到经济上的优惠，而不是某一类家电的购买者。苏宁电器则倡导"天天促销"，让消费者能够每天都得到实惠，并根据刚刚迁入新居客户的实际住房条件和经济条件，为客户量身定制出一套合适的家电配置方案，为苏宁带去了销售额的直接增长。

德国国土面积也就相抵中国的内蒙古自治区，但在那片土地上，却存在着 5 个世界级的名牌汽车公司。有一次，记者问"奔驰"的老总："奔驰车为什么能飞速进步、风靡世界？""奔驰"老总回答说："因为宝马将我们撵得太紧了。"记者转问"宝马"老总同一个问题，"宝马"老总回答说："因为奔驰跑得太快了。"

同样，在美国，百事可乐诞生以后，可口可乐的销售量不但没有下降，反而大幅度增长。因为竞争迫使它们共同走出美国，走向世界。

这就是一种带有合作性质的竞争，为什么这么说呢？从奔驰和宝马老总的回答中我们就可以看出，虽然他们之间属于实力强劲且旗鼓相当的竞争对手关系，但他们都没有将对方当做"敌人"，而是当做一个鞭策自己的对象，一个不断追赶和超越的目标。

为什么世界上没有卖不出去的产品

1814 年 7 月，英国人乔治·史蒂芬森制成一辆 5 吨重的蒸汽机车，能拖拉 8 辆重约 30 吨的车厢，在煤矿的轨道上运行。这是利用蒸汽的力量行驶于轨道上的最早的火车。但它的牵引力小、速度慢、常出故障，所以不能为人们所接受。如今火车已经成为人们交通出行的重要工具，几乎没有谁还不曾坐过火车。在火车出现之后，才有乘客乘坐。在火车没有生产出来之前，人们想都没想过有这东西。但是火车的先进性一旦为人们所认知，乘坐火车就成了人们出行的必备选择了。

消费者先有需求，生产者再适应消费者的需求进行生产，这就是"消费者主权"，即消费者的需求引导生产。生产者先生产出来再让消费者有需求，这就是“生产者主权”，即生产者的生产引导消费者的需求。

在市场经济条件下，生产者主权并不是像计划经济那样，消费者没有选择的自由。市场经济中消费者是有选择自由的，生产者不能强迫消费者。因此，生产者主权就是要生产者去开发消费者的潜在需求。消费者在没有见到产品之前，并没有意识到自己对这种产品有所需求，当生产者生产出实物产品之后，就可以把消费者潜在的需求转变为现实购买行为，从而开辟新的市场。

需求来自于欲望，购买物品进行消费正是为了满足某种欲望。开发潜在需求就是创造消费者的新欲望，或者唤起消费者那些沉睡的欲望。当消费者有实现新欲望的支付能力时，欲望必将变成现实的购买行为。

欲望的无限性就是企业开发潜在需求的基础。如果生产者能开发出一种产品满足消费者的需求，或者激发了消费者某种潜伏状态的欲望，这就成功了。以火车为例，希望速度快、便捷、安全，是消费者的潜在需求。当他乘坐马车时，马车已经表现出了这些性能，他就已经相当满意了。如何才能更快、更便捷、更安全，他想不出来便满足于现状了。当生产者们生产出了比马车性能更好的火车，无论是舒适度还是速度等各方面都更强，这就满足了消费者的潜在需求。如果没有火车，消费者的这种需求就是潜在的。

消费者普遍存在着潜在需求。例如，对于目前市场上某种商品的质量水平不满意的消费者，即使存在需要，也可能不去购买这种商品；对于目前市场上价格相对较高、人们认为多消费就有些奢侈的非生活必需品，消费者即使存在需要，也可能不去购买，或者很少购买；有些消费者因为某种后顾之忧，把一部分钱储蓄起来，不用于目前的生活消费，会形成潜在需求；另外一些消费者虽然有一定的生活收入来源，可是由于目前手持货币数量的限制，不能购买某种他所需要的商品，也形成了潜在需求。当然，还有相当多的顾客拿着钱买不到自己所需要的商品，因此形成潜在需求。潜在需求的客观存在是由消费者生活需要的广泛性和可扩张性决定的。潜在需求实质上就是尚未满足的顾客需求，代表着在提高人们生活水平方面还有不足之处。

世界上没有卖不出去的产品，只有消费者不需要的产品。只要生产者善于开发消费者的潜在需求，还有什么东西卖不出去呢？

2002年春节，大江南北出现了一个新气象：“忽如一夜东风来，千街万巷唐装亮”。满大街的男男女女都穿着唐装，似乎时光逆流又回到了“贞观之治”或“开元盛世”。自打21位领导人在上海APEC会议上集体给唐装做了一个堪称世界上最牛的广告之后，唐装之风自此开始。于是，“唐装热”就开始从前卫的时尚丽人的身上蔓延开来。时至春节，这股潮流终于遍地开花，在荧屏内外、全国各地上演了一出盛大的“唐装秀”。

当一种消费行为流行于社会上，被许多人接受时，就形成一种消费时尚。一旦成为消费时尚，必将影响更多人的消费行为。消费行为无所谓正确与错误、理性与非理性，只是接受的人多了，就是一种时尚。

为什么小贩也读《道德情操论》

一对夫妻开了家烧酒店。丈夫是个老实人，为人真诚、热情，烧制的酒也好，人称“小茅台”。有道是“酒香不怕巷子深”，一传十，十传百，酒店生意兴隆，常常供不应求。为了扩大生产规模，丈夫决定外出购买设备。临行前，他把酒店的事都交给了妻子。几天后，丈夫归来，妻子说：“我知道了做生意的秘诀。这几天我赚的钱比过去一个月挣的还多。秘诀就是，我在酒里兑了水。”丈夫给了妻子一记重重的耳光，他知道妻子这种坑害顾客的行为，会将他们苦心经营的酒店的牌子砸了。“酒里兑水”的事情被顾客发现后，酒店的生意日渐冷清，最后不得不关门停业了。

在市场经济的今天，“假”可谓是一个比较时髦的字眼，官员造假数字，商人造假产品，学校卖假文凭等，诚信问题更加突出。恢复诚信，建立人与人之间的信任关系，已成为市场经济成败的关键。市场经济归根结底是以诚信为基础的。有人想能骗一次就骗一次，把十几亿中国人每人都骗一次也就够了。西方有句谚语说："你能永远骗少数人，也能暂时骗所有人，但你不能永远骗所有人。"

道德风险是80年代西方经济学家提出的一个经济哲学范畴的概念，即："从事经济活动的人在最大限度地增进自身效用的同时做出不利于他人的行动。或者说是：当签约一方不完全承担风险后果时所采取的自身效用最大化的自私行为。道德风险亦称道德危机，但道德风险并不等同于道德败坏。

在经济活动中，道德风险问题相当普遍。获2001年度诺贝尔经济学奖的斯蒂格里茨在研究保险市场时，发现了一个经典的例子。

美国一所大学学生自行车被盗比率约为10%，有几个有经营头脑的学生发起了一个对自行车的保险，保费为保险标的15%。按常理，这几个有经营头脑的学生应获得5%左右的利润。但该保险运作一段时间后，这几个学生发现自行车被盗比率迅速提高到15%以上。何以如此？这是因为自行车投保后，学生们对自行车安全防范措施明显减少。在这个例子中，投保的学生由于不完全承担自行车被盗的风险后果，因而采取了对自行车安全防范的不作为行为。

这种不作为的行为，就是道德风险。可以说，只要市场经济存在，道德风险就不可避免。

道德风险是代理人签订合约后采用隐藏行为，由于代理人和委托人信息不对称，给委托人带来损失。保险市场上的道德风险是指投保人在投保后，降低对所投保标的预防措施，从而使损失发生的概率上升，给保险公司带来损失的同时降低了保险市场的效率。

基于理性人假设，个人努力追求自己的效用最大化，由于任何预防性措施的采取都有代价，同时保险公司承担了保险的全部风险，所以理性的投保人不会在预防措施上投资，这样增加了风险发生的可能，给保险公司带来了损失。更为极端的是个人会促使损失的发生，从而获得保险公司的理赔。保险公司预计到投保人投保后的这种行为，就会要求投保人交纳更多的保险金，这样降低了保险市场的效率。投保人相对于采取预防措施下的收益也会降低。此外，保险公司为了激励投保人采取预防措施，可以采用设置免赔额，并且要求投保者也承担一定比例的损失的方式保护自己的利益，能够收到一定的成效。

很多逃废银行债务的企业，明知还不起也要借，例如，许多国有企业决定从银行借款时就没有打算要偿还。据调查，目前国有企业平均资产负债率高达80%左右，其中有70%以上是银行贷款。这种高负债造成了企业的低效益，潜在的风险也就与日俱增。

思想道德败坏了，事态就会越变越糟。不良资产形成以后，如果企业本着合作的态度，双方的损失将会减少到最低限度。但许多企业在此情况下，往往会选择不闻不问、能躲则躲的方式，使银行耗费大量的人力、物力、财力，也不能弥补所受的损失。

当前银行的不良资产处理措施，都具滞后性，这与银行不良资产的界定有关，同时还与银行信贷风险预测机制、转移机制、控制机制没有完全统一有关。不良资产出现后再采取种种补救措施，结果往往于事无补。

春秋时代，齐国著名政治家、经济学家管仲对"诚信"有着独到的见解："中情信诚则名誉美矣"，"贤者诚信以仁之"，"先王贵诚信。诚信者，天下之结也"可见诚信对治国安邦、经济建设，都有不同一般的意义。

遵守诚实信用的交易原则，在商品服务市场上，不仅仅是销售者的道德，也是销售者和消费者都应具有的道德。诺贝尔经济学奖获得者诺斯说过："一个有效率的自由市场制度，除了需要一个有效的产权和法律制度配套外，还需要在诚实、正直、公正、正义等方面有良好道德的人去操作这个市场。"

有一位老人75岁了，身板还算硬朗，退休后闲不住，于是每天清早就在四小区一个小学边上的小土坡旁，支了一把太阳伞，干起了理发的活，收费2元／人。

尽管这样，老人一早晨的活也是忙忙碌碌的。

一天，一个小男孩（估计就住在附近）独自一人来找老人给他理发。

“爷爷早！我来理发。”奶声奶气的样子，很大方，也很懂礼貌！

老人抬头循声望去，看见小孩，乐了，和蔼地说：“小朋友早！”

“我先给这个爷爷理好了，要等会儿轮到你，你自己找个马扎坐一坐，排个号好不好？”老人一边忙着，一边安排小孩说。

“嗯。”小男孩斯斯文文地拎了一个马扎，离着老人不远处，规矩地坐了下来。

这位老人说他的顾客通常是老人和孩童，照老人的话说：“年轻人很少来，一是起不了那么早，二是两块钱理个发显得掉价，三是理发过程中花样项目不多。”

如果用中文专业来形容那就是这位老板“童叟无欺”；如果按照经济学来形容那就是“诚信经济”了。

1835 年，摩根先生成为一家名叫“伊特纳火灾”的小保险公司的股东。天有不测风云，在伊特纳火灾保险公司投保的客户发生了火灾。按照规定，如果完全付清赔偿金，保险公司就会破产。股东们一个个惊慌失措，纷纷要求退股。摩根先生斟酌再三，认为自己的信誉比金钱更重要，他四处筹款并卖掉自己的房子，低价收购了所有要求退股的股份，然后他将赔金如数付给了投保的客户。一时间，伊特纳火灾保险公司声名鹊起。

身无分文的摩根先生成为保险公司的所有者，但保险公司已经濒临破产。无奈之中他打出广告：凡是再到伊特纳火灾保险公司投保的，保险金一律加倍收取。

谁料客户很快蜂拥而至。原来在很多人的心目中，伊特纳公司是最讲信誉的保险公司，这一点使它比许多有名的大保险公司更受欢迎。伊特纳火灾保险公司从此崛起。

这位摩根就是后来主宰美国华尔街的 J·P·摩根的祖父，是美国亿万富翁摩根家族的创始人。

诚信是企业的一种无形资产。它反映了企业的信用、实力和形象，良好的信誉可以给企业带来实际的经济收益。如果企业得到消费者的认可，就会为企业带来长期稳定的收益。一方面，诚信的企业可以留住一批老顾客。另一方面，诚信是一种好的口碑，能吸引潜在的顾客，有利于开拓市场。而且，诚信经营的企业还可以得到企业内外社会各界的理解、支持和帮助。摩根家族谱写了美国的商业帝国传奇，而“伊特纳火灾保险赔付”也成为各大商业院校课堂上的经典案例。

现代经济社会，即使一个企业拥有雄厚的资本实力和现代化的机器设备，有誉满全球的品牌优势，建立了很好的采购和销售网络，并且有一支高素质的员工队伍和高学历的管理者队伍，但如果它在财务报表、在商品、在服务上做假，欺骗商品客户或投资者，丢掉了信用资本，就没有银行愿意给他贷款，企业的股票、债券和商品就没有人买，合作者和客户没有了，所有物力资本和人力资本就失去了它的意义，企业必然会陷入困境，并最终在市场中消失。

为什么便宜无人问津，而越贵越好卖

一位智者为了启发他的门徒，就给了门徒一块石头，叫他去蔬菜市场，试着卖掉它。这块石头很大，很美丽。智者说：“不要卖掉它，只是试着卖掉它。注意观察，多问一些人，然后只要告诉我在蔬菜市场它能卖多少钱。”

年轻的门徒去了蔬菜市场，许多人注意到了这块石头，觉得它挺好看，可以买回家给孩子们玩，或者用它做成称菜用的秤砣。于是他们出了价，但只不过是几个小硬币。

门徒向自己的老师汇报之后，老师又说：“现在你去珠宝市场那儿，你会明白它真正的价值！”

门徒百思不得其解，但他还是去了珠宝商那儿。出乎意料的是，珠宝商竟然乐意出 5 万块钱买这块石头。但门徒依然摇摇头，他说：“这样的价钱我还是不能卖，我只是问问价。”他矜持的态度反而引起了珠宝商们对这块石头的兴趣。他们继续抬高价格，10 万、20 万、30 万，最终有人出了 50 万的价格。“这些人疯了！”他想。他跑回去把这些事情告诉自己的老师。

老师说："现在你该明白了，对一个事物的评价本来没有固定标准，这完全取决于它所在的场合，还有那些关注它的人们。"

在这个故事里，智者要告诉门徒的是关于人生价值的道理，但它也从侧面反映出一个经济规律，这就是美国经济学家托尔斯坦·凡勃伦提出的"凡勃伦效应"。其反应了这样一个现象：商品价格定得越高越能畅销。也就是说，消费者对一种商品"需求的程度"，因其标价的升高反而会增加，它反映了人们"挥霍性消费"的心理。

一个退休工人退休后闲来无事，便自己摆了一个小摊，当起了老板。临近春节时，他托战友从外地进了 500 瓶瓷瓶包装的白酒，每瓶进价只有 5 元，退休工人看进价这么便宜，就标价 8 元。可是卖了十来天，也只卖出 3 瓶。有的人拿着酒问他："这酒包装这么好，价钱却这么便宜，是真酒吗？"尽管退休工人一再保证是厂家正品，可人家琢磨半天，最后还是没买。退休工人急了，照这样下去，几百瓶白酒得卖到啥时候，怎么办？这时儿子给老爸出主意，把标价改成 28 元。退休工人一听急了："你脑子咋想的？ 8 块钱都卖不出去，还 28 块，谁要？"儿子说："你先试试，反正现在不也卖不出去吗？"退休工人想想也是，便将标价改成了 28 元，没想到，第二天，一下子就卖出了 20 多瓶。

我们在生活中经常看到"凡勃伦效应"所描述的情景：款式、质地差不多的一双皮鞋，在普通的鞋店只卖 80 元，进入豪华大商场的柜台，就会卖到几百元，不过，也不用担心没人买。上万元的眼镜、纪念表、上百万元的顶级钢琴，这些近乎"天价"的商品，往往也能在市场上走俏。在我国东南沿海的一些发达地区，"感性消费"已经逐渐成为一种时尚，而只要消费者有能力进行这种感性购买时，"凡勃伦效应"就可以被有效地转化为提高市场份额的营销策略。

"凡勃伦效应"对商家来说，无疑是个"最大的福音"。因为了解了"凡勃伦效应"，商家就可以利用它来探索新的经营策略。比如凭借媒体的宣传，将自己的形象转化为商品或服务上的声誉，使商品附带上一种高层次的形象，给人以"名贵"和"超凡脱俗"的印象，从而加强消费者对商品的好感。

为什么白壳蛋比红壳蛋要贵

"土鸡蛋、乌鸡蛋的营养价值肯定比普通鸡蛋高，就算价格贵点，买得也比较值。"在江河市场买白壳蛋的一位顾客说。

在被商家冠以"土鸡蛋"、"乌鸡蛋"的称号后，寻常的白壳鸡蛋、粉壳鸡蛋每公斤的零售价比红壳鸡蛋高出了 1 ~ 2 元，并成为上半年市场上的热销产品。

红壳蛋每公斤卖 6.5 元，白壳蛋和粉壳蛋每公斤卖 8.5 元。虽然白壳蛋和粉壳蛋的价格高，但却卖得很好。

市场上的白皮鸡蛋往往比红皮鸡蛋要贵一些，那为什么会出现这种价格差异呢？

先听听商家给我们的解释吧。白鸡蛋经常被冠以"土鸡蛋"、"柴鸡蛋"，大致意思是农家散养的鸡下的蛋。农家鸡是在自然的环境下生长的，饲料以草籽、虫子、五谷杂粮为主，绿色天然，鸡蛋的营养价值自然会更丰富一些。红鸡蛋是人工饲养条件下的鸡生的蛋，工业生产条件下的鸡以人工饲料为食物，出于增产的目的会人为地在饲料中添加一些激素，当然鸡蛋的营养价值会大打折扣。事实上消费者也是这么认为的。白鸡蛋卖的贵一些理所当然。

这里，白鸡蛋的高价格显然是由生产白鸡蛋的成本（比红鸡蛋高）和消费者的购买欲望共同影响产生的。

事实是怎么样呢？国内外专家对此作了研究，发现白鸡蛋、红鸡蛋的营养价值差距不大。

两种蛋的营养成分比较如下：

蛋白质：白鸡蛋比红鸡蛋高 0.75%左右；维生素：白鸡蛋的维生素 A、维生素 B_1、维生素 B_2 都略高于红鸡蛋；脂肪：红鸡蛋比白鸡蛋高 1.4%左右；胆固醇：红鸡蛋比白鸡蛋高 0.8%左右。除此外，其他的营养成分几乎相等。

鸡蛋营养价值的高低，主要取决于饲料的营养结构与鸡的摄食情况，与蛋壳颜色并没有必然联系。“蛋壳颜色不同是因为下蛋鸡的品种不同。目前国内产蛋鸡的品种主要有红壳蛋鸡和白壳蛋鸡，两种鸡杂交后又培育出了粉壳蛋鸡。在同样的养殖条件下，这几种鸡蛋的营养价值并没有多少区别，唯一的区别在于红壳蛋鸡产量大而且蛋壳较厚，更耐储藏，所以养殖量也最大。”沙尔山别克说。

说白鸡蛋价格高是因为成本大，属子虚乌有，消费者的购买欲才是影响鸡蛋价格的主要因素。

白鸡蛋能引起消费者的购买欲。所谓消费者的购买欲，即消费者的偏好，它是潜藏在人们内心的一种情感和倾向，是非直观的。

“习惯”是消费偏好的一种常见类型，是由于消费者行为方式的定型化，经常消费某种商品或经常采取某种消费方式，就会使消费者心理产生一种定向的结果。所以，尽管人们已知道两种蛋相差无几，但在习惯的作用下仍会对白鸡蛋有所偏爱。

人们为什么要消费一件物品，所有的回答可以归结为一点：它能给人们提供满足。这种满足被称为效用。早期的经济学家认为，必须找到一种方法来计量效用，就像长度可以用米、时间可以用秒计量一样。这种努力失败之后，他们甚至宣称，选中“效用”是一个不幸。后来，人们发现，事情并没有那么糟。当一个人选择苹果而不是橘子时，我们只需要知道苹果带给他的效用比橘子高就足够了，至于高多少，实际上是无关紧要的。

为满足人们对蛋的消费这种效用下有诸多可供选择的对象，如红鸡蛋、白鸡蛋，甚至鹌鹑蛋等。人们会在自己偏好的作用下对各自的效用排个队，显然白鸡蛋会排在第一位，人们认为白鸡蛋的效用是最大的，尽管这并没有科学的根据。但就消费的最终目的是满足欲求这一点来说已经足够了！

我们知道，物品价格的变动是沿着它的需求曲线上下变动的。由于人们对白鸡蛋的特殊偏好导致了对白鸡蛋的需求上升，最终反映在价格上，即比红鸡蛋贵一些。

一方面，消费者要尽量满足自己的愿望和需要；另一方面，他又受到购买力的约束。消费者的购买力取决于他的收入水平以及市场的物价水平。如果白鸡蛋定价过于昂贵，人们则会减少对白鸡蛋的消费，而会增加它的替代品红鸡蛋的消费，毕竟两种蛋的营养价值相差没多少。所以商家会把白鸡蛋价格定的贵一些，但和红鸡蛋比起来总不会贵太多。

作为北京奥运会专供水果的四川合江荔枝顶级品种“带绿”，一个包装精美的盒子里装了20 粒荔枝，市场价 2980 元，平均一颗要卖 150 元。有贵的，还有更贵的，合江带绿荔枝每公斤卖到 5960 元。

一位消费者说，这种荔枝消费起来确实很不错。合江荔枝更讨买家喜欢，所以他们愿意付高价。这么解释倒很简单。正是因为有消费者偏爱白壳蛋并愿意为此多出钱，市场上才有白壳蛋出售，否则，根本没人会卖这种成本更高的蛋。

为什么女人的钱最好赚

一日，一对情侣逛街。原本，男友只是想陪女友散散心，没想到……

女友进入一家服饰店，先看到一件吊带小裙，标价 1000 元。

女友：“亲爱的，你对我的爱是不是无价的？”

男友：“真爱无价。”

女友：“那……这件，我特别喜欢，买了吧。”

男友立刻去付账。

这时，导购小姐对女友说：“小姐，我们这里还有外套小衫、靴子高跟鞋，可以同您的裙子搭配，非常时尚，要不您看看？”

女友被说动，一一试穿，感觉不错。

见男友回来，接着说："亲爱的，你对我的爱是不是无价的？"

男友："那还用说，真爱无价。"

女友："那……你看这些和我的衣服很搭的嗳，也买了吧。"

男友再去付账，消费了3000元。

导购小姐又走过来说："小姐，您身材这么好，我们这里刚好有一批上等的冬装，既漂亮又实惠，不过是上个季节的高档品了，全部打四折甩卖。您要不要也看看？"

男友："大夏天，买什么冬装？"

女友未表态，随导购小姐进了屋里，果然看到很多名牌冬装。她爱不释手，拿了四五套。冲出来对男友说："亲爱的，你对我的爱是不是无价的？"

男友一看女友的架势，非常尴尬，不得不接着刷卡。

没想到，卡刷到一半，刷爆了。男友看着女友，哭笑不得地说："亲爱的，这回真成无价的了！"

有人说，女人的钱是最好赚的。一个女人可以在冲动之下专程打"飞的"去扫荡名牌，也可以一时兴起买下上万的穿不上几次的衣服。经济学家说："女人的这种消费'轨迹'无法琢磨，因为没有一丝规律可循。她们都是典型的冲动型消费者。"

冲动型消费者，指在某种急切的购买心理的支配下，仅凭直观感觉与情绪购买商品的消费者。冲动型消费者的购买行为是商品广告、宣传诉诸情绪的强烈冲击，唤起心理活动的敏捷与定向。

在冲动型消费者身上，个人消费的情感因素超出认知与意志因素的制约，容易受商品（特别是时尚潮流商品）的外观和广告宣传的影响。因此，很难说消费中的女性符合经济学的相关假设，她们的行为是非常不理智的，即非理性的。

非理性主要是指一切有别于理性思维的精神因素，如情感、直觉、幻觉、下意识、灵感等。非理性消费，在男性眼里，是不可理喻的不成熟的表现，而在女性眼中，是再正常不过的状态。在消费者群体中，商家最想诱惑的就是"娘子军"，最不敢得罪的也是"娘子军"，因为她们身上携带着难以想象的商机。

一项科学调查显示，90%的18岁～35岁的女性都有过非理性消费行为，甚至，非理性消费占女性消费支出的1/5以上。女性的非理性消费彻底颠覆了经济学家所能预测的消费模式。你常常会看到这样的现象，她们在进入超市之前做了周密的购物计划，但在出来的时候却买回不少自己喜欢但并不实用、甚至根本用不上的商品。

所以，琢磨女人的消费动态，就成了难以完成的任务，她们总是有很多消费理由。但困扰经济学家们的是：女性为什么倾向于非理性消费？

经过研究，主要是由几大因素共同促成的。

首先，女性容易受情绪因素的影响，所以，女性常常情绪化消费。

据统计，有50%以上的女性在发了工资后会增加逛街的次数，40%以上的女性在极端情绪下（心情不好或者心情非常好的情况），增加逛街次数。其发生几率同男性去喝酒（开心时或不开心时）的几率几乎相同。可见，购物消费是女性缓解压力、平衡情绪的方法，不论花多少钱，只要能调整好心情，80%左右的人都认为值得。

其次，女性的敏感情绪还容易受到人为气氛的影响。例如，受到打折、促销、广告等因素的影响。据专家针对北京、上海、广州三地18～35岁青年女性的调查显示：因打折优惠影响而购买不需要物品的女性超过50%；受广告影响而购买无用商品或不当消费的女性超过20%；因商品店内的时尚气氛和现场展销而消费的女性超过40%；因受到促销人员诱导而不当消费的女性超过50%。

最后，女性在选择物品时，态度更倾向于犹豫和动摇，形成过度消费，尤其是在面对众多种类的商品时。在美国加州的一家杂货店内，经济学家们做过一个测试：他们在货架上排上6～20种不同的果酱。商家将每3种用胶带封在一起。某家庭主妇欲购买特定的3种，但它们被两种不同的胶带封在一起。思考再三后，该主妇购买了两个封条的6瓶果酱。

事实上，对于所有人来说，商品选择多的时候，通常都难于选择。但这点在女性身上表现得更为明显。当她们面对众多选择时，常常会忘记自己最初的需求，在其他货品的吸引下，改变购买的想法。这也是经济学家们认为女性不适合做传统经济学中理性十足的“经济人”的原因，仅从消费这一点看，她们犯的错误就太多了。

为什么 Windows7 系统一盘难求

房慌，一如疯狂的 2007 年，似乎在一夜之间回来了。很多四处寻找心仪居所的购房者，甚至为房而“慌”。投资者和炒家四处出击。2009 年 10 月，武汉南城某楼盘在一家五星级酒店现场开盘，前来选房的人们将这个大厅围得里三层外三层。可是，排在前列的张女士在进入选房区时，发现看板上自己想要的一些房源号码后面，都已经被贴上“红圈圈”（表明该房子已被定下）。奇怪的是，被“圈下”的房子，甚至超过了她之前进场选房的人数。显然，这就是开发商有意识的“销控”，也就是“饥饿营销”。

市场经济后，很少听说缺少商家，更多的时候是缺少顾客。为什么有顾客者，商家却还不愿意卖了？

传说，古代有一位君王，不但吃尽了人间一切山珍海味，而且从来都不知道什么叫做饿。因此，他变得越来越没有胃口，每天都很郁闷。有一天，御厨提议说：“有一种天下至为美味的食物，它的名字叫做‘饿’，但无法轻易得到，非付出艰辛的努力不可。”君王当即决定与他的御厨微服出宫，寻此美味。君臣二人跋山涉水找了一整天，于月黑风高之夜，饥寒交迫地来到一处荒郊野岭。此刻，御厨不失时机地把事先藏在树洞之中的一个馒头呈上：“功夫不负有心人，终于找到了，这就是叫做‘饿’的那种食物。”已饿得死去活来的君王大喜过望，二话没说，当即把这个又硬又冷的粗面馒头狼吞虎咽下去，并且将其封之为“世上第一美味”。

传说中的那个馒头，尽管，从使用价值上来看，它与山珍海味不可同日而语，但当时当地，对于那个饥肠辘辘的君王，它却是天下至美之味。这一常识已被聪明的商家广泛地运用于商品或服务的商业推广，这种做法在营销学界更是被冠以“饥饿营销”之名。

所谓“饥饿营销”，是指商品提供者有意调低产量，以期达到调控供求关系、制造供不应求“假象”、维持商品较高售价和利润率的目的。

“饥饿营销”就是通过调节供求两端的量来影响终端的售价，达到加价的目的。事实上，“饥饿营销”的操作很简单，定个“叫好”、“叫座”的惊喜价，把潜在消费者吸引过来，然后限制供货量，造成供不应求的热销假象，从而提高售价，赚取更多的利润。但“饥饿营销”的终极作用还不是调节了价格，而是对品牌产生的附加值的影响，这个附加值分为正负。

在家电、3C 等卖场，“饥饿营销”是产品常用的宣传手段。此前诺基亚对旗下手机 N97 就采用在电视、网站、户外广告牌进行大量的轮番广告轰炸，却严格控制发货数量，给人造成产品供不应求印象的销售策略，从而让这款产品一度成为顶级手机的销量冠军。

“饥饿营销”运行的始末始终贯穿着“品牌”这个因素。其运作必须依靠产品强势的品牌号召力，也正由于有“品牌”这个因素，“饥饿营销”才会是一把“双刃剑”。剑用好了，可以使得原来就强势的品牌产生更大的附加值；用不好将会对其品牌造成伤害，从而降低其附加值。饥饿营销不能简单地理解为“定低价——限供量——加价卖”。不了解对手，不认清自己，简单地去操作会非常危险。

在感受到微软 Windows7 近乎铺天盖地地宣传营销之后，希望在第一时间买到 Windows7 的消费者却失望了。

“目前 Windows7 缺货，您如果想要，可以登记电话进行预订，到货之后我们会通知您。”苏宁电器的工作人员作出这样的回应。在其他的商场，发现 Windows7 都处于“有价无货”的销售状态。

“现在 Windows7 确实是没货可卖。”苏宁电器相关负责人表示，作为微软 Windows7 3C 渠道首发合作伙伴，北京第一批到货苏宁的 Windows7 仅有 200 套，而前期在苏宁门店预订的消费者就超过 1000 名，上周末上市之后，不到一天的时间里，就被全部售光。“由于微软提供的货源有限，目前消费者难以买到现货，需要预订。”

“我们遭遇了传说中的‘饥饿营销’。”在各IT论坛上，热盼W indows7的消费者发泄着自己的无奈。W indows7上市之前长达5个月的宣传攻势，正式上市之后却难觅踪迹，这一现象让消费者很难理解。

Windows7正是利用自身品牌优势，使用“饥饿营销”的办法，吊足消费者的胃口，让消费者望眼欲穿。

为什么约翰逊黑人化妆品畅销

美国的约翰逊黑人化妆品公司总经理约翰逊，是一个知名度很高的企业家。可是，当初他创业时，也曾为产品的销售伤透了脑筋。

那时，约翰逊经营着一个很小的黑人化妆品公司，因为黑人化妆品市场的总体销售份额并不大，而且，当时美国有一家最大的黑人化妆品制造商佛雷公司，几乎垄断了这个市场。

经过很长时间的考虑，约翰逊提出了一句措辞非常巧妙的广告语：“当你用过佛雷公司的化妆品后，再擦一次约翰逊的粉质膏，将会得到意想不到的效果。”

约翰逊的这一招的确高明，不仅没有引起佛雷公司的戒备，而且使消费者很自然地接受了他的产品，达到了事半功倍的效果。因为他当时主推的只有一种产品，凡是用佛雷公司化妆品的黑人，大都不会在乎再增加一种对自己确实有好处的化妆品的。

随着粉质化妆膏销量的大幅度上升，约翰逊抓住了这一有利时机迅速扩大市场占有率。为了强化约翰逊化妆品在黑人化妆品市场上的地位，他同时还加速了产品开发，连续推出了能够改善黑人头发干燥、缺乏亮度的“黑发润丝精”、“卷发喷雾剂”等一系列产品。经过几年的努力，约翰逊系列化妆品占领了绝大部分美国的黑人化妆品市场。

不知从什么年月起，捆绑销售已悄悄地侵入我们的生活，而且蔚然成风，有愈演愈烈之势。大至买楼房送车位、买大件家电送电饭锅，小至买手机送话费、买酸奶“二送一”，甚至买支牙膏也送个钥匙圈。问商家不要赠品能否减些价。商家回答：不要可以，但不减价。

那么，什么才是捆绑销售呢？捆绑销售也被称为“附带条件销售”，即一个销售商要求消费者在购买其产品或者服务的同时，也得购买其另一种产品或者服务，并且把消费者购买其第二种产品或者服务，作为其可以购买第一种产品或者服务的条件。捆绑销售通过两个或两个以上的品牌或公司，在销售过程中进行合作，从而扩大它们的影响力，可以说是共生营销的一种形式，开始被越来越多的企业重视并运用。

捆绑销售的方式确实给商家带来了好处，也给消费者带来了实惠。但目前市场上的“捆绑销售”还不够大气，只能算是小打小闹，甚至是两种商品的简单叠加。在手机市场上居然发现买手机可以送饼干，真是风马牛不相及。这些方式并未实现“捆绑销售”的最大价值。

捆绑实际上是资源的再次创新与整合，是在原有资源的基础上，创造出一种更有力度的模式，更利于消费者对信息的接受与处理，甚至变被动为主动。如果进行科学规划，对相关品牌进行整合，那么，这样的捆绑也许可以创造奇迹。

早在1903年，有位叫金·吉列（King Gillette）的推销员，虽已年近50，却仍然满脑子幻想，渴望成为一个发明家。所谓“功夫不负有心人”，他花了4年的时间，终于发明研制了可更换刀片式剃须刀。然而，在最初投入销售的一整年里，这“新产品”只卖出了51副刀架和168枚刀片。

吉列没有放弃，他接下来做的事情，开创了一种全新的商业模式。他以极低的折扣，将数百万副刀架卖给美国陆军，自然，军队将刀架当做生活必需品发给了士兵们。吉列指望这些士兵退役还家后，变成自己的“回头客”。

然后，吉列又将刀架卖给银行，让银行作为礼品送给新开户的客户。他设法将刀架和几乎所有商品都捆绑在一起，从绿箭口香糖到红茶茶包等。这种做法颇具成效。仅仅过了一年，吉列就已经售出了9万副刀架和1240万枚刀片。

吉列刀片的畅销乃至风行世界，给后世的商家们留下了一个重要的"遗产"：提供免费（或者廉价到近乎免费）的平台产品，然后通过耗材、补给、服务等等，来获得真正丰厚的利润。

在今天，这样的经营策略仍然频繁出现在生活中。"全球通"在广州市区推出了"免费频道"服务，由移动公司提供网络支持，由广告公司、商家和移动电话客户共同参与，共同受益。具体内容是：移动用户只需在自己的手机上拨打"免费频道"号码，仔细听完系统播放的信息（广告），回答相关简单的问题，就可获赠一定数额的话费。

中国移动会免费送给消费者一部手机，条件是这之后的两年间，消费者每个月都要打大量的电话。

惠普的打印机最便宜一款才300元人民币。打印机的墨盒，才是惠普公司的主要利润来源。

这种"免费获得A商品，但需要支付B商品的钱"的方式，被经济学家定义为"交叉补贴"。不过，随着时间的推移，"免费"已经不仅仅是一种营销方式了。在一些人看来，这很可能是一个"充裕时代"将要来临的前奏。美国《连线》杂志主编克里斯·安德森就表达了这样的观点：在未来社会，不是免费商品的成本进行了"交叉补贴"，而是免费商品的成本极大地降低，低到趋近于零。

再准确一点说，是提供免费商品的边际成本正趋近于零。由于技术的发展，服务或商品的提供商可以触及大量、甚至是海量的用户，而每新增一个用户、或者给每个用户新增一项服务的边际成本，则在急速向零靠拢。

这听起来虽然让人难以置信，然而，现实中，确实有这样的事情存在。在全世界的电脑游戏产业中，增长最快的是免费的网页休闲游戏。比如史玉柱的《征途》和陈天桥的《传奇》，它们可以看作是"交叉补贴"模式的代表，也可以视作免费经济时代里的一种基础模式。

为什么人们买涨不买跌

经常听说一句话："买涨不买跌"，这实际上是大多数人的写照。2008年时遇金融危机，一线城市的房地产大多在打折促销，但多数人看到"跌跌不休"的房价，始终不肯出手。短暂的降价后，房价再次飙升，此时买房的人却多了起来。再比如说，在股票市场上，如某一种股票价格上扬的时候，人们都会疯狂抢购这种股票。而当一种股票价格下跌的时候，购买这种股票的人反而很少，拥有的人也希望尽快抛出去。人们越高越买，是为了最大限度地获取利润，股票价格升高，说明投资者有利可图。

单就一种现象而言，天底下到处都有"买涨不买跌"的情况。美国人罗伯特·西奥迪尼写的《影响力》一书中有这样一个故事：

在美国亚利桑那州的一处旅游胜地，新开了一家售卖印第安饰品的珠宝店。由于正值旅游旺季，珠宝店里总是顾客盈门，各种价格高昂的银饰、宝石首饰都卖得很好。唯独一批光泽莹润、价格低廉的绿松石总是无人问津。为了尽快脱手，老板试了很多方法，例如把绿松石摆在最显眼的地方、让店员进行强力推销等。然而，所有这一切都徒劳无获。

在一次到外地进货之前，不胜其烦的老板决定亏本处理掉这批绿松石。在出行前她给店员留下一张纸条："所有绿松石珠宝，价格乘1/2。"等她进货归来，那批绿松石全部售罄。店员兴奋地告诉她，自从提价以后，那批绿松石成了店里的招牌货。"提价？"老板瞪大了眼睛。原来，粗心的店员把纸条中的"乘1/2"看成了"乘2"。

为什么绿松石的价格涨了，却反而销售一空呢？人们追涨心理的背后究竟是什么因素在起作用呢？

关于人们追涨的心理，英国学者罗伯特·吉芬19世纪在爱尔兰观察到一个现象：1845年，爱尔兰爆发了大灾荒，虽然土豆的价格在饥荒中急剧上涨，但爱尔兰人民反而增加了对土豆的消费。后来人们为了纪念吉芬，就把吉芬发现的这种价格升高而需求量也随之增加的经济现象叫做“吉芬现象”，简单地说就是越买越高。

爱尔兰的土豆出现吉芬现象的原因是，在饥荒这样的特殊时期，面包、肉类、土豆的价格都上升了，但人们的收入大大减少了，更买不起面包、肉类，相对便宜的土豆便成为人们的首选，这样对土豆的需求反而增加，使得土豆的价格增长比其他食品类的价格增长更快。

与吉芬现象的成因相同，很多“北漂”族选择在北京城郊结合部租房子住也是迫于无奈。位于北京海淀区与昌平区交界的唐家岭村，就是著名的大学毕业生聚居村。但是唐家岭的居住环境比市区要差，交通也不太便利，其房屋的性价比也比较低，房屋一般比较简陋。但是却有越来越多的人涌入这里。其背后的原因就是，虽然唐家岭的租房价格不断上涨，但相比主城区而言价格还是比较便宜，对于刚刚在北京立足的年轻人来说，选择在这里租房能享受到相对便宜的房租，哪怕房子的性价比并不高。

在当年的爱尔兰，“越高越买”是人们在贫困中为了维持生存的一种不得已的选择。但是，人们追涨还往往有其他原因。在非常灾难时期人们越高越买是出于一种恐慌心理，害怕以后价格会涨得更高。而一些首饰、服装、礼品等，人们越高越买则是为了显示自己的身价，提升自己的社会地位。

人们追涨的心理还常常被商家利用。比如在“非典”时期，个别商家就是利用了人们的恐慌心理，哄抬物价。

此外，为了迎合部分高消费群体的需求，商家也不失时机地推出高价礼品，价格越高，越能够显出对送礼对象的重视。于是中秋节出现上万元一盒的月饼，饭店里出现数 10 万一桌的饭菜也就不足为奇了。

第二章 个性也是生产力：产品的形状和颜色也值钱

为什么消费者会买椟还珠

市场上，有两家药厂，生产同一种药，质量略有差异（甲厂药品效果比乙厂的略微差些）。在推向市场时，两者都用纸板包装盒，甲厂的包装白底光亮，色彩明快，还有一个浮雕式的凸起图案；乙厂则颜色暗淡，图案陈旧。试比手感，前者表面细滑，轻轻挤压，手指能感受到弹力和盒子的挺括；后者则表面粗涩，略一挤压，即轻易失去原有形状。

当这两种产品同时上市时，面对同样的消费者群体，前者的市场占有率竟然高出后者10%。

两种相同的药，仅仅因为包装上的差异，就有了悬殊的销售量。而实际上，乙厂药品的质量要比甲厂的好。这样的结果说明了什么？

从前，楚国有一个珠宝商人，一次他在游历各国途中获得了一颗非常漂亮的珍珠。楚人决定要将珍珠好好包装一下，以后好卖个好价钱。

于是，这个楚国人找来名贵的兰木，又请来手艺高超的匠人，为珍珠做了一个精美的盒子，然后用桂椒香料把盒子熏香。还花重金让人在盒子的外面精雕细刻了许多精美的花纹，镶上漂亮的装饰。最后，盒子成了一件精致美观的工艺品。楚人将珍珠小心翼翼地放进盒子里，拿到市场上去卖。

楚国人到市场上不久，他手中的盒子就吸引了很多人。一个郑国人将盒子拿在手里看了半天，爱不释手，出高价将楚人的盒子买了下来。郑人交过钱后，便拿着盒子往回走。

可是没走多远他又回来了，楚人很纳闷。

只见那个郑人将盒子里的珍珠取出来，交给楚人，自己只拿了一个空盒子走了。

这个成语故事讲的就是“买椟还珠”。这个商人对商品包装的关心远远超过了对商品本身的关心。事实上，很多消费者在生活中也犯过同样的错误，因为喜欢商家的包装而买下了一件商品。好包装会抓住人们的眼球。对于一件被推销的商品，更多的人还是在关注其包装。

过去人们并不在意包装，认为“真金总是会卖个好价钱”。但现在这样的观念该改改了，因为质量再好的商品，没有好的包装，就好像缺了绿叶的红花，没有任何吸引力。在市场经济的环境下，产品的包装越来越引起消费者的关注，并逐渐形成了“包装经济”。

包装经济，是指围绕着商品包装而展开的一系列经济活动，属于产业经济的一种。从社会实践上来看，由于现代的产品种类繁多，花样复杂，因此，消费者在进行选择的时候，往往挑花了眼睛，不知道该选择哪一个好。这时，产品的包装就可以成为一个宣传媒介，向消费者传递“自我推销”的信息，从而吸引消费者购买。正是第一印象的不同，消费者才做出不同的选择。

各大企业经营者正是观察到了这一点，也才将更多的资本投注到广告包装之上。他们利用包装塑造精品的形象，利用包装来提升企业的品牌知名度，利用包装来打动消费者。

在几年前，洗手液市场上，蓝月亮洗手液成功地利用包装成为市场上的品牌产品。它为了能让人们产生精品的印象，其产品包装从瓶子的高度、体积、瓶形、配件颜色、标签形式等都经过不断地调试，最终达到了“功能卖点、包装形态、消费者感受”三者的完美结合。这让蓝月亮洗手液的销售量大为改观。当时，就能达到每月700万的销售额。长沙几家大超市曾创下日销售蓝月亮洗手液2600瓶的纪录。据不完全统计，“蓝月亮”凭借洗手液单品就创造了年度7000万元的创销售业绩。

在产品同质化越来越明显的今天，产品外包装正在成为企业产品销售成功的不二法门。只要有了迎合消费者审美观点和文化意识的包装，就能够达到同推销产品一样的效果。

为什么牛奶装在方盒子里卖，可乐却装在圆瓶子里卖

你在喝饮料的时候是否留意过这样一个问题：几乎所有软性饮料，包括可乐、橙汁、矿泉水等，他们的包装，不管是玻璃瓶还是铝罐子，都是圆柱形的。但有一种饮料例外：牛奶。牛奶的盒子大多都是方的。理性地看，方形容器能比圆柱形容器更经济地利用货架空间。可是，为什么软性饮料的生产商还是坚持使用圆柱形容器呢?

这是博物经济学家罗伯特·弗兰克在他的畅销书《牛奶可乐经济学》中提出的问题。

弗兰克认为，造成这个差别的原因之一，可能是软性饮料大多是直接就着容器喝的，由于圆柱形容器更称手，抵消了它所带来的额外存储成本。而牛奶却不是这样。我们要么会将牛奶倒出来饮用，要么会插入吸管喝，大多数的人不习惯就着盒子喝牛奶。

可就算大多数人直接就着盒子喝牛奶，成本效益原则亦显示，它们还是不大可能装在圆柱形容器里贩卖。我们知道，超市里大多数软性饮料都是放在开放式货架上的，这种架子便宜，平常也不存在运营成本。但不少牛奶由于保质期不长，需专门放在冰柜里冷藏保存。冰柜很贵，电费等运营成本也高，所以，冰柜里的存储空间相当宝贵。因此，牛奶包装做成方形可以更有效节省冰柜的储藏空间。

另外，还有人提出，碳酸饮料假如有震荡的话，里面的液体就会膨胀。假如做成三角或方形的话，那稍有震荡瓶体就会变形。因此，从力学和美学角度来说，碳酸饮料的瓶体都应该做成圆柱形的。而牛奶等不含碳酸的饮料，设计成方形圆形都可以。

不仅是饮料瓶子的设计有学问，其实，在我们的生活中，处处都充满着经济学的智慧。弗兰克在他的书中提出了“博物经济学”的概念，就是提倡我们用经济学的概念去理解日常生活中的某些现象。这种思维方式建立在经济学的简单常识上，试图通过基本的推理去理解并解释事物的本质。而我们去思考推断的结论也不在于对错，而在于发现事物的合理性，增加理解和预判。经常性地运用这种思维方式，会是非常有趣的经历。

两杯哈根达斯冰淇淋摆在受试者面前，一杯A有7盎司，装在5盎司的杯子里，看上去快要溢出来。另一杯冰淇淋B是8盎司，装在10盎司的杯子里，看上去还没装满。那么，受试者会为哪一杯付更多的钱呢?

实验结果表明，人们反而会为7盎司的冰淇淋付更多的钱。在冰淇淋实验中，人们评价的标准往往不是真实的重量，而是冰淇淋满不满杯的程度。实际生活中，类似的例子更是比比皆是。比如麦当劳的蛋桶冰淇淋、肯德基的薯条，都是蛋桶或纸桶的上部装得满满的，好像要溢出来的样子。

其实，商家总是利用人们的心理惯性，制造出“看上去很美”的视觉效果。他们巧妙地运用了一些对比项。比如，用较小的杯子和并不多的冰淇淋对比，使冰淇淋看上去满得要溢出来。再比如，用“原价”衬托“折扣价”。

为什么有些车的加油孔在司机一侧，有些车却在副驾驶一侧

有车的人会发现这样一个问题，那就是并非所有汽车的加油孔都处于车的同一侧。于是，就会出现这样的情况：当你开着朋友的一辆车，照平时开自家汽车那样停在加油油泵前，却发现油箱位置在车身的另一侧，油枪够不着。汽车制造商只需把加油孔统一设在汽车的某一侧，就能解决这个问题。但是，汽车制造商们并没有达成这样的共识。原因并非是行业竞争，而是源于替用户着想。

原来，在一些车辆靠右行驶的国家，过街时右转比左转容易。所以，大多数司机会到能右转进站的加油站加油。如果油箱总设在汽车的某一侧，那么，为了加油方便，驾驶员更愿意将车停在油泵的右侧。这样一来，在交通高峰期，所有向右的油泵会挤满车，而大多数朝左的油泵却空置。

所以，不同车型的加油孔设在不同侧面，意味着有些车能从左边加油。于是司机们再也不用排队等着加油了。这种好处，显然比给租来的车加油时偶然停错了方向所带来的成本大得多。

一家生产面包机的企业，请来了一家营销调研公司。营销专家们给出了法宝：再推出一个新型号的面包机，不仅个头比现在的要大，价格也要比现有的型号高出一半左右。

真没想到，这一招还真的奏效了，原来那一款面包机的销量开始上升了。顾客们都会说："我不大懂面包机，真要买的话，干吗不买那个小的？"从那以后，面包机才热销起来，渐渐成为人们生活中的必备物资。

企业在开发新产品的时候，需要针对用户的需求来制订方案。产品的研发，需要特别注意用户对产品产生的边际效用。把握住用户的需求，既能降低产品成本，又能获得用户的认同。

比如，我们在开冰箱的时候，会发现冷藏柜的灯会亮，冷冻柜却不会亮。冰箱的这个特点，就源于企业对用户需求的把握。

在冷冻柜或者冷藏柜，安一盏开门会自动亮的灯，成本是差不多的。不过，从收益来看，冷藏柜安一盏灯后，用户找东西会很方便。而人们使用冷藏柜的次数要远多于冷冻柜，那么在冷藏柜安灯，对于用户来说更有帮助。所以，根据成本效益原则，在冷藏柜安灯既能贴近用户的需求，又可以节约企业成本。

不过，也会有用户认为在冷冻柜安装一盏灯是有必要的。有些高档冰箱的生产商就会根据这部分用户的需求，加大成本投入，不仅在冷冻柜安灯，甚至连每一层单独的冰格里都安上灯。对于企业来说，只要用户有需求，愿意为这样的附加功能买单，他们是很乐意改进产品的。当然，冷冻柜有灯的冰箱售价要远高出一般的冰箱。

为什么女装的扣子在左边，男装的扣子却总在右边

针对不同购买群体时服装功能的不同需求，服装公司采用相应的统一标准，这一点并不足为奇。可奇怪的是，女士适用的标准与男士标准恰恰相反。如果标准完全是随便制定的，那则是另一回事。可男士标准明明也很适合于女士。毕竟，全世界90%以上的人（无论男女）都习惯使用右手，用右手从右边扣扣子要容易多了。

17世纪扣子最初问世的时候，只有有钱人的外套上才打扣子。按当时的风俗，男士自己穿衣服，女士则由仆人帮着穿。女士衬衣上的扣子打在左边，极大地方便了伺候女主人的仆人们。男士衬衫的扣子在右边，不仅因为大多数男人们是自己穿衣服，还因为用右手拔出挂在左腰上的剑，不容易被衬衫给兜住。

如今还有仆人伺候穿衣的女士恐怕所剩无几，为什么女装扣子依然留在左边呢？规范一经确立，就很难改变。既然所有女装衬衫的扣子都在左边，要是有哪家服装公司提供扣子在

右边的女士衬衣，那就很危险。毕竟，女士们早就习惯了从左边扣扣子。一旦扣子换到右边，她们还得培养新习惯，改用新技巧。除却这一实际困难，部分女士恐怕还觉得，当众穿扣子在右边的衬衣叫人尴尬，因为看到的人会以为她穿的是男士衬衣。

微软公司早年开发办公软件的时候，曾出现过这样的事情。

他们在进行用户访谈时发现，很多用户抱怨微软的Word功能太多，很多功能很少用到，使用起来过于复杂。于是，根据用户的反映，微软的技术人员重新开发出一款新的产品——微软Write。Write使用简单，它只保留了Word中少部分实用的功能。

微软以为这样一来，用户满意度会大大提高。可是，事实却出乎技术人员的意料。再一次的市场调查显示，用户认为Write很垃圾，根本不是他们需要的产品。很快，Write便在市场上消失，迅速被人遗忘。

微软的这次失误，实际上在于技术人员只考虑到简单实用，而没有考虑用户更换不同产品的边际成本。

在大部分情况下，用户只会用到Word软件20%的功能。但如果因为其他80%的功能不常用，而选择一个只有其常用20%功能的Write，那一旦用户某天需要用到一个不常用功能时，就必须重新再去装一个Word。对于用户来说，更换一个产品的边际成本很大，不仅需要寻找合适软件，下载、安装，还要重新学习使用方法等。

所以绝大多数用户宁愿购买一个有许多不必要功能的Word，也不愿去选择一个简洁的Write。因为当需要运用那些不常用功能时，再支付时间、精力、金钱等众多边际成本，对于用户来讲实在得不偿失。

对于边际成本大的产品，我们一旦接受就不会轻易改变，我们习惯了。不过，对于那些边际成本低的产品，我们就没有这么好的耐心了。

比如网站，我们更换网站的成本只需要在搜索引擎中输入几个文字。如果发现某个网站使用复杂，就会轻易抛弃掉这个网站。软件这种更换成本大的产品，当然是大而全最好。即使像有许多用不着功能的Word，我们也希望能够一劳永逸，永远不需要花费更多成本去更换和学习。而像网站这种更换成本低的产品，越简洁越好，最好一眼就能找到需要的内容。那些最清晰、学习成本最低的网站，即使功能不是最丰富的，也会是最吸引我们的。

为什么笔记本电脑能在任何国家的供电标准下运作，其他大部分电器却不能

张先生刚参加工作，正好被派去美国参加一个供货商会议，这一段经历却给他留下了一些痛苦的回忆。他好几次和出国回来的朋友说起一件事情，事情不大却很恼人：他第一次去美国，本以为准备很充分，MP3、手机样样没落，到了美国却傻了，美国的插座和中国的不一样，充电器、刮胡刀，没有一样能插进去的，他们用的是一个圆的、两个扁的插座，这下可好，到旅店去问也没有，咋办？

他打听了半天，说有个地方有卖，打的去一看，有是有，可要25美金，宰人哪！没办法，买了一个回来。回来一用，插是插上去了，还是不行，听说电压又不一样，美国人用的是110伏的电压，不放心啊，他的笔记本可是2万多买的啊！再去买呗。这种事情你说闹心不？

我想这个问题出过国的朋友应该都碰到过，听得多了我想还是要在这里提醒一下大家，出国前还是要在国内带上一个出国旅游转换器，有些国家还要带上电压转换器才行。

目前世界各国所用的插头都不一样，除了澳大利亚和中国的三插一样，其他国家都要用转换插座，二三十元一个，很实用。

张先生的尴尬正是很多人的尴尬。确实，在不同的国家，家用电器是不能通行使用的。但笔记本除外，很多时候，笔记本在全球能够通用。一些笔记本电脑内装置了变压器，使得

电脑可以在两种标准下正常运行。

笔记本电脑刚诞生那段时间，购买的人大多是要带着它们国内外到处出差的商务人士。对这些人来说，在国际航班上带着沉重的变压器，实在是一种无法接受的负担。所以，笔记本电脑生产商从一开始就在电脑里内置了变压器。所以，NBA 的球星到中国来的时候也不忘记去中关村买一台带回美国。

美国电力系统提供的家用电是 110 伏，还有不少国家为 220 伏。电视和电冰箱则只能在一种标准下运转。要想在法国用美国冰箱，你必须要单独买一个变压器，把法国 220 伏的电源转换成 110 伏。同样，在美国用韩国电视，也只能单独买一个变压器，把美国 110 伏的电源转换成 220 伏的。为什么这些家用电器不能像笔记本电脑一样到处通用呢？传送 220 伏的电比 110 伏要稍微便宜一些，同时也稍微危险一点。到底采用哪套输电系统，大多数国家都曾进行过相当广泛的论证，而一旦作出决策，国家就会向选中的系统投入大量资金。因此，指望各国改用统一的供电标准，在近期内是不现实的。所以，带着电器跨国旅行的人，需要找些办法来保证这些电器能在不同的供电标准下使用。

给所有电器装内置变压器，无疑能满足这一需求，但这么做会增加电器的制造成本。绝大多数的冰箱、洗衣机、电视以及其他电器，恐怕不会有出国旅行的机会，所以，给它们加装内置变压器的额外支出，也就没什么道理了。

为什么便利店没有客人也不关门

某晚，几个好友聚在小张的单身宿舍打扑克，激战至午夜，一个人说肚子饿了，这一说不要紧，大家都有了同感。找点吃的吧，可单身宿舍没有什么填肚子的，去外面买，都半夜 12 点多了，哪家店还会开门。

小张说话了：“别急，楼下新开了一个便利店，24 小时营业，我这就给你们买东西去。”不一会儿，小张就提着一大袋方便面、饼干、饮料什么的进来了。大伙一边吃一边说：“还是有这么一个商店方便，什么时候都能想吃就吃，想喝就喝。”

如今，中国的一线城市很多都已经有了 24 小时营业的商店。哪怕购物者凌晨 1 点肚子饿了，也能买到方便面或面包等食物。我们知道，整夜营业的商店会比那些正常营业的商店多出一笔额外开支，如空调和照明费用，晚间轮班的收银员、存货管理员的加班费等，很大程度上这些成本要比创造的额外利润要高。那为什么这些商店还是坚持通宵营业呢？

顾客去哪家商店买东西，取决于几方面因素：价格、商品种类、商店位置和营业时长。大多数顾客一旦选中最符合自己要求的商店，以后买东西也会直接到那家店。对顾客而言，熟悉了一家店的摆设后，就不愿再花费精力到另一家店去找东西了。所以，让自己成为尽量多顾客的第一选择是众多商店的强烈动机。

通常，每一家店上架商品的价格和种类都相差不大，如果哪家店的上述因素有些差异，就可能促使一部分购物者选中那家店作为长期光顾的对象。在交通不发达的时候，人们一般不会专门到一家不顺路的商店买东西。但随着交通的发达、汽车的普及，商店的位置不再是人们购物要考虑的一大因素。如此一来，商家只好把差异性放在营业时间上了。

假设所有商店都在晚上 10 点关门、次日早晨 8 点开门，如果一家店把营业时间延长到晚上 12 点关门、次日早晨 6 点开门，它就能成为营业时间最长的店。即便那些很少在晚上 12 点或早上 6 点买东西的顾客，也会因此选中这家店作为自己买东西的地方。他会想，自己没准哪天就需要在半夜买东西，那样的话，这家商店就给自己带来了最大的便利。对给予自己方便的商店，人们会经常去那里购物，作为回报。所以，虽说商店在晚上 12 点或早上 6 点吸引到的顾客并不多，但由于它营业时间长，就能吸引到更多顾客长期到此购物。

当然，其他的商店不会坐视自己的顾客流失，它们也会采取相同的方式——延长营业时间。而这时，有些店就会把关门时间延长到凌晨 1 点或 2 点，开门时间提前至 4 点或 5 点。如果多营业一个小时的成本不太大的话，那么竞争的最终结果就成了现在的许多商店 24 小时营业。

当商店都选择 24 小时营业后，新顾客选中哪家店，就和它们的营业时间没什么关系了。这时商店会在其他方面继续彼此的竞争。例如，一家店以低廉的价格作为优势，在它那里经常能买到碰瘪了的听装啤酒或接近销售期限的食品，即所谓的处理品，价格可以便宜三分之一左右，因此经济不太宽裕的家庭会长期光顾此商店。另一家店以广告见长。它将印好的广告纸分发到附近地区的居民家中，广告上详细介绍该店在何时对什么商品大减价，居民可以在此期间去购买。有时候顾客还可以将广告单上的广告剪下来去店里直接兑换小礼物，如一瓶可乐、一听啤酒。这家店的高明之处在于，通过一些小优惠将顾客吸引到自己的店里来。要知道，只要顾客光临，平均每位顾客消费几十元，商店所获的利润就远远超过那些小优惠和小礼品了。

尽管竞争由营业时间的长短转向了其他方面，那些实施了 24 小时营业的商店也不会因此将营业时间变回到原来的 10 小时或 12 小时，毕竟这也是维持竞争优势的一个条件。

为什么苹果笔记本的颜色也值钱

2006 年 7 月 1 日，苹果公司的网站上公布了该公司 13 寸苹果笔记本电脑的价格。传统的白色机型卖 1299 美元，同一型号的黑色机型则卖 1499 美元。仔细一看，用户可发现，黑色机型配备的是 80G 硬盘，比白色机型的标配硬盘大 20G。情况似乎并无神秘之处，配置较好的机器价格自然更高。但再仔细看看，白色机型也可以选配 80G 硬盘。加价多少呢？仅仅 50 美元。这样一来，谜题出现了。为什么生产成本一样，黑色机型却比白色机型要贵 150 美元呢？

其实这并不是苹果公司的专用花招。很多公司都会对其性能一样的产品推出不一样的包装，而价格却有天壤之别。就苹果公司而言，其在 2005 年秋 iPod 黑色版上市后就开始采取这一手段了。

一开始，黑色 iPod 的价格和传统的白色 iPod 价格一样，技术指标也一样，但对黑色机型的需求，立刻耗尽了公司的库存。尽管白色款的现货还很足，但由于黑色款新推出、有特色，更多的买家愿意预订它。两款机型定价一样，但白色款和黑色款的销量却相差甚远。2006 年引入新款苹果笔记本电脑时，公司有了新的主意：对黑色机型索价更高。不过，它的确有理由这么干。

黑色机型索价更高是否不公平呢？和提供航空旅行服务的平均成本一样，电脑公司生产电脑的平均成本，也是随着单位产量的增加大幅下降的。因为公司的研发成本，并不随产量的变化而变化。所以，公司可以以低于平均成本，但高于边际成本的价格销售部分产品，增加利润。但为了给研发成本上个保险，公司必须以高于平均成本的价格，销售其他产品。

在一个公平的世界里，那些最喜欢该公司研发部门设计的新颖功能的用户，会承担相当大一部分成本。对价格最不敏感的买家，大部分都愿意以高价购买新机型的时髦特性。研发项目给所有买家都带来了好处，但给那些愿意为了新特性多出钱的用户带来的好处最大。给黑色机型定高价，一方面是公司对于黑白不同款产品销量进行的价格调节，即对于供不应求的黑色款定高价，从而抑制一部分对于颜色没有太大偏好的人转而选择白色，促进白色款的销量；另一方面，以价格作为门槛使得黑色款更为稀缺，使得钟情于黑色款的买家获得了更高的心理满足。

如果你就是追求限量版、明星版的时尚达人或狂热 FANS，那么，再高的定价对你而言依然物有所值。如果觉得不值，那么，花更少的钱买非限量版吧！在同质化商品竞争激烈的现在，苹果的这一招数已没有什么新奇的了。从汽车到手机到可乐，花样繁多的限量版、明星签名版等，无一不是这一手段的深入应用。

小齐去买衣服时碰到了件很难接受的事。衣服买回来发现有点问题，就拿去换一下。营业员态度很好，说因为是毛衣，只是脱线了，就给她补了一下。

本来就是一点点问题，她们态度也很好而且帮她弄好了，她就说了声“谢谢”准备走了。往外走时，小齐突然看到一件跟她买的款式一模一样，但颜色不一样的一件衣服，就拿起来看了看。这件是蓝色的，价格竟然比她那件便宜50块。她十分不解，问了营业员，营业员却说她们就是这样标价的。款式一样，颜色不一样，价钱也不一样的有很多。

这就是商家的经营策略，不同的颜色在价格上拉开档次，满足某些人的虚荣心，更是为了赚更多的钱。

第三章

大象跳舞：市场是优胜劣汰还是劣胜优汰

为什么麦当劳是房地产公司

麦当劳公司旗下最知名的麦当劳品牌拥有超过31000家快餐厅，分布在全球121个国家和地区。主要售卖汉堡包、薯条、炸鸡、汽水、冰品、沙拉、水果。麦当劳餐厅遍布世界六大洲百余个国家。但可能很多人还不知道，就是这家卖食物的公司，却是一个地地道道的房地产公司。

1974年，麦当劳的创始人雷·克罗克，被邀请去奥斯汀为得克萨斯州立大学的工商管理硕士班作讲演，在一场激动人心的讲演之后，学生们问雷是否愿意去他们常去的地方一起喝杯啤酒，雷高兴地接受了邀请。

当这群人都拿到啤酒之后，雷问："谁能告诉我，我是做什么的？"当时每个人都笑了，大多数MBA学生都认为雷是在开玩笑。见没人回答他的问题，于是雷又问："你们认为我能做什么呢？"学生们又一次笑了，最后一个大胆的学生叫道："雷，所有人都知道你是做汉堡包的。"

雷哈哈地笑了："我料到你们会这么说。"他停止笑声并很快地说："女士们、先生们，其实我不做汉堡包业务，我的真正生意是房地产。"

想出这个主意的是天才的财务长——桑那本。克罗克成了全美成功的企业家，名扬海内外。而作为一等功臣的桑那本却在幕后默默无闻。直到今天，麦当劳里面有许多员工，并不知道桑那本其人。但是，如果没有"房地产赚钱"这一高招，没有桑那本，麦当劳一定开不到3万多家。

桑那本在麦当劳之外成立了一个房地产公司，称为连锁房地产公司，负责寻找适合的开店地点，向地主租赁土地及房屋。连锁公司以20年的合约向人家租得土地及店面以后，再把店面租给连锁店东，在其中赚取差额。

一般地，桑那本都以500元或600元一月的价钱，从地主那里租得店面。在转租出去的时候，他就加上了2成至4成。在订立条款的时候，他从不允许地主在租约内加上"逐年定期涨价"这样一条。当然，在将同一片产业租出去的时候，也就已经把对方的保险费、纳税费等一切，都加了进去。

这样，只要承租的加盟者能够存在下去，麦当劳至少可以在房地产上赚到40%的利润。更有利可图的是，物价逐年上涨，麦当劳收取的租金也水涨船高，理直气壮地收取涨价的租金，而它付给原来那个地主的钱，却根据合约不加改变。

在合约中，还有一条对麦当劳非常有利。这一条是这样规定的：加盟者除了缴付麦当劳所付租金的4%为最低租金之外，当餐厅生意达到一定水准之后，各店必须缴纳一定的营业百分比给麦当劳，唤作“增值租金”。

这个百分比从原始的5%逐年增加。由于麦当劳各加盟店大多只赚不赔，所以这笔钱相当可观。

麦当劳还以租金的收益向银行设定抵押，从银行贷款。这样子麦当劳就可以空手买进土地房屋。

麦当劳是闻名全球的快餐企业，但麦当劳总部如今基本上不具体经营快餐业务，那是以特许经营方式纳入麦当劳体系的小老板们的事情。麦当劳总部干得更多的事情，是琢磨哪个地段是一个城市将来人流最旺的地方。论证完毕后，就买下看中的地块并建起快餐店，然后寻找特许经营的合作伙伴，将快餐店租给他们经营，向他们收取特许经营费和这块商业旺地的铺租。麦当劳店址的选择也是其中至关重要的条件。麦当劳华东地区总裁施文哲这样表述：“麦当劳之所以开一家火一家，第一是地点，第二是地点，第三还是地点。”

通常一家店的开与否都要经过3个月～6个月的考察，考察的问题极为细致，甚至涉及店址是否与城市规划发展相符合，是否会出现市政动迁和周边动迁，是否会进入城市规划红线，进入红线坚决不碰。老化商圈内坚决不设点，纯住宅原则上也不设点。

麦当劳在中国开设的第一家分店，是在北京东单大街与长安街接口处的黄金地段。后来碰上了王府井改造，麦当劳仅因拆迁的土地补偿就大赚了一笔。那一刻人们才知道麦当劳投资房地产眼光之犀利。

全球知名零售巨头麦当劳日前宣布与世茂房地产组成战略联盟，约定携手拓展中国商业地产市场。

据介绍，麦当劳与世茂房地产合作，将从目前在上海、南京等开发建设中的商业地产项目开始，由点带面，以华东地区、沿海城市、省会城市为主要发展地区为主，并将逐步与合作伙伴在全国范围内全面拓展战略合作关系。

根据战略合作协议，麦当劳将与世茂房地产一同挺进国内一线、二线的大中型城市。麦当劳早先已与大连万达集团达成重要战略联盟协议，对于未来规划中的成都、西安、苏州、杭州、重庆以及其他城市的项目，大连万达将优先考虑推荐给麦当劳入驻开设麦当劳“得来速”餐厅或标准餐厅。

虽然麦当劳目前在中国大陆采取的是租赁房产的直营模式，但据了解，并不排除具有地产收益。据麦当劳与北京华联综合有限公司签订的一份场地租赁合同范本显示：在租期内，麦当劳“有权将不超过四分之一的场地分租给第三方”。

如今的麦当劳并不只是卖快餐的了，当它总结出一套科学合理的制造快餐的程序、店面摆设的规则、店铺选址的秘诀，并最终利用“麦当劳”响当当的牌子以特许经营的方法扩张时，麦当劳在很大程度上已变成了一家经营房地产的企业。在全球100多个国家拥有数万块黄金地段的麦当劳，是个房地产运营的绝顶高手！

为什么蒙牛先建市场不建牧场

1999年成立的蒙牛，2000年的销售收入不到3亿元，2001年前三个季度达到5亿元。在2000年中国乳业的总销售收入仅200亿元的大背景下，牛根生2001年在制定未来“五年计划”时，将2006年的销售目标定在了100亿元，市场份额相当于上年全中国乳业的半壁江山。很多人都认为牛根生是在“放卫星”，太冒进。但是牛根生的回答是：“因为我胆子小才定这么一个指标，如果换成别人当总裁，那可就不是100亿元，而是200亿元。”

在牛根生做了大家的思想工作后，大家全心全意地向这个目标奔去：盖全球样板工厂，建国际示范牧场，牵手摩根，开拓香港市场并最终上市……2005年年底蒙牛乳业的营业收入已经突破100亿，2006年其销售收入达到了162亿！

蒙牛充分利用社会资源，让当地人出钱建设奶站，为蒙牛供货，然后给他们合理的经济回报，从而使自己以极低的成本拥有了500多个奶站及配套设施。而且，因为奶站是当地人自己出钱建的，自然尽心尽力，质量、数量都有保证。在运输方面，参与公司原料、产品运输的600多辆运货车、奶罐车、冷藏车，都打着蒙牛的标志，但这些车没有一辆是蒙牛自己购买的，全部由民间资金购买。维修、保养、保险都是车主的事，蒙牛只问奶的事，不问车的事。蒙牛把这种“两头在内，中间在外”（即研发与销售在内，生产加工在外）的企业组织形式称做“杠铃型”。通过这种模式，蒙牛整合了大量的社会资源，把传统的“体内循环”变作“体外循环”，使传统的“企业办社会”变作“社会办企业”。

蒙牛最大的成功就在于“先建市场，再建工厂”的“虚拟经营”模式。蒙牛当时看到国内有许多乳品企业不景气，这些企业并不缺乏厂房和生产设备，关键是缺少先进的市场开拓经验和规范的管理理念，于是在全国选择已经拥有厂房和设备、具备生产能力的厂家进行合作。在合作过程中，蒙牛投入品牌、技术、配方，并提供先进的管理模式，将所有产品都贴上蒙牛的标志。蒙牛凭借自身的品牌优势、渠道优势、管理优势等，只与对方合作，对其设备及人员进行使用和支配，而不发生资产转移。加盟企业所有的设备等都归原企业所有，蒙牛只利用这些资源，并用自己的管理和品牌，使双方互惠互利，共同成长。

当瑞典利乐公司推出“利乐枕”的新包装时，很少有企业接受，觉得太低档了，因为当时的酸奶都是用瓶装的。只有蒙牛的决策者发现了“利乐枕”的优势：携带方便，包装费用降低1/3。可是一台设备就得2500万元，初创的蒙牛自己是买不起的。于是，蒙牛就在北京找了一家租赁公司，然后由这家租赁公司以第三方的身份，把设备转租给蒙牛。自此，蒙牛有了第一台属于自己的液态奶设备。就是这个转租来的设备生产的“利乐枕”让蒙牛做了50亿元的产值。

以联营、联盟、托管、外包和租赁等形式整合所需的资源，将有限的资源集中在附加值高的关键业务部门和环节上，把非行业内最优或不体现竞争优势的环节外包给其他企业去做，以小资本带动大资本，会起到“四两拨千斤”的作用。

但发展起来的蒙牛，也因为牧场而险些被毁。由于没有自己的牧场，蒙牛与其他的牛奶厂商围绕牛奶的争夺而展开了收购大战，这直接降低了对牛奶品质的要求和监控。2008年，河北省几个农民往牛奶里面添加三聚氰胺以求牛奶的蛋白质达标，导致了蒙牛、三鹿等牛奶厂商生产的牛奶有毒，婴幼儿服用之后造成了巨大的身体伤害。事件被曝光后，舆论哗然，蒙牛也受到了极大的影响。

蒙牛先建市场，利用先进的管理经验和知识，盘活了一些企业的设备和牧场。但随着蒙牛的爆发式扩张，牧场问题也成为制约蒙牛发展的最关键问题。如果蒙牛在适当的时机，建起了优质的牧场，也许蒙牛的牛奶将不会受到如此巨大的冲击。

相比之下，汇源集团的老总朱新礼多年前就走上了兴建果场，严格把控原材料的质量。这些做法值得包括蒙牛在内的很多企业学习。

“奶源建设将是蒙牛下一步的重点工作。”蒙牛负责人计划在几年内参与新建立20到30个大型的牧场，进一步提升原奶品质，彻底筑牢奶源基础。这一举措将能够给蒙牛的发展提供源源不断的优质原奶。

2009年，中粮集团宣布斥资收购蒙牛的一部分股份，这样企业就变成了一家具有国资背景的企业。

为什么百度会变成“百毒”

百度是最大的中文搜索引擎。每天处理来自超过138个国家超过数亿次的搜索请求，每天有超过7万的用户将百度设为首页。用户通过百度搜索引擎可以搜到世界上最新最全的中文信息。一度以来，“百度”成为搜索的代名词。

2008 年，央视曝光了百度的一些负面做法：不竞价就“封网”、规模干预搜索结果、有偿删除负面信息、灰色广告等问题，一时间百度“百毒”缠身。

百度的竞价排名是“改良”后的版本，竞价排名仅仅冠以“推广”二字，用户难以区别。“在某次审理百度竞价排名遭遇诈骗的案件中，连法官都不明白什么是‘推广’，何况一般用户。”按照大多数用户的习惯，大多数用关键字搜到信息后，会直接关注第一页的搜索结果。这意味着，用户直接点击的将是给百度带来收益的广告。

河北唐山“全面医药网”突然向国家工商总局提请《反垄断调查申请书》，要求处以百度 1.7444 亿元的罚款。“全民医药网”2008 年 3 月以来，在百度竞价排名上花了 8.9 万元。而 6 月份因网站改版调低了竞价排名价格，却遭到了百度的屏蔽，导致网站流量直线下降。“百度收录的全民医药网的页面从 8 万多降到了区区几篇，与此同时谷歌等其他搜索引擎却能正常搜索网站。”张国庆说。

北京杨先生也遭遇了同样的事情。杨先生开办了一个社区医疗健康咨询网站，从 2008 年 3 月开始，社区论坛就间歇性地多次被屏蔽。期间百度公司一个销售人员多次致电，询问是否要做竞价排名。考虑到社区的重要性，杨先生选择了妥协，开始与百度相关人员商谈“推广”事宜。据杨先生介绍，注册会员需一次性充值四千余元，“等于是开户费”，后续还要按点击量及推广效果收费，高昂的价格让杨先生望而却步。“现在在百度搜索 site：bbs.xxxxx.com，结果只有一条，年初的时候还有十几万条的。”提起这件事情，杨先生的语气中多少夹杂了一些无奈。

删除负面新闻收取“封口费”是百度的另一个敛财手段。近年来，其公司内部刻意通过各种方式屏蔽或删除负面新闻，特别是投放巨额广告或交够了钱的大客户，当被曝出负面新闻时，百度可以轻易把负面消息要么删除，要么放在搜索的后几页，从而防止负面消息的传播。

2008 年 9 月，在达能上海含菌量超标事件中，有消息称百度收取了 100 万元的“封口费”，百度承认有此事，但称其“严正拒绝”。随后有网友截图对此表示怀疑。该网友表示，自己在 2008 年 9 月 27 日 10：58 分用“达能上海含菌量超标”关键词进行搜索，在百度上找到相关网页 272 篇，首页没有一条是和本事件相关的负面新闻。与此同时，在谷歌找到相关网页 12000 篇，首页有 9 条就和本事件相关。“我有理由怀疑，百度收取了达能的‘封口费’，否则根本无法解释为何百度和谷歌的搜索结果数会相差 44 倍，而且搜索结果相关度出入如此之大。”该网友说。

百度在 2002 年年末，曾组织大批人员向有关部门写信举报 Google 中含有“有害信息”，迫使 Google 中文服务中断长达一个月之久。而百度乘机抢夺了 Google 在中国的客户如网易、新浪等，从中获利近 120 万美元。

百度网站存在大量虚假信息，甚至是诈骗信息，导致许多读者上当受骗，蒙受了经济上的损失。在“数动连线”网站上，网民也发出帖子，控诉百度发布虚假广告信息的可耻行为。一时间，百度陷入了恶意敛财的旋涡之中。

患急性前列腺炎的四川人老王找到了在百度搜索上排名前列的“某总参谋部”医院，花了 1 万多元并没有治好，病还越来越重，“权威专家”也神秘消失了。“百度搜索的结果都是骗人的吗？”

“连手机改号这样的诈骗信息也在百度搜索上排在第一位？”何小姐比老王更加疑惑。她因此特意咨询了当地警方，警方告诉她“手机改号”这样的信息广告属于“诈骗违法”活动。但在百度搜索第一条却是“手机改号诚招各级代理加盟”。

凭借自己在中文搜索上的绝对优势，百度已经成为一台庞大的敛财机器，更为可怕的是，这台敛财机器是完全失控的。

互联网“违法和不良信息举报中心”发出了《对传播低俗内容网站的公示与谴责（第 5 号）》。其中指出，百度网的“相册”和“贴吧”栏目含有大量低俗内容，该网站相关工作人员接到举报中心的通知后，拒绝整改。

在百度不可以搜索“色情”，却可以搜索出“色情图片”70 万条记录，“色情电影”51 万条记录，“色情小说”23 万条记录，“色情网站”79 万条记录。

百度这家企业有三大毒瘤——“竞价排名”黑幕、版权和“黄”。时间会一件件把百度的“病”都曝光于社会面前。百度迟早要为节省下来的守法经营成本付出代价的。

百度为了利润而忘记了企业的诚信，当消费者的利益被百度损害，网民的信任受到百度的欺骗之后，百度必将受到消费者的讨伐和弃用。

阿里巴巴于2009年年底停止全部在百度上的广告投放。继2008年年底淘宝停止在百度投放广告，并在全面屏蔽百度以后，阿里巴巴的主营业务部门B2B也全面告别百度。

为什么成本推动油价上涨是个真实的谎言

在武汉市一家超市里，两位老人前几天在报纸上看到了食用油要涨价的消息，原本想趁涨价前买一些，没想到却扑了个空。食用油前一段时间是79.9块钱现在是89.8块钱，涨了正好10块钱。

俗话说“开门七件事，柴米油盐酱醋茶”，如今柴火没人烧了，油就成了排名第二的生活必需品。食用油价格这一下集体上涨，让不少老百姓着急了。

临近2009年年底，食用油再次掀起了一轮涨价潮。鲁花、金龙鱼、福临门等几大品牌几乎同时宣布上调大豆油、调和油、菜籽油等品种的价格，涨幅在10%上下。在鲁花、金龙鱼、福临门最早掀起涨价潮后，豆维家、元宝等品牌也已经全部跟进。

黑龙江龙江福粮油有限公司董事长宋胜斌说：“我们现在每天生产的货，都是当天就能运走，基本上是零库存，市场供应不上。快一个月了，库里基本上就没有油，当天生产当天供应。”

一方面是价格上涨，一方面造成个别市场缺货的现象，食用油市场中一个真实的谎言就这样呈现了出来。在产品供不应求的同时，龙江福5升的大豆油的价格也刚刚从42元/桶调整为43.5元/桶。

食用油价格集体上涨，引起了市场上一片猜疑。而生产商支持涨价最主要的理由，就是进口大豆主产区的南美，2009年遭遇了旱灾，国际大豆交易额跌价，明年交货的大豆期货价格从7月份以来已经上涨了近20%，带动了国内大豆价格上涨。国家粮食局调控司副司长周冠华和社科院经济专家李国祥说价格上涨应该是缺乏支撑的。根据美国农业部的估计，2009年世界的大豆供给增长是16%，是大幅度增长。

2008年～2009年全球的大豆产量为2.332亿吨，低于早先预测的2.344亿吨，但仍高于上年的大豆实际产量2.22亿吨。不少企业现在加工的大豆是几个月前进口的，当时的价格比现在低得多，生产成本并不高。因为采购进口大豆，一般都是提前6个月到8个月，现在使用的大豆，至少是2009年年初采购的，根据当时跟踪的价格，也就是在3400元/吨、3500元/吨左右。

那么食用油调价的原因到底是什么？

周冠华，国家粮食局调控司副司长，他告诉我们，对进口大豆的高依赖，导致中国在大豆的定价方面早已经失去了发言资格。目前掌握全球粮食运销的是四家跨国公司，分别是ADM、邦吉、嘉吉，以及路易达孚，在业内被称做“四大粮商。”

推动这轮食用油价格上涨的并不是成本上升，而是一些企业人为操纵的结果。它们只不过是拿成本上升做幌子，获取更大的利润。这正是国内大豆市场被进口转基因大豆冲击后造成的结果。几大国际粮油巨头早年间借着低价大豆，在中国攻城略地，掌握了大部分市场资源。

“四大粮商”进军中国市场后，迅速发展壮大。ADM公司与新加坡丰益集团共同投资组建了“益海嘉里集团”，在国内控股的工厂和贸易公司已经高达38家，还参股了鲁花等国内著名的粮油加工企业，堪称全国最大的粮油加工集团。目前，国内70%以上的榨油企业被跨国粮商或控股或参股，已经形成了四大粮商控股或参股金龙鱼、福临门、鲁花等主要品牌的局面。此次尽管食用油全面提价，但是，涨价幅度较高也是最早开始涨价的金龙鱼等品牌，正是“四大粮商”旗下或者是控股的品牌。

为什么美国人想搞垮微软

身为全球最大的软件商，1975年成立的微软公司在全球PC机操作系统等软件市场占有巨大的市场份额，经常被推上反垄断法庭。其中最为危险的莫过于1998年5月18日美国司法部向微软发起的反垄断诉讼。

1995年5月，微软创始人比尔·盖茨对该公司的互联网战略进行了调整。11月，微软推出了“探索者”2.0版。微软公司在1995年与当时最大的浏览器提供商网景公司协商，希望划分浏览器市场。在遭到拒绝后，微软要求个人电脑制造商如要安装视窗95操作系统，就必须同意在该系统上安装“探索者”浏览器。微软以后推出的视窗操作系统，都直接内含了“探索者”浏览器。1997年10月，微软又将其浏览器与视窗操作系统进行捆绑出售。

由此，美国司法部指控微软违反法官杰克逊于1995年批准的协议。同年12月4日，杰克逊法官发布指令，要求微软停止将“探索者”浏览器与视窗95操作系统或任何更新版本操作系统进行捆绑出售。微软不服，并提出上诉。于是，微软公司与美国反托拉斯部门开始了漫长诉讼之路，其焦点集中在浏览器上。

美司法部联合19个州共同控告美国最大的电脑商微软公司违反反托拉斯法一案，在经过长达一年的调查取证之后，终于有了爆炸性的发展。负责这一案件审判工作的美联邦地区法官托马斯·杰克逊公布了他对这一案件的“事实认定书”。这份被认为具有初步裁决意味的认定书指出：微软在电脑市场的商业行为中的确有垄断事实。

这项裁决公布后，控告微软违反反托拉斯法的“领头羊”——美司法部助理部长克莱恩立即召开记者招待会，他兴高采烈地表示，这项初步裁决对美国广大消费者是一项了不起的胜利。克莱恩不愿预测这一案件的最终结果，但他表示，只要微软公司同意改正，司法部愿意与之和解。

与此同时，微软公司董事长盖茨也发表一项声明，他再次强调微软公司没有违反反托拉斯法，而且他深信微软公司不会被打散。盖茨同时还表示，这项事实认定只是法律程序中的一步，微软公司不同意法官的某些看法，将继续尽最大的努力解决此案。盖茨的这份声明也被认为微软有寻求和解的意味。

2001年6月，美国哥伦比亚特区联邦上诉法院作出裁决，驳回地方法院法官杰克逊作出的将微软一分为二的判决，但维持有关微软从事了违反反垄断法的反竞争商业行为的判决，判决微软利用在操作系统市场上的垄断力量打击竞争对手，与电脑制造商和软件开发商签订一些排他性合同违法。微软最终艰难度过风波。

在全球PC机操作系统等软件市场占有巨大市场份额的微软在2000年险遭美国政府分拆。尽管最终幸运地逃过了一劫，但微软在世界各地都长期陷入了反垄断诉讼的旋涡。微软的案例在经济学界也引起了巨大的争议。

从表面上看，微软公司并没有采取直接竞争的战术，与其他的浏览器经营者展开竞争，而是采用搭售的方式迫使购买者除微软的产品外不能有其他的选择。在美国，这种搭售的行为被视为是滥用经济优势的行为，它不仅受到《克莱顿法》第3条的制约，同时也受到《谢尔曼法》第1条和第2条的限制。

1890年，美国国会制定了第一部反托拉斯法，也是美国历史上第一个授权联邦政府控制、干预经济的法案《谢尔曼法》。

该法规定：凡以托拉斯形式订立契约、实行合并或阴谋限制贸易的行为，均属违法，旨在垄断州际商业和贸易的任何一部分的垄断或试图垄断、联合或共谋犯罪。违反该法的个人或组织，将受到民事的或刑事的制裁。

美国最主要的还是害怕微软的垄断。垄断主要是指单独性的占有、没有竞争的市场状态，即一个经营者或经营者联合体占据某一领域、某一行业的市场，从而排除或限制市场竞争，实现其对市场的独占性控制和支配的行为。

竞争已在全球各地被视为推动经济增长的基本力量，是市场经济之“神”。反垄断和维护竞争因而成了实行市场经济制度的各国经济立法和司法的根本原则。长期以来，垄断者只要被确认，便逃不过被绳之以法的命运。

作为全球第一家托拉斯（以高度联合形式组成的综合性企业集团）——标准石油的解散，无疑是全球反垄断史的一个标志性事件，其所造成的影响在一个世纪后的今天依然意义非常。

1870年1月10日，洛克菲勒在俄亥俄州创建了“标准石油”这家有史以来最为强大的垄断企业，其定名是为了标榜该公司出产的石油是顾客可以信赖的“符合标准的产品”。到1879年年底，标准公司作为一个合法实体成立刚满9年时，就已控制了全美90%的炼油业。自美国有史以来，还从来没有一个企业能如此完全地独霸过市场。

1882年，洛克菲勒在他的律师多德首度提出的“托拉斯”这个垄断组织的概念指导下合并了40多家厂商，垄断了全国80%的炼油工业和90%的油管生意。1886年，标准石油公司又创建了天然气托拉斯，并最后定名为“美孚石油公司”。1888年，公司开始进入上游生产，收购油田。1890年，标准石油公司成为美国最大的原油生产商，垄断了美国95%的炼油能力、90%的输油能力、25%的原油产量。标准石油公司对美国石油工业的垄断一直持续到1911年。

以标准石油为首，美国历史上一个独特的时代——垄断时代就此到来。“托拉斯”迅速在全美各地、各行业蔓延开来。在很短的时间内，这种垄断组织形式就占了美国经济的90%。

在国际市场上，标准石油也迅速取得了支配性的地位。19世纪80年代，由于美国的工艺已使标准公司的产品优于欧洲人的产品，因而标准公司也赢得了欧洲大部分地区的煤油市场。在19世纪70年代和80年代，煤油出口占到全部美国石油产量的一半以上。从价值上说，煤油占美国出口货的第四位，在工业制品中占第一位。欧洲则是它的最大市场。其中至少有90%的出口煤油是经过标准石油公司之手出去的。

随着标准石油的不断膨胀，它也成了美国政府反托拉斯的头号打击对象，被作为“进行欺诈、高压、行使特权”的代表，首当其冲受到批判。1890年，美国政府颁布《谢尔曼法》，美孚石油托拉斯不得不解散。但事实上，洛克菲勒的石油帝国仍然存在，各分公司仍然步调一致、协同作业，各公司的收入还是由以洛克菲勒为中心的委托人来管理。1899年6月，洛克菲勒改组美孚石油公司，以新泽西州的美孚公司重新登记，美孚石油公司的石油霸主地位再次得以确立。1908年，西奥多·罗斯福出任美国总统后，开始了托拉斯与反托拉斯之间最为激烈的对抗。罗斯福提出要将垄断市场、勾结铁路的美孚石油公司彻底铲除。1911年5月，美国最高法院宣判美孚石油公司解散。洛克菲勒为之辛苦经营40年、耗尽毕生精力的石油王国轰然倒塌。

阻碍技术创新是垄断的“毒瘤”，必须遏制妨碍创新的垄断市场行为。反对垄断对技术创新的障碍，是美国保持经济活力和竞争力的一个秘诀。美国1999年的《总统经济报告》专门辟出一章，讨论政府管制和创新的关系，强调新技术的创新对美国经济的长期增长至关重要，能否保持创新的活力是美国经济能否继续领先于世界的关键。

现在大部分国家都先后出台了反垄断法，并且在各国该法案中对垄断形式进行了限制，禁止了过于庞大的垄断。

为什么东风日产定位“技术日产”

东风日产是日本三大汽车制造商之一，也是第一家开始制造小型datsun轿车和汽车零件的制造商。公司十分看重技术的研发，从1980年起，日产便坚持将其销售额的5%用于产品研发。目前日产旗下拥有众多高级轿车品牌，诸如infinity（无限）、cefiro（风度）、cedric（公爵）等。车坛有“科技的日产、销售的丰田”的说法。这一说法将这家全世界第四大汽车厂，予以了明确的定位。

1933年12月26日，日本产业公司出资600万日元、户田铸物公司出资400万日元，成立了注册资本1000万日元的“汽车制造股份公司”。两公司的社长鲇川义介任新公司社长。在1934年5月30日举行的第一届定期股东大会上，汽车制造股份公司更名为“日产汽车公司”。同时，日本产业公司接收了户田铸物持有的该公司全部股份，“日产”正式成立了。

在当时的日本，汽车工业是其他机构都不愿意做的事业，就连三井、三菱、住友这样的大财阀都不愿涉足。理由很简单：谁都无法承受每年2500万日元的亏损压力。为此，鲇川义介已经做好了五六年内每年亏损2500万日元的准备。当然，这种魄力与他手下被称为“日产康采恩”的日本产业集团的强大支持是分不开的。日本产业是鲇川义介将久原矿业改组后于1928年出资5000万日元创立的控股公司，其麾下拥有日本矿业、日立制作所、户田铸物等企业。

为了能够与美国的轿车工业相抗衡，高瞻远瞩的鲇川义介将主要精力集中在日产汽车这一日本第一家真正的汽车企业的建设之上。

众所周知，日产的发展受到了战争的严重影响。1945年9月，美军司令部规定，禁止轿车的生产。直到1947年6月，才开始被允许利用库存零部件，每年组装排量1.5升以下的微型轿车300辆、大型轿车50辆。可以说，1947年是日产汽车形势最为危急的一年。由于当时正值通货膨胀和物资统管时期，公司的赤字和债务与日俱增。同时，由于金融机构的融资制度进一步变严，银行贷款也受到了限制。日产陷入内外交困的境地。为了突破危机，11月，日产成立了突破危机运动总部，下设7个分组。结果N issan车从10月的155辆上升到11月的230辆、12月的430辆。初步扭转了公司经营的不利局面。

1952年，日产与英国奥斯汀汽车公司开始进行技术合作，开发出达特桑210型车。其后，开始了日本首次向北美的汽车出口。达特桑210一经推出，就在竞争激烈的澳大利亚拉力赛中勇夺桂冠，展示了日产车与国外名车一比高低的决心。当时，日本轿车的需求50.5%为出租车，45%为政府机关和公务用车，私人用车很少，同中国的情况十分类似。为了确定公司未来的市场发展方向，日产开始了大规模的市场调查，分析了用户的需求。虽然达特桑是深受顾客欢迎的车型，但它也存在明显的不足。于是，对它的操纵性、耐久性和整体风格都做了很大的改进。

1957年，制作完成数台样车，在强度、振动、噪音等方面都进行了极为严格的测试。在美国，日产对达特桑210进行了试验。同时，开发了1.2升发动机以增强其出口竞争力。经过大量的工作之后，蓝鸟310诞生了。1959年，蓝鸟1000、蓝鸟1200同时在全国上市，出现了持续旺销的局面。可以说，详尽的市场分析、精细的技术开发加上完善的促销手段使“蓝鸟”一举成名。

1999年是最值得纪念的一年，日产与雷诺的合并轰动了世界。其间，各种传闻不断。但是，一个不可忽略的事实，就是日产拥有的先进的技术开发能力，与雷诺在产品开发、造型设计以及成本管理的长项有机结合起来，实现了优势互补。日产在欧洲和南美等地也将进一步拓展市场，使集团公司的全球占有率提升至9.1%，成本效益有望达到3900亿日元。

在75年的发展历程中，日产素以技术创新而著称，在技术创新方面拥有许多第一次：日本首次装备V6引擎、全球首次在2.0引擎上装备CVT技术、在Sentra CA上应用世界最先进的排放控制技术……对技术创新的矢志追求，成为日产品牌的DNA，也成就了“技术日产”的美誉。

竞争优势一般有两种基本类型：一是价格竞争优势，就是在同样的条件下比竞争者定出更低的价格。这就要求企业采取一切努力来降低单位成本。二是偏好竞争优势，即能提供确定的特色来满足顾客的特定偏好。这就要求企业采取一切努力在产品特色上下工夫。

品牌定位是指企业的产品及其品牌，基于顾客的生理和心理需求，寻找其独特的个性和良好的形象，从而凝固于消费者心目中，占据一个有价值的位置。产品定位是产品在未来潜在顾客心目中占有的位置。其重点是在对未来潜在顾客心智所下的工夫，为此要从产品特征、包装、服务等多方面作研究，并顾及到竞争对手的情况。日产能够从竞争激烈的汽车行业杀出一条血路，正是因为日产对其自身的准确定位。

2002年9月19日，金秋时节的北京钓鱼台国宾馆，迎来了东风与日产两位“巨人”的牵手。当戈恩与东风公司总经理苗圩紧握双手的时候，它宣告了东风公司历史上一个崭新时代的到来。

按照协议，日产将直接投资85.5亿元人民币，东风以对等的资产入股，合资重建注册资金达171亿元的“东风汽车有限公司”。这是国内首家拥有全系列卡车、轻型商用车和乘用车产品的中外合资汽车公司，也是迄今为止中国汽车行业规模最大、层次最深、内容最广泛的对外合资项目。

东风日产乘用车公司（原为东风汽车有限公司乘用车公司）成立于2003年6月16日，位于广州花都。东风日产乘用车公司以广州风神汽车有限公司为基础，是东风汽车有限公司最具发展潜力的重要组成部分。

东风日产乘用车公司拥有花都和襄樊两个工厂，年生产能力25万辆，员工近5000人。公司产品为2升级“蓝鸟”和“阳光”，2.3升级和3.5升级“天籁”，1.6升级“颐达”和“骐达”轿车。公司现拥有251家供应商和430多家经销商。

占地20万平方米，投资3.3亿人民币的乘用车研发中心，已于2004年12月6日在花都开工建设，按计划将于2005年年底建成主体部分并投入运营。2004年12月21日，乘用车发动机工厂正式开工，该发动机工厂占地36万平方米，总投资30亿元，将建成一条集铸造、加工和装配为一体的生产线，生产4款乘用车发动机。

2008年，遭遇全球金融危机，经济不景气，内需仍然没有被充分拉动，年轻的东风日产靠什么逆风飞扬，靠什么高速发展？靠的是优秀的产品质量，完美的驾乘体验，以及品牌和产品深入人心所缔造的消费者对企业、对品牌的高度认可和充分信任！根据中国乘用车联合会近期提供的数据显示：2009年上半年，东风日产乘用车公司销量达到225073台，同比增长41.32%，比主要乘用车厂家平均19.35%的同比增长率高出将近22个百分点。

日产将产品定位为“技术的日产”，实际上，日产每款上市的新车型几乎都具有一定的技术领先性，日产也充分利用这一优势作为营销重点，天籁、轩逸无不如此。

为什么台塑能够和日本一争高低

20世纪50年代，王永庆在接手台塑的时候，并不被人看好。台塑是生产PVC塑料粉的。当时中国台湾的PVC塑料粉市场主要被日本人占领，因为日本人的生产成本低，价格更低。王永庆仔细分析了当时的PVC生产。PVC的主要原料是氯气，台湾是烧碱生产基地，氯气正是烧碱产生的废品，所以价格极低。当时台湾的劳动力、电力价格都远低于世界水平，并且政府对民营企业采取扶植的政策，有很多优惠。如果台塑能够和日本一样实现平均成本最低，按货币计算还要低于这些国家，那台塑一定能够成功。

在精密地思考下，王永庆卖掉了家族的其他产业，又贷款扩大台塑的产量。到1960年，台塑就成为了当时PVC行业的龙头，月产1200吨。成本下降以后，价格远远低于世界同类产品。这样，台塑不仅把日本赶出了中国台湾的PVC市场，而且还向世界各国出口。台塑获得了巨大的成功。

当然，台塑的成功还有其他方面的努力，如内部管理、与政府的良好关系等，但最关键的是台塑通过将自己的产量扩大，从而达到成本最低，这是台塑成功的法宝。

要谋求成本的有效降低，必须分析影响成本各种因素中最本质的东西，也就是要做到“单元成本”的分析。降低成本，一直是每个企业所追求的主要目标。

有很多企业，成本降不下来，效率上不去，一个重要的原因就在于没有实现适度规模。实现适度规模的原则适用于所有行业，不过各个行业实现的方式并不一样。像钢铁、家电、汽车这些行业，生产之间的联系强，因此适于集中生产，即工厂的规模要大，而且集中在同一地区，才能发挥规模经济的优势。另外一些行业，如零售商业等，采取了集中与分散相结合的方式。集中进货，统一的物流配送，统一的管理制度，保证了成本最低。

辽宁兴城是一个美丽的海滨小城，这里的旅游业较为发达，一到夏季便游人如织。但每年的 10 月到来年的 4 月，长达半年的时间里，海滨的高级饭店和旅游景点的生意就很清淡，游人很少。不过即使是在旅游淡季，饭店和景点仍然在开门营业。既然这个时段赚钱不多甚至会亏本，他们为什么不关门，等到旅游旺季的时候再开门呢？

用生产成本来分析这个问题，我们可以了解到饭店和景点的成本主要是固定成本，如租房费用，它已经支出了，如果关门歇业的话，放着也是放着，照样会折旧，不如继续开门营业，只要收入能支付可变成本就行了。

所以，固定成本的回收只能寄希望于旅游旺季，而且只有旅游旺季时需求大于供给，这就可以解释一般旅游景点的住宿和饮食，一到旅游旺季价格都比较高。

企业作为市场中的微观主体，是以营利为目的的，所以，在研究企业问题时，考虑最多的就是成本问题。但是企业如何控制成本，使生产成本达到最小化呢？

据很多厂家说，虽然沃尔玛订货数量每次都很巨大，但沃尔玛精明的采购员却十分让人不舒服。他们每次都要进行艰苦的讨价还价。同其他地方不同，沃尔玛的采购员与厂家之间没有什么密切的关系。相反，采购员总是为了尽可能地压低价格与供应商展开激烈的辩论。有的制造商甚至称沃尔玛为“美国最粗暴的客户”，主要指它那种顽强的价格谈判者的可恶形象。

不过，只要生意达成，沃尔玛就会维护好同供应商建立的协作关系，绝不会以不正当的手段来损害供应商而增加自身的利益。这也是供应商愿意同它们继续合作的稳定基础。何况，沃尔玛的货款平均期限是 29 天，远远快于同行的 45 天付款期限，这也是为供货商的利益作出充分考虑。

沃尔玛的分销中心在美国名气很大。据称每个分销中心楼板的面积加起来有 20 个足球场大小，装货月台可供 30 辆卡车同时装货，卸货月台有 135 个卸货位置。除此之外，沃尔玛还拥有美国最大的车队——“沃尔玛运输队”，有卡车 2000 辆，拖车 11000 辆！如此庞大的数目，在美国可是仅此一家！

同其他竞争者相比，沃尔玛分销中心的效率非常高。通常，沃尔玛商店内的 8 万多种商品，85%的货都是来自分销中心。它还动用高科技甚至是卫星导航等系统武装其分销中心。别的零售商从计算机开单到货物上架，约需要 5 天，而沃尔玛在两天之内就能搞定。

据统计，沃尔玛企业每年的广告投入约占营业额的 0.5%。而同沃尔玛同样规模的竞争者，广告投入几乎都会占到其营业额的 2.5% 以上。同时，在沃尔玛企业中，管理层的简化和节约，让其在管理成本上减少了大笔的金钱，平均要比竞争对手低 3 个百分点。

为了能实践沃尔玛在中国百姓心中的大面积“着陆”，沃尔玛一直都在努力降低成本，通过从厂家直接进货，签订供销合同，省去了中间的流通环节、全国统一的物流中心和分销管理体系……为顾客省钱。在它不懈地努力下，果然，几年之后，它就在中国这块土地上有了迅猛的发展，并一跃而起占据了中国零售超市的榜首。

在市场经济中，利润最大化与成本最小化是企业永恒的主体。一个企业要达到利润最大化，就必须对投入要素进行最优组合以使成本最小。因此，企业要想取得最大利润，就要遵循成本最小化原则。当企业的运营成本降下来时，消费者才能购买到更便宜的商品。

为什么可口可乐化身为“神奇魔水”

可口可乐公司的前任老板伍德拉夫有句名言：“可口可乐 99.61% 是水、碳酸和糖浆，如若不进行广告宣传，谁去喝它呢？”

可口可乐畅销全世界，打进了 135 个国家和地区的市场，被人们视为是“美国精神的象征”。可口可乐如此受人们喜欢，除其他原因外，广告作用不可低估。

“可口可乐”公司从 1886 年开始，就不惜工本，充分利用广告手段来扩大其产品销路。1886 年，可口可乐公司的营业额仅有 50 美元，广告费就花了 46 美元；1901 年，其营业额为 12 万美元，广告费花了 10 万美元；如今的广告费每年平均在 6 亿美元以上。

我们不说可口可乐的成功完全是由于其大手笔投入的巨额广告，但这种 99.61% 都是水、碳酸和糖浆的饮料能够在世界上销量第一，绝对与此不无联系。

俗话说，“酒好不怕巷子深”，但在现代商务活动中，却不再觉得这样的理论有可取之处。“货好还要宣传好”早就代替了“皇帝的女儿不愁嫁”的傲慢。好的广告，能诱发消费者的购买欲望，促成购买行为。这是注意力经济（眼球经济）的一个特征。

统计表明，世界上95%的产品都是雷同的，并无多大差异（同质性产品）。为什么有的卖得好，有的卖不好，或卖不出去？原因当然是多方面的，但关键因素是你“说不说话”，会不会“说话”。所以英国广告学专家S·布里特说：“商品不做广告，就像姑娘在暗处向小伙子递送秋波，脉脉含情只有她自己知道。”

提高商品的知名度是企业竞争的重要内容之一，而广告则是提高商品知名度不可缺少的“武器”。精明的企业家，总是善于利用广告，提高企业和产品的“名声”，从而抬高“身价”，推动竞争，开拓市场。

“今年过节不收礼，收礼只收脑白金”，在全国电视媒体上狂轰滥炸，几乎所有的人都熟知脑白金的广告。即使在2009年，“今年过年不收礼，收礼只收脑白金”的广告还在冲击消费者的心灵。而我们不仅要看广告，还要为脑白金广告付费——去购买脑白金。

1998年，为充分了解消费者，史玉柱戴着墨镜走村串镇，搬个板凳跟老人们聊天，脑白金的定价以及广告词都是“聊出来”的。史玉柱不但了解到哪种功效、多少价位的保健品最适合老人，而且知道了老人们吃保健品一般舍不得自己买，也不会张口向子女要。这些细小琐碎的需求累积起来，促使“今年过年不收礼，收礼只收脑白金”的口号应运而生。

中国是个礼仪之邦，从古到今，中国人一直崇尚礼仪，“礼尚往来”、“来而不往非礼也”，更论证了中国人的礼品情结，脑白金将一个保健品提升到礼品的高度，大大拓展了自己的市场空间。

在行业内，保健品有一种“富不过五载”的说法，但现今畅销十几年的脑白金据称已有千万人服用，把脑白金的外包装瓶子挨个儿放置可以绕赤道2周。2007年，“脑白金”和“黄金搭档”分别获得中国保健品品牌销售第一名和第二名，两产品的年销售总额达17亿元。公司产品受到全国广大消费者的广泛好评，创造了一个个销售业绩的神话，成为保健品市场中的领军品牌。这得益于史玉柱的广告。

广告是为了某种特定的需要，通过一定形式的媒体，公开而广泛地向公众传递信息的宣传手段。“广告”一词，据考证是一外来语。它首先源于拉丁文“Advertere”，其意为“注意、诱导”。中古英语时代（约公元1300年～1475年），演变为“Advertise”，其含义衍化为“使某人注意到某件事”，或“通知别人某件事，以引起他人的注意”。直到17世纪末，英国开始进行大规模的商业活动。这时，“广告”一词便广泛地流行并被使用。此时的“广告”，已不单指一则广告，而指一系列的广告活动。

广告在日常生活中随处可见。打开电视机，铺天盖地的是电视广告；翻开报纸，迎面而来的是平面广告；走在大街上，充斥视野的是各种立体广告……广告已经和我们的日常生活形影不离。广告之所以有这么大的威力，主要是它能把消息、资料传递给可能购买的顾客，激起人们购买的欲望。

脑白金礼品概念的广告策略，实属营销领域的一个成功典范。消费者购买脑白金时，购买动机已经超出了健康范围，纯粹是送礼。所以很多人都被脑白金“绑架”了，过年过节就去买脑白金送礼。史玉柱似乎深谙此道，每一个广告，都是跟“情”有关，都是在强调“送礼”，喜欢史玉柱产品的人不需要自己买单，等着别人送礼就行了。而“礼”为人之常情，所以，脑白金、黄金酒就都跟送礼有关了。

“五种粮食，六味中药，古法酿造，开盖清香，入口柔和，饮之大补。”2008年10月28日，史玉柱旗下的巨人投资与五粮液保健酒公司在北京人民大会堂隆重推出了这款保健酒——黄金酒。

黄金酒的广告：“入口柔，一线喉，我女儿买的，要喝让你儿子买去。”儿子不能看着自己的老爸没有酒喝，所以只能乖乖的去买酒了。

“软文+广告”，如此熟悉的营销模式自然让人想起史玉柱。这也确实是出自史玉柱的手笔。史玉柱把送礼和广告嫁接在一起，让消费者不得不买酒表孝心。

2010 年，央视广告招标进账 109.6645 亿元，创 16 年新高。比 2009 年增加 17 亿元，增长 18.47%。洗衣粉变奶粉，蒙牛则以总价 2.039 亿元战胜老对手纳爱斯竞得了 2010 年上半年“电视剧特约剧场”。

通过央视这个传播平台，企业可以快速地实现品牌宣传功能。“羊毛出在羊身上”，这些企业投资的广告费最终要转嫁到消费者身上。

广告有时也会产生一些不好的影响，成为市场毒药，特别是有些企业借明星的脸趁机吹牛骗人，以欺骗方式进行不真实的广告宣传。楼盘、汽车、手机、饮料、皮包、服装、药品、食品等，几乎各类商品都在找明星进行宣传。明星作为一个公众人物，代言某一产品，消费者就不自觉地把对明星的仰慕转移到商品上，明星在很大程度上引领消费趋向。

全国 20 多家电视台以“集体轰炸”的形式频频播出由唐国强、解晓东代言的广告片，让很多人记住了北京新兴医院——一个专治不孕不育症的医院。片中一幕幕温馨感人的家庭故事、解晓东深情款款的歌声、唐国强充满诱惑的解说，给观众留下了深刻的印象。唐国强每天笑眯眯地在电视上推介，令新兴医院声名大噪，解晓东为新兴医院广告主题歌献喉，温馨的歌声吸引了众多患者。而之后，媒体揭露，北京新兴医院其实是用钱炮制了一个“送子”神话，所谓的“高疗效”是亿万元广告吹出来的。一时引发全国媒体关注此事，唐国强、解晓东两位明星也遭到质疑。

商家正是看中了明星的名人广告效应，明星代言给商家带来“立竿见影”的成效，一时间销售量大幅攀升，水涨船高。

从影星到歌星，再到体育明星……代言人群体不断膨胀，“明星广告”愈演愈烈。由此引发人们对明星所代言产品的投诉量呈日渐上升的趋势。一出出的明星“代言风波”被媒体报道后，成为人们茶余饭后的谈资。中国广告协会曝光说，又有一位名人和虚假广告联系在一起了，他就是侯耀华。

他涉及的虚假广告高达 10 条。澳鲨宝、伯爵养生胶囊、康大夫茶愈胶囊、加拿大 V6 胶囊、方舟降压仪等，这些被点名谴责的电视广告所包含的产品五花八门，但人们在其中都看到了同一位代言人的身影——侯耀华。

侯耀华：

“今天我们将向大家展示一个来自于海洋科技，彻底颠覆传统补肾方法的最新成果。”

“大家可记好了，这康大夫茶愈胶囊和普通药品相比有三大优势。”

“已经有这些现象的男性朋友，应该尽早地服用原装进口的加拿大 V6 胶囊。”

侯耀华代言的另一个产品是“方舟降压仪”。在一段长约 12 分钟的广告里，侯耀华不仅提到了方舟降压仪的名字，当拿手表做实验证明该仪器所具有的磁场时，侯耀华还走到现场观众中去展示效果。

煽动性的语言、夸张的治疗效果，当明星的脸出现在广告里的时候，很显然是在向消费者推介一种产品，他就成了这个产品的推销员。有很多人可能因为他是侯耀华，所以觉得他可以信任，所以一不小心就买了其代言的产品。

记者：“您觉得名人确实起到一定的导向作用吗？”

侯耀华：“不，我觉得名人在广告当中起的作用就是引起别人注意。”

记者：“在广告的监管上您还有什么想法？”

侯耀华：“既然是广告，就是告诉您有了一个新的东西出来，选择权在您自个儿，因为您是花钱的。至于这些广告是不是真实的，有没有超出它本身真正效果的言词，可以说全世界的广告，都有夸张的成分在里面，因为要不夸张就不叫‘广告’，就是说希望大家别光偏听偏信广告，比如说您身边有家长、有朋友、有医生、有专家等，您可以去征求一下大家的意见再决定。”

消费者在看到明星脸的时候，虽然感到亲切，但更应该注意这些熟脸背后的谎言，否则一不小心就上了虚假广告的当。由于虚假广告传递的是虚假的信息，会误导消费者和使用者。一旦消费者接受了广告所传递的虚假信息，就会给消费者造成或大或小的损失，严重的还会给消费者造成人身或财产的损害。

为什么“苹果”不公布乔布斯的健康状况

2008年期间，美国苹果公司的股价出现较大波动。而造成这一现象的原因，除了苹果公司本身的表现外，公司传奇领袖乔布斯的健康问题也成为隐患之一。乔布斯一手创建了苹果公司，中间又经历数次起伏，更加深了其与苹果公司的关联度，他的健康自然就成为苹果公司投资者最关注的问题。

2004年，乔布斯被查出患有罕见的胰腺癌，不过随后经过手术，乔布斯顺利渡过难关。但是直至手术进行之后，苹果方面都没有明确告知投资者。当时，人们纷纷猜测乔布斯的身体状况，从而也引发了对苹果公司“健康”的担忧。

2008年，当乔布斯以一副憔悴的模样出现在“苹果”的全球开发研讨会上时，人们又开始猜测他可能再度患病。而当“苹果”发布了低于市场预期的财政预测后，乔布斯健康所引发的担心无疑更为“苹果”的未来投下了“阴影”。

“乔布斯热爱‘苹果’，”该公司在回答分析师瑞泽斯小心翼翼提出的问题时说。“他担任苹果首席执行官的职务，让‘苹果’的董事会感到开心，他没有离开‘苹果’的计划。乔布斯的健康是他的个人事务。”

苹果公司首席财务官奥本海默，对外只是称“乔布斯并没有离开‘苹果’的计划，他的健康也只是他的个人事务。”苹果公司的管理层面对世人的询问时，都选择拒绝就乔布斯的健康情况做出任何澄清，这也无形中增加了苹果公司股票的压力。

虽然苹果公司声称乔布斯的健康只是他个人的事情，但持有苹果公司股票的人却不这样认为。在他们看来，“苹果”作为一家上市公司，它的领袖人物的健康问题无疑会引发市场对于不确定性的恐慌。至少在乔布斯以更为健康的形象出现在公众面前之前，苹果的股价还将继续受到这一问题的影响。

苹果公司选择隐瞒乔布斯的健康，其原因在于，如果选择公开其身体状况，公众会得到两种答案。一种是乔布斯身体健康，这对于苹果公司和持有“苹果”股票的人来说，都是利好消息。另一种则是乔布斯身体欠佳，这无疑会让苹果公司面临困境，投资者们对公司的信心会锐减，公司的股票则会深受其害。

如果选择不公布，情况则只有一种，那就是人们只能凭空猜测。在这种情形之下，因为人们对真实情况的不了解，就不会贸然做出投资或不投资的决定。即使因为不了解实情，苹果公司的股价会出现波动，那也在公司的承受范围之内。无疑选择不公开，对于苹果公司的稳定更有益处。

现实情况是，乔布斯的身体状况已经很差，其继续变差的可能性更大。选择公布乔布斯身体状况的机会成本会更大。因此苹果公司最终选择了不公开。

小到一个公司，大到一个国家，领导人的健康问题都会牵扯到公司的股价或国家的稳定。因此，领导人健康是否公开的问题，也是一个非常小心和谨慎的问题。

在2008年的美国大选中，共和党候选人麦凯恩的年龄问题就成了许多人不看好他的原因。如果麦凯恩当选，他就将以72岁的高龄入主白宫，而他此前还患过皮肤癌，虽然通过手术治愈，但至今仍存在着很高的复发风险，外加越战时留下的身体创伤。所有这一切，都增加了选民们投票时的机会成本考虑。

麦凯恩很清楚自己政治生涯的局限性。于是，他在外交主张上表现得非常强势，无论是对伊战的不服输，还是在伊朗核问题上的强硬态度。麦凯恩的思路是，尽可能让人们回想起他曾经的战争经历。

相比之下，奥巴马的年轻和充满活力，则给美国民众带来更多的期待。一个年老，一个年轻，无论是个人还是利益团体，都会衡量自己投票时的机会成本。选择奥巴马，获得的政治承诺会有时间保证得以实现；而选择麦凯恩，这个就很难说，年老体衰的他具有和乔布斯一样的不确定因素，这也无形中增加了选民的机会成本。最终，选民们认清了票选总统的机会成本，选择了年富力强的奥巴马。

而在 2008 年，朝鲜首相金正日的健康问题一直也是一个谜，西方大小报从各个方面进行猜度，无奈，朝鲜没有任何公开讯息。

无论是苹果公司还是美国白宫，还是朝鲜，无论是经济还是政治，认真选择好机会成本，才能拥有最大获利。

为什么市场会奖励摩根家族

有钱人相信“风险越大，回报越大”，“财富是风险的尾巴”，跟着风险走，随着风险摸，就会发现财富。

确实，有钱人不仅做生意，而且也“管理风险”。其实生存本身也需要有很强的“风险管理”意识。所以在每次“山雨欲来风满楼”时，他们都能准确把握“山雨”的来势和大小。这种事关生存的大技巧一旦形成，用到生意场上去就游刃有余了。有不少时候，有钱人正是靠准确地把握这种“风险”之机而得以发迹。

在公元 1600 年前后，摩根家族的祖先从英国迁移到美洲来，到约瑟夫·摩根的时候，他卖掉了在马塞诸塞州的农场，到哈特福定居下来。

约瑟夫最初以经营一家小咖啡店为生，同时还卖旅行用的篮子。这样苦心经营了一些时日，逐渐赚了些钱，约瑟夫就盖了一座很气派的大旅馆，还买了运河的股票，成为汽船业和地方铁路的股东。

风险总是与机遇、利益如影随形。如果一个商人整天只是想着要发财、要成功、要赚大钱，但又怕担风险，对未来心存胆怯而裹足不前，那么他就很可能与成功失之交臂，只有事后叹息、后悔的分儿了。

成功的企业家邱德根曾经这样说过：“我不信命运，我从风浪中挨出来，建立了自己的斗志，即使到最后一刻也不会放弃，我的许多生意都是在风险中度过的。”

中国人喜欢“求同”的思维方式源远流长，可上溯至孔夫子的“中庸思想”。具体而言，就是表现为“不敢为天下先”，正如俗语说的“枪打出头鸟”，“出头的椽子先烂”，所以一般来讲，在中国，“第一个吃螃蟹的人”往往不得善终。

其实很多事在未真正完成之前，都是具有风险性的，常常会有“一波未平，一波又起”的时候，也常常会有看似平静，但内部汹涌澎湃隐藏危机的时候。商场上更是如此。一旦你勇于去开始，敢于去克服那些困难，那么到最后你将会有意想不到的收获。在那些看似难以捉摸的风险背后，往往隐藏着巨大财富！

1835 年，约瑟夫投资参加了一家叫做“伊特纳火灾”的小型保险公司。所谓投资，也不要现金，出资者的信用就是一种资本，只要在股东名册上签上姓名即可。投资者在期票上署名后，就能收取投保者交纳的手续费。只要不发生火灾，这无本生意就稳赚不赔。

然而不久，纽约发生了一场大火灾。投资者聚集在约瑟夫的旅馆里，一个个面色苍白，急得像热锅上的蚂蚁。很显然，不少投资者都没有经历过这样的事件。他们惊慌失措，表示愿意自动放弃自己的股份。

约瑟夫便把他们的股份统统买下。他说：“为了付清保险费用，我愿意把这旅馆卖了，不过得有个条件，以后必须大幅度提高手续费。”

这真是一场赌博，成败与否，全在此一举。

另有一位朋友也想和约瑟夫一起冒这个险。于是，两人凑了 10 万美元，派代理人去纽约处理赔偿事项。结果，代理人从纽约回来的时候带回了大笔的现款。这些现款来自新投保的客户，他们出了比原先高一倍的手续费。与此同时，“信用可靠的伊特纳火灾保险”已经在纽约名声大振。这次火灾后，约瑟夫净赚了 15 万美元。

这个事例告诉人们，能够把握住关键时刻，通常可以把危机转化为赚大钱的机会。冒险是上帝对勇士的最高嘉奖。不敢冒险的人就没有福气接受上帝恩赐给人的财富。

任何一个企业要想做大，所面临的风险是长期的、巨大的和复杂的。企业由小到大的过程，是斗智斗勇的过程，是风险与机会共存的过程，随时都有可能触礁沉船。在企业的发展过程中常常会遇到许多的困难和风险，如财务风险、人事风险、决策风险、政策风险、创新风险等。要想成功，就要有“与风险亲密接触”的勇气。不冒风险，则与成功永远无缘。

一天，有人问一个农夫他是不是种了麦子。农夫回答：“没有，我担心天不下雨。”那个人又问：“那你种棉花了吗？”农夫说：“没有，我担心虫子吃了棉花。”于是那个人又问：“那你种了什么？”农夫说：“什么也没有种。我要确保安全。”

不冒任何风险，只会一事无成，就像农夫一样，到头来，什么也没有，什么也不是。回避困难，同时他们也失去了收获成功的机会。

哥伦布如不航海探险，能登上新大陆吗？达尔文不亲身探险，搜集资料，能完成巨著《进化论》吗？股市风云中，没有接受挑战的勇气，能获得巨额财富吗？是的，险中有夷，危中有利。

世界的改变、生意的成功，常常属于那些敢于冒险的人。生命运动从本质上说就是一次探险，如果不是主动地迎接风险的挑战，便是被动地等待风险的降临，冒险总比墨守成规让你更有机会出头。

今日之商战，风险无处不在，企业管理者如果不敢冒险，也只能接受失败的命运；他们如果胆小怕事，就不可能获得成功。风险中肯定有困难，但困难中蕴藏着巨大机会的种子。

为什么珠海格力状告好太阳格力

2005年，深圳迈科龙公司（计算机生产软件厂商）提出的名为“一种软件保护方法”和“一种信息传递保密方法”两项重要的发明专利，获得了国家知识产权局的授权。其中前者更夺得“第九届中国专利优秀奖”。两项专利在全国范围内开始被推广，并于2006年中旬时，实现新增销售额2.4亿元、新增利润1.4亿多元，取得了十分显著的社会和经济效益。

无独有偶，欧美很多国家的企业就是利用知识产权——专利运营的方式赢利。2001年，英国电信利用转让专利进行赢利。其申请的专利有1万项之多，在转让专利后6个月内，公司就创造了1400万美元的专利收入。另外一个专利运营的例子是美国高通公司。2006年，在高通公司的收入中，专利许可费用高达30%左右，1.6亿美元的税前利润有30%～25%的专利许可的收入。

知识，也是有价的，甚至比本身更值钱，这贵重的东西就是知识产权。知识产权能为企业带来高额的利润，是所有者利用自己资源所获得的利益。

知识产权，指公民或法人等主体依据法律的规定，对其从事智力创作或创新活动所产生的知识产品所享有的专有权利，又称为“智力成果权”、“无形财产权”，主要包括发明专利、商标以及工业品外观设计等方面组成的工业产权和自然科学、社会科学以及文学、音乐、戏剧、绘画、雕塑、摄影和电影摄影等方面的作品组成的版权（著作权）两部分。

介于知识产权带来的巨大收入，很多不法分子在面对诱惑之时，动了不良心思，于是，演绎了诸多知识产权纠纷的案例。

2008年，珠海格力电器股份有限公司控告被告谢立辉在其销售的太阳能热水器上标注“格力小家电深圳股份有限公司”、“好太阳能格力小家电造”字样，侵犯了珠海格力公司的注册商标的专用权，对消费者进行误导宣传。最终，法院判决被告构成侵权，并赔偿珠海格力的巨额经济损失。

在市场经济下，知识产权的交易可以为企业带来收益，让企业的资源在不断的交换中得到更大的增值，如迈科龙公司和欧美的公司因经营专利而获得巨额利润；也可能为企业带来纠纷和不利的影响，例如格力公司的案例。

因此，经济学家指出：知识产权是市场活动中必须要明确的前提。1991年诺贝尔经济学奖得主科斯就提出：“没有产权的社会是一个效率绝对低下、资源配置绝对无效的社会。”美国的经济学家威廉姆森也表示："运行及资源配置有效与否，其前提之一就是要实现明确双方交易之前的产权，以确保交易后不会因未来的不确定性产生困扰，不会带来事后的交易成本。"于是，企业的知识产权保护在当今社会中，显得尤为重要。

如今，知识产权在企业创新研发的领域里被应用得越来越频繁，作为一种无形产权，它是智力创造的成果，是产权所有者对其成果依法享有的权利。为了更好地促进企业的发展和技术的创新，维护知识产权的意识在社会中逐渐被根植。诸多学者也根据经济学的理论，提出了各种保护知识产权的措施。

一方面，要增加在维护知识产权过程中各种高科技的运用，提高侵权者侵权的难度。随着高科技的研发，新的知识产品在创新时投注更多的尖端技术，削弱侵权者侵权的可能性，以让自己的产品更具有机密性，不易被模仿和侵权。

另一方面，要加大惩罚侵犯知识产权的力度，增加侵权行为的成本。之所以有侵犯企业知识产权案例的出现，是由于从侵权者角度来看，其侵权行为的"收益"高于成本的预期。众所周知，侵权行为也是有成本的，例如，在实施行为过程所付出的物质耗费、实施违法行为造成的社会后果，以及违法行为所承担的惩罚，等等。这些都是侵权人在行为前需要考虑的。由于现在我国知识产权法律制度的欠缺，众多侵权行为都趁机"打擦边球"。在侵权成本较低时，侵犯他人知识产权的行为必然频频发生。为了能减少这类事件，政府就应当加大惩罚力度，规定严格的产权制度，以使知识产权得到完善的保护。

2006 年，美国 Grokster 与好莱坞唱片公司展开了一场产权纠纷案。该案所展示的严格的知识产权保护制度，可以作为我国的参考。

2006 年 2 月，好莱坞唱片公司控告 P2P 服务商 Grokster 公司具有对其版权文件的盗版活动，并要求它停止发布其软件。经美国最高法院审判并宣布，由于 Grokster 公司的 P2P 服务有侵权嫌疑，将必须被关闭——尽管其内含有新兴的技术发展因素。并要求 Grokster 公司支付 5000 万美元（约 4 亿人民币）的经济赔偿金。

在市场活动中，明晰受保护的知识产权愈来愈成为"市场游戏"中的基础。从减少交易成本，维护市场发展的角度看，这种防范和减少侵权行为发生也是非常必要的。否则，将易造成外部的不经济（某项活动使得社会成本高于个体成本的情形，即某项事务或活动对周围环境造成不良影响，而行为人并未因此而付出任何补偿。），对企业和社会的发展都极为不利。

第四章

丰产不能丰收：为什么猪肉只能卖出白菜价

为什么玉米密植却不能高产

一些地方曾经把传统的两季稻改为三季稻，结果总产量反而减少了。两季稻是农民长期生产经验的总结，它行之有效，说明在传统农业技术下，土地已经得到了充分利用。改为三季稻之后，土地过度利用引起肥力下降，设备、肥料、水利资源等由两次使用改为3次使用，每次使用的数量不足，这样，三季稻的总产量就低于两季稻了。

四川省把三季稻改为两季稻之后，全省粮食产量反而增加了。江苏省邢江县1980年的试验结果表明，两季稻每亩总产量达2014斤，而三季稻只有1510斤。更不用说两季稻还节省了生产成本。群众总结的经验是“三三见九，不如二五一十”。

这就是对边际产量递减规律的形象说明。从经济学的角度看，这是因为违背了边际产量递减规律。土壤过度使用肥力下降；水资源、肥料等由3次改为2次，单次使用量增大；种两季比种三季人力投入、占用时间要少，所以农民会精耕细作；最重要的是，边际产量递减……

种植密度太大是当前夏玉米生产中尤为突出的问题。如一些地方的农民种植农大108玉米时每亩留苗竟多达5 000余株，较该品种的适宜密度高出约1/3。由于密度太大，导致单株生长发育不良、空秆率高，且雌穗秃尖的现象也很严重。此外，密度过大时还会发生不同程度的倒伏，造成减产。

合理密植是实现夏玉米高产的重要一环。每个品种都有各自的适宜密度范围，切忌随意增加密度。此外，同一品种的密度还要视地力、播期的不同灵活掌握（肥力较高的地块宜密植，中下等肥力地块宜稀植；早播地块宜稀植，晚播地块宜密植）。

一个面包坊有两个烤炉，作为可变生产要素的工人从1个增加到2个时，面包的边际产量和总产量都会增加。如果增加到3个工人，1个工人打杂，尽管这个工人增加的产量不如第2个工人（边际产量递减），但总产量仍增加了。如果增加第4个工人，面包坊内拥挤，工人之间发生矛盾，总产量反而减少了。

当一种投入，如劳动等，被更多地追加于既定数量的土地、机器和其他投入要素上时，每单位劳动所能发挥作用的对象会越来越有限。土地会越来越拥挤，机器会被过度地使用，从而劳动的边际产量会下降。企业虽然增加了投入，但收入却在递减。

边际产量递减规律在各行各业都存在，所以要防止过度开发、过度投入的不经济现象。

为什么降价也会遭遇尴尬

2009年6月中旬前后，以金龙鱼、福临门为首的多个品牌食用油纷纷在各大卖场打出“特价促销”的广告，原因就是原材料价格下降，生产商成本降低。其中，金龙鱼产品更是在两个月内完成了从“领涨者”到“领降者”的角色转变。

山东济南食用油市场在“十一”之前启动新一轮的降价狂潮。从各大超市了解到，一向价格稳定的鲁花花生油，也推出了为期1个月的降价促销活动，主打产品花生油的价格每桶便宜了约20元。其他品牌的食用油也有声有色地搞起了买赠、返现等多种形式的促销活动。

10月4日，一家大型超市，金龙鱼、福临门等多种食用油品牌纷纷降低了价格，有些商家打着各种旗号降价促销。降价的各大品牌中，金龙鱼降价最为明显，几乎金龙鱼各种品牌的食用油都降低了价格，降幅为10%～20%。其他品牌的食用油也跟着下调价格，其中，5L福临门花生调和油的价格从64.9元降到36.9元，降幅超过了40%。

一向价格坚挺的鲁花花生油，这次也加入了促销大军的行列。鲁花5L装花生油从每桶99.9元降至79.9元，5.436L装花生油从原价108.9元降至89.8元，每桶均便宜约20元，平均降幅约2成，降价促销时间是从10月1日至10月30日。

但对于此次降价，消费者显得并不买账。越是降价，顾客越是不买，等你降得更低。一些超市食用油货架前，半天也没一个顾客，偶尔有人过来瞟一眼标价签，扭头又走了。消费者张女士表示，家里上个月买了几桶油还没吃完，感觉最近油价都是跌的，生怕买回家还没等开始吃，价格又降了，白白吃亏。

“涨”指的是价格在上升阶段，不是“涨了之后”；“跌”指的是价格在下跌阶段，不是“跌了之后”。人们可以凭借自己的观察来作出趋势评判，进而采取行动。

“买涨不买跌”的意义在于，如果你意识到，黄金价格在涨，而且还要再涨，那么现在买进，过一段时间，价格再涨上去，相对来讲不是便宜了么。这个在投资、产业中是比较常见的。

反之，黄金价格在跌，而且还要再跌，那么现在你会去买进吗？一买进，意味着过一段时间的贬值。

通常，人们无法预测后市，但是在短时间内还是能够看到一定的走向，所以会作出“买涨不买跌”的行为。这是一种趋利避害的经济意识。

1.6L及以下排量车购置税减免的政策出台后，市场上1.8L车型正遭遇着滞销尴尬。新思域上市后，王先生就喜欢上了这款车，准备在春节前买车，开车回老家过年。但是，1.6L及以下排量车购置税减免的政策出台后，王先生就有点犹豫了。新思域最低排量是1.8L，不在这次购置税减免的排量之内。

如果购买1.6L的车型就能少交几千元钱，而几千元钱对于普通的工薪家庭也不算是笔小数目，但毕竟新思域是他在众多车型里面选中的。1.8L与1.6L车型之间，王先生犯了难。

与王先生同样犯难的还有李小姐，李小姐原本打算买一辆两厢福克斯，可是购置税减免的政策出台后，李小姐改变了计划，她准备在1.6L的马自达3和卡罗拉之间进行选择。

为了争取更多的消费者，受购置税减免影响最大的东风本田和长安福特均采取了相应的措施。东风本田经销商推出了“购思域，赠5000元购置税”的活动；长安福特福克斯则选择加大优惠幅度。

这些活动和优惠措施，似乎并没有引起消费者的关注。在亚运村汽车交易市场，正在看车的高先生认为虽然众多1.8L车型都有优惠，但还是感觉现在购买1.8L车型比购买1.6L车型多交了4000多元。看来，1.6L及以下车型所占的市场比例在2009年会进一步扩大。

几乎所有的商品，在涨的时候，人们更有买进的欲望。原因很简单，以前的上涨给人一种今后还要涨的心理暗示，现在买进，更节省成本。但一旦下跌，特别是形成一种下跌的心理暗示时，人们的购买欲反而下降。虽然上涨后的价格一般高于下跌后的价格。

为什么劣马赛出好成绩

《史记》中记载了“田忌赛马”的故事：

田忌经常与齐威王及诸公子赛马，设重金赌注。但每次田忌和齐王赛马都会输，原因是田忌的马比齐王的马稍逊一筹。孙膑通过观察发现，齐王和田忌的马大致可分为上、中、下三等，于是，孙膑对田忌说：“您只管下大赌注，我能让您取胜。”田忌相信并答应了他，与齐王和诸公子用千金来赌胜。比赛即将开始，孙膑说：“用您的下等马对付他们的上等马，拿您的上等马对付他们的中等马，拿您的中等马对付他们的下等马。”三场比赛过后，田忌一场落败而两场得胜，最终赢得齐王的千金赌注。

后来，田忌把孙膑推荐给齐威王。齐威王向他请教兵法后，就请他当自己的老师。孙膑的才学有了更宽广的用武之地。

同样是三匹马，由于选择的配置方法不同，结果就大不相同。田忌的马要比齐王的马低劣，在这样的约束前提下，孙膑只是利用选择配置的不同就赢得了比赛。在做选择的过程中，我们应该学习“田忌赛马”中孙膑权衡取舍的智慧。

一般来说，资源如果能够得到相对合理的配置，经济效益就会显著提高，经济就能充满活力；否则，经济效益就会明显低下，经济发展就会受到阻碍。

“权衡取舍”的情况随处可见，与人们的生活息息相关。每个人都会面临各种各样的选择，生活就是在不断地“权衡取舍”。你有买一套衣服的预算，但同时看中了两套各具特色的衣服，究竟选择哪一套？你攒了一笔钱，准备添置新的家具，是买一套组合柜呢，还是买一台录像机？你大学快毕业了，是攻读研究生继续深造，还是去工作赚钱？两个男人都很喜欢你，你是选择有钱的，还是选择有才的……做这些决策的过程其实就是“权衡取舍”的过程。

如果几种选择之间优劣分明，做出取舍是再容易不过的事情。比如，有两家公司，情况差不多，一个答应付你每月2000元，另一个答应付你2500元，应该去哪家公司是不言自明的。但如果都愿付你2500元，你就很难判断去哪一家更好，这时我们就要费心权衡了。在甲、乙两公司均愿意每月付给你2500元工资的例子中，如果你接受了甲公司的工作，在你得到每月2500元工资的同时，你就会失掉乙公司每月付你2500元的机会，正因为这样，所以我们在做权衡时才会感到为难。

其实每个人都会面临“权衡取舍”，大致上会体现如下的规律：每个人都会自然地作出趋利避害的决策，选择对自己利益最大化的结果；人们会清楚认识到自己面临的选择约束条件，以尽可能实现自己付出的代价最小化。“权衡取舍”的情况越多，意味着人们的选择和自由度越大。

现代社会可供选择的对象太多了，我们该如何选择，也是在考验我们“权衡取舍”的智慧。商业社会有很多人患有“选择型恐惧症”，就是因为自己的选择一再失误，从而不敢再去做选择了。因此，“权衡取舍”是一门高深的学问，以经济学的思维思考问题，对于我们的选择必将有所裨益。

为什么香蕉丰产不丰收

广西南宁市西乡塘区的坛洛镇，是广西香蕉的主产地之一，有着“中国香蕉之乡”的美称。由于天气转暖，村民们纷纷将自家种植的香蕉运往镇里的香蕉交易市场，寻找买家，希望卖出自己的香蕉。

“你这个是收购的？”

“是收的。”

“多少钱这一串？”

“7 元钱。”

“这一串大概有多少斤？”

“大概有 60 多斤。”

“相当于多少钱一斤？”

“一角多。”

香蕉进入成熟期以后，收获和卖出的时间很短，一旦卖不出去，香蕉的外皮爆裂以后，就无法销售了。他们现在低价大量收购的都是进入成熟期蕉农没有卖出去的香蕉。而这一堆香蕉的价格低得更是让人想不到。

已经进入成熟期的香蕉价格低得惊人，而处在最佳销售期的香蕉去年一般每斤的价格在 8 角钱左右，而现在只能卖 4 角，扣除中间人每斤 2 分钱的提成，蕉农真正卖出的价格只有 3 角 8 分钱。

卢校珠是南宁西乡塘区坛洛镇的香蕉种植户，去年因为香蕉的价格好，夫妇俩拿出全部家当投入 8 万多元，种植了 30 多亩的香蕉。由于投入的增加以及有着多年的香蕉种植经验，2009 年家里的香蕉喜获丰收。往年（每棵树）30 斤到 40 斤一串，现在（每棵树）60 斤到 70 斤，差不多增产一倍。

为了使香蕉能够在收割的时节快速从田里运出，卖个好价钱，卢校珠夫妇不久前还专门花了 3.4 万元，买了一辆小货车。因为他们对于 2009 年的收入有着更多的期盼。30 多亩（香蕉），大概估计能赚个 8 万元到 10 万元。

正当卢校珠夫妻俩沉浸在丰收的喜悦中时，2009 年 9 月，卢校珠从稀少的香蕉收购商的数量上，看到了 2009 年香蕉行情出现的危机。

“价格低是对我们最大的打击，辛苦多年，投资都投下去了，现在都收不回来，打击这样大，承受不了。”

在卢校珠种植的香蕉园里，已经成熟的香蕉成片地倒在地里，因为没有经销商来收购，地上的香蕉已经没人打理了。

“（这片地）等于放弃了，早就放弃了，都没心情管了，心情不好怎么管。”对于 2009 年种植香蕉出现的这种行情，卢校珠夫妇显得非常痛心也非常无奈。“心里很难受，香蕉卖不出去，今年都亏本了，明年就没有钱投资了。”

卢校珠夫妇算了一笔账，一亩地种植香蕉 120 株，他们租地花费了 750 元，树苗 84 元，肥料 1 360 元，水电农药费用 240 元，防寒袋、绳索为 120 元，也就是说种植一亩香蕉的成本一般在 2 500 元左右。而卢校珠一家因为已经成熟的 20 亩香蕉基本上颗粒无收，2009 年预计要亏损 7 万多元。

广西 2009 年香蕉大丰收，但蕉农们非但没增收，反倒损失惨重。因为数十万吨的香蕉卖不出去，价格跌到了“地板价”，甚至只能眼睁睁看着香蕉烂在地里。这样的情形的确很反常。

许多地方和许多香蕉种植户，在投资扩大香蕉种植面积的时候，往往只顾按去年的行情算可能的收益，却忽视了产量暴增，价格暴跌所带来的市场风险。而当你忽视风险的时候，风险就已经悄悄地来到你的面前。

由于去年香蕉价格的暴增，蕉农们纷纷扩大了自己的种植面积，加上香蕉在生长期风调雨顺，蕉农们在施肥等田间管理上不断加大投入，使香蕉的产量快速增长。

“供大于求”，这在农民听起来真是个可怕的字眼，因为这四个字对他们来说，就意味着风险和损失。除了香蕉，还有像柑橘、白菜、牛奶等这些农副产品，这几年也时不时遭遇“过剩滞销”。这似乎成了农业发展中的一个怪圈——农民增产不增收。

“谷贱伤农”是经济学的一个经典问题。在丰收的年份，农民的收入反而减少了。当粮食大幅增产后，农民为了卖掉手中的粮食，只能竞相降价。但是由于粮食需求缺少弹性，只有在农民大幅降低粮价后才能将手中的粮食卖出。这就意味着，在粮食丰收时往往粮价要大幅下跌。如果出现粮价下跌的百分比超过粮食增产的百分比，则就出现增产不增收甚至减收的状况，这就是“谷贱伤农”。

一些地方的农民往往只注重农产品的种植过程，而往往忽视了市场，缺乏培育当地产业化、市场化的经营能力。

在农民的生产和市场之间，缺少一个有效的经营载体，缺少有责任的产业载体。好卖的时候，大家（经销商）都来抢，不好卖的时候谁都不来了。如果是把农民增收的希望寄托在这么一个变数非常大的市场流通体系上，这样的问题还会继续发生。

为什么企业不是越大越好

“淝水之战”是我国历史上著名的一次战役。

公元383年8月，前秦皇帝苻坚亲率步兵60万、骑兵27万、羽林郎（禁卫军）3万，共90万大军从长安南下，同时，苻坚又命梓潼太守裴元略率水师7万从巴蜀顺流东下，向建康进军。近百万行军队伍“前后千里，旗鼓相望。东西万里，水陆齐进”。苻坚骄狂地宣称：“以吾之众旅，投鞭于江，足断其流。”这就是成语“投鞭断流”的来历。

东晋在强敌压境，面临生死存亡的危急关头，以丞相谢安为首的主战派决意奋起抵御。经谢安举荐，东晋皇帝任命谢安之弟谢石为征讨大都督，谢安之侄谢玄为先锋，率领经过7年训练，有较强战斗力的北府兵8万沿淮河西上，迎击秦军主力；派胡彬率领水军5千增援战略要地寿阳（今安徽寿县）；又任命桓冲为江州刺史，率10万晋军控制长江中游，阻止秦巴蜀军顺江东下。

双方在淝水展开激战。结果，前秦军被歼和逃散的共有70多万。唯有鲜卑慕容垂部的3万人马完整无损。苻坚统一南北的希望彻底破灭。不仅如此，北方暂时统一的局面也随之解体，再次分裂成更多的地方民族政权。鲜卑族的慕容垂和羌族的姚苌等贵族重新崛起，各自建立了新的国家。苻坚本人也在两年后被姚苌俘杀，前秦随之灭亡。

前秦的军队规模不可谓不大，但最终还是吃了败仗。看来，规模不一定能产生必然的正面效果。

若厂商的产量扩大一倍，而厂商增加的成本低于一倍，则称厂商的生产存在“规模经济”，与“规模经济”对应的是“规模不经济”。一般来说，随着产量的增加，厂商的生产规模会逐渐扩大，最终使得生产处于规模经济阶段。

产生规模经济的原因主要有四点：第一，随着生产规模的扩大，厂商可以使用更加先进的生产技术。在实际生活中，机器、设备往往具有不可分割性，有些设备只有在较大的生产规模下才能得到使用。第二，规模扩大有利于专业分工。第三，随着规模扩大，厂商可以更为充分地开发和利用各种生产要素，包括一些副产品。第四，随着规模扩大，厂商在生产要素的购买和产品的销售方面就拥有更多的优势，随着产量的增加，这些优势会逐渐显示出来。

但是，“规模经济”并不意味着规模越大越好，对于特定的生产技术，当规模扩大到一定程度后，生产就会出现“规模不经济”。造成“规模不经济”的原因主要是管理的低效率。由于规模过大，信息传递费用增加，信号失真，滋生官僚主义，使得规模扩大所带来了成本增加更大，出现“规模不经济”。

在现实中，采取多大规模能实现成本最小化，取决于企业生产与市场的特点。

从生产的角度看，一个行业所使用的设备越大，越专业化，技术越复杂，创新越重要，规模就越大越好。从市场的角度看，产品标准化程度越高，需求越稳定，规模就可以越大。例如，在钢铁、化工、汽车等重型制造业中，这些企业的规模往往相当巨大，小企业难以在这些行业中生存。

相反，如果一个行业使用的设备并不是大型的，技术与生产工艺也不复杂，技术创新所需的资金和承担的风险并不大。从市场的角度看，产品标准化程度低，需求多变，规模就可以小一些。

所以，对于企业或个人来说，究竟是规模大一点好，还是规模小一点好，得依据现实情况而定。

为什么企业不能“杀鸡养猪”

2007年，猪肉价格一路狂飙，以至于很多农民们都在杀鸡，为何？卖了鸡肉买小猪！但不知一年后当小猪长大时，肉价是涨还是跌？所以也有很多农民们守着自己的鸡群，日日祷告着：猪肉啊，降下来吧！鸡肉啊，涨起来吧！

唐僧四人正西行，突然，八戒身上叮咚作响，却是手机来电。抄起一看，原来是高老庄的老高头，老猪的泰山大人。

“喂，岳父大人好。”

“八戒吗？我是老高呀。唉，不知为何，我那女儿最近特别思念你，整天寻死觅活的。不知你那经取的怎样了？能否回来一趟？”说罢不住叹气。

八戒又惊又喜，忙连声答应。一转头瞥见师父，却不知如何开口。但想到那美貌如花的高秀兰，哪里还把持得住？当下软磨硬泡，不住恳求。唐僧眼见留他不住，叹了口长气，也就随他去了。

不到一日，八戒便来到高老庄。老高头摆下宴席，宴请亲朋好友，为女婿接风。八戒喝得酩酊大醉，由人扶回房去。刚进了屋，听得门外有人说话。

“高老，你这个妖怪女婿如此丑陋，脾气又大，你怎么又把他招回来了？这不是自讨苦吃吗？”

老高头洋洋得意地说道：“现在这社会，家里养头猪，顶个暴发户啊。哈哈，哈哈……”

看来，这高老头宁可和妖怪在一起，也要得到涨价猪肉的好处，“有钱能让你敢杀妖”啊！

但农民们可就没有这么幸运了，猪肉涨价了，是杀鸡养小猪，还是继续养鸡呢？天平一日一倾斜，真是愁煞人啊！

其实，管理企业和农民们养猪在本质上并无区别，都是以获得收入为目标。如果企业没有盈利，就会成为企业和社会的负担，成为“被杀掉”的对象。如果一直亏损，会导致贷款银行担忧、企业担忧、员工也担忧，但就因此申请破产吗？恐怕很难有人会心甘情愿。所以，我们还是要坚持下去，或许还能起死回生，但一直亏损着，又无法交差，的确是个难题。对于这样的企业，最应该的是求助外援，如果没有任何制度和外界支援，很可能就面临着“被杀掉”的危险。

当然，求助外援也需要很大的努力，并非一日之功。需要企业自己不断的努力，还需要有人在外部给企业以支援，就像养小猪需要筑圈买饲料一样。在合适的时机、企业的努力、政府的支援等所有要素的共同努力下，企业才有可能度过危机。这是一个团队共同努力协作后的结果，缺少任何一个环节，都有可能功亏一篑。

牛根生，中国蒙牛乳业股份有限公司董事长，他于1999年创立蒙牛集团，取得巨大成功，至2005年蒙牛集团已成为中国乳业前两强。2008年“三鹿奶粉事件”发生后，牛根生和蒙牛集团受到牵连，面临企业被外资收购的危险境地。内忧外困下，老牛不得不苦求资金，写下万言书求援资金，并致中国企业家俱乐部理事及长江商学院的同学，希望脱离困境。他在浙江第一会所——“江南会”上的一次中国高层企业家聚会中，痛哭流涕地讲述了自己企业的困境，称“蒙牛到了最危险的时候！”

为了能在风云变幻的市场竞争中获得竞争力，企业就必须要提高自己的核心竞争力。如果运营困难，就大幅裁员，但这样并不能从根本上解决问题，因为裁员并不能改变企业的核心结构，时间一长，弊端还会显现出来。所以，为了应付更长久的未来，企业应有必要进行结构调整，从问题的根本处入手。“解铃还须系铃人”，只有从根本处入手，才会将问题彻底解除，将病根彻底铲除。

在经济全球化日益明显的今天，几乎企业的很多因素都会影响到国民经济。假如看到没有暂时收益，就立刻“杀鸡养猪”处以极刑，但很可能会“杀鸡不成，反蚀一把米”。也许再等等看，会有好结果。也许可以借鉴马云的做法——“我从来没想过我比别人幸运，我也许比他们更有毅力，在最困难的时候，他们熬不住了，我可以多熬一秒钟、两秒钟。”

为什么全部卖完反挨骂

专卖店里，小吴看着自己负责的区域，有一个衣架是空的，那是因为一周内她将此款衣服全卖完了，比经理给她的“2周内卖完”提前了整整一周。小吴想，她这个月的任务超额完成，今天晚上经理过来察看销售情况时，一定会对她大加称赞，没准还能得到“销售月冠军”的称号呢！于是，小吴美滋滋地笑了。

傍晚，经理来到店里察看销售情况。正如小吴所想到的那样，经理在空衣架前止住了脚步，盯着衣架旁贴着“已售完”的纸条，问小吴：“这是什么时候卖完的？”

“我的机会来了！”小吴不由暗自高兴，自豪地说道：“就在今天上午！”

小吴被接下来发生的事情弄得不知所措，经理听完她的话后，大声喝道：“你为什么不提前通知我！你懂不懂销售的基本道理？”

“销售道理？”原本以为会得到表扬的，没想到却遭到严厉的斥责，到底是怎么回事？小吴感到既委屈又莫名其妙，于是决定直接向经理问个明白。

小吴：“我什么地方做错了呢？”

经理：“因为你把潜在机会丢掉了。”

小吴：“什么？把机会丢掉了……”

经理：“对，潜在机会！”

其实，经理所说的“潜在机会”是指机会损失，也就是获得销售时机的反义词。怎么理解销售时机呢？销售时机，就是将顾客需要的商品在他们需要的时候提供给他们。现在一个人当老板的小卖部逐渐被大型超市或购物中心所取代，其原因就在于后者的商品品种齐全，数量丰富，顾客很方便就能买到自己想买的所有东西。后者在本质上是抓住了销售时机。

小吴只为自己把销售任务完成而高兴，却不知道在快要卖完之前，要提前通知经理以便经理及时安排进货。

如果小吴能在那款衣服卖得所剩无几时，及时通知经理，这款衣服就很可能还有新货，这样一来，卖掉的可能更多。

小吴过早陷入了“销售一空，库存为零”的状态，失去了创造新营业额的机会，即造成了所谓的“机会损失”。

按一般想法，可能觉得销售一空就万事大吉了，然而从经济学角度看“机会损失”是不受欢迎的。

例如，如果卖出了10件，有2件的机会损失的话，那么10件减去2件，相当于仅仅卖出了8件。因此，身为营业员的小吴要想被经理夸奖，最好在预计快要卖完时及时通知经理备货。

当然，比预计销售量多备一些货需要敏锐的眼光，这恐怕也是商业经营中最难办的事情之一。对负责采购的人而言，这是最大的挑战。

从经济学的角度来看，商品过度剩余的后果很严重，脱销的后果同样很严重。

我们不能因为把东西卖完了就庆幸不已，更应该把握销售时机，考虑何时再进货，争取卖出更多的商品。

萨缪尔森在其《经济学》中曾用热狗公司的事例来说明机会成本的概念。热狗公司所有者每周投入60小时，但不领取工资。到年末结算时公司获得了22000美元的可观利润。但是如果这些所有者能够找到另外其他收入更高的工作，使他们所获年收入达45000美元，那么这些人所从事的热狗工作就会产生一种机会成本，它表明因他们从事了热狗工作而不得不失去的其他获利更大的机会。

第三编

爱情甜到忧伤：两性间的经济学诡计

- 男女博弈：看谁先陷入爱情
- 婚姻超市：不是交易胜似交易
- 性是嚼在嘴里的口香糖

第一章

男女博弈：看谁先陷入爱情

为什么皇帝的女儿也愁嫁

在中国这样一个男女比例常常失调的国度，打光棍的男儿不少见，嫁不出去的姑娘却没几个，更何况是皇帝家的女儿呢！

在封建时代，皇权是至高无上的，人的自利行为驱使男人们总想攀龙附凤。能够娶皇帝的女儿为妻，意味着一生拥有享不尽的荣华富贵，还能光宗耀祖。“皇帝的女儿不愁嫁”！拥有先天优势的“皇帝女儿”在所处的时代成为万人竞相追逐的对象。而现今社会的“皇帝女儿”虽没能达到古代社会“皇帝女儿”垄断时代英才的地位，却也可以傲视群雄。

但却偏偏有一些人不懂得利害关系，而选择不娶皇帝的女儿，这使得皇帝的女儿也愁嫁了。在一般人眼里，娶公主当老婆、拜皇帝作泰山（即岳父），那还了得！不过，在某些衣冠世家的眼里，公主的吸引力并不见得很大。有时皇帝真心实意地想把女儿许给他们，他们却未必心甘情愿肯当驸马。

东汉光武帝刘秀想把自己的姐姐湖阳公主介绍给大臣宋弘，这位宋大人以“贫贱之交不可忘，糟糠之妻不下堂”的婉辞峻拒。光武帝刘秀知难而退。

848 年，唐宣宗请宰相白敏中为爱女万寿公主选婿。白敏中挑来拣去，最后将以文雅著称的校书郎郑颢推荐给了皇帝。这年十一月，宣宗为公主与郑颢举行了隆重的婚礼。依咱们常人的眼光，郑颢似乎该对白敏中感激不尽，但事实却是，郑驸马对白宰相恨得咬牙切齿。

681 年，武则天唯一的宝贝女儿——太平公主相中了薛绍，薛家的族祖薛克构冷言冷语道：“娶妇得公主，无事取官府，不得不为之惧也。”后来的发展倒也的确验证了他的预言。688 年，薛氏兄弟因参与推翻武则天的密谋，全家悉数被斩，薛绍以尚主之故，特予全尸，杖一百，饿死在监狱里。

张果说：“‘娶妇得公主，无事生官府’，实在令人感到可怕。”由张果跟薛克构的话都大同小异来看，这恰好是反映了当时社会上一般人的看法，认为“娶公主”是一件既可畏又可怕的事，才可能产生类似谚语不断流传。社会上一般人都认为“娶公主”不是件好事而不愿跟公主结婚，唐朝的世家大族就更不愿跟皇室结为亲家。是故，在唐宪宗之前，没有世家大族的子弟做过驸马。所以早在唐太宗时就曾经讲过：“我贵为天子，可是一般社会人士都宁愿跟门阀世族联姻，却不愿意跟我们皇室结为亲家，我不知道为什么会这样？”唐太宗这点疑惑，一直延续了百余年之久。直到唐宪宗以后，才出现士大夫、世家大族愿意与皇室联姻的例子，但也是极少数。

在婚姻市场上，一般也遵循市场规律，婚姻资源的配置强调的是门当户对，郎才女貌。从资源配置的角度来看，是俊男配美女，好马配好鞍。皇帝家的女儿，断不能像小户人家似的草草出嫁，总得选一个声名显赫的阀阅世家，挑一个才貌双全的乘龙佳婿才称心意。但这么一来，可就不容易了。

同时还应该从公主自身找找原因。唐朝的公主多半品德不佳。公主出嫁后的败德之事甚多，譬如高祖的女儿永嘉公主嫁给了窦奉节，却跟有妇之夫杨豫之淫乱私通。同时，公主是皇帝的女儿，身份尊贵，所以下嫁以后，常常不肯用当时的家庭礼仪来跟公公婆婆行家礼，反而要公公婆婆跟她行君臣之礼，也就是要公公婆婆来拜见媳妇，这实在是违反家庭伦理的礼仪。

所以皇帝家的女儿也愁嫁，皇帝的女儿没有一段美满的婚姻按常理来说不可能，但它却可以用经济学的理论去解释。

为什么一见钟情会一见就堵

冯楠："赵刚，我见过你。"

赵刚："冯楠，我也是。我正在想，我们是在什么地方……"

冯楠："你不用想了，那样只会白白耽误时间的。爱因斯坦说过'时空也能多维存在'，我想，也许咱们在另一个时空里见过，或是……梦中？"

赵刚："有可能。佛教认为人有六轮之回，人死后过奈何桥时被灌了迷魂汤，把前世忘得精光，但也有个别被漏过的，这种人能清楚地记得前世。有可能咱们前世见过，又凑巧都躲过了迷魂汤。"

这是电视剧《亮剑》里冯楠与赵刚一见钟情的对话，也是电视剧中经常会出现的场景。

我们习惯认为爱情是一种男女间相爱的最美好的感情，因为数不清的文艺作品都是这样证明爱情的。我们也愿意这样定义爱情，因为我们需要这种给身心带来美妙感受的情感。不过可惜的是，我们不可能永远活在"一见钟情"里，至少，对于普通人来说是这样的。最初见面的那种兴奋、满足，相信遇见你，是前无古人后无来者，当对方有一丝蹙眉时，你会伤心痛苦的所有心事，都随着时间的流逝，渐渐地被微不足道的小事所吞噬。

就像鲁迅笔下的美人"豆腐西施"变成了细脚伶仃的"圆规"一样，一见钟情的激情和青春，也逐渐地褪去颜色，变得平淡与无味。于是，有的人开始寻找新的"一见钟情"，有的人希望用新的面孔来面对旧的"一见钟情者"。但不可避免的是，无论哪种"新追求"，最终都会变成悬在你头顶上的一把剑，一不小心，就会自作自受甚至作茧自缚。

著名作家张爱玲在其小说《红玫瑰与白玫瑰》中写道："也许每一个男子全都有过这样的两个女人，至少两个。娶了红玫瑰，久而久之，红的变成了墙上的一抹蚊子血，白的还是'床前明月光'；娶了白玫瑰，白的便是衣服上的一粒饭粒子，红的却是心口上的一颗朱砂痣。"

就像经济学中的边际效应递减一样，初次消费带来的满足，随着消费量、消费次数的增加，每增加一个单位的消费，满足感就会降低一份，直到最后边际效应变得很少很。不过，不可否认的是，跟所有恋情相比，初恋的边际效应是最高的。从另一方面讲，所谓的"一见钟情"，从经济学的角度来看，大多数人都想通过恋爱或者婚姻来保障或提升自己的权势、财富、地位、名声甚至是知识总量。因此，爱情也就被蒙上了一层温情脉脉的面纱。当我们揭开面纱后，才发现对方根本不是当初遇见的那个"他"。

梅兰妮是一个漂亮、聪明、做事干练、惹人爱怜的女孩，她住在纽约。没有什么人知道她的来历，只知道她清纯可爱、气质脱俗。一天，梅兰妮在酒吧邂逅了风流潇洒、年轻有为的单身贵族彼克。二人一见倾心，相互钟情，而后开始了迅速的交往，一下子成为周围人眼中羡慕的情侣。可是就在彼克提出结婚要求时，梅兰妮却支吾推辞。这让彼克很困惑。

原来，梅兰妮出生在美国南部的阿拉巴马，从小就向往都市生活，所以她来到纽约寻找自己的未来。上帝真是偏袒她，她不仅在事业上顺风顺水，还让全纽约“万人迷”的单身贵族彼克疯狂地爱上了她。但其实梅兰妮并不是一个单身女郎，她已经在家乡和一个名叫杰克的小伙子结婚一段时间了。如今她与彼克到了谈婚论嫁的地步，随着幸福的一步步靠近，梅兰妮心里的不安和焦急却一天天猛烈。

丈夫始终拒绝在离婚协议上签字。不得已，梅兰妮亲自回到阿拉巴马，劝其离开自己……

每个人总会刻意隐瞒一些对自己不利的信息，为了获得对方好感而有意表现好的方面，从而达到“讨好”的目的。爱情中的男女，请放弃脑海中一见钟情的完美，揭开心里那层虚伪的面纱，彼此坦诚相待，为对方提供自己足够而准确的信息，以加深了解，让爱情和婚姻更甜蜜长久。

虚假信息的提供只会让你们的爱情打折扣。只有对真实而可靠的信息判断后，双方的最终决策，才可能是最好的抉择。红尘浮世，人间冷暖，成败得失，背后都有一股利益在暗流涌动。

每一对相爱的情人，当走进现实生活，卸下了爱情头上浪漫的光环，走出虚幻的精神圣殿后，就会发现柴米油盐的平淡，和利益纷争的无休止，这时，尚能保持生命中的纯真、可爱，便会让爱情的“边际效应递增”。相反，则如置身不可挡的逆流中，“无边落木萧萧下，不尽长江滚滚来”。

为什么比尔·盖茨娶不到美女

曾有这样一个笑话，讲的就是各种不同类型的男人在面对美女时的选择。

有个长得十分漂亮的女孩子，金发碧眼，开朗大方，但一直没有男生敢追她。追慕者们这样想：这么漂亮的女孩，怎么轮得到我来追？肯定有那些比我更有钱的男人，比如巴菲特，去追求她。于是他们长叹一声，转而追求其他女孩去了。

巴菲特在华尔街上巧遇来纽约观光的漂亮女孩之后，颇为心仪。但是巴菲特转念一想：这么漂亮的女孩，怎么轮得到我来追？肯定有那些比我年轻的小伙子，比如比尔·盖茨，去追求她。于是巴菲特长叹一声，转而与结发老妇相挽而去。

漂亮女孩去微软公司面试时，巧遇比尔·盖茨。面对如此佳人，比尔·盖茨心中一阵激动，但他转念一想：这么漂亮的女孩，怎么轮得到我来追？肯定有那些比我更强壮的阔佬，比如乔丹，去追求她。于是比尔·盖茨长叹一声，埋头继续与司法部周旋。

漂亮女孩去观看篮球比赛时，邂逅飞人乔丹。面对如此佳人，乔丹岂能不打主意？但乔丹冷静下来一想：这么漂亮的女孩，怎么轮得到我来追？肯定有那些比我更英俊的小伙，比如她的什么同学或同事，早就已经把她追到手了。于是乔丹长叹一声，转身来个空中走步。

这就是漂亮女孩的困惑。

“巧妇常伴拙夫眠”，很多美女身边的男生却往往貌不惊人、能力平常。

造成这一局面的原因就在于，男生对美女的要求不甚了解，追求她的人相互之间又不能互通信息，不了解美女的处境和真实想法，结果每个想追求她的男人都只能根据自己的假设来决定是否要去追求美女。结果大家都假设美女一定有着高不可攀的要求，为了避免失败受挫，大家都选择了退缩不前。

其实在追求美这个过程中，大家只注意到了美女的美貌以及自己的不足，而根本不知道其他任何信息。每个人都把追求美女的代价想得特别的高，结果都不敢轻易采取行动，待字闺中的美女也就成为了单身美女。而最后能将她们追到手的，却往往是那些考虑问题简单、不知天高地厚的懵懂男生。也就是，劣币驱逐良币了。

只不过，这里的“劣币驱逐良币”不是“劣币”的“势力”有多么嚣张，而是“良币”主动让步，把机会留给“劣币”了。

爱情的市场也是一个“劣币”与“良币”共存的市场，我们在逆向选择的作用下，或许不免阴差阳错地和你心目中最完美的梦中情人擦身而过。为了最大化的避免遗憾，要么，你在遇到心仪对象时好好把握，敢于追求；要么，和比尔·盖茨等人一样，收起自己不切实际的幻想，过平淡的幸福生活吧！

为什么“情人眼里出西施”

英国某经济学家评论英王爱德华八世为辛普森夫人放弃王位的行为时说：“20世纪，我们伟大的英国出现了一位‘最不理性’的王储。原因就在于，他做了一项非常亏本的买卖。他选择了一位从任何一个角度来看都不合适的女性来做自己的伴侣，并因此放弃了继承王位的权利。

这位被国王选择的对象（辛普森夫人），不过是个身份卑微的私生女。她离过婚，派头十足，自命不凡，固执又不出众，根本算不上漂亮，却恰恰蛊惑了一位富有责任心的国王，结果让英国损失巨大……”

一位学者转述威尔逊亲王对辛普森夫人的感受：“那女人金发蓝眼，皓齿厚唇，体态丰盈，秀色可餐。言谈间风情万种，移步时仪态万方。威尔逊亲王偷窥良久，怦然心动，不禁打破了在女人面前冷若冰霜的习惯，主动与那独身女子攀谈。”

为什么同样的一个人（辛普森夫人），在不同人的眼中会产生这样大的差别。尤其是在第一段话中，我们可以深刻地感受到那个经济学家的不满，在他眼中，威尔逊亲王所做的一切是收益远远小于成本的。因为这个女人“离过婚，派头十足，自命不凡”，并且身份极其低微。但威尔逊亲王在描述她时，却认为她美貌无比、风情万种，甚至为了她放弃王位也在所不惜。也许，这位经济学家不认为辛普森夫人具有多大的魅力，问题是，如果真的将爱情当做经济学里的一种消费品，那么他恐怕就不会这么草率地下决定了。

当我们将这样的道理摆放在爱德华八世和辛普森夫人之间时，就不难发现，同样是适用的。因为，恰恰是辛普森夫人那与众不同的性格吸引了爱德华八世，他喜欢的就是这样的女人，确切地说，是这个女人。至少他认为，同辛普森夫人恋爱将是一种无可避免的“偏好”。但爱情往往是自私的，为了能让自己长久地拥有这份美好的感情，他愿意为自己的这种“偏好”付出一定的代价。只是他为之付出的一切，若从整个国家的角度来看，的确是太大了。也许，只有身处恋爱中的人，才会忽略消费“爱情偏好”的代价。他们可以忽略其他一切，即使现实中对方并不出众甚至十分普通，也会认定对方是独一无二的，从而对自己的行为产生影响。

三国时期，诸葛亮有个出名的丑妻——黄硕。人如其名，身体壮硕，黄头发，黑皮肤，皮肤上起一些疙瘩，是当地出了名的丑女。但诸葛亮偏偏对那些大家闺秀与美貌佳人不屑一顾，娶了黄硕。

邻人多以貌取人，不明就里地讥讽：“莫学孔明择妇，止得阿承丑女。”可是诸葛亮不以为意，照样同妻子过着甜蜜的生活。

这个黄硕不仅聪明贤惠，还擅长发明工具。当初诸葛亮六出祁山，威震中原，众人都知道他发明了“木牛流马”和“连弩”等工具，后来又在深入南中，七擒孟获时，发明了可避瘴气的、“诸葛行军散”、“卧龙丹”。但据史料记载，这些都是他的丑媳妇教给他的。当初诸葛亮之所以娶她，也正是看重了她的这些品质，才不计较容貌。于是，夫妻俩十分恩爱，如胶似漆。

在当今人士眼中看来，诸葛亮的这一“偏好”有些另类，毕竟黄硕的丑陋从作为夫妻的角度看，是不容易被接受的。只是诸葛亮独到的眼光和喜好，成就了这样一段史上佳话。

通常情况下，人们认为，个体的偏好大多受感性因素的影响，这些感性因素又因人而异，有明显的差别，也就应承了那句“萝卜青菜各有所爱”。但从整个社会的角度来看，偏好的形成还需要依赖多种因素，如文化因素、经济因素、社会因素等的共同作用。

胖瘦高矮，喜好不同，这一点容易理解，只是人们将此应用到爱情上时，又会产生更多的看法与争论，毕竟很多感情是“只可意会不可言传”的，局外人不可能对其有深刻的了解，亦如那句著名诗句所写的——“情人眼里出西施”。在爱情中，我们只需要尊重每个人的偏好就可以了。

对一个女人漂亮与否的看法每个人也各不相同。历史上，楚灵王喜欢腰身纤细的人，众多妃子为了能够得到大王的喜爱，都锐减饮食，巴不得一夜间瘦成苇子杆，只求能得到楚王的青睐。可惜，后宫中佳丽如云，王恩有限，众多美人不惜以生命为代价来求得恩宠，后来宫中很多妃子都被活活饿死。当时，还有记事官问楚王为什么喜欢细腰，楚王说“寡人就是理由”。

虽然楚王这么说，但我们仍要注意到背后隐藏着的传统文化对其的影响。在古时候，女子细腰表示曾受孕的几率小，这样楚王就可以判断自己是嫔妃们唯一的夫君，在满足自己的虚荣心时也保证了后代的血统纯正，提高了繁衍的效率。

经过上面的分析，可以得出这样的一个结论——经济学中的偏好在爱情之中是非常重要的。尤其当我们研究人们选择恋爱对象的行为时，会发现经济学中所谓的理性的人，一定会在限定的条件下最大化自己的偏好，让自己选择最具有所喜欢的特征的那一个。

所以，当周围出现“鲜花插在牛粪上”，或者王子娶了相貌平平的“仙度瑞拉”时，人们应清楚，这只是爱情交易中的平常现象，是个人消费的偏好差异引起的。

为什么男人会撒谎而女人也爱听谎言

乡下的一条大路发生车祸，很多人围着观看，这时走来一个年轻人，他也想去探头瞧瞧，到底是谁被车子撞伤。然而，围观的人太多，实在挤不进去。他的好奇心令他着急，没想到心一急躁，却让他想出一条妙计。他对围着的人群说：“请让开，请让开，我是伤者的父亲。”大家果然让出一条路给他。他走前一看，原来受伤躺在地上的是一头猪。

这个常被拿来当做笑料来嘲笑的年轻人其实也不乏聪明与机智。因为他说一句话至少让他达到了目的——明白了发生了什么事。爱情中我们每个人都不能保证自己没有对人撒过谎，为什么我们总是习惯撒谎与欺骗呢？

在你心目中，“撒谎”是什么定义？是在欺骗性的动机下说出的话语是撒谎，还是说出来的承诺没有做到是撒谎？我们这里所定义的撒谎，就是只要你所说的话语与实际不符，就是撒谎，哪怕你最初的动机非常良好，但最后行为不符合最初承诺，那你就是撒谎。接下来，我们用经济学中的观点来解释一下爱情中的谎言。

爱情中的谎言数不胜数，“我会爱你一辈子”、“你是我永远的甜心”、“我真的是在跟客户吃饭”……“我昨天晚上只是去酒吧随便坐了会儿，什么都没做。”、“放心，我一定给你买最漂亮的钻戒。”……其实，实际情况，很多只有自己心知肚明。

那为什么要这样做呢？经济学家认为，撒谎是因为“知易行难”，即“说”的成本比“做”的成本要低很多。所以，我们总是说得很多，而做得很少。这就好比，当你说你一个月要减肥 5 斤的时候信誓旦旦，但一旦落实到行动中，各种各样的理由就出来了，懒得运动，戒不了冰激凌，还有拒绝不了蛋糕的诱惑等。或者，当你承诺要早上 5 点爬起送朋友去机场时，但当早上爬起时，才发现如此的困难。也就是说，你“说”很便宜，“做”却很昂贵。

“老公，晚上早点儿回来吃饭啊！”

“老婆，今天要加班，你回家自己吃吧，别等我！”

“那你几点回来？”

“用不了多长时间，完了事就回去。”

小林是个公务员，加班几乎是少有的事情，之所以撒谎是因为他原本是个爱热闹的人，业余时间喜欢跟朋友们一起玩。结婚前，下班后总要和朋友三五成群的一起去吃烧烤喝啤酒，感觉生活的乐趣尽在其中！可结婚后，由于妻子喜欢清静，于是这样的生活就一去不复返。小林偶尔的“外出活动”不得不靠撒谎来欺骗妻子。

或许爱情中的“撒谎”可以按照需求原理来分析。需求原理认为，在其他条件不变的情况下，价格降低，需求就会增加；价格升高，需求就会降低。就是说，物价打折后，你就会多买，物价不打折，你就少买或不买一样。因此可以推论，便宜的东西，我们买的很多，贵的东西，我们买的很少。而爱情中“说”很便宜，“做”很贵，尤其对于很多娇生惯养的女孩来讲，就更贵了。所以导致，我们往往在“说”某件事的时候，而实际上做很少或根本就没有做，于是我们的行动跟不上语言，也就导致我们倾向于撒谎，甚至恶化为欺骗。

同时，爱情中的人们的智商可能会稍微低一些，总喜欢听甜言蜜语。只要听到了，就已经满足了他们的心理，已经获得很大的欣慰。对于有没有做，或做了多少，或许已经不重要了。但这要取决于你的对象和所承诺的事情，还有你的运气。毕竟，不是所有人都会很轻易地容许恋人撒谎，或者欺骗的重复出现。

为什么爱情没有最大的麦穗

著名的思想家、哲学家柏拉图问老师苏格拉底什么是爱情？老师就让他先到麦田里去摘一个全麦田里最大最金黄的麦穗来，只能摘一次，并且只可向前走，不能回头。

柏拉图于是按照老师说的去做了，结果他两手空空地走出了麦田。老师问他：“为什么没摘？”“他说：“因为只能摘一次，又不能走回头路，其间即使见到最大最金黄的，因为不知前面是否还有更好的，所以没有摘；走到前面时，又发觉总不及之前见到的好。原来最大最金黄的麦穗早已错过了，于是我什么也没摘。”

老师说：“这就是爱情。”

之后又有一天，柏拉图问他的老师什么是婚姻？他的老师就叫他先到树林里，砍下一棵全树林最大、最茂盛、最适合放在家的树。同样只能砍一次，以及同样只可以向前走，不能回头。

柏拉图于是照着老师说的话做。这次，他带了一棵普普通通，不是很茂盛，亦不算太差的树回来。老师问他：“怎么带这棵普普通通的树回来？”他说：“有了上一次的经验，当我走了大半路程还两手空空时，看到这棵树也不太差，便砍下来，免得最后又什么也带不出来。”

老师说：“这就是婚姻！”

在经济学里，不是要找到最好的，而是在可以实现的结果中选一个最优的，或者相对完美一些的。

对于婚姻来说，世界上没有完美的男人或女人，谁都会有缺点，所以不要白费工夫去找最好的人，而应该在有可能与你结婚的人中选一个最好的，或者缺点最少的。这样选出来的结果虽然不是完美的，但在经济学上可以称为“最优”的。

有这样一对被大家公认为完美的夫妻，没过多久，两人却闹着要离婚。两人的一个好友前去探听究竟。女的告诉他，丈夫成天挑她的毛病，一会儿是这做得不好，一会儿是那做得不对，虽然不像有的家庭那样，充满浓浓的火药味，却总是阴云密布。好友问男的：“这么好的妻子上哪儿找去，你还总是挑三拣四？”男的列数了妻子的诸多“罪状”，诸如去别人家做客时老是用“你”代替“您”，太不礼貌；衣服换下3天，也没洗，实在太懒；炒菜的口味偏淡，不会做饭，等等。好友批评他：“离婚就为这点小事！男的说：“我是一个完美主义者，我遵循的是经济学最优化原则。”

又一个“最优化”受害者。当然不是经济学的最优化目标害了他，而是他将“最优”这两个字误读了。经济学讲的“最优”，是在限制条件之下的最好结果，比如资源有限时的利益最大化。由于有条件限制，最优化并不是完美得一点缺点也没有，不能过于理想化。对任何事，每一个人心中可以有一个完美无缺的理想模式，但世间的事情不可能完美无缺，只要做事的人尽到最大努力，哪怕结果不是完美的，也是最优的。

可见，完美的爱情和婚姻是很难得到的。那些完美主义者，他们总在追求完美无缺的东西，不允许任何的缺点。他们活得很累也很苦，甚至往往成为“偏执狂”，最终受苦的是自己，毁掉的是自己的生活。

正如苏格拉底所说："这块麦地里肯定有一穗是最大的，但你们未必能碰见它；即使碰见了，也未必能作出准确的判断。因此最大的一穗就是你们刚刚摘下的。"

在电影《爱情呼叫转移》中，主人公徐朗误打误撞遇见了自称天使的神秘人免费送他的一部手机，并称这部手机可以像阿拉丁神灯一样满足他的愿望，并将深陷婚姻痛苦中的徐朗解救，将他的梦中女郎带到他身边，机会却只有12次。天使没有说谎，12个如花似玉的女人依次降临，这看似"天上掉下12个林妹妹"的大好事，可徐朗体验到了什么？

这12个大美女中，有美艳惹火、爽直干练、古怪精灵、知性优雅，天真无邪，还有身家巨富和冷艳神秘等。这些曾令徐朗想入非非的女人，让徐朗"爽"到，更"痛"到，欲罢不能、勉为其难，有取之不尽的快乐，更有用之不竭的惆怅。这过程中，他失去了婚姻，失去了对女人的憧憬，到最后似乎被爱情掏空了。

我们寻找佳缘的过程何曾不是寻找最大的那束麦穗的过程呢？正是因为我们要寻找的是唯一的真爱，一个相伴一生的伴侣，甚至一生的幸福，于是我们慎之又慎，于是我们瞻前顾后，于是我们千挑万选，于是我们至今还是孑然一身；逝者如斯夫，回首岁月已蹉跎。我们也许还有"我将在茫茫人海中寻访我唯一之灵魂伴侣"的执著，但是却难以有"得之，我幸；不得，我命"的洒脱，于是也心忧"当年不肯嫁春风，无端却被秋风误"，于是我们彷徨了……

为什么最美的爱情总以悲剧结束

很多时候人们喜欢用凄美来形容爱情，的确，完满的结局只有极少数，有多少不尽如人意，有多少只可追忆。最美的爱情似乎都以悲剧结尾。

罗密欧和朱丽叶只能在上帝那里百年好合；梁山伯与祝英台，变成蝴蝶后才能成双成对；《泰坦尼克号》中的Jack只能把他对Rose的爱，随同自己的身体一起永远埋藏在大西洋2 500米以下冰冷的海底……

为什么相爱的人不能相守终生呢？我们从经济学的角度来解读。这涉及一个经济学名词：吉芬商品。

英国统计学家罗伯特·吉芬最早发现，1845年爱尔兰发生灾荒，土豆价格上升，但是土豆需求量反而增加了，从而使"吉芬商品"的名词流传下来。

吉芬商品是指，价格上升引起需求量增加的物品。根据需求法则，消费者对商品或劳务的购买数量一般随着价格的上升（下降），市场需求量将减少（增加）。而吉芬商品所表现出来的特性显然有悖于正常情形。

这种情况多发生在像土豆这类的低档商品中。当土豆价格上升时，消费者变穷了，收入效应使消费者想少买肉多买土豆。同时，由于土豆相对于肉变得更为昂贵，替代效应使消费者想购买更多的肉和更少的土豆。但是，在这种特殊的情况下，收入效应如此之大，以至于超过了替代效应。结果消费者的反应是少买肉，多买土豆。这就是"吉芬难题"。

由此可见，首先，吉芬商品必须是一个不可替代的东西，就如同以土豆为主粮的贫困家庭，它的替代效应非常的弱。其次，它必须占某个家庭收入的较大比例，因而收入效应就会非常强。在现在这样一个物质产品极为丰富的社会里，这样的产品几乎是找不到的。比如不吃土豆，可以吃米饭、馒头；不去看书，可以去咖啡厅。

吉芬商品跟爱情有什么关系呢？

因为爱情也可以同时满足极低的替代效应和极高的收入效应。

首先，在梁山伯的心目中，祝英台是绝对无可替代的，多少金银财宝都无法替代他对祝英台的真情；再次，梁山伯的收入效应极高，因为祝英台愿意离开名望富豪的家族与他私奔，可见祝英台占据了他无穷大的收入。可知，他们的爱情就是吉芬商品。

梁家和祝家越是阻止他们，他们在一起的难度就越大，但对于梁山伯来说，祝英台的价格就越高了，阻碍不但没有减弱他对祝英台的爱意，反而激起了他更加强大的爱情力量。当两个家族对他们的阻力越来越大，大到无法逾越，梁山伯只能将他的全部收入也就是他的生命来换取他所需要的爱情。同理，祝英台也一样，所以他们的结局也就只能是悲剧。

那如何让悲剧不重演呢？那就是，尽量不要去追求所谓的“完美的爱情”。因为完美的东西往往是要付出非常昂贵的代价，甚至你的生命；另外就是奉劝那些企图阻止真挚爱情延续的人们，如果你是出于善意，那你要知道你的强力阻挠只会让这对恋人的爱情更深，只会使他们付出更高的成本，甚至于他们的生命。

为什么放手也是爱情的智慧

A君对B女子几乎是一见钟情。她拥有曼妙的身材，不说是有天使般的面孔，却也有自己的独特风情。自然这种女孩的背后是有一个连的男生在排队的。A君自称风流倜傥、才华横溢。他对女生向来有钢铁般的手腕，他和同行的哥们儿打赌：B女子不久就会成为自己的正牌女友。

于是，鲜花、场景、偶遇……A君费尽心思猛烈出招，可B女子对这些很是漠视，无动于衷。A君继续想办法，竞选学生会主席、写浪漫的情书……这倒是引来不少的粉丝，可就是打动不了B美人的芳心。

一天，B女子的神秘男友终于浮出水面，长相平平，也没有A君的校园影响力。A君悲痛欲绝，竟然败在一个平凡的人手里，心有万般不舍、千般不甘。本想再加把劲横刀夺爱，但被好友拦下，朋友们劝他：还是放弃吧，何必打扰别人的生活呢。A君在网吧泡了n天后出来跟大家说：算了，自己不爱B女子了，想想她的眼睛好像眼大无神，个头有点矮嘛，并且就她的眼光……被她看上自己都降了个等级，没品位的女人留给没品位的男人吧！”

故事中的A君，在经历了心理不平衡的愤恨，以及n天不为人知的痛苦生活后，终于放下了这一段没希望的爱情。他的这种放下其实不仅成全了别人的爱情，更是放过了自己。

《伊索寓言》中“酸葡萄”的故事大家早就耳熟能详了，说的就是一只狐狸本来是很想得到已经熟透了的葡萄的，它跳起来，不够高，又跳起来，再跳起来……想吃葡萄而又跳得不够高，若是一个劲地跳下去，就是累死也还是跳不够那葡萄的高度。我们看看，最终聪明的狐狸是怎么办的呢？狐狸想：反正这葡萄是酸的，即使摘到也是“不能吃的”。于是，狐狸也就“心安理得”的走开，寻找其他好吃的食物去了。

实际上，吃不到的葡萄也就是无法挽回的沉没成本。俗话说“百年人生，逆境十之八九”，在很多情况下，我们就像寓言里的那只狐狸，想尽了办法，费尽了周折，但却由于客观原因最终无法吃到那串葡萄。这时，暴跳如雷或是坐在葡萄架下哭一天，对于沉没成本的挽回都无济于事。倒不如像故事中的A君和狐狸一样，把追求不到的东西当做是“酸葡萄”，求得心理上的平衡。这种调整期望的落差，转而接受“柠檬虽酸却也别有滋味”的事实，虽然有点据于儒、依于道而逃于禅的味道，反而不至于伤害了自尊与自信。

第二章

婚姻超市：不是交易胜似交易

为什么白毛女可以嫁给黄世仁

最近网上疯狂的流传着一个帖子，名为“白毛女为什么不能嫁黄世仁”，引起社会各界的广泛讨论。

起因为，华中师范大学一位90后女大学生提出：“如果黄世仁生活在现代，家庭环境优越，可能是个外表潇洒、很风雅的人，为什么不能嫁给他呢？即便是年纪大一点也不要紧。”由此看来，“白毛女应该嫁黄世仁”的观点近年在年轻人当中很流行。这表明人们由20世纪40年代对群众疾苦的同情，演变成而今很多人对金钱的膜拜。

随着社会的发展，人们的价值观也向多元化发展。传统思维里女性对黄世仁这个为非作歹的恶霸向来是深恶痛绝的。“白毛女应该嫁给黄世仁”的观点，近来却被越来越多的年轻人所赞同。

华中师大文学院教授许祖华认为，“白毛女为什么不嫁给黄世仁”的观点，是在后现代语境下提出来的。如果仅仅从文学角度看，是对特定历史时期下价值观的颠覆，是不可取的。如果仅仅从当代的生活上来说，现代“白毛女”嫁给“黄世仁”是一种个人的选择，是自由的；至于做了这种选择后，是否成为幸福，谁也说不清。但他不认为大学生应该这样选择，人的生命价值尊严主要还是要靠自己创造。

尽管经济学认为，爱情是男女双方各取所需的一场交易，但是我们在爱情的选择上不能过度追求某一方面的利益。既然是“交易”，不可避免地会有交易条件不对等的情况，这时就达不成交易，随之带来爱情的失败。

在婚姻中，男人的资本是事业金钱，其次才是身高相貌、人品学历；女人的资本是年轻漂亮，其次才是家庭背景、学历。青春、美貌会随着时间的流逝而贬值，而金钱则很可能让财富累积升值。那些以青春与美貌作为条件与物质交易的女性势必会加大婚姻失败的可能性。

有一位银行经理与身为图书馆馆长的妻子离了婚，然后再和他的女秘书结婚。女秘书不论是学识、地位还是智慧都不如前妻，不过，银行经理却得到了安全感和自我优越感。而女秘书也因为和经理结婚，经济实力和社会地位都得到了显著提高。

在经济学家看来，这样的爱情更容易长久，因为他们之间实现了互利。著名作家龙应台在《爱情》一文中这样写道：“爱情能持久多半是因为两人有一种‘互利’的基础。没有‘互利’的关系，爱情是难以持久的。”

当男女双方经过热烈甜蜜的恋爱后，走入婚姻的殿堂，在对方那里总是得到了某种利益的满足，也许是被对方的美貌所吸引，即满足了精神利益；如果是看中了对方的品位、谈吐、气质，则满足了感情利益；如果你能以财富、地位取胜，则表明对方需要的是物质利益的满足。于是，层出不穷的爱情“怪象”也纷沓而来，“老夫少妻”、“老妇少男”、“小明星嫁大豪门”、“丑女攀高枝”、“宁可做有钱人二奶也不嫁普通男”，以至于老一辈只能睁只眼闭只眼。

在传统意义上，爱情是只讲奉献，不讲索取。但在经济学的视野里，爱情不管是出于怎样的动机，都会对经济行为做出反应，没有任何爱在付出后是完全不求取回报的。婚姻只是一个买卖市场——每个人都希望能从婚姻中得到快乐和幸福。但这种快乐是需要用一定的物质和情感投入交换得来的。

你或许会觉得经济学家们的“婚姻市场”观点太过势利且一点也不浪漫，然而，这却是经济学独有的理性。在浪漫、温馨的感情外衣的包装之下，婚姻其实也是赤裸裸的人性和现实。早一点认清婚姻中的现实关系，其实更有利于我们经营好婚姻，使婚姻幸福、持久。

小颖大学一毕业就选择了嫁人，她嫁给了大自己好几岁的刘宇。刘宇是一家外贸公司的老板。小颖嫁给他的目的很简单，除了想找一份爱情外，更多的是为了优越、安稳的生活。

结婚之前，小颖的经济条件非常不乐观。当别人把她介绍给刘宇的时候，刘宇一下子就被小颖的美貌吸引住了。作为等价的交换，小颖用自己的美丽外形换来了安定的婚姻生活。

结婚之后，刘宇不再让小颖外出工作，让她做一名全职太太。于是，小颖有了大量的空闲时间，看电视，上网，做美容，找朋友聊天。昔日的闺蜜们都说，小颖嫁了个好老公，简直幸福死了！小颖自己也觉得这样的生活很不错。

结婚两年后，一直赋闲在家的小颖想要个孩子。她向刘宇提出了自己的想法，原以为丈夫会欣喜若狂。哪料得刘宇很不高兴，一口拒绝了小颖的提议。刘宇的理由很直接：一旦生了孩子，小颖的身材就会受到影响。此事给了小颖很大的震动。虽然她也明白自己是依靠外形才换来了优越生活的，却没有想到婚后两年了，丈夫仍只看重她的这一个优点。

小颖没有工作，人际交往圈又非常小。在她的一直坚持下，刘宇最终同意要孩子。不过，这之后刘宇回家的时间越来越晚，后来甚至发展到了彻夜不归。终于，小颖发现丈夫有了外遇。

小颖这才看清当初自己的“等价交换”并不“等价”。在她和刘宇的婚姻市场中，双方进行的交换具有太多的不稳定性。

这是婚姻中典型的“交换”案例。一方支付物质成本，另一方付出的是青春和美貌。“交换”双方最终若不能形成感情基础，这种婚姻的幸福是短暂的。婚姻生活中，付出青春的一方，在自己资本要耗尽的时候，只有尽快培养第二种资本，利用对方的物质条件，提升自己的交易成本，才能获得更长久的幸福。

小颖的婚姻很具有代表性。如今社会中，有很多男女都期望能在婚姻市场的交换中获得自己需要的一切。一般来说，男方更看重女方的身体条件。因为男人自信有能力养活对方，身体条件能带给自己更多的效用。而女方则更看重男方的社会条件和物质条件，女人在社会生产生活中往往处于弱势，所以更重视婚后的物质支撑。

为什么涓生与子君最终分手

欧·亨利著名的小说《麦琪的礼物》中曾描述过这样一对情侣：他们生活贫穷，却非常相爱。在一次圣诞节前夕，这对恋人尽管身无分文，却都想给对方悄悄准备一份礼物。

可是，这对穷困的恋人能买得起什么呢？

男孩身上最值钱的家当就是仅有的一块怀表，他想来想去，决定狠下心把这块心爱的表卖掉，去为自己心爱的人买一把梳子，准备去配心上人那一头美丽的金色长发。然而，女孩为了能够给男孩买他需要的礼物，却剪掉了自己心爱的长发，拿去卖钱，为男孩买了一条表链，因为她早就发现男孩那支珍贵的怀表一直缺一条表链……

这则看似感人至深的爱情故事却也是一个冷幽默。两个相爱的人各自用自己最心爱的东西为对方换来的礼物却再也无法使用，这未尝不是一种悲哀。爱情是一种心理感觉，而这种感觉不能建立在“空中楼阁”上，它需要物质来支撑。这种支撑会使爱情变得更实在、更牢固，也更持久；相反，如果只是纯粹浪漫的爱情，一旦遇到现实问题，可能就会不堪一击。因此，在爱情中注入对经济的考虑，是无可厚非的。

鲁迅先生的《伤逝》，讲述的是“五四”时期两个年轻知识分子涓生和子君的爱情故事。他们冲破封建礼教、追求恋爱自由和个性解放，最后却以悲剧收场。

涓生和子君之间的感情深厚，但是最后他们那朵美丽的爱情花朵悄然凋落。除了社会压迫和他们个人性格特点的缺陷之外，生活的困顿拮据、衣食问题、住房问题，不时撞击着他们爱情的幻梦，使他们失去了斗志。

因经济困顿，涓生和子君那轻松自如的心境没有了。当涓生被局里开除了的时候，子君的第一反应是：“无畏的子君也变了颜色。”涓生也只有忙碌在那求生的道路上，以前的那些轻松心情没有了。他忙碌在那抄抄写写的工作中，由此也和子君产生了矛盾。涓生要一个安静的环境去工作，而子君也为了生活上一点琐碎的事情和生活上的拮据，同邻居争论不休，致使涓生有了这样一种感觉：“天气的冷和神情的冷，逼迫我不能在家庭中安身。”

在窘迫的生活状态下，爱情还会长久吗？

这部小说至少说明了一个道理，爱情的基础是物质，尤其在经济学家的眼里，爱情必须建立在一定的经济基础之上。我国有“米面夫妻”的说法，也是说夫妻关系首先建立在物质的基础上。虽然不敢说没有面包就没有爱情，但是没有面包的爱情是难以维持的，美满的爱情是建立在一定的经济基础上的，就像一朵美丽的花朵需要阳光和雨露一样。

从经济学上来说，涓生和子君都是实实在在的经济人，他们并非“不食人间烟火”，他们的爱情是建立在物质基础上。作为理性经济人，他们首先追求个人物质生活的满足。

时代在变化，爱情的观念也在悄然地发生着改变。在经济意识已经深入骨髓的今天，越来越多的人相信，没有面包的爱情难以幸福，爱情和浪漫也要有坚实的物质基础。在给女方介绍对象时，我们经常可以听到这样的语句：“他月薪多少？有车没？有房没？”在实际选择爱情的过程中，又有多少人完全不考虑双方的物质基础呢？

现代社会，女人傍大款和男人找富婆的现象已屡见不鲜，这样的男人和女人无非是想让自己的物质起点高一些。很多人认为将恋爱婚姻与经济挂钩，爱情显得庸俗化。传统观念也认为这是道德滑坡。但是从经济学的角度看，这也是符合人性的。

当然，现实是复杂的，决定爱情的因素也是多方面的，物质并不是唯一的条件。但我们更应该从经济学的角度对爱情与物质的关系有一定的认识与了解，这样一定会有利于我们对爱情的抉择。能找寻到一份建立在物质基础上的浪漫爱情，不是更好吗？

为什么婚姻不是一张长期的饭票

张爱玲说过：“女人就是要用老公的钱，结婚的乐趣在于找一张长期饭票。”许多单身女性都以嫁有钱老公为第一目标，以为生活会因此而有保障。

这是一句谎言，天有不测风云，老公现在有钱，不代表将来一定有钱，中年破产的案例比比皆是。如果再看一看近几年直线上升的离婚率，女性就更要认清，有钱的老公不一定可靠。

在中国，多少女性，在嫁人后，为了照顾家庭，而放弃了自己的一切。就因为放弃了自己的一切，不知不觉间，就成了男人身上的一根藤，从此不得不看着男人的脸色过日子。男人对你好点，是你的幸运；男人出轨或由于其他的原因对你不好，你只能强忍着，因为离开了男人，自己就失去了生活的能力。

“能力是女人最极致的性感”，女人自身的价值决定其婚姻的价值！

能力至上，千古不变。婚姻并不是女人一辈子的依靠，女性甚至有可能因为婚姻而失去经济自主性。因此，小孟不断提醒身边年轻的女性朋友或同事："先别想着嫁人，经济独立是第一优先。"

"婚姻是找一个体贴的伴侣，而不是求得一张长期饭票。"有过两次失败婚姻经历的小孟比任何女性都能够体会这句话的含义。

女性问题研究专家苏芩在新书《20岁跟对人，30岁做对事》中，特别给出了当代女性一些成长智慧建议。她说："做剩女不可怕，可怕的是做劣剩女。如果能成为钻石级优剩女，也是女人的另一种价值体现。聪明的女人要学会做自己的生活投资人。"

女孩25岁，是朋友眼中最"顽固"的保守派。大一的时候，很多同学都成双成对了。也有男孩追她，可她无论对方是谁，一律回绝。她不想过早地涉足爱情，因为她知道自己还不够稳定，而她恋爱的目的不是"练爱"，也不是用以摆脱寂寞，而是实实在在地为了结婚。

对于正读大学的他们，未来还是一个未知数。人都如此不稳定，爱情怎么可能稳定呢？她这样想，也这样时刻警示自己：一定要等自己相对稳定后再谈爱情。而这种相对的稳定，只能等到毕业工作落实之后。

这个理由，这个信念，让她成为了"冷血动物"。她一直"顽固"地坚守到毕业，也未给自己一个"爱情"的机会。毕业之后，要单的女孩更少了，甚至有的都开始谈婚论嫁。可因为没有工作的不稳定，她还是不敢接受任何男孩。

在女孩心里，只有工作稳定了才可以谈爱情。因为那时才知道什么样的是门当户对，才知道什么样的是"高攀"和"低就"。女孩不敢恋爱的主要原因，是怕某些"指标"不匹配或一旦发生大的变化而影响爱情的牢固性。

而如今，女孩在对找工作失去信心之后，开始怀疑自己最初的坚守可能是一种错误。她更为自己担心，再如此一年一年地找不到工作，自己的爱情岂不是会更惨？

于是，她在思想挣扎了几番之后，开始用人们常说的"工作好不如嫁得好"鼓励自己去找爱情。

对自己很负责的女孩这一决定是最为恰当的吗？她急于恋爱，不是出自对爱情的渴望。而是对自己找工作丧失了信心，和对世事的种种无奈。这是一种逃避。如果你像找工作一样寻求结婚，那你就是一名"婚活"族。"婚活"，是由日本著名社会学家山田昌弘提出的名词，就是和结婚相关活动的总称。所谓"婚活女"，就是一群以找工作的态度和决心来找结婚对象的女人。

爱情不只是精神上的，也是物质上的。但它只是人生的一件附加品，可以属于你，也可以不属于你。而能力却永远只是你自己的，是别人无法掠夺的，是可以巩固爱情的，更是可以为你创造成就的。

婚恋网站珍爱网的一份调查显示，2009年头5个月与去年同期相比，该网站22岁至24岁本科学历的女会员增长率高达2.5倍，一般这个年龄是读大四或大学应届毕业的学生。这一数据充分说明，愈来愈多的女大学生倾向于在毕业前后找到自己的另一半。

这里有一组统计资料：在1997年~1998年间，结婚15年~19年的夫妻离婚率增长了10.97%，而结婚20年~24年的夫妻离婚率增长了13.8%。这就表明，结婚时间愈长的夫妻，离婚率愈高。这也特别提醒了女性朋友，千万别觉得有了"饭票"，就可以高枕无忧。如果不幸失去"饭票"，年龄越大，对于生活上的冲击也将越难以承受。

如此一来，女性怎么可以不及早追求经济上的独立？

如今，经济上完全依靠老公的时代已经过去了。新时代年轻的女性朋友要相信自己的能力及善用年轻的优势，让自己在经济上独立起来。因为愈早开始追求经济独立，愈能够让你在婚姻中保持独立和尊严。

经济独立的单身女性最快乐。人生的缘分奇妙而难预测。单身，也许是一个过渡，也许不是短期内可改变的状况，但公主与王子若没有良好的财务规划为后盾，也很难在结婚后过上幸福快乐的日子。让现在的自己成为经济独立、财务规划稳健、坐拥成就与财富的快乐单身女郎，绝对是一个值得努力的目标。

为什么女方索要彩礼

现在有些地方仍保留着送彩礼的习惯。男子娶亲时，要给女方一定数额的钱，多则上万，少则几千，视男方的家庭状况而定。另外，还要准备一定数量的猪肉给女方，此肉称为“礼肉”或“离娘肉”，这是数十种彩礼中必不可少的一种。

“离娘肉”的选择很有讲究，一般是整头猪或一半。有些地区送肉的数量要根据新娘亲戚的数量来决定，像新娘的外祖母、姨、舅、叔、伯、爷等亲属，每家都有享受一块“礼肉”的权利。

这种风雅而有趣的“彩礼”现在是越来越少了。如今，中国人结婚时的“彩礼”都是直指金钱，让那些穷困而盼媳妇的家庭不堪重负，甚至因此而闹出打官司的事情来。

2008 年 2 月 18 日，江西省永丰县人民法院对一起因彩礼返还问题引起的离婚案件作出一审判决，准予原告张某与被告李某离婚，被告返还原告彩礼 1 万元。

法院经审理查明，原、被告于 2006 年 2 月经人介绍相识并确立恋爱关系，被告李某在婚前向原告索要彩礼及接受礼品共计 3 万余元。双方婚后因性格不合经常吵架，导致夫妻感情破裂，虽经多方调解均无效。由于被告索要的彩礼过多，超过了原告家的经济承受能力，导致原告家庭贫困，原告的弟弟因此辍学。

一审法院认为，原、被告均表示感情破裂，同意离婚，因此，原告的离婚请求应予支持。由于原告婚前支付彩礼 3 万余元，数额较大，导致其家庭生活困难，应当酌情予以返还。考虑到彩礼的给付并不违背双方意愿，并且在当事人婚姻关系存续期间的日常生活消耗，法院依据《中华人民共和国婚姻法》及相关司法解释作出以上判决。

彩礼一般是指男女双方完婚之前，由男方付给女方作为婚姻关系成立条件的财物。女方接受彩礼之后，婚事乃定。中国古代的法律将由此形成的婚姻称作“聘娶婚”，由此娶得的妻子称为“聘娶之妇”。

彩礼又称作下财、过礼、行聘礼等。彩礼是中国传统婚礼中纳彩的俗称。彩礼多少，因地而异，一般视家境的贫富而定。民间在行聘礼之前，往往由媒人先开列彩帖，写上首饰、衣服、布匹、绸缎若干，与女家商议。双方往往因彩礼的多少而争执不下，常常需要媒人往返数次才可以定下来。行聘礼之前，男方写有利书、开呈礼物，一并放入红漆木盘等器皿之内，请专人手捧肩挑，挑行成队，鼓乐相随，送到女方家后放在堂屋中央供女方亲友、邻里朋友观赏过目，以显示排场和富足，女方收回后有回执奉还。

在东非，彩礼的实现形式基本上是实物或货币。在一些班图部族中，男方拿不出实物或货币，就以劳役来补偿。订婚的时候，男女双方达成协议，结婚前或结婚后，新郎必须到女方家劳动一定的时间。劳动可以集中在几个月，也可分散开来，只是在农忙季节去帮工。这属于彩礼的劳役补偿形式。

现今中国人结婚时的彩礼直指金钱，动辄上千上万。一般而言，农村人结婚，房屋是必需的。此外，还需要一系列家用电器，如彩电、冰箱、音响、摩托车等，日常生活用品以及大量的服装衣物和婚宴酒席费用。这样平均算起来，农村结婚所需的全部费用大约在 5 万元 ~ 7 万元。这笔钱就算在城市工薪阶层中也不是一个小数目，何况是经济落后的农村。大部分人为了这件人生中的头等大事都背上了沉重的债务，伤透了脑筋。下面我们用经济学的基本原理对此进行一些浅显的分析。

从经济学的角度来看，婚姻是一桩交易，交易双方为男方和女方，其中男方为需求方，女方为供应方。供与求，双方必然涉及信息的因素。城市中讲求自由恋爱，男女双方在交往过程中具备充分了解的机会，信息较为对称；而农村中大多数人还沿袭着古老的传统——经人介绍，然后步入婚姻殿堂，男女双方几乎没有经历过真正意义上的恋爱阶段，存在着严重的信息不对称现象。

信息不对称，就会导致交易双方对对方的情况出于某种原因而了解不充分，因此就会导致供求双方在交易中不能真正体现自己的意图。根据现实条件，通过自由恋爱、正常交往来了解男方的可能性不大。在由媒妁之言促成的婚姻中，媒婆似乎成了信息传递的唯一渠道。但媒人在促成一门亲事后还大有利益可图，因此通过媒人来了解男方，也不能尽识“庐山真面目”。男女双方的信息不对称现象就很难消除。

有这样一家婚姻介绍所，他们在给一位单身女郎介绍男朋友时，从中挑了一位男士的征婚广告，广告说这位男士长得英俊潇洒、仪表堂堂。单身女郎可能不会相信有这么好，这时婚介所的人就让她看了一小段关于此男士的录像。如此一来，再加上婚介所小姐的一番夸赞和劝说，这位单身女郎也极为动心，于是与婚介所达成这笔“交易”。

但过了一段时间，这位女郎发觉上当了，这位男士的确是仪表堂堂，但他有严重的口吃症。但是婚介所绝不会因此负任何责任，因为他们当初提供的信息的确是真实的，他的确长得帅，但这个信息是不完全的——他有口吃症。

婚后男性的生活能力，以及精神上对女性的关怀程度，都是女性在婚前必须要考虑到的，而那些来自媒婆或婚介所提供的信息又都是不确定的。为了弥补这可能造成的损失，女性在婚前通过彩礼预先得到补偿，无疑是非常明智的。而且彩礼本身作为信息传递的工具，也促使了交易的达成，即婚姻关系的确立。

为什么妻子反对丈夫娶小妾

有这样一个寓言故事：

村里有个农夫，他和妻子生活在一起。由于这几年的收成不好，日子非常艰辛，时常是吃了上顿没下顿，农夫便整天做发财的美梦。

一天，农夫偶然在柴堆里拾到一个鸡蛋。他兴高采烈地跑回家，冲着在做饭的妻子说：“我有钱了，我有钱了！”妻子急忙转过身，充满期望地问农夫：“钱在哪里？”

农夫郑重其事地将拾来的鸡蛋拿给妻子看，说：“喏，钱在这里。”

妻子十分失望：“这算什么钱啊？”

农夫说：“你这就没头脑了吧？你想，我拿着这个鸡蛋到邻居家，借他家的母鸡把它孵化了。等小鸡出来后，如果是只母鸡，那么小鸡长大后可以下蛋，一个月又可以孵出十多只鸡。然后，鸡生蛋，蛋生鸡，这样，不出3年的时间，我们就能得到300只鸡。想想看，300只鸡能换来多少钱啊！”

妻子尖叫着说：“10金！”

“对，10金！”农夫接着说，“有了这10金，我们可以买来5头母牛，母牛又生牛犊，牛犊又长成母牛，6年后，我就可以得到100多头牛，几百金了！到时候，我再拿着这几百金去放高利贷！”

妻子似乎也觉得真的有金钱在眼前晃动。

农夫又歇了一口气：“有了这些钱，我就可以买田产房屋，买仆人、小妾，然后我便可以与你一起过上快活的日子了。”突然，妻子耳朵竖了起来，说道：“买小妾？”她拧着农夫的胳膊骂道：“什么，你还敢买小妾！”

说着说着，她越想越气，于是一把扑过去，一下把鸡蛋打碎了，说：“那就不要留下这个祸害！”

妻子反对丈夫娶小妾，一下狠心，宁可把将来的财富砸碎。可见，她是坚决反对“一夫多妻”制度的。一夫多妻的情况，在封建社会十分常见，达官贵人三妻四妾不足为奇。那么现在人们为什么要主张“一夫一妻”？

为解释这些问题，下面我们假设“一夫多妻”的制度合法化。

根据前提，一个男子可以娶到多个妻子，则对于已经有一个妻子的男人来说，如果他要重婚，通常要提供更多的优惠给下一位妻子，以弥补对方由于与人共享一个丈夫受到的损失。（何况，现在的女人比过去的女人聪明很多，其中多的是精英白领，若想让她们作成为重婚对象，男人付出的代价必然要更多）这样，按照经济学的规律，男人娶的妻子越多，那他为下一个妻子付出的财富也就逐渐增加。于是，从成本上看，男子的经济负担加重。

当这些妻子被娶后，还要面对一个重要问题：如何分配共同的丈夫这一资源。对于丈夫来说，他精力有限，无暇顾及这么多妻子，最终也只会偏爱其中的一位或者两位，其他妻子就被闲置了。这对于妻子来说，会比在单配偶关系中更容易感到不满和焦虑。时间长了，多个妻子之间还容易出现纷争，为丈夫带来困扰。就算丈夫能够让妻子们“雨露均沾”，但终究能力有限，不容易让每个妻子都感到满意。这样，一方面，丈夫降低了对“妻子”这一资源的使用效率，另一方面，会让自己陷入无尽的纷争中，为了劝慰妻子们，会造成为数不少的无谓损失。

更重要的是，女子一般都会同自己爱慕的、事业有成的、帅气多金的男性结婚，如果允许多妻制婚姻，会让男女数量失衡，越来越多成长中的男子失去女性配偶资源（因为她们都嫁给成熟有魅力的男性了）。于是，为了找到符合条件的女性，男性就会展开更为激烈的争夺。女性数量的减少，将致使男性面对的经济压力比现在更大，他们要花费更多的金钱和时间同那些条件上乘的成功者竞争。

有钱的男性是少数，可以享受多个妻子，但作为平常人，却一个妻子也没有。这种现象对绝大多数男性来说，并不是一件好事。若将婚姻视为一场交易，所有的人都愿意同交易条件好的男子打交道，而不愿意选择交易条件差的男子。结果就是，“问候”有钱人的女性越来越多，穷人却无人问津。

HBO 电视台的系列剧《三栖大丈夫》，讲述了盐湖城一个一夫多妻家庭的故事。此片中，芭玻、妮基和玛姬妮分别是 3 位女主人公。她们的自身条件都不错，也都是各具特色的聪慧女子。在面临婚姻时，她们都选择嫁给成功的商人比尔·汉瑞克森，因为，他的金钱足够为这个 4 人家庭提供富裕的生活。或者，让他再多一个老婆，也不成问题。

看似自愿的选择，却仍旧给整个社会造成了伤害。根据婚姻市场的模型，总有像比尔·汉瑞克森这样受宠的人，也总有不受欢迎的人。这对市场资源的配置是十分不利的。

经过以上的分析，人们就能够明白，一夫多妻的制度，并不会让绝大多数的男人更受利，相反，从某种程度上看，不少的男人还是受害者。这也就进一步解释了为什么以男性为主的立法者会对此类法令采取支持态度。

但现实中，我们仍可以看到，部分地区允许“一夫多妻”。例如阿拉伯国家，由于其在风俗习惯、生活方式等方面有着独特的传统，因此仍有着“一夫多妻”的习俗。然而，即便如此，随着阿拉伯国家日益融入世界，这一习俗也逐渐发生了变化。如今，很少有人再娶 4 个妻子了。

官方统计数字表明，在埃及，娶两个妻子的男子不到总人数的 2%，娶 4 个妻子的只占 0.03%。即使是在海湾国家，官方正式登记的娶两个以上女子为妻的男子也不超过 10%。出现这种情况，除了受教育程度高方面的原因外，经济因素起到了关键的作用。因为，随着现代生活成本的增加，很多男子发现娶一个妻子就已经捉襟见肘，要是娶多了，经济上没有足够的实力，也负担不起。

为什么单身贵族结不起婚

自 20 世纪 60 年代开始，未婚同居在全世界流行起来。以英格兰为例，1960 年 ~ 2000 年，每 1000 名男性中，首次结婚的人数由 70 人降到 30 人。根据相关数据，英格兰民众新婚的年龄普遍上升，平均（男女结婚年龄）比以前大 3 岁。而未婚生育的比率则从原来的 5%增加到 35%。此外，20 岁 ~ 50 岁的女性中，选择同居的比例是原来的 2 倍多。并且，随着社会的明显变化，女性经济独立性的增强。男性进入经济成熟期步伐的减缓，都导致了结婚时间的推迟。而未婚同居变得更有吸引力。

吴先生和女友 Kate 的老家都在海南，2001 年大学毕业后来到广州打拼，在一次“白领交友派对”中一见钟情，2003年开始了同居生活。2005年，2人以“AA制”的方式买下了番禺一处物业。

“我们一直觉得结婚与否不重要，我们在一起互相照顾，就足够了，结婚不过是个仪式。”吴先生这样描述他和女友的想法。

直至2008年8月，Kate意外怀孕了，两人的生活掀起了一阵波澜。“我觉得生命是最宝贵的，为了给孩子一个和普通家庭一样的生活环境，原本不打算结婚的我们决定领证结婚。”Kate坦言。

没想到的是，命运给这对情侣开了一个玩笑，在他们将要“奉子成婚”之时，Kate肚里的孩子却没有保住。

“其实我们很满意同居的状态，结婚冲动来自这个小生命，现在孩子没了，结婚就先不考虑了。”吴先生解释道，女友Kate亦认同他的观点。

2005年，美国妇女有51%独自生活，没有配偶。这是美国有史以来的第一次独自生活妇女人数超过有配偶妇女人数。华盛顿布鲁斯金学会人口学家佛瑞说：“这是一个清楚的转折点，女性已经不太依赖男性或婚姻制度。年轻的女性不喜欢婚姻束缚。 对于较年长的妇女而言，婚姻也没有提供她们希望获得的生活。”

在更追求个体的欧洲，不结婚已经被称为“软革命”，法国社会对于“只要爱情不要婚姻”，大多持宽容态度，因为“结婚不会带来任何东西，也不会拿走任何东西”。

在日本，已经因为结婚率迅速下降而严重影响到人口增长。焦急的日本社会学家们奔走相告，呼吁年轻人的父母“压迫”子女去寻找另一半。

著名社会学家李银河说，不婚渐成为常态，确实是一个重大的变化。婚姻从一种普世的价值已经变成了纯粹个体的选择，我们习惯了以“家”的概念来面对社会，而以后可能要彻底作为单个人面对周遭，家族主义在下降，而与现代化随之而来的个人主义迅速上升。

越来越多的青年情侣同居，而且不急于结婚，或者近期并没有结婚的打算。这是青年们的明智选择吗？选择的背后又有什么玄秘吗？

按常理来说，婚姻的机会成本非常高，爱情这种纯粹精神的东西在物欲横流的现代社会越来越受到物质财富的冲击。而且现在的生存条件和生活环境越来越严峻，购买房产要按揭贷款，毕业之后的去向是未知数，而且大多数青年人是独生子女……能不能留在同一个城市里也是现实的问题。结婚带给人们的难题越来越多，外部世界的诱惑也越来越多，人们在生活中面临的变数越来越大，生活压力越来越大。

在这种情况下，人们选择了一种折中的办法——同居。两个人既可以享受婚姻生活带来的一切乐趣和好处，又没有一纸结婚证书的约束，人们面临选择的时候更灵活，不必要承担婚姻的后果。机会成本小，也没有更多的沉没成本。

首先，青年人对未来生活缺乏理性规划。市场经济下，人们的流动性很大，工作不稳定，企业绝大部分实施的是全员聘任制；居住地不再是终生不变的；对未来经济收入的预期也不明朗。这些因素使青年人对结婚充满了恐惧感。此种背景下，过早结婚反而会成了彼此的拖累。

其次，女性独立也是一个原因。对经济独立的女性而言，她们不再需要通过婚姻这个长期的契约来限制彼此的自由，也不需要为对方承担责任。即双方没有长期的正规的契约关系，可以说只是一种合作的“意向”，双方都更灵活。所以，在这种条件下，人们更喜欢选择同居这种生活方式。

再次，男女结识成本低。人们结识的途径和方式越来越多，越来越容易，这也是现代男女喜欢采用同居这种生活方式的一个原因。认识的成本低，所以认识得快，熟悉得快，分手更快。认识和熟悉的成本不过是一餐便饭、一次聚会或者是一次网上聊天……因为在一起容易，彼此也就不够珍惜。这种条件下双方最合适的选择就是同居。

另外，不容忽视的是社会的进步。生儿育女、传宗接代、养儿防老等观念已经在现代人的头脑里日益淡化，这些已经不是男女在一起的目的，其目的是追求快乐、愉悦。没有孩子的拖累，两个人不需要承诺，处得好就在一起，处不好就分手。

还有，经济基础决定上层建筑。随着经济的快速发展，经济条件的变化必然要影响到人们思想意识的变化，人们对同居现象也越来越宽容了。

哲学家说，存在即合理。事实上，这是理性经济人的一种理智的选择，没有什么不好，因为人们付出的机会成本低，相对来说，收益就要更高一些。

同居剥离了夫妻名分、财产关系、子女关系等很多东西，留下的似乎只有爱与性。经济学家对性行为有非常精彩的分析。

一天，某经济学家带着一名年轻女子到珠宝店买戒指。两人挑选得非常仔细，就像要举行什么盛大的仪式一般。在女子挑了一颗明亮的钻戒后，经济学家去付账。

店员小姐微笑着对经济学家说："您是同那位小姐来挑婚戒的吧？恭喜您了。"经济学家听了，摇了摇头，说："不，我们不过是庆祝同居一周年。"店员小姐很疑惑，又问道："可是，您既然愿意为她买戒指，为什么不同她结婚呢？"

经济学家苦笑着说："因为，我不愿意为她花更多的钱。和她结婚的成本可要比同居的成本高多了。"

经济学家的说辞，恰恰反映现在很多人的心声。如今，同居早已是一种普遍的现象，人们也见怪不怪，甚至还将它看作一种现代人的时尚和潮流。但凡青年男女相恋，两情相悦，用不了多久就会像夫妻一样生活在一起。尽管这种现象在许多老人眼中看来非常不可思议，但不可否认的是，同居者越来越多。

为什么人们要选择同居？西方经济学家对此解释说，很重要的一个原因就是结婚成本太高。爱情这种纯粹精神的东西越来越抵抗不住物质财富的冲击。人们的生活条件和过去截然不同了，购买房产要按揭贷款，布置新房要添置家具，结婚之后要赡养双方父母和养育孩子……林林总总，琐碎的事情让人们发觉，一结婚就要付出无数的精力和成本。尤其是过早结婚带给人们的难题越来越多，而外部世界的诱惑也越来越多，夫妻在生活中面临的变数越来越大。有很多人开始害怕结婚，但又想享受婚姻生活带来的一切乐趣与好处。于是，他们就想到了同居。

从某种意义上看，同居很像一张信用卡。有的年轻人想利用它进行婚姻的提前消费，就如"试婚"一样。他们通过同居来了解彼此，再进一步形成对夫妻生活的尝试。

于是，同居就成了许多人眼中一个能规避婚姻重大责任和压力的"理性"选择。这些人相信，它使相爱的人不再分开，避免了孤独，也就避开了单身的缺点。

尤其是对再婚的男女来说，他们之间本身就很难再建立起对彼此的信任和对婚姻的依赖，遇到生活中的困扰和问题也多，不成功的比例往往比初婚还高，此时选择同居就可以给彼此一个回旋的余地。

不知是谁先说起"可以不用考虑承诺是否能实现，合则聚，不合则散"——同居者的心态就是这样，他们以为就算哪天觉得不适合了，也可以随时下"贼船"，甩甩衣袖一走了之。亦如徐志摩的那首诗——"悄悄的我走了，正如我悄悄的来；我挥一挥衣袖，不带走一片云彩。"

为什么金龟婿会喜新厌旧

天天从不否认自己是一个物质女人，但她觉得自己作为一个出色的女人，绝对有追求物质最大化的权利和资本。身材高挑、容貌靓丽的她，在一家大公司做翻译，熟练掌握两门外语。

因为工作的关系，她常常要随公司的老总出入各种高档场所，耳濡目染那些有钱人潇洒、奢华的生活，她的心里不知有多羡慕。可是，她出身于平民之家，每个月才2000多元的工资，想过上那种生活，便只有嫁个有钱人这一条出路。

浩的出现，改变了这一切。浩是他公司的一个大客户，年轻、英俊，最重要的是多金（虽然是继承的家族企业）。他对她是一见钟情。她内心激动不已，虽藏着一万个"我愿意"，但表面上她却装作很矜持。另外，她也想考验浩对她是否真心。天天对恋爱的态度是认真的，她觉得它一定要以婚姻为前提。

她的矜持反而吊起了浩极大的胃口，他采用玫瑰、高档服饰和钻戒的攻势，很快就彻底地俘获了天天的芳心。

她的生活从此开始与众不同，天天上下班有名牌跑车接送，衣着光鲜亮丽，消费的限度不再是价格的高低，而是她内心的欲求。在公司里，她不用再为五斗米折腰，她不卑不亢地发表自己的见解，因为钓到金龟婿的她，工作已经不是生存的唯一依靠。

然而，很快老公就夜不归宿，天天只得主动提出了离婚。

这个女孩子自认为钓到了金龟婿，却没有想到老公很快会频频出轨，因为对于有钱的男人来说，女人的容貌就像日落的太阳，会逐渐暗淡下去。

“金龟婿”，这个美称出自唐代诗人李商隐的《为有》诗：“为有云屏无限娇，凤城寒尽怕春宵。无端嫁得金龟婿，辜负香衾事早朝。”将丈夫称为“金龟婿”，与唐代官员的佩饰有关。据《新唐书·车服志》载：“唐初，内外官五品以上，皆佩鱼符、鱼袋。武后天授元年（690年）改内外官所佩鱼符为龟符，鱼袋为龟袋，并规定三品以上龟袋用金饰，四品用银饰，五品用铜饰。”

“金龟”既可指用金制成的龟符，还可指以金作饰的龟袋。但无论所指为何物，均是亲王或三品以上官员。后世遂以“金龟婿”代指身份高贵的女婿。但在现代汉语中，其“贵”的含义正在逐渐减弱，而“富”的含义却有逐日加强之势。很多人为了物质放弃爱情，只求嫁一个有钱人。

一个年轻漂亮的美国女孩，在美国一家大型网上论坛金融版上发表了这样一个问题帖：我怎样才能嫁给有钱人？

“我下面要说的都是心里话。本人25岁，非常漂亮，是那种让人惊艳的漂亮，谈吐文雅、有品位，想嫁给年薪50万美元的人。你也许会说我贪心，但在纽约，年薪100万美元才算是中产，本人的要求其实不高。

这个版上有没有年薪超过50万美元的人？你们都结婚了吗？我想请教各位一个问题——怎样才能嫁给你们这样的有钱人？我约会过的人中，最有钱的年薪25万美元，这似乎是我的上限。要住进纽约中心公园以西的高尚住宅区，年薪25万美元远远不够。我是诚心诚意来请教的。有几个具体的问题：一、有钱的单身汉一般都在哪里消磨时光？（请列出酒吧、饭店、健身房的名字和详细地址）二、我应该把目标定在哪个年龄段？三、为什么有些富豪的妻子看起来相貌平平？我见过有些女孩，长相如同白开水，毫无吸引人的地方，但她们却能嫁入豪门。而单身酒吧里那些迷死人的美女却运气不佳。四、你们怎么决定谁能做妻子，谁只能做女朋友？（我现在的目标是结婚）——波尔斯女士”

下面是一个华尔街金融家的回帖：

“亲爱的波尔斯：我怀着极大的兴趣看完了贵帖，相信不少女士也有跟你类似的疑问。让我以一个投资专家的身份，对你的处境进行分析。我年薪超过50万美元，符合你的择偶标准，所以请相信，我并不是在浪费大家的时间。

从生意人的角度来看，跟你结婚是个糟糕的经营决策，道理再明白不过，请听我解释。抛开细枝末节，你所说的其实是一笔简单的‘财’‘貌’交易：甲方提供迷人的外表，乙方出钱，公平交易，童叟无欺。但是，这里有个致命的问题，你的美貌会消逝，但我的钱却不会无缘无故减少。事实上，我的收入很可能会逐年递增，而你不可能一年比一年漂亮。

因此，从经济学的角度讲，我是增值资产，你是贬值资产，不但贬值，而且是加速贬值！你现在25岁，在未来的5年里，你仍可以保持窈窕的身段、俏丽的容貌，虽然每年略有退步，但美貌消逝的速度会越来越快。如果它是你仅有的资产，10年以后你的价值甚忧。

用华尔街术语说，每笔交易都有一个仓位，跟你交往属于“交易仓位”（trading position），一旦价值下跌就要立即抛售，而不宜长期持有——也就是你想要的婚姻。听起来很残忍，但对一件会加速贬值的物资，明智的选择是租赁，而不是购入。年薪能超过50万美元的人，当然都不是傻瓜，因此我们只会跟你交往，但不会跟你结婚。所以我劝你不要苦苦寻找嫁给有钱人的秘方。顺便说一句，你倒可以想办法把自己变成年薪50万美元的人，这比碰到一个有钱的傻瓜的胜算要大。”

在这些“金龟婿”的眼中，女人是不断贬值的物品，随着时间的消逝，这些女人的美貌就一天天不对等“金龟婿”的物质了，天平一天天失去平衡，男人可能为了美貌另寻新欢。渴求物质的女人最终既得不到物质的满足，又得不到爱情的慰藉。

尽管有人一心想要挤入豪门，但对大多数人来说这条路未必适合。你不要想当然地想花最少的钱买到最好的货，当卖方发现自己亏了或者你的价值下跌了，交易也就终止了。当女人的美貌黯然失色的时候，那些有钱的男人总是会选择一个新的漂亮女人做自己的老婆。

为什么“剩女”抢做“经济适用型”太太

28岁的网友“阿兰”是“经济适用男”的太太，她用自己的实际经验证明：嫁了“经济适用型”老公温暖无比。她的老公32岁，是一个电子设计师。她说：“3年前，我们有3个好姐妹一起来广州，我们3个选择了3条不同的路，过着3种不同的生活。一个嫁了个有钱人，当时总觉得老公有钱好，没想到，后来他在外面有了女人。她就自己在家，一张碟接一张碟的看，恨不得一把火把房子烧了，房子很大却连个说话的人都没有！另一个想找完美的‘金龟婿’，结果至今未嫁。只有我嫁了‘经济适用型’老公，还生了个儿子。老公责任感很强，哪怕吃个饭、上个厕所，都发短信告诉我一声。出差回来给我和儿子买大包小包的东西，晚上再累也会哄孩子，还乐呵呵地给孩子冲牛奶、换尿布。”

阿兰嫁了一个“经济适用型”男人，老公无微不至的关怀和照顾也让她这位“经济适用型”太太充满幸福和快乐。“经济适用型”太太认为身边的“经济适用型”老公，虽不及“金龟婿”那般气派响亮，但他们对老婆、孩子和这个家有责任感，令人放心。

月薪三四千的男人成为“剩女”的香饽饽，一些追求物质和小资的大龄女青年转头做“经济适用型”太太。“比我老公顾家的没我老公有钱，比我老公有钱的没有我老公顾家”，这是最近女白领们最热捧的“经济适用男”。时间不等人，不少女白领的择偶目标也纷纷从“金龟婿”变到了“经济适用男”。

当年，程瑶是北京某知名大学的外语系高才生，现在却只是一个年过30的可怜“剩女”。19岁那年，程瑶以优异的成绩考入北京某名牌大学，从小在严格家庭教育下长大的她对自己的要求亦格外严格。整整4年大学，她都没有交过男朋友，她认为大学里的恋情往往没有结果，她不愿意让自己的终身走太多弯路，所以不合适的恋情宁愿不开始。

毕业后，她在北京一家私企任职，由于外貌出众，家教良好，单位里为她介绍男友的同事特别多。七八年的时间里，她一共交往过3个男朋友，但都无疾而终。

第一任男友是她的同校师兄，他是那种个性极强势的男人，工作能力也很突出，他希望未来的妻子能是个家庭型的贤妻良母。那时候她刚出校门时，跟所有的女孩子一样，也有想在事业上一展拳脚的愿望。每当她们遇到了冲突，他总希望她能迁就他。于是她们之间的冲突矛盾就越来越深。终于，这段初恋在一年后结束了。

第二任男友是通过单位同事介绍认识的。他气质儒雅、事业有成，家境也非常好。当时，周围不少朋友也告诫她“过了这个村可就没这个店了”，她们都劝她要尽力去抓住这个好对象。由于有了初恋的挫折，她那时候认为，“女人最大的幸福还是婚姻幸福”、“只有嫁得好才是硬道理”。为此，她放弃了很多拼事业的机会。恋爱两年后的某一天，他忽然告诉她，准备接受家里人为他介绍的相亲女友，原因是，那个女孩子能力出众、能够成为他事业上的好帮手！她再次失恋，备受打击，整个人有点自暴自弃，做什么都提不起精神，用了整整两年才走出这段阴影。

第三段恋爱发生在去年，第三任男友跟她条件差距不大。“说实话，跟他恋爱，我真是奔着结婚的目的去的，当时已经30岁了，虽然内心里还渴望更好的伴侣人选，但理智告诉我，没有时间再去浪费了！”程瑶说但没想到的是，相处半年，在她提出“结婚”提议时，他竟然犹犹豫豫地拒绝了，理由是“你不是处女”。

有很多像程瑶这样的女孩，一不留神就成了“剩女”。有数据统计，北京的“剩女”数量已达50万，其中接近90%是高知女性。

“剩女”是那些大龄女青年得的一个新称号，也可以称为“3S女人”：Single（单身）、Seventies（大多数生于20世纪70年代）、Stuck（被卡住了）——单身，这些人一般具有高学历和高收入，条件优越。虽然她们也渴望婚姻，但更坚持原则——“如果男方条件不对等，便坚决不谈婚姻”。但现实却击碎了这些人的想法。

2009年金融危机之下，很多人手头拮据，买房的目标从“宽敞气派型”变成“经济适用型”。不少女白领的择偶目标也纷纷从“金龟婿”变到了“经济适用男”。

“经济”，这个词语有一条解释是，“用较少的人力、物力、时间获得较大的成果”。那么顾名思义，说某件东西经济适用，是指其价格虽然不高，但质量的确不错，买时没有压力，且用起来一点不差于高价货。虽然外观一般，也没有知名度，可是至少不用像买了高价货后不舍得用，还得小心伺候着怕坏。而“经济适用”一词最多是用在房地产市场，经济适用房没有商品房地段好、小区环境好，可是不用花那么多钱买，且遮雨避风功能完全不差。用在婚恋市场，“经济适用男”是那种工作稳定、收入一般，但有生活情调的顾家男人。

在女白领们的具体描述中，“经济适用男”的形象被清晰地勾勒出来：发型传统，相貌过目即忘，性格温和，工资无偿上缴给老婆，不吸烟、不喝酒，无红颜知己，月薪3000元至10000元。“经济适用男”一般从事教育类、IT行业、机械制造、技术类等行业，有支付住房首付的能力。

正在寻觅佳偶的杨小姐说：“以前一直想找个金融圈的精英。经济形势这么不景气，外企经理还不是说裁就被裁了。现在就想找个工作稳定的对象，知道心疼人，有安全感比什么都重要！”

女白领嫁给“经济适用男”，这让人感觉到多少有些不可思议，或者一时让很多女白领难以接受。但与其年年被剩，倒不如经济的过日子。过多的欲望，只会把幸福的婚姻冲淡了。学会保有平常的心态，不苛求功名利禄，不贪图富贵荣华。

从另一方面来看，“经济适用男”也是有潜力的男人，他们有实力，但他们需要时间。假以时日，也许他们就能够成功。这也是“剩女”选择“经济适用男”的理由所在。买一支潜力股票，为以后的生活投资增值。

为什么日本女人要嫁中国男人

日本某报社的职员加藤小姐前不久结婚了，对象是她在上海留学时认识的中国人。在结婚典礼上她这样致辞：“可能诸位很吃惊，我为什么嫁给中国人？日本人本来对中国人就有偏见。而我今天告诉在座的各位男士，中国男人比你们优秀。首先他们知道爱妻子，顾家，有责任心。我从小对父亲的印象就是模糊的，因为他起早贪黑为公司卖命，我根本见不到，即便休息日，他又为了交际，去打球等。这光挣钱不顾家的父亲，不是好男人。我从小就喜欢中国，喜欢中国人。我最大的梦想就是嫁个中国男人，原因是他们比日本人强得多。”

世界经济不景气，日本女性已无暇去找法国人谈情，美国的房子也已成为过去式。在日本，中国的男子越发吃香，受到日本女子的青睐。2008年，日本女性与中国男子结婚的达1500多对，比头年增长30%，创历史新高。

现在日本女性流行着“吃饭要吃中国餐，结婚要找中国男，法国情人早无戏，美国房子不靠边”的顺口溜。

为什么日本女人会选择中国男人而舍弃美国、法国男人了？看到中国经济大发展，中国人越来越有钱，当然瞄上中国男子汉。

在日本电视台做播音员的永岛女士去年嫁给中国一家上市传媒的总裁，她说：“我整天在台里说讨厌日本男人的小家子气，我知道一定有一些所谓的‘爱国人士’会‘义正词严’地指责我‘八噶！竟然辱没大日本帝国男人的尊严’。但作为我们女人，我们永远只会选择强者，做我们的丈夫，今天节节败退的日本男人难道算是强者吗？人口不过跟中国一个省相等，所占资源和领土面积又不知要比中国少多少倍，国力现在比中国弱了下来，日本男人已是无指望的一代，品行素质也不比中国男人高。他们能像中国人那样，给我们女人幸福无忧的生存空间吗？答案是不能。”

一位在中国饭店打工的金城小姐说：“我就是要嫁给中国男人，我只会选择强者！日本男人那些所谓的‘爱国者’除了在网上装成中国人到处捣捣乱、骂骂人以外，没别的出息。你们有本事把自己国家搞好，让日本女人不再被美军糟蹋，让日本女星别再去演三级片。可日本男人没有这个本事！日本男人无能！日本男人成天叫喊着要征服中国，可这个世界上有强者被弱者征服的道理吗？为什么德国总理可以下跪道歉，而你们宁愿修改教科书也不愿对中国道歉？因为日本男人连德国男人都不如。我们女人还能指望你们干什么呢？这就是我所要说的话，我知道一定会有不少人来骂我的，但无所谓，因为我看穿那些无能的男人了！

日本女人嫁给中国男人，是因为在日本女人眼中，中国男人有强烈的比较优势，日本女人从各个方面权衡，中国男人在照顾家庭、工作能力、赚钱养家等各个方面，都让日本女人更喜欢。

日本是一个男权社会，男人比女人的地位高，这使得女人的地位很低，日本女人往往成为男人的陪衬，对男人的要求百依百顺。

很多日本女性来到了中国。她们惊奇地发现，中国男人高大英俊；中国男人会做饭，会炒菜，会洗衣服，会干家务；中国男人陪妻子逛商场买东西；中国男人帮丈母娘扛煤气罐！

所以，中国的男人正逐渐走向世界婚姻的市场。相信随着中国经济的强大和中国男人腰包的鼓起来，以及文化知识修养的提高，中国男人将会成为世界上所有优秀女人的心仪偶像。

为什么离婚也是场交易

伍兹“偷腥门”曝光后，虽然他公开发表了道歉声明并且无限期退出高尔夫球运动，但其形象一落千丈。据美国媒体报道，伍兹妻子埃琳表面上不动声色，实际已联系了律师，最快可能在圣诞节后和伍兹离婚，她能得到的最高赔偿可以达到 3 亿美元。这个数字超过 2007 年乔丹离婚时向前妻支付的 1.5 亿美元的“分手费”。伍兹离婚案，将改写全球运动员最贵的离婚费用数字。

“飞人”迈克尔·乔丹一度接近完美，但功成名就的他还是没能抵挡住诱惑，不断爆出私生子、出入夜总会等丑闻，最终妻子胡安妮塔对于这桩单方面维系的婚姻失去了信心。2006 年初，乔丹被一个陌生女子告上法庭，原因是他把该女子骗上了床。胡安妮塔终于愤而结束这段 17 年的婚姻，并分得了乔丹 4 亿美元家产中的近一半，还包括她与乔丹在芝加哥的一处房产和对 3 个孩子的监护权。

所以离婚的代价是非常昂贵的，这使得很多打算结婚的人不得不考虑到离婚的价值。

在经济学家看来，在离婚中法律只是小问题或根本不成问题，关键是他们二人对离婚价值的判断。如果男方的判断价值高于女方，就可以离婚；否则，就离不了。

加两句经济学的假设。第一，那就是法律规定只有当夫妻双方都同意的前提下才能离婚。第二，假设男方认为离婚的价值是 10 万元，女方认为离婚的价值是 7 万元。于是，只要男方支付女方高于 7 万元而低于 10 万元的价钱就可以离婚。

反之，我们再假设，女方对离婚的价值评价是 10 万元，而男方认为是 7 万元。那么，无论法律怎么规定，他们都离不了婚。

所以，能否离婚，与法律的规定关系不大，关键问题是夫妇双方谁更在乎婚姻：如果不想离婚的那方估价高于另一方，那么就离不了婚；反之，就可以离婚。

在现实生活中，不仅有交易成本，而且还很高。如果是这样，我们最后的结论就不一定是“谁出价高谁说了算”。例如，我们仍然假设：离婚中的交易成本远远大于这夫妻俩的估算，甚至高于他们对于离婚的价值判断，那这婚就很难离了。

从婚姻经济学观点看，婚姻关系是一种供求平衡的关系。恋爱时，男女双方会依据自身的“硬件”和“软件”确定自己的择偶标准，即婚姻需求。如果双方的供给都满足了对方的需求，在双方的心理上呈现供求平衡状态，于是婚姻关系成立。结婚以后，双方纷纷除去伪装，缺点毛病暴露无遗。如果对方和自己的期望值相差不大，则按照“价格围绕价值上下波动”的经济学原理，通过适当降低自己的期望值，以恢复平衡，维持婚姻关系。如果发现对方和自己的期望值相去甚远，心理上无法忍受时，婚姻就会面临崩溃。

利用经济学观点也可以解释为什么现在女人越富有，离婚的几率就越高的现象。

婚姻的崩溃不仅是因为女人的收入增加了，而且还因为她开始变得比丈夫更成功。女人在经济上的成就已成为离婚案增加的一个重要因素。

导致这种现象的原因，可能是因为家中权力的转移，致使女人不再满足只被埋没于繁杂细碎的家务中，转而期待在家中拥有更多的发言权，令丈夫在家中的地位发生了动摇。

另一个原因，可能是随着女人赚钱能力的提高，她的自信也在一步步建立，即使离开丈夫，她也有足够的能力养活自己。

凯瑟琳是美国阿肯色州立大学的经济学教授，通过对112740位女性经济状况的调查后发现，这些妇女之中，有95980位女性已婚，16760位离婚。而导致离婚率提高的一个重要原因，即是女人经济财政的独立。英国离婚人数已经持续四年不断增多，仅2004年一年，其离婚人数就增加了0.2%，共计167116人选择结束自己的婚姻。凯瑟琳还发现了一个规律：与家庭总收入对比，家庭中女方的收入每增加1万英镑，婚姻破裂的几率就相应提高1%。

凯瑟琳说：“财政独立使得女性更易作出离婚的决定。此外，似乎女性的经济成就真的会导致家庭内的摩擦。”

此外，成功女性更易离婚还有其他原因。伦敦一家律师行的家庭律师古里特说：“同20年至30年前比较，离婚法例的诠释对妇女更有利，因此她们更有信心可以摆脱一段婚姻。”

一个男人，张三、李四，或者王五，想要离婚，但他的妻子不愿意。结局会怎样？有人可能会说，这与法律有关。如果法律规定单方意愿可离婚，他们就可以离婚；如果法律规定只有双方都同意才能离婚，那么他们就离不了婚。

离婚的成本主要包括四个方面：一是婚姻合约前的沉没成本，主要是双方在实现婚约中的交易成本，婚姻持续时间越长，沉没成本越大。二是道德成本，即因离婚导致的品头论足，亲人和同事对你的舆论等。三是离婚对家庭、对自己心灵伤害的成本以及对下一次婚姻的负面影响。四是解除婚约的交易成本，如诉讼的费用、耽误的时间和精力等。如果离婚成本太大，人们就会继续维持下去，特别是在把离婚与道德问题联系起来的环境中，很多人会选择不离婚而维持“白开水”式的婚姻。

第三章
性是嚼在嘴里的口香糖

为什么免费的性最贵

有人曾经打趣说:“免费的性最贵。”“免费的性”特指经由恋爱和婚姻获得的性。

张晓和女友约好了晚上见面，为了不让女友等自己，张晓6点钟一下班就赶紧打车过去，花费30元。在花费200元吃完饭后，已经8点多钟，张晓喜欢看的球赛也已接近尾声。然后，张晓继续陪女友逛商场，到晚上10点，女友终于有所收获，她买下了一瓶价值300元的防晒霜。

购物之后，当然还要找个地方休息一下。于是，张晓又带着女友去了休闲酒吧，一人要了一扎啤酒。身心得到放松的同时，张晓的腰包也一起松了下来。时间过得很快，眼看已近午夜，张晓明天还得上班，只得打的回去。回家之前，当然得先把女友送回家。于是，打的城南城北的绕上一圈，这个花费足够两个人去吃一顿麦当劳了。

这样的情节，对于恋爱中的男女来说是再熟悉不过了。恋爱的青年男女对精神层面的追求，也越来越需要经济的支撑。

早在2002年，西安青年联合会与社会调查事务所曾对西安市100对即将步入婚姻殿堂的恋人进行了一次有趣的调查。该调查结果显示，72%的准新人恋爱全过程的花费在12000 ~ 35000元之间。

据统计，在恋爱初期，各项花销的支出占到40%。这一阶段往往是男性追求女性的开始，所以基本上由男性买单。恋爱初期男女主要的交往地点为咖啡店、酒吧、电影院等各种娱乐场所，这一阶段男女之间互表情意的礼物多为鲜花、巧克力、书籍、衣物等。

到恋爱中期，各项花销支出占到了25%。这一阶段，男女双方的关系已基本确定，消费方式也从最初的狂热演变为比较务实。其中男女双方的消费支出比例大致为6 ∶ 4。

在恋爱的最后阶段，各项花销支出占总计算单位的35%。因为双方已经开始准备步入婚姻殿堂，此阶段的消费就带有强烈的针对性。日常的吃、娱乐等消费基本降低到维持水平，购买家电、家具、日常用品等支出大大增加，这些支出一般由女性负担（此时男性的支出主要是买房和装修）。

恋爱是需要计较“投入”的，这个投入就是恋爱的成本。它包括准备恋爱时的搜寻投入，谈恋爱时的恋爱投入以及失恋后的失恋投入。

搜寻投入，指为了寻找到合适的恋爱对象，所花费的搜寻信息的投入。最典型的搜寻投入是征婚广告。恋爱投入，则是恋爱过程中的花费，主要包括时间和金钱。失恋投入，主要是失恋后精神层面的痛苦感受以及为了发泄情绪而花费的成本，比如疯狂的喝酒抽烟、购物甚至一些过激行为。

恋爱中有很多投入是属于沉没成本，这种成本在经济学上的定义是：投入付出后无法再收回的成本。在恋爱的过程中，就包括花费的时间、内心的感受以及共同消费掉的经济费用。

在恋爱的过程中，恋爱的投入是有变化的。在刚刚开始恋爱时，恋爱的投入是比较低的，因为彼此还比较陌生，女方对男方在时间和金钱上的要求都比较少。随着恋情的进一步发展，双方逐渐熟悉起来，这时双方在时间和金钱的投入都开始增多。不过，随着恋爱时间的进一步增加，恋爱双方对“浪漫”的需求会有所下降，会逐步变得更加现实，并开始为婚姻做准备，花费又会逐步减少。如果用一个曲线图来表示“恋爱的时间——成本趋势”的话，这个函数曲线将是一个“n”型。

武汉的李先生说：“我们那会儿结婚连‘三转一响’也没有，家里只有几件简单的家具。别说是婚纱照，能摆上两人的一张简单合影，就很幸福了。当时结婚能有手表、自行车、缝纫机和收音机，就算是家境不错了。”

但时过境迁了。一成都男子目前在一家民企工作，月收入在2500元左右。他说，自己来自农村，家里基本上没什么积蓄。前段时间他和女朋友谈起了结婚的事情，女方家里要求他必须买上房子以后才能结婚，婚礼还不能办得太差。谈起结婚前的各项开支，他是又郁闷又气愤：“即使贷款买房，我也得攒够22万元，看来还得再等12年才能结婚。”

为什么性越多越安全

马丁长得很英俊，在性生活方面比较保守，最近和同事琼情投意合，两人也一直眉目传情。这周公司要举行聚会，他俩彼此心照不宣地认为聚会结束后两人会尝试一把激情。在办公室要举办聚会的这天早上，马丁在地铁里恰好看到疾病防控中心的一幅公益广告，上面大谈特谈洁身自好的好处。马丁顿时就变得像只乖乖兔一样，待在了家里，没有去参加聚会。因为马丁没有来参加聚会，琼就和同样潇洒但是风流成性的马克斯威尔回了家。结果琼竟然染上了艾滋病。

因为性取向保守的马丁没有参加这次聚会，风流倜傥的马克斯威尔有了可乘之机，结果无辜的琼不幸染病。这样说来，如果地铁里公益广告对于马丁的影响力要大于马克斯威尔的话，那对于琼而言就是一种威胁。尤其他们在广告栏中放上了CK品牌的广告，更让马丁觉得自己的做法能得到大众的赞赏。

如果全世界像马丁这样的人能够开放一点的话，那么就能够减缓艾滋病的传播速度。当然，过犹不及，如果他变得太不检点的话，那么就会和马克斯威尔一样危险。那些极端保守的人如果适当开放一些，那么就会让其他人大受裨益。哈佛大学教授迈克尔·克雷默预计，如果英国每年新增性伙伴少于2.25个的男男女女能够开放一些的话，英国艾滋病的传播速度就会降低。这就意味着年龄介于18岁至45岁的英国人中，有3/4的人性取向不够开放。

像马丁这样性观念相对保守的人每次去酒吧都能给这个世界带来好处，事实上他能给这个世界带来两个好处。首先，他提高了女士想要寻求一个安全性伴侣的概率。另一个好处则更加悲情一些：如果马丁今晚找到了一个新伴侣，也许就染上了艾滋病。那可相当不错，因为马丁会乖乖地回家，在孤寂中慢慢衰微，最后离开这个世界，也不会再去感染别人。

如果今晚有人要感染艾滋病，我倒宁可他是马丁而不是风流成性的马克斯威尔，因为马克斯威尔在去世之前至少会把病毒传染给另外20个人。

见到马丁这样的人来到酒吧我总会很高兴。如果他的新伴侣是没有感染艾滋病的健康女人，那么他就将她从更易受感染的威胁中解救了出来。如果马丁的新伴侣感染了艾滋病毒，那么今夜他就避免了她将病毒传给一个更加放荡不羁的浪子。

但是，让人感到痛心的是，上面这些话你都不可能在追求异性时和别人说。这就好像对邻居说："你应该把家里的扫帚给卖了，这样你邻居家的草坪就能更干净了。"或者跟棒球场的球迷说："你最好在看球的时候别站起来，这样大家都能看得清楚。"关键在于，对于团队有好处的事对个人也许是有害的，这也是为什么我们会得到一些糟糕的结果。

如果每个人多交几个性伙伴能够挽救更多生命的话，那么一夫一妻制也许就是有致命威胁的。试想在一个国家里，所有的女人都一身只伺候一个丈夫，而每个男人每年至少都要找2个新的性伙伴。在这样的情形下，为数不多的妓女就会忙得不可开交。过不了多久，这些妓女就会感染上艾滋病，然后传给了很多男人，这些男人又回家把病毒带给了太太。

从一而终的太太们比马丁和琼的故事更具启示意义，因为它告诉我们，在全社会层面，大家性生活更加开放一些，对于减缓艾滋病的传播速度是有好处的，至少这一点在理论上是成立的。但是在现实中情况又如何呢？这正是迈克尔·克雷默教授的研究领域。在充分考虑大家是如何选择性伙伴的条件后，克雷默教授的研究表明大家的道义观并没有受到玷污。

你那文质彬彬的邻居偶尔放纵一次，其实他是用自己的身体为延缓艾滋病毒的传播作贡献。

为什么艾滋病毒也是濒危物种

2010年在南非举行的世界杯，吸引了大概50多万球迷前往观赛，其中英国球迷占5万人。赛事除了带动当地经济，卖淫活动也预料达到高峰期。然而南非全国一半妓女感染艾滋病毒，当局估计赛事期间，将有4.2万人"中招"。

在开普敦街头，21岁的伊莎贝拉1天接客20人，她热切期待世杯球迷涌来，让她可"全天候开工"。她更把肉金大幅提升5倍，加至8英镑。上月她接受验检，证实加入全国一半同行之列——感染艾滋病毒。

当局对此作出特别应变，进口数百万个安全套。但伊莎贝拉说，即使她坚持用安全套，嫖客大多拒绝，有些开价10倍，甚或对她拳打脚踢。

艾滋病，人类免疫缺陷病毒。顾名思义，它是人类免疫系统的一项缺陷。还有一种意思，它可以造成人类的免疫系统发生严重缺陷。

1981年，在美国首次发现人类免疫缺陷病毒。它是一种感染人类免疫系统细胞的慢病毒（Lentivirus），属反转录病毒的一种。至今无有效疗法的致命性传染病。该病毒破坏人体的免疫能力，导致免疫系统失去抵抗力，从而导致各种疾病及癌症得以在人体内生存，发展到最后，导致艾滋病（获得性免疫缺陷综合征）。在世界范围内导致了近1200万人的死亡，超过3000万人受到感染。在感染后会整合入宿主细胞的基因组中，而目前的抗病毒治疗并不能将病毒根除。在2004年年底，全球有约4000万被感染并与人类免疫缺陷病毒共同生存的人，流行状况最为严重的仍是撒哈拉以南非洲，其次是南亚与东南亚。但该年涨幅最快的地区是东亚、东欧及中亚。1986年7月25日，世界卫生组织（WHO）发布公报，国际病毒分类委员会会议决定，将"艾滋病病毒"改称为"人类免疫缺陷病毒"（Human Immunodeficiency Virus），简称"HIV"。

艾滋病毒的存在给它的受害人带来了难以接受的损失，这和损害羊群的雪狼没有什么区别。我们应该消灭雪狼，还有毒蛇，因为它们给北大荒的开发者带来了难以估量的损失。而雪狼和毒蛇现在都是濒危物种。总有一天，艾滋病毒也会成为濒危物种。

可以说，艾滋病毒毒成为人们恐惧的头号病毒，很多人期望攻克艾滋病毒，拯救人类健康。然而，艾滋病毒本身也是濒危物种。

首先，艾滋病毒的存在使得人们可以和它相抗争，人类的体质可以在和疾病的竞争中提高。如果消除了病毒，人的体质也会退化。现在已经有人产生了艾滋病抗体。

其次，艾滋病毒的存在使得人们不敢放任自己的性行为，人们必须对自己的性行为有所收敛。这就让很多人对放纵的性行为后果有所顾忌，从而不敢在家庭之外随意寻找性。在某种程度上说，这保证了一个家庭、社会秩序的正常。

早年，澳大利亚的牧场经常有狼群出没，牧民的羊群常遭到狼的袭击，损失不小。于是，牧民们求助政府，要求将狼群赶尽杀绝。很快，在人类的捕杀下，狼从澳洲大陆消失了。

没有了天敌的羊群，数量开始激增，牧民们非常高兴，认为美好的生活就要到来。可是，好景不长，没过几年，羊群的繁殖能力大为下降，而且大多体弱多病，羊毛的质量也大不如从前。原来，失去了狼群的威胁，羊的生存能力与繁殖基因开始退化，最终导致羊群的数量和质量反而下降。这样的结果不是牧民们需要的。于是，他们再次请求政府，希望重新引进狼群，增强羊群的体质。最终，狼群得以重回澳洲草原，羊的数目和质量果然迅速回升。

可见，竞争能带来活力。对于个人，大家在你追我赶的激烈追逐中，能共同获得迅速的进步。同样，企业的活力也往往来源于竞争的“威胁”。商家之间的竞争，不但会促使其改善服务与产品质量，往往还会做出调整管理结构的举措，从而保持长久的竞争力。消费者们往往会在竞争中，享受到降价以及服务与产品质量提高的实惠；经营者也会因消费增长而获得更多的利润。竞争不但激发了企业的商业创新能力，还有效提升了企业的生存能力。

为什么娼妓没能被消除

娼妓这门“最古老行业”之所以能够在政府禁止下（娼妓合法化的国家不多）蓬勃发展，根本理由当然是需求永远存在，有需求就有供给。人对性的要求是生物本身的反应，这种需求不能从根本上加以消除，所以娼妓会永远存在。

美国某网站做过这样的调查：如果上帝给你的时间是每天 25 个小时，那么你将会利用这多出的 1 个小时做什么？ 90% 的男人和 65% 的女人给出了同样的回答：做爱。看来性在人们的生活中占据了一个很重要的位置。

性行为也成为结婚的一个主要原因之一。康德认为婚姻的意义就在于“合法使用对方的性器官”，薛兆丰说婚姻是“终生批发的期货合同”。另外，婚姻中的性行为具有更多的优势，即少了更多的成本。优势主要在于两点：一是成本小，没结婚的两个人需要两张床，结了婚就只需要一张；二是性价比高，不用冒着危险去搜集一些色情图片、网站等来满足私欲，而这些可以在婚姻体制内得到满足。

性行为是一种珍贵的稀缺资源，性别就是成本，这成本能创造多大的价值和效益，或者倒赔，取决于经济人的理性选择。

性行为本身就是一种经济行为，有需求，有供应，有风险，有收益，还要计算投入产出比。性行为是有成本的，在决定性选择之前，双方需要有个理性的思考：是否能预见并能负担起这些成本，或者换句话说就是性行为的后果；还要考虑使用减少负面结果的手段，比如安全套，避免意外怀孕和感染性病、艾滋病。世间没有免费的性事，做爱是参与者充分合作才能产生“效应”的人生体验。要达到理想境界必须具备两个先决条件：一是双方不能逃避其应负的责任；二是彼此都要明白身兼施受双重角色。就是说，性行为的伙伴都在追求同一目标，这种特性使性爱和一般日常活动尤其是商业交易有所不同。性行为与生俱来，但具有强烈的理性成分，比如艾滋病等，令人们在性爱方面较为谨慎。

性行为能产生“效用”，与普通商品或服务便没有分别。这等于说，绝对理性的人，其性需求的数量与价格成反比。经济学家屠洛克认为，妓女经营生意一定不能忽视这条原理：要想多接客就得价格合理。

一句被经济学家广为引传的话：“对体制内的交易双方来说，性像一块永远嚼在口里的口香糖，它的好处是随时有东西让你咬，不至于空虚，不至于闲得牙疼；缺点是越嚼越无味，牛皮糖嚼成牛皮鞋垫，到最后就成了一种纯粹的习惯。”“七年之痒”的说法，不仅说明交易双方对单一产品、无差别服务的厌倦，也证明了性资源使用中的边际效用递减：最开始拉拉手精神抖擞，亲一下浑身颤抖，到后来拉得越多、亲得越多、这事就越没有吸引力。网络上流行着一百多对情侣、夫妻的睡姿，最后超过两年的，几乎百分百是背对背睡。这些姿势和体位，我们可以看做是人性化的市场需求信息。

上面的分析是在把爱情、浪漫和道德从性行为中抽离，同时亦以不包含价值判断成分的实证经济学视角下的观点。细想一下，也不无道理。

为什么明星不愿意生孩子

关于周慧敏生孩子的传言一直不断，她也相信大部分人都不会相信这样的消息。但最近数次收到信息说要祝贺，周慧敏则表示自己一头雾水，并且郑重地坦言自己决定不生孩子。

20 世纪 90 年代中期，舞蹈艺术家杨丽萍和台湾商人刘淳晴结为夫妻。但是，医生告诉她，女性累积的脂肪量需占体重的 22% 才可受孕。像杨丽萍这样几乎没有脂肪的人来说，怀孕简直难以想象。在两难之间，杨丽萍选择了舞蹈。

电影明星张曼玉曾在接受记者访问时透露，自己与法籍男友的感情非常稳定，虽然她很想做妈妈，但是“9 · 11”事件让她放弃了“造人计划”。但她表示会考虑收养几个孩子，这个计划准备在 45 岁时实现。

大 S 喜欢小孩儿已经众所周知，但谈及自己怀孕生子的计划，她居然明确表示：“我自己不要生，因为从怀孕到生产的过程都太痛苦了。我看小 S 怀孕，看她肚子被切开生产的全过程，太可怕了。不过我喜欢照顾孩子。”

2007 年 10 月，陈孝萱和制作人詹仁雄结束婚姻。两人随后发表声明，强调个性落差太大是两人结束婚姻的主要原因。女星陈孝萱离婚后，仍和前夫詹仁雄住在同个屋檐下，却形同陌路。对于友人积极介绍新欢，陈孝萱均谢绝好意，表明不会再婚，也不会再生小孩。

刘青云与郭蔼明结婚多年，依然未有所出。郭蔼明曾坦言想过生小孩，无奈遭刘青云否决。她说：“他想要大自由度，有好多机会是因为有小朋友而要放弃。（那么你自己想不想？）女人某个阶段都想，不过大家要有所妥协，如果我想他不想，不行啦！那就顺他的意了！”

“小龙女”李若彤在 5 月份罕见“出关”，与富商男友郭应泉出席某医院董事局交代就职晚宴。年届 35 的李若彤与年过 50 的男友拍拖接近 9 年，过着阔太太生活的她表示最近无事忙，在家也不需做家务，有佣人照料。还表示看完《金婚》后称自己不会生小孩。

刘雪华在《春天后母心》中与 5 个孩子一起演戏。听着孩子喊自己“娘”，刘雪华满心喜欢。但遗憾的是，生活中她和老公结婚多年依然没有小孩，她毫不避讳地说：“我老公比我大 10 多岁，也许是由于年龄大的原因吧，我天天想生小孩，可是到现在都没有生出来！”

50 多岁的郑裕玲虽有吕方相伴，却决定不结婚不生子，只与吕方“姐弟恋”。七八岁时已决定一辈子不结婚，她觉得是一生做得最正确的决定：“今时今日我觉得生命中可能有很多事情是决定错误的，但直到目前为止有两件事一定不会错的，就是不结婚和不生孩子。”

已近中年的范晓萱，虽然已有男友的忠心守护，但迟迟不愿走上红地毯，至于生小孩，那更让范晓萱感到恐惧：“我不愿生小孩，那太累了！”

都知道女人生孩子不是件简单的事，做一个怀孕要生产的女星更是难上加难。

有一种解释是，普通妇女的生育意愿更强烈。普通妇女比明星妇女喜欢要更多的孩子。这种解释似乎有些道理。不过这样的解释，很难让经济学家信服，他们不喜欢用偏好来解释人们的选择行为。

经济学家在解释此问题时，假定人们的偏好是给定的，无论普通妇女还是明星妇女，妇女们的生育意愿或偏好都是一样的。之所以存在生育率的差异，是由于他们的“生育成本”或“孩子价格”不同造成的。

这里的“生育成本”，是指妇女生孩子、养孩子的机会成本。仅就时间而言，妇女要用 10

个月怀胎，还要用20个小时左右的时间来生产，要想生一个小孩总共需要6500个小时；另外，抚养一个小孩，每天要花4个小时，一共18年，加起来是26280个小时。这样，养育一个小孩总共需要32780个小时。

如果一个妇女将32780个小时花在养育孩子上，那她在这段时间里就不能去赚钱了。假设，普通妇女平均工资是每小时3美元；而明星妇女平均工资是每小时15美元。这样，普通妇女养育一个孩子的机会成本就是98340美元；而明星妇女养育一个孩子的机会成本则高达491700美元。

在偏好一致、收益相同的条件下，我们很容易看出，明星妇女养育一个孩子的成本要比普通妇女养育孩子的成本高得多。经济学中认为个体都是理性的经济人，明星妇女会考虑自身的成本，选择不生育是她们“理性”的行为。

生孩子的费用，特别是分娩的花费，普通人与明星之间的差距是极大的。一位贫困孕产妇花费600元就可生个孩子；而歌星那英喜得贵子，仅住院5天，就花费了12万元。在娱乐圈，天价生孩子的明星越来越多。

2008年生第一个孩子时，布兰妮对产房的要求颇多，也诸多挑剔。要求产房既豪华，更要兼顾浪漫气息。布兰妮将产房安置在亚利桑那州的医院。因为生孩子，这位明星搞得医院天翻地覆。布兰妮选了最大最豪华的产房，要求左右相邻的两间产房不能有人，希望她生孩子的过程能完全安静并能保护她的隐私。

布兰妮还提出严格要求，每一个为她服务的护士都要经过背景调查。负责面试护士的是布兰妮的妈妈林恩和医院的院长。除了对产房的要求外，布兰妮更要求，一进产房就要看到白色和黄色的玫瑰。布兰妮还坚持要在房间配备DVD、录影机和高级音响，她希望在产房能营造出一种在家的温馨感觉。布兰妮预定的产房位于医院二楼，估计她三天的住院费不会低于13000美元。

看看她们的做法，难免会感叹，孩子不是父母生出来的，而是花钱买来的。女明星正是看到在孩子的花费上成本过高，怕怀孕之后一身赘肉影响了形象，怕孩子出生之后开销高昂而不愿意生孩子。

为什么婚外情让法律很为难

2009年12月，英国遭受罕见大雪袭击，很多人因为交通瘫痪而无法上班，即便能去上班，在办公室里也是无事可做。《每日电讯报》1月6日报道，英国一家名为“非法邂逅”的网站称，为了打发无聊时光，数千名已婚男人和女人，开始登录该网站寻找新的“罗曼蒂克”，玩起了违背道德准则的婚外情。

“非法邂逅”网站，专门为已婚人士提供婚外约会机会，会员人数已突破35万，绝大多数会员的年龄介于36岁至40岁之间。该网站透露，在过去的6天里，该网站新增了2500多名会员。从注册的信息来看，这些人大多住在受恶劣天气影响最严重的地区——汉普郡和波克夏郡。过去3天内注册的900名新会员来自多赛特郡、德文郡和康沃尔郡。为了应付会员激增的状况，“非法邂逅”不得不招聘了新员工。

虽然英国人在寻找婚外情，而对现在的中国人而言，“婚外情”已不是什么新鲜事，有一家侦探公司这样说：“婚外情最泛滥的城市是上海，深圳紧跟其后。深圳是一个移民城市，很多人只身闯荡，没有亲人可以倾诉，经常感到空虚，很容易依赖别人。私企老板、公务员等职业最容易发生婚外情，女白领兼职当第三者也并非个别案例。”

人们也一直是从伦理道德的层面上看待“婚外情”。广东省却出台了一个地方性法规，要对婚外情的法律惩罚付诸实施。这一法规的一大突破是赋予婚姻的受害方分割婚外情一方为第三者所购置的财产。针对这一地方性法规的出台，许多法学专家激烈地反对对婚外情实施法律惩罚。

总结他们的反对意见，主要有以下几点：

首先，惩罚婚外情是道德泛化的表现，是对个人自由的侵犯，是开历史的倒车。《婚姻法》并不禁止婚外恋，法律的手不要伸得太长。婚姻法上没有通奸或者婚外恋的概念。

其次，如果道德的东西非让法律来取代，管的效果肯定不如道德的好。道德是通过说教或舆论来实现控制的；法律是以强制力做后盾的，就是要强行让你这样做或者不让你这样做，不管你内心是否服气。法律管得太多的时候，人们就会丧失很多个人自由，不自由的社会是一个很不宽松的社会，会产生很多问题。

最后，法律不是万能的，尤其是人类私生活领域，法律不可取代道德的作用。法律要给人们留下一个私生活空间。"通奸、第三者插足是不道德的"，这肯定是一种主流道德规范。但能否上升为法律，要看它是否是全社会公认的一种具有社会支撑效果的公共道德准则。如果非要上升为法律，就成为立法中的道德霸权主义。

其实，这些反对意见有三方面的缺陷。

第一，自古以来，道德和法律之间就没有严格的界限，道德和法律两者之间在某种程度上可以相互转换，甚至可以对同一行为作出好与坏的评判。比如，偷盗既要受道德的谴责，还要受到法律的惩罚。因此，用所谓"道德泛化"来反对"对婚外情的惩罚"是难以站得住脚的。

第二，对婚外情的惩罚不能从个人自由的角度去反驳。不错，惩罚婚外情是对发生婚外情一方自由的限制，但是，它同时是对受害方不受另一方侵害的自由的维护。

第三，对婚外情的惩罚不能因为侵犯了私人领域而不为。在中国，地缘和血缘团体曾经独立于法律之外，是公法无权管辖的私人领域。但是，几十年来法律的扩张和进一步完善打破了这一私人领域，不存在自然的私人领域。以保护私人领域为理由也无法反驳"对婚外情的惩罚"。

这里我们先不从意识形态上争高论低，而是以经济学的方法分析"惩罚婚外情"的利弊。看它能否达到预定的社会目标，即增加社会中高质量婚姻的目的能否通过"惩罚婚外情"达到。

我们先从婚姻的属性开始。在《婚姻法》专家意见稿中，第一次确定了配偶权。所谓配偶权，是指婚姻双方对对方负有一定的责任，一旦某一方对另一方出现背叛行为，如发生婚外情，背叛方将要受到惩罚。从经济学的角度来看，婚姻是一张受法律保护的长期合同，要解除这一合同，离婚是唯一的合法手段。而婚外情则是违约，应该受到惩罚。因此，配偶权可以解释为婚姻双方在婚姻这个长期合同中所具有的权利。从社会角度来看，婚外情会导致其他家庭的跟风，让更多的人发生婚外情，随之也会产生更多的受害者。另外，婚外情的泛滥会导致那些忠诚于婚姻的人因为怕受到伤害而害怕结婚。如果婚姻对社会来说具有正面的价值，这些忠实于婚姻的人不结婚就是社会的损失。

不过，承认配偶权并不意味着惩罚婚姻违约行为就一定能够达到增加社会中高质量婚姻的目的。《法律经济学》里对"有效违约"是这样定义的：当违约的社会收益大于其成本时，违约是有效的。一个法律条文如果诱使较多的"有效违约"，则是一个失败的法律条文，要尽量避免这样的条文出现。如果某些人的婚外情属于故意违约，应该受到惩罚；但是，如果有些人的婚外情是基于婚姻感情的破裂，是一种正常的追求，则没有必要对此实施惩罚，否则只是增加了没有爱情的死亡婚姻，是会降低社会收益的。对后一类人来说，违约是有效的。那么，惩罚婚外情是否会诱使这样的"有效违约"？

通过经济学家分析发现，离婚成本的高低对婚外情的惩罚能否奏效起着决定性作用。就中国目前的情况而言，虽然法律对离婚的限制很少，但来自家庭和社会的压力使得离婚对多数人来说仍是一种高成本的行为，于是便有了"懒得离婚"之说。

在极端的情况下，法律对婚外情的惩罚可能会成为某些别有用心的人打击无辜者的工具。例如，一位农村女子因为家里没钱，在父母的逼迫下嫁给了一个不喜欢的人，婚后受到丈夫的打骂，不得已，只好外出打工，然后遇到了一个自己喜欢的男人，两人住在了一起。如果婚外情受法律的惩罚，这位女子的丈夫就可以通过法律来惩罚她。对于这些人的婚外情，似乎更应该用法律来保护，而不是用法律来惩罚。

所以，中国目前要做的应该是增加人们选择婚姻对象的自由度，降低离婚成本，使离婚和家庭重组更加容易，而不是惩罚婚外情。

第四编

欲望还是贪婪：效用中的经济学诡计

◆ 人性的哲学：欲望还是贪婪

◆ 欲望与效用的幸福怪圈

◆ 在鱼与熊掌之间该如何做出选择

第一章

人性的哲学：欲望还是贪婪

为什么两个渔夫有着不同的人生结局

一般传统伦理认为欲望是万恶之源，但在经济学家眼中，人的本性是利己的。这种利己，是人生存时对物质利益和精神利益的需求。这种需求，就是欲望。

经济学家认为欲望是人自身提高和社会进步的推动力。正是由于欲望的无限性，人才会不断提高，社会才会不断进步。吴宇森的电影《赤壁》里面，曹操也说欲望使人年轻。不过，欲望并不意味着无止境的贪婪。

大海边住着两个渔夫。第一个渔夫每天只打几条鱼，然后拿到市场上去卖掉，以维持自己的生活。剩下的时间，他就躺在沙滩上晒太阳。

第二个渔夫则不同，他每天起早贪黑，不停地打鱼。第一个对第二个的做法感到很不理解，便问道："你这样不停地打鱼，是为了什么？"第二个渔夫说："为了挣更多的钱。"

第一个很疑惑，问道："咱们卖鱼的钱够用了，你要那么多钱做什么？"

"有了更多的钱，就可以买一条大船。"

"买船又是做什么用？"

"打更多的鱼，卖更多的钱。"

"你要那么多钱做什么？"

"我要用更多的钱买更多的船，组建船队。"

"要船队干什么？"

"去赚更多的钱。"

"你一定是疯了！"第一个渔夫觉得不可思议。

第二个渔夫没有理会他的惊诧，得意地说："等我有了足够的钱，就在海边修一座别墅，雇人打鱼，然后我就可以在沙滩上悠闲的晒太阳了。"

第一个渔夫很不以为然："你看我现在不正躺在沙滩上晒太阳吗？你何必费那么大劲呢，现在跟我一起躺着吧！"第二个渔夫听了，不再理会他，继续去打自己的鱼。

几十年过去了，第二个渔夫经过艰苦的打拼，已经成为一家渔业公司的大老板。他在海边建起了一栋豪华别墅，没事的时候他会躺在院子里悠闲的晒太阳。而第一个渔夫，已经变成一个风烛残年的老头，他依然靠打鱼为生。不过他的体力已不及当年，早已没了躺在沙滩上睡觉的闲工夫，他每天倾尽全力打的鱼也只能勉强维持生活。

相同的环境，不同的欲望，让两个渔夫的结局不同。有欲望是好事，但过分追求反而会适得其反。欲望是人正当的要求，它与人满足欲望的能力应该是匹配的。欲望是以自己的能力可以满足的，或通过正当途径的努力可以实现的。贪婪则是要去满足无法实现的欲望。

欲望和贪婪有着不少共通点，但这两者间实际上有着本质的区别。马斯洛将人类的需求分为几个层次，只有在低层次的需求得到满足后，才会产生新的欲望，而最高层次的自我实现是无止境的。这就是说，人的正常欲望随能力的提高而产生。

比如，一个有能力的人想买一辆车是正当的欲望，还能促进汽车业的发展和经济的繁荣。但一个食不果腹的人想马上要一辆汽车，就属于贪婪。不切实际地想做自己根本做不到的事，会使欲望变为贪婪。

明代有位名叫刘之卿的人，在他写的《贤奕篇》里有个“王婆酿酒”的寓言。

王婆以酿酒为生，有个道士常到她家喝酒，一共喝了几百壶酒但从没给过钱，王婆也不和他计较。这天，道士对王婆说：“我喝你那么多酒，也没钱给你，就给你挖一口井吧。”井挖好后，里面涌出来的全是好酒。

王婆一下子发了大财。道士在云游四方后又回到王婆家，问她酒好不好。王婆回答道：“酒倒是好，就是没有用来喂猪的酒糟。”道士听说，哈哈大笑，顺手在墙上写了一首打油诗：“天高不算高，人心第一高。井水做酒卖，还道无酒糟。”写完便扬长而去，这以后那个井里再也不出酒了。

井里出酒，已经满足王婆卖酒的需求了，但她仍希望井里既出酒又出酒糟，显然这是王婆不正当的欲望。于是欲望变成了贪婪，道士收回法术惩罚了王婆。

亚当·斯密在《国富论》中肯定了由欲望产生的利己的合理性，但他严格区分了利己与贪婪。他在《道德情操论》一书中又说明利己的人应该如何控制自己的私欲和行为，使得由利己的人构成的社会也是一个有道德的社会。亚当·斯密是明确反对贪婪的，他承认利己，但又要求以道德克制贪婪。

欲望推动人努力工作，而贪婪会使人犯罪。当你满足了基本生活需求之后想买车，你就会为实现这一目标而努力工作，这有利于整个社会。但如果是贪婪，每天只想迅速发财，就很可能走上犯罪之路。

防止欲望变为贪婪的办法，就个人而言是提高自身的道德自律。但仅仅依靠自律显然是不够的，作为一个社会还需要有制度上的防范，这就是法律的威慑力。对那些贪婪犯罪者的严惩正是要给其他人以警示，正如道士对王婆的惩罚使她连酒也得不到一样，道士不仅是在惩罚王婆的贪心，而且还是在警告后人别学王婆的样子。

人的欲望是无止境的，一个欲望满足后，会产生新的欲望。正是这种无限性推动了人类社会的进步。从这种意义上说，欲望是社会进步的推动力。如果人没有了欲望，没有了满足欲望的追求，社会就无法进步。经济学家对欲望的肯定是历史的进步。我们需要做的是，把控好欲望，不要放任它变成贪婪。

为什么到了婆家不能一直做好事

《世说新语》贤媛篇里有这样一则故事：三国时，吴国有个叫赵姬的女人，闺女出嫁前，她神色凝重地叮嘱道：“到了婆家，你可千万不要做好事吆。”闺女不解，思考后小心翼翼问母亲：“您不让我做好事，那我可以做坏事吗？”母亲立刻正色道：“好事都不能做，更何况是坏事！”

这位母亲正是深谙“边际效应递减”规律。母亲担心女儿一直做好事，婆家会认为这个媳妇天生就是这样，对她所做的好事不会记在心上，反而会有更多的要求，甚至不允许她日后出现一点点的细小差错。

余嘉锡在其《世说新语笺疏》中对赵姬的话语心生感慨，他说：“盖古之教女者之意，特不愿其遇事表暴，斤斤于为善之名，以招人之嫉妒，而非禁之使不为善也。”好事不是不可以做，怕的是他人习惯了这样做，甚而认为天生就该这样做。最可怕的是，说话管用的人把做好事者当典型，号召大家来学习，搞得做好事的下也下不来，坏也坏不了，苦不堪言。

1938 年，茨威格写了一部小说《同情的罪》——奥匈帝国年轻的军官霍夫米勒偶然结识了贵族姑娘艾迪特。艾迪特下身瘫痪，不能行走。霍夫米勒对艾迪特的不幸深表同情，经常怀着悲悯的心灵去探望她，抚慰她。时间久了，艾迪特爱上了英俊善良的霍夫米勒，她认为霍夫米勒是出于对她的爱才到自己家里来的。后来，艾迪特向霍夫米勒表达了对他的爱意。霍夫米勒随即陷入苦恼当中，因为他的初衷与艾迪特希望的结果南辕北辙。

生活中常有这样的事。第一次为一个人提供帮助时，他会对你心存感恩。第二次，他的感恩心理就会淡化。到了 n 次以后，他简直就理直气壮地认为这都是应该为他做的，甚至当没有了这种帮助时，他会对施助者心存怨恨。

古时候，有两户人家是邻居。两家平日里相处得不错，关系很融洽。两家都以种田为生，其中一家的人更勤奋一些，家中条件也更宽裕。

有一年遇上旱灾，两家都颗粒无收。穷家每年都没有多少富余，就指望着田里的收成过活，眼看着一家人就要饿肚子了。而富家因为往年有结余，家里有不少储备的粮食，看到邻居家有困难，富家送去了一升米，解了穷家的燃眉之急。

因为这一升米，穷家才没有在灾年饿死。度过灾年后，穷家家长专门去富家拜谢。交谈之中，又提到穷家现在连吃饭都很困难，下一年的种子更是没有着落。于是，富家再一次表现慷慨，又拿出一斗粮食给穷家。

回家后，穷家一家人商量这一斗粮食应该怎么分配。分来分去，最后发现，除了吃以外，这斗粮食根本不够明年地里的种子。于是，穷家开始抱怨起来，觉得富家太过分了，既然有富余，就该多给他们一些粮食。心里有了怨气，就难免到处说富家坏话。

没过多久，富家知道了穷家的抱怨。富家人非常生气，心想："我白送你们这么多的粮食，不仅不感谢我，还到处说我坏话，太不像话了。"于是，断绝了和穷家的来往。

本来关系挺好的两家人，却因为由一升米提高到一斗米而成为仇人。这就是俗语中常说的"一把米养个恩人，一斗米养个仇人"。

一个人在饥寒交迫的时候，得到一把米，能解决他的生存问题，他自然会感激不尽。不过，如果继续给他米，那么这个人就会觉得理所当然，慢慢会变得心安理得。一把米已经不够了，两把、三把，甚至更多，对他来说，欲望已经被放大。

施恩不图报，这是很多人帮助他人的初衷。然而，当"滴水之恩，涌泉相报"走向了"理所当然，恩而不谢"，你还能坚持把好事做下去吗？

为什么年轻人会拒绝做百万富翁

欧洲有一句俗语："无知和疾病之外，再无贫穷；学问和健康之外，再无富裕。"可惜，现在大多数的年轻人却没有认识到这点。"年轻时拿钱换命，老了之后拿命换钱"竟成了被大多数城市工作狂接受的"真理"。甚至有人说："不趁着年轻多加加班，怎么为以后看病攒点钱。"

小李大学刚毕业，在找工作的过程中不断碰壁，心灰意冷。面对人才市场的激烈竞争，小李觉得自己没有任何优势，整日里愁眉苦脸的。

一天，爷爷看到唉声叹气的小李，便问："你现在年纪轻轻的，怎么一天到晚无精打采的？"小李郁闷的心事正想向人诉说，于是把找工作的经历告诉了爷爷，最后还感慨一句："我的资本再雄厚一点，就不至于这样了！"

"资本，你需要什么样的资本呢？"爷爷对小李的感慨很有兴趣。小李回答道："找工作的资本，比如名校文凭、各种等级证书，最重要的是钱。有了这些资本，我就不愁找工作了。"

爷爷听完小李的抱怨，笑着说："那我现在给你一百万，让你变成我这样的老头，你愿意吗？"小李很惊讶，不过他很快拒绝："我还有好多理想没有实现，还有好多人生乐趣没有感受过！"爷爷又追问道："那再给你一百万，让你的身体得一种疾病呢？"小李想了想，再一次拒绝了。

爷爷依然微笑着说:“好，如果再多给你一百万，让你成为一个植物人，不用再思考和烦恼了，你答不答应？”“不行。”小李坚定地摇了摇头。

在一系列追问后，爷爷问小李:“那你现在算一算，刚才有几个一百万已经成为你的资本了？”

小李听完爷爷的话，一下醒悟过来。原来小李的苦恼在于只看到学历、金钱等有形资本，而没有看到自己拥有年轻，健康这些宝贵而无价的资本。

有投入也有产出。正如爷爷和小李说的，健康是创造财富的资本。同时，健康还能带来舒适和快乐。身体健康的人，往往比身体不健康的人更容易快乐；而精神健康的人，有较好的自我调试能力和人际关系处理能力，心情愉快的时候会比精神不健康的人多。

经济学将健康也定义为一种商品，需要投入成本，也有收益。健康的投入成本因人而异，包括日常保健、休息和锻炼的时间，还包括个人医疗的花销。

李先生是一家著名广告公司的创意主管，虽说工作、生活都还算过得去，但地位、收入都平平。他不甘心，四处活动，做了好几份兼职，一个星期几头跑，名声大了，腰包鼓了。正当他春风得意之际，身体向他抗议了，他用一个字来概括：累！每晚回到家里，觉得骨头都要散架了，一上床那些莫名其妙的梦便来烦他。

正如一位管理学家所说:“心态是幸福的源泉，财富是价值的体现，健康是成功的本钱。”健康是成功人生的前提，也是人生成功的可靠保证。在职场上，纵使你有超常的智慧和能力，如果没有身心健康作保证，也很难取得成功。

陕西省作协主席路遥，创作小说《人生》时已身患重病，差点儿撒手人寰。为路遥治病的老中医劝他不要太玩命，但路遥却说反正时间不多了。几年后，一部反映中国当代青年成长经历的长篇小说《平凡的世界》问世，立刻引起了轰动。《平凡的世界》成了新时期中国文学长篇小说领域里的制高点。然而不久以后，心力交瘁的路遥与世长辞。

青岛啤酒的前任总经理，被称为“中国啤酒行业的彭大将军”的彭作义，也是因工作的过度劳累严重影响了健康，终在 2001 年 7 月的一次游泳时，不幸因心脏病突发而死亡，“壮志未酬身先死”。

虽然健康并非是人生的最终目的，却是最基本的生存条件。金钱可以在短时间内积累，但是健康却需要长久的规划。不要在失去健康、被病魔缠身之后，才恍然大悟，后悔莫及。

英国前首相丘吉尔曾说过:“空的袋子站不直。”没有健康身心的人，就像一个空袋子，价值是不值一提的。健康是 1，其余都是 0。无论你想要财富、爱情还是美貌，首先，请投资好自己的健康。

为什么坏东西不是越少越好

在美国的阿拉斯加自然保护区里，人们为了保护鹿，就消灭了狼。鹿没有了天敌，生活很是悠闲，不再四处奔波，便大量繁衍，引起了一系列的生态问题，致使瘟疫在鹿群中蔓延，鹿群大量死亡，竟然出现了负增长。

后来护养人员及时引进了狼，狼和鹿之间又展开了血腥的生死竞争。在狼的追赶捕食下，鹿群只得紧张地奔跑以逃命。这样一来，除了那些老弱病残者被狼捕食外，其他鹿的体质日益增强。鹿群显得生机勃勃，恢复了往日的灵秀。

鹿群的故事表明存在坏东西是非常必要的。在人类经济生活中，如果没有坏东西，好东西也很难继续生存下去。

一件“好商品”的对立面即“坏商品”。如前所述，一件“坏商品”就是任何一件对人无用或令人不满的事物。一件“好商品”并不是越多越好，那么，一件“坏商品”呢？是不是越少越好，直到“一点都没有”（其存量为“零”）就最好呢？

譬如，在大多数人看来，污染不是个“好事”，也就是说，是个“坏商品”。那么，这是否意味着，更少污染就一定优于更多污染呢？换句话说，100 个污染颗粒物是否就好于 1 000 个污染颗粒物，而一点污染都没有（零污染）就好于 10 个污染颗粒物呢？当然，表面上看这似乎是合乎情理的。但是，经济学家会告诉你："坏商品"与"好商品"往往是紧密相连的。

经济学家指出，大多数人认为驾车兜风是件"好商品"，但驾车不是一种"无污染运动"，轿车排出的尾气会污染空气。我们试图减少污染排放量，但污染或多或少总是存在的。你认为多数人会愿意为了达到零污染而放弃驾车吗？实际上大多数人会说，存在一点污染并能驾车兜风，相对于零污染而完全放弃驾车兜风，前者是一个更好的选择。简言之，适度污染可能优于零污染。

对装着水肺的潜水员来说，空气是稀缺品，但对大学课堂里的学生来说则是标准的免费品。温暖的热带阳光对巴哈马群岛土生土长的孩子来说是免费品，但对从密尔沃基出发去热带度寒假的人来说则是稀缺品。

要是所有东西都是免费品就好了！那样就没有人有稀缺性的问题，没有人要付出代价，也没有人需要权衡或选择了。我们想要什么就有什么。天堂就常常被描绘成这样。问题是，我们在人间，就得面对稀缺性。我们不是想要什么就一下子都能得到。我们必须选择。

1984 年，巴西通过了一项法令：禁止任何外国计算机的进口。其目的是对处于初级阶段的巴西计算机产业的发展提供保护。这个法令得到了严格有效的执行。不过，法令执行后的最终结果却是令人惊讶的。

巴西生产的计算机，在技术上比世界水平落后了许多，而消费者却需要支付 2 倍或 3 倍于世界市场的价格。这项法令使巴西消费者每年要多付出 9 亿美元的代价。同时，由于巴西的计算机价格太高，它们在国际市场上毫无竞争力。巴西的众多计算机公司无法通过向其他国家出售产品获得经济效益。

计算机的高价极大地损害了巴西的经济。1990 年，巴西经济部长卡多索·德·麦罗不得不承认："由于这一不理智的爱国主义，我们变得更加落后，计算机产业的问题严重阻碍了巴西其他产业的现代化。"

1992 年，巴西政府正式宣布放弃计算机进口禁令。在不到一年的时间里，圣保罗和里约热内卢的商场中便摆满了各种进口的电脑。巴西本国的计算机研究水平也直线上升。很多计算机公司开始从计算机改革中获益。

巴西政府最初的禁令显然是不符合经济市场的，一味闭关锁国是不懂经济的表现。在没有外来竞争对手的环境下，巴西的计算机产品能够得以生存。但缺乏竞争力，而且与整个世界的经济市场脱轨，最终只会面临着被淘汰的尴尬境地。计算机禁令让巴西吃了大亏。巴西政府也为此付出了很大的代价。

不仅如此，还存在经济学意义上的"坏东西"。如果"好东西"是多多益善，那么，你一定已经猜到了，"坏东西"就是越少越好。夏天的蚊虫叮咬、洛杉矶的烟雾、"9·11"的恐怖等，就是"坏东西"的一些例子。别忘了，经济学意义上的"好东西"和"坏东西"的概念都是主观的。以两位作者为例，勃特克讨厌蓝草音乐，而普雷契特科则很喜欢。我们无法确知保罗·海恩对这种音乐是爱憎分明还是持无所谓的态度。一个人认为是坏的东西，在另一个人看来很可能是好东西，对第三个人也可能无所谓好坏。

为什么"三分利息吃饱饭"

有人问李泽楷："你父亲教了你一些怎样成功赚钱的秘诀？"

李泽楷说，赚钱的方法他父亲什么也没有教，只教了他一些为人的道理。李嘉诚曾经这样跟李泽楷说："你和别人合作，假如你拿 7 分合理，8 分也可以，那么拿 6 分就可以了。

不愧是首富，眼光的确长远。一时的吃亏可能收益变少，但正因为这种吃亏，让更多人愿意与他合作。虽然他只拿了 6 分，但因此多了 100 个合作人，就是拿 6 分的 100 倍收益。假如一开始拿的是 8 分，以后合作者会由 100 个人缩减为 5 个人，最后是亏是赚可想而知。

所以，做小生意讲究的是做事，做大生意讲究的是做人。李嘉诚一生与很多人进行过或长或短的合作，分手的时候，他总是愿意自己少分一点钱。如果生意做得不理想，他就什么也不要了。这种愿意吃亏的风度，是种大气量。也正是这种风度和气量，才有越来越多的人乐于与他长久合作，他也才能够越做越大。“泰山不让土壤，方能成其大；江海不拒细流，方能成其深。”

据说有个砂石老板，没有文化，也绝对没有背景，但生意却出奇的好，而且历经多年，长盛不衰。说起来他的秘诀也很简单，就是与每个合作者分利的时候，他都只拿小头，把大头让给对方。如此一来，凡是与他合作过一次的人，都愿意与他继续合作，而且还会介绍一些朋友。再扩大到朋友的朋友，也都成了他的客户。人人都说他好，因为他只拿小头，但合作的人多了，小头就成了最大的大头，他变成了真正的赢家。

俗话说“三分利吃饱饭，七分利饿死人”。虽然利润微薄，但容易在价格上形成优势，从而靠销量占优势来弥补价格上造成的损失。小本经营的资本相当有限，最怕造成商品积压，资金转不了，成为死钱，包袱越背越重，影响下一步的经营，形成恶性循环。薄利多销，尽管道理明白，却是小本经营者最易忽视的经营方针。市场上人格欺诈行为多体现在小公司、小商贩身上，最终害人又害己，成为“短命生意”。

2008年3月29日，两名学生到郑州保罗国际美容美发店理发，两人分别选择了只有几十元的消费项目，但最后却被告知共消费了1.2万元。

两名高校女生在“保罗国际”剪发过程中，店长金小英授意美发师程勇、杜海非为2人多做项目以增加消费。程勇、杜海非明知两人选择的是38元和68元的“洗剪吹”，却采取不告知价格的方法，以两人头发有缺陷为由，诱骗两人接受多项服务。其间，叶剑文指使程勇、杜海非必须让两人办理该店9800元的会员卡。当晚8时许，两人结账时被索要7826元“理发”费。在两人无力支付以上费用时，金小英、程勇、杜海非为达到叶剑文的要求，强迫两人联系同学筹钱，并看管两人，直至当晚10时许，两人借到钱后以9800元办理了该店会员卡并用于支付“理发”费用6013元（打折价）后才得以脱身。

天价理发店被曝光后，当地工商部门很快介入了此事，天价理发店被关闭。

其实很多“短命生意”大多是因为一些人追求短期利益而伤害消费者的利益，遭到了消费者、合伙人的唾弃造成的。

这个世界经营生意真正的良方就是“三分利吃饱饭”，无论是做生意还是拿工资，我们一定要注意我们索取的度。超过了这个度，我们就会搬起石头砸自己的脚。

在市场经济条件下，“理发”作为一项有偿性服务，其定价必须遵循价值规律的基本原则，即价格不能过分远离价值。“1.2万元”的天价理发无疑偏离了“理发”这项服务的基本价值，这明显是商家的消费欺诈行为。“天价理发”已经不是单纯的商品价格定价过高，而是涉嫌犯罪了。

为什么再好的东西多了也不好

从前，森林里有个农夫，他过着清贫的生活。有一天，农夫在森林里砍柴，看到一只母鸡在四处找食。农夫见这只母鸡蛮可怜的，就收养了它，还给它搭了个窝。

一天傍晚，农夫在鸡窝里发现了一个闪闪发光的东西，捡起来一看，竟然是一枚金鸡蛋！农夫把金蛋藏了起来。到第二天，他又发现了一枚金蛋。农夫觉得很奇怪，就藏在鸡窝边，想看看到底是怎么回事。没过多久，那只母鸡走进了鸡窝，一会儿就“咯咯咯”地跑了出来，而鸡窝里已经多了一枚金蛋。

从此以后，农夫就像对自己的孩子一样对待母鸡。给它梳理羽毛，喂最好的饲料。农夫的生活慢慢富裕起来，他给自己盖了新房子。后来，农夫又买了几十亩地，雇了十几个仆人。每天下一枚金蛋的母鸡已经不能满足农夫日益膨胀的欲望了。

于是，农夫买来了催产素，加到母鸡的饲料中，他希望母鸡每天能多下几枚金蛋。可是，母鸡因为摄入过多的催产素，身体素质下降，一天天的消瘦下去，金蛋也越下越少。最后，母鸡连一枚金蛋也不下了。农夫又回到了从前贫穷的生活。

农夫不懂得凡事都有“度”，他贪婪地想让母鸡多下金蛋，不会适可而止，最终只落得一无所获。

农夫的行为符合一个简单的规律：任何事物都要保持一定的数量界限。在一定界限内，量的改变不影响质；而一旦超出这个界限，量的变化就会引起质的变化。

这个道理，在 19 世纪俄国著名作家克雷洛夫的寓言《杰米扬的汤》中也有体现。寓言中说，主人公杰米扬用鲜美丰盛的鱼汤款待客人。这本是一件好事。可是他一盆接一盆地请客人吃，没有休止，最后客人忍无可忍，落荒而逃，从此再也不敢登门。

寓言中的杰米扬和农夫一样，没有把握好事物的数量界限。虽然鲜美的鱼汤是待客的好东西，但一盆接一盆地喝，对于任何人来说都是一种折磨。

那么，我们如何才能找到一个“恰到好处”的量呢？于是，经济学家们提出了“最佳均衡量”的说法。任何一件东西的最佳均衡量，是当边际收益等于边际成本时的消费量。如果边际收益等于边际成本，在这个消费量上停下来，就是“适可而止”。一旦超过这个消费量，就会适得其反。

比如在朱时茂和陈佩斯的小品《吃面条》中，陈佩斯一上来就风卷残云般把第一碗面条吞下去了。这个时候他正饿得不行，第一碗面条对陈佩斯的效用是最大的。结果，朱时茂觉得镜头不够理想，还得重新拍。而陈佩斯此时也还没吃饱，所以第二碗面条也很轻松地吃完，不过效用已经不及第一碗了。当第二碗也不算，需要从头再拍的时候，第三碗的边际效用对陈佩斯来说，已经成为负担了。继续吃下去，肚子难受，效用已经递减成负数。

再好的山珍海味让你天天吃，你也觉得没有味道。为什么有许多男人明明有如花似玉的老婆，却还要出去“鬼混”？根本原因就在于，整天与老婆耳鬓厮磨的边际效用递减，他们需要寻找点新鲜的刺激。

在欧洲的一个普通小镇上，人们过着平静的生活。

这一天，小镇上来了一个巴西人，他向镇上的人介绍说，自己名叫卡卡，来这里见见世面，顺便看看能不能找点活干。

很快，卡卡就在镇上的一家小餐馆找到了一份不错的工作。卡卡是个聪明的小伙子，他很用心的工作，迅速掌握了镇上居民的口味。他觉得自己可以在镇上获得更大的发展。

过了一年，卡卡攒下了一笔钱。于是，他在镇上租下了一间小房子，开了一家专门卖巴西烤肉的餐馆，推出了一种口味独特的“卡卡烤肉”。卡卡的烤肉，既有传统巴西烤肉的特色，又非常符合当地居民的口味。“卡卡烤肉”在这个欧洲小镇上慢慢畅销起来，每天都能够卖出去上百斤。卡卡的小店也成为当地最有名气的烤肉店。

有一次，卡卡的一个老朋友迭戈来看望他。老友的到来让卡卡非常高兴，于是他决定用自己的招牌烤肉款待老朋友。卡卡给迭戈端来了一份烤肉。迭戈看着散发着热气的烤肉，香气扑鼻，忍不住垂涎三尺。迭戈切下一小块放入口中，细细地品味了一番。烤肉外焦里嫩，口感非常棒。迭戈对卡卡的手艺大加赞赏，第一份烤肉被他一扫而光。

卡卡看到迭戈这么爱吃烤肉，又给他端来了三份分量十足的烤肉。迭戈还在回味第一份烤肉的美味，一看卡卡这么热情，于是他又拿起刀叉吃了起来。

吃第二份烤肉的时候，迭戈仍然觉得烤肉的味道很不错，只是已经没有第一份那么诱人。迭戈在吃完第二份烤肉后，已经很饱了。再拿起第三份的时候，他开始有些为难。勉强吃了半份后，就再也咽不下去了。这时，迭戈忽然发现卡卡的烤肉，味道并没有特别之处，甚至还有点过于油腻。

其实，卡卡的烤肉并没有什么问题。烤肉的味道始终是美味的，所不同的是，第一份烤肉和第三份烤肉带给迭戈的不同感受。烤肉的品质相同，但迭戈感觉到第一份烤肉又香又嫩，而第三份烤肉则过于油腻。同样的烤肉，不一样的感觉，这就是边际效用的递减规律。

实际上，每种事物都有一个“最优均衡量”，只有在达到这个最优均衡量的时候，事物才会带给人们最美好、最幸福的感觉。那这个最优均衡量应该是多少呢？

经济学家对此的回答是：任何一件事物的最优均衡量，都是当边际收益等于边际成本时的消费量。这就是所谓的“恰到好处”，即边际收益恰好等于边际成本。这个时候的消费量既不多也不少，人们感受到的事物处于最理想的状态。如果停留在这个消费量上，幸福的感觉就能恰到好处。

就像迭戈吃烤肉一样。第一份和第二份都给他留下不错的感觉，那时他的边际收益和边际成本大体相当，正是“恰到好处”。迭戈如果在这个时候适可而止，不再继续吃烤肉，那他会对卡卡的烤肉留下美好的印象。不过，迭戈选择了吃第三份烤肉。这样边际效用递减的效果就相当明显了。烤肉最终给迭戈留下了油腻的坏印象。

就“卡卡烤肉”而言，对于迭戈来说，最恰到好处的分量是 1 份 ~ 2 份。如果迭戈能够保持在这个范围内，相信每一次吃烤肉，对于他来说，都是美好的；而一旦过了这个消费量，迭戈只会对烤肉增加“恐惧”。

罗斯福是历任美国总统中很著名、很受尊敬的一位，因为他曾三次连任美国总统。后来，有记者就这件事采访他，问他对连任三届总统有何感想？

罗斯福总统一言不发，只是拿出一块三明治请记者吃。摸不着头脑的记者，只好把三明治吃下去。可没想到，总统又拿出第 2 块，接着是第 3 块。

记者赶紧婉言谢绝。这时罗斯福笑了：“现在你该知道了，我连任三届总统是什么滋味？”

在炎热的日子里，喝一杯冰饮会使你感到神清气爽。喝第 2 杯，感觉也不错。但如果喝第 3 杯、第 4 杯甚至更多杯，感觉会怎样？如果说第 2 杯冰饮带给你的满足感跟第一杯一样的话，第 3、第 4、第 5 甚至第 10 杯冰饮，给你的满足感还能跟上一杯一样吗？

第二章 欲望与效用的幸福怪圈

为什么萝卜是世界上最好的东西

兔子和猫无意间争论起一个问题：世界上什么东西最好吃。

兔子抢先说："世界上最好吃的东西就是萝卜，那股清香味儿。特别是秋天的萝卜，吃起来还甜滋滋的。我一说就要流口水。"

猫不同意这个意见，他说："我认为世界上没有比鱼更好吃的东西了。你想想，那鲜嫩的肉、柔软的皮，嚼起来又酥又松。只有最幸福的动物，才懂得鱼是世界上独一无二的好东西。"

它们两个都坚持自己的意见，争论了好久，还是得不到解决。最后只好去找猴子来评理。

猴子听了他们的意见，都不同意。他说："你们都是十足的傻瓜，连世界上最好吃的东西都不知道。我告诉你们吧，世界上最好吃的东西是桃子！"

兔子和猫听了直摇头，说："我以为你要说别的什么，没想到你会说桃子，那玩意儿毛茸茸的，有什么好吃的？"

兔子、猫和猴子对不同的食物各有偏爱，为什么会产生这样的差别？是因为消费效用的作用。消费效用，是指消费者从商品和劳务的消费中获得的所有满足，例如人们在饥饿的时候会产生食欲，消费食品就可以使食欲得到满足。

正如俗话说"萝卜白菜，各有所爱"。有人喜欢抽烟，那么香烟对于他而言效用就很高；但对于一位不愿意闻烟味的女士来说，香烟的效用就很低甚至是负效用。很显然，在做决定的时候，烟民自然会把香烟视为至宝，而女士们可能更钟情于化妆品或者衣服之类的东西。

一个农民独自在原始森林中劳动和生活。他收获了 5 袋谷物，这些谷物要使用一年。他是一个善于精打细算的人，因而精心安排了这 5 袋谷物的计划。

一袋谷物为维持生存所用。第二袋是在维持生存之外来增强体力和精力的。此外，他希望有些肉可吃，所以留第三袋谷物来饲养鸡、鸭等家禽。他爱喝酒，于是他将第四袋谷物用于酿酒。对于第五袋谷物，他觉得最好用它来养几只他喜欢的鹦鹉，这样可以解闷儿。显然，这 5 袋谷物的不同用途，其重要性是不同的。假如以数字来表示的话，将维持生存的那袋谷物的重要性确定为 1，其余的依次确定为 2、3、4、5。现在要问的问题是：如果一袋谷物遭受了损失，比如被小偷偷走了，那么他将失去多少效用？

故事中的这位农民面前唯一合理的道路，就是用剩下的四袋谷物供应最迫切的四种需要，而放弃最不重要的需要。而最不重要的需要，也就是经济学上所说的边际效用最低的部分。

庞巴维克发现，边际效用量取决于需要和供应之间的关系。要求满足的需要越多或越强烈，可以满足这些需要的物品量越少，那么得不到满足的需要就越重要，因而物品的边际效用就越高。反之，边际效用和价值就越低。

经济学家认为，人之所以执著地追求幸福，就是因为幸福能给人带来效用，即生理上和精神上的满足。农夫拥有的5袋谷物，就好像是幸福能为我们带来的不同层级的效用——有健康，有美食，也有精神的享受。我们追求幸福其实也就是为了追求需求的满足，幸福效用的实现。不过，幸福终究逃不脱边际效用递减的厄运，好不容易实现的幸福很快就会让你不满足，追求幸福的道路也因此注定永远没有尽头。

为什么优秀的总统能让我们的幸福更加牢靠

2004年，《福布斯》曾做过这样一个调查：谁是20世纪美国最优秀的总统？

在美国前总统里根去世后，这一原本没有定论的问题再次成为美国人争论的焦点。最后，曾经历过性丑闻的克林顿荣登榜首。

为何克林顿会被评为20世纪最优秀的美国总统呢？原因很简单，克林顿很懂经济。美国政府一向以财政赤字闻名。而在克林顿任职期间，美国财政赤字却转为盈余。

克林顿入主白宫的8年内（1993年到2001年），美国国内生产总值（GDP）达到年均增涨3.5%。这个数据要高于卡特和里根两人在任时的水平，只是稍逊于肯尼迪和约翰逊所在60年代美国经济腾飞时的表现。

在克林顿任职期间，美国的就业形势是一片大好，新增的就业机会远高于除卡特外的任何一位“二战”后的美国总统。克林顿很会把握时机。他在美国人均收入涨幅停滞多年，刚刚出现上升势头的时候，适时提出增税，使联邦政府的收入出现大规模的盈余。

最终，克林顿凭着一个规模最小的政府机构，实现了自约翰逊时期以来美国GDP最强劲的涨幅，也使美国政府自杜鲁门以来，首次真正出现了财政盈余的局面。

美国人之所以将克林顿评为最优秀的总统，根源还在于美国国民感受到的幸福感。美国的繁荣，经济的强势发展，给了美国国民更多的财富。有很多因素会影响到幸福，但财富仍具有决定作用。对于普通百姓来说，财富的增加会带来实实在在的幸福。

从美国回到我们国家，国家经济的发展带给我们的幸福感会更加真切。

2004年10月1日的《长沙晚报》中，有这样一篇文章：

55年前，如果长沙的普通市民说，今后要购买小汽车，那么，周围的人肯定会讥笑他是“白日做梦”。但是，现在这个许多人“连做梦都不敢想的事”已变成了现实。在解放初期，长沙只有几台用木炭做燃料的公共汽车，市民外出一般“以步当车”。随后，自行车很快普及，摩托车也进入不少家庭。而到2004年，普通市民购买私家汽车早已不是什么新鲜事了。

与此同时，新老“三大件”的更替更证明了国家繁荣带来的变化：先是20世纪70年代的“自行车、缝纫机、手表”三大件，然后是80年代“彩电、冰箱、洗衣机”三大件，再后来是90年代以“大屏幕彩电、热水器、电话”为标志的三大件。到了2004年，已经进入到“汽车、电脑、住房”为代表的“新三大件”时期。

1949年8月22日，长沙市人民政府成立。由于连年战乱，当时的长沙城满目疮痍。那时，长沙人均产值只有89元，城市居民的人均可支配收入不过131元，农村居民仅有41元，平均每人一年用于购买消费品的开支不到30元。“食不果腹、衣不蔽体、居无定所”，是当时城乡居民生活的真实写照。

55年过去了，长沙人的生活发生了翻天覆地的变化。2003年，长沙城市居民的人均可支配收入达9933元，是解放初期的76倍多。2004年，长沙城市居民人均可支配收入更是突破万元大关，农村居民的人均可支配收入也达到了3647元，是解放初期的近90倍。

解放之初，国家百废俱兴，整体经济形势并不乐观，当时长沙市民只求温饱，幸福程度普遍很低。而在改革开放之后，国家整体经济得到长足发展，物质的极大丰富，不仅能够满足市民们的物质需求，精神层面的追求也得以实现。这个时候，长沙市民的幸福感会大幅增加。

国家繁荣，财富或GDP是整个社会幸福程度提高的基础。有了更多的GDP，人民才有更好的生活条件，更多的物质与文化享受，更好的教育与医疗。有了这些我们的生活才称得上幸福快乐。

虽然在国家财富增加的同时，会伴随着环境污染等问题，但也只有财富增加了才能有效治理环境。比较一下穷国与富国的环境，哪个更好？财富的增加也可能引起收入差距扩大，但富国穷人的生活条件也比穷国富人强。有了财富才能讲分配，连财富都没有，讲收入平等是没有意义的。无论何时，发展经济增加财富，都是国家的根本。

对于任何个人，收入或财富都是其幸福的基础。人们财富增加了，可以享受到更好的物质与文化生活，幸福感会提升。而国家的财富增长，会带动整个国民收入的增加，有了坚实的财富基础，幸福才会更加牢靠。

为什么有钱人买不到幸福

有这样一则寓言：

在一个地方有一座庙，庙里有个游方化缘的和尚，生活清贫，但和尚过得很快乐。后来，时局开始变得动荡，众人越来越需要有神灵的保佑。于是，这个小庙里的香火日益旺盛起来，常有人上供好东西。

和尚把这些供品卖掉，积攒了不少钱。不过，在有了钱后，因为整个社会环境不稳定，庙里遭了好几次强盗的洗劫。为了保住剩下的财产，和尚无论白天黑夜都把钱藏在自己胳肢窝里，还担心被人抢走。这使他整天感到心神不安，痛苦不堪。没有安定的大背景，金钱反而成了痛苦的根源。

个人有钱并不一定就幸福，寓言中因为有钱而变得痛苦的和尚就是一例。一个社会的财富多，GDP总量大而增长快，也不一定福利高。如果GDP增加，环境破坏严重，贫富差距加大，时局变得动荡，这样的社会也无福利可言。

经济学是研究人类行为的，人类行为的本质特点是有明确的目的。我们一切行为的最终目的是获取最大的幸福。对个人而言，幸福最大化的基础是金钱。每个人的幸福，加在一起就成为社会福利。社会的最终目标是使整个社会的福利最大化，而一个不安定的社会是谈不上福利的。

金钱真的能买来幸福吗？这似乎是一个困扰人们很久的问题。《幸福与经济学》中说：“经济状况强烈影响着人们的幸福。”许多人都认为，财富是实现幸福最佳的物质基础，如果没有钱，什么都谈不上。无可否认的是，金钱与幸福存在着不可割裂的联系，没有任何财富基础的人难道会幸福？

现实也早已证明，越有钱的人，就可以拥有更多的享受，可以更健康，可以生活得更舒适、更安逸。而当这些因素统统转化为人的内心活动，转变成幸福指数被反映出来时，有钱人的生活就显得更幸福。

或许金钱本身与幸福并没有必然的关系，然而，金钱带来的效用却能让人感到更加幸福。由于幸福更多的是人们的一种主观感受，因此，有钱人生活得更幸福就成为了一种可以肯定的事实。

只是，这没有排除还有其他因素会绝对地影响这种幸福指数。例如，当人们不能合理利用这种幸福时，比如通过非法手段获取钱财或者使用财富，幸福感就会严重被削弱，幸福指数也会急剧下降。因此，有钱人可以生活得更幸福，但一个重要的前提是——合理地享用和利用这种幸福。

有西方学者研究后指出，当经济发展水平超过临界点（如人均GDP超过8000美元）的时候，幸福感与经济发展水平的相关性就不存在了。如富有的瑞典人比保加利亚人幸福，但是更富有的美国人则与瑞典人在幸福感上没有什么实质性的区别。

一个人、一个家庭的收入水平，直接影响着幸福指数的高低。但是，金钱不是唯一的原因。过去民间有一些统计也反映，农村人的幸福感比城里的人更强。上面也说过，衡量人们的幸福指数有若干个指标，而且受人的价值观、受教育程度、习惯环境等诸多因素的影响。考量不出这样的结果吧？没有必然联系。

据一项调查显示，四川农民的“幸福感”超过城里人。城市居民总体幸福感93%，农村居民为94.2%。这次调查中，民众满意理由中，详细调查了生活收入水平、个人健康状况、家庭生活和谐与否、社会人际关系、业余精神文化生活等五大指标。

另有一项调查，2004年4月，由新华社主办的新闻杂志《了望东方周刊》与芝加哥教授、中欧国际工商学院行为科学研究中心主任奚恺元教授合作，对包括北京、上海、杭州、武汉、西安、成都在内的六大城市进行了一次幸福指数测试。结果，杭州第一，其后分别是成都、北京、西安、上海和武汉。

是否城市经济越发达，居民生活就越幸福呢？奚恺元教授的另外一项调查显示，在六大城市总体幸福度的排行榜中，市民月收入较高的上海（月平均收入2847元）、北京（月平均收入2484元）和广州（月平均收入2556元），在城市总体幸福度排行榜上分别位列第三、第七和第十；而杭州（月平均收入2300元）和成都（月平均收入1515元）却排在较前。

奚恺元说，许多人以为钱多会幸福，但事实上并非如此。实践表明，人们最终追求的是生活的幸福，而不是有更多的金钱。我们的最终目标不是最大化财富，而是最大化幸福感。

某知名大学工商管理专业的一位教授举了一个很形象的例子：假定你是一家公司的老板，你有两种支付员工报酬的方式，一种方式是给员工支付定额的高薪，另一种方式是给员工相对低一些的工资，但是时不时地给他们一些奖励。客观来讲，第一种方式花的钱更多。但是，你的员工在第二种方式中会更高兴，而且公司花的钱还较少！

当然，如果之前你的公司已经采取类似第一种的支付定额高薪的方式，那么现在要转换成第二种支付方式已晚，因为降低工资总是会让员工很不开心的。

我们无法讳言这样的现实：追求财富是人的本能。人人都希望自己的钱包变得更鼓甚至有朝一日成为富翁。但我们同样无法回避这样的事实，社会资源的总量是有限的。至少在现在这个阶段，我们不可能期望人人都成为富豪，富裕阶层与弱势群体之间的贫富鸿沟也不可能完全消失。

传统经济学认为，增加财富是提高幸福水平最有效的手段。但奚恺元教授认为，财富仅仅是能够带来幸福的因素之一。人们是否幸福，很大程度上取决于很多和财富无关的因素。举个例子，在过去的几十年中，美国的人均GDP翻了几番，但是许多研究发现，人们的幸福程度并没有太大的变化，压力反而增加了。这就产生了一个非常有趣的问题：我们耗费了那么多的精力和资源，增加了整个社会的财富，但是人们的幸福程度却没有什么变化。这究竟是为什么呢？

归根结底，人们最终追求的是生活的幸福，而不是有更多的金钱。因为，从“效用最大化”出发，对人本身起最大效用的不是财富，而是幸福本身。

这一点已经被很多真实的例子证明。

有一位私营企业家，他的公司年产值约两亿元，一年纯利润也有两三千万元。但他每天早上八点半上班，常常要到晚上八九点才回家。他自嘲被企业“套”住了，一年到头很难有轻松的时候。有人问他，公司每年财务报表上利润的增加能给他带来多少快乐，他笑笑，摇头说：“增加几百万没啥感觉。”

事实就是这样，五元钱给饥肠辘辘的人带来的快乐，可能要比一万元带给千万富翁的快乐来得强烈。如果用竖轴代表快乐，横轴代表财富，那么二者的关系可以通过一条曲线反映出来：在一贫如洗时，最初的财富积累给人带来的幸福感急剧上升。财富积累到一定程度后，幸福感的增加进入一个缓坡。等财富增长到某个数量，大大超过一个人一生的需要，拥有者可以“为所欲为”时，幸福感增长就基本成为水平线，很难再有更多增长。无论金钱、财富怎样多，人生终究还是有缺陷的，比如生老病死，所以，人的幸福感都不可能达到100%。

为什么眼前的幸福不幸福

有一只小狗，一直苦苦找寻幸福，可是，它跑了很多地方，始终找不到幸福。

小狗泄气了，问它的妈妈："妈妈，幸福到底是什么？幸福到底在什么地方啊？"

妈妈笑着说："幸福啊，它就在你的尾巴上啊？"

小狗高兴极了，整天追着自己的尾巴打转转，想要咬住幸福。可是小狗累得快趴下了，却怎么也追不到幸福。

小狗很沮丧："妈妈，我为什么总也追不到自己的幸福呢？"

妈妈慈爱地说："傻孩子，你不用费力地想去抓它，只要你抬起头向前走，幸福就会永远地跟在你的身后。"

我们经常会有这样的感慨：来到跟前的往往轻易错过，远在天边的却又苦苦追求；占有它时感到平淡无味，失去它时方觉可贵可惜。但可悲的是，这种事情经常发生，我们却屡次跌入这种"得不到的总是最好的"陷阱中，遗失了本应珍惜的现在。就像幸福，人人都以为它是一种"稀缺"物质，离我们十万八千里，其实幸福近在眼前，就是现在。乐观的人会把当下看做是上帝的恩赐，怀着感恩的心去享受，而悲观者则会把手中的幸福随意丢弃，只懂得为错过的太阳流泪，却眼睁睁地看着群星从眼前消失，最后，一切都成为云烟，变得虚无起来。

从前有一座寺庙，香火很旺。梁上有个蜘蛛结了张网，由于每天都受到香火熏陶，也有了佛性。一天，佛祖不经意间抬头看见了横梁上的蜘蛛，就问："你我相见总算是有缘，我来问你个问题，看你修炼出了什么真知灼见。你说，世间什么才是最珍贵的？"蜘蛛想了想，答："世间最珍贵的是'得不到'和'已失去'。"佛祖说："好，既然你有这样的认识，我让你到人间走一遭吧。"

有一天，风将一滴甘露吹到了蜘蛛网上。蜘蛛见它晶莹透亮，很漂亮，顿生喜爱之意。突然又有一阵风将甘露吹走了。蜘蛛一下子觉得失去了什么，感到寂寞和难过。

几天后，蜘蛛投胎做了官宦家庭的女儿，父母为她取了个名字叫蛛儿。蛛儿长到十六岁时，皇帝在后花园为新科状元甘鹿举行庆功宴席。蛛儿和许多妙龄少女，还有皇帝的小公主长风公主一起观看了状元的才艺，深深为他折服。后来，蛛儿陪同母亲上香拜佛的时候，正好甘鹿也陪同母亲而来。蛛儿悄悄对甘鹿说："你还记得十六年前，圆音寺的蜘蛛网上的事情吗？"甘鹿很诧异地说："蛛儿姑娘，你的想象力未免太丰富了吧。"

后来皇帝下诏，命新科状元甘鹿和长风公主完婚；蛛儿和太子芝草完婚。这一消息对蛛儿如同晴空霹雳，她不吃不喝，灵魂都快出壳了。太子芝草赶来，扑倒在床边，对奄奄一息的蛛儿说："那天在后花园我对你一见钟情，我苦求父皇，他才答应让你嫁给我。如果你死了，我也就不活了。"

这时佛祖来了，他对蛛儿的灵魂说："蜘蛛，你可曾想过，甘露（甘鹿）是由谁带到你这里来的呢？是风（长风公主）带来的，最后也是风将它带走的。甘鹿是属于长风公主的，他对你不过是生命中的一段插曲。而太子芝草是当年圆音寺门前的一棵小草，他看了你三千年，爱慕了你三千年，但你却从没有低头看过它。蜘蛛，我再来问你，世间什么才是最珍贵的？"蜘蛛得知这些真相后，一下子大彻大悟了，她对佛祖说："世间最珍贵的不是'得不到'和'已失去'，而是现在能把握的幸福。"说完，和太子抱在了一起。

这个故事童话色彩很重。其实现实生活中常常也蕴含着同样的道理，不知满足的人总是这山望着那山高。山与山之间没什么差别，重要的是把握好你已经拥有的东西。

一般来说，人往往越是缺少什么，什么就越能够给他带来幸福。重病中的人恢复健康，游子回到母亲的怀抱，其幸福的感觉是无法比拟的。人的欲望是无穷的，一个欲望满足了，又会产生新的欲望。比如你原来是租房住的，当你住进自己房子的愿望得到满足后，你就会非常幸福。但是这种幸福也许持续不了多久，新的欲望就产生了，比如买车、住更好的房子等，这时又会感到不幸福了。

为什么富邻居让你觉得穷

幸福感和周围人的比较有关。比如你虽然买了一套自己的房子，和以前租房住相比是有了很大的改观，但是你的朋友都在住别墅，所以房子给你带来的效用仍然很小，你的欲望满足的程度很小，所以你幸福的指数也小。但是如果你住的是别墅，而你的同事朋友住的都是楼房，你就会感到非常幸福。所以我们常会用“比上不足，比下有余”，“知足常乐”来安慰自己。

有这样一则寓言故事：

在一个皇家花园中，栽满了各式各样的果树与花木。有一天，国王到花园散步，却发现园中的花木突然全都枯萎凋谢了。

国王问柳树为什么枯萎，它说：“我不如松树雄伟挺拔，所以我不想活了。”

国王问松树为何无精打采，它说：“我比不上葡萄树能结满佳果，自觉无用。”

国王又问葡萄树为何有气无力，它说：“我长得七扭八歪，不像柳树那样优美，活着有什么劲儿。”

国王再问西瓜为什么闷闷不乐，西瓜则自叹没有茉莉花那么香；而茉莉花又觉得它不如西瓜香甜可口……

就这样，满园的果树与花木，都因为“比较”而深感自身的不幸。想一想，我们是否也常常犯下同样的错误？

在我们的生活中，“比较的幸福”比比皆是，却被很多人所忽视。例如，在你饥肠辘辘又找不到合适的餐厅时，看到旁边的乞丐频频点头讨食，你就会感到幸福；在你没日没夜的工作后，看到电视里的记者们爬高山过丘陵地采访，你就会感到幸福；在你事业小有进步沾沾自喜时，看到部门总监淡淡地笑着，想到他的卓越成绩，突然感到进取之心突起，这就是幸福。其实，幸福无处不在，就看你如何看待。

每个人的心里，都有一个天平。许多时候我们就用这个天平，用世俗的标准，掂量着自己和别人的幸福。比了不如我，舒坦！比了比我强，郁闷！假如一个人只是希望自己幸福，这不难达到；然而这个人若总是希望比其他人更幸福，这就有点儿难了。

这就好像在一个剧院内，你坐在自己的座位上，却总是羡慕地望着别人的位子。于是，在整个看戏的过程中，你始终把注意力放在抱怨座位的好坏上，却没有好好欣赏舞台上的演出。事实上，由于角度、方向各有不同，每个位子都能欣赏到别人看不到的东西。换句话说，所有的位子都是独一无二的，正如果树与花草都各具特色，既是无可取代的，又哪来的好坏之分？

有人之所以郁闷，大多数是出于对自己或自己所处环境的不满。人一旦对自己不满时，往往会把这种情绪反映到他人身上，去羡慕别人，而忽略了自己已经拥有的一切。

常常拿自己缺少的去比别人拥有的，凭空生出许多的烦恼。不知不觉走入幸福的误区。罗兰说过，一个人的快乐，不是他得到的多，而是他计较的少。其实我们都已经很幸福了，不快乐的原因却是要比别人幸福。

在这个世界上，不要拿自己的不幸去和别人幸福的一面去比。而决定你快乐或不快乐的，不是别人，正是你自己！你可以告诉自己所有的事情都是不顺心的，或者跟身边所有快乐的人比起来，似乎他们所拥有的永远都比你多，这样，你肯定不快乐。但是，如果你要快乐，那就告诉自己：“我不和谁比，我的一切都很顺利，生活过得很好，我会生活得更快乐。”

“前面有个骑马的，后面有个走路的，俺在中间还是骑毛驴的。”这种“比上不足，比下有余”的想法被很多人嘲笑为“阿Q精神”，但正是这种“阿Q精神”是我们生活中的一大智慧。跟一部分人比起来，我们可能是弱势的，但跟另一部分人比起来，我们就是优势的。人人都有弱有强，为何一定要用弱的一面来让自己痛苦呢？所以，不管什么时候，都想着积极的一面，享受当下，只有在积极的心态下，我们才能幸福。

为什么平淡就是幸福

有一对夫妻，多年感情很美满。但是渐渐的，妻子的脾气变得越来越不好，老是埋怨丈夫。

原来，妻子抱怨同事、朋友的老公日渐升官发财，一年赚几百万，车子、房子换了又换，用的都是时尚豪华赶潮流的名牌产品，可自己的丈夫却没点本事，一年到头才只挣那么点钱，真是丢人。两人为此事常常拌嘴变脸，夫妻关系也开始变坏变糟。

某日，夫妻两人在外出散步时又为此吵起来。路过一位老人，听了他俩的争吵，叹了口气对妻子说道："哎，人哪，总是目光短浅，拿别人家的好，比你们家的不好。你刚才说人家丈夫有钱有本事，你眼馋他妻子吗？他妻子景况如何你想过没有？你说人家车子，房子都换上了新的，可妻子不也照样换了吗？若真有一天你丈夫有了钱换了新房子、新车子后，你看着好了，人家不也照样看着好吗？恐怕到那时你也要被换了。古语说'饱则思淫欲'，多少夫妻没钱时相亲相爱同甘共苦，有钱后感情破裂同枕异梦，最终离了婚。"

故事中的妻子总是看到有钱人家可以买更多的好东西，可以满足更高的物质欲望，过上更现代化的生活。而在经济学家眼里，不同的家庭所面对的生活幸福与否却并不能仅仅通过物质条件来简单判断。无论钱多钱少，最重要的是金钱的效用。从"效用最大化"出发，对人本身最大的效用不是财富，而是幸福本身。而从经济学的"理性"来看，我们从事一切活动的目的都是实现自身利益的最大化，也就是最大限度地让自己幸福。因此，对于富翁家庭来说，买艘游艇横渡太平洋或乘热气球环游世界也不够幸福。而让一个贫民家庭感到快乐或许只需要一个面包或一碗热粥。不同的人对幸福的感受不同，实现幸福所需要的资本也就不同。

常言道：有吃有穿就是好日子。但是，平淡的有吃有穿的幸福感自然很容易就边际效应递减了，人们开始觉得不满足，要追求更高的享受及更丰富的物质生活。所以，没钱的总认为有钱的好，而有钱的又开始怀念白手起家、糟糠夫妻时候的甜蜜。不知满足的人们总是这山望着那山高。或许正如《东邪西毒》中那段经典台词所言："每个人都会经历这个阶段，看见一座山，就想知道山后面是什么。我很想告诉他，可能翻到山后面，你会发觉没有什么特别，回头看会觉得这边更好。"

为什么太忙了也没有幸福可言

我们经常会想起儿时乡下的情景：

一个有月亮的晚上，村头晒谷场上，天还没有黑的时候，村里男女老少都陆陆续续来到这里纳凉，拉家常。小孩子听大人讲故事，大人听小孩子唱白天从小学校里学来的歌。到了冬天，只要出太阳，大人小孩挨着谷场上金黄色的草堆或蹲或坐，边晒太阳，边继续扯怎么也扯不完的家长里短，太阳的光和着从草堆中散发出的稻草暖烘烘的气味，十分惬意。

然而，现在再也无法看到这样的景象了。生活在钢筋混凝土筑成的大厦里的人们很少有这份闲适的心情。而如今的乡下也已是另一番景象：年富力强的人出去打工，只剩下老人和孩子。不管是城里的还是乡下的人都是一样的忙碌。

自古及今，中华民族的传统是崇劳抑闲，提倡劳动光荣，艰苦奋斗。在传统观念中，闲暇没有什么好名声，"有闲阶层"、"游手好闲"均是好逸恶劳的别名。然而，在每一个人都越来越努力地奋斗的时候，为什么我们反而越来越感受不到生活的幸福呢？

就人的本性来说，"只要有可能，就不愿意被强制"。拿生活方式来说，"勤劳"地过一种可以换来现代社会必不可少的金钱，但每天要工作十六个小时、没有任何自由的生活，与"懒惰"地过一种低水平却能充分享受闲暇与自由的生活相比较，哪种生活更幸福，不在于可换算的金钱有多少，而在于主观感受。

著名影片《樱桃的滋味》中，主人公讲了这么一个故事：美洲的印第安人在山上赶路，每走一段路就要站下来停一停。有人问他们为什么要停一停，回答是“走得太快了，怕灵魂跟不上，要停下来等一等灵魂。”

忙，是工作和生活节奏太快的现代人共同的感受。衣食住行需要钱，结婚需要钱，生孩子需要钱，孩子培养需要钱，养老送终需要钱。只有快节奏的忙，才能保证这些需要的满足。而太忙了又会丢掉“灵魂”。离开灵魂，怎么去感受幸福呢？

经济学家认为，经济人的目的在于使自己的效用最大化，就生活方式给生活中的人的“效用”而言，只有生活中的人自己知道。正如佩罗曼说，爱尔兰妇女“厌恶在工厂工作。她们不愿放弃她们假想中的独立，情愿选择贫困，而不愿选择被工厂雇佣禁锢和忍受一成不变的日常工作”。所以，在你看来或许既懒惰又贫困的生活，在别人的概念里或许是幸福。

子非鱼，安知鱼之乐也？你无法知道别人在不同的生活方式下的主观满足程度，更不能先验地以自我标准为衡量别人的标准，认为别人的生活方式很“懒惰”，很落后。

人的一生究竟在追求什么？追求财富？追求权力？追求知识？追求健康？说到底，是追求一种幸福。闲暇是幸福的重要组成部分。

罗素说过：“人太忙了，和许多美好的事物无缘。”美好的世界等待着能够发现它们的眼睛。人太匆忙，会走马观花。品味生活的美好，需要闲情逸致。在过分密集的现代生活中，给闲暇留点空间，那就留下了一份恬淡，留下了一份从容，毕竟人生不是为了遭遇生活，而是为了享受生活。

为什么幸福就是口渴有水喝

有一天，富人碰到穷人，问：“你知道什么是幸福吗？”

穷人对自己的生活很知足，回答说：“我现在的生活就很幸福。”

富人不以为然，望着穷人漏风的茅舍、破旧的衣着，说：“我的生活才是真正的幸福，豪宅百间，奴仆千名，锦衣玉食，荣华富贵，你现在的生活穷困潦倒，怎能称为幸福呢？”

谁知好景不长，没过几日，一场大火把富人的百间豪宅烧得片瓦不留，奴仆们各奔东西，一夜之间，富人沦为乞丐。他路过穷人的茅舍，想讨口水喝。

穷人端来一大碗清凉的水，问：“你现在认为什么是幸福？”

富人眼巴巴地说：“幸福就是现在口渴时有这碗水喝。”

在这个故事中，富人从始至终都是物质主义者，从当初的豪宅、奴仆到后来的一碗清水，他一直用物质的富裕程度来评价幸福的程度。如果他有幸研习心理学研究，必定是个生活质量意义上的幸福感研究者。

与他相反，那位穷人摆脱了对物质生活的迷恋和膜拜，认为物质只是生活必备的基础，而幸福来自于自己心灵上的感知，是个典型的心理健康意义上的幸福感研究者。

心理健康意义上的幸福感研究，是幸福感研究的另一个重要取向，这个取向与积极心理学的发展密切相关。通晓心理学发展历史的人都知道，自诞生之日起，心理学在社会生活中产生影响的最重要方面，莫过于心理诊断与心理治疗。这使得很多人对心理学产生了很大的偏见，认为心理学所关注的重点是非正常人的心理与行为和正常人不健康的心理与行为，而对正常人如何适应和应付生活、如何获得人生幸福却关注不够。

应该说积极心理学的发展为心理学正了名，或者说延伸了心理学研究范围，使心理学能够在人们正常生活的基础上帮助人们更好地适应与应对生活。积极心理学研究者的努力，被称之为心理健康意义上的幸福感研究。这项研究有一个重要假定：一个人是否幸福首先在于其是否拥有心理健康，而心理健康的重要标志之一是能否获得情感上的平衡。因此，如果一个人所体验的正向情绪（比如快乐）比负向情绪（比如痛苦）越多，他就会感到越幸福。也就是说，幸福感在很大程度上取决于人们在特定条件下所体验到的正向情绪。

心理学对幸福感研究的第三种取向是人们自我价值感的认定。这种研究取向的确立，有着极其浓重的哲学意味。西方哲学史上对幸福观有着较为完善的认证。一些心理学研究者在生活质量意义上的幸福感研究的基础上，创造性地吸收了哲学成果，对幸福的含义进行了新的阐释。他们认为，幸福不仅仅意味着因物质条件的满足而获得快乐，而且还包含了通过充分发挥自身潜能而达到完美的体验。

通过人们自我价值感的认定来研究幸福感，自我决定理论是其重要的理论研究基础。自我决定理论是由美国心理学家 Edward L.Deci 和 Richard M.Ryan 等人在 20 世纪 80 年代提出的。该理论是一种关于人类自我决定行为的动机过程理论，认为人是积极的有机体，具有先天的心理成长和发展的潜能。

关于幸福的说法，自古以来就一直争论不休，每个人都有各自不同的看法。

读高中的学生说："在每天繁重的学习后，能让我打一个小时我心爱的篮球，这就是幸福。"

都市白领说："在每天紧张的工作之余，能去酒吧放松一下，喝点红酒，这就是幸福。"

年届不惑的中年人说："在每天筋疲力尽的劳作之后，下班回家有妻儿在静静地等你回来，这就是幸福。"

年迈的老人说："吃穿能够自食其力，没有大的病痛缠身，每天能够去外面走走，这就是幸福。"

自我决定就是一种关于经验选择的潜能，是在充分认识个人需要和环境信息的基础上，个体对行动所做出的自由的选择。自我决定的潜能可以引导人们从事感兴趣的、有益于能力发展的行为。按照自我决定理论的解释，人们能否体验到幸福，取决于那些与人们的自我实现需要密切相关的一些基本需要的满足情况。因此，幸福感更多地表现为一种价值感，它从深层次体现的是人们对人生的目的与价值的追问。

1883 年，拿破仑·希尔出生在一个贫寒之家。他的父母从小就教育他去做好每一件事情，并激励他去获得成功。希尔在 18 岁上大学时，为一家杂志社工作，有幸采访了钢铁大王、人际关系学家卡内基。从此，希尔应卡内基之邀，配合卡内基从事对美国成功人士的研究工作。

希尔访问了福特、罗斯福、洛克菲勒、爱迪生在内的 500 多位成功者，并对他们进行了深入研究。20 年间，他获得了博士学位，并完成了具有划时代意义的八卷本的《成功规律》一书。

希尔经过数十年研究，归纳出了 17 条黄金定律，该定律涵盖了人类取得成功的所有主观因素，使成功学这门看似神秘的学说变成了具体、可操作的法则。轮船大亨罗伯特·达拉甚至说："如果我在 50 年前学到这 17 条黄金定律，可能只需要一半的时间就能取得目前的成就。"

在希尔总结的 17 条黄金定律中，第一条就是要有良好的心态。

人与人之间往往只有细小的差别，但这种细小的差别往往造成巨大的差异。细小的差别就在于心态是积极的还是消极的，巨大的差异意味着成功与失败。

我们生存的外部环境，也许不能选择，但心理上、精神上的内在环境，是可以由自己去把握的。成功人生的标志在于人的心态，能够积极、乐观地面对人生的各种挑战。

人如果不具有积极的心态，就可能深陷泥淖。当你发现身处困境时，机会已经失去。这种败局，不仅仅限于财富的积累，还包括为人处世的失败、情绪的失败、家庭的失败等。总之，凡是感受到人生不如意，凡事不幸福，都可视为人生的失败。这些失败多半源于弱者的消极心态。

如果我们能够调整心态，改变处事方法，就可以避免或扭转败局，甚至可以成为推动事业成功的伟人和把握幸福人生的智者。积极的心态是成功的催化剂，它使人格变得更具有弹性，使人充满进取精神，对未来更具有憧憬。

相反，消极的心态则会使人变得委靡不振，使人觉得周围处处是障碍，最终使自己遭遇失败。

生活在现实世界中，每个人都会遇到事业和生活上的问题。有时就需要你转换一下心态，换个角度看问题，也许会有不同的收获。

心态积极的人绝不会看低自己，经常否定自我的人，最后会相信自己所说的话。一旦他们相信自己所说的话，就会真正沦为平庸之辈。心态是人生态度的现实反映，是决定个人幸福的关键。积极乐观的人生心态，会给你带来一个幸福快乐的人生。

为什么免费的东西不幸福

从前，有一位国王，爱民如子，在他的英明领导下，人民丰衣足食，安居乐业。但深谋远虑的国王却担心当他死后，人民是不是也能过着幸福的日子，于是他召集了国内所有贤士，命令他们找一个能确保人民生活幸福的永世法则。

三个月后，这帮贤士把三本三尺厚的帛书呈上给国王，说："国王陛下，天下的知识都汇集在这三本书内。只要人民读完它，就能确保他们的生活无忧了。"

国王不以为然，因为他认为人民生性驽钝，不会花那么多时间去看书。所以他再命令这帮贤士继续钻研。

又过了三个月，贤士们把三本简化成一本。国王还是不满意。

再过了三个月，贤士们把一张纸呈上给国王。

国王看后非常满意地说："很好，只要我的人民在日后都能奉行这宝贵的智慧，我相信他们一定能过上富裕幸福的生活。"说完后便重重地奖赏了这帮贤士。

这张纸上只写了一句话：天下没有免费的午餐。

免费的概念和付出相对应。假设在一个丰裕理想的伊甸园里，所有的物品都实行免费，仿佛沙漠中的沙子和海滩边的海水，所有的价格也都因此变成了"零"，市场也因此而变得可有可无。在这个环境中，经济学当然也就不再是一个有用的学科。同时，因为是免费获得，人们不再对任何事物怀有期望，从而丧失因为获得而产生的幸福感。

但是，现实不是伊甸园和乌托邦，而是一个到处都充满着经济品的稀缺的世界。相对于需求而言，物品和劳务总是有限的。它通常需要支付一个真正的价格才能获取。由此推及到人们对幸福的认知：幸福不是空气，不是风，不会毫无根据地被某些人拥有；只有在付出了足以换回幸福的成本时，幸福才会出现在我们的内心感觉之中。

由此我们得出的结论是：付出成为获得幸福的条件。因为我们不能得到我们想要的任何东西，所以我们不得不有所取舍。但是，使用时间、能力、精力等资源完成某种事情的同时，就会减少它们在完成其他事情上的供给。这正符合了那些大臣写给国王的结论：天下没有免费的午餐。许多幼儿餐厅打出的广告是小孩免费享用美食，但家长却不得不为自己的食物付出高于外面同类餐厅价格的成本。

因为没有免费的午餐，所以我们必须牺牲一些有价值的东西去换回一些东西，这种牺牲就是我们付出的成本。我们做任何一件事情都会有成本。当我们换回的东西，比如美女、财富、地位、尊重感、自我价值的实现，等等，这些能够使我们产生满足，获得快乐，感觉幸福，那就是我们获得了幸福。但这种幸福的获得是以付出为前提。只不过很多时候，我们不自觉地在享受幸福，而忽视了对成本的计算和追究。

换个角度来考虑幸福的来源。假如一般人认为的幸福是拥有多于别人的财富、娶个貌似天仙的美女、占有显赫的地位，那么，假定我们在没有任何付出的情况下，获得了这些东西，我们会觉得幸福吗？也就是说，我们不劳而获，并且比别人拥有的更多，甚至到了让别人羡慕的地步，财富、美女和地位能够给我们幸福感吗？

也许，天使和诗人能给我们这个答案。

有一个生前善良且热心助人的人，死后升上天堂，做了天使。他当了天使后，仍时常到凡间帮助人，希望让更多的平常人感受到幸福的味道。

一日，他遇见一位诗人。诗人年轻、英俊、有才华且富有，妻子貌美而温柔。但是，诗人的财富是继承过来的，他不曾为挣得财富而参与过任何劳动；他的妻子是岳父送上门的，岳父羡慕他家的财富，就把美丽的女儿硬塞到他的床上；他的才华是天生的，当他仅仅会了100个字后，就能写出令当时名流惊叹的诗，而他从不知道写诗有什么意义。

天使问他："你过得快乐吗？"

诗人回答："不快乐，我什么都有，只欠一样东西，你能够给我吗？"

天使回答说："可以，你要什么我都可以给你。"

诗人直直地望着天使："我要的是幸福。"

这下子把天使难倒了。天使想了想，说："我明白了。"

然后，天使除去了诗人的才华，夺去了他的财产和他妻子的性命。

三个月后，天使再回到诗人的身边。一无所有的他饿得半死，正在薄田里辛勤耕作。

天使让他的禾苗立即结出了沉甸甸的果实。诗人将这些果实捧在手里，十分激动。

天使问："你现在幸福吗？"

诗人回答："幸福。"

天使问："为什么？"

诗人说："我和别人一样劳作，我的稻田先结出果实，这使我感到很满足，很幸福。"

生活是平等的，我们不要害怕付出，不要吝于付出。我们给予别人微笑，就最有可能收获别人对我们的微笑；我们对别人施以仇恨，别人就回馈给我们仇恨；我们对别人展示关爱，别人就会回报我们关爱。只有在先"付出"的前提下，在概率上说，最有可能收获别人同样的"付出"。所以，我们想要获得幸福，就先"付出"幸福。在帮助他人的同时，我们也会得到相应的回报和享受到生活的幸福。付出是获得幸福的必需条件，是幸福之源。

第三章

在鱼与熊掌之间该如何做出选择

为什么选择了鱼就没有了熊掌

齐国有一人家的女儿，有两家男子同时来求婚。东家的男子长得丑，但是很有钱；西家的男子长得俊美，但是很穷。

父母犹豫不决，便征询女儿的意见："得你自己决定愿意嫁给谁，要是难以启齿，不便明说，就以袒露一只胳膊的方式，让我们知道你的意思。"

女儿便袒露出两只胳膊。

父母感到奇怪，问其原因，女儿说："想在东家吃饭，在西家住宿。"

其实，对于"齐女"来说，东家、西家都具有吸引力。但这只是个笑话，在生活中你必须只能选择一家。

选择了鱼就没有了熊掌。在人生命运面前，永远没有第二次选择的机会。因此，在作出选择之前，应该权衡利弊得失，才能得到最优选择。但是，如果选择的时间过长，我们可能会错过选择的机会，这样便得不偿失了。

经济学家正在房间里埋头忙于做自己的学问。

这时，一个中意他的女子大胆地敲开了他的房门："让我做你的妻子吧，错过我你将再也找不到比我更爱你的女人了。"

经济学家虽然也很中意她，但仍回答说："让我考虑考虑！"

事后，经济学家将结婚和不结婚的好坏一一列举出来比较，可是发现好坏均等，这让他不知该如何抉择。

于是，他陷入长期的苦恼之中，迟迟无法做决定。

最后，他终于得出一个结论：人若在面临抉择而无法取舍的时候，应该选择自己尚未经历过的那一个。经济学家想："不结婚的处境我是清楚的，但结婚会是怎样的情况我还不知道。对！我该答应那个女人的请求。"

于是，经济学家来到女子的家中，对女子的父亲说："你的女儿呢？我已经决定娶她为妻。"

老父亲冷漠地回答："你来晚了 10 年，她现在已经是 3 个孩子的妈妈了。"

大千世界中，我们是选择的对象，也是被选择的对象。我们在人生中会面临各式各样的选择与被选择。生命如一条河，不断地往前流动，谁也不会为谁停留。一旦错过了岸上的风景，就再也没有重新回头的机会了。而等待在前面的将依然是令你更加无奈的选择与被选择。

做出理性的选择，缩短选择的时间，这样在选择的过程中就会少一些后悔。

每当人生处于一个三岔路的交点时，一般总是先停顿一下，想着该往左走还是往右走？还是一如既往的继续向前？路走错了可以返回重来，可是在众多的人生道路上选择了其中的一条，一切都会因为不同的选择而不同。

选择往往就是这样，你没有办法完全有把握的将机会风险降到最小，那么，你只能将面对机会的心理成本适当调低一些。认准了就去追求，看准了就去做。不要犹豫，不求全部拥有，但求无怨无悔。当然，做出选择之前，全面的理性分析是必要的。毕竟，我们在人生命运面前，永远没有第二次选择的机会。

有一个古老的命题：当你的母亲、妻子、孩子都掉进水中时，你先去救谁？不同的人会给出不同的答案，众说纷纭。这一次，一位农民给出了他的答案。他的村庄被洪水冲没，他从水中救出了他的妻子，而孩子和母亲都被洪水冲跑了！事后，大家七嘴八舌，有的说救对了，有的说救错了。有人问农民当时是怎么想的，农民说："我什么也没想。洪水来的时候妻子正在我身边，我抓住她就往高处游，当我返回时，母亲和孩子找不到了。"

生活中总是充满了选择。由于资源是稀缺的，因此，我们必须不断地决定如何使用我们有限的时间或收入。当你决定是否购买汽车，或是否上大学时，在每一种情况下，你必须考虑做出一个选择需要放弃多少其他的机会。有时必须做出选择，但也会因此丧失许多既得利益。有一得，必有一失，所谓鱼与熊掌不可兼得。鱼和熊掌不能兼得时，选择吃鱼，那么就不能吃熊掌，熊掌就是选择吃鱼的机会成本。

为什么小毛驴会在草堆之间饿死

经济学研究的是：我们社会中的个人、厂商、政府或其他组织是如何进行选择的，这些选择又怎样进一步决定社会的资源是如何被有效利用的。因为经济学要研究的是事物的稀缺性。阳光、空气、水，按说都不稀缺，没什么价值，可是长期住在背阴的居室里，就享受不到阳光的温暖，所以，朝阳的房子价格就高，背阴的房子价格就低。这是对阳光选择的结果。淡水资源的稀缺也使水的价值不断提升。人们要把最稀缺的资源用在最有价值的地方。由于稀缺，所以选择才是必要的。

法国人布里丹养了一头小毛驴，他每天都会向附近的农民买一堆草料来喂这头小毛驴。

这天，送草的农民觉得布里丹每天都买自己的草料，应该给他一点回报。于是，农民多送给布里丹一堆草料。布里丹非常高兴，他也没有多想，就将两堆草料都放在小毛驴身边。

这下子，小毛驴可为难了。它站在两堆无论是数量、质量，还是与它的距离完全相等的草料之间，不知所措。小毛驴胃口有限，它只能吃掉一堆草料。虽然它享有充分的选择自由，但由于两堆草料价值相等，客观上无法分辨优劣。于是，小毛驴左看看，右瞅瞅，始终无法分清究竟选择哪一堆好。

这头可怜的小毛驴就这样站在原地，一会儿考虑数量，一会儿考虑质量，一会儿又看看草料的颜色，一会儿又比较下新鲜度。就这么来来回回的，小毛驴在无所适从中竟活活饿死了。

选择过程中这种犹豫不定、迟疑不决的现象被称为"布里丹毛驴效应"。小毛驴的故事也许有所夸张，不过，我们每一个人的生活中经常会遇到种种抉择。如何正确选择，对人生的得失关系极大。人人都希望得到最佳的选择。

于是，我们在选择前总会反复权衡利弊，但又找不到合适的手段来做出决定，结果就会出现举棋不定的局面。而在很多情况下，机会稍纵即逝，并不会留下足够的时间让我们反复思考。如果我们犹豫不决，可能就会两手空空、一无所获。

"布里丹毛驴效应"是抉择时的大忌。在面对两堆"草料"的时候，我们该如何选择？这个时候就需要充分利用经济学的手段。

面对两堆草料时，小毛驴需要做的就是判断出草料孰优孰劣。如果两堆草料相差无几，那么小毛驴的抉择应该更容易。因为它必须认识到自己只能消耗掉一堆草料，剩下的那堆再诱人，也产生不了太多的效用。所以，以经济学的理性来抉择，小毛驴是很容易做出选择的，它只需要随便吃掉一堆草料即可。满足了自身的需求，才是小毛驴的幸福所在。

经济学并不是只有经济学家们才能掌握的知识，它其实发生在我们每个人的日常生活中。我们在生活中要学会运用经济学来进行选择、取舍，这样才能以最小的成本获得最大的收益。

为了生活，为了满足生活中日益增长的需求，人们不得不在越来越多的目标中进行权衡取舍，作出抉择。有时候为了得到一件喜爱的东西，通常不得不放弃另一件也喜爱的东西。抉择，就是用有限的资源去满足不同需求的决策。

比如，一个学生他必须决定如何配置自己有限的学习时间。他可以把所有的时间用于学习经济学，当然他也可以把所有的时间用于玩游戏。

这个时候，他应该如何抉择，就需要用经济学来分析。通过学习他可能获得不错的成绩，这样毕业会更轻松，以后找工作会更容易，不过他必须放弃游戏时间；而如果他把时间花在游戏上，他会获得精神上的愉悦，对于身心的发展又有帮助，不过学业会受到影响。

于是，学生就得充分考虑到两者的轻重。收益是他需要考虑的重点。他的时间是有限的，这决定了其成本固定，获得的收益最大是其选择的关键。学习能够换来未来更好的发展，而游戏可以带来一时的愉悦。两者相比较，学生就会做出自己的抉择。

经济学关于抉择，还有一个典型的例子，那就是“大炮与黄油”。我们把钱用于国防，购买足够多的武器（大炮）来保卫我们的安全。不过这样一来，我们用于提高生活水平的个人消费（黄油）就会减少了。用来购买大炮和黄油的资金是固定的，做出怎样的抉择同样需要我们对收益进行分析。

大炮可以保卫国家，黄油可以提高生活质量。面对这两种选择时，需要分析收益。当国家面临敌对国威胁时，购买大炮的收益显然要大于黄油，国家不能安定，生存都会成为问题，更无从谈及生活质量；而当没有外敌威胁，国内民众的稳定会成为国家首先考虑的问题，这时购买黄油的收益要大于大炮。通过利用经济学来进行分析，抉择的问题并没有那么困难。

在日常生活中，学会利用经济学方式进行抉择，能有效提高生活效率，获得更大的收益。这个收益有物质收益，也有精神收益。收益的获得会让我们拥有的幸福更完美。

为什么姚明没有考大学

美国 NBA 休斯敦火箭队的中国篮球运动员姚明，曾有过机会成本的选择问题。

姚明并没有上大学。他为什么不上大学呢？凭姚明的智商，考上大学一点都没有问题。但是，他不上大学是明智的选择，因为他有到 NBA 打球的机会。刚到 NBA 时，姚明同火箭队签订了一个 5 年的合同，火箭队付给他的薪酬是 7000 万美元。加上他平时代理的广告收入，姚明的年收入已突破 1 亿美元。姚明同时还可以选择去上大学，国内甚至国外的很多名校都会给予他录取通知书。但是，姚明一旦选择上大学，他高额的收入就会失去。与继续打球相比，姚明选择上大学的机会成本要大得多。所以，最终姚明选择远赴美国打球，而没有上大学。

所以姚明是最聪明的，他没有让机会白白溜走，他抓住了机遇。虽然姚明有时候也感叹：“我现在也就是一个蓝领，天天干的都是力气活！”虽然他也想上大学，但是一种东西的机会成本是为了得到这种东西所放弃的东西。

机会成本同样存在于人们的日常生活中。人也都会面临各种各样的选择，有选择就要计算机会成本。人们面对决策时，需要比较每个备选项的成本和收益。只有认清机会成本，确定所获利益高于成本，人们才会走好下一步。

乔治是个非常有才华的小伙子。他就读于著名的麻省理工学院，马上就要念大学三年级了，他已经修完了规定的课程，现在面临的是选择专业的问题。

他该学什么专业呢？他特别喜欢建筑学——每到周末他就去研究波士顿的著名建筑，他希望将来有一天自己也能设计那样的建筑物。同时他又喜欢计算机，希望能在一家像谷歌这样令人向往、工资又高的公司工作。他的父母也支持学计算机的选择，因为麻省理工学院的计算机系是最有实力的，学建筑何必要上麻省理工学院？

他必然在两个专业之间选择一个，放弃一个，虽然两个专业他都喜欢。如果他决定选择学计算机专业的课程，再想转学建筑就非常麻烦了，而选了建筑学再转学计算机专业也同样困难。如果他想两个专业同时学，那就需要支出更多的时间和精力，可能到头来一个学位也拿不到手，还要父母多资助一年的学费。

最终，他选择计算机专业，并很快取得了学位。不过，在他这一生中，可能就此放弃了自己喜爱的建筑学。

同样在考研还是就业上，我们也有着同样的烦恼。

许多大四学生正在焦急地东奔西跑找工作，而湖北师范学院文理学院汉语言文学专业0602班的大四女生杨欢欢，却放弃了月薪9000元人民币赴韩国教汉语的工作。一时间，杨欢欢的做法引起了师生的议论。

杨欢欢是该学校一等奖学金获得者，2008年获得8000元的国家奖学金，还当选过全校的学生会主席，曾获得教师技能比赛的第一名。

在12月12日的学校招聘会上，北京龙文教育集团的招聘负责人看了无数简历，最后只选中她1人进行谈话。学院领导也帮她积极争取名额，因为该集团在湖北省只有5个招聘名额。经过谈话，该集团给她月薪9000元人民币，让她赴韩国教对外汉语的工作。当时她也心动过，作为一个即将毕业的大学生，这个工作不但有高薪，还可以出国开阔眼界，应该是非常理想的。但经过1周的考虑，她拒绝了这个职位。

当时，许多同学说她不知天高地厚，外面工作很难找，刚毕业的学生找一份2000元的工作都难。好工作摆在她面前，她不知道珍惜。家人也说，这么好的工作，即使读研毕业后也不一定找到，何况考研也不是百分之百能考上。

湖师文理学院学工部部长杨之毛，杨欢欢曾经的班主任说："杨欢欢学习成绩和综合素质都很优秀，并且知道自己要什么，有自己的想法。这次放弃这一高薪职位在意料之中，因为杨欢欢有自己的事业规划。"

杨欢欢说，她报考了江西师范大学的研究生，她相信自己一定能考上，只是想考得更好争取公费名额。读研时她会一边工作一边学习，3年中尽最大努力学习知识。

杨欢欢作为经济学中的理性人，她自然是权衡了经济学中的成本和机会成本。考研让她失去了一份工作，而工作会让她失去继续深造的机会，至于孰优孰劣，我想只有时间可以检验。

为什么盖茨不弯腰去捡钱

假如一个亿万富翁，他可以得到他想要的一切，也许在他的词汇里根本就没有"稀缺"这个词。但是请你想一想，时间也是一种资源。他必须决定每天把他的时间用来玩哪种贵重的玩具，用多长时间开跑车，用多长时间打高尔夫球。如果把时间也算在内，"稀缺"确实是每一个人的生活现实。我们每天都在面临着各种选择。

1998年，有一位名叫布拉德的电脑工程师，试图用一个简单的例子来形容比尔·盖茨当时的财富：如果地上有一张100美元的钞票，比尔·盖茨根本不用去理会，因为有了弯腰捡钱的4秒钟时间，他完全可以挣到更多的钱——1998年，比尔·盖茨一共赚了78亿美元，这也意味着他每天有2000万美元的收入，每秒赚250美元。

比尔·盖茨是否应该弯腰捡钱，在经济学上就是时间成本的问题。在经济学中，任何一种选择都意味着要付出一定的代价。当得到一个机会时，往往会失去另一个机会。而该选择哪个机会，就需要通过计算机会成本来加以权衡，即选择一件东西的机会成本是为了得到这件东西所放弃的其他东西的价值。面对有限的资源，为了能够得到想要的，人们必须学会放弃。

从经济学上来讲，放弃是对各种机会成本进行考量后做出的一种选择，是对有限资源的再分配。通过放弃可以把有限的资源从利用效率较低的领域转移到利用效率较高的领域，从而获得更大的利益。

放弃并不容易，因为面对多重机会，选择总是困难的。不过，只要认清了机会成本，就能作出最经济、所获利益最大化的选择。对备选方案的经济效益作出最正确的判断与评价，必须在作决策前进行分析，将已放弃的方案可能获得的潜在收益作为被选取方案的机会成本计算在内。

如果是一个普通人看到地上有张 100 美元的钞票，一定会很开心地捡起来，因为弯腰对他来说机会成本几乎是零。但是比尔·盖茨如果看到这张 100 美元的钞票躺在地上，却很可能不会去捡，许多人可能会认为他这样的行为是对财富的轻视。实际上，比尔·盖茨的弯腰成本是很高的。因为在这弯腰的瞬间，比尔·盖茨很可能做出一项伟大的商业决定。比尔·盖茨的每个重要决策，带来的财富肯定要远超 100 美元。这就是比尔·盖茨弯腰的机会成本。

不仅仅在弯腰捡钞票这一特殊事例上，比尔·盖茨在早年面对选择时，也曾有过计算机会成本的事例。

1973 年，年轻的比尔·盖茨进入哈佛大学学习法律。可是他对法律一直兴趣不大，反而对新兴的计算机情有独钟。19 岁时，盖茨有了创办软件公司的想法，这个时候他就面临着一次选择：是继续学业拿到很多人梦寐以求的哈佛大学毕业证书，还是辍学去开办自己的软件公司呢?

比尔·盖茨从小热爱学习，能够顺利完成学业是他家人的期待，同时，哈佛大学的毕业证书也是他一直渴望得到的。但是，对计算机的狂热以及对于自己软件公司未来前景的看好，最终让比尔·盖茨选择放弃学业，辍学开办了微软公司。

事实证明比尔·盖茨对机会成本的选择是正确的。1999 年，美国《福布斯》杂志的世界富豪评选中，比尔·盖茨以净资产 850 亿美元荣登财富榜榜首。

1999 年 3 月，比尔·盖茨回哈佛大学参加一次募捐活动时，有记者问他是否愿意继续回哈佛上学，弥补辍学的遗憾。对于这个问题，比尔·盖茨笑而不答。比尔·盖茨的微笑已经很明显的表示，他已不愿为了哈佛的学位证书而放弃现在的事业。

在实现了创办软件公司的愿望后，比尔·盖茨完全可以继续学习深造，以实现他的哈佛梦想，可他再一次选择了放弃。

从经济学的角度来看，这个问题其实很简单。对于此时的比尔·盖茨来说，和放弃学业继续经营公司相比，放弃经营公司去上学的机会成本更大；更何况，以他在计算机领域的技术水平而言，上学对他来说获得的利益已无法和他经营公司的利益相提并论。如果以机会成本而论，比尔·盖茨拿到哈佛大学毕业证的机会成本就是世界首富的地位。对于盖茨来说，他当然会选择机会成本较小、利益较大的一方。

机会成本和通常会计学意义上的成本不同，它更是一个纯粹的经济学概念。人们计算机会成本是为了找到更好的选择组合，以获得最大的利益。

假如王府井旁边有一块空地，你说是建工厂？还是建商店?

“当然是建商店啦！”有人不假思索地说。

“为什么？”有人问。

“因为商店挣钱呐！”

“可是，建什么样的商店呢？给谁建呢？建成了给谁用呢？”

……

这土地是国家的，所以首先要由政府做出选择。政府决定给谁，做什么用，那是他们的权利。但是权利也不能滥用。必须保证它的经济收益最大化，环境成本最小化，这是决策的经济学原则。选择就意味着放弃。政府把土地拍给银行，就意味着放弃了珠宝商。那么最后的方法是政府首先做出决策：“拍卖！”原则尽可以简单：第一，项目不能有环境污染，第二，谁出价高给谁。参加拍卖的人你可以想象，各路英豪都不会放过这样的机会。但是农民就是参加竞拍也是首先败下阵来的，他出不起高价钱。加工制造企业也不行，一是废气、噪音有污染，二是竞拍价格上不去。最终要么是珠宝商，要么是商业银行。反正谁出价高，就是谁的。

为什么国王羡慕农夫的工作

一国王见一农夫躺在路边晒太阳，很满足，很安详，一副快乐的样子，很是羡慕。农夫不解：难道国王还有不快乐的吗？国王吐出实情："有人想谋我的权位，有人想得到我的财物，有人想夺我的娇妻，有人甚至想要我的命。我连安全感都没有，哪有什么快乐呢？"

我们以为"国王"是天底下最好的职业，但没有想到国王却羡慕路边的农民，可以睡一个安稳的小觉。这个寓言故事对我们的工作选择是一种借鉴。快乐的工作不一定要有很高的职位、满屋的金银、华丽的外表。

王浩本科学的是计算机，毕业后到了一个网络公司做技术员。公司是国内一家知名的大企业，王浩最初看中的是公司的发展前景。经过几年的磨炼，王浩很快成为了公司技术部的经理。随着对业务熟悉程度的增加，王浩的工资和职业都达到了一个瓶颈阶段。面对生活的压力，看着始终难有所突破的薪水，王浩有了转行的打算。

王浩的薪水在整个行业内处于一个大众水平，再有突破已经很难。他看到一些朋友从事金融行业，挣了不少钱，于是便想跟着朋友一起转投金融领域。

不过，王浩刚刚贷款买了房子，每月数千元的房贷以及都市生活的高额消费压力，又促使他需要保持冷静。虽然如今的工资不见涨，但应付房贷和生活，还不成问题。一旦王浩选择辞职转行，就有暂时失业的可能。而且新的工作内容和环境，是否能够迅速适应也是王浩需要考虑的问题。尤其重要的是，王浩有了跳槽想法的时候，正值年末，公司一般在年底会有年终奖金，虽然数额并不巨大，但同样对王浩有着吸引力。一旦这时候选择辞职，那这笔奖金势必成为泡影。

基于这些考虑，王浩迟迟不愿辞职，他仍然坚守在公司，继续做着技术工作，拿着不多不少的工资。

王浩不愿辞职，就在于他看到了自己辞职的代价。虽然投身金融领域，也许能够获得回报，但这也意味着风险。王浩在权衡了成本后，选择了继续工作。王浩选择不辞职，虽然可能失去了在金融界的发展前景，不过却能继续安稳地生活。

王浩的选择正如亚当·斯密所说："国王会羡慕在路边晒太阳的农夫，因为农夫有着国王永远不会有的安全感。"亚当·斯密没有提到，拥有安全感的农夫没有国王的权势。选择一件事，必然放弃另一件，那个被放弃的事情所带来的收益就是机会成本。

在职场中，经常会出现在被动的情况下选择了一个行业。在通过一番努力后取得了一定的成绩，也有了大量的资源。但是，最后却意识到这份工作并非自己理想的职业，于是想跳槽转行。那么继续留在这个行业能够创造的价值就成了机会成本。机会成本越高，重新选择的难度就会越大。

年过40的李先生是一家大型律师事务所的律师，虽然他很喜爱法律行业，并且在法律界也闯荡了20年之久。可是，他还是意识到自己与这个行业总有些格格不入。

律师的职业确实很不错，收入也颇为丰厚，但李先生总是觉得浑身不自在。为此，他还专门咨询过医生。医生告诉他，这是因为违反了自我意志，勉为其难地工作造成的。在这种情况下，长此以往会对他的心脏以及其他器官造成慢性伤害。

李先生其实知道自己真正喜欢什么。上大学的时候，李先生对广告策划产生了浓厚的兴趣，他一直梦想着自己能够成为一名职业广告策划人。不过，因为家人的期望，他最终走上了律师的道路。

李先生如果放弃律师职业，去从事广告业，他要付出很高的代价。从本科到研究生，李先生学了6年的法律，现在年薪数十万加上20年的行业经验，李先生改行去做其他事情的成本实在太大。而对于广告业，除了拥有一腔热血外，李先生毫无优势可言。这一切，也让李先生陷入了痛苦之中，他迟迟不愿放弃律师职业。

实际上，李先生的职业发展就像爬树一样。在最初律师的旧树干上他爬得越高，退下来的难度也就越大，因为他要为此付出的代价太高。

辞职不管只是想法，还是行动起来了。它只是职业生涯中很正常的选择行为，而不应该富于道德的评价。跳与不跳，标准只有一个，那就是自己心中的那个小算盘。不管如何选择，都希望你拥有让国王羡慕的地方。

为什么乔丹不自己修草坪

曾有人提了一个类似笑话的问题：为什么乔丹不自己修剪草坪？

迈克尔·乔丹是一名优秀的运动员，是NBA中最优秀的篮球运动员之一。乔丹会亲自修剪自家的草坪吗？这里排除他某天心血来潮想要体验一下劳动的乐趣之类的意外情况。

我们假设乔丹能用3小时修剪完草坪。与他相比，住在隔壁的小伙子杰尼弗能用4小时修剪完乔丹家的草坪。这样看来，乔丹在修剪草坪上有绝对优势，因为他可以用更少的时间干完这些活。那么，乔丹就应该自己修剪草坪吗？我们接着看。

乔丹在这同样的3小时中，能拍一部运动鞋的电视商业广告，并赚到200万美元。而在这同样的4小时中，杰尼弗可以在麦当劳工作赚40美元。乔丹修剪草坪的机会成本是200万美元，而杰尼弗的机会成本是40美元。杰尼弗在修剪草坪上有比较优势，因为他的机会成本低。

比较之下，乔丹不应该修剪草坪，应去拍广告而雇用杰尼弗修剪草坪。只要他支付给杰尼弗的钱高于40美元而低于200万美元，双方的状况都会更好。

无论个人、企业还是国家，只要坚持“比较优势”，在与别人的合作和竞争中就可以获得对自己来说最大的效用收益。

去过庙里的人都知道，一进庙门，首先是弥勒佛，笑脸相迎。在他的北面，则是黑口黑脸的韦陀。相传在很久以前，他们并不在同一个庙里，而是分别掌管不同的庙。

弥勒佛热情快乐，所以来的人非常多。但他什么都不在乎，丢三落四，没有好好管理账务，所以依然入不敷出。韦陀管账是一把好手，但成天阴着个脸，太过严肃，搞得人越来越少，最后香火断绝。

佛祖在查香火的时候发现了这个问题，就将他俩放在同一个庙里，由弥勒佛负责公关，笑迎八方客，于是香火大旺。而韦陀铁面无私、锱铢必较，让他负责财务，严格把关。在两人的分工合作下，庙里呈现出一派欣欣向荣的景象。

“佛祖派工”说明了一个问题：如何把最合适的人放到最合适的岗位上去，各尽所能。从经济学角度来看，就是运用“比较优势”，让每个人只做自己最专业的工作，其他不擅长的事情就交给别人完成。运用“比较优势”，让人各尽所能，在社会的各个角落都能显现。

而这个问题也是一个曾经长期困扰中国企业的难题。

法国著名企业家皮尔·卡丹曾经说：“用人上一加一不等于二，搞不好等于零。”用人中，组合失当，就会失去整体优势；安排得宜，才成最佳配置。在这方面，李嘉诚与柳传志以其洞察世事的眼光，成功地运用“比较优势”策略，不仅解决了难题，还将企业的发展推向了一个新的高度。

李嘉诚让性格沉稳、作风踏实的长子李泽钜成为长江实业集团新掌门人，让崇尚自由创新、喜欢作秀的次子李泽楷另创TOM.COM事业。

2001年3月，联想集团宣布“联想电脑”、“神州数码”分拆进入资本市场。同年6月，“神州数码”在香港上市。分拆之后，“联想电脑”由杨元庆接过帅旗，继承自有品牌，主攻PC、硬件生产销售；“神州数码”则由郭为领军，另创品牌，主营系统集成、代理产品分销、网络产品制造。至此，联想接班人问题以完美的方式尘埃落定。“双少帅”一个握有联想现在，一个开往联想未来。

但是在实行各尽所能的过程中，还有一个如何搭配，使人才相得益彰而不是相互妨碍的问题。这就需要管理者对人才有深刻的洞察力，最好使他们彼此所负责的事务具有互补性。

为什么上海男人愿意做家务

龙应台一篇《啊，上海男人》轰动了整个上海滩。文章一开头就说：“我是一个台湾女人，在美国和欧洲生活了20年。从俄罗斯到南非，从以色列到菲律宾，全走遍了；以为这世界上能让我真正惊讶的事情大概已经没有了，直到我认识了上海男人。”文中惊叹上海男人承包大量家务，甚至洗女人的内裤，“是一个世界稀有的品种”。此文当时在《文汇报》刊出后，不少人给报社来电、来信，甚至言辞激烈，抗议《文汇报》登载这篇“侮辱调侃上海男人”的文章，严重伤害了家乡父老尤其是上海男人的感情，也由此引发了一场有关“上海男人”的大讨论。

炒菜做饭样样拿手，比女人做的味道还香。也不单是厨房里面了，在家里是全面开活，洗衣物擦地板，反正就是家务高手了！最重要的一点是，老婆不逼着干，是自己情愿的。

这引出了一个话题：男人、女人究竟谁该做家务？

在传统社会，大多数家庭都是过着男主外女主内的日子，男人养家，女人持家。关于这种劳动分工，其实在远古时代就已经开始了，女人负责采集，男人负责打猎。

从家庭分工来说，尽管男人也可以做家务，甚至男人在做家务方面比女人更有绝对优势，但从比较优势上来说，男人更适合做外部工作，女人更适合待在家里。在家庭这个经济组织中，夫妻分工协作、优势互补，共同享受劳动收益。

男女分工的比较优势，给家庭带来了无限生机。但男主外女主内这样的劳动分工在现代生活中显得有点格格不入了。在过去，妇女长期将自己禁锢在家中，足不出户。这种劳动分工不仅形成了女人做家务的比较优势，更形成了女人做家务的绝对优势。

随着社会经济的发展和妇女思想的解放，许多国家从法律的角度确定了男女社会地位和权利的平等，妇女逐渐从比较优势的陷阱中走出来。如今的家庭分工已经呈现多元化的趋势。如果两个人都有工作，家务就由两个人共同分担，或者双方商量着合理分配。而“家庭妇男”现象的出现，更说明了现代家庭分工的新特点。

在瑞士，妇女分娩后，夫妻双方均有权选择谁待在家里看护婴儿。如果男方决定看护婴儿，国家将在一年的时间内，支付其原工资的80%，这段时间也被称为“休产假”。此外，还有专门的“父假”，时间长达450天，在孩子8岁前休完。无论是休产假还是“父假”，国家都会发工资。

吴茵，31岁，苏州人，某德资公司客户部经理，年薪20万。

李阳，36岁，湖南人，政府部门公务员，月薪3500元。两人结婚3年。

毕业于某知名高校外语系的吴茵，留学回国后任上海一家著名外资公司的客户部经理，会3门外语、有过海外经历的她，做事果断干练，事业顺风顺水，很快就能独当一面。不过在生活上，吴茵欣赏的是细心、顾家的男人。南方男人李阳就是因为细心持家而走入了她的生活。虽然李阳月收入不过3500元，但他却将家打理得整洁有序，让吴茵很省心。

也有人不解地问吴茵：“为什么嫁给收入远远低于自己的李阳？”她的回答很干脆：“我当初和现在一直都看中他的细心，我不在乎他挣钱多少，我相信自己的能力足够可以让我俩过高质量的生活。”

其实，当今社会最难做的不是占家庭收入大半壁江山的吴茵，而是比太太薪水低的李阳。当今社会像李阳这样敢娶高薪太太的男人少之又少。因为在常人看来，娶个高薪太太，男人的自尊心受损，马上矮一截，没有安全感。

李阳则不这么认为：“俗话说，贫贱夫妻百事哀，难道老婆赚钱少，你就高兴吗？结婚是过日子，不是搞财富竞赛，无论谁拿高薪都是好事。面子既当不了面包，也当不了衣服。其实，娶个高薪太太好处多多。首先，收入高，说明她智商高、能力强，会享受生活；其次，娶个高薪太太，你一般不会缺乏自我完善、提高修养的动力。还有……”

《财富》杂志2002年报道说，全球商界前50强女性，超过1/3的人，家里都有一个“男贤内助”。有关专家称，在21世纪，不同行业的兴衰将更加明显，而这将会导致大批行业性的失业人口，其中的男性如果找不到新的工作，回家将成为必然。今后夫妻俩轮换内外角色的可能性还将越来越大。

如果男人能够像上述案例中的李阳那么想、那么做，无论是谁主外、谁主内都不是问题。所以，我们无权按照传统习惯说“男主内、女主外”的婚姻模式不好。无论是哪种婚姻模式都有其存在的合理性。也就是说，没有不合理的婚姻模式，只有不合格的婚姻成员。问题的关键是，夫妻双方如何扮演好自己的角色。妻子不管多能干，一进家门，就要忘记自己在外边的成就和地位，只把自己看成一个妻子。

在家庭的劳动分工中，男女双方都可以做“上得厅堂，下得厨房”的双面手。合理的家庭分工，发挥各自的比较优势，必定能促进家庭和谐发展。

为什么女人愿意忍受高跟鞋带来的不适感

多数女人都愿意穿高跟鞋，除了一些职业特点不方便或者不允许穿高跟鞋外，基本上不管个子高矮的女人都穿过高跟鞋。高跟鞋穿着不舒服，走路困难。长期穿高跟鞋，会给脚、膝盖和背带来损害。可为什么女人们还是继续穿着高跟鞋呢？简单的回答似乎应该是，穿高跟鞋的女人更容易吸引他人注意。

高跟鞋诞生于18世纪路易十四王朝的法国。当时，宫里养着许多年轻貌美的宫女，她们耐不住宫廷生活的寂寞单调，常常溜出宫去参加各种民间的社交活动。路易十四很生气，颁布了一系列宫廷禁令，但仍阻止不了宫女们的外出。这时，有人向路易十四献计说：“这些宫女所以能一转身就没了影，关键在于脚下没有羁绊。倘若能想出点子，使她们行动不便，她们就不能轻易出宫了。”路易十四一听，认为这主意好。但是采用什么方法呢？用脚镣之类的器具套起来吧，太缺乏人道。而且对那些娇滴滴的宫女施用刑具，也于心不忍。再说，如果宫廷里到处都是带着脚镣的宫女，这宫廷还有什么高雅、文明可言。看来只有在鞋子上做文章。于是，他授命鞋匠设计一种刁钻的鞋子，以整治那些爱溜的宫女。当时，法国舞台上的悲剧演员穿的是一种全高型的戏剧鞋，鞋匠从这里得到启发，创作出了后高跟鞋。

当时路易十四指着一堆造型别致的高跟鞋，令宫女们穿上时，宫女们吓得叫苦连天。千方百计推托不肯穿。但王命难违，最后只得哭丧着脸穿起了高跟鞋。怪哉！经过一段时间的磨炼后，宫女们又行走自如了。而且，她们发现穿高跟鞋能使身材显得修长优美，竟喜欢上了高跟鞋，非高跟鞋不穿了。巴黎的时髦女性见到高跟鞋大为赞叹，竞相仿效。于是，高跟鞋由宫廷传遍法国，又传遍世界。

在《理智与情感》当中，简·奥斯汀形容艾莉诺时说：“她有着优雅的肤色，容貌端庄……身材尤其好。”可说到艾莉诺的妹妹玛丽安·奥斯汀却说：“还算俊俏。她的身材，虽说比不上姐姐那么端正，可因为身高有优势，反倒更动人。”高跟鞋不仅能让女人显得更高，还强迫她们挺直腰板，脚部前耸，屁股后翘，从而凸显女性的曲线。“男人喜欢女人夸张的身材。”时尚专家如是说。

高跟鞋除了让女人看起来更高以外，它还迫使背部呈弧形，促使女性挺胸翘臀，从而突出了女人的外表特征。女人忍受高跟鞋是为了突出身高，显得更加美。

有很多女人已经为此痛苦忍受了n个年头了，虽然知道接下来的年头还有很长，但还是忍不住要抱怨！

问题在于，要是所有女人都穿高跟鞋，这种优势也就扯平了，毕竟，身高只是个相对现象。比别人高几寸当然很好，至少不比别人矮几寸。可要是所有女人都穿上高跟鞋好让自己高上几寸，她们之间的相对高度也就恢复了原貌，跟大家都穿平底鞋时一样了。如果女人们能集体决定穿哪种鞋，估计所有人都愿意放弃高跟鞋。可一旦有人私穿高跟鞋来获取优势，这一约定就没法维持下去了。

为什么乘客不选择果汁而是和空姐谈恋爱

有位上了年纪的单身汉乘坐飞机，靠着里侧，坐在他右边的是一位英俊的小伙子。由于临时出现一点小故障，飞机延误了起飞的时间。起飞后，机长向乘客们致歉，并宣布马上有免费的饮料招待大家。

当迷人的空姐推着手推车过来时，单身汉向她要了一杯果汁。空姐接着问那位小伙子要不要也来一杯果汁。小伙子有意调侃，说："不，谢谢！我宁愿和你谈一场恋爱，也不要喝果汁！"单身汉一听，马上把他的果汁退还给空姐，说："小姐，我刚刚不知道有另一个选择！"

这个故事告诉我们，如果我们选择不当，就会失去和空姐恋爱的机会。有一得，必有一失，所谓鱼翅与熊掌不可兼得。假如航空真的提供有和空姐谈恋爱的机会，当单身汉决定端起那杯果汁的那一瞬间，他的机会成本就已经出现了——他失去了和空姐恋爱的机会，那位空姐有可能成为他人的妻子。

譬如，大学刚刚毕业的你，因为对工作认识不深，迷茫中选择了一个职业，并在已经过去的两年时间里通过自己的勤奋努力取得了一定成就，积累了大量的资源。但是，现在你才意识到它并非自己所理想的职业，于是想跳槽转行。那么，这个时候问题出现了——你在目前这个行业的发展前景就变成了你的机会成本。

俗话说：男怕入错行，女怕嫁错郎。机会成本越高，重新选择的难度就会越大。职场发展犹如登山一样，一旦发现登上山顶所看到的风景并非自己所需，面临的选择有两种：要么退下来，换一座山；要么坐在山顶等傍晚时的美景。显然，在山路上爬得越高的人，退下来的难度也就越大。

37 岁的李郎是一家大型广告公司的创意总监，他觉得虽然自己很喜爱广告，但在广告行业待了 15 年之后，才真正意识到这个行业并不是自己的最爱。"我知道这份工作很不错，"他说，"收入也颇为丰厚，但是总觉得浑身不舒服，工作起来总是不能彻底投入，内心觉得憋屈，我觉得自己早晚得憋出病来。

我知道自己真正喜欢什么，说出来会让人觉得好笑，我喜欢养猪。10 年前，我为一家饲料公司进行广告策划时，恶补了很多饲养的知识，我发现自己学得越多就越喜欢。另外，我觉得猪长得憨厚。所以，就特想拿出一笔钱，投入到养猪行业中去。"

但是，李郎也有自己的担心："每当我想要放弃广告业，放弃现在的工作，感觉就很复杂。毕竟在这行里积累了 15 年的资源，包括工作经验、人脉、客户等。在广告行业，大家也认为我的前景很好。也许只有大傻瓜才会把 15 年的经验断送掉，改行去做其他事情。"

最终，李郎没有改行。选择是需要成本的。有好的人生选择，也有坏的人生选择，却没有不要成本的选择。付出的成本太高，就可能影响我们的选择，也会使我们的人生和职业生涯留下太多的缺憾。相反，如果一开始就能做出正确的选择，就能降低个人选择的成本，创造更多的"利润"。

如何保证自己的选择从一开始就是正确的？经济学家给出的答案是"理性"。理性选择，就是在各项利益的比较中选择自我的最大利益，以最小的牺牲满足自己的最大需要。

但是，理性选择是有前提的：第一，个人是自身最大利益的追求者；第二，要有不同的行为策略可供选择；第三，人是理性的，相信不同的选择会造成不同的结果；第四，人是感性的，在主观上对不同的选择结果有不同的偏好排列。

假设是经济学家常玩的把戏。理性选择理论的最大化假设是以人的完全理性为条件的——具备完全理性才能够找到实现目标的所有备选方案，预见这些方案的实施后果，通过衡量作出最优的抉择。这种假设不但受到传统社会学，而且还受到经济学中新制度主义学派的批评。

其实，人的理性是有限的。有限理性的概念就是人的行为“即是有意识的理性的，但这种理性又是有限的”。在经济学家眼里，人的有限性包括两个方面的含义。一是环境是复杂的。在非个人交换形式中，人们面临的是一个复杂的、不确定的世界，而且交易越多，不确定性就越大，信息也就越不完全；二是人对环境的判断和认识是有限的。人不可能无所不知。因此，经济学家认为人们在决定过程中寻找的并非是“最大”或“最优”的标准，而只是“满意”的标准。

理性选择理论被批评的第二个地方是人的抉择受非逻辑行为影响。帕累托曾提出人类社会存在着“非逻辑行为”。这些行为涉及价值观、信仰和感情领域，本能和机械地遵从于习惯。在现实生活中逻辑行为与非逻辑行为几乎是混杂在一起的。只有在那些重要但是有限的行为中才可能最大保持选择的理性。

比尔·盖茨的成功证明了他当初选择计算机行业是正确的。我们不妨做一个假设，假如正在哈佛大学念书的他面临着和成立计算机公司一样的另外一种创业机会：他可以获得国家贷款开办一个军工厂。盖茨该怎么选择?

有人拿着这个问题去问当今最有名的经济学家。他给出的答案或许是建议比尔·盖茨选择计算机行业——因为这使他能够成为世界上最富有的人。但是，面对一切还未发生、比尔·盖茨仅仅是一名大学生的状况下，有谁能够预测到他会成为世界首富？谁又能预测到假如他投身到军工业不能成为世界首富?

“完全理性”显然不够现实。回到职场话题上，要想将来不后悔，你唯一要做的事情是在作出选择决定之前尽可能了解足够多的信息。通过掌握丰富的信息让自己实现最大可能的理性。

为什么有人要先吃好苹果

很多人有过这样的困惑：两箱苹果，一箱是又大又鲜，另一箱由于放得久了，有一些已经变质了，问先吃哪箱，即先吃好的还是坏的?

最典型的吃法有两种：第一种是先从烂的吃起，把烂的部分削掉。这种吃法的结局往往就是要吃很长一段时间的烂苹果，因为等你把面前的烂苹果吃完的时候，原本好端端的苹果又放烂了。第二种是先从最好的吃起，吃完再吃次好的。这种吃法往往不可能把全部的苹果都吃掉，因为吃到最后的，烂苹果实在是烂得没法吃了，就都给扔了，形成了一定的浪费。但好处是毕竟吃到了好苹果，享受到了好苹果的好滋味。这道题在于测试回答者是乐观还是悲观的人。按照测试点：前一种吃法的人是悲观的人，后一种是乐观的人。

喜欢第一种吃法的人，觉得第二种吃法容易造成浪费。喜欢第二种吃法的人，觉得享受好苹果的味道更要紧，扔掉几个烂苹果不算什么。

两种吃法，各有各的道理。在实际生活中，究竟先吃哪个苹果，对个人其实没有太大的影响。但先吃哪个苹果的选择，在其行为背后，却别有一番深意。经济学上的理性人更愿意采取第二种吃法。吃苹果不同于吃饭，不是为了果腹，而是为了品尝其味道，吸收其营养。从这个意义上讲，先吃好的比较理性。用经济学的语言来说，这种吃法的机会成本相对较少一些。

日常生活中，我们经常都要面对“先吃哪个苹果”的选择。这样的选择可能小到吃哪箱水果、穿哪件衣服，也可能大到是该读研还是工作或者留学，是嫁个自己爱的还是更爱自己的？……选择无处不在，我们每天都要自觉不自觉地对各种机会成本进行比较。

2000年，在著名投资银行摩根斯坦利工作得如鱼得水的曾子墨，意外得到凤凰卫视咨询台主播的机会垂青。两个在所有人看来都是绝好的机会，却成了曾子墨人生的大难题。从常春藤盟校达特茅斯学院毕业后就直接进入摩根斯坦利的曾子墨，已经先后在纽约总部及香港分公司参与完成超过700亿美元的企业收购及公司上市项目。然而，曾经将投资银行作为一生的职业选择的子墨，却在面对凤凰主播的职位时有了动摇。

“如果子墨能被克隆就好了，哪怕只克隆出来一个子墨也行！”

“这里就像你的家一样，如果你在香港做得不开心，随时回来！”

……

连公司的运营官都打赌，子墨一年半载后一定还会回来。但再三思虑之后，毫无新闻采访经验的子墨，还是选择回到香港，在凤凰卫视咨询台开始了自己的主播生涯。并借助自己的财经专长，很快成为凤凰财经第一女主播。

每个人都有自己的人生选择。曾子墨在摩根斯坦利与凤凰卫视之间犹豫，而更多普通人的选择或许没有那么诱人，但同样纠结且不知所措。每个人心里面似乎都有两个小恶魔，对于不同的选项有着不同的支持理由。而我们却需要在两个小恶魔的斗争中，最后决定谁胜谁负。

选择的内容决定选择的结果，选择决定我们的生活状态。今天的生活是由三年前我们的选择决定的，而今天我们的选择将决定我们三年后的生活。我们的人生只有三天，昨天、今天、明天。你的今天是你的昨天决定的，你的明天将由你的今天来决定。

在你的人生中，因为没有做出正确的选择，你曾经错失过多少获得成功的机会。如果你可以洞悉未来，你愿意付出什么代价？如果你能够预见未来，你又能否把握机会？有什么股票你应该卖却没有卖？有什么商品你应该买却没有买？有什么机会你应该把握而又错失？你一生中又能遇到多少机会呢？这个时代可能是你最后的机会。选择当前，请注意理性。

为什么不看电影更快乐

有一位老人退休后，迷上了古董。他专注于收集各种古董，一旦碰到心爱的古董，无论花多少钱他都要设法买下来。

有一天，老人在古董市场上发现了一件向往已久的古代瓷器。他花很高的价钱把它买了下来，老人把瓷器绑在自行车后座上，兴高采烈地骑车回家。

谁知，老人上了年纪，瓷器绑得并不牢靠。在骑了一段路之后，瓷器“咣当”一声从自行车后座上滑落下来，摔得粉碎。老人听到瓷器摔碎的响声后，居然连头也没回，继续往前骑。

这时，路边有几位热心人连忙喊住老人：“老人家，你后座上的瓷器摔碎了！”老人停下车，很淡然地说：“嗯，听声音一定是摔得粉碎。既然摔碎了，那就不要了。”说完，老人骑车迅速消失在人海中。

老人的反应令人吃惊，常人遇到这种情况，肯定会从车上跳下来，对着已经化为碎片的瓷器捶胸顿足，甚至扼腕痛哭。但是，瓷器已经摔碎，所有的痛苦都无法挽回这个事实。捶胸顿足只会增加更多的伤痛，老人正是认识到了这点，才会选择理智的离开。

老人的行为，非常符合经济学家对“人”的认识。在经济学家眼中，人都是理性的。所有人都是“理性人”，这是经济学家研究人类行为时的基本假设。经济学家认为人的理性，使一个人能够权衡成本与收益，并能做出正确的选择。一个“理性人”能够在既定约束环境下追求自身利益最大化，“理性人”总是会最大限度地追求效用和满足感。

老人选择默默离开，显然是理性的行为。瓷器已经碎掉，无论怎样努力也无法让它复原。这种业已发生的成本，已经无法收回，经济学上将这种成本称为沉没成本。面对无法收回的沉没成本，理性的选择是将其视为没有发生。

不过，事实上，我们在日常生活中却很难做到理性。我们在生活中的每一次选择都会有投入，不管前期的投入能不能收回，是否还有价值，在做出下一个选择时，我们都不可避免地会考虑到这些。于是，前期的投入会把我们牢牢定在原来的道路上，无法做出新的选择，而且前期投入越大，我们越难取舍。

比如，你花50块钱买了一张晚上的电影票。不想临出门时，天空突然下起了大雨。这时，你该怎么办？如果选择放弃，你损失掉了50块钱；如果执意要去看电影呢？那你不仅需要来回打车，还可能面临被雨淋湿，甚至感冒发烧，最终还要上医院看病等一系列的额外成本。面对已经投入的50块钱，这时，理性的选择是放弃这场电影。因为这50块钱已经是无法挽回的沉没成本，你没有必要为了这50块钱投入更多的附加成本。

对于个人而言，做出理性选择和决定是为了个人的自身利益。不过，很多人并不懂得如何进行理性的选择。比如一个歌迷，明知道花100元就能买一张演唱会的门票，而他仅仅因为喜欢这个歌星，偏要掏1000元买一张票。这种行为并不符合经济人理性原则，因为按照经济人理性原则，他多花的900元是没有意义的。

很多人对于打牌赢来的钱，很乐意将其消费掉。对自己辛苦赚来的薪水，人们往往舍不得消费，而要将它存起来。这看起来很正常，也符合人之常情，不过却是不理性的行为。从理性的角度看，不论是打牌赢来的钱，还是自己工作所得的薪水，货币的经济价值是等同的，二者的效用是一样的。

再比如，在商店进行打折的时候，对于降价金额一样的同类商品，人们往往愿意抢购降价幅度最大的商品，而不考虑自身的需求。比如商场里有两种空调，一种是适合小居室的小型空调，售价为2500元，还有一种适合较大空间的立式空调，售价为3000元。为了促销，商场将这两种空调都统一降价到2000元出售。尽管许多人家里的空间更适合小型空调，但大家还是乐意去抢购那种降价幅度更大的立式空调，而对降价幅度较小的普通小型空调懒得问津。

虽然大部分人刚买回去时，都觉得占了很大便宜。不过时间一长，就会发现大空调与自家的空间格格不入。大空调不仅占空间大，使得原本不大的房间更显拥挤，而且大空调的耗电量要远高于小空调，无形中更增加了家庭的负担。于是，非理性的选择大空调，并没有让家庭的幸福感更多，反而平添了更多的烦恼。

为什么愚公不修路而是移山

太行、王屋两座山，方圆七百里，高万丈。北山居住着一个愚公，他年纪将近90岁了。他家正对着这两座大山。苦于大山阻塞了他家的出路，他召集全家来商量说："我要和你们尽全力挖平险峻的大山，一直通到豫州的南部，到达汉水的南岸，可以吗？"大家纷纷表示赞成他的意见。于是在愚公的率领下，三个能挑担子的儿孙，将敲凿的石头和挖掘的泥土用箕畚搬运到渤海的边上。就这样，从冬天到夏天，他们才能往返一趟。愚公移山的事情遭到了智叟的嘲笑："以愚公这样的年纪和体力，怎么能搬得动这么多的山石土块？"愚公说："我的子子孙孙是不断绝的，但是山却不会增高，因此一定能挖掉这两座山。"这样，愚公每天挖山不止。后来，天帝知道了这件事，被愚公移山的精神感动，就命夸娥氏的儿子搬走了这两座山。从此愚公的家门前路途平坦。

愚公移山的精神值得称道。但是，从经济学的角度来说，"愚公移山"绝对不是精明的经济学选择。从经济学的成本收益角度来说，挖山的成本过高，需要子子孙孙无数代的付出，收益仅仅是方便了愚公后代的出行。与搬家相比，移山显然是成本高、收益低。

当然，作为一种精神，"愚公移山"代表着执著与坚持，受到人们的尊重，这和经济学不能混为一谈。

经济学中，做出任何选择必须考虑成本与收益。经济学家讲实际，我们做任何一件事情，不是为了表现什么精神，而是要获得某种利益，这种利益可以是个人的、群体的，也可以是整个社会的。要获得利益就必须进行成本收益计算。那种收益小于成本的事，无论体现了多么重要的精神也不会去做。愚公移山只是为了出行方便，但为了出行方便而世世代代去挖太行和王屋这两座山值不值得呢？挖山是有成本的，且不说为了挖山所需要的镐、筐等需要花多少钱，仅就愚公一家人不从事任何有酬劳动，放弃的收入该有多少啊！如果天帝并没有将山移走，那愚公的后代可能直到现在还在挖山！这就是“愚公移山”的预期成本。但是“愚公移山”的预期收益是方便出行。从成本收益的角度来说，很明显是成本过高而收益过小。

其实除了移山之外，愚公他们家还有另外几种选择：第一，全家搬家。到交通方便的地方，不用非得住在山窝里。第二，购买毛驴之类的交通工具。骑毛驴外出爬山也是一种选择。虽然有购买毛驴、走山路这些成本，但总比移山成本要小。第三，修路。尽管修路也不易，但总比挖整座山容易。如果真把方便出行当件事做，肯定还可以想出其他替代的办法。“条条大路通罗马”，在各种可行的方案中应该选择达到既定目的而成本最小的方法。

《圣经》中记述了这样一个有关继承权的故事：

在西方，长子拥有继承家族一切权力的资格，这就是长子权。犹太族长以撒有两个儿子，哥哥叫以扫，弟弟叫雅各。两兄弟长大后，以扫好动，常外出打猎；雅各有心机，常在家里帮助料理家务。

有一天傍晚，以扫打猎回来，又饥又渴，看见弟弟雅各在熬红豆汤，就对他说：“我饿极了，给我喝点红豆汤吧！”雅各说：“你要喝汤，就把你的长子权给我。”以扫说：“我都要饿死了，要这长子权有什么用呢？”于是，他便按雅各的要求，对天起誓，把长子权给了雅各，换来饼和红豆汤。以扫吃饱喝足后，起身走了。

以扫哪里想到，为了这碗红豆汤，他的后裔便注定要服侍雅各的后裔。

红豆汤代表眼前的小利益，而继承权才是长远的大利益。庸俗的人容易为了眼前的小利益而丢掉长远的大利益。因此，人们在做事时不应该只停留在眼前的利益上，而要有长远的打算。

其实对于我们来说，为红豆汤放弃继承权的故事不胜枚举。某教授曾经举例说，山西某市以几千万的价格卖掉价值 2 个多亿的国有企业就是为了一碗红豆汤而出卖了长子权。他认为，在国有企业的改革中，卖掉中小国企是正确的，随着经济发展，由企业或个人获得或使用国有资源也是正常的。但如果政府仅仅为了得到些许收入而低价卖掉国有企业或国有资源，那就是为一碗红豆汤而放弃了人民的长子权。

关于红豆汤与继承权的关系，很多人并不是不清楚。作为理性经济人，任何人都会选择继承权而不是红豆汤，因为继承权的重要性和价值远远高于红豆汤。但是，当红豆汤摆在人们面前的时候，人们往往被红豆汤的美味所吸引，此时对于自己而言的大利益——继承权，早已经抛至九霄云外。

换一个角度说，也并不能认为选择红豆汤就不符合理性经济人理论，其实这就是人的有限理性。因为在当时的情况下，以扫十分口渴和饥饿，要红豆汤就是他的理性选择。但是从长远看，这样的理性选择无疑是不理性的。

在经济活动中，我们既要看到短期利益，更要看到长期利益，必须经过理性思维，做出自己的选择。为红豆汤而放弃长子继承权，无论怎样都不是明智的选择。

为什么生活中只有“霍布斯选择”

1631 年，英国剑桥商人霍布斯从事马匹生意，他说，所有人买我的马或者租我的马，价格绝对便宜，并且你们可以随便挑选。霍布斯的马圈很大，马匹很多，然而马圈只有一个小门，高头大马出不去，能出来的都是瘦马、赖马、小马。来买马的左挑右选，不是瘦的，就是赖的。霍布斯只允许人们在马圈的出口处选。大家挑来挑去，自以为完成了满意的选择，最后的结果可想而知——只是一个低级的决策结果，其实质是小选择、假选择、形式主义的选择。

可以看出，这种选择是在有限的空间里进行着有限的选择，无论你如何思考、评估与甄别，最终得到的还是一匹劣马。后来，管理学家西蒙把这种没有选择余地的所谓“选择”讥讽为“霍布斯选择”。“霍布斯选择”是一个小选择，一个假选择。

“霍布斯选择”一直在我们的生活中存在着。虽然从理论上说，你总是有许许多多的选择，但因某些限制的存在，减少了你选择的范围，甚至只允许你有一种选择。所谓的“自由选择”总是或多或少受到限制和约束，这使得选择的范围大大缩小。

举一个简单的例子，对于一个“自由”的大学生来说，他毕业后可以工作，可以攻读研究生，可以出国留学，甚至可以成为自由职业者。但是，真实的选择并不是这么回事：因为囊中羞涩，出国留学的选择其实已经名存实亡；因为英语基础差，通过考研英语分数线的可能性很低，这无疑又使读研成为弃选项；因为家里强烈反对他做自由职业者，于是必须得放弃这种选择……这就是残酷的现实给选择套上的枷锁，因此他必须在毕业后找寻一份正式的工作。

受到限制的选择也并不是一无是处。现代商品经济下，生产资料日益丰富，走进超市面对各种品牌的同类商品往往会有点无从下手，不知道自己该选择哪个，很担心自己会选中质量差的产品。谁能保证自己的选择就一定是正确的呢？而如果只有一种商品可供选择，人们对该商品的认知已经很清晰，不再有这些担心，人们至少可以选择买或不买。此外，如果只有一种选择，也可节省选择的机会成本。

当然，绝大多数人还是希望拥有更多的选择机会，更多的选择机会总是令人身心愉悦。因此，我们理应利用自己的智慧之眼，洞悉所谓的“霍布森选择”，为自己创造尽可能多的选择机会。

一位老者携孙子去集市卖驴。路上，开始时是孙子骑在驴背上，爷爷在地上牵着毛驴走，有人指责孙子不孝。听到人们的指责后，爷孙二人立刻调换了位置。调换位置后的爷孙俩，又听到有人指责，说老头虐待孩子。于是爷孙二人都骑上了驴。一位老太太看到后又为驴鸣不平，说他们不顾驴的死活。最后，爷孙二人都从驴背上下来了，徒步跟驴走。不久又听到有人讥笑：“看！一定是两个傻瓜，不然为什么放着现成的驴不骑呢？”爷爷听罢，叹口气说：“还有一种选择就是咱俩抬着驴走，可这样一来，岂不更让人笑掉大牙？”

不同的人对同样的问题有不同的认知。在经济生活中也是如此。面对一件相同的商品，不同的人可能会有不同的选择。有人做选择是从经济学的成本收益角度来看，比如人们选择一项投资，总是选择投入最少、收益最大的。有人做选择是从物品的使用价值角度来看的，例如人们在沙漠中对水的珍视就比其他物品要高。还有人是从自己的兴趣爱好方面来做出选择，如有人喜欢集邮，花费千金也要集齐一套完整的邮票。但是，非得要说谁做出的决策或者选择是最优的，恐怕谁也不能说服谁。

因此，最佳选择是对自己而言，而非对他人而言。在别人看来并非是最佳选择，但对自己而言是最佳选择，这就够了。比如，小李和小黄都拥有100万元资本准备投资，小李对塑料刷颇有研究，小黄对装潢设计十分在行。对于他们而言，如果小李将资本投入装潢设计行业，而小黄将资本投入塑料刷业，对他们来说恐怕都不是最佳选择。

其实我们在做选择的时候，往往追求最佳，但是自己却没有一个判断的标准，连自己都不知道什么才是最佳选择。其实，很多时候，我们在做选择时，认真思考之后也不一定能做出最佳选择。在短时间内做出来的选择往往是现存的最佳选择。

第五编

你能不能赚大钱：理财中的经济学诡计

- 为什么 GDP 增长，你的收入却没有增加
- 买卖股票：股市有没有带头大哥
- 85% 的人买不起房：为什么房产公司增多，买房的人减少

第一章

为什么 GDP 增长，你的收入却没有增加

为什么不用为打破的玻璃难过

一日，经济学家坐在桌前看书。妻子在擦窗户。小儿子非常顽皮，在街上玩的时候，用石头扔妈妈，没想到一不小心，将刚擦好的玻璃打碎了。妻子非常生气，抓住孩子就要打。经济学家突然喝道："为什么要打孩子？他打碎一块玻璃，却能让装玻璃的工人有活干，能让玻璃厂多生产一块玻璃，能增加一个工人的工资，增加了国家多少的 GDP 啊。"妻子听了非常生气："那我呢，我辛辛苦苦擦的玻璃就这样被打碎了，我岂不是白忙了？"经济学家答道："本来你擦玻璃对 GDP 就没什么贡献，也没什么好难过的。"妻子听后，险些晕倒。

孩子打碎玻璃，带来经济的增长，妻子擦玻璃却对经济没有任何贡献，这道理从何说起？按照经济学家的解释，家里的门窗玻璃被打破了，的确是一种财产损失，但因过后要修理，安上新的玻璃，于是家里就会增加开支，构成需求，从而创造了新的 GDP，刺激了经济，这未尝不是一件好事情。而妻子的家务活动，因为没有挣到薪水，因此对 GDP 的增长没有贡献。

怪诞的解释方法，让人觉得有些不解。难不成以后应当鼓励孩子多砸几块玻璃，鼓励妻子做家务要收费（通过收费服务而增加 GDP）？黑色的幽默，不禁让人困惑。但经济学中确实有这样的道理。在灾难经济学中，有一个词语叫"破窗效应"，就是来形容灾害对经济产生的多重作用的。

"破窗效应"是指由于灾害导致经济受到损失，但在这之后为了救灾以及灾后重建，会导致投入的增加，从而对经济产生拉动作用。

在这里，打碎玻璃的行为，就像是一种人为的"灾难"，它虽然会对经济造成不利影响，但由于"灾后重建"会拉动需求，反而成了促使经济发展的好事。尽管有些讽刺，却的确存在这样的效果。西方的一些经济学者还利用凯恩斯关于乌托邦社会的假设来说明这点。

乌托邦国已经一片混乱。整个社会的经济陷入衰退之中，工厂倒闭，工人失业，人们无家可归，饿殍遍野……这个时候，一名经济学家向政府建议说："我们应该在这时创造一个经济发展的契机。例如，一场人为的灾难或许会带来好的结果。"

尽管人们半信半疑，但还是听从了这一意见，要在城市中制造一个人为的破坏——在市中心的道路上挖一个很大很大的坑。

于是，经济学家要求雇用 200 个人来执行这一任务。很快，200 个人就购买了 200 把铁锹。这样，生产铁锹的企业、生产钢铁的企业、生产锹把的企业相继开工了。接下来工人开始上

班、吃饭、穿衣……随后，交通部门、食品企业、服装企业也相继开工了。大坑挖好后，政府又雇用200个人将这个大坑填埋上，这样又需要200把铁锹……死气沉沉的市场逐渐复苏了。经济恢复之后，政府通过税收，偿还了挖坑时发行的债券。一切又恢复正常，人们再次过上了幸福的生活……

乌托邦的故事，无论从哪个角度看都有些滑稽。人们在经济发展缓慢时，就为自己制造一些“灾难”，这符合逻辑吗？何况，现实中真正的灾难留给人们的痛苦，恐怕要远远超过这些经济的发展吧。

以我国为例，我国第一次全面研究“破窗效应”就是在1998年发生特大洪水的时候。当时洪水对长江中游地区造成了巨大的财产损失，同时又恰逢亚洲金融危机，国家经济面临很大的压力，经济增长速度放缓。就在这个时候，有学者提出不妨利用“破窗效应”，通过抗洪救灾及加大灾后重建的力度来拉动内需。此方法一出，就受到了很多人的支持。政府立即转变人们的悲伤情绪，制定了整套的扩大需求、刺激经济的政策。经过全国人民的共同努力，最终，我们战胜了洪灾，在经济上也摆脱了亚洲金融危机的冲击，重新回到了快速增长的轨道。

面对国际金融危机带来的严重冲击，党中央、国务院于2008年11月5日出台扩大内需、促进经济增长的一揽子经济刺激计划。

一年之后，这个一揽子计划政策效应初步显现。2009年前三季度GDP同比增长达到7.7%，“全年‘保八’增长毫无悬念。”国务院发展研究中心研究员张立群认为，“这意味着中国经济抵御各种冲击的能力已经上了一个新的台阶。”

GDP表示一个国家的经济总量，这代表一国的经济实力和财富，是人民福利增加的基础。没有GDP的增长，绝不可能有福利增加。追求GDP是各国政府的共同目标，这是没有错的。但经济的总量增长并不意味着每个人的收入都有所增加。

42岁的焦光书是贵州省平坝县乐平乡清峰村村民。“种粮食不挣钱，家里的收入基本靠打工。”他说，“去年收了1000斤苞谷、1000斤稻谷。苞谷基本用来养猪，稻谷只够吃，基本没卖。苞谷地间种了油菜，收了700斤，卖了1000来块钱。可这3亩地的投入就要1000多块。”

“我只有用打工挣点养猪的饲料钱，补贴家用。”焦光书由于没有技术，只能在平坝县城工地上做点小工，每天50元。

2009年，村里危房改造后住上了新房，政府免费建了沼气池，省掉了做饭的煤炭钱，不过家里的纯收入也不会超过两千元。“一是村里搞危房改造，外出打工少了；二是2009年毛猪价格跌了，从往年的8块3掉到4块9，2009年卖了3头猪，只卖得3000来块，比往年少了2000多块。”

焦光书家一年中较大的开支是每月需要交付的十七八块钱的电费，还有洗衣粉钱。“洗衣粉一年下来要四五十块，算是我家很大的支出！”

GDP是一个总量指数，没有反映出人均收入状况。在经济发展的某一阶段，随着GDP增长会出现收入分配差距扩大的现象。这时，GDP增长反而会引起人民福利的下降。GDP也好，人均GDP也好，都无法反映收入分配状况，出现“富裕中的贫困”这种不正常现象。

为什么汇率能让你吃到免费的午餐

美国和墨西哥的边境生活着一群农民。他们中大多数人老老实实地种地。但有一个人例外。这是一个非常精明的人。他仅仅依靠20美元就过上了小康生活。

每天，这个农民在早上起来后，先在美国这边的酒店花2美元买一杯啤酒和一盘牛排。吃完后，他就带着18美元来到墨西哥。此时，时间已经差不多到了中午。他在当地银行按1∶3的汇率，将18美元换成54比索，然后拿出6比索，在当地饭店继续喝一杯啤酒，吃一盘牛排。等到了晚上，他再拿着剩余的48比索回到美国，根据此国1∶2.4的汇率，换成20美元。这样，一天下来，他就白白享用了啤酒和牛排。……一年多了，他一直重复这样的行程。

这个农民怎么能平白无故地吃到免费的午餐？其中的秘密就在于他机智地运用了国家与

国家之间的汇率。早上，农民在美国花费2美元后，来到墨西哥——即中午，此时，因某些因素影响，墨西哥的货币价值被低估，因此1美元能兑换3个比索。等农民晚上回到美国，随着外汇因素的变动，墨西哥的货币币值上升，于是1美元只能兑换2.4个比索。看农民在这一天中的行为——他先选择投资价值被低估的比索，再回到美国，获得比索上涨后带来的利益。可见，是两国的汇率变动为他买了单。

不要以为农民的行为既可笑又不切实际。那些经常在汇率市场上投机的冒险家们会告诉你，现实正是如此。每一天，汇率都会因为诸多因素不停变动，农民的行为完全可行。更何况，那些外汇市场上的投机家们做的不都是这类营生？

汇率亦称“外汇行市或汇价”。一国货币兑换另一国货币的比率，是以一种货币表示另一种货币的价格。

其实，根据经济学中的概念，汇率主要是利用于两国的贸易之中。因为当两国要进行贸易时，由于世界各国货币的名称不同，币值不一，所以一国货币对其他国家的货币必须要规定一个固定值，即汇率，当这个汇率固定好后，人们就会按照它进行交易。

在故事中，两国采用的都是间接标价法，即都是以1个单位的本币来做标准。接着，我们看到，汇率通常直接关系到一个国家商品和消费的变动。（因为一个国家生产的商品都是按本国货币来计算成本的）于是，聪明的农民，就利用这一点，将两国中间的贸易变成了对个人有利的一项交易活动——根据美国和墨西哥之间在早晚的汇率差异而为自己赚取了一份免费的午餐。更确切地说，他利用了国际经济学上的套利活动。

按照经济学的常理，汇率下降时，将会引起进口商品在国内的价格上涨，对外国出口的商品便宜。而汇率上涨时，将导致进口品的价格降低，出口品的价格升高。物价水平会直接将汇率变动的影响传到百姓的日常生活中。

从此角度看，汇率的变动不仅仅是政府调控国际贸易情况的重要因素，对民众经济生活的影响也不可小看。所以，在制定日后的汇率政策时，政府更应深重地考量，它的变动会给民众的生活带来些什么？

在工商银行宽敞的银行外汇交易大厅中，小林正扬头观看报价大屏幕上不断闪动的外汇牌价，突然肩膀被拍了一下。

“小林，好久不见呀！”回头一看，陈俊满面笑容地站在身后。

“是啊！最近老是不见你，在忙什么呀？”

“这不，‘十一’前去了趟东南亚旅游，上周五回来当天就赶上美国公布的非农业就业人口数据低于预期，弄得非美货币全线上涨。”陈俊边说边坐了下来，“我在1.2330进的欧元，还不错，1.2400跑了。这不，周二欧元又跌下来了，所以过来跟你聊聊。”

“噢！”小林扶了扶鼻梁上的眼镜说，“周二欧元下跌主要是前期获利盘高位回吐，加上欧元区数据不好。不过现在正好接近了前期上升通道的下沿1.2300，短线应该有一定支撑吧。”说着话，两人一齐抬头看起了报价。

过了一会儿，看着欧元上下不停地波动，陈俊又有些跃跃欲试了，他说：“欧元RSI指标三次下探50后均掉头向上，短线再进点儿欧元是不是还有机会？”

“不好说，周四美国就要公布8月份贸易赤字数据，我觉得数据公布前吸纳欧元有点儿冒险。”小林俨然一位分析师，不停地指点着陈俊。

“那还是用老办法？”

“对！周四晚上8：30公布数据，8：25在欧元现价上方20点挂止损单买欧元。”

“就这么办最稳妥！”陈俊坚定地说。

似乎是习惯，小林和陈俊总是经常这样在银行相遇，然后一起讨论汇市行情。

小林曾经是银行的职员，一直在汇市中摸爬滚打，经验丰富、心态平和，最近几年在汇市上一直保持着大幅盈利。陈俊早年做生意也算得上是暴发户，悟性高、上手快，在汇市上屡试不爽之后如今已是“弃商从汇”。小林说，如今投资也是一种时尚。两人就这样相遇在京城的汇市大厅，还成了一对朋友。两人经常感叹，这都是汇市促成的渊源呐。

以前，一般人对外汇市场的了解仅是一个外币的概念，然而历经几个时期的演进，它已较能为一般人所了解，而且已应用外汇交易为理财工具。汇率理财，简单地说，就是在低价的时候买进某一币种，而在高价的时候抛出去。人民币升值预期的声音也再次响起。在人民币升值的预期中，投资者其实可以利用一些好的币种和投资产品来提升手头外汇资产的收益。

为什么CPI能告诉你钱值不值钱

有人曾经列举了30年前的1元钱与现在的1元钱之间的区别：

30年前，1元钱能做什么？

交一个孩子0.6个学期的学杂费（一个学期1.6元），治疗一次感冒发烧（含打针），买20个雪糕、7斤大米、50斤番茄、20斤小白菜、20个鸡蛋，到电影院看5次电影，乘20次公交车。

现在的某个不特定时间点，1元钱能够做什么？

乘公交车1次（非空调车）、买2个鸡蛋，夏天买0.5斤小白菜、0.8斤番茄、0.7斤大米，看病挂号1次（最便宜的门诊），缴纳小孩学杂费的1/800，看0.05次电影。

为什么会有如此巨大的差异？简单地说，是由于物价（CPI）上涨了，钱不值钱了。所以一块钱买的东西越来越少了。

2009年11月12日，北京市统计局、国家统计局北京调查总队发布的2009年1月至10月北京市经济运行情况显示：10月份，全市居民消费价格（CPI）同比下降2.3%，降幅比9月份缩小0.2个百分点，连续2个月降幅缩小。从环比看，10月份居民消费价格比9月份上涨0.3%，连续4个月环比上涨。1月至10月，居民消费价格比上年同期下降1.7%，降幅比1季度至3季度扩大0.1个百分点。

经济危机之后，普通居民对物价的感觉是更贵了。CPI恐怕是大家谈论最多的经济词汇了。确实，我们周边的很多朋友，不管他从事什么工作，不管他的年纪是长是幼，甚至连英文字母都不认识的老大妈，都在谈论CPI。对于普通老百姓而言，大家对CPI的关注归根结底还是对日常生活所需品的价格变化，比如说猪肉的价格变化、面粉的价格变化、蔬菜的价格变化等的关注。那么CPI能如实地反映出老百姓最关心的日常生活费用的增长吗？

我们先来了解一下到底什么是CPI。所谓CPI，即消费者物价指数（Consumer Price Index），英文缩写为CPI，是反映与居民生活有关的产品及劳务价格统计出来的物价变动指标，通常作为衡量通货膨胀水平的重要指标。

如果消费者物价指数升幅过大，表明通胀已经成为经济不稳定因素，央行会有紧缩货币政策和财政政策的风险，从而造成经济前景不明朗。一般说来，当CPI>3%的增幅时，我们把它称通货膨胀；而当CPI>5%的增幅时，我们把它称为严重的通货膨胀。鉴于以上原因，该指数过高的升幅往往不被市场欢迎。例如，某一年，消费者物价指数上升2.5%，则表示你的生活成本比上一年平均上升2.5%。当生活成本提高，你拥有的金钱价值便随之下降。换句话说，一年前面值100元的纸币，现在只能买到价值97.5元的货品及服务。

CPI是怎样计算的？其实CPI的整个计算过程你不需要知道，你只需要知道，通常你买猪肉或喝饮料的平均价格就是CPI。CPI的上涨意味着你承担的日常花费也在上涨。例如，2007年我国CPI上涨达到4.8%，也就是说，你日常的花费增加了4.8%。

但是真实的日常生活费用情况CPI是反映不出来的，有时我们对物价的感觉与公布的统计数据会有差异。我国CPI当中包含八大类商品：第一类是食品，第二类是烟酒及其用品，第三类是衣着，第四类是家庭设备用品和维修服务，第五类是医疗保健和个人用品，第六类是交通和通讯，第七类是娱乐、教育、文化用品和服务，第八类是居住。与居民消费相关的所有类别都包括在这八大类中。在CPI价格体系中，食品类权重占到32.74%。

从2007年下半年开始到2008年年初，这八类商品，上涨的状况是不一样的。主要上涨的是哪一类呢？主要上涨的是以肉类为代表的食品，如肉类、粮食、豆制品，以及食用油、蔬菜等，也就是说上涨的主要是食品价格。2007年物价指数到了4.8，4.8当中有4.0是由于食品价格上涨造成的。4.0 比 4.8，等于 83.3%。2007 年中国物价上涨达到 10 年来的最高点是由于食品价格的上涨。2008 年前 5 个月 CPI 上涨幅度达到 8，在这么一个高度，食品价格上涨大约占了 84%。2008 年我国物价上涨的压力也很大，出现这种状况的主要原因还是食品价格的上涨。

与老百姓生活密切相关的是生活必需品的价格，即以肉类为代表的食品的价格。它与电视机、电冰箱的价格有着很大的差别。电视机、电冰箱价格上涨了，我们可以不买，没有这些东西我们照样能活下去；房价高得离谱，买不起就不买了，可以租房子住，尽管房租也涨了。但是，鸡鸭鱼肉等食品价格上涨了，我们却不能不买，离开它们，我们还怎么活！

而 CPI 里面最重要的组成部分，并且被严重低估的就是鸡鸭鱼肉等食品的价格——它导致你吃饭的花费大幅上涨。例如猪肉价格上涨 26%，蛋类价格上涨 37%，也就是说你每吃一顿肉就要多付 26%的钱，吃一顿鸡蛋就多付 37%的钱。倘若这种情况并没有得到改善，反而进一步加剧，每一个老百姓吃饭的花费平均增加了 50%，也就是说，你一日三顿，不管是早点、中餐还是晚饭，你每吃一顿饭就得多付 50% 的钱。

然而 50%的吃饭费用的上升没有直接反映在 CPI 里面，为什么？因为 CPI 是我们所有用到的消费品的平均数，刚才我们说到的 4.8%代表所有消费品的增长，其中包括电器、住房等。所以真正重要的指标不能从整体去看，要单个来看，看肉价上升多少，大米价格上升多少，食用油价格上升多少等。CPI 并不能如实反映日常生活费用的增长，要想了解日常生活费用的增长，你只有单个去看。

随着 CPI 的上涨，钱就会不断的贬值，我们就不应该把钱存在自己的家里或银行，而应该拿出来投资，让钱增值。

为什么利率的猜想会引发恐慌性购买

2009 年，房价多项优惠政策到期之后楼市政策的不确定性，以及房价屡调屡涨的过往历史，都让购房者产生了恐慌心理。目前房价已经到了支付极限，特别是对于那些自住型需求，人们感觉自己如果再不出手，或者就真的再也买不起房子了。

一位许姓小姐讲述了她的卖房经历。她的房源位于北京东四环附近，约 90 平方米。房源信息刚刚发布，中介的信息就来了，称有买主愿意出价 165 万元，许小姐表示不愿出售。没想到，过了没几天，中介的电话又来了，有人出价 170 万元。

“我的房子是 2007 年以 100 万元的价格买入，短短 2 年时间，已有近 50 万的纯利，但一天一个价的行情的确有点让人看不懂了。”许小姐坦言，她还在等待更好的价格。

“几个人抢一个房源的情况时有发生。”孟奇坦言。他从事二手房业务已有多年，但从没有见过如此火爆的情形。

“预计 11 月、12 月北京存量住宅的交易量将至少与 10 月持平，整个季度成交量将达到 5 万套左右。”北京中原三级市场研究部有关负责人透露。9 月，北京市存量住宅成交量达到 22570 套，创下北京存量住宅月度成交量的最高纪录。

“月成交接近 2 万套不是哪一个区域可以支撑的，只要是北京的传统区域，二手房成交都是出奇地活跃。”孟奇指出。此前二手房市场最好的 2007 年，全年成交套数也不过 9 万套左右。截至 2009 年 10 月，北京二手房总成交量就超过 20 万套，预计全年可实现 25 万套。

来自北京中原三级市场研究部的数据显示：目前，北京中高档二手商品房的成交均价为 16957 元每平方米。“预计今年第四季度将达 17500 元每平方米。”北京 2009 年一手房和二手房一共销售 34 万套左右，而去年只有 14 万套。

这些购房者认为一旦有关二手房转让的优惠政策取消，房屋交易环节的税费将增加 5% ~ 8%，购房成本将再度增加。在 = 税费优惠期内，总价 180 万元的房产，在税费方面就可以节省 99000 元，再结合信贷优惠政策，共可节省 40 余万元。“消费者在优惠期内积极购房也是情理之中。”

如果取消购房人优惠政策，核心只有四个字“加息加税”。加息加税的结果会使购房人支付成本更高，房价涨得更快。“政府应吸取 2005 年、2006 年宏观调控失败的经验，通过加息加税抑制需求肯定是不可取的。”

利率又称利息率，表示一定时期内利息量与本金的比率。降低或者提高利率是国家货币政策的重要组成部分，也是货币政策实施的主要手段之一。央行根据货币政策实施的需要，适时的运用利率工具，对利率水平和利率结构进行调整，进而影响社会资金供求状况，实现货币政策的既定目标。所以，国家要提高利率、调整房地产优惠政策会影响人们恐慌性购房。

2009 年 12 月 2 日傍晚六点左右，杭州九堡某楼盘的现场售楼处前突然有多人自动排队，至晚上 8 点左右已聚集上百人。该楼盘原定 12 月 5 日开盘，目前尚未领出预售证，但在众多排队者“逼宫”之下，开发商不得不于当晚群发短信给此前登记的意向客户，通知他们前来排队等待放号。

在现场，近千位排队者有很多都自带凳子，还有人给大家发放手写的“号子”。人们都在耐心等待，大多数人好像都做了要度过一个不眠之夜的准备。该楼盘一共有 600 多套房源，除去 100 多套合作单位和员工的“内部房”，实际可售的房源只有 400 多套，而开发商当天的放号将只到 600 号为止。这意味着许多人在冷风中排一晚上的队，很可能依然买不到一套房子。

如果按照现场人数和整个楼盘的仅 600 套房源来测算，该楼盘将成为“日光盘”，确切地说，应该叫“夜光盘”。如果是投资买楼的话，抢在优惠政策结束之前投资房市，更可以从中获利。

这些买房的人都是在权衡着利率的上涨所带来的消费负担，也有的人是在优惠政策结束之前买房投资。

为什么爱因斯坦认为复利是世界第八大奇迹

爱因斯坦曾经这样感慨道：“复利堪称是世界第八大奇迹，其威力甚至超过原子弹。”古印度的一个传说证实了爱因斯坦的说法。

古印度的舍罕王准备奖励自己的宰相西萨班达依尔，此人发明了国际象棋。舍罕王问西萨班达依尔想要什么，西萨班达依尔拿出一个小小的国际象棋棋盘，然后对国王说：“陛下，金银财宝我都不要，我只要麦子。您在这张棋盘的第 1 个小格里，放 1 粒麦子，在第 2 个小格里放 2 粒，第 3 个小格放 4 粒，以后每个小格都比前一小格多一倍。然后，您将摆满棋盘上所有 64 格的麦子，都赏给我就可以了！”

舍罕王看了看那个小棋盘，觉得这个要求实在太容易满足了，当场就答应了。

不过，当国王的奴隶们将麦子一格格开始放时，舍罕王才发现：就是把全印度甚至全世界的麦子都拿过来，也满足不了宰相的要求。

那么这个宰相要求的麦粒究竟有多少呢？有人曾计算过，按照这种方式填满整个棋盘大约需要 820 亿吨麦子。即使按照现在全球麦子的产量来计算，也需要 550 年才能满足西萨班达依尔的要求。

复利竟有如此神奇的力量，那么究竟什么是复利呢？复利和高利贷的计算方法基本一致，它是将本金及其产生的利息一并计算，也就是人们常说的“利滚利”。如果拿 10 万元进行投资的话，以每年 15% 的收益来计算，第二年的收益并入本金就是 11.5 万，然后将这 11.5 万作为本金再次投资，等到 15 年之后拥有的资产就是原来的 8 倍，也就是 80 万，而且这笔投资还将继续以每 5 年翻一番的速度急速增长。

这其实是一个按照 100% 复利计算递增的事例。不过在现实中，100% 的复利增长是很难实现的。即使是股神巴菲特的伯克希尔哈撒韦公司，在 1993 年到 2007 年的 15 年里，年平均回报率也仅为 23.5%。

不过，即使只有这样的复利增长，其结果也是惊人的。金融领域有个著名的“72 法则”：如果以 1% 的复利来计息，经过 72 年后，本金就会翻一番。根据这个法则，用 72 除以投资回报率，就能够轻易算出本金翻番所需要的时间。

比如，如果投资的平均年回报率为 10%，那么只要 7.2 年后，本金就可以翻一番。如果投资 10 万元，7.2 年后就变成 20 万元，14.4 年后变成 40 万元，21.6 年之后变成 80 万元，28.8 年之后就可以达到 160 万元。每年 10% 的投资回报率，并非难事。由此可见复利是多么的神奇。

要想财富增值，首先必须进行投资。根据“72 法则”，回报率越高，复利带来的效应收益越大。银行的存款利息过低，所以储蓄并不是增值财富的根本选择。要想保持高的收益，让复利一展神奇的话，那就需要进行高回报率的投资。

从复利的增长趋势来看，时间越长，复利产生的效应也就越大。所以，如果希望得到较高的回报，就要充分利用这种效应。进行投资的时间越早，复利带来的收益越大。在条件允许的情况下，只要有了资金来源，就需要进行制定并开始执行投资理财的计划。

复利的原理告诉我们，只要保持稳定的常年收益率，就能够实现丰厚的利润。在进行投资的选择时，一定要注重那些有着持续稳定收益率的领域。一般情况下，年收益率在 15% 左右最为理想，这样的收益率既不高也不低，稳定易于实现。找到稳定收益率的领域后，只要坚持长期投资，复利会让财富迅速增值。

但要注意到，复利的收益是在连续计算的时候，才会有神奇的效应。这就要求我们在投资的时候，要防止亏损。如果一两年内，收益平平还不要紧，一旦出现严重亏损，就会前功尽弃，复利的神奇也会消失殆尽，一切又得从头开始。利用复利进行投资时，需要谨记的是：避免出现大的亏损，一切以“稳”为重。

华人世界的首富李嘉诚先生自 16 岁白手起家，到 73 岁时，他的资产达到了 126 亿美元。对于普通人来说，这是一个天文数字，李嘉诚最终却做到了。李嘉诚的成功并不是一次两次的暴利，而在于他有着持久、稳定的收益。

让李嘉诚的财富不断增值的神奇工具就是复利。复利的神奇在于资本的稳步增长。要想利用复利使财富增值，就得注重资本的逐步积累。改掉随意花钱的习惯，是普通人走向复利增值的第一步。

所以，我们要学会每天积累一些资金，现在花了 1 元钱，持续投资，将种子养成大树。所以说成功的关键就是端正态度，设立一个长期可行的方案持之以恒地去做，成功会离我们越来越近。

为什么你会一夜暴富，也能转瞬变成穷光蛋

古希腊著名数学家、物理学家阿基米德，有一天对叙拉古的国王说：“如果给我一个立足的地方，我将移动地球！”国王一听，感到非常吃惊，于是对他说：“好呀，那你给我表演一下吧。刚好那边有一艘大船，随便你用什么工具和机械，只许你一个人，把这艘船推下水吧！”

阿基米德叫工匠在船的前后左右安装了一套设计精巧的滑轮和杠杆，并让国王拉动一根绳索，只见船慢慢地动起来，最终移到了海里。岸上的群众见此情景欢呼雀跃，国王也对阿基米德的才识另眼相待。

实际上，阿基米德利用的是杠杆的原理。他设计了一套杠杆滑轮系统，推动了大船。杠杆原理告诉我们，动力臂大于阻力臂，就是省力杠杆。利用省力杠杆，我们可以十分轻松地处置数十倍，甚至数百倍于我们自身重量的物体。

阿基米德的杠杆原理后来被经济学家所应用，成为“杠杆效应”。杠杆是一种用于投资的债务，当那笔债务用于投资，会加倍收益或是损失。杠杆是个乘数，是个超级放大器。当你交好运时，放大器很强大；当你倒霉时，它又很恐怖。

一对英国教师夫妇 1990 年辞去薪水微薄的教师工作，投资房地产。依靠“以房养房”，近 20 年来他们最多时坐拥 900 多套房子。然而日前，这对夫妇决定一口气将手中现有的 700 多套房子全部出手，从此转行，专门向世人传授“炒房心经”。

现年61岁的弗格斯·威尔森及其老伴朱蒂斯原本都只是薪水微薄的中学数学教师。1975年，他们省吃俭用以8200英镑买下第一套房子。这是一套位于梅特斯通市的三居室。幸运的是，他们选对了地点，20年后，当地因为邻近英法海底隧道的阿什佛德站，成为英国最热门的房地产市场。

看着当时英国房价飞涨，威尔森夫妇首次产生当“包租公”、“包租婆”的念头。于是他们把第一套房子租出去，用租金来付第二套房子的贷款，此后开始进入房地产市场。1990年初，夫妇俩正式辞去教师工作，全心投入房地产投资。

他们靠着准确的眼光购房、出租，然后依靠租金支付房贷。据悉，威尔森夫妇的投资始终坚守一个黄金定律，那就是不在自己不熟悉或者太远的区域置业。他们认定，理想的投资目标是价值约18万英镑的房子，因为太高很难租售出去。此外，房子一定要带宽敞的院子和停车位，因为这样更易保值、升值。

在近20年的投资生涯中，威尔森夫妇最多时手上拥有900多套房子，市值最高时高达1.8亿英镑。然而由于全球金融危机的影响，去年他们的房子市值急剧缩水。所幸的是，多年来他们一直坚守买精品楼盘的原则，所以房价在下跌后不久便逐渐恢复了原位。

2009年夏天，随着英国楼市渐渐复苏，加上阿什佛德至伦敦的高速铁路开通，当地的房地产价格迅速飙升。威尔森夫妇的房子不知不觉中又升值了100多万英镑。目前，这对“英国头号炒房夫妇”做出一个重大决定，趁着房价处于上升的状态，一口气将目前手中的700多套房子逢高出货，从此金盆洗手。

这对夫妇就是利用金融杠杆的作用，不停地把房地产投资滚大，从而享受租金回报。

金融杠杆简单地说来就是一个乘号（*）。使用这个工具，可以放大投资的结果，无论最终的结果是收益还是损失，都会以一个固定的比例增加。所以，在使用这个工具之前，投资者必须仔细分析投资项目中的收益预期，和有可能遭遇的风险。

你只要交纳首付款并每月按时还贷，就能拥有价值几十万，甚至上百万的房子，这就是金融杠杆的效应。“金融杠杆”可以把你带上天堂，也可以把你送进地狱；可以让你一夜暴富，也能让你瞬间变成穷光蛋。关键是看如何认识它、使用它。

2009年5月16日的“2009陆家嘴论坛”上，宝钢董事长徐乐江以“输得很惨”形容这两年宝钢在不锈钢产业上的经营。

2008年，宝钢股份计提资产减值损失达58.94亿元，占其利润总额的72.28%。原本占宝钢业务比重不大的不锈钢部分，却由于其原材料镍的库存，导致实际亏损达到10亿元。

业内人士指出，套期保值本没有错，但是如果这些运用金融杠杆的企业违背了必须遵守的原则，则有可能造成巨额亏损。

并非实业干得不好，而在于金融业的运作——伦敦金融期货市场2007年把镍炒到52000美元/吨，2008年年底又降到8000美元/吨。而历史上，镍的价格从来没有高过26000美元/吨。

2008年一年，宝钢对于镍亏损的计提在5亿元以上，但实际亏损多于10亿元。

备尝“镍库存”苦果的宝钢，已经将镍板库存量做到“量出为入”。目前的库存量与2007年的数字前后相差甚为悬殊。

在期货业界，国内大型央企特别是有色金属类央企做期货以达到跨市场套利的现象几乎尽人皆知。“现在钢铁行业利用金融杠杆的企业已经越来越多了。”一位钢铁企业老总感叹。相比较老老实实搞生产的企业而言，能够利用金融衍生品进行操控则更是一种“高纬度刺激”。

宝钢集团的金融杠杆已经越“拉”越长，已非“炒炒股票，做做期货”这么简单：控股华宝信托；斥资近25亿元参股太平洋保险（集团）公司，成为太保集团的实际控制人；在金融业的投资还包括兴业银行、交通银行、浦发银行、新华人寿、华泰财险、国泰君安证券等。宝钢集团曾经试图控股深发展、成立合资保险公司，其钢铁与金融两业并举的扩张路径跃然而出。

然而高收益背后必然是高风险。宝钢的镍巨亏并非孤例。此前的东航、国航套保亏损已经拉响了警报。

事实上，只有过度套保才是一种投机行为。上海兰格信息咨询有限公司行业分析师吕阜臻指出，套期保值的本意是“稳健经营，规避风险”，企业要想避免由于过度使用而造成更大风险，就应该遵循套保的原理。

宝钢需要镍，航空公司需要油，它们买入相应的原材料是为了锁定成本。这就是套期保值的第一个原理，即与自己的经营方式密切相关。而另一个重要原则是，控制自己的交易量，不要放大。同时，应该坚持只做正方向。

杠杆效应使投资者可交易金额被放大的同时，也使投资者承担的风险加大了很多倍。但只要我们有效地利用杠杆，无论是对于创造财富还是在现实生活中，我们都只需付出很小的努力，就可以获得丰厚的回报；反之，则可能终生劳碌，却一无所获。

一些看似平常的人，却取得了巨大的成功；还有些不怎么样的人，竟也能够飞黄腾达；而一些被普遍认为能力较强的人，却一生难成气候。其实，秘密就在于对杠杆的应用。对杠杆利用得好，就能够成就一番事业；利用得一般，也可能办成一些事情；如果放着杠杆不去利用，那么走向成功的希望就非常渺茫。

为什么税收可以避免

税收是国家为了实现其职能，按照法定标准，无偿取得财政收入的一种手段，是国家凭借政治权力参与国民收入分配和再分配而形成的一种特定分配关系。税收的种类多如牛毛。

改名税：比利时新的法律，父母可以任意给孩子改名，但必须交纳200比利时法郎的“改名税”。

乞丐税：法国巴黎的香榭丽舍大道，是世界上最有名的大道，外地乞丐和流浪汉纷纷涌到这儿时，使当局感到大煞风景。于是规定，只有缴纳1.5万法郎税款的乞丐，方能获得准许在此大道上行乞。

狗税：匈牙利人喜欢养狗，自18世纪以来，一直征收狗税。

钓鱼税：在荷兰，湖泊日趋减少，而钓鱼者越来越多，为此政府制定《垂钓管理法规》，规定垂钓者应照章纳税，税额按区域等级而定。

未婚妈妈税：美国威斯康星州通过法令，对未婚但有私生子的少女征税。这样做是为了对未婚妈妈的家长施加压力，让他们管好自己的女儿。未婚妈妈满18岁以后征税停止。

吃饭税：在美国，公款请客吃饭，要按饭金的50%交税，并在饭后两小时内向税务局缴纳税款。

小便税：在古罗马莱维尼斯帕西安时期，国家开征了小便税。理由是，有些厂家利用阴沟里的尿液制造氨水。

离婚税：美国加利福尼亚州规定，结婚不满1年，未生养又无贵重财产的夫妻，欲离婚只要向州政府法律部门寄30美元离婚税，并保证双方无争执地分割财产，其离婚即自动生效。

这些看起来非常好笑，近乎荒诞，但也告诉我们，税收也是生活的重压。

富兰克林说过“人这一生中只有两件事无法避免：一是死亡，二是纳税”。税收是生活中每天都要发生的，当你领取工资或是购买商品时都要纳税。在你每赚到的一元钱中有1/5左右用来交税。

刘晓庆曾经是中国最著名的女电影演员，先后拿过六次“金鸡”奖和“百花”奖，就是现在，她也还身处影视摄制第一线。她又不仅仅是一个电影演员，和同龄人一样，她经历过20世纪下半叶中国所有重要的历史时段：三年自然灾害、“文革”、改革开放，下过乡，当过农民、工人、解放军。比多数同龄人幸运的是，由于她的表演天赋、个人努力和机遇，刘晓庆成功地改变了个人命运，由一个普通的只受过中学教育的川妹子，成为众所瞩目的电影明星。

根据公安、税务机关侦查及调查证实，刘晓庆作为北京晓庆文化艺术有限责任公司法定代表人，其个人行为已涉嫌偷税犯罪。2002年6月20日，北京市公安局依法对其刑事拘留。

7 月 24 日，经北京市人民检察院第二分院批准，刘晓庆被依法逮捕。

税务机关认定，刘晓庆及其所办的北京晓庆文化艺术有限责任公司和北京刘晓庆实业发展有限公司 1996 年至 2002 年采取不列、少列收入，多列支出，虚假申报，通知申报而拒不申报等手段，偷逃税款 1458.3 万元，已涉嫌偷税犯罪。税务机关已分别向刘晓庆及其所办公司送达了税务处理决定书，除追缴税款外，同时加收滞纳金 573.4 万元。

2002 年 4 月 4 日，北京市地税局将此案依法移送北京市公安局。北京市公安局于 4 月 5 日立案侦查，并于 4 月 24 日根据获取的证据，依法对涉案责任人该公司总经理靖军（刘晓庆的妹夫）和前任会计方利刑事拘留。5 月 30 日，经北京市人民检察院第二分院批准，靖军、方利被依法逮捕。6 月 18 日，该案责任人冉一红（又名刘晓红，刘晓庆的妹妹）被刑事拘留。北京市地税局于 5 月 9 日依法将其公司银行存款 196 万元解缴入库。同时，对已查明其所偷税款余额，税务、公安机关正积极追缴。

其实，我们完全不必要走这样一条得不偿失的道路。如果你了解了税收法律法规，就能帮助你减少税收负担。野蛮者抗税、愚昧者偷税、糊涂者漏税、精明者避税。纳税人可以在法律允许的范围内，通过事先安排和筹划，充分利用优惠和差别待遇，以减轻税负，达到整体税后利润最大化。

除了上面这个特例之外，现在很多明星演员收取拍摄款时喜欢暗箱操作打白条子，其额度大大低于实际所得。又因为影视剧拍完剧组就立刻解散、各奔前程，税务部门也只能听到风但见不到雨。而演出市场的明星 30 万元唱一首歌也是税后款，自己从来也不管税单。税单总是由演出商去代交，演出商十有八九要作弊，造成税款流失。曾经有一税局官员谈及，在曾经一年的在当地拍摄的影视剧中，他们没有收到过一次明星交来的片酬个人调节税。

事实上，不仅明星要缴纳各种税款，我们每个人日常生活中也要交税。劳动所得要缴纳个人所得税，购买高档消费品要缴纳购置税，开车加油要缴纳燃油税……

避税和逃税不同，避税是在合理的方式下，减少税务支出，而逃税是在必须纳税的项目上不纳。合理避税也称为节税或税务筹划，指纳税人根据政府的税收政策导向，通过经营结构和交易活动的安排，对纳税方案进行优化选择，以减轻纳税负担，取得正当的税收利益。

合理避税有合法性、超前性、目的性等特点。要想合理避税，下面还有些高招，可以让读者借鉴。

1. 报酬分批次

在生活中，有这样一类提供劳动服务的人群，他们在业余时间做兼职，然后收取报酬。如果你的报酬是一次性付清，你最好分批次申报，分批次上银行领取。

小李空余时间为某单位提供电脑技术培训，该公司每半年或者一年给小李报酬，大约 7 万元。这时候，如果他按照一次的收入申报，那大约要缴纳税款 1 万多元，而若按分批次后申报纳税（每个月的平均收入几千元来申报），他就可以少纳税 5000 多元，减少了不少开支。

看来，一划分了次数，纳税的数额就降低了，所以纳税的次数就变得非常重要。

2. 奖金分批领

辛苦了一年，好不容易得了年终奖，看着大笔的数额，心里终于有了些欣慰。可是当你看到大笔的钱又进入了税务机关的手里时，你可能就觉得舍不得了。那该怎么合理策划，才能使年终奖不会大幅度的缩水呢?

同样的，对于年终奖，我们也可以分批进行领取。你可以向公司申请，让年终奖分批发放。这样在银行的工资卡里，你的钱就平摊在每个月了，可以减少所要纳的税款了。同理，其他奖金也可以这样领取。

3. 多缴公积金

这是一个合理利用政策的好办法。因为按照税务部门的有关规定，公民每月所缴纳的住房公积金是从税前扣除的，因此，大家可以充分利用公积金来免税。多缴点公积金，少纳点税，十分划算!

为什么鸡蛋放在一个篮子里不安全

西班牙人塞万提斯在《堂吉诃德》中的名言："不要把鸡蛋放在一个篮子里"，已经被广泛使用到投资领域。以投资股票为例，仅买一只股票，如果这只股票大涨，您会赚很多；如果这只股票大跌，您会损失很多。但如果您买十只股票，不太可能每只都大涨，也不太可能每只都大跌，在十只股票涨跌互相抵消之后，结果一般是小赚或者小赔。如此一来，分散投资使得结果的不确定性更小，也就意味着风险降低了。

春秋战国时期，齐国的相国孟尝君养了很多门客。其中有个叫冯谖的人，非常的足智多谋。

孟尝君曾派冯谖去自己的属地收债，冯谖发现当地很多人根本无法偿还债务，于是自作主张将这些人的债契全部烧掉。孟尝君知道此事后，非常生气，质问冯谖为什么这么做。冯谖告诉孟尝君，这是在替他收买人心，这样以后遇到困难，当地的老百姓也会帮他一把。

孟尝君起初并不相信，后来齐国国君觉得孟尝君年纪大了，没有什么用处了，就把孟尝君打发回了他的属地。属地的老百姓听说孟尝君回来了，都纷纷拿着礼物出门迎接。孟尝君才得以渡过难关。

孟尝君很感谢冯谖为自己做的早期投资，不过冯谖却告诉孟尝君："狡猾的兔子都有三个洞，这样才能免于祸害。现在，您只有一个洞，还不能高枕无忧，我再去为您挖两个洞！"

孟尝君觉得冯谖说得有道理，于是给了冯谖很多礼物。冯谖带着这些礼物去了魏国，他成功劝说魏王接纳了孟尝君。魏王准备让孟尝君来魏国担任相国，专门派了使者带着黄金千斤，车子百辆，去齐国聘请孟尝君。

冯谖在魏国使者到达齐国之前，先赶回去，告诉孟尝君一定要拒绝去魏国。于是，魏国的使者带着礼物在齐国来回了三次，都被孟尝君拒绝掉了。

齐国国君很快听说了这事，他觉得魏国如此重视孟尝君，孟尝君肯定有过人之处。于是齐王派了大臣带着礼物，去向孟尝君道歉。孟尝君采纳了冯谖的意见，接受了齐王的礼物，重新当上了相国。此外，齐王还答应给孟尝君在属地建立宗庙。至此，冯谖为孟尝君打造好了三个"洞窟"，孟尝君得以在齐国安度晚年。

冯谖为孟尝君营造"狡兔三窟"的策略，其实就是经济学中的"不把所有鸡蛋放在一个篮子里"的投资理念。这样做的目的是能更好地分摊潜在的风险。

在我们的理财过程中，也需要有"狡兔三窟"的理念。投资的时候注重全面性，不过分倚重某一方面。这样才不至于一旦失手打翻某个"篮子"，会将自己所有的"鸡蛋"赔光。

在外资企业工作的李先生，是一位集邮爱好者。在20世纪80年代末的时候，李先生由集邮爱好转为邮票投资。1991年，邮票市场出现高峰时期，李先生将手里所有的邮票悉数抛售，获得一大笔资金。这之后，李先生将自己所有的资金分为三等份：一份作为现金流，以备不时之需；一份用来投资股票；最后一份仍用于投资邮票市场。

1992年以后，邮票市场出现持续低迷。于是，李先生暂时不管手中的邮票，而将投资的主要精力放到了股市。尽管邮票市场不景气，但是由于李先生有股票市场的投资，所以他每年仍有不少收入。后来，当看到股市市场不稳定时，李先生又将资金进行分流，玩起了期货和金银纪念币。尽管每个投资领域都存在一定的起伏，李先生的资产却一年年地一直在稳步增长。

谈及投资，李先生说："我是套不怕，不怕套。我买邮票的时候，邮票被套，不过那时股票市场让我大赚一笔；后来股票被套的时候，我投资纪念币又弥补了这部分损失。此消彼长，这几年算下来，我的收益一直在增加。"

李先生之所以能够取得不错的投资回报，就在于他的投资策略。李先生采取的是互补型投资方式。归结起来，仍是那句"不把鸡蛋放在同一个篮子里"。如果都放在同一个篮子里，一旦篮子摔了，鸡蛋就可能全碎了，损失必然惨重。相反，如果把鸡蛋分散放在不同的篮子里，即使有一只篮子摔了，其他的鸡蛋仍会完好无损。

美国著名经济学家萨缪尔森是麻省理工学院的教授。有一次，他与一位同事掷硬币打赌，若出现的是他要的一面，他就赢得1000美元，若不是他要的那面，他就要付给那位同事2000美元。

这么听起来，这个打赌似乎很有利于萨缪尔森的同事。因为，倘若同事出资1000美元的话，就有一半的可能性赢得2000美元，不过也有一半的可能性输掉1000美元。可是其真实的预期收益却是500美元，也就是：50% ×2000+50% ×（－1000）=500。

不过，这位同事拒绝了："我不会跟你打赌，因为1000美元的损失比2000美元的收益对我而言重要得多。可要是扔100次的话，我同意。"

对于萨缪尔森的同事来说，掷硬币打赌无疑是一项风险投资，不确定性很大，无异于赌博。任何一个理性的投资人都会拒绝的。

有人做过一个标准的掷硬币实验，结果显示，掷10次、100次与1000次所得到正面的概率都约为50%，不过掷1000次所得到正面的概率要比扔10次更加接近50%。重复多次这种相互独立而且互不相关的实验，同事的风险就规避了，他就能稳定地受益。当我们在投资的时候，也要像萨缪尔森的这位同事一样，稳扎稳打，而不要抱着赌徒的心态去冒险。具体来说，就是根据自身条件，选择合适的投资组合，不要把鸡蛋放进一个篮子里。

再厉害的理财专家，也有出现失误的时候。如果把所有的资金都集中在一个品种上，一旦出现问题就会给自己带来难以估量的损失。如果采取分散投资的方法，即便局部出现意外，也能保全多数。因此，"分散投资"已经成为理财的不二法则。

前面所说的"投资"，其实仍是一个"篮子"里的"鸡蛋"，所有的资金仍来自于用于投资的部分。而我们的收入，并非只有投资的部分，还包括日常开支等，这些钱也需要利用"分散投资"的原则来做理财规划。

首先，需要在银行存一部分钱，这部分钱在整个理财中所占的比例不能过低。要存一部分定期，一部分活期。活期是为了方便，随需取用；定期则是为了安全。

其次，需要一些保障。不管是人身的还是家庭财产的，要投一部分钱在保险上，为自己和家人投保，避免由于意外、疾病等困境带来的重大损失。

最后，剩余的钱才拿来投资。投资的时候，注重"分散投资"，即使出现部分亏损，还不至于伤到元气。

当你的篮子足够多时，鸡蛋的总数又怎会少呢？

为什么有钱是一种习惯

富人和穷人是一对邻居，富人看穷人很可怜，决定帮穷人一把。富人从自家牵了一头牛送给穷人，并告诉穷人："好好把牛养着，到了明年春天，我再送你些种子。你把种子种下去，秋天就可以收获了。"

穷人很感激富人，开始认真养牛，他整天憧憬着明年秋天的大丰收。可是，养牛养了一段时间后，穷人有些不耐烦了，整天伺候牛吃喝，自己的日子过得没有以前轻松了。

穷人实在忍受不下去了，他决定先把牛卖了，再去买几只羊。买回来五六只羊后，穷人决定先杀一只羊，犒劳犒劳自己，然后再让剩下的羊生羊羔卖钱。于是，穷人就先杀了一只羊，美美吃了一顿。

过了一段时间，穷人养羊也养烦了，又想吃肉。他陆续杀了好几只羊，最后只剩下一只羊了。穷人想想羊是没法再养了，干脆卖掉最后这只羊，去买几只鸡。可是过了一段时间，穷人老毛病又犯了，他开始一只接一只的杀鸡。

好不容易到了第二年春天，穷人只剩下最后一只鸡了。生活越来越困难，穷人把心一横，干脆连最后一只鸡也给杀了。这时候，富人正好来给他送种子。看到穷人正在吃鸡，富人问穷人："牛哪去了？"穷人含含糊糊地解释了半天。富人弄明白后，什么也没说，转身就走了。

穷人继续过着他的穷日子，最后活活饿死在家中。

穷人与富人间的区别，在于对财富的不同态度。富人懂得如何利用资源增长财富，而穷人缺乏理财的头脑，对于经济学没有准确的认识，最后落得个悲惨下场。

梁家芝是一家电视台的普通文字记者，她的月薪是35000元台币，扣掉各种开销，她一点点地积攒，竟然用不到4年的时间存了70万元台币，圆了自己出国去读硕士的梦想。

刚刚参加工作的梁家芝，遇到了大多数新人都会遇到的工作瓶颈，总是觉得无力突破。为了自己的前途，她觉得需要进一步的学习和进修。可是又不想向父母或银行借钱，因此，她就萌生出了要靠储蓄来积攒出这笔费用的想法。

她每天的食宿都非常节省，也从来不买光鲜亮丽的名牌服饰。她觉得与其把钱花掉，还不如握在手中。只要一有零钱，她就积攒起来。于是，她账户上的钱越来越多，她也离自己的梦想越来越近。

终于，有一天，当她的朋友跟她开玩笑说："家芝，你存了多少钱了啊？是不是成了小富婆啦？"她才注意到，自己竟然已经存够了出国留学的钱！

很多人都有留学的梦想，但是他们却可能因为种种理由凑不到钱，从而不得不放弃。看了梁家芝的故事，你还会觉得留学是件难事吗？尽管是一点点地积累，一分分地节俭，可她还是存够了钱，圆了自己的梦想。

在开始存钱前，你也许会说："我知道我应该为将来存些钱。但每个月末，我从来就余不下多少工资。那么我该怎样开始呢？"我们给你的建议是，你应该首先支付给自己一些钱。也就是说，每月初在你试图花钱以前，存一些钱到储蓄账户里。

存钱纯粹是习惯的问题。人经由习惯的法则，塑造了自己的个性。这个说法是极为正确的。任何行为在重复做过多次之后，就会变成一种习惯。而人的意志也只不过是从我们的日常习惯中成长出来的一种推动力量。

一种习惯一旦在脑中形成之后，这个习惯就会自动驱使一个人采取行动。在存钱方面，你不必一开始就存很多钱，即使一周存100元或200元也比什么也不存强，因为它是养成存钱习惯的方法之一。

很多老一辈人都有存款的观念。但是现代的年轻人群中，涌现出了大批的"月光族"，即每个月的工资总是花的精光。殊不知存款是一个十分必要的理财手段，有时候会给我们的工作、生活带来意想不到的惊喜和机会。在日本的商界有一个叫做藤田田的人就是靠存款起家的。

藤田田的大名在日本几乎是无人不晓，他是日本所有麦当劳快餐店的主人。但他年轻的时候也和许多人一样只是一个打工仔。不过他却把眼光放在美国的麦当劳上了。那时候，麦当劳是世界闻名的连锁快餐公司，想要获得特许经营权，至少要有75万美元的现金。但藤田田只有5万美元。

为了实现经营麦当劳的理想，藤田田决定去贷款。

一天早上，他敲响了日本住友银行总裁办公室的门，然后诚恳地向银行总裁说明了来意。银行总裁问他现在手里的现金有多少。"我有5万美元！""那你有担保人吗？"总裁问。藤田田说没有。总裁说："那你先回去吧，我们会讨论一下你的要求。"言下之意，就是委婉的拒绝要求了。在最后时刻，藤田田充满信心地说："我有最后一个请求，您能不能答应？"

藤田田说："您能不能听听我那5万美元的来历？"

总裁点头默许。于是藤田田开始说道："您也许会奇怪，我这么年轻怎么会拥有这笔存款？因为几年来我一直保持着存款的习惯，无论发生什么情况，我每个月都把工资和奖金的1/3存入银行。不论什么时候想要消费，我都会克制自己咬牙挺过来。因为我知道，这些钱是我为干一番事业积攒下来的资本。"

听了这话，总裁不禁对这个年轻人的毅力和恒心触动了，他说："你能不能告诉我你存款的银行的地址？我要查证一下你的话是否诚实。"接下来的几天内，他给藤田田存款的银行打去了电话，得到了对方银行肯定的答复。放下电话，他马上打电话给藤田田，真诚地说："我们住友银行，无条件地支持你经营麦当劳，请选择一个日期来办理贷款手续吧！"

这位总裁后来对藤田田说道："藤田田先生，我的年龄是你的两倍，我的工资是你的30倍，可是我的存款到现在都没有你多。年轻人，你会很了不起的。我不会看错人的，加油吧！"

在银行的这位贵人的帮助下，藤田田成为了日本商界叱咤风云的人物。

想不到吧，一个存款的行为有时候会给人生带来这么大的机遇。那么人为什么要存款呢？因为存款可以升值。

存款，是指存款人在保留所有权的条件下，把使用权暂时转让给银行的资金或货币。它是银行最重要的信贷资金来源，也是银行最基本的业务之一。没有存款就没有贷款，也就没有银行。

其实要养成存钱的习惯，并不是想象的那么难。每晚把所有你从饭店、超市和其他地方得来的零钱放入储蓄罐。几个星期后，你就会为你所有的可以存入储蓄账户的钱而感到惊讶。

养成储蓄的习惯，并不表示将会限制你的赚钱能力。正好相反，你在养成了这种习惯后，不仅将把你所赚的钱有系统地保存下来，也增强了你的观察力、自信心、想象力、进取心及领导才能，真正增强了你的理财能力。

第二章

买卖股票：股市有没有带头大哥

为什么巴菲特做不到只赚不赔

沃伦·巴菲特，美国投资家、企业家及慈善家，被称为“股神”，尊称为“奥玛哈的先知”或“奥玛哈的圣贤”，目前拥有约620亿美元的净资产。根据《福布斯》杂志公布的“2008年度全球富豪榜”，他已经超过卡洛斯·斯利姆·埃卢和比尔·盖茨成为全球首富。

1950年，巴菲特申请哈佛大学被拒之门外，而考入哥伦比亚大学商学院，拜师于著名投资学理论学家本杰明·格雷厄姆。在格雷厄姆门下，巴菲特如鱼得水。格雷厄姆反对投机，主张通过分析企业的赢利情况、资产情况及未来前景等因素来评价股票。他传授给巴菲特丰富的知识和诀窍。富有天才的巴菲特很快成了格雷厄姆的得意门生。

1957年，巴菲特掌管的资金达到30万美元，年末则升至50万美元。

1962年，巴菲特合伙人公司的资本达到了720万美元，其中有100万是属于巴菲特个人的。当时他将几个合伙人企业合并成一个“巴菲特合伙人有限公司”，最小投资额扩大到10万美元。情况有点像现在中国的私募基金或私人投资公司。

1964年，巴菲特的个人财富达到400万美元，而此时他掌管的资金已高达2200万美元。

1966年春，美国股市“牛气冲天”，但巴菲特却坐立不安。尽管他的股票都在飞涨，却发现很难再找到符合他标准的廉价股票了。虽然股市上疯行的投资给投机家带来了横财，但巴菲特却不为所动，因为他认为股票的价格应建立在企业业绩增长而不是投机的基础之上。

1970 ~ 1974年间，美国股市就像个泄了气的皮球，没有一丝生气，持续的通货膨胀和低增长使美国经济进入了“滞涨”时期。然而，一度失落的巴菲特却暗自欣喜异常，因为他看到了财源即将滚滚而来——他发现了太多的便宜股票。

1972年，巴菲特又盯上了报刊业，因为他发现拥有一家名牌报刊，就好似拥有一座收费桥梁，任何过客都必须留下买路钱。

1973年开始，他偷偷地在股市上蚕食《波士顿环球》和《华盛顿邮报》。他的介入使《华盛顿邮报》利润大增，每年平均增长35%。10年之后，巴菲特投入的1000万美元升值为2个亿。

1980年，他用1.2亿美元、以每股10.96美元的单价，买进可口可乐7%的股份。到1985年，可口可乐改变了经营策略，开始抽回资金，投入饮料生产。其股票单价已长至51.5美元，翻了5倍。至于赚了多少，其数目可以让全世界的投资家咋舌。

1992年中巴菲特以74美元一股，购下435万股美国高技术国防工业公司——通用动力公司的股票，到年底股价上升到113元。巴菲特在半年前拥有的32200万美元的股票，已值49100万美元了。

1994年底，已发展成拥有230亿美元的伯克希尔工业王国，早已不再是一家纺纱厂，它已变成巴菲特的庞大的投资金融集团。

从1965年～1998年，巴菲特的股票平均每年增值20.2%，高出道·琼斯指数10.1个百分点。如果谁在1965年投资巴菲特的公司10000美元的话，到1998年，他就可得到433万美元的回报。也就是说，谁若在33年前选择了巴菲特，谁就坐上了发财的火箭。

股票是一种高风险的金融产品。人们常说“股市有风险，入市须谨慎”。价格波动的不确定性越大，投资风险也越大。因此，要想在股市上乘风破浪，对股市上的三类风险我们也应该加以注意。

第一类是市场价格波动风险。无论股票市场成熟与否，股票价格总在频繁波动，这是股市的基本特征，无法避免。美国股市曾遭遇“黑色星期一”，投资者在一天的损失就高达数千亿美元。

第二类是上市公司经营风险。股票价格与上市公司的经营业绩密切相关，而上市公司的未来经营状况总有些不确定性。比如前段时间，一些乳业巨头的产品被查出含有三聚氰胺，其股票就被封死跌停。在我国，每年有许多上市公司因各种原因出现亏损。这些公司公布业绩后，股票价格随后就下跌。

第三类是政策风险。国家有关部门出台或调整一些直接与股市相关的法规、政策，对股市会产生影响，有时甚至是巨大波动。

巴菲特是有史以来最伟大的投资家，他依靠股票、外汇市场的投资，成为世界上数一数二的富翁。他倡导的价值投资理论风靡世界。但巴菲特并不是只赚不赔，巴菲特也有投资错误的时候，而他错误的代价就是钱的损失。正所谓“老猫烧须”。

2000年3月11日，巴菲特在伯克希尔公司的网站上，公开了他的年度信件——一封沉重的信。数字显示，巴菲特任主席的投资基金集团伯克希尔公司，去年纯收益下降了45%，从28.3亿美元下降到15.57亿美元。伯克希尔公司的A股价格去年下跌20%，是90年代以来唯一一次下跌；同时伯克希尔的账面利润只增长0.5%，远远低于同期标准普尔21%的增长，是1980年以来的首次落后。

巴菲特由于看淡美元，因此大量投资亚洲货币。在他“致股东信函”中指出，他投资外币并且因此获得1亿8600万美元的收益，柏克夏公司4年来汇兑收益达22亿美元。不过，令人惊讶的是，巴菲特过去4年投资亚洲货币，赔多赚少，投资人民币赔了1270万美元（约9900万港元），投资港币与新加坡元则是小赔200多万美元，投资新台币赔最多，金额高达15亿新台币。

曾经被巴菲特称为“大规模杀伤性武器”的金融衍生品，此次也让巴菲特中招。巴菲特表示，金融衍生品的危险性在于难以定价，这是一个“相互依靠”的环环相扣的网络，多个利益方纠结在一起，一旦某环节出现漏洞，将酝酿真正的灾难。

公司持有的前20大重仓股截至去年年底总市值为519亿美元，其中19只股价在2008年下跌。第一大重仓股可口可乐公司股价全年下跌26%，美国运通公司（American Express）下跌64%，美国康菲石油公司（Conoco Phillips）下跌41%。巴菲特坦承：“2008年，我做出过一个重大的投资错误，还有些小的，这些决策都造成了伤害。”

巴菲特所指最大错误是：因未能预计国际能源价格在去年下半年的急剧下降，以至于他在油价接近历史最高位时，增持了美国第三大石油公司——康菲石油公司的股票。此外，巴菲特还指出，其在投资爱尔兰银行时也犯下错误，出资2.44亿美元购买的两家爱尔兰银行的股票，到2008年年底为止，股价纷纷狂跌89%，且2009年以来仍在继续下滑。巴菲特在信中写道：“我的投资组合原本想实现一个‘便宜的买卖’，但形势的演变超出想象。”

巴菲特戏谑：“当市场需要我重新审视自己的投资决策并迅速采取行动的时候，我还在啃自己的拇指。”

2009年2月28日，巴菲特公布年报说，2008年第四季度投资收益骤降96%，全年净收入下滑62%。这是巴菲特1965年接手公司以来最糟糕的纪录。

2009年10月29日，股市交易截止，有175家公司持股市值缩水49%。其实最惨的就是"股神"巴菲特，他眼睁睁看着他自己创办的柏克夏·海瑟威公司的持股缩水22%，损失136亿美元，让他的财富只剩481亿美元。

巴菲特也不会只赚不赔。如果你认为巴菲特所投的股票等就一定会增值，一定会赚大钱，一定就错了。正如巴菲特自己所说，"有时也会不小心啃噬自己的拇指"。

股票价格要受到诸如公司经营状况、供求关系、银行利率、大众心理等多种因素的影响，其波动有很大的不确定性。正是这种不确定性，有可能使股票投资者遭受损失。

例如，称雄于世界计算机产业的国际商用机器公司（IBM），当其业绩不凡时，每股价格高达170美元，但在其地位遭到挑战，出现经营失策而招致亏损时，股价又下跌到40美元。如果不合时机地在高价位买进该股，就会导致严重损失，持有的股票将一文不值。

为什么资本大鳄索罗斯也割肉

乔治·索罗斯，号称"金融天才"，从1969年建立"量子基金"至今，他创下了令人难以置信的业绩，以平均每年35%的综合增长率令华尔街同行望尘莫及。他好像具有一种超能的力量左右着世界金融市场。他的一句话就可以使某种商品或货币的交易行情突变，市场的价格随着他的言论上升或下跌。他曾打垮英格兰银行，使泰币贬值造成亚洲金融危机。

有人将索罗斯称为"金融杀手"、"魔鬼"。他所率领的投机资金在金融市场上兴风作浪，翻江倒海，刮去了许多国家的财富，掏空了成千上万人的腰包，使他们一夜之间变得一贫如洗。故而成为众矢之的。但索罗斯从不隐瞒他作为投资家以追求利润最大化为目标，他曾为自己辩解说，他投机货币只是为了赚钱。在交易中，有些人获利，有些人损失，这是非常正常的事，他并不是想损害谁。他对在交易中遭受损失的任何人都不存在负罪感，因为他也可能遭受损失。

上帝并非一直垂青索罗斯，在1987年索罗斯遭遇了他的"滑铁卢"。根据索罗斯金融市场的"盛——衰"理论，繁荣期过后必存在一个衰退期。他通过有关渠道得知，在日本证券市场上，许多日本公司，尤其是银行和保险公司，大量购买其他日本公司的股票。有些公司为了入市炒作股票，甚至通过发行债券的方式进行融资。日本股票在出售时市盈率已高达48.5倍，而投资者的狂热还在不断地升温。因此，索罗斯认为日本证券市场即将走向崩溃。但索罗斯却比较看好美国证券市场，因为美国证券市场上的股票在出售时的市盈率仅为19.7倍，与日本相比低得多，美国证券市场上的股票价格还处于合理的范围内。即使日本证券市场崩溃，美国证券市场也不会被过多波及。

1987年9月，索罗斯把几十亿美元的投资从东京转移到了华尔街。然而，首先出现大崩溃的不是日本证券市场，而恰恰是美国的华尔街。1987年10月19日，美国纽约道·琼斯平均指数狂跌508.5点，创当时历史纪录。在接下来的几星期里，纽约股市一路下滑。而日本股市却相对坚挺。索罗斯决定抛售手中所持有的几个大的长期股票份额。其他的交易商捕捉到有关信息后，借机猛向下砸被抛售的股票，使期货的现金折扣降了20%。

5000个合同的折扣就达2.5亿美元。索罗斯因而在一天之内损失了2亿多美元。据报载，索罗斯在这场华尔街大崩溃中，损失了大约6.5亿到8亿美元。这场大崩溃使量子基金净资产跌落26.2%，远大于17%的美国股市的跌幅。索罗斯成了这场灾难的最大失败者。

1998年1月和6月，趁印尼盾和日元暴跌时，对冲基金又分别沽售港元，但在香港特区政府的抵抗下，三次进攻均未摧毁港元。

不过，进入1998年8月，情势发生转变，外汇市场对港币的炒卖气氛积聚，各种谣言四起，市场信心岌岌可危。到了8月5日，在美国股市大跌、日元汇率重挫的配合下，对冲基金发起对港元的第四次冲击。

5日至7日，对冲基金抛售的港元高达460亿。香港金管局奋起抗击，动用外汇储备接下240亿港元，其他银行也接下46亿港元，金管局还将接下的港币放回银行体系内，使银行银根宽松，缓解同业拆息率飙升，保持了港元及利率稳定。

与此同时，对冲基金在股市上也燃起战火。由于投资者忧虑港元继续受冲击，港元拆息扶摇直升，加上已公布中期业绩的蓝筹股公司表现不佳，恒生指数8月6日一开市就下跌近100点，随后一路走低以全日最低位7254点收市，下挫212点，跌幅近3%。随后几日，对冲基金借机猛砸股市，恒指最终跌破7000点大关，至8月13日跌到6600点。大量沽空期指合约的对冲基金斩获不少。

1998年8月10日至13日这四天，对冲基金继续在汇市冲击港元，同时又大肆沽空期指，抛出股票，借市场恐慌之际从资本市场牟取暴利。但这一阶段，表面看起来疲于应付的香港政府却正在计划着一场大反击之战。由于准备拿出来反击对冲基金的是约960亿美元的外汇基金和土地基金，是全体香港人多年辛勤劳作积攒下的家产，被看做是保住香港经济的最后屏障，所以香港特区政府不得不小心翼翼、反复衡量。8月14日，在这一场攻防战中一直处于防守的香港特区政府最终选择反击。

据香港金管局数据显示，在8月14日至28日的两周内，政府吸纳的股票约有1200亿港元，相当于当时整个市场7%的市值，这些股票后来全部交由香港特区政府的“盈富基金”管理。

从8月14日香港特区政府大力干预股市与期货市场以来，香港股市总市值已经回增高达3743亿港元。恒生指数大升1416点，升幅达21%。

香港政府通过发行大笔政府债券，抬高港币利率，进而推动港币兑美元汇率大幅上扬。同时，香港金融管理局对两家涉嫌投机港币的银行提出了口头警告，使一些港币投机商战战兢兢，最后选择退出港币投机队伍，这无疑将削弱索罗斯的投机力量。

中国政府也一再强调，将会全力支持香港政府捍卫港币稳定。必要时，中国银行将会与香港金融管理局合作，联手打击索罗斯的投机活动。这对香港无疑是一种强心剂，但对索罗斯来说却绝对是一个坏消息。索罗斯听到的“坏”消息还远不止这些。1997年7月25日，在上海举行的包括中国内地、中国香港特别行政区、澳大利亚、日本和东盟国家在内的亚太11个国家和地区的中央银行会议发表声明：亚太地区经济发展良好，彼此要加强合作，共同打击货币投机力量。这使索罗斯投机港币赚大钱的希望落空，只得悻悻而归。

据《香港经济日报》报道：索罗斯的旗舰量子基金8月31日（是日，美股大跌五百多点），一天输掉5亿美元，整个8月输掉近10亿美元。

……

此外他在俄罗斯金融市场也亏损了20亿美元，在欧元汇价上也损失了10亿美元。

2000年，索罗斯因投资美国纳斯达克市场而大受打击，并认为自己年逾花甲，不再适应金融风暴中的惊涛骇浪，果断宣布关闭量子基金，从此退出了他长达三十余年的高风险投资事业。

即使是这样一位天才的投资者，索罗斯仍然遭遇了巨大的失败，并且黯然神伤地退出了资本投资领域。在暗流汹涌的资本市场，没有人注定不会沉船，资本投资不是波澜不惊的。

为什么在熊市时没有带头大哥

2009年6月，有位股民把中国一位著名的股评家告上法庭，索赔13万元，理由是因为听信了股评家收费博客中对股市走向的预言，他在短短一个月内赔了10多万元。

世界顶级炒股大师巴菲特说过：“要预测股市走向，跟预测一只鸟从一棵树上起飞后要落到哪棵树的哪根枝条一样困难。”另一位投资大师索罗斯也说：“上帝也无法预测股市。”股市是亿万股民参与的市场，有亿万个操作思路，任何个人都难预测到全体的操作动向将导致的市场异动。所谓股评，很多都是正确的废话。看似正确，但是没用。在股市中，什么样的专家言论你都可以去听，但是，要有自己的分析和判断。

在股市的海洋里，无数股民希望跟着"股神"们慢慢实现自己的暴富梦想。有了"股神"，炒股才有希望。股民曾涛介绍，大家之所以相信"股神"，就是为了自己心中的暴富梦想。

由于中国股市很年轻，中国股民心态极不成熟，总幻想着"一夜暴富"，所以很多"大师"才有可乘之机。其实美国的大师级人物巴菲特平均每年的业绩增长只有22%，格罗斯的年利润只有10%。

在股民的眼中，价值投资、技术分析都一无是处，只有跟着自己的"股神"炒才能够赚钱。跟着"股神"炒，赚钱不用愁。买啥啥涨，还不是涨一点，而是连着涨停，这就是"股神"曾经的风范。"股神"并不是一个人，而是遍布大街小巷。各个证券交易大厅内包括网上，都有股民们公认的"股神"。

2007年"5·30"以后，"股神"们都像提前约好了一样，集体消失了。在股民最无助的时候，众"股神"们集体蒸发了。

在网上拼命荐股的"股神"们也集体消失了，连带头大哥也关闭了博客，论坛、QQ群每天也是静悄悄的，以往热闹的场景一去不复返。不少股民还一厢情愿地发着帖子央求"股神"快点归来。但是已经消失的"股神"们在大跌之中，从未露过脸。

在上午刚开始跌的时候拼命补仓，谁知道下午股票一个个都打在了跌停的位置上。由于深信"股神"，大家都坚信，跌只是暂时的，总有一天"股神"推荐的股票会涨起来。谁知道，不但没有大涨，"股神"推荐的股票，反而遭遇了一个又一个的跌停板。而这段时间，"股神"一直都没有出现。由于没有人知道他的真实姓名，所以大家也无法找到他，只是不停地有股民抱怨："最需要他的时候他就不在了，是不是歪的哟。"

大盘连续五日上涨，让不少股民感觉到，大盘的牛气又回来了。跟着牛气一起回来的，还有众"股神"们。曾经退隐江湖的他们，又开始活跃在江湖上，为股民们"谋财"，大举推荐股票。一直崇拜的杨"股神"也回来了。但是，经历过大跌，许多股民都改变了对"股神"的看法，转做价值投资而不轻易地追买消息票了。当股民们质问为什么"股神"在大跌时消失，那位杨"股神"只是说了句："股市也需要休息。"他依旧向股民们推荐股票，只是追买的人比以前少多了。

和杨"股神"一样，各大论坛和QQ群的"股神"们也回来了。荐股成了他们重披战甲所做的第一件事情，冷清几天的论坛和QQ群又热闹了起来。"买某某股票，要大涨"、"近期可关注某某股票"之类的话语，又开始在网络中流传，但是曾经被浇灭梦想的股民，已经没有了往日的热情。

牛市是一个造就"股神"的时代，在股市如日中天的时候，到处都有"股神"为股民们大荐股票，大胆预测。但在大跌之时，"股神"一度消失，在股民最需要帮助时，没有人出来为他们指明方向。

所谓的"预测"只是"股神"的谎言。近年来，许多表现神奇的股评人纷纷落马，根本原因就在于，他们表面上是给散户荐股，实际上是"庄托"。业内人士说，这些"庄托"有一个共同的特点：他们推荐的个股通常会在当时异常放量，并在其后的一到两个交易日制造出阶段性高点。随后，该股会一路下跌。

"股神"一贯的操作手法是，先推荐几个成长性较好的股票，让听消息的股民们小赚一笔。然后，他们立即会转变成"庄托"的身份，大力推荐某一股票，目的就是让对他们深信不疑的散户跑去接股，只要吸引了一定的量，庄家就会在高位全身而退，让散户们流血。所以，这一类的股票，往往会在推荐的第二天高开低走，庄家在高位出货，接招的散户就被全线套牢。

如果股民需要参考荐股，最好是看传统媒体的建议，比网络荐股可靠得多。对于炒股博客，股民们最好只当其是参考意见。个股风险应该根据市场表现综合来评判，以控制风险为第一要义。特别是个股在高位放量时，应尽量不碰它。毕竟，个股在高位放量，其向下跳水的概率远大于再向上冲刺的概率。捂紧钱包，让庄家和"股托"表演去吧。

2000年前后红极一时的股评人赵笑云就是一个典型例子。起初，他在各大报刊的荐股比赛中频频夺冠，尤其是在《上海证券报》举办的"南北夺擂"模拟实战中，他因创造了累计收益率2000%的战绩而名声大噪，人称“中国荐股第一人”。

2000年7月22日，赵笑云开始在各大媒体大肆推荐“青山纸业”。然而，这只股票却在大量买家进入之后一路下跌，较高的换手率表明资金出逃的迹象十分明显。一时间，大批股民被套牢，舆论哗然。2002年，赵笑云未能通过证监会关于证券咨询的年检，最后出走英国“留学”，至今未归。

股市上很多被奉为“股神”的人，貌似有着各种传奇经历，但实际上，都是他们杜撰的故事。等他在股市中走红后，他的身后就有成千上万的散户崇拜者，赚钱心切的机构也会不惜重金请他们操盘。

著名投资家巴菲特是不会预测股市并向股民推荐股票的，他不仅不会向股民荐股，还告诫人们：“永远不要试图预测市场，因为没有一个人能准确预测股市的走向。”并且告诉人们，既然我们无法预测股市，那么最好的办法是放弃预测股市，寻找有投资价值的公司，坚持炒股的根本核心：股价是不可能被预测到的，但是公司的价值是可以预测的。股市想挣钱只能投资不能投机。因而，准备当面聆听巴菲特教诲的人不会指望他推荐具体的股票来投机获利，而只是想听一个高级投资讲座，为自己的投资提供参考与借鉴。

为什么股市最大的笨蛋是自己而不是别人

20世纪初，著名的经济学家凯恩斯为了日后能专注于学术研究，免受金钱的困扰，曾拼命外出讲课赚取课时费。凯恩斯当时被人称为“一架按小时出售经济学的机器”。他什么课都讲，包括经济学原理、货币理论、证券投资等。

然而，仅仅依靠讲课赚钱，显然是不够的。1919年8月，凯恩斯借了几千英镑开始进行远期外汇的投机买卖。过了4个月，他净赚了1万多英镑，这相当于他讲10年课的收入。凯恩斯发现了投机买卖的“暴利”，他开始“沉迷”其中。投机生意赚钱容易，但赔钱也快。在刚刚赚了10年讲课收入后的3个月时间里，凯恩斯又连本带利亏了个精光。

投机和赌博具有一样的特征：赢了想赢更多，输了要再赢回来。尽管输得血本无归，凯恩斯仍不放弃，他又涉足棉花期货交易，狂赌一通大获成功。凯恩斯后来几乎把期货品种全部做了一遍，而且开始涉足股票。

直到1937年，凯恩斯宣布“金盆洗手”时，他已经积攒了一笔巨大的经济财富。同时，作为一名经济学家，凯恩斯在不断的投机买卖和股市沉浮中，还总结出了一个非常有名的理论——最大笨蛋理论。

凯恩斯的“最大笨蛋理论”，又称为“博傻理论”。这个理论认为，人们可以完全不顾物品的真实价值，即使它一文不值，也会愿意花高价买下，因为人们总是预期会有一个更大的“笨蛋”出现，他会花更高的价格，从自己手中将物品买走。投机行为的关键是判断是否有比自己更大的“笨蛋”，只要自己不是“最大的笨蛋”，赢利就不是问题。当然，如果找不到愿意出更高价格的“笨蛋”把物品买走，那最终拥有物品的人就是“最大的笨蛋”。

“博傻理论”揭示了投机行为背后的动机，而股市就是这一理论的最好体现场所。

在股市中，“博傻”是指在高价位买进股票，等行情上涨到有利可图时迅速卖出。这种操作策略，又被称为“傻瓜赢傻瓜”。从理论上讲“博傻”有其合理的一面，“博傻”策略认为“高价之上还有高价，低价之下还有低价”。游戏规则也很简单，就像击鼓传花，只要不在鼓声停下的时候拿到花都会“有利可图”。所有投身股市的人，都不希望自己是“最大的笨蛋”，但事情却并不因为人的主观意愿而改变，即使拥有非凡的智慧也难免成为“最大的笨蛋”。

1720年，英国股市非常“疯狂”。在一轮股票投机狂潮中，曾发生过一件有趣的事。有人出资创建了一家小公司，自始至终大家都不知道这家公司到底是做什么的。不过，公司在认购股权时，近千名投资者不管三七二十一开始疯狂抢购。

没有人清楚自己能从公司中获利多少，而是期望有更大的“笨蛋”出现。股票价格上涨，自己就能赚钱。面对如此疯狂的投资热潮，伟大的牛顿也参与了进来。很不幸，牛顿最终成为“最大的笨蛋”之一。面对尴尬境遇，牛顿不得不感叹道：“我能计算出天体运行，但人性的疯狂实在难以估测。”

17世纪的时候，郁金香在荷兰的价钱和黄金等值。当时有一种名贵的郁金香，由于病态的寄生虫，其价格高得离谱。很多人清楚，郁金香球茎的价值并没有市场价格那么高。但面对高涨的市场行情，没人愿意放手。人们已经失去了理性，疯狂地购买郁金香的球茎，然后以更高的价格抛售。所有人都认为自己不是最后买到郁金香球茎的那个“笨蛋”，郁金香的价格也在不断地攀升。

到1636年前后，拥有郁金香的“最大笨蛋”们终于出现了，郁金香的价格开始崩溃，很多人倾家荡产。荷兰因此爆发了一场金融风暴，引起荷兰大范围的经济萧条，甚至被迫退出世界强国的竞争。

2006 ~ 2007年的中国股市也出现过同样火爆的情况。沪指从2000点开始，一直不断攀升。当看到众多投身股市的人腰包鼓起来后，越来越多的人开始琢磨着自己也应该来分一杯羹。于是乎，全国男女老少一拥而上，投入到“热火朝天”的股市中，人人都想着赚个“盆满钵盈”。

经济学始终是围绕着“供需”二字。“供需”调节着经济，不会有永远的暴利，也不会有永远的优势行业。社会的报酬水平总是会朝着一个均衡发展的方向转移，股市也不例外，更不可能例外。天下没有免费的午餐，股市在大涨到6000点后，很多人开始成为“最大的笨蛋”。

其实，老百姓也懂得这个道理。即使在全民炒股的热潮下，随便到证券市场上去拉一个人问一下，他保证也不会相信股市会永远的这么繁荣下去。但假如再问一下人们会不会继续炒股，答案也是惊人的一致：肯定继续炒！

一方面明知道这免费的午餐吃的并不会永远顺心，很有可能会被噎着；另一方面却还要拼命地吃。原因何在？道理很简单，大家都在“博傻”：在股市牛市的泡沫中，只要不是“最后一个傻瓜”就成。

所有人似乎都看到股市照当时的情况发展下去，吃亏的只能是“最后一个人”。于是大家都想着“博傻”，认为自己不会是“最大的笨蛋”。结果如何？2007年5月30日，沪指开始了一路狂跌，众多股民被套牢。众人心态的失衡，最终让自己成为“最大的笨蛋”。

为什么说在市场的错误中才能赚钱

1996年10月到12月初，1997年2月到5月，沪深股市开始猛涨，当时几乎每人赚得“盆盈钵满”，有人甚至提出“不怕套，套不怕，怕不套”的多头口号。管理层当时接连发十几个利空政策，但是大多数股民不听，结果套得很惨。2001年6月14日，沪指创新高2245点后，此时的媒体、股评人更加激动，大肆渲染多头市场的发展趋势，为股民描绘一个又一个创新高的点位，2500点，3000点……大多数股民还处于多头思维中。

2001年7月后，股市处于高速下跌阶段，此时严重套牢的大多数股民垂头丧气、万念俱灰。而媒体、股评人更加悲观，大肆渲染空头市场的可怕、创新低的点位。有人甚至提出沪指要跌到800点，400点……。资金纷纷撤离观望。这时就可以判断大多数人的思维处于空头悲观态势。

股神巴菲特曾说：“市场是不可预测的，聪明的投资人不但不会预测市场的走势，反而会利用这种市场的无知和情绪来规避市场风险，投资获益。”投机大师索罗斯也说：“市场总是错误的。”

真正的大师都善于把握市场的情绪，在市场的错误中去买卖获利。由于股市上噪音太多，错误的信息、传闻、消息等会干扰股价的正常运行，所以市场不可能永远都是对的，有时也会犯错。我们要想在股市中规避风险、投资获利，就必须树立对待股市的正确态度并掌握股市的运行规律。

作为投资者必须明白的一点是，有些优秀的公司，因为受众人所爱，所以本益比不会很低。因此，对于投资来说，只要是一家公司一直以来都在快速、稳定地成长，那么30倍～40倍的本益比也未必是过分。可口可乐就是这样一家公司。

巴菲特当初买入“可口可乐”的时候，其本益比是20多倍，在接下来的10年里却飙升到40～60倍。也就是说，巴菲特不但依靠可口可乐企业赢利而获利，更因本益比的飙升而得益。

因此，投资者在分析优秀公司时，应该翻查该公司有史以来的本益比资料，然后在股市低迷的时候，看看这家公司的本益比，是不是已经跌至前所未有的地步。

巴菲特就是凭借这种对市场规律的把握，对选股准则的把握，有效地降低了投资风险，保证了投资者长期的收益率。

德国的证券教父安德烈·科斯托兰尼曾说过这么一段话：“一个投资者在股市的跌宕起伏中应该怎样做才能获得成功呢？在我们描述完巨大的繁荣以及巨大的崩溃后，这一问题很容易回答。他必须成为勇敢的一员，必须‘反其道而行’。”这与巴菲特和林奇投资成功的基本原则是一样的：要逆向投资而不是跟随市场。

所谓“逆向投资”策略，就是当大多数人不投资时，投资；当大多数人都急于投资时，卖出。逆向策略的观念非常简单，只要能做到“人弃我取，人舍我予”就好了。但要实践逆向策略，必须克服人性的弱点，要能做到不从众，能够独立判断、忍受寂寞，才能制胜。大部分的投资人，都是当在遭亲友一致认同的情况下才开始投资；而炒股高手正好相反，知道大部分的亲友都担心恐惧时才开始考虑投资。逆向策略者相信，当大众对未来的看法趋于一致时，大部分是错的，同时反转的力量会很大。

逆向投资策略为何如此有效？理由很简单，如果市场中大多数人都看好价格会继续上涨，此时进场投资的人及资金早已因为一致看好而大量买进，所以价格通常因大量买超而产生超涨的景象。又由于该进场的人与资金都已经在市场内了，于是市场外能推动价格上涨的资金所剩无几，且市场中的每个人皆准备伺机卖出，导致整个证券市场潜在供给大于需求，因此只要有任何不利的因素出现，价格就会急速下跌。反之，如果市场中大多数人都认为价格会继续下跌，此时该卖的人早已因为一致看坏而大量卖出，所以价格通常因大量卖超而产生超跌现象。又由于该卖的人都已经不在市场内了，于是市场内想卖出的浮动筹码已少之又少，所以卖压很少，且市场外的每个人皆准备逢低买进，导致整个证券市场潜在的需求大于供给，因此只要有任何有利的因素出现，价格就会急速上涨。

那么我们该如何衡量大多数人的判断思维呢？一般说来，如果股市处于上升高速阶段，此时几乎每人都赚得“盆盈钵满”，大多数股民兴高采烈、忘乎所以。此时的媒体、股评人更加激动，大肆渲染多头市场的发展趋势，为股民描绘一个又一个创新高的点位。外场的资金也经不起诱惑而积极加入炒股大军，大有全民炒股的态势。这时就可以判断大多数人的思维处于什么态势。如果用逆向投资策略，此时就要做到“众人皆醉我独醒”、“众人皆炒我走人”。如果股市处于下跌高速阶段，此时几乎每人昨天还赚得“盆盈钵满”，转瞬之间就烟消云散，严重套牢了，大多数股民垂头丧气、万念俱灰。此时的媒体、股评人更加悲观，大肆渲染空头市场的可怕发展趋势，为股民描绘一个又一个创新低的点位。证券营业部门口的自行车也明显减少，入场的资金和赢利的资金纷纷撤离，大有全民空仓的态势。这时就可以判断大多数人的思维处于什么态势。如果运用逆向投资策略，此时就要做到“众人皆醉我独醒”、“众人皆空我做多”。

逆向操作并不是单纯地机械式的逆势而为，反对比盲目跟风风险更大。股票市场对于公司股价判断正确与否的概率，几乎是一样的，因此投资人唯一能与市场大众逆向操作的状况应为：股票市场对于事件的心理反应似乎已到了疯狂的极致；对于公司财务资料的分析大家都错了。尤其需要注意的是，当缺乏足够的论据支持自己的逆向操作观点时，千万不要与市场对立。

在确定何时买股票之前，选买点的重点是选择止损点。即在你进场之前，你必须很清楚若股票的运动和你的预期不合，你必须在何点止损离场。

股市大起大落对于短线操作既是个危机，又是个机会。只要保持清醒的头脑，盯住绩优股，抓住机会进场，确定自己的止损点，就能减少自己的投资风险而获利。一般，购入某股票后，该股的支撑线或10%左右的参考点，即可设为一个止损点。如果股价上扬，则可随时将止损点往上移。止损点与实际价格不要贴得太近，一般以10周或20周移动平均线为参考。如果股票价格低于止损点，则说明挑选的股票进场时间错误，以致造成损失。此时应立即平仓卖出，以免损失过多。在做交易时，这种小的损失应被视为一种保险费，它至少可以减低机会成本的损失。如果股市下跌，短期无回档迹象，则短线操作者还可采用“先卖后买”的反向操作策略。即挑选那些市场失宠的股票先行卖出，在该股跌得更深时再重新买入。

为什么说炒股赌智慧而不是赌运气

几年以前，美国加州一名华裔妇女买彩票中了头奖，赢得8900万美元奖金，创下加州彩票历史上个人得奖金额最高纪录。当消息传开之后，一时之间很多人跃跃欲试，纷纷去买彩票。彩票公司因此而大赚了一笔。

从数学的角度来看，在买彩票的路上被汽车撞死的概率远高于中大奖的概率。每年全世界死于车祸的人数以万计，中了上亿美元大奖的却没几个。可是，即便赚钱的几率这样渺茫，还是有那么多人趋之若鹜地买彩票。这是因为人们对金钱的渴望。靠彩票一夜暴富的愿望实在太强烈，这种愿望甚至超出了理智的范畴。

2009年10月8日晚，中国福利彩票双色球第2009118期开奖出现“狂喷”，河南安阳一男子独中88注头奖，税前总奖金额达3.599亿元的消息，像一枚重磅炸弹，轰动了全国彩市。此次巨奖，高于此前国内彩票中奖的最高金额，一举创造了新中国彩票发行以来单张彩票获头奖金额最高的新纪录。

据中国邮政储蓄银行安阳市分行一名工作人员分析，用100元大钞扎起来的10万元人民币，重量在1.5公斤左右。如果不算扣税，这名幸运儿领到的约有3.6亿现金，光是百元大钞就重约5400公斤，也就是5.4吨。

这个中奖新闻如同原子弹，炸开无数人心中潜藏的“彩票富豪梦”。自新闻发出后，无数记者用“长短炮”盯着彩票点，当地市民守着，全国人民盯着，到底哪个幸运鬼被这“天下掉下的金馅饼”砸中。当然也有很多人跃跃欲试，纷纷买彩，等待着“有朝一日”的奇迹。

但是赌博和投资也不能完全画上等号：投资要求期望收益一定大于0，而赌博不要求，比如买彩票、赌马、赌大小等的期望收益就小于0；支撑投资的是关于未来收益的分析和预测，而支撑赌博的是侥幸获胜心理；投资要求回避风险，而赌博是找风险；一种投资工具可能使每个投资者都获益，而赌博工具却不可能使赌客都获益。

投资也是一种博弈——对手是“市场先生”。但是，评价投资和评价通常的博弈比如下围棋是不同的。下围棋赢对手一目和赢一百目结果是相同的，而投资赚钱是越多越好。由于评价标准不同，策略也不同。

赌博的心态在投资中经常出现。有时候可能人们觉得投资本身就是赌博，有的人投资就能赚钱，有的人投资却总是赔钱，就认为是运气的因素。其实不然，除了运气外，还有一个因素就是理智的分析能力。很多人投资赔钱就是因为被赚钱的欲望冲昏头脑，失去理智造成的——而那些能够在投资中赚得“盆盈钵满”的投机商们，靠的不是运气，而是他们的投资智慧。

对于炒股，小蔡一直都不愿意太投入的去研究，总想凭着运气和利用别人的智慧，可以从股市中得到自己想要的东西。

也许真的是运气帮助了他。2007年6月13日，他以9.16元的价格买了000685公用科技3900股。谁知买入之后，股票一路下跌到7块多才止跌，后来连拉两个涨停，在8.08元停牌了一个半月。幸运的是，复牌后连拉了13个涨停，最高到了31块多。他打开涨停的第二天以29元的价格全部卖出，赚了两倍。000685让他赚了7万6千多元钱。是运气让他在股市里赚到了第一桶金。

由于过于相信运气，2008年小蔡在几个股票上分别跌了大跟斗，基本上把在000685上赚的钱全部还给了股市。

但是，这些经历也让他彻底明白了，炒股不能靠运气，还是要老老实实学习一些真功夫。现在，他基本接受了趋势投资这样的投资理念，大盘不好的时候，坚决不炒，看也不去看……

无论是巴菲特还是索罗斯，他们炒股都有着自己的智慧，有着自己的投资理论。他们不是在靠运气赚钱，而是在靠智慧赚钱。

其实盲目投资就和买彩票一样，如果只是赌运气而不用智慧去投资，则无论投资什么都不可能达到预期的目标。从某种意义上来说，赌博和投资并没有严格的分界线，这两者收益都是不确定的。同样的投资工具，比如期货，你可以按照投资的方式来做，也可以按照赌博的方式来做——不做任何分析，孤注一掷；同样的赌博工具，比如赌马，你可以像通常人们所做的那样去碰运气，也可以像投资高科技产业那样去投资——基于细致的分析，按恰当的比例下注。

十多年前，在上海证券交易所大门前，有一位卖《上海证券报》的老婆婆，她自己也开有上海的股东户头。当她的报纸每天卖不到10份时，她就叫人帮她填单买进600601延中实业（现在称方正科技），根本不管是啥价位，只要买进就行。当她的报纸每天卖出超过100份时，她就叫人帮她填单卖出，根本不管是啥价位，只要能卖出就行。结果是：从未输过！！！

老婆婆只是凭借对生活的细致观察，就成了炒股高手而且从未输过。而老婆婆的操作方法也非常简单：低位时吸入，高位时卖出。

股票总的面值相对而言是固定的。如果经济行情或者人们对股市的预期看涨，大量资金进入股市，股票的价格就上扬，股票便升值，指数也上升。如果经济行情或者人们对股市的预期看跌，那么大量的股票持有者就抛售手中股票，换取现金退出股市，于是股价下跌，指数下降，整个股市内的资金总量快速减少。

但很多人，希望快速赚钱，或者希望股市涨个不停，这样就应对股票进行价值分析。只有有长远收益的股票才会一路涨下去。

为什么洛克菲勒付不起小费

全球富豪洛克菲勒有一些很“吝啬”的习惯。每天晚上祷告之前，总要把每美分的钱花到哪儿去了弄清楚、记好账，然后才上床睡觉。

他还总是习惯到熟悉的一家餐厅用餐。开始的时候，每次用餐后他都会付给服务员15美分的小费。但是有一天，不知什么原因他仅付了5美分的小费。服务员见比往常的小费少，不禁埋怨道：“如果我像您那么有钱的话，我绝不会吝惜那10美分的。”

洛克菲勒不仅不生气，反而笑着说：“这就是你为何一直在做服务员的原因。”

这则故事不仅说明洛克菲勒节俭的好习惯，而且也告诉我们：不管你是富有还是贫穷，都不要跟随潮流奢侈、过度消费。正如洛克菲勒说过的话：“紧紧地看住你的钱包，不要让你的金钱随意地出去，不要怕别人说你吝啬。你的钱每花出去一分，都要确保有两分的利润，然后才可以花出去。”

年轻总是与追逐品牌、附庸风雅之类的行为联系在一起。很多年轻人有着稳定而收入不错的工作，一逛街就成了“购物狂”，看到一件自己喜欢的衣服，甚至不问价钱直接刷卡拿起来就走。周末一定要邀上三五个好友去酒吧喝喝酒、去KTV唱唱歌，否则周末生活就不知该如何打发。于是，还不到月底钱就花光了，只好盼着发工资的日子快点到。我们可以不做利益的狂热追求者，但一定要管好自己的钱包，因为不同的消费观念很可能造就不一样的生活。

文月和叶子都是一家杂志社的编辑，收入也差不多。两人因为家住得近，所以两人经常一起去逛街。有一次，她们在商场碰到某名牌的化妆品在成套地做优惠活动。文月在那些五颜六色的化妆品中开心地挑拣着，结果拿了一大堆，而叶子逛来逛去，却什么也没有拿。

文月惊讶地说：“你怎么什么也不要？”

“我的化妆品还没用完。再说，我想存点钱买套房，所以得省一点。”

“可是现在很便宜呢，买了很划算！”

叶子还是摇了摇头，坚持没买下那些自己认为不必要的化妆品。而文月欢喜地掏出钱去结账满载而归。

几年后，叶子用节省下来的钱先买了一间小套房自己住。随着经济情况的好转，她买了几套小户型作投资。正好赶上这几年房价狂飙。如今才30出头的叶子，已成为一位名副其实的富婆了。再看看文月，依然守着每个月几千块的薪水捉襟见肘地过日子。由于没有自己的房子，只得在这个城市里居无定所地打“游击战”，她自己也不知搬了多少次家。

年轻人是感性的，对待消费更是没有节制。很多人有着稳定且收入较高的工作，却总连最基本的生活费用都负担不起。因为在他们的心里，生活就应该潇洒的过，如果总是斤斤计较地生活多没劲。再说生命本来就是有限的，而年轻就那么十几年，所以，一定要抓紧现在，将享乐进行到底。这便是他们无法将钱留到月底的原因。

年轻人应该多见识见识。见识各种类型的消费是没有错的，但是不理性的消费一旦养成习惯，你就无法保证明天的早餐在哪里。往日看似潇洒的文月怎么也无法与如今的叶子比洒脱。针对这种状态，越来越多的年轻人因陷入“月光光”的困境中开始反思自己的消费观念。于是，出现了“新吝啬主义”人群。

“新吝啬主义”人群以“需要”为目的购买，绝不盲目追逐品牌和附庸风雅。不过，他们的“吝啬”不是盲目守财，而是尽量节俭不必要的开支，然后尽情为“爱做的事”买单。其实，他们秉承的是一种新的生活方式——“新吝啬主义”。

人只要活着，就要有开支来保证正常的生命存在。但有一些开支是可有可无的。不要以为只要尽情地花钱就是潇洒，潇洒之后紧随而来的是无以言说的生活窘迫。因此，哪怕是你的邻居花钱如流水、挥金如土，也请你不要盲目效仿。我们更应该学会精打细算，把钱花在最需要的地方，因为有了远虑才无近忧。

在新的形势下，“新吝啬主义”更应该成为一种时尚。我们应紧随“新吝啬主义”者的步伐，过一种简单的有品质的生活，而不是在喧哗和浮躁中浪费时间和金钱。

为什么黄金不是天然的避风港

古代印加人把黄金视为“太阳的汗珠”；古埃及的法老坚持要埋葬在黄金这种“神之肉”里；《圣经·马太福音》提及的东方三博士带来的礼物之一就是黄金；《圣经·启示录》形容圣城耶路撒冷的街道由纯金制成……黄金在各个时代都被赋予了神话般的力量，它在诱惑着人们，更在折磨着人们。它的化学符号为“A u”，“A u”的名称来自罗马神话中的“黎明女神”欧若拉（Aurora）。正如这个赞美意味浓厚的名称，黄金在人类文明史上一直是受到狂热吹捧的稀有金属，一直被视为华贵的象征。

根据世界黄金协会公布的数据，人类历史上4000年开采的黄金总量约为16.1万吨，勉强填满两个符合奥运标准的游泳池，其中半数以上是在过去50年中挖出来的。现在全世界可供交易的黄金大概有7万吨（实际流通量约为2.5万吨）。如果用全世界60亿人来衡量，人均只有12克。黄金的稀缺性显而易见。

在现在股市波动、经济不景气，通货膨胀导致银行存款贬值，房地产面临严格的宏观调控的时候，黄金突显其避险保值的功能。投资黄金确实是一种稳健而快捷的投资方式，也被形象的称为资产保值增值的“避风港”。

自2001年“9·11事件”至今，黄金价格一路上涨，从当时的250美元/盎司升至2007年新高845美元/盎司。2009年，在顺利突破1100美元、1150美元等关键点位后，黄金价格再创新高。2009年11月25日，伦敦现货黄金价格已经上涨至1182.87美元/盎司。黄金后市上涨空间还不可衡量。

为什么人们如此热衷投资黄金呢？具体而言，投资黄金有以下三大好处。

首先，投资黄金可以保值增值，抵御通货膨胀。通货膨胀意味着货币实际购买力下降，而黄金作为一种稀缺资源，其价格也会随着货币购买力的降低而迅速上涨。有这样一个例子：100 年前，1 盎司（约 31 克）黄金可以在伦敦订制一套上好的西装；100 年后的今天，1 盎司黄金依然可以在伦敦订制一套上好的西装，甚至更好。当个人投资者面对 CPI 上涨给自己的财富和购买力带来的威胁时，当股市处在震荡期时，黄金也许是财富最好的“避风港”。

其次，黄金的产权转移十分便利，是最好的抵押品种。房产的转让需要办理复杂的过户手续，股票的转让也要交纳佣金和印花税，而黄金转让则没有任何登记制度阻碍。假如您想给子女一笔财产，送黄金不用办理任何转让手续，比送一栋房子要方便得多。

最后，可以真正达到分散投资的目的。“不把鸡蛋放在同一个篮子”，不是买一堆股票或者一堆基金就是分散投资了。最理想的分散投资应该是投资在互不相关的品种上，比如储蓄、股市、房地产、黄金甚至古董等等。将黄金加入到自己的投资篮子可以有效地分散风险，平抑投资组合的波动性，真正起到分散投资的目的。

目前市场上的黄金品种主要有：纸黄金、交易所金条、金币、黄金期货这四种。那么究竟哪种适合自己，还要看个人的风险偏好及对黄金市场的了解程度。具体介绍如下。

1. 投资金条的优点是不需要佣金和相关费用，流通性强，可以立即兑现。缺点是占用一部分现金，而且在保证黄金实物安全方面有一定风险。

购买金条需要注意的是要购买知名企业的金条，要妥善保存有关单据，要保证金条外观包括包装材料和金条本身不受损坏，以便将来出手方便。

2. 投资纪念金币虽有较大的增值潜力，但投资金币有一定的难度。首先要有一定的专业知识，对品相鉴定和发行数量、纪念意义、市场走势都要了解，而且还要选择良好的机构进行交易。

3. 黄金凭证是国际上比较流行的一种黄金投资方式。银行和黄金销售商提供的黄金凭证，为投资者提供了免予储存黄金的风险。购买黄金凭证占用了投资者不少资金，对于提取数量较大的黄金，要提前预约，有些黄金凭证信誉度不高。投资者要购买获得当地监管局认可证书的机构凭证。

4. 黄金期货风险较大，对专业知识和大势判断的能力要求较高。投资者要在入市前做足功课，不要贸然进入。

金融风暴席卷而来，成就了一段黄金行情。当雷曼兄弟申请破产保护、美林被美国银行收购以及美国国际集团被美国政府接管的消息传开以后，金融市场弥漫着一种恐慌气氛。如果银行再倒闭，钱存在银行也不保险，人们到银行去挤兑。此刻，人们自然而然想到最原始的保值商品——黄金。于是乎，投资者疯狂地涌入市场，黄金价格迅速飙升。

2008 年 9 月 16 日，市场传闻：国际最大的黄金基金 SPDR 增持 36 吨黄金，总量达到 650 吨，纽约商品交易所黄金期货价格出现小幅盘整。第二天，9 月 17 日，比前一交易日上涨了 70 美元，终盘收于每盎司 852 美元，暴涨了 8.9%。第三天，9 月 18 日，价格上涨了 46.5 美元 / 盎司，涨幅达 5.45%。那两天，在黄金市场的人感觉天都要塌下来了，只有握着黄金，心里才踏实。这疯狂的两天，100 多美元的涨幅，黄金走势抵得上过去好几年的波动幅度。

2008 年 9 月 24 日，有报道说：“由于市场担心美国政府的 7000 亿美元援助金融方案未必有效，并且金融危机有向欧洲蔓延的势头，在整个商品市场出现暴跌的情况下，黄金期货价格却依然保持坚挺。”这样似乎给市场发出信号，买入黄金避险保值，黄金再度成为资金的“避风港”。

历史的经验告诉我们：黄金既有金属的本性，又有一般等价物的功能，有着较强的金融属性。在历史上，只要出现社会动荡或经济危机，作为避险资金最可靠的“避风港”，首选就是黄金。人们普遍认为，当出现社会动乱、熊市或者在牛市中资本受损时，黄金常常充当资金“避风港”的角色。在 20 世纪 70 年代大熊市时，金融产品价格都在下滑，而黄金价格却在上涨。而在 20 世纪 80 年代 ~ 90 年代，资本市场欣欣向荣时，黄金价格却长期疲软。

事情并没有沿着人们希望的方向发展。纽约黄金在 900 美元左右盘整了将近 20 天，随着经济危机的加深，金价从 2008 年 10 月 8 日的 908 美元一路狂跌到 2008 年 10 月 23 日的 716

美元，在短短的十几个交易日就跌了近200美元。

实际上，到了21世纪，黄金已经不是资产保值的"避风港"。黄金作为古老的货币，既没有保值价值，也没有成长性，几乎沦为了普通商品。自从英国于1816年率先实行金本位制以后，到1914年第一次世界大战以前，主要资本主义国家都实行了金本位制。金本位制通行了约100年。在1929年爆发的世界性经济危机和1931年的国际金融危机中，国际金本位制全部瓦解。其崩溃的主要原因，是黄金作为货币流通的职能已经不能适应经济发展的需要。这是有其必然性的。

在现代社会中，黄金储备只是国家财富的一个方面。黄金作为商品，有保值流通的功能。黄金已不是财富的全部。特别是作为国家储备，黄金仅仅是一部分，多元储备才是正途。黄金的货币属性已经去功能化了。在金融及衍生品市场中，黄金除了使用价值与石油、金属铜等有区别外，作为金融价值的商品已经区别不大了。

黄金保值的现实情况是，从1980年至今，世界的通货膨胀率翻了一倍多。我国改革开放30年，原来月工资几十块钱，现在，月工资几千块钱。黄金价格仍然在每盎司400～800美元波动。如果这一时期购买股票、债券、石油、土地、房产等，它们的成长性都比黄金强。黄金的价格只是和金属铜一样，在一个区间上上下下波动。在现代社会，黄金并不保值。

这次金融危机的到来，人们本来指望黄金可以保值。然而，黄金同其他商品一样，背离了以往人们的预期，一泻千里。

现在的黄金在某种程度上已经被视为"风险资产"。随着投资者对需求的担忧而促使商品价格下跌，也减弱了黄金对冲通胀的功能。2008年下半年以来，黄金走势着实让很多投资者不可理解。以往股市大跌之时，黄金就会受到追捧，而现在股市大跌，金价也大跌。面对如此现状，人们对以前的黄金保值观念应该反思了。

为什么债券投资没有"葵花宝典"

17世纪，英国政府在议会的支持下，开始发行以国家税收为还本付息保证的政府债券。由于这种债券四周镶有金边，故而也被称作"金边债券"。当然这种债券之所以被称作"金边债券"，还因为这种债券的信誉度很高，老百姓基本上不用担心收不回本息。后来，"金边债券"泛指由中央政府发行的债券，即国债。在美国，经穆迪公司、标准普尔公司等权威资信评级机构评定为"AAA"级的最高等级债券，也被称为"金边债券"。

1997年，我国受亚洲金融危机和国内产品供大于求的影响，内需不足，经济增长放缓。我国政府适时发行了一部分建设公债，有力地拉动了经济增长。在国家面临战争等紧急状态时，通过发行公债筹措战争经费也是非常重要的手段。例如，美国在南北战争期间发行了大量的战争债券，直接促进了纽约华尔街的繁荣。

债券（Bond），是政府、金融机构、工商企业等机构直接向社会借债筹措资金时，向投资者发行，并且承诺按一定利率支付利息并按约定条件偿还本金的债权债务凭证。债券的本质是"债的证明书"，具有法律效力。债券购买者与发行者之间是一种债券债务关系，债券发行人即债务人，投资者（或债券持有人）即债权人。由于债券的利息通常是事先确定的，所以，债券又被称为"固定利息证券"。

和股票相比，债券要稳定得多。尤其是在股市、偏股基金一路走低的时候，在风险资产组合中加入债券，能使收益相对增高，风险相对降低。

个人投资债券，可以直接投资，包括国债、公司债。投资者直接购买发行的债券，自行流通交易或到期兑付利息。国债是投资者较为熟悉的债券，它风险小、收益稳定，较适合保守投资者。

债券的风险小，但并不意味着其收益会低。著名经济学家大卫·李嘉图没有选择股票，而是投资了国债。

在1815年的滑铁卢之战前几天，英国政府为了筹集战争经费，发行了一笔巨额债券。数额之大，超过了当时英国经济总量的10%。当时的拿破仑屡战屡胜，罕有敌手，人们普遍认为英国会战败。因此债券虽然以低于面值13%的价格发行，但认购并不踊跃。

李嘉图在研究了英法双方的对阵形势后，作出了英国获胜的大胆判断。于是，他倾尽所有，购入便宜的政府债券。英国最终获胜，这批国债的面值立刻飙升。李嘉图这一次获利近百万英镑。

有趣的是，李嘉图事前曾将购买债券的事告诉了好友马尔萨斯。这位曾写下《人口论》的著名人口经济学家，在李嘉图的鼓动下也买了5000英镑的债券。不过，马尔萨斯始终担心英国会战败，自己会血本无归。在买下债券后的第二天，马尔萨斯就匆匆把持有的债券低价处理掉了，最后只能看着到手的财富落入别人的腰包。

其实，作为投资的不同手段，无论是债券还是股票，总是存在一定的风险。具体进行哪种投资，需要结合实际情况量力而行。如果资金充足，追求财富的迅速积累，可以选择股票；如果追求稳定，不急于积累大量财富，只要有盈利即可，那就应该选择债券。

债券的发行价格，是指债券原始投资者购入债券时应支付的市场价格。它与债券的面值可能一致也可能不一致。理论上，债券发行价格是债券的面值和要支付的年利息按发行当时的市场利率折现所得到的现值。由此可见，票面利率和市场利率的关系影响到债券的发行价格。当债券票面利率等于市场利率时，债券发行价格等于面值；当债券票面利率低于市场利率时，企业仍以面值发行就不能吸引投资者，故一般要折价发行；当债券票面利率高于市场利率时，企业仍以面值发行就会增加发行成本，故一般要溢价发行。

债券的风险要比股票小。债券一般约定固定利息，到期归还本金，而不论公司经营业绩如何。当公司业绩看好时，股票收益会超过债券的收益，但公司亏损滑坡时，股票的损失也比债券大。而且，在公司破产时，债券持有人可以优先于股东分配公司财产。这也为债券提供了更可靠的保障。

一般来说，债券投资应遵循以下原则。

1. 收益性原则

应该说投资者的目的就是获得收益，谁都不愿意投了一笔血本后的结果是“肉包子打狗，一去不返”。一般来说，国家（包括地方政府）发行的债券，是以政府的税收作担保的，具有充分安全的偿付保证，一般认为是没有风险的报酬。企业债券的收益性必然要比政府债券高。当然，这仅仅是其名义收益的比较。

2. 安全性原则

我们都知道，投资债券相对于其他投资工具要安全得多。但这仅仅是相对的，其安全性问题依然存在。因为经济环境有变，经营状况有变，债券发行人的资信等级也不是一成不变的。就政府债券和企业债券而言，政府债券的安全性是相对高的。企业债券则有时会面临违约的风险，尤其是企业经营不善甚至倒闭时，偿还全部本息的可能性不大。因此，企业债券的安全性远不如政府债券。

3. 流动性原则

这个原则是指收回债券本金的速度快慢。债券的流动性强，意味着能够以较快的速度将债券兑换成货币，同时以货币计算的价值不受损失。反之则表明债券的流动性差。

虽然说债券基金风险不大，收益也不低，但不是说这类基金不存在风险。

2008年5月初发行的“巨鲸迷你债券系列36”的新闻摘要——“债券全期3年，美元A组（面值5000美元）与港元B组（面值40000港元）的每年固定票息分别为5.5厘和5厘，每季派息，与7家蓝筹企业的信贷表现相连，包括中电、中海油、星展银行、英国汇丰银行和渣打银行。现成功申请，可获夏普46寸LCD液晶电视、索尼硬盘高清数码手提摄录机、松下1010万像素数码相机及百佳超市现金券/现金回赠。产品认购期至5月2日，发行日为5月15日。2011年5月15日到期，发行人可行使赎回选择权。”

这是雷曼在香港市场上发行的“迷你债券”的典型代表。名为“债券”，实为以定息和债券包装的一种高风险结构产品——信贷挂钩票据。“迷你债券”只是作为这种产品的品牌而已。对此，投资者很容易理解成是入场成本较低的传统债券。

“迷你债券”是带“毒”债券。这些挂钩香港大蓝筹股的债券，竟然与挂钩资产毫无关系。装进去的资产是高风险结构产品CDO（债务抵押证券），而担保人恰恰是宣告破产的雷曼兄弟。

在“迷你债券”相关介绍中，并没有说明究竟持有什么CDO资产，仅说是“AAA”信用评级，也未提及担保人雷曼对债券的重要性。雷曼将持有的CDO，通过组合成一种结构性产品，命名为“迷你债券”并出售给散户，从中套取息差，实际上与蓝筹公司没有半点直接关系。

就是这种产品，从2004年年底以来，雷曼与新金融集团合作，推出了七八个系列，主攻散户市场。因为最低入场费只有5000美元或4万港元（传统债券入场费很高，一般散户无法参与），年利率比较高，有的高达7%，所以受到散户的追捧。系列产品平均认购总额为5000万美元。去年推出的“夺魁迷你债券系列34”的认购额更是达到了10亿港元。

除了雷曼，大摩及瑞银等大行也推出过类似产品。证监会指出，香港市场上共有360亿港元属于“迷你债券”的结构投资产品，其中雷曼安排或做担保的产品占近4成，总值127亿港元。

有金融专家称：“买入‘迷你债券’其实有如跟雷曼‘对赌’，赌挂钩的公司不会出现‘信贷事件’。可惜的是，如今跟你对赌的雷曼破产，你先前下的压注便收不回来。”

香港超过4万投资者购买的“雷曼迷你债券”，因雷曼破产而陷入巨额亏损的风险。据有关方面统计，普通投资者投资达50万港元，少的几万港元，多的五六百万港元、1000多万港元。

按照监管规定，高风险的投资产品一般只允许卖给“专业投资者”。香港证监会表示，正把与银行涉嫌不当销售行为有关的投诉转至金管局作进一步行动。金管局发言人表示，在现行的法律授权下，只能对违规的银行进行纪律处分，例如谴责、罚款，甚至停牌，但无权要求银行对受影响的客户赔偿。

为什么“高回报低风险”项目不保险

犯罪嫌疑人刘某，是捷昂公司的法定代表人。另一名犯罪嫌疑人杜某，仅仅比刘某大一岁。这个来自江西的年轻人，曾经和刘某在同一家投资公司做业务员。正是这段经历，使得他们两人走到一起，创办了上海捷昂投资管理有限公司。刘某和杜某虽然学历不高，也没多少投资理财的知识，但在投资公司干业务员的经历，让他们摸清了这类公司的业务模式——先用代客户理财的名义，四处打电话招揽客户，然后按照资金的多少收取一定比例的保证金或者管理费。在他们看来，这门生意简单容易，来钱又快。两个人一琢磨，就决定自立门户。

2007年2月份，准备回老家过年的刘某，向工商部门递交了公司设立登记申请书。一个月之后，他就拿到了正式的营业执照。在事后的调查中发现，上海捷昂投资管理公司营业执照上的公司地址，只是一户普通的居民住宅，跟捷昂公司没有任何关系。而注册公司所需的10万元资金，也是专门的代理公司一条龙服务办理的，刘某仅仅花了3000多元的代理费用。在公司的持股比例中，刘某占70%，杜某占30%。不用自己出多少钱，也不用自己跑腿，刘某和杜某就轻轻松松成立了一家投资咨询公司。可这时候的公司毕竟只是空架子一个，没有什么业务。怎么去招揽客户，把钱吸引进来呢？刘某和杜某一合计，想出了一个既省钱又快捷的办法，他们申请注册了一个网站。于是，最牛的网上私募基金就这么诞生了。

在注册成立了公司之后，刘某通过安徽马鞍山市的一家网络公司，注册了一个叫“私募大世界”的网站，在这个网站的简介上，“私募大世界”又叫“中国私募基金联盟网”，版权归属于上海捷昂投资管理有限公司。他们在网站上做了一些不实的宣传，比如说他们是全国最大的一个私募基地，他们和全国八大基金公司有联合，他们有很强大的团队从事证券投资等。

本来成立才几天的公司，却摇身一变成了成立于1998年年底，时间整整提前了8年。而下面的介绍更是夸张：拥有最凶悍的私募操作团队，拥有最丰富经验的观礼团队，拥有近百名国内实力超强的实战操盘手，拥有国内最翔实、最权威的研究报告和市场主流资金动向。

在“私募大世界”的网页上，到处充斥着某某股票涨停的信息和语言。比如某某股票逆市大涨，某某股票买入后连续涨停，某某股票3天暴涨9倍，理财客户今日3只个股涨停等，而在介绍操盘手的网页上，战绩更是突出。一只股票一个月获利54%，一只股票3周获利100%，另外一只2周获利43%。

家住福建省福州市的陆先生，一直都是自己操作股票，而且收益还算不错。一个偶然的机会，他在浏览网页的时候，看到了“私募大世界”上面“留下手机号就免费赠送牛股”的广告，陆先生才抱着试一试的心理，在网上留下了自己的手机号码。

捷昂公司为陆先生提供了两种合作方式，一种是把股票账户和交易密码交给捷昂公司，由捷昂公司的操盘手进行股票买卖，赚取的利润两家三七分成，但之前要交纳账户资产10%的保证金；另一种合作方式是捷昂公司通过短信，发送股票买卖信息、指导客户投资，并收取账户资金5%到10%的管理费。陆先生按照捷昂公司的短信购买了一只股票，在高位时买入，却让他在低位时卖出，不仅资金被套了3个月，还亏损了上万块钱。

两个没有任何专业资质的毛头小伙，竟包装成了私募基金的“带头大哥”；花3000多块钱代理费注册的空壳公司，经过包装，竟成了国内“最牛的私募基金”。短短4个月时间，就在全国30个省市发展了近700名客户，聚集资金1亿多元。

随着投资者的损失面不断扩大，“最牛网上私募基金”的画皮很快被识破了。2007年8月，中国证监会稽查部门在掌握了上海捷昂投资管理有限公司的违法证据之后，将案件移交到公安部门。8月9日，上海市经济犯罪侦查总队立即以涉嫌非法经营罪对上海捷昂投资管理有限公司立案侦查。2007年9月28日，经上海市检察院批准，捷昂公司的主要负责人刘某和杜某被正式逮捕。

“私募大世界”网站承诺的高回报、低风险，打动了不少小散户。这些散户缺乏在股市搏杀的经验，寄希望于专业机构的帮助，来把握投资获利的机会。而“私募大世界”网站正是瞄准了投资者的这种心态。

可以说，有收益，就有风险。证券投资中的收益与风险几乎是如影随形的。投资者在期盼未来的回报时，一定要想到，这些未来回报中是蕴涵着各种不确定性的。用中国的老话来说就是“富贵险中求”。要得到投资回报，就要承受风险。

证券投资理论认为：承担风险是获取收益的前提，收益是对投资者承担风险的补偿和报酬。二者之间的关系可总结为：预期收益率=无风险利率+风险补偿。其中，无风险利率相当于把资金投资于某一种没有任何风险的投资对象时所能得到的利息率。

风险与收益是共生共存的，投资风险越高，所要求的回报率也就相应越高。股票收益率一般会高于债券，而长期债券要求的收益一般都高于短期债券。

当然，高风险要求高回报，但并不是风险高了就一定有高回报。风险就是获得未来收益的不确定性。这种不确定性有时会侵蚀您的收益，有时甚至使您丧失本金。

为什么选择投资时机比选择投资什么更重要

美国石油大亨哈默有着传奇的人生经历。1921年初，哈默离开美国来到苏联。在看到苏联马拉尔地区大量的白金、宝石、毛皮卖不出去，但粮食却严重短缺的时候，哈默有了一个大胆的想法。

当时，美国粮食大丰收，粮价下跌。于是哈默以100万美元的资金，在美国收购了大批小麦，海运到苏联的彼得格勒。卖掉粮食后，哈默又从苏联采购了大量的毛皮和其他货物运回美国。哈默在一来一往中，赚取了大量的差价，获得丰厚的利润。

同时，哈默为苏联解决了粮食危机，还受到了列宁的特别接见。列宁鼓励哈默在苏联投资办厂，允许他开采西伯利亚地区的石棉矿。哈默成为苏联第一个取得矿山开采权的外国人。

美苏的易货贸易由此拉开。哈默专门组织起美国联合公司，集中了30多家美国公司。他成了苏联对美贸易的代理人。

哈默在苏联度过了将近10年，在这期间他从一个百万富翁变为了亿万富翁。不过，哈默的辉煌还在持续。1931年他离开苏联回到了美国。

哈默返美时，正值20世纪30年代美国经济大萧条时期。即使这样，哈默还是在国家大形势上捕捉到了赚钱的机会。当时，罗斯福正在竞选美国总统一职。各种现象都显示，罗斯福将成为美国总统。罗斯福有个众所周知的嗜好——喝酒，如果他成功当选总统，那么，美国政府在1919年颁布的禁酒令将很可能被废除。

哈默由此得出结论，美国对啤酒和威士忌的需求将激增，而用来装酒的酒桶将会存在巨大的市场空间，因为当时的市场上并没有足够的酒桶出售。

于是，哈默立即从苏联订购了几船优质木材，在纽约码头设立了一座临时的桶板加工厂，并在新泽西建立了一座现代化的酒桶厂。

不出哈默所料，罗斯福成为了美国总统。在罗斯福上任不久后，便宣布废除禁酒令。而此时哈默制桶公司的酒桶正源源不断地生产出来，哈默的酒桶被各地酒厂高价抢购一空。哈默几乎垄断了整个美国的酒桶市场，获利丰厚。

哈默更是乘胜追击，开始进军酒业，经营威士忌酒生意。哈默接连购买了多家酿酒厂。他的丹特牌威士忌酒一跃成为全美一流名酒，年销售量高达100万箱。

哈默的成功，在于他始终围绕在国家大形势的周围，他能够把握住宏观市场的发展趋势。由此为自己带来了巨大的财富。

在我们生活的世界上，每天都会发生很多看起来毫不相干的大事。如果能够利用经济学的视角去关注这些事件，便会发现其中蕴含着的丰富市场信息。通过分析这些信息，对市场环境及时作出反应。抓住先机，便能实现个人创富。

股市上有句谚语："不要告诉我什么价位买，只要告诉我买卖的时机，就会赚大钱。"因此对于股票投资者来说，选择买入时机是非常重要的。买入时机因投资时期长短、资金多少等因素有所不同，但也是有规律可循的。

1. 当有坏消息如利空消息等传来时，由于投资者的心理作用，股价下跌得比消息本身还厉害时，是买进的良好时机。

2. 股市下跌一段时间后，长期处于低潮阶段，但已无太大下跌之势，而成交量突然增加时，是逢低买进的佳时。

3. 股市处于盘整阶段，不少股票均有明显的高档压力点及低档支撑点可寻求，在股价不能突破支撑线时购进，在压力线价位卖出，可赚短线之利。

4. 企业投入大量资金用于扩大规模时，企业利润下降，同时项目建设中不可避免地会有问题发生，从而导致很多投资者对该股票兴趣减弱，股价下跌，这是购进这一股票的良好时机。

5. 资本密集型企业，采用了先进生产技术，生产率大大提高，从而利润大大提高的时候，是购买该上市股票的有效时机。

选择好的时机买进股票难，但在好的时机卖出股票更难。因此，卖出股票也必须掌握一定的技巧，否则不仅不能赚钱，还可能无法脱手。以下几种情况是卖出的好时机：

1. 买进股票一周后，价格上涨了50%以上，此时出售，投资收益率远高于存款利率，应当机立断，该出手时就出手。

2. 长期上涨的行情，要适可而止，切莫贪心，赚一倍即出手。

3. 突然涨价的股票，并且涨幅较大，应立即脱手。在这种情况下，股价很可能受大户操纵，若不及时出售，一旦大户抛售完手中的股票将悔之晚矣，再想卖出就困难了。

4. 股价上涨后，行情平稳之际宜卖出股票；成交量由增转减时，宜卖出股票。

5. 视具体情况而定，对各种不同类型的股票加以灵活对待。

对于持续稳健上升的优质股，出现以下情况时应卖出股票：在过去一年股份企业中无人增购本企业股份；企业利润增长率与销售利润率明显下降，靠削减开支维持赢利，且企业目前又没有开发出有市场前景的新产品。

此外，对于发展缓慢型股票，出现以下情况，应出售股票：企业连续两年销售不景气，产品库存量大，资金周转缓慢，兼并亏损企业而使自身资金长期被占用，并在短期内无法使兼并企业扭亏为盈；股价上涨 30%以上或在大户操纵下股价上涨 10%以上。

对于复苏上涨型股票，当其发行企业已成为众所周知的发展型企业，人们纷纷购买股票时，是卖出的好时机。

第三章

85% 的人买不起房：为什么房产公司增多，买房的人减少

为什么任志强说迪拜的泡沫不会破

2007 年春天，任志强游了一趟迪拜。从 4 月初到 4 月底，任总一口气撰写了不少迪拜游记，发表在自己的博客上：迪拜在用免税与优惠条件创造需求和吸引更多外来人口投资与炒房时，中国却增加各种税收抑制消费需求和打击投资与炒房。

在这些文章里，任志强首先描绘了迪拜酒店业的繁荣景象，并指出了国内设计师在提升酒店价值的理念上与迪拜的差距——当中国的开发商和建筑师认为现代化建筑艺术是靠材料装饰来提升产品的价值时，却发现传统的建筑形式和低价的普通建材也能打造出世界一流的五星级酒店、打造出可以让人记忆深刻流连忘返的景象。

任志强随后在文中提出这样一个问题——是什么可以让迪拜成为一个完全市场化的竞争发展环境，让“泡沫”也许永远不会破裂？

任志强在文中给出了三个理由：迪拜的住房政策已实现双轨制、迪拜利用非石油产业保证可持续发展的需要、迪拜特有的生存和生产环境可以创造最有吸引力的需求。“市场是完全无国界的，自然也就不用怕‘泡沫’的出现了。”

在文章的最后，任志强还提出“中国有自己的特殊性”，建议读者对照迪拜的情况认识中国的房地产泡沫。

随着迪拜政府控股宣称“迪拜世界”债务偿还暂停 6 个月，一个建筑在棕榈岛、七星级酒店和世界第一摩天楼上的沙漠地产神话轰然倒塌。迪拜的“泡沫”真真正正地爆裂了。“迪拜世界”正在酝酿重组债务，最新的消息是准备以出售资产方式还债。

对这篇旧文，时寒冰调侃说：“任志强观点明确，论据清晰，环环相扣，无懈可击，并且语言优美，行云流水，鬼斧神工，体现出作者出神入化、深不可测的作文功底。可‘迪拜的泡沫不会破’的预言刚满两年，就轰然倒塌了。这个效果可能是他撰写此文时没有想到的。”

时隔一天，另一位知名经济评论人牛刀在其博客上贴出了题为《700 万年薪任志强的无耻谎言》的博文，声援时寒冰。在博客中，牛刀“辛辣”地写道：“这位开发商的意见领袖去了一趟迪拜，就把迪拜当做西方的月亮，连泡沫都是美丽的。现在，迪拜的泡沫破了，任志强们是不是一定要把中国的泡沫也吹破呢？”

无论是时寒冰还是牛刀，虽然对任志强有揶揄的成分，但我们也可以看出任志强对迪拜房地产的危机和风险的绝对化。他一方面的诉求是希望国家不要打击投资和炒房，从而提升

房地产的价格。作为房地产商人，他当然希望自己的房子卖得越高越好。而另一方面，我们不排除他对资产泡沫认识的不足。

好莱坞一线明星狂热追捧，英国国家足球队几乎人手一套，温州商人不惜斥资1亿元买下一个完全人工堆砌的小岛——作为阿拉伯联合酋长国标志性建筑的人造海上别墅群，在“迪拜世界”债务风波全面爆发之前，它不仅是建筑史上的奇迹，还是一个似乎永不破灭的楼市神话。

迪拜楼市危机是否也在预警中国房地产业？2001年，迪拜一幢独立别墅每平方米只要8000元。到金融危机之前，房价涨至最高峰，每平方米涨到4万多元。普通公寓的价格在最高时也达到了每平方米二三万元。在北京，四环以内的公寓价格都在每平方米2万元以上。即使是杭州这样的城市，主城区商品房的平均价格也达到了每平方米19000元。不论是北京、上海，还是广州、杭州，核心区域的公寓房价早已超过每平方米3万元。日前“福布斯”杂志列出了全球六大资产泡沫，在黄金市场居首位之后便是中国楼市。可见问题之严重性已天下皆知。

“泡沫经济”是对一地虚假繁荣经济的比喻，意指经济的发展不是凭内力驱出来的，而是在搓衣板上用肥皂搓出来的光环。这种看上去美丽的泡泡停留的时间短暂，一个微小的触动就足以让泡沫化为乌有。

1988年8月23日，有“海角天涯”之称的海南岛从广东省脱离，成立为中国第31个省级行政区。海口，这个原本人口不到23万、总面积不足30平方公里的海滨小城一跃成为中国最大经济特区的首府，也成了全国各地淘金者的“理想国”。

据《中国房地产市场年鉴（1996）》统计，1988年，海南商品房平均价格为1350元/平方米，1991年为1400元/平方米，1992年猛涨至5000元/平方米，1993年达到7500元/平方米的顶峰。短短几年，增长超过4倍。

高峰时期，这座总人数不过160万的海岛上竟然出现了2万多家房地产公司，平均每80个人一家房地产公司。这些公司当然不都是为了盖房子，而是为了炒房子。

由于投机性需求已经占到了市场的70%以上，一些房子甚至还在设计图纸阶段，就已经被转了好几道手。每一个玩家都想在游戏结束前赶快把手中的“花”传给下一个人。只是，不是每个人都有潘石屹这样的好运气。1993年6月23日，当最后一群接到“花”的玩家正在紧张寻找下家时，终场哨声突然毫无征兆地吹响。

这场调控的遗产，是给占全国0.6%总人口的海南省留下了占全国10%的积压商品房。全省“烂尾楼”高达600多栋、1600多万平方米，闲置土地18834公顷，积压资金800亿元，仅四大国有商业银行的坏账就高达300亿元。吉利汽车老总李书福1992年在海南楼市泡沫中损失了3000万元，从此发誓再不碰地产。

为什么“面粉贵过了面包”

由于国家垄断了一级土地市场，开发商要通过公开竞价的方式买卖土地的使用权。竞价使得土地的价格高过了楼房的价格，面粉贵过了面包。开发商为了等土地升值后再开发或转让，囤地就成了一些开发商的生财之道。

北京最繁华的地段之一东三环长虹桥，在房价飞涨的时代，竟成了“炒地皮”的战场。而与这块地联系在一起的炒家，是李嘉诚的儿子李泽楷。该地块于2005年被李泽楷旗下的香港盈科大衍地产有限公司（下称盈大地产）以5亿元人民币拍得。

该地合同开竣工日期为2006年9月20日和2008年3月31日，但盈大地产并未按照规定日期完工，却在2009年8月底以1.18亿美元转让给了瑞安建业。盈大地产因此获利近3亿人民币，其利润接近六成，普遍高于一般项目的毛利润。

面对外界的质疑，盈大地产负责人表示，盈大地产于2007年7月开始前期施工准备及土地开挖工程，并未将项目闲置。之所以开工后进展缓慢，一方面缘于建筑设计及审批花费的时间超出预期；另一方面，因为2008年北京奥运会的影响，项目被迫暂缓。

但事实上，盈大地产拿地后近三年时间对该地块并无大的投入，而该地块却随着时间的推移不断升值，转手销售后为盈大地产带来了丰厚的利润。

盈大地产拿下该地块，却不开发，反而直接从囤地中获取暴利。李泽楷将香港公司囤地等升值炒地的操作手法发挥得淋漓尽致。

潘石屹表示，中国有很多房地产开发商囤积土地不盖房子，反而在倒卖土地。“养鸡的不如倒蛋的。”他举例说，几年前，两家开发商同时拿下同一地段的两块土地，一家开发商建了房子，卖出房子后发现没有赚多少钱；另外一家开发商囤着地，什么都不做，最后把土地卖给别人，赚的钱是第一家开发商的几倍。如此循环往复，在房地产界，少圈地的反而成了另类。

开发商通过囤地慢慢开发，利润十分可观。某房地产网站公布的53个项目中，有35个项目楼面地价在千元以下，其中最低达到了56元/平方米。而其数据显示，2009年销售均价约6000元/每平方米，土地成本不到售价的17%。而随着时间的推移房价的上涨，土地成本的比重会更小，而这也将进一步扩大销售的利润。

根据1999年国土资源部出台的《闲置土地处置办法》规定：“进行房地产开发的土地，满2年未动工开发的，政府将依法无偿收回土地使用权。已动工开发建设，但开发建设的面积占应动工开发建设总面积不足三分之一，或者已投资额占总投资额不足25%且未经批准中止开发建设连续满1年的，属于闲置土地。2年不开工的，政府也要无偿收回土地使用权。”

但一些房地产企业与政府“躲猫猫”，实行分期开发，一边开发，一边坐等升值，时机成熟再开发，而此时房价也跟着上涨，利润大增。有数据显示，1998年~2008年全国范围内用于房地产开发的土地购置面积达到31.3亿平方米。而截至2008年年底，全国土地开发量仅为19.4亿平方米，仍有近40%的土地滞压于发展商手中。

开发商热衷拿地，开发缓慢，坐地生财之道已经不是个例。在囤地的暴利诱惑下，吸引着大批的“李泽楷”类房地产企业在全国行动。据统计，仅全国排名前十的房企的土地储备，最多的可供30余年开发。SOHO总裁潘石屹更是石破惊天地说：“现在有些房地产囤地够开发150年。”

吉林省长春市的土地市场上，最近突然杀出了许多新买家。可是坐下来竞拍时，人们发现，那些举牌的竟然都是熟悉的老面孔。所谓的新公司，不过是地产大鳄们换了个“马甲”而已。

与万科叫板50轮，把地价从4.8亿叫到了10亿，10月15日长春市柴油机厂地块竞拍现场，一家名为广州三银房地产开发有限公司的买家引起了人们的关注。正在人们纷纷猜测这家陌生公司的来头时，有开发商在网上爆料：广州三银原属“保利系”。保利地产长春公司因有项目拖欠土地出让金，按长春市国土资源局规定，不得参与新地块竞买，所以才以广州三银的身份参与竞拍。

加大土地入市力度，住宅用地供应量再创新高。开发商拿地较为积极，成交量同比大幅增加，“地王”现象频出。“地王”频现却迟迟未见平地起高楼。

囤地在给房地产带来巨额财富的同时，却是以剥夺广大购房者的财富为代价的。囤地造成土地资源极大浪费，不能做到物尽其用。土地越来越珍贵。这些资源，应很好地为社会主义经济建设服务。土地由一些大公司垄断，所需用地的人又拿不到土地。

一些房地产企业不在乎经济周期，看中的是长远房价上涨趋势，敢于囤地。“囤得久，炒地更赚钱”。坐等升值再开发或卖掉，已经成为众多企业喜欢的开发方式。央视《经济半小时》除了报道盈大的个案，还前往北京的大兴17号地皮，发现当地一片荒凉，没有丝毫动工的迹象。该地皮在2007年12月由华润集团旗下华润置地投得，到2009年12月便快到两年的“收回期限”。节目质疑发展商未必能在余下短短两个月内动工。

“面粉比面包贵”的房地产怪圈何时能够纠正？武汉加大了对闲置土地的处理力度。根据造成土地闲置的不同原因，采取延长开发建设时间、改变土地用途、进行土地置换、政府招标拍卖、依法收回并纳入土地储备等各类办法，对闲置土地积极盘活，增加住房市场的有效供应量。

囤地进一步推动房价高涨，“穷人”更买不起房。中国的土地资源本来就很紧张，一些大公司囤积土地，本应要拿来开发房地产的土地，却闲着不开发，没有那么多房子投向市场，导致房屋供不应求，价格愈来愈高。

为什么房子比爱情价更高

现在的北京城里，漂亮姑娘个个都早早的名花有主了。想想也是，年轻人都讲究现期消费，谁等到30岁以后再结婚？可是一些大学的博士、硕士却个个形孤影单、孑然一身。为什么？很简单，你没有房子谁跟你受那份窝囊罪？大款自不必说，就是刚刚参加工作的年轻人也得先贷款买房，才有可能赢得美眉们的芳心啊。此种局面，不能不使得很多男人开始大发感叹：“爱情诚可贵，房子价更高。”

“有房才有家”，这是许多中国人的传统观念。但是，随着房价步步攀升，买房子对于大部分年轻人来说，越来越难。大部分未婚的年轻人，事业刚刚起步，即使有两倍于人均可支配收入，不吃不喝也要20多年才能买房。对于未结婚的男方来说，女方对房子的要求直接“绑架”了婚姻。

有位女青年把男人大致分为四类：一是有房有车无房贷；二是有房有车有房贷；三是无房无车无房贷，但是马上就能有房有车有房贷，属于现金储备的那一类；四是无房无车无房贷，但很长一段时间也不会有房有车有房贷。对第一类男人，可以马上谈婚论嫁，第二、三类可以考察之后谈婚论嫁，第四类免谈。

26岁的凌东上个月刚搬进江北区观音桥电测村122号，与同事合租一套两室一厅的房子，每月房租300元。“之前的房子要450元，现在又省下一笔开销，可以早点存够钱买房了。”搬完家后，他高兴地给在贵州的父母打电话。

凌东和女友是老乡，高中时就开始谈恋爱。大学时两人一起考到重庆。毕业后，他在一家大型地产公司做营销，月收入约有4000元。女友在一家小公司做文员，一个月有1000多元。

工作没多久，两人便商量着结婚。但女友和家人提出了条件：必须先在重庆买房。凌东说：“其实以我的条件，5年内恐怕都买不起房。”

“我家里根本拿不出钱帮我们，而靠我们自己的收入买房又太不现实。”他说，当时他怕失去女友，答应在3年内买房。但过了两年多，他存折里还只有两万多元。为房子，两人吵了无数次架。

两个月前，两人8年的感情终于走到尽头，女友和一个重庆本地有房的男子迅速结婚了。

“没有房，8年的感情有什么用。”凌东显得很无奈。

没房就不能结婚。当今，一些女生把房子作为结婚的首要条件和压倒性要求，至于以往人们看重的能力、相貌等都统统让位了。

2007年年底，房地产商冯仑提出“未婚女青年”推高房价。冯仑说：“年轻女孩，没有房子嫁不嫁？90%的女性是不嫁的。所以说，未婚女青年推动了房价上涨。这具有很浓的中国特色。”他认为买房应限制在35岁以上，房价上涨跟需求有很大的关系，很多人结婚的要求就是首先要有房，至少要交得起首付。如果政府强制规定35岁才能买房，将降低对住房的需求，从而降低房价。

从冯仑的“未婚男女的同居以及女方的适度施压，是房价的隐性推手”到顾云昌的“丈母娘找女婿谈谈，需求量就‘刚性’了，而且是特钢需求”。他们认为中国房价的推手，其实不是个人，而是婚姻需求，是男女要住在一起，就得买房子。

经济学上把需求分为弹性需求和刚性需求。弹性需求，是指当产品或服务的价格有所变动时，市场对该产品或服务的需求也发生明显变动的状况。刚性需求，是指商品供求关系中受价格影响较小的需求，这些商品包括日常生活用品、家用耐耗品等。也可理解为人们日常生活中常见的商品和必需品。

需求固然是房价形成机制的一面，但并不能构成房价高涨的全部原因。按照顾云昌的逻辑，吃饭也是刚性的需求，那粮价、菜价为什么没有突飞猛涨了？仅仅因为婚房的刚性需求便导致房价上涨，显然缺乏说服力。

而把婚房说成丈母娘需求，更是让丈母娘背上了黑锅。“让女婿去清仓、典当、筹钱买房，两口子以后馒头就凉开水过日子，丈母娘也不高兴啊。”还在新婚中的某女士说，结婚前买新房是两家一起凑的钱，她母亲把积蓄都拿出来帮他们交首付。徐小姐幽默地说，如果让她母亲知道有人说是“丈母娘推高了房价”，会被气疯掉的，等于说她自己推高房价害她自己啊。

天下没有一个丈母娘会自己陷害自己，“丈母娘推高房价”的说法显然是谎言了。在顾云昌强调需求的同时，却忘记了一个很关键的问题——供给。现在很多企业不是没有土地开发，而是囤地、惜售，就是减少供给而造成价格上涨。

到底是谁推高了房价？其实，这个话题如今已说得“疲软”、“麻木”了。楼市的上涨，背后主要有几重力量在推动：第一个就是开发商这个强大的阵线联盟，要么制造抢房潮，要么就是囤地，然后捂盘惜售，通过这些方式让大家感觉楼房非常紧俏；第二个就是地方政府，他们也在纵容甚至默许开发商涨价；还有就是一些所谓的专家、学者、精英甚至少部分媒体的推波助澜，使得房价一路“高歌猛进”。

而中国房地产业的暴利程度，已到了“连开发商都不好意思说出口”的地步。上市公司2007年年度报告披露，房地产业在经连续多年高居暴利行业之首之后，再次轻松夺魁。地产公司毛利率普遍达到30%以上，万科、招商地产、金融街等上市公司的毛利润率都超过了40%。华侨股份以99.2%的主营业务毛利率排名第一。

同为房地产开发商的潘石屹说：“现在有的开发商做的是棺材板生意，当消费者因为房价上涨而痛苦的时候，开发商却在偷着笑。”

“丈母娘推高房价”的说法只是一种障眼法，是为了转移房地产开发商和购房者之间的矛盾。

为什么经济学家害怕预测房价

在经济学领域流传着这样一个典故：有人问被誉为资本主义“救星”的经济学家凯恩斯：“从长期来看，未来的经济形势会是怎样的情形？”凯恩斯的回答是：“从长期来看，人总是要死的。”金融大鳄索罗斯有这样一句名言：“我什么都不害怕，不害怕丢钱，但我害怕不确定性。”

2007年7月11日，北京大学中国经济研究中心兼职教授徐滇庆在深圳出席某论坛时表示，深圳房价肯定要涨，这是经济发展的必然规律。“我们不妨再豪放一点——如果明年（2008年7月11日）深圳的房价比现在（2007年7月11日）低一分钱，我一定在媒体上用整版篇幅向深圳市民道歉。”

徐滇庆的表态很快得到牛刀的回应，牛刀表示愿和他打赌一年后的深圳房价。牛刀给赌局立下的“规矩”是：以深圳市国土资源与房地产管理局（简称国土房产局）公布的2007年7月11日的新盘均价即每平方米15745元为准。双方的赌注一样，如果牛刀输了，也在媒体上用整版篇幅向市民道歉。

一年以来，两位当事人在不同场合多次表态坚定自己的看法。2008年3月24日，在深圳的一次沙龙上，徐滇庆在谈到那场由他掀起的关于深圳楼市价格的“赌局”时表示：“我有200%的自信（赢）。”而牛刀也多次表示：“徐滇庆200%会输！”

深圳商品住宅价格经历了连续几年的疯狂飙升后，自2007年10月起终于掉头向下，从最高时的均价17000余元/平方米，跌到了2007年5月的11000余元/平方米。

深圳市国土房管局不久前发布楼市分析报告称：自2007年10月份以后，随着市场交易量的大幅减少，住宅价格出现调整。2007年1月～5月住宅价格分别为15080.25元/平方米、16314.58元/平方米、13618.42元/平方米、11962.08元/平方米、11014.14元/平方米。

房价连续出现下降，5月环比降幅为7.92%，降幅较前两个月有所减小。

2008年7月11日，这一天正在一步步走近。在全国人民的注视下，北大教授徐滇庆和深圳地产研究人士牛刀犹如坐在桌子两边的赌徒，静静等待骰盅的最后开盖。

但还没有到7月11日，徐滇庆就发来了道歉信，向深圳人民道歉了。

“无论（深圳房价）涨还是跌，我都向深圳市民道歉。”一直处于舆论旋涡的著名经济学家、北京大学教授徐滇庆终于明确表示“道歉”，并同时承诺7月11日将在报刊上登道歉广告。道歉信没有明确承认深圳房价下跌，但一句“房价焉能不跌”的反问可看做是对打赌结果的定论。徐滇庆坦然表示，这有点不符合逻辑，觉得无道理。

“一年前，我说深圳的房价要涨，错在把时间段说得太绝对。”徐滇庆在他的道歉信中认为，他对总的趋势判断并没有错，所依托的理论也没有错。他认为，2007年上半年深圳房价暴涨是因为过度投机，把房价炒了上去，目前出现一些调整也在意料之中，但是，绝对不等于今后不会再度出现炒作。“在流动性严重过剩的情况下，金融危机正在我们四周徘徊，朋友们，要警惕啊！”

徐滇庆同意道歉，但始终没有正面承认打赌失败。他说，他希望能用自己的道歉，来引起市民对金融危机的注意，这才是他道歉的主要目的。

“不过，我必须承认，作为一个学者当时以打赌的方式来讨论深圳的房价，是不太妥当的。”徐滇庆补充说，这场“赌局”已经被娱乐化了，失去了意义。

“我说这句话错就错在简单地预测房价，很容易被人搞成娱乐性的新闻，助长浮躁的学风，有可能转移视线，忽略了房地产市场急需解决的根本问题。”他在道歉信中说。

但牛刀却认为不够真诚。深圳律师金焰也发了一封给深圳市民的公开信，号召因徐误导而变成房奴的深圳市民联合起来起诉他。

如此对赌，无论是谁赢，都不能证明二者谁的学术水平更高。预测房价上涨或下跌，总有50%的胜算，预测股票的涨跌，亦大致如此。所以，总有人预测准确。但这并不能证明这种预测是可靠的。

在经济领域，没有人有能力预测未来。在市场经济条件下，没有人（甚至包括政府决策部门）能充分占有全面的资料、数据以判断未来的经济走势。即使政府出台救市举措时可以预测第二天股市的反弹，但却不可能准确地知道反弹能否持续。

市场经济的运行，犹如充满不确定性的人生一样，其特点是“动荡”、起伏不定。正因此，芸芸众生希望有人指点迷津。所以，也就会有一些人迎合这种心理需求，迷恋于预知未来。格林斯潘执掌美联储多年，只负责上调或下调利率，从不对经济运行发表明确的观点。

为什么天价经理唐骏不买房

在温州人炒房的同时，中国著名职业经理人唐骏却泼了一盆冷水：“我的租房理论很简单，只要我的投资回报大于6%就赚了，因为中国的房子都是低于5‰基数的。”

按照唐骏的解释，5‰基数就是月租金是房价的5‰。“百万的房子月租金是5000元的话就是合理的！”他认为，“买房时的参考指标就是这个，不是这个月比上个月又涨了！”

有人问唐骏：“你为什么宁肯每个月花12万元住宾馆也不愿买房子？”唐骏给朋友算了笔账：在上海买同样质量的房子至少要花2500万元。2500万元拿来自己投资的话，唐骏相信年回报率至少在30%以上，保守一点，按20%来计算，2500万元每年的回报就是500万元。而住宾馆一年才花150万元，他从中还赚了350万元。唐骏认为房子没有卖出去的就等于没有赚钱，就像股票一样，而且房子更危险。

买房还是租房？这是很多中国人经常思考的问题。

讨论买房与租房的问题，首先要引入“机会成本”的概念。对买房者来说，付出的机会成本最直接的是首付款和月供款，而最终收益则是30年后的一套房屋。租房者的机会成本，是不断上涨的房租，而最终收益则是30年积累的投资收益。只有通过比较二者机会成本的大小，或许才能找到一个最佳答案。

其实，如果是在一个较正常的房地产市场中，这个问题并不难回答。因为一般而言，房屋的供求关系在售价和租价上的体现是一致的，基本反映了所在城市房地产市场的发展水平。但是，当房屋供不应求时，情况就会变得复杂。

当房屋的售价上涨时，房屋的租价也会随之上涨；房屋的租价上涨时，也会推动房屋售价的上涨。在这样的情况下，租房者和买房者只有根据各自的机会成本，才能做出正确的选择。

首先，可以通过一个具体的数据案例来进行分析。假设未来 30 年中国长期通胀率为 8%，而房租也随之同步上涨；同时，假设未来 30 年长期投资回报率为 9%（1990 年 12 月至 2006 年 12 月，基金定投上证指数的年均收益率为 8.46%），银行贷款利率 7.87% 不变。那么，对于一套总价 100 万，月租金 2500 元的房屋，在银行按揭贷款八成的情况下，就会有下面一个大致的现金流对比情况。

买房者贷款 80 万元，以 360 期等额本息还款计算，月供款大约在 5800 元，和租房者 2500 元的月租金相比，月亏损 3300 元。但是，由于通货膨胀的作用，房租大约在 11 年后会达到 5800 元 / 月。在此后的大约 22 年时间内，租房者的月租金支出会逐渐增大，逐渐回吐出先前积累的盈余，并最终与买房者达到平衡。

在 22 年后，相对租房者需要缴付的高额房租，买房者的优势开始显现。按 8% 的长期通胀率，22 年后房租约为 13591 元 / 月；30 年后房租会升到 25000 元。租房者在最后 8 年需要缴纳的房租为：（13591+25000）/2*12*8=1852368 元。

租房者先前省下来的 20 万首付款仍以 9% 的年收益率增长，30 年后变为 265 万。减去最后 8 年中支付的 185 万房租，租房者在 30 年后的收益为 80 万元，而买房者手中拥有的是一套 30 年的旧房。

显然，这只是一种理想状态下的估算方法，并不能由此得出买房与租房谁更划算的结论。事实上，如果租房者的年平均投资收益率达到 15%，则 30 年后其资产甚至高达千万，要远远超过买房者的收益。当然，如果未来的经济陷入长期的通货紧缩之中，可结果则正好相反。

同时，与买房相比，由于租赁市场的不规范，也会给租房者增加许多不可预知的成本。租房存在很大的不稳定性，出租者在承租期内会出现一些变故，比如出租者随时可以收回出租房；在承租期满续租的情况下，出租者要求提高租金等。这些都会导致承租者不得不重新寻找房屋居住，从而大大增加了承租者的时间成本和因为寻找合适房屋的机会成本。

目前的中国房地产市场，无论是一手房市场，还是二手房市场及租房市场都是不成熟的市场。在这样的市场中，老百姓往往无法根据市场的信息做出正确的判断。再加上一些非市场因素的影响，使得不少人对于买房还是租房仍没有明确清楚的概念和判断。

对于买房者来说，由于政府对房地产市场的隐性担保，以及房价不断飙升，迫使这些买房者提早进入房地产市场。在这种情况下，买房者的需求提前，又与投资者一起来推高房价。对于买房者来说，提前进入房地产市场，是否就能降低其购买的机会成本呢？

这就要看各个买房者本身的条件，看他们在购买住房时对各种风险的权衡。因为，如果买房者完全不依靠贷款而选择一次性支付房款，这样的买房者在购房时并不需要计算购买住房时所使用资金的机会成本，他的机会成本就不会太高。

但是，如果买房者购买住房时是通过银行按揭贷款或者是使用家人的储蓄来购买住房，那么它所面临的机会成本就大了，比如利率成本、父母养老保险、个人未来职业变化等。

如果买房者是在房价较高的时期进入，那么当房地产市场出现逆转时，所面临的机会成本就更高了。因此，个人买房，并不在于他是不是购买房子，而在于个人财务状况、对未来收入预期、对购房后的机会成本计算。如果这些问题没有搞清，对于购房者来说，如果房价很高，即使个人有能力进入房地产市场，但用于购房的资金其机会成本就会很高。因为，一旦购买了住房后，就减少了利用资金进入其他市场进行投资的机会，比如投资股市等。如果有资金进入这种高风险的市场，可能会获得比购买住房更大的收益。对于租房者而言，如果这种机会成本大于购买房子的收益，那么个人租房是可取的。

许多人之所以租房，最为重要的是自身资金不足，只能通过银行贷款或家人帮助才能勉强进入房地产市场，这样买房的机会成本太大。在这种情况下，租房者会把这些因素和成本计算进去。而且，房地产市场价格变化莫测。当房地产市场出现泡沫经济时，选择租房的机会成本就要小得多。

买房还是租房，这是决定个人财富地位的问题。在一个很长的时间周期中，是借入资金持有不动产，还是持有灵活资金进行投资？这就需要个人根据自己及市场的情况，根据机会成本计算得失，做出正确的判断和决策。因此，对于每一个人来说，租房还是买房不可一概而论，更不能人云亦云，而是要根据不同的情况来决定。

为什么美国老太太羡慕中国老太太

一位退休的美国华侨老太太，回到中国看望她的妹妹。两人在上海锦江饭店见面后激动不已，谈到阔别40多年的经历和心愿，身居美国的姐姐说："我终于在退休之前还完了一套150平方米的住房贷款。"妹妹则说："我终于在退休之前攒够钱，刚买了一套100平方米的住房。"姐姐问："那你以前怎么住的？"妹妹说："这几十年要说生活也算步步提高，最早的时候住集体宿舍，后来结婚以后与单位另一家合住一套单元公寓，再后来搬进了一个单独的亭子间。一直想买房子，可是钱一直攒不够。"姐姐不禁感叹道："我在美国有了工作就贷款买了房，一面工作一面还贷款。如今贷款还完了，房子也住了30多年。你虽然现在也有了自己的住房，可是这30多年并没有得到应有的享受啊？"这就是差距，虽然最后都有了属于自己的住房，可是一个尽情享受了30多年，一个却忍受了30多年。

自从美国老太太的故事一传开，很多人都学习美国老太太。一时间，全国上上下下涌现出无数"先享受、再还贷"的"房奴"。

"房"是房屋的房，"奴"是奴隶的奴，意思是房屋的奴隶。"房奴"是指城镇居民抵押贷款购房。在生命黄金时期中的20年到30年，每年用占可支配收入的40%至50%甚至更高的比例偿还贷款本息，从而造成居民家庭生活的长期压力，影响正常消费。购房影响到自己的教育支出、医药费支出和抚养老人等，使得家庭生活质量下降，甚至让人感到奴役般的压抑。

蜡笔小新说："我家还有32年的住房贷款没还清。"让我们在捧腹之后难免想到自己。32年啊，怎么能不让人心惊肉跳？等我们省吃俭用，不旅游、不下馆子、不买礼物的过了几十年之后贷款还完了，可是我们头发也白了，好时光也不在了，有什么可以弥补我们过去的轻松？

最近，一部因描写"房奴"众生相而引发热议的电视剧《蜗居》，揭示了这一人群十分典型的无助的生活场景。海萍（剧中主人公）夫妇两人一个月工资加起来9000元，省吃俭用了六七年，连房子的首期款都付不起。"等我们毕业了有几个工资能达到9000元的？我现在是一点信心都没有了！"据说，这句台词引起了无数现"房奴"和准"房奴"们的强烈共鸣。

直到次贷危机让大量美国人失去房屋，我们才对西方人的理财方式产生强烈的质疑。

美国次贷危机后，在天堂又出现了这样一个中美老太太的新故事：

美国老太太："唉，别提了，我的房子止赎了，我无家可归，我就开枪自杀了，然后就来到了这个鬼地方。"

中国老太太："哈，我来天堂之前终于把房子买到手了，现在被我儿子继承了，他们活得很开心的。哎，可怜的美国老太太。"

美国老太太：都是那见鬼的格林斯潘干的坏事，可害苦我了，呜呜呜……"

俄亥俄州有位名叫 Addie Polk 的老太太就是这个故事的翻版。她在自己的房子里面已经居住了38年，现年90岁了，应该说她不久就可以去天堂在中国老太太面前显摆一番了。可是她哪里想到，自己还没上天堂就遇到了次贷危机，自己的房子要被收回，自己也将面临被驱逐而无家可归的窘境。自己在最后被迫饮弹自尽的同时，也上了全球最大媒体的版面。

一般而言，35岁以下的年轻人可以承受较高的负债率，但不应超过100%了，否则你的资产一旦缩水的话，你可能就要在技术上破产。你个人财务方面如果出现技术上破产的话，你再翻身的过程是比较痛苦的。

现在有的城市的家庭负债率是普遍超过了100%，这个会给你带来严重的债务负担和利息支出，而且更重要的是你的个人财务会因此出现不稳定的迹象。所以不论是租房还是买房，一定不要超过自己的还债能力。

为什么是温商投资炒房团

“决定之后再买，要买还是10套10套的买。”这句话出自温州的一位普通全职主妇。

在温州，先生在外面做生意，太太拿着闲钱去投资。与其把钱存在银行，还不如拿这钱生钱。房子又是女人的最爱，她在享受买房所带来的快乐的同时，还能帮先生投资生财，何乐而不为?

所以，“太太炒房团”的队伍越来越壮大。彭小姐说，温州几乎人人都会去炒房。钱不够，可以靠互助会周转，也可以和银行贷款，几个人合股买房。一般跑出去买房的，除非是专业炒房者，其他都是她们这些闲着的太太。

彭小姐回忆自己第一次去上海买房是在2004年，当年也是因为看到亲戚在上海买房涨了又涨，就拿了家里的闲钱去买房。因为跟亲戚学了炒房经，又听说普陀区曹杨路那里有个小区房子不错，就跟一个姐妹一起去上海买房。

2004年买的房子一共80万，首付了40%，也就是32万，其他分10年还贷。彭小姐每个月还贷4000多，房租那时候可以出租5000左右，不仅可以还房贷，还有点剩余。不过，她没有真的还10年贷款，在2年后就把这房子抛出去了，差价差不多有100万。

后来彭小姐又拿着这些赚来的钱，买了周边社区的一套房子，还跑去了昆山，在太仓那些地方买了些小房子。操作方法也差不多。

她说自己一般不太喜欢看房产广告，选项目主要靠亲戚朋友间的互相沟通，然后“太太团”出发一起去看房。福州、泉州、宁波、无锡她们都跑过。

1. 在房地产投资中，你可以靠借钱买房，也就是举债，人们称之为投资房地产的“债务杠杆”。

2. 投资人在贷款购买房地产后，都是通过把所属房产出租来获得比益，然后再把租金收入还付给银行以支付贷款利息和本金。

3. 房地产投资的另外一个显著的特点就是它具备很大的增值潜力。以日本和美国的土地价值比较，美国在地理上比日本大25倍，但从20世纪90年代的统计来看，日本物业的价值相当于全美物业总值的5倍。理论上说，日本可以卖掉东京，而买下全美国；卖掉皇宫，就可以买下整个加州。从1955年至1990年，日本房地产的价值增长了75倍，物业的总价值为10万亿美元，相当于当时世界总财富的20%之多，也是当时全球股市总市值的两倍。日本这种土地的巨大价值，是极度稀缺的土地之于它所拥有的巨大生产能力而言的。

随着经济的发展和城市化进程的加快，在城市地区，大量有效的土地被一天天增多的人所占据，使之越来越少，其价值由此就变得越来越高。

（4）房地产投资的周期长，获利的空间就大，赢利时间也就长。一般情况下，一个房子的寿命在100年左右，最短也在60年以上。从借钱买房的角度来看，投资房地产不但得到了物业的产权，而且可以赢得至少40年以上的获利时间。房地产增值潜力表现的另一方面是，它能够有效地抵消通货膨胀所带来的负面影响。在通货膨胀发生时，房地产和其他有形资产的建设成本不断上升，房地产价格的上涨也比其他一般商品价格上涨的幅度更大，但像钞票这样的非实质资产却因此不断贬值。在这个意义上，许多人都把房地产作为对抗通货膨胀，增值、保值的手段。

北京西客站某一楼盘售楼处，来了两个中年男人。俩人矮瘦，其貌不扬，穿着普通的休闲服，拎着旧皮包。售楼小姐瞥了他们一眼，有一搭没一搭地接待着。两人想要楼书瞧瞧，售楼小姐嫌他们烦，躲一边去了。

售楼处里一个小伙子见了不忍心，取了资料，又详细介绍了楼盘情况。看完所有材料后，两位来客问：“你们这楼，一层有多少套？”

“一层有 12 套房子。”

“那这一层的 12 套，我们全要了。”

小伙子一愣：“12 套？这是要付定金的，2 万块一套。”

两男人随即拉开自己的破包，取出 24 万元现金，放在桌上。

小伙子目瞪口呆，大厅里的人也都围过来看稀奇，“啧啧啧”地议论，售楼小姐们后悔莫及。很快，他们知道了这两个人都是浙江人。

现在北京有 50 多万浙江人，浙商在北京的投资额达 4000 亿元。单是去年，他们就投下了 2000 多亿元，其中不少钱流向了房地产。

“买房子，就像买大白菜一样。”这些年，他曾多次组织浙商，成群结队地买房、买商铺。他们不愿意称自己是“炒房团”，更愿意自称是“浙江投资团”。

“浙江投资团”，以民间投资的形式运行，是一个松散的组织，成员不固定。看上某个项目之后，临时招呼人，组团考察，汇集起来的资金数额，少则千万元，多则数亿元。

温州人为什么热衷炒房？难道他们不知道房价有一天也会下跌？如果不知道房价会下跌一定是不可能，而在我的猜测是资本本身就有冒险性。迪拜神话破灭之日，占迪拜华商 1/10 的温州人，资产蒸发就在 20 亿元左右。中国民间资本和全世界的热钱一起折戟迪拜。惨痛的教训让一直在中国楼市游刃有余的温州“炒房团”第一次真正面对“血淋淋”的现实。很多温州人成为楼市最后的“守夜人”。

第六编

升值与努力工作无关：薪水中的经济学诡计

- 谁偷走了我们的工作
- 为什么傻瓜领导聪明人
- 给员工高薪，老板有没有钱赚

第一章

谁偷走了我们的工作

为什么上帝要和我们抢饭碗

充分就业也称作完全就业，在一定的货币工资水平下所有愿意工作的人都可以得到就业的一种经济状况。实际工资调整到劳动供求相等的水平，从而使劳动市场处于均衡的状态。在宏观经济学中被称为“充分就业的状态”。

“充分就业”是由英国经济学家凯恩斯于1936年在其著作《就业、利息和货币通论》中提出的范畴。凯恩斯认为，充分就业是由有效需求决定的。如果有效需求不足，从而造成非自愿性失业，社会即不能实现充分就业。

有人说经济危机时上帝的手失灵了，每次经济危机都会伴随着大量的失业，企业破产、公司被迫解雇员工，上帝要抢走我们的饭碗。

在西班牙马德里南部圣欧仁妮平民区全国就业登记所排队的长龙中，30岁的厄瓜多尔女子杰西卡说：“我离开我的国家时，从来没有想到会面对今天这样的情况。”

杰西卡于2001年抵达西班牙，自此以来一直都有工作。她的最后一个合同是在马德里的批发市场当搬运工，这个合同在两周前结束，她从此就再也没有活干了。她说：“我将可以领取几个月的失业补助金，然后我就不知道该怎么办了。”

美国劳工部表示，2009年7月份非农就业人数减少了24.7万人，而经济学家的预期为减少32万人。失业率从6月的9.5%下降至9.4%，而经济学家的预期为上升至9.6%。这是美国的失业率15个月来首次下降。

一般情况下，失业率上升，便代表经济发展放缓衰退；失业率下降，代表整体经济健康发展。金融风暴的降薪裁员波及房地产、航空、石化、电力、IT、证券、金融、印刷等一系列行业。在降薪裁员潮袭来时，最无招架能力的是外出打工的中西部民工。民工输出大省四川、安徽、河南等地都不同程度出现了民工返乡潮。大量中小型加工企业的倒闭，也加剧了失业的严峻形势。

2008年12月1日，渝黔高速路东溪收费站来了一个特殊自驾车队，车队由4辆载货三轮摩托车组成，驾乘人员无不蓬头垢面。每辆车上，横七竖八摆放着板凳、被褥等居家用品。重庆晚报报道，这是一群在广东汕头打工的四川农民工，受金融危机影响，他们丢了工作，不得不驾驶三轮车奔波数千里回家。其中的一位秦师傅说：“我们的大部队还在后面，出发时，车队共有14辆三轮车。”4辆三轮车上，包括司机，共搭载了11人。一辆车便是一个家庭单元。他们都来自四川巴中平昌县，驾车男子大都在广东汕头当货三轮司机，女的则在私人塑料作坊打工。受金融危机影响，大家丢了工作，没有生活来源。众人商议：不如暂时回老家。舍不得车费、舍不得花费数千元钱买来的赖以为生的三轮车、舍不得丢掉任何一件家什……于是众人商议：开三轮车奔波 6 千里回家。

11 月 1 日，深圳市 2009 年度高校应届毕业生就业双向选择大会在深圳会展中心举行。400 多家单位进驻“双选会”现场，提供近 2 万个就业岗位供毕业生挑选。当日进场应聘的人数超过了 15 万人次。由于人数太多，华南理工大学营销专业一位姓向的同学排了一个半小时的队，才有机会把资料递给中航集团的面试人员。

2008 年的冬天，因为次贷危机而显得格外寒冷。不仅高校毕业生就业面临巨大压力，农民工返乡达到高潮，就连那些原本打算领完年终奖或双薪然后跳槽的人，也纷纷选择了“卧槽”。调查显示，2008 年 27.1%的人延迟了跳槽计划，更有 9.7% 的人索性取消了跳槽计划，取而代之的是“卧槽”。在既定岗位，以避开金融海啸的“风口浪尖”。因为他们的感受与毕业生是一样的：工作太难找了。

每一次经济危机都伴随着大量的失业。所以美国总统奥巴马在上台之后，一直致力于为美国人提供工作岗位，解决就业问题。而中国在经济危机之后，也把就业工作作为政府工作的重中之重，提出要积极解决农民工返乡、大学生就业难等问题。

为什么大学生不如农民工

20 世纪，也许谁都不会相信 21 世纪高学历的大学生会成为低收入人群，会成为需要社会特殊关照的对象，但现实总是上演着一幕幕的荒诞剧。

20 世纪末实施的高校扩招的后果之一，就是造就了大量的“大学毕业即失业”人员及“大学毕业生低收入群体”。低收入的大学毕业生聚居群体，被形象地称为“蚁族”。他们有如蚂蚁般“高智、弱小、勤奋、群居”；虽都接受过高等教育，但收入却并不高。据不完全统计，全国有上百万规模的“蚁族”。大学毕业生聚居群体，是继农民、农民工、下岗工人之后出现在中国的又一群体。

陈华就是生活在聚居村里的一名普通“蚁族”。他就读于中央党校工商管理专业，2004 年考研未果，手忙脚乱地毕了业，留在北京找工作。刚开始找工作时手头没什么钱，住宿吃饭是他最大的问题。手里的大部分钱都用来交付房租，有个星期的饭费他只花了 10 来块钱，除了馒头什么都吃不上。这样坚持了两个月，他找到了他的第一份工作——推销，底薪 800 元。他的想法具有代表性：“当时有点饥不择食，反正先养活自己再说吧。”先养活自己是“蚁族”最基本的要求。

“蚁族”既有来自重点大学的毕业生，也有来自地方院校、民办高校的毕业生；他们主要从事保险推销、电子器材销售、广告营销等临时性工作，有的甚至处于失业和半失业状态，全靠家里接济度日；他们平均月收入低于 2000 元，大多数没有“三险”和劳动合同；他们的人均居住面积不足 10 平方米，主要聚居于城中村、城乡结合部或近郊农村，形成独特的“聚居村”。

在北京，这一群体估计有 10 余万人。他们聚集在房租低廉的京郊，白天，像蚂蚁一样汇聚到市中心；傍晚，拖着疲惫的身躯回到京郊的高低床上。为了生存，也为了梦想。不仅在北京，他们也分布在上海、广州、武汉、西安等大中城市。

唐家岭是海淀区最靠边的一个村子，这里看不出任何京都的气息，是典型的城乡结合部。但交通的便捷，生活成本的低廉，大量合法和违法建设的出租房屋，使刚刚毕业的大学生在此落脚成为可能，形成聚居。

北漂几年后，刘成良和高中同学阿峰取得联系。阿峰从中国地质大学毕业后，在广州一家公司做事，由于不堪忍受公司内部复杂的办公室政治想辞职。刘成良于是劝阿峰来北京，“我当时住在三环以内的地下室，就介绍他来了唐家岭。”初到唐家岭，阿峰挺失落的，一切又得从头开始。奥运前，刘成良被国家工商总局招去做了安保人员，朝九晚五，包吃包住，除了每月工资1200元稍有遗憾外，工作也不繁重。后来，他的工作调整为专门负责信访接待。2009年7月，他又辞了工。那时，阿峰已找到一份稳定的工作，月薪涨到了3000～4000元。在女朋友的要求下，阿峰搬离了唐家岭，但已提前交付了一年房租，房东不肯退，于是刘成良接下了这个15平方米的单间。他说，现在就算闭着眼睛，也能摸清在外人看来迷宫般曲折幽深的胡同。刘成良很快在上地中关村一带的一家小公司找了份策划的活。工资不高，平均1200元/月。“跟刚毕业的大学生差不多”，据他自己打听，住在这里的大学生，60%～70%都是月工资1200～1500元，干的也多是销售、电脑编程、软件测试、文员或者电脑推销员等活。

2009年6月从河北过来的张永刚和两个同学合租住在唐家岭。13平方米，一张双人床、一个地铺、一个小衣柜、两个电脑桌、一个洗手池、3个人，小屋子满满当当。张永刚说：“一个月房租400元，冬天再加100元的取暖费，都是3人平摊，每人每月还得交10元水费，其实就是保护费，上次有个同学过来玩就被强行收了10元钱。”“我们仨在软件公司工作，前两天刚签了合同，每月无责底薪1500元，外加200元补助。”张永刚说，“还好公司给交三险。隔壁卖保险的王哥是责任底薪加提成，其他什么都没有。说到生活，一般都是自己做着吃，省钱。也就能养活自己，还没能力报答父母。”永刚有些无奈地感慨：“上下班最痛苦的就是挤公交，经常挤得公交车门都关不上。经常免费加班，不愿意干就走人，很多人争着干，公司根本不愁招不到人。”而略有起色的工作又让他们充满了期待，“慢慢混吧，情况稍好点我们就去租个居室房。”永刚的同学憧憬着。

按照资本的投入及收益来看，高学历应该是高收入。但“蚁族”的出现呈现了高学历低收益。“蚁族”的出现与高等教育大众化带来的“去精英化”有关，大学生由优势群体转为相对弱势群体。

近年来，大学生毕业期待薪酬停滞不前，甚至有下降趋势，便是对此的反映。从低收入的大学毕业生聚居群体身上，我们可以明显感知，大学生身价下跌的严重程度。社会已经形成大学毕业之后没有实现正常就业以及不得不从事中低学历要求的、待遇较低职业的大学生群体。

导致大学生群体成为“蚁族”的经济学原因是劳动力过剩。简单地说，就是大学生的需求远远小于大学生的供给而导致大学生身价的下降。

在就业竞争日益激烈的今天，劳动力过剩已经不仅仅是一个困扰低学历者的问题，一大批高学历者也加入到失业大军的行列中，并且增长的趋势令人担忧。社会学家杰克思在《谁将出人头地：在美国取得经济成功的决定因素》一书中，对美国高等教育与社会分层之间的关系进行了较为详细的分析。他认为，在上大学费用急剧膨胀的今天，人们之所以上大学，最重要的原因之一就是希望把学位作为一张获取地位高、收入多的工作的门票。而这张门票却不再有效了。“80后”向上流动的机会相对要少，渠道也没那么顺畅。尽管“蚁族”不至于沦为最底层，但在社会地位上却处于“要上不上，要下不下”的尴尬境地。

看到大学毕业生所遭遇的困境，微软中国终身荣誉总裁、新华都集团总裁兼CEO唐骏呼吁：“高校和有关教育部门在就业问题上不能只关注数字，更应该看到数字下面毕业生真实的生存状况和他们渴望教育体制改变的无力挣扎。”

大学生供给的过多造成了“蚁族”一群的现状，也许短时间内这个现状难以解决和消除。新上任的教育部长袁贵仁提出“大学生就业要和高校校长的考核相挂钩”，这让我们看到高校教育对大学生就业做出了一些回应。从大学生自身出发，大学生应该结合社会的需要，努力锻炼自己的本领，改变毕业即被过剩的局面。

为什么月嫂难求而白领过剩

在我们的传统认识里，认为一个人的工资跟一个人的学历是成正比的。但在今天看来，白领的工作并不保险，而保姆的工资也不是低廉的代名词了。

要添丁了，是人生中的一件大喜事。但对于大连的市民吴先生来说，却成了一件大难事。因为他的妻子快要临产了，可是找了半年多还是没有找到月嫂。

吴先生说："妻子的预产期是7月初，可现在四处托亲朋好友找月嫂，却一直没有消息。"他也咨询了不下十家的家政公司，都说让他等，可这一等就是半年多了。眼看妻子就要临产了，还是没有一家家政公司给他回过话。

无奈之下，吴先生就只有亲自登门去家政公司"抢月嫂"。"我一共去了7家家政公司，都说让我先登记，再回家等回话。"吴先生说，他每到了一家家政公司，都向人家解释他的妻子快生了，等不了太久，如果有人愿意，他可以出高价聘请的。可是没想到的是，这些家政公司的工作人员都告诉他，现在有很多人比他还要急啊，现在请月嫂必须提前两三个月就预订。甚至有一家家政公司还拿出了登记表给他看，他发现，登记在册要找月嫂的人已经有10多位了。

据了解，因预订月嫂的人很多，其收入也跟着水涨船高。目前大连一名初级的月嫂工资在1200～1700元之间，中级月嫂的工资在2100～2300元之间，高级月嫂的工资在2300～2500元之间，特级月嫂的工资已经高达2600～3000元了。"比去年同期涨了300元到500元。"一家家政公司的有关负责人说，去年一年月嫂的工资就涨了4次。

随着保姆工资走俏，"保姆"也成了大学生的择业选择。"从2008年8月到12月，平均一个月就有五六百人前来应聘，其中90%以上都是大学生，还有28个是硕士。"广州市一家家政公司的副总经理这样说道。川妹子家政公司首都大学生家政事业部，2008年暑假报名参加大学生高级家政助理培训班并被录用的学员已达200人，与往年相比人数翻了七八倍。这批学员大部分来自北京著名高校，都是在校生，其中不乏硕士研究生，具有素质高、英语水平高的特点。

研究生小张："我从小就做家务活，也特别喜欢孩子，以前还做过英语老师。在假期中做大学生保姆就想多接触一下社会，锻炼自己与人交往的能力。以后这些人际关系可能会对找工作有帮助。"

当总经理叫李莉去他的办公室时，她正谈笑风生地和同事们交流在网上买房、抢车的经验。她放下内线电话，整整衣裙，走到总经理的办公室前。推开门的刹那，她还以为他会像过去半年中每一次和她的单独谈话一样，表扬我的业绩，然后布置下一步任务。

谁知，她错了。

总经理开门见山地对她说："由于经济危机，已经波及公司的业务。公司从节约开支的角度出发，不得不开始考虑适当裁员。"

她的心里"咯噔"一下，有种不祥的预感。

果然，总经理停顿片刻，终于说出口："公司准备先从试用期的员工中开始裁员，由于你的试用期还没过……"

她叹了口气："总经理，我明白您的意思，可是，我什么时候正式离职？"

他说："再过5天。"

她走出经理的办公室，将要离开银行的消息，也随之传播开。

将近半年了，周围的同事和她已经相熟，接下来的几天，时不时有人关心地问她："接下来你怎么办？"当然，也有不少和她资历差不多的新人，她们忧心忡忡。

2008年经济危机失业高峰所波及的群体，正是城市的白领阶层，以及正准备迈入这一阶层的众多大学毕业生。白领的需求过剩，一些白领转而做蓝领了。广州市市容环卫局下属事业单位的一次公开招聘中，13个环卫工职位竟然引来286名本科生、研究生争相抢夺。无独有偶，一个终日要与病死畜禽打交道的职位，竟也引来19名本科生和7名研究生角逐。最后1名博士、4名硕士和6名本科生被录用。

一方面是劳动力供给远远超过了经济增长带来的劳动力需求，出现总量型失业。另一方面是在经济体制改革和产业结构调整过程中，由于劳动力自身素质、技能不适应，出现大量岗位空缺，如许多企业和地区技能劳动者短缺、保姆短缺等。

无论是做白领还是做月嫂，最重要的还是赚取薪水、创造价值。离开工作，谈白领、蓝领就没有价值和意义了。当月嫂工作的附加值上升了，月嫂的薪水自然高过了白领。2009 年 6 月份，在深圳就出现了 10 万年薪的天价保姆。

为什么捡废纸会成为进入职场的敲门砖

一个微不足道的动作，或许会改变人的一生。这绝不是夸大其词，可以作为佐证的事例随手便能拈来。美国福特公司名扬天下，不仅使美国汽车产业在世界独占鳌头，而且改变了整个美国的国民经济状况。谁又能想到该奇迹的创造者——福特当初进入公司的“敲门砖”竟是“捡废纸”这个简单的动作？

那时候福特刚从大学毕业，他到一家汽车公司应聘，一同应聘的几个人学历都比他高，在其他人面试时，福特感到没有希望了。当他敲门走进董事长办公室时，发现门口地上有一张纸，很自然地弯腰把它捡了起来，看了看，原来是一张废纸，就顺手把它扔进了垃圾篓。董事长对这一切都看在眼里。福特刚说了一句话：“我是来应聘的福特。”董事长就发出了邀请：“很好，很好，福特先生，你已经被我们录用了。”这个让福特感到惊异的决定，实际上源于他那个不经意的动作。从此以后，福特开始了他的辉煌之路，直到把公司改名，让福特汽车闻名全世界。

一只蝴蝶在巴西扇动翅膀，有可能在美国的得克萨斯州引起一场龙卷风。福特的收获看似偶然，实则必然。他下意识的动作出自一种习惯，而习惯的养成来源于他积极的态度。这正如著名心理学家、哲学家威廉·詹姆士所说：“播下一个行动，你将收获一种习惯；播下一种习惯，你将收获一种性格；播下一种性格，你将收获一种命运。”

“蝴蝶效应”是气象学家洛伦兹 1963 年提出来的。为了预报天气，他用计算机求解仿真地球大气的 13 个方程式，意图是利用计算机的高速运算来提高长期天气预报的准确性。

在 1963 年的一次试验中，为了更细致地考察结果，他把一个中间解 0.506 取出，提高精度到 0.506 127 再送回。而当他到咖啡馆喝了杯咖啡后回来再看时大吃一惊：本来很小的差异，结果却偏离了十万八千里！再次验算发现计算机并没有毛病。洛伦兹发现，由于误差会以指数形式增长，在这种情况下，一个微小的误差随着不断推移造成了巨大的后果。他于是认定这为：“对初始值的极端不稳定性”，即“混沌”，又称“蝴蝶效应”。

一天夜里，已经很晚了，一对年老的夫妻走进一家旅馆，他们想要一个房间。前台侍者回答说：“对不起，我们旅馆已经客满了，一间空房也没有剩下。”看着这对老人疲惫的神情，侍者又说：“但是，让我来想想办法……”

随后侍者又说：“也许它不是最好的，但现在我只能做到这样了。”老人见眼前其实是一间整洁又干净的屋子，就愉快地住了下来。

第二天，当他们来到前台结账时，侍者却对他们说：“不用了，因为我只不过是把自己的屋子借给你们住了一晚——祝你们旅途愉快！”原来如此。侍者自己一晚没睡，他就在前台值了一个通宵的夜班。两位老人十分感动。老头儿说：“孩子，你是我见到过的最好的旅店经营人。你会得到回报的。”侍者笑了笑，说：“这算不了什么。”他送老人出了门，转身接着忙自己的事，把这件事情忘了个一干二净。没想到有一天，侍者接到了一封信函，里面有一张去纽约的单程机票并有简短附言，聘请他去做另一份工作。他乘飞机来到纽约，按信中所标明的路线来到一个地方，抬头一看，一座金碧辉煌的大酒店耸立在他的面前。原来，几个月前的那个深夜，他接待的是一个有着亿万资产的富翁和他的妻子。富翁为这个侍者买下了一座大酒店，深信他会经营管理好这个大酒店。

这个讲的是全球赫赫有名的希尔顿饭店首任经理的传奇故事。如今，希尔顿饭店被称为“旅店帝国”。目前拥有 200 多座高楼大厦，包括纽约市的华尔道夫、阿斯托利亚大酒店，芝加哥的帕尔默大酒店，佛罗里达州的“枫丹白露”，美国赌城拉斯维加斯的希尔顿大酒店和法兰明高大酒店，以及香港的希尔顿大酒店，上海的希尔顿饭店……已成为世界财贸界巨头，乃至国家首脑争相光顾的地方。

希尔顿能够一举成名，靠的就是一件细小的事情。而他把希尔顿酒店打造成世界酒店的大佬，也是“蝴蝶效应”的印证。

福特拣废纸能够得到一份工作，并最终打造了一个汽车帝国。而希尔顿酒店首任经理为一对老人提供了周到的服务，得到一座酒店，并打造了一个酒店帝国。一屋不扫何以扫天下？如果你想做一份大事，那就从做好一件小事开始。

曾经有一个年轻人请教神父天堂和地狱的区别？神父把这个年轻人先是领到了地狱。这里人们围坐在一个长方形餐桌前就餐，每个人手里都拿着一个2米长的饭勺，人们相互谩骂、互相争抢着各自喜爱的食物。身上、餐桌上洒满了各种美食，个个都是面黄肌瘦的。然后，神父又对他说：“现在我们再去看看天堂吧。”当他们走入天堂时，人们也正在围坐在一个同样的长形餐桌旁。人们各个红光满面、精神焕发，相互之间谦谦有礼；每个人都询问对方需要什么，并亲自用2米长的饭勺喂到对方的嘴里，微笑着征求对方的意见。年轻人不解地问神父这期间的奥秘所在？神父说：“并不是他们人人都是思想境界高尚的人，只有他们更多地为别人服务，他们自己才能得到别人给他提供更多的服务。”

为什么不向美丽征税

前段时间，江苏省某著名高校的毕业生小周做了一个“大眼睛、双眼皮”的美容手术，花了近2000元。是接二连三的应聘失败，让他痛下决心走进医院的。小周曾到几家公司应聘市场销售的工作，笔试成绩都很理想，但一过面试关，他就被淘汰了。几家公司的招聘人都说他“眼睛小、没神”，形象和气质不适合这份工作。

现在，很多大学毕业生都做了美容整形手术，他们当中女生居多，也有不少男生悄悄加入。毕业生们都希望借助靓丽一新的外表，在激烈的求职竞争中为自己增添一份自信。

如果你有过找工作的经历，相信你一定不陌生，你的同学里面、竞争对手里面，通常是长相英俊、漂亮的更容易受到青睐。

演员奥兰多·布鲁姆（Orlando Bloom）在《魔戒》之中只是一个配角，但在获得奥斯卡各项大奖的《魔戒》各路人马中，他赚钱最快、最多，到现在已经赚了32亿港币。究其原因，只因为他长得帅。而大家都愿意为漂亮埋单。于是，有人依据公平原理，提出应该向美丽征税。这样的建议，应该会受到大多数人的赞同吧。

很多长相普通的人在遭遇帅哥、美女时，一般会安慰自己：我虽然长得不漂亮，可我会比他们生活得更好。但一项最新研究结果可能会打击到他们：漂亮的人不仅仅外表漂亮，还更有钱、更成功，也更容易相处。

据美国的一项最新研究显示，那些他们认为最美的人比那些看上去长相平平的人，收入至少会多7%。长相漂亮的人会让人们产生好感，乐于与他们合作。

基于美貌更容易帮人们在同事间建立合作关系，所以漂亮的人赚钱多。研究人员排除了这样一个可能：越成功的人越自私。事实上，研究人员发现，平均而言，漂亮的人比长相一般的人更不自私。人们之所以更喜欢同漂亮的人合作，是因为人们认为他们更有帮助。研究显示，人们一向会对漂亮的人做出更积极的判断，同时和他们建立更好的合作关系。另外，39%的美男和美女被认为有帮助，只有16%的长相一般的人被认为有帮助，相貌丑陋的人的这一比率则降为6%。

1994年，得州大学的汉默希和密歇根大学的比德尔共同撰写了一篇关于容貌对经济的影响的著名文章，并发表在经济学术期刊《美国经济评论》上。这篇文章基于三项调查，其中两项在美国展开，另一项则在加拿大。调查者们上门拜访了许多居民，了解他们的教育、培训和工作经历，并在此基础上，谨慎地对每一个受访者进行容貌吸引力的评分。评分体系包括从一等（最好）到五等（最差）五个档次。在美国开展的两项调查拥有更多受访者，其中大约有15%的人被评为长相“十分平庸”或者“不好看”，也就是得到了评分体系中的四等或者五等。

调查结果显示，得到一等和二等评分的男人，他们的收入要比容貌为中等水平的人高出5%。而长相“十分平庸”或者“不好看”的人，他们的收入要比容貌中等者低9%。在职业女性中，结果也大体相同。这项调查把受访者的教育程度、工作经验及其他影响收入的因素作为评分时的调节指标，以便更直观地体现容貌对收入的影响。

汉默希和比德尔承认，对于某些特殊职业如推销员，给予长相好的人较高的报酬是很正常的。但这并不能解释容貌造成收入差距。他们认为，这种收入差距的根本原因，是雇主的偏见——对于帅哥或美女的偏爱。尽管用人单位没有明文规定长相好的人优先录用，但这是事实。从汉默希和比德尔的调查研究中可以发现，相貌的经济利益是普遍存在的。那么，这种普遍存在的根源在何处？

经济学家认为，人的收入差别取决于人的个体差异，即能力、勤奋程度和机遇的不同。漂亮程度也是其中的差异之一。

漂亮包括先天的禀赋和后天的培养。属于天生能力的部分包括脸蛋、身材，它可以使漂亮的人从事长相平平的人难以从事的职业，如演员或模特。漂亮的人少，供给有限，自然市场价格高，他们的收入自然也高。

除了脸蛋和身材，漂亮还包括一个人的气质，这种气质是人内在修养与文化的表现。两个长相接近的人，也会由于受教育程度不同表现出不同的漂亮程度。受教育多，文化程度高，收入水平高，这就是正常的。漂亮也可以反映人的勤奋和努力程度。一个工作勤奋、追求上进的人，自然打扮得体、举止文雅，这些都会提高一个人的漂亮得分。

对大多数醉心于专业钻研、工作、商战的男人来说，他们也需要注意装扮，毕竟相貌的“利益”不容小视。

为什么不把自己明码标价

小雨，一名来自山东农村的女孩。2005年，离开家来到济南市打工。初到济南，她对大城市的生活感到茫然，不知道做什么，只要找个能维持生计的事做，就满足了。在朋友的介绍下，她来到太阳岛一家餐馆打工。由于工资待遇不高，在干了几个月的服务员工作后，她辞职了。

后来，在朋友的介绍下，她又来到一家超市上班。工作了近一个月，才从同事那里弄明白，待遇是800元一个月，包吃包住。

其实职场中的很多人，就像这位农村姑娘一样，不是主动和老板说我的工作值多少钱，而是被动地等待老板发工资，他给多少我就要多少。

身在职场，少不了听周围的朋友抱怨自己的老板“抠门”：“凭什么给我那么低的薪水啊？我再熬个半年立马走人，让他后悔。”但是很少有听到过哪位跟老板谈加薪，并且鲜有成功案例。为什么职场人士都愿意通过跳槽的方法来加薪呢？何不学学下面这位职场新人的创意呢？

有一位刚从某高校管理专业毕业的学生，为了找到合适的工作，他对自己进行了一番“包装”。他在自己的简历中对自己的能力及不足进行了“明码标价”：

基本价值：+1 800元——作为一名国家直属重点院校的本科毕业生，在16年的求学生涯中耗费了家庭大量的金钱与感情，需要足够的物质来回报家人以及提供个人生活基本费用，并用于支付工作技能的进一步发展。

技能价值：-500元——作为一名刚毕业的学生缺乏“一技之长”，所能干的工作似乎任何专业的人都可以胜任。但个人的优势只有在进入企业经过一段时间的磨炼后，才能有所发挥。为了感激企业给予这个机会，应该减去500元的薪金。

性格价值：+300元——开朗、活泼的性格，能最大限度地提升团体的士气，在愉快的氛围中又能保持工作的高效。

经验价值：-500元——经验欠缺，短期内不能给企业带来效益。但是请相信，作为一个具有扎实专业知识和较高综合素质的社会新鲜人，能很快完成从学生到管理工作者的过渡。

……

这份“报价单”中，这位毕业生对自己的各项素质进行了评价，一共有10余项，分别给出了或正或负的价值数额。最后，他给自己评定的市场价值是2000元。

这样的简历显然符合经济学道理。求职本身就是一种市场行为，求职者为卖方，企业为买方。求职者能将自己的特点一一介绍并明码标价，他的优劣企业一看便知。这和商家推销产品是一个道理，这种产品是干什么用的、有什么特点、价值多少等，让人清清楚楚。

很多毕业生在对自己进行评价时，尽是“本人刻苦努力，成绩优良，尊敬老师，团结同学，积极参加各种社会活动，只要能给我一次机会，我一定努力工作”之类。至于到底是怎样一个人，擅长什么，能干多大的事，该拿多少钱，则让人摸不着头脑。

同时，在分析自身的基础上，如果发现你自身的表现连续一段时间（比如连续半年或者一年）一直很稳定，公司的整体业务也没有问题，而你自己的工资水平确实低于市场水平或者说与自己的工作职责不相符，并且你一直为此而烦心甚至影响了工作热情和工作效率，那这时候你完全可以考虑与老板谈你的加薪问题了。

相对于那些不懂得经济学的毕业生，将自己明码标价的这位毕业生以经济学的眼光衡量自己，优势要明显太多。

一个在全国报刊上发表过几十篇文章的业余作家，离开自己居住的小城镇，来北京发展，他希望谋求一个编辑的工作岗位。面试时，主考官问他有无经验，业余作者如实作答，没有做过相关的工作。面对主考官，业余作家表现得非常谦虚，姿态很低，表示只要能给他一次机会就心满意足了。业余作家面试了多家单位，却没有一家录用他。很快两个多月过去了，业余作家还是没有找到工作。业余作家泄气了，难道北京的工作这么难找吗，北京做编辑的人一个个都是大作家吗?

就在业余作家准备放弃时，意外地碰到了大学时的一个同学，当时他已是某知名杂志社的编辑部主任了。业余作家给他谈起自己的情况。这位同学听完后，大声说道:“像你这水平，哪能找不到工作！你知道原因在哪吗？关键在于你的姿态，你把自己放得太低了！”

于是在大学同学的安排下，业余作家将自己的履历表重新“粉饰”了一番。由没有工作经验转变成了某报社的出色编辑，只因所在报社由于国家有关政策停办了，不得不重新求职。期望月薪不低于3000元。面试的时候，业余作家一改往日的谦虚姿态，以不卑不亢的自信姿态一下子就赢得了某出版社的青睐，第二天就让他上班。上任后，由于业余作家本身底子不错，一些技术性的东西有了那位同学的帮忙，很快就适应了工作，赢得了单位领导的高度认可。

其实，很多人因为过于“诚实”也曾有过业余作家同样的经历。与其我们遮遮掩掩降低自己的身价，我们为何不粉饰一下抬高自己的身价呢？老板挑选人才，永远是挑那些名头响亮的人作为自己的下属，一来可以给公司贴金，二来是人们的心理在作怪。

为什么洋打工者也来中国抢饭碗

与十几年前，一些人希望拿绿卡去美国生活、工作和居住不同的是，中国正在成为世界求职者的热土。在20世纪，洋打工者成群结队到中国来工作是一件不敢想象的事，武汉柴油机厂聘请了一位德国专家做厂长成为新闻媒体竞相报道的题材。

而今天，这样的事情已经见怪不怪了。“在过去的几年里，我已经看到越来越多的年轻人来中国就业。”中国最大汽车零部件公司之一的亚新科工业技术的创始人Jack Perkowski说。“1994年我来到中国，那是美国人到中国的第一波浪潮。”他说，“在过去的几年里来到中国的美国年轻人，正是美国人到中国的第二波大浪潮的一部分。”

John是在最近这波大浪潮中来到中国的美国年轻人。2007年他从美国卫斯廉大学（Wesleyan University）获得了学士学位。两年前，他决定到中国上海的一家教育旅游公司——China Prep，做暑期兼职。

“我对中国根本不了解。”从事市场研究和项目开发的John说，“人们认为我是疯了，到中国却不会普通话。但我想不落俗套地做点事情。”

两年后，在非营利部门和北京一家大型公关公司工作后，他精通普通话，并在北京一家经营网络游戏的社会媒体公司——XPD Media担任经理。

2007届耶鲁大学毕业生Grace Hsieh说，自从她两年前来到中国，她看到越来越多的耶鲁大学毕业生到北京工作。Grace Hsieh目前是北京一家公关公司的客户经理。

2006年，Berman毕业后初到北京，任中国第一个独立于政府的现代舞蹈团项目总监，这是一个23岁年轻人在美国难以企及的职位。Berman说她受聘于她所熟悉的西方现代舞蹈，而不需要深入了解中国。“尽管缺乏语言能力和在中国的工作经验，我却得到了机会来管理旅游、国际项目以及策划和实施我们每年的北京舞蹈节。”经过在中国的两年生活和工作后，Berman女士精通普通话。她随舞蹈团游遍中国、欧洲和美国。

这些洋打工者的故事从侧面揭示了这样一个事实：中国正在成为外国人就业的热土！他们给中国人提了个醒：老外来中国抢“饭碗”了！这里隐含着一个“劳动力市场”。劳动力市场，市场体系的组成部分，是交换劳动力的场所，即具有劳动能力的劳动者与生产经营中使用劳动力的经济主体之间进行交换的场所，是通过市场配置劳动力的经济关系的总和。

随着全球经济化，中国的劳动力市场也变成了全球市场。哪里有价值洼地，哪里就有流动性。当上海有工作可循，而美国等其他国家机会较少的时候，中国劳动力市场就会吸引很多的世界人才到中国来。

当今，美国大学毕业生面临着接近两位数的失业率，更多美国大学毕业生选择到上海和北京来就业。这些大学毕业生中甚至有对中国了解不多或根本不了解的。吸引他们的是中国经济的快速增长，中国较低的生活费用以及绕过美国第一份工作通常需要缴纳的会费的机会。

据估计，在上海约有5.4万名洋打工者，这些人来自152个国家，名列前10位的分别是：日本、美国、韩国、新加坡、德国、法国、加拿大、马来西亚、澳大利亚和英国，约占总数的82%。从人员结构来看，“洋打工”队伍呈现“三高”特点：一是职位较高，高级管理人员占25.4%，首席代表占3.1%；二是学历较高，89%的人持有大学以上学历，其中博士占2.6%；三是在外企任职的比例较高，他们主要在外商投资企业或外企常驻代表机构工作，这部分人占到83.6%。

Perkowski最新的企业——JFP Holdings，是一家总部设在北京的商业银行，至今还没有发布过任何职位需求，却已经收到超过60封求职简历，其中1/3是来自想到中国工作的美国年轻人。

美的中层以下的岗位，几乎处处都是“能者上，庸者下”。美的集团总裁何享健说：“美的（20世纪）70年代用顺德人，80年代用广东人，90年代用中国人，21世纪用全世界的人才！”

随着全球化的竞争进一步加快，同时世界优秀人才也参与抢滩新兴劳动力市场，越来越多的优秀人才加盟中国人才市场。每一个员工还面临着全球优秀员工的竞争。一个工作岗位的待遇越有诱惑力，其面临的竞争也越激烈，薪水也越来越不好赚。

为什么成功与努力工作无关

正在树下吃草的驴子，忽然听见树上的蝉在唱歌，驴子一下子它被美妙动听的歌声所打动。它想一定是蝉吃了什么与自己不同的食物才发出如此悦耳动听的声音。于是，它便羡慕地问：“蝉小姐，你平时都吃些什么，唱出来的歌声这么美妙？”蝉答道：“我平时只喝露水。”驴子听了心里非常高兴，它以为终于找到了唱出美妙歌声的秘诀，回到家里便也只吃露水，但没过多久就饿死了。

驴子的可悲下场，是因为它不清楚自己强壮的身躯，怎么与弱小的蝉一样只吃露水而生存呢？它一味地认为自己只要照着蝉的方式，就可以唱出美妙的歌声。其实我们人类也一样。有些时候，你无论怎么努力工作也可能无法取得别人那样的成功。其根源就在于职位本身不同。

一个人的成功或多或少会有一些偶然性，家庭背景、出生地、运气、机遇、性格等偶然性因素都可能对一个人的职业发展产生重大的影响。在经济学看来，一个人成功的标志或衡量标准是其获得了最大的人生效用，金钱或效益、权力或地位、工作、健康、爱情和家庭等都是其获得效用的手段。为了分析的方便，我们假设衡量职业发展成功的标准就是获得物质财富的多少。

有一天，铁匠在路上偶然遇到微服私访的总统。

他拦住总统问："你每天工作几个小时？"

总统回答："8 个小时。"

铁匠说："我每天要工作 12 个小时，我比你辛苦。"

铁匠又问："你现在口袋里有多少钱？"

总统说："我有 1 000 美元。"

铁匠说："我只有 10 美元。"

铁匠十分不解，自言自语："我比总统还辛苦，我为什么没有他富有？"

现实生活中，有些人拼命工作却只能谋求生活，而有些人付出很少，得到的回报却很多，也获得了人生的成功。这些人或因继承家族遗产，或通过垄断和行政特权，或者依靠机遇和运气，或者凭自身某些天赋，而获得了比他人更多的财富和成功。这些都是成功的外部条件，超出了经济学的分析范畴。

在不考虑外部约束条件的情况下，成功主要取决于其自身的两种行为选择：一是是否根据自身人力资本的变化，选择了最能发挥其比较优势的工作岗位，即是否选择了高效岗位；二是是否在已选择的工作岗位上，尽力发挥了其积极性和创造性，即选择高效劳动。

高效岗位和高效劳动决定一个人职业发展成功的高度和速度。我们假设人的资源只有时间资源，抛开工作环境、技术设备等客观条件的影响，那么，就可以推论出一个人最快获得职业成功的条件：占有高端岗位，进行积极有效劳动。这也是铁匠为什么没有总统富裕和更受人尊重的原因。

我们知道，一个人要想在职场上获得尽可能多的效用，获得尽可能多的财富，他就必须参与社会分工协作，必须为社会或他人生产有用的产品或提供有用的服务。这种有用的产品或有用的服务越多，他就能获得越多的回报，获得更大的职业成功。

一个人的成功既取决于主观努力，也取决于客观条件，还取决于对客观条件的有效利用。因此，如果你要想获得职场成功，不仅要依赖客观条件（比如你的人脉资源、资本实力、高效职位等），更要依赖自身努力（比如积极主动的做事态度、平和的心态、对成功的渴望和追求等），还需要有以下共同特征：

1. 选择了既符合社会需要又符合自身比较优势的人生定位（目标和方向）。

2. 在人生的各个阶段能很好地把握住机遇，选择了专业化水平或效率较高的工作岗位。

3. 在每一个工作岗位上充分发挥了自身的积极性和创造性。

4. 选择有利于自身成长的制度和技术环境，并在环境中不断学习、探索和总结，不断提高自身的人力资本。

为什么热门法学专业难就业

21 世纪初短短几年的迅猛扩招之后法学专业终于"积劳成疾"，已经连续两三年在一类学科中就业率垫底。作为法学专业的学生（无论是本科生还是研究生）都面临着巨大的挑战和压力。法学专业"热招生冷就业"的话题也就一直为人们所探讨。而 2006 年关于取消本科法学专业设置的说法更是一石激起千层浪。法学专业缘何由"香饽饽"变成"烫手的山芋”？

高娣是某校法学院2004级法学专业的学生，全班48个人有一半以上选择考研和考公务员。她无奈地说：“按我们的说法，法学本科毕业是死刑，研究生毕业是死缓。”当初她入校时，法学是热门专业，录取分数是全校最高的。谁知当初入校时的热门，如今却成了就业的冷门。

一些过去“默默无闻”的冷门专业却开始成为就业市场上的“香饽饽”，受到用人单位的追捧。黄山是贵州大学农学院2004级烟草专门化专业的学生，虽然离毕业还有大半年时间，但他手上已经有了3个就业意向。“全国只有贵州大学等3所大学开设这个专业，所以每年都有相关单位直接到学院来要人。”黄山所在班级共有38人，都已拿到了就业意向。“我是后来被调剂到这个专业的，没想到工作反而更好找。现在是我们挑单位，因此大家都不急着签约。”

在高校改革的几年里，招生人数的增加、各高等院校法学专业的开设都促成了法学专业的不断壮大。在这样的大潮下，形成了较为有代表性的培养法学专业人才的几股力量：一类是传统名校，这些院校的扩招使得更多学子投身到法学专业中；另一类是一些新开设法学专业的院校，其中许多工科院校法学专业的开设很具代表性。这些院校大多顺应发展“综合性大学”的潮流而纷纷开设文科专业，而首选便是较具有实用性、报考热门的法学专业。伴随着高校法学专业的不断壮大以及社会对于国家法治建设需求的舆论导向，法学专业在广大考生心目中被塑造成了需求广大、发展前景良好的热门专业，因此许多考生为了选择这样一个好专业而纷纷考入这些工科院校法学专业。

很多人就是冲着法学的名气去学的，却没有想到法学到最后却成为最难就业的专业。

选择专业应该选择自己的优势而不是从众。即使你才华横溢、学富五车，也总得找一个适合发挥自己优势的舞台，把人力资本转化为现实的价值。方向定错了，则距离目标会越来越远，还要重新走回头路，会付出较大的代价。因此，定位的决策，绝不能犯“方向性错误”。

一般情况下，定位的方向由专业确定。但现实的情况是，很多人毕业后并不能完全按照自己所学的专业来选择工作，有的甚至与原专业风马牛不相及。学非所用、用非所学、专业不对口的情况比比皆是，已不足为怪。在这种情况下，就需要认真考虑，选择适合自己的职业。有时为了就业，甚至要强制自己去从事并不喜欢的岗位，只要这种职业是社会紧缺的、急需的或有发展前景的。

接下来，最重要的是明确自身优势。首先是明确自己的能力大小。给自己打打分，看看自己的优势和劣势，这就需要进行自我分析。分析自己，旨在深入了解自身，根据过去的经验选择，推断未来可能的工作方向与机会，从而彻底解决“我能干什么”的问题。只有从自身实际出发，顺应社会潮流，有的放矢，才能取得成功。定位，就是给自己亮出一个独特的招牌，让自己的才华更好地为招聘单位所赏识。对自己的认识分析一定要全面、客观、深刻，绝不回避缺点和短处。你的优势，即你所拥有的能力与潜力所在。

其次，要发现自己的不足。如性格的弱点、经验与经历中的欠缺，认真对待，善于发现，并努力克服和提高。

再次，要对定位的方向作出分析。具体包括：

1. 社会分析。社会在进步、在变革，要善于把握社会发展的脉搏，这就需要做社会大环境的分析：包括当前社会、政治、经济发展趋势；社会热点职业门类分布及需求状况；专业需求形势；自己所选择职业在目前与未来社会中的地位情况；社会发展对自身发展的影响；自己所选择的单位在未来行业发展中的变化情况，在本行业中的地位、市场占有及发展趋势等。对这些社会发展大趋势问题的认识，有助于自我把握职业社会需求，使自己的职业选择紧跟时代脚步。

2. 组织分析。这应是个人着重分析的部分，组织将是你实现个人抱负的舞台。你应对自己将要寄身于其中的组织的各个方面进行详细了解，在知己知彼的基础上，只有两者之间拥有较多的共同点，组织与个人才会相互接纳。

3. 人际关系分析。个人处于社会环境中，不可避免地要与各种人打交道，因而分析人际关系状况显得尤为必要。人际关系分析应着眼于以下几个方面：个人职业发展过程中将与哪些人交往；其中哪些人将对自身发展起重要作用；工作中会遇到什么样的上下级、同事及竞争者，对自己会有什么影响，如何相处，等等。

最后，作出明确的方向选择。

通过以上自我分析认识，我们要明确自己该选择什么定位方向，即解决“我选择干什么”的问题，这是定位的核心。定位的方向直接决定着一个人的发展。定位方向的选择应按照定位的四项基本原则，即择己所爱、择己所长、择己所需、择己所利，结合自身实际来确定，选择合适自己、有发展前景的职业。

从事一项喜爱的工作本身就能带给你一种满足感，你的职业生涯也将因此变得妙趣横生。相反，一个人如果不知道自己想干什么，则什么也干不好。从事一项自己喜欢的工作，才能给你一种满足感，将来才会有所成就，否则不但自己痛苦，对社会也是一种浪费和损失。这就要求我们有清醒的头脑，避免从众心理，不一味追求知名企业、高薪和大城市。

“尺有所短，寸有所长。”也许你兴趣广泛可以掌握多种技能，所有的技能中总有你的短处，也必有你的强项。宇航员杨利伟，导演张艺谋，央视著名主持人白岩松、水均益，球星姚明等人所从事的职业，可以说是众多年轻人所向往的，但从事这些职业所必备的能力决定了不是只要有兴趣就能干好的。有些人善于做业务，有些人更适合做管理。在设计自己的职业生涯时，要注意选择最有利于发挥自己优势的职业，即择己所长。

社会需求在不断演化，旧的需求不断消失，同时新的需求不断产生。昨天的抢手货今天会变得无人问津，生活处于不断的变异之中，职业的选择应顺应就业变动规律。在进行定位时，还要分析社会需求，择世之所需，否则，就会陷入不断更换工作的旋涡中，苦不堪言，自食苦果。

社会需求的不断变化要求我们要不断地对人力资本进行投资。如果没有及时更新自己的专业知识，就会造成知识折旧。所以，我们要主动摈弃各种错误的观念，以防被错误思维误导。要不断开拓进取，不断开发新技能。

此外，职业是个人的谋生手段，其目的在于追求个人和家庭幸福。在谋取个人福利的同时，也创造了社会财富，为社会作出了贡献。每个人都生活在现实世界，需要生存，因此做的工作必须要有合理的待遇，还要考虑到家庭的需要。谋求职业的第一动机就是使个人生活得更幸福。利益倾向支配着你的选择。

在把握定位的方向时，应有一个良好的心态，要明确自己只是普通的沙砾，而不是价值连城的珍珠。要盘点自己现有的职业含金量，找准可持续发展的职业通道，适时考虑职业发展的变通性。

为什么北大高才生可以卖猪肉

2003年的一则“北大才子当街卖肉”的新闻让北大毕业生陆步轩一夜成名。陆步轩于1985年参加高考，当时以高出本科线100多分的成绩考取了北大中文系，是所在县的文科状元。4年苦读毕业后，陆步轩被分配到长安县柴油机械配件厂。遗憾的是，企业几年后垮了。此后，陆步轩搞过装修，开过小商店。几经挫折后，于2000年租房开起了肉店。这个文弱书生从此操起了切肉刀，每天起早贪黑，一年忙到头，交了水电费、房租后也就所剩无几了。

这听起来像个离奇故事，然而这的确是事实，是实实在在发生在古城西安的事实。一位自感“最适合去做编辑词典的工作”的北大才子，由于人生曲折和生活所迫做起了卖肉的生意。后来在各方关注下，陆步轩终于在长安区档案馆谋得一份工作。

其实，换个角度来看这个问题，“北大才子当街卖肉”之所以成为新闻，说明这类事件是极少数，北大毕业生的薪资待遇、发展前景比一般大学毕业生要强得多。其实，这则新闻的出现不是否认人力资本投资的必要性，恰恰是证明了人力资本投资的重要性。

什么是人力资本？美国经济学家舒尔茨人力资本理论的基本内涵，是把资本分为物质资本和人力资本两种形式。人力资本是体现在劳动者身上的、以劳动的数量和质量表示的资本。劳动者的知识水平、劳动技能的高低不同，决定了人力资本对经济的生产性作用的不同，结果使国民收入增长的程度也不同。

人力资本就是指通过教育、培训等方式和手段，在人身上积淀的，具有稀缺性的、能够投入生产中并能产生价值增值的知识、技能、经验和健康等质量因素之和。

人力资本是体现在人身上的资本，即对生产者进行普通教育、职业培训等支出和其在接受教育的机会成本等价值在生产者身上的凝结，它表现在蕴含于人身中的各种生产知识、劳动与管理技能和健康素质的存量总和。按照这种观点，人类在经济活动过程中，一方面不间断地把大量的资源投入生产，制造各种适合市场需求的商品；另一方面以各种形式来发展和提高人的智力、体力与道德素质等，以期形成更高的生产能力。

在美国想要找一份好工作，在很大程度上会受到教育水平与经历的影响。受教育的程度越高，个人经历与阅历越丰富，在其他条件相同的情况下，你就会比别人更容易获得一份好工作。同样，普通员工没有职业律师收入高，主要是因为两者在人力资本投资上的极大差别所致。培养一名律师需要 5 ~ 10 年的专业学习时间，而培养一名普通员工最多只要一两个月就够了。用于学习手艺或受培训的时间及货币财富，共同构成了人们为进行人力资本投资而支付的全部机会成本。正是由于这种投资，人们在单位时间的生产率才会得到提高，而正是这种生产率的提高使雇主愿意起用他，并为他付出较高的报酬。

在后工业时期和知识经济初期，人力资本有着更大的增值潜力。因为作为“活资本”的人力资本，具有创新性、创造性，具有有效配置资源、调整企业发展战略等市场应变能力。人力资本的积累和增加对经济增长与社会发展的贡献远比物质资本、劳动力数量增加重要得多。发达国家是最明显的例子。美国在 1990 年人均社会总财富大约为 42.1 万美元，其中 24.8 万美元为人力资本的形式，占人均社会总财富的 59%。其他几个发达国家如加拿大、德国、日本的人均人力资本分别为 15.5 万美元、31.5 万美元、45.8 万美元。

在国际贸易的发展过程中，人力资本已经成为比较优势的主要依靠力量。人力资本的存量与质量，在一定程度上决定了一个国家贸易比较优势的形成与发展。同时由于人力资本载体具有流动性，这使得国际贸易的比较优势也呈现出动态性的特征。在服务贸易中具有比较优势的国家，可以通过人力资本的积累继续保持竞争优势，而处于比较劣势的国家，可以通过增加人力资本投入获得比较优势。比如说随着中国国民受教育水平的不断提升，中国外贸的比较优势将不仅仅在服装制造上得以显现。

而中国庞大的人力资源要转化为人力资本，关键在于提高人力素质，其重要途径在于形成全民学习、终身学习的学习型社会，把中国建成世界最大的学习型社会。中国如果能够在发展经济的过程中全面强化人力资本投资，全面建设学习型社会，全面提高人民的素质和能力，就有可能使中国从人口大国迈向人力资源强国，使得中国教育与人力资源总量更加充足、结构更加合理、质量更加提高、体系更加完善，从而推动经济的更快发展。

随着竞争的加剧，人力资本所表现出来的作用也越来越明显。经济学家舒尔茨曾说：“人的知识、能力、健康等人力资本的提高对经济增长的贡献远比物质、劳动力数量的增加重要得多。”

一位 2005 届哈佛毕业生非常高兴地奔出校门，他可能是太兴奋了，对出租车司机说：“我是哈佛今年的毕业生！”

司机的一句话让这位毕业生大吃一惊：“是吗？我是哈佛 1980 届的毕业生。”

虽然我们无从得知哈佛毕业生做司机的具体原因和具体过程，但有一点可以肯定：他已经严重贬值了！怎样贬的值？客观原因我们无法推测，但主观方面肯定是他放弃了提升自己造成的——不然的话，无论客观条件如何改变，人也能调整并适应。由此看来，许多人所缺乏的不是才干而是志向，不是个人能力而是坚持的意志。员工亦如此，“一日工作一日功，一日不做十日空”，工作如逆水行舟，不进则退。不努力学习，提高自己，就会遭遇自身知识贬值的阻力，人力资源价值就会降低。

俗话说："活到老，学到老。"我们生活在一个知识快速更新的时代，只有不断学习新的知识才能适应社会的发展要求。不进行人力资本投资，将会不断走向退步。因此，学习可以说是最重要的投资，比起其他项目，这项投资最有效、最划算、最安全，还将让人终身受益。

所有人都有必要培养和提高自己的学习技能，学习业务知识，不断拓宽知识面，从多方面丰富、提高自己的知识水平。其实，我们不应放弃一切学习的机会，应该努力通过各种方式学习一切有用的知识和技巧，从而提升自己的人力资本。学历只能代表过去，只有学习可以代表将来。人力资本的投资永远不会到达顶峰。

人力资本投资对职业生涯的发展有着非常重要的作用。在现代高速发展的信息社会，进行人力资本的投资就是要培植自身的核心竞争力，以在激烈的市场竞争中获得更多资源，才能让自己具备更牢固的升值与升职资本。

为什么大多跳槽者会遭到专家批评

北京某高校硕士毕业多年的陈娟，原本在一家日资银行就职，薪水不菲，也令外方老板颇为赏识。但没多久，她就跳槽到了一家泰资公司。短短几年里，"不安分"的她竟然换了3份工作。每每有人调侃她的"跳动症"时，她就说："刚刚过去的奥运会，我们国家的运动员都得了蹦床冠军，为何不让人自己先'跳'一把？"

这是一个强调个性体验的时代，想"跳"一把的北京白领丽人绝非陈娟一个。很多人跳槽是为了换一种生活方式，寻求流动跳跃的感觉，寻找时代弄潮儿的体验。

"跳槽"，即指"换工作"、"换单位"。如果你去跳槽，那就说明你放弃了当前工作的收益，并同时放弃了这个机会可能带来的潜在收益。这些被放弃的所有收益就是你跳槽的机会成本。

不同的人，其跳槽的机会成本是不同的。对于一般人来讲，跳槽的机会成本有哪些呢？

第一是时间的机会成本。如果想跳槽成功，就要花费时间搜集并分析招聘信息，对市场上的招聘企业作出正确的判断。这个过程中，跳槽者要付出时间、精力等成本，还要承担等待、焦虑等心理压力。当信息不明朗时，还会为如何抉择而感到痛苦。

第二是薪资的机会成本。跳槽意味着你放弃本有的薪资，以及因此而可能获得的潜在薪资、福利等待遇。假如你本有的月薪是5000元，加上奖金、补贴和保险等，可能近8000元。如果你不能在辞职的当月找到工作，那么这8000元即是你跳槽所付出的机会成本。

第三是人际关系的机会成本。当你在一个环境里工作，获得的报酬不仅是货币工资，还包括学习锻炼的机会和人脉关系。人脉就是你的资源和钱脉，它同时也是你遇到困难和问题时的"活期存折"。

第四是升迁的机会成本。当你在一个新的环境里，往往很难一下子得到真正重用，尽管在职务或薪资上可能比原来高，但新的单位需要重新对你的人品和工作能力有一段时间的考验。

每"跳"一次都希望比上一次升一次职位、涨一次工资。短暂的看来，眼前微小的愿望获得了满足，但高位、高薪绝不是频繁跳槽的结果。曾经有过一项统计：在高级人才中，频繁跳槽的人与其他人相比，薪金方面的比例是1 ∶ 2。同时频繁跳槽者个人资源的积累和自身能力的培养都必然大打折扣。

那我们都为什么会跳槽呢？调查显示：与同事沟通不好、太累、离家太远、被领导批评、男（女）朋友不同意、待遇不合理、工作没挑战、没原因就是不想做，等等，都有可能成为我们跳槽的理由，也让很多企业领导人大伤脑筋。

这种轻易做出的跳槽选择，饱受人力资源专家的批评。且不说，这些年轻的朋友没有想到企业为培养自己所付出的代价，自己的离职将给企业带来的损失，他们更没有为自己的职业生涯、事业发展做出铺垫。放弃一次事业机会，或许觉得自己还年轻，或许会认为还能有更好的机会。实际上，随意跳槽，不仅对企业是损失，对个人同样是很大的损失。

虽然跳槽有机会成本，但并不是反对跳槽。能够跳槽和允许跳槽其本身是时代进步的表现。人才只有在不断的双向选择中才能真正实现资源优化配置，才能产生最大效用。像古时的韩信、现在的唐骏都在一次又一次的跳槽中实现了自己的利益最大化。

从经济学角度分析一下跳槽可能会产生的机会成本，只是提醒职场人士在跳槽之前要通盘考虑和分析，让自己的职业变动决策更加理性、科学和正确。把成本搞清楚了再作决策也不迟。

第二章

为什么傻瓜领导聪明人

为什么能人怀才不遇，小人屡屡得志

《史记》有传，屈原早年受楚怀王信任，任左徒、三闾大夫，常与怀王商议国事，参与法律的制定，主张章明法度，举贤任能，改革政治。同时主持外交事务，主张楚国与齐国联合，共同抗衡秦国。在屈原的努力下，楚国国力有所增强。但由于自身性格耿直，加之他人谗言与排挤，屈原逐渐被楚怀王疏远。

公元前 305 年，屈原反对楚怀王与秦国订盟，但不为重视，楚国彻底投入了秦的怀抱。楚王听人谗言，远离屈原，使得屈原亦被逐出郢都，流落到汉北。流放期间，屈原感到心中郁闷，开始文学创作，作品中洋溢着他对楚地楚风的眷恋和为民报国的热情。其作品文字华丽，想象奇特，比喻新奇，内涵深刻，成为中国文学的起源之一。

公元前 278 年，秦国大将白起挥兵南下，攻破了郢都。屈原在绝望和悲愤之下怀抱大石投汨罗江而死。屈原空有一身才华，不为当政者重视，最终才无用武之地，国破人亡。后人极其欷歔感叹，将"怀才不遇"作为屈原一生命运的最好注脚。

中国怀才不遇的鼻祖可以说是屈原了。屈原是中国最伟大的爱国主义诗人之一，也是我国已知最早的著名诗人和伟大的政治家。他创立了"楚辞"这种文体，也开创了"香草美人"的传统。《离骚》、《九章》、《九歌》、《天问》是他的主要作品，其中《离骚》是我国最长的抒情诗。

我们的周围总是有这样的一群人：他们有着令人羡慕的天赋与才华，却总是在碌碌无为的工作中焦灼不安；他们空有满腹经纶，只能无奈于"知音少，弦断有谁听"；论能力，他们是佼佼者，个中翘楚；他们是人们常说的"千里马"，却又不得不接受怀才不遇的事实。

王先生原是一家跨国公司的营销副总监，有丰富的营销和管理经验，能力非常强，业绩也很突出。某企业花了半年时间把王先生挖了过来，并任命他为营销总监。新到任的王总监花了三个月的时间把工作搞得有声有色、颇有成绩。然而，就在大家普遍看好这位年轻的营销总监时，他却毅然决然地辞职而去。

王先生谈起辞职原因，说到四点：

1. 企业不信任，不放权，有总监之名，无总监之实，基本上相当于一般的区域经理，工作无法正常有效地开展实施。

2. 在讨论企业重大决策时，视建议为抵触和不服从的表现。

3. 推行公司已经认可的改革而危及部分人的利益时，公司领导不支持，甚至将计划放在一边不闻不问。

4. 出现小的工作失误时，公司领导对其全盘否定。

在这种情况下，虽然王先生尽力将工作做到最好，但最终还是只能带着“怀才而不遇伯乐”的无奈离去。

与怀才不遇相反的情况是“小人得志”。一般而言，在“怀才不遇”的君子眼里，得志的都是小人。“小人”们总是善于拍马溜须，吹喇叭抬轿子。王先生辞职原因中也影射出，为什么他的建议被视为抵触和不服从？为什么他的改革无法推行下去？不难想象，公司中总有些小人在领导身边溜须拍马，影响领导的决策。

为什么偏偏这些毫无能力的小人反而容易得志？其实也很简单，没有人不喜欢知音。高处不胜寒，位置高高在上的人也希望有“朋友”，所以，清高的“才子”当然比不过前前后后端茶倒水的“小人”了。

这就是职场中的“劣币驱逐良币”。职场中，春风得意的总是那些趋炎附势的小人，而真正的有识之士，却吃力不讨好，甚至遭遇被“劣币”排挤的下场。

人生很多时候就是如此，优未必能胜，劣也不一定败。社会生活中的“劣币驱逐良币”现象比比皆是：挤车的人总能捷足先登，排队的人总也上不了车；大锅饭盛行的单位，年轻力强、水平高的人都另谋高就去了，老弱病残和平庸之辈都留下来坐享清福；不贪污受贿、损公肥私的人只能吃苦受穷，独善其身的人却成为异己分子被排除出局；社会上泛滥的假文凭不像真文凭那样需要花费无数的心血与才智才能取得，但在求职中却能蒙混过关，那么人们怎么还会努力追求真文凭呢？

金无足赤，人无完人。每个人都有自己的核心优势和竞争力，也有自己固有的缺点和劣势。才非天生，绝大多数的才能为后天所学。由于天赋等各方面的条件，人各怀有其才，只不过是“大才”还是“小才”而已。在大多数情况下，“才”无非是人们谋求生存的一个技能。一般的人，只要不自我夸大所怀之才，又能满足自己的生存状态，就不会常常有“怀才不遇”的感叹。

比尔·盖茨说：“生命是不公平的，但你要去适应它。”是的，“怀才”者也要适应环境，否则只能“不遇”了。如果某一环境确实让自己感到“怀才不遇”，就快速地离开那里，外面的天地无限广阔。所谓“才”，当然也包括了适应环境、克服困难、脱颖而出的能力。

为什么傻瓜比聪明人赚钱多

浙江是手工业的摇篮。改革开放以前，年轻人都会去学一门手艺，就只是他认为自己有学问，必须高人一等，死活也不学手艺。当同龄人都到外地淘金一年赚回好几千的时候，他依然守着生产队每天 4 角钱的报酬。看着别人盖起新瓦房的时候，他后悔了，当初为什么不去学手艺呢？要是去学一定比别人强，凭自己的聪明至少要比别人多赚好多。

改革开放了，手艺人纷纷开始扩大规模或者改行经商办厂的时候，多少人看重他的才华，邀请他加盟。但他看不起那些先富起来的人，觉得他们的水平太臭，自己不可能屈居他们下面，要做也要自己去做，这样凭自己手艺打天下的小作坊努力一年也可以的。为了梦想，为了第一桶金，也迫于家庭压力，他终于下决心去学艺。

几年的手工业生涯没有给他带来本质的变化，而身边的同学都成了小老板了，万元户、十万元户，甚至百万元户也有了。他又在后悔当初没有加盟。当他再想加盟到别人企业的时候，别人的企业已经有了规模，人员配置早已齐全。也有老板嫌他背时了，很小的企业他又不想委屈自己。

他也想着自己满腹经纶，哪肯轻易认输，自不甘寂寞，也不肯低人一头。看着当年读书最差的人都发了财，心里憋着一股劲，他下决心要混出个人样来。查找资料，收集信息，他确实找到了很多致富路子。为了保险起见，他把致富信息告诉身边的人，和别人讨论。遗憾的是等别人因此发了财，他依然没有动手。现在他唯一能骄傲的一句话就是："某某发了是我提供的路子，是我出的点子"。

贫穷使妻子走了，女儿也被别人收养，孤苦伶仃的他才40多岁就像60岁的老头，额头的皱纹记录了他懊悔的半生。看着他落魄的身影真是百感交集。

在经济学上，你付出了就会得到回报的，付出的越多，得到的也就越多。一位年长者说："有些聪明人总觉得自己很傻，所以才拼命地学习，勤奋地工作；有些傻子，觉得自己很聪明，其实很傻。幸运之神从不会无故光顾于任何人，她总是垂青于为之付出汗水的辛勤的人们。"

罗伯特·谢明从小就被视为"傻瓜"，如今却成长为一位活跃的投资者及赚钱高手，不但是个百万富翁，也是优秀的推销员和畅销书作家。为什么在"聪明人"看起来遥不可及的成功与财富，一个"傻瓜"却轻松得到了？正是当时让他成为"傻瓜"的那些品质造就了他今天的辉煌。

下面是洛克菲勒大王留给他儿子的信，他在信中还定义了"傻瓜"和"聪明"人，并希望儿子做一个"聪明的傻瓜"，这样才能领导好公司。

儿子，我知道你是布朗大学的优秀毕业生，你在经济学与社会学方面的知识可谓优秀。但是，你应该清楚，知识原本是空的，除非把知识付诸行动，否则什么事都不会发生。而且，教科书上的知识，几乎都是那些皓首穷经的知识匠人在象牙塔里编撰出来的，它难以帮你解决实际问题。

我希望你能去除对知识、学问的依赖心理，这是你走上人生坦途的关键。

你需要知道，学问本身并不会怎么样，学问必须加以活用，才能发挥作用。要成为能够活用学问的人，你必须首先成为具有实行能力的人。

那么实行能力从哪里来呢？在我看来它就潜藏在吃苦之中。我的经验告诉我，走过艰难之路——布满艰辛、不幸、失败和困难的道路，不仅会铸就我们坚强的性格，我们赖以成就大事的实行能力亦将应运而生。在苦难中上下攀爬的人，知道什么叫千方百计地去寻找方法、手段，让自己得救。处心积虑地去吃苦，是我笃信的成功信条之一。

也许你会讥讽我，认为没有比想吃苦再傻的了。不！没有不幸体验的人，反而不幸。很多事情都是来得快去得也快。那些实现了一夜成名、一夜暴富梦想的人们，有谁不是很快就销声匿迹了？吃苦所得到的，是将你的事业大厦建立在坚实的地面上，而不是流沙里。人要有远见，只有长时间的吃苦，才有长时间的收获。

我相信你已经发现了，自你到我身边工作以来，我并没有给予你重担去挑。但这并不表明我怀疑你的能力，我只是希望你善于做小事而已。

做好小事是做成大事的基石。如果你从一开始就高高在上，就无法体会部属的心情，也就不能真正地活用别人。在这个世界上要活下去、要创造成就，你必须借助于人力，即别人的力量。你必须从做小事开始，才会了解当部属的心情。等你有一天走上更高的职位，你就知道如何让他们贡献出全部的工作热情了。

儿子，世界上只有两种人头脑聪明：一种是活用自己的聪明人，例如艺术家、学者、演员；一种是活用别人的聪明人，例如经营者、领导者。后一种人需要一种特殊的能力——抓住人心的能力。但很多领导者都是"聪明的傻瓜"，他们以为要抓住人心，就得依据由上而下的指挥方式。在我看来，这非但不能得到领导力，反而会降低很多。要知道，每个人对自己受到轻视都非常敏感，被看矮一截会丧失干劲。这样的领导者只会使部属无能化。

一头猪好好被夸奖一番，它就能爬到树上去。善于驱使别人的经营者、领导者或大有作为的人，一向宽宏大量，他们懂得高看别人和赞美他人的艺术。这意味着他们要有感情的付出。而付出深厚感情的领导者最终必赢得胜利，并获得部属更多敬重。

受自尊心、荣誉感的支配，很多有知识的人对"不懂"总是难以启齿。好像向别人请教，表示自己不懂，是见不得人的事，甚至把无知当罪恶。这是自作聪明，这种人永远都不会理解那句伟大的格言——每一次说不懂的机会，都会成为我们人生的转折点。

自作聪明的人是傻瓜，懂得装傻的人才是真聪明。如果把"聪明"视为可以捞到好处的标准，那我显然不是一个傻瓜。

直到今天我都能清晰地记得那一次装傻的情景，当时我正为如何筹借到15000块钱大伤脑筋，走在大街上我都在苦思冥想这个问题。说来有意思，正当我满脑子闪动着“借钱、借钱”的念头时，有位银行家拦住了我的去路，他在马车上低声问我：“你想不想用50000万块钱，洛克菲勒先生？”我交了好运吗？我有点不相信自己的耳朵。但在那一瞬间我没有表现出丝毫的急切，我看了看对方的脸，慢条斯理地告诉他：“是这样……你能给我24小时考虑一下吗？”结果，我以最有利于我的条件与他达成了借款合同。

装傻带给你的好处很多很多。“装傻”的含义，是摆低姿态，变得谦虚，换句话说，就是瞒住你的聪明。越是聪明的人越有装傻的必要，因为就像那句格言所说的——越是成熟的稻子，越垂下稻穗。

儿子，有了爱好，然后才能做到轻巧。现在，就开始热爱“装傻”吧！

爱你的父亲

洛克菲勒不仅希望儿子不要假装聪明，而是要学会“装傻”，难得糊涂，对于他来说，任何一个人太过于“聪明”就会付出很大的成本。比如，会让下属工作积极性不高、会让别人觉得你太过张扬……

洛克菲勒的故事也印证了这样一个事实：“傻瓜”领导“聪明人”，“傻瓜”比“聪明人”赚钱多。

为什么有些人总是原地踏步

“为什么要放羊？”

“为了卖钱。”

“卖钱做什么？”

“娶媳妇。”

“娶媳妇做什么呢？”

“生孩子。”

“生孩子为什么？”

“放羊。”

这段对话，就形象地为“内卷化”现象作了注解。

20世纪60年代末，一位名叫利福德·盖尔茨的美国人类文化学家，曾在爪哇岛生活过。这位长住风景名胜的学者，无心观赏诗画般的景致，而潜心研究当地的农耕生活。他眼中看到的都是犁耙收割，日复一日，年复一年。原生态农业在维持着田园景色的同时，长期停留在一种简单重复、没有进步的轮回状态。这位学者把这种现象冠名为“内卷化”。

“内卷化”的结果是可怕的。它会让人在一个层面上无休止地内缠、内耗、内旋，既没有突破式的增长，也没有渐进式的积累，让人陷入到一种恶性循环之中。你越是缺乏自信，你越难以成功，你越不能成功，你就越缺乏自信，直至“破罐子破摔”。

在2009年即将过去的时候，很多人在自己的日记里可能会这样写道：一切都没有变化，我还是原地踏步，没有起色。2009年就这样过去了，好快，不由得感慨。时光匆匆流过，我还一事无成，也快老去了。

格林大学毕业之后在一家保险公司做业务代表。这是一项很让人头痛的工作，因为很多人都对保险业务员敬而远之。所以，格林的工作开展起来很困难。

办公室的其他业务员整天对自己的这份工作抱怨不停，“如果我能找到更好的工作，我肯定不会在这里待下去。”“那些投保的人，太可恶了。整天觉得自己上当了。”当然，这些人只能拿到最基本的薪水。只有在业务部经理催促下，或者是“胡萝卜+大棒”的政策下，他们才有一点点进步，否则就是原地踏步或者在退步。

唯有格林和他们不一样。尽管格林对现状也不是很满意，薪水不高、地位不高。但是格林没有放弃，因为他知道，与其说是放弃工作，不如说是在放弃自己。在这个世界上，没人强迫你放弃自己，除非你主动为之。因为格林还相信，努力是没有错误的。努力会让平凡单调的生活富有乐趣。

于是，格林主动去寻找客户源。他熟记公司的各项业务情况，以及同类公司的业务，对比自己公司和其他同类公司的不同，让客户自己去选择。虽然一些人很希望多了解一些保险方面的常识，但是他们对保险业务员的反感使他们在这方面的知识很欠缺。格林知道这些情况之后，主动在社区里办起“保险小常识”讲座，免费讲解。

人们对保险有了更多的了解，也对格林有了好印象。这时，格林再向这些人推销保险业务，大家没有反感，反而乐于接受。格林的工作业绩突飞猛进，当然薪水也有了很大的提高。

同是职场中人，为什么有的人终其一生屡受挫折碌碌无为，有的人却事无不成、业绩辉煌？其实，生活给每个人的机会都是一样的，能否成功的关键就在于你是否能在舞台上将自己扮演的角色发挥得淋漓尽致。

其实，作为个人来讲，进入“内卷化”状态，根本原因就在于精神状态和思想观念。人们常说，信心决定命运，观念决定出路。一个人如果总是自怨自艾，不思改变、不求进取、不谋开拓，民无信心，军无斗志，只能是原地不动，还有可能倒退；总是因陋就简，循规蹈矩，按部就班，只能进入周而复始的轮回状态。

人们都羡慕那些杰出人士所具有的创造能力、决策能力以及敏锐的洞察力。但是他们也并非一开始就拥有这种天赋，而是在长期工作中积累和学习到的。在工作中他们学会了解自我、发现自我，自动自发，使自己的潜力得到充分的发挥。

如果你已经是想到了你在追求“自我实现”，如果你已经把你的想法在你所在的职位或从事的工作中的任何一个环节上体现出来了，你会被你的热情本身所感动。即使是每天按时上班，也会充满了活力。从这个角度来说，你的事业就是你的工作，你的职业就是你事业的开端。

为什么补鞋匠的地位举足轻重

在以色列，有这样一则寓言：

一天，克尔姆城里的补鞋匠把一个顾客杀了。于是，他被带上了法庭，杀人当偿命，法官宣判处以他绞刑。判决宣布之后，一个市民站起来大声说：“尊敬的法官，被你宣判死刑的是城里唯一的补鞋匠！我们只有这么一个补鞋匠，如果你把他绞死了，谁来为我们补鞋呢？”

于是，克尔姆城的很多市民也都异口同声地呼吁着。法官赞同地点了点头，重新进行了判决。“克尔姆的公民们，”他说，“你们说得对，由于我们只有一个补鞋匠，处死他对大家都不利。城里有两个盖房顶的，就让他们其中的一个替他去死吧！”

虽然这是夸张的寓言故事，但现实生活中，这样的故事并不鲜见。当一个基金公司里只有一个人是资深财经分析师时，无疑他会成为整个公司的“香饽饽”；当年的章子怡代表着中国电影冲进好莱坞时，甚至有人将她与孔子并提。这就是“稀缺”中的“稀缺”，即目前情况下，他无可替代。用经济学术语，即他没有替代效应。

在我们的工作中，替代效应总是在发挥作用。那些有技术、有才能的人在企业里是“香饽饽”，老板见了既是加薪，又是笑脸，为什么？因为这个世界上有技术、有才能的人并不是很多，找一个能替代的人更是不容易。而普通员工，企业很容易从劳务市场上找到替代的人，中国是人力资源大国，你不愿意干，想干的人多的是。对于别人的薪金比自己高，不要吃惊和不平。只要使自己具有不可替代性，自己的待遇自然会提上来。

很多人慨叹，说自己刚进公司时，老板对自己是器重，当把才华全都献给公司的时候，自己的末日也就来了。这其实也怨不得老板，是替代效应在起作用。市场是无情的，面对员工的停步不前，如果老板不让新员工替代才能用尽的老员工，市场就会让别的企业替代这个企业。在错综复杂的市场中，如果你总能做到思维超前，自然不会被别人所替代。

弥子瑕是卫国的美男子，他很讨卫灵公的喜欢。有一次，弥子瑕的母亲生了重病，弥子瑕假传君令让车夫驾着卫灵公的座车送他回家。卫灵公知道了这件事，反而称赞道：“真是一个孝子！”又有一次，弥子瑕陪卫灵公到果园散步。弥子瑕伸手摘了一个蜜桃，当他吃到一半的时候，把吃剩的一半递给卫灵公。卫灵公毫不在意这是弥子瑕吃剩的桃子，说：“你忍着馋劲把可口的蜜桃让给我吃，真是对我好啊！”

弥子瑕年纪大了以后，容颜逐渐衰老，卫灵公就不那么喜爱他了。弥子瑕得罪了卫灵公，卫灵公不仅不再像过去那样迁就他，而且还要历数弥子瑕的不是：“他过去曾假传君令，擅自动用我的车子；目无君威地把没吃完的桃子给我吃。”

后来卫灵公终于找了一个借口，把弥子瑕治了罪。

弥子瑕前后遭遇截然不同的待遇，是因为以前他的美貌获得卫灵公的喜欢，后来容颜衰老就不再获得卫灵公的喜欢。换句话说，以前他是不可替代的，后来已经成为可替代的人了。这其实涉及经济学上的替代效应。

现实生活中，具有“无可替代”的“稀缺”非常难。因为社会在发展，任何人或者事物都面临着可能被替代的后果。所以，不要总认为自己是独一无二的。我们的社会在创新，企业在创新，我们自己也要时刻为自己充电创新。只有努力学习更新自己，让自己在一定时间内一定空间内具有不可替代性，自然就会成就自己的不凡人生。

孙海大学毕业时家人托关系让其进入了一个国营进出口公司。两年后，他离开了这家公司。之后进入了一家五星级酒店。由于当时正好刚拿了一个 MBA，非常顺利的，孙海被任命为总经理助理兼办公室主任。

在这家酒店，孙海负责人员聘用，工资、奖金的发放，公司制度的制定及对外联络等。但是老板是个十分武断的人，不喜欢听到不同意见。孙海为人直爽，对一些看不惯的管理问题总是直言不讳，为此不仅没得到老板的垂青还得罪了不少同事，工作很不愉快的他决定辞职。

孙海辞职后，发誓一定要找一个比原来更好的工作，非经理职位不做。但多次投递简历，得到回应的寥寥无几。

生活中，像孙海这样的例子不在少数，由于各种各样的原因动辄就换工作，频繁跳槽。当然也不排除在金融危机的处境下，不同行业的公司都以减产、降薪、裁员等方式来化解危机带来的经营风险，无疑又增加了就业的难度。众多职场人如何顺利地度过经济寒冬，怎样让自己的职业生涯有更好的发展呢？

最关键的是我们必须用“稀缺”来塑造自己的职业竞争力，这样才能化危机为转机。孙海的主要问题在于“稀缺”竞争力不强，不管是从专业知识还是管理水平都不具备竞争的优势。再加上频繁跳槽，行业和职位相关度均不高，所以他在职业选择上游移不定，就无法积累某个领域的核心知识和经验，在个人竞争中无法形成自己的“稀缺”竞争优势。

2008 年金融危机大幅度爆发以来，世界经济恢复的格局尚未呈现，企业招聘需求随之呈现出疲软状态，证券、银行、保险、房地产等招聘岗位相对较多的行业与往年相比也大幅缩水。求职者找工作难度明显增大，求职者甚至在签合同之际被企业“放鸽子”。职场人也采取了相应的自救措施。据调查，有 26.3% 的人因金融危机推迟了自己的跳槽计划，有 5% 的人干脆取消了自己的跳槽计划，有近 70% 的人选择了做“卧槽一族”。

2009 年 7 月，王梅去一家公司面试。当时部门经理对她非常满意，甚至聊到了公司一年能享受几次旅行等福利待遇，意指她很快可以上班了。没料到之后却没了动静。事实上，王女士的情况还并不算太糟糕，有很多求职者甚至连面试机会都很难得到。在旅游行业从事行政管理的张亮说，他通过各种渠道投出 200 多份简历，只得到 3 家公司的面试机会，“算了一下，发出简历和得到反馈的比率连 2% 都不到，现在找工作真的是太难了！”。

因此，无论是在职者还是求职者，都应该用“稀缺”来打造自己相对优势的竞争力。越是在“非常时期”越要做个价值连城的“金牛”，从而成为企业中不可替代的人。

“金牛”之所以价格不菲，是因为它用昂贵的黄金打造而成。这就需要你锻炼和突显核心能力。“稀缺”竞争力不是泛泛地了解一些知识和经验，至少在专业知识上，你要比同行知道得更多，做得比别人更好。

如果你除了自身具有一技之长外，还能够以一顶三，身兼数职，不仅能够出色地完成本职工作，更可以兼任其他岗位的工作，成为企业“稀缺”的复合型人才，无论是在求职还是在企业中“卧槽”，都能减少被别人替代的几率，那你的职业安全指数才能保证你顺利度过经济寒冬。

为什么妓女的收入比律师高

11 月 26 日“天空艺术 1 台”的一档节目中，首次亮相的布鲁克描述了她做应召女郎的工作。

她曾经过着双重人生。白天，她是学校里好学的博士生，为完成毕业论文刻苦学习；夜晚，她穿上惹火的蕾丝内衣，摇身变为风情万种的高级应召女郎，出没于各大豪华酒店会所，以出卖自己的身体获得高额报酬。

同时，她还以笔名“白日美人”在网上写博客，大晒自己的皮肉生涯。11 月中旬，“白日美人”主动向媒体公开身份，让人大跌眼镜。原来她竟是一名拥有博士学位的科学家——现年 34 岁，是布里斯托尔大学神经学家。此后英国媒体连篇累牍地报道，详细披露了她从一名女博士沦为应召女郎的经历。面对媒体，女博士感叹，幸好及时跳出，未被妓女生活吞噬。

布鲁克·马尼安蒂（Brooke Magnanti）2003 年从妓时 28 岁，当时正在谢菲尔德大学攻读法医病理学博士学位。“（当时）我准备提交论文，存了一点钱，搬到伦敦找工作，由于还没拿到博士学位，我找不到本行的工作，很快就把钱用光了。”她说。她强调自己是犹太人后裔，痛恨向别人借钱。

积蓄花光以后，她的生活变得相当困窘，甚至无钱支付房租。于是从 2003 年到 2004 年，她通过一家中介公司当了 14 个月应召女郎。

在展开妓女生活的同时，她还兼职编写电脑程序。布鲁克的卖身收入高达每小时 300 英镑，每周接客 2 ~ 3 次，有时更多。布鲁克推测，在短短 14 个月之内，她曾服务过的客人多达数百名。

尽管受到很多指责，布鲁克却说自己并未对应召女郎生涯感到后悔，自曝真实身份是因为担心前男友会抢先曝光，同时她觉得用笔名写作已无乐趣可言。“我连新书发布会都不能去。”她说。

公开身份后，她感觉轻松很多，不用再向别人说谎并隐瞒身份，她希望今后能专心做一名科学家。布鲁克目前在布里斯托尔研究杀虫剂对儿童健康的影响，她现在只想专心当科学家。但她也向读者保证，会继续写“白日美人”博客，“我希望她有个快乐结局。”她说。

此前，写作使她名满天下的同时也发了一大笔横财。她的博客多次被集结成书出版，书酬高达数十万英镑。2007 年，英国 ITV 电视台花高价购买了该博客的版权，并将之改编成了一部热门电视剧——《应召女郎秘密日记》，由著名女星比丽·皮帕（Billie Piper）主演。在 20 多个国家和地区播放，一度创下了 200 万的惊人收视纪录。

作为天之骄子的博士生为何甘愿沦为应召女郎呢？这应该与金钱因素有关，为了付学费。有妓女说：“我的身体，一年纯收入也是 20 多万，比一个小公司的收入还多。”这就是为什么那么多姿色不俗的女子争相卖身的经济原因。

美国色情业的年度总收入大约在 100 亿 ~ 140 亿美元之间。即使按 100 亿美元计算，它也超过了美国最受欢迎的几项体育运动——职业橄榄球赛、职业篮球赛和棒球赛年度收入的总和。一位中等知名度的色情电影明星，在美国的年薪超过 10 万美元，而世界级的色情明星年薪可达百万美元，她每天收到的崇拜者发来的信超过美国总统收信的数目。

在对外公布的 487 名白宫职员详细薪资单中，包括了 40 多名就职于白宫法律顾问处以及其他白宫法律职位的律师们的薪资情况，人们最关心的莫过于负责一切与总统有关法律事务的白宫法律顾问格雷戈里·克雷格的年薪情况。

不出所料的是，在这 40 多名律师中，格雷戈里·克雷格以 17.22 万美元的年薪位居首位。那么这个年薪数字到底算多还是算少呢？受到金融危机的影响，在 2009 年年初，奥巴马入住白宫后的首个工作日，就宣布了针对年薪超过10万美元的白宫工作人员的工资冻结令，即维持他们已有的工资水平不再加薪。因此，此次公布的白宫职员年薪中，大多数职员的薪水，都与一年前布什政府为白宫律师们所发放的薪水相同。克雷格这个白宫法律顾问的薪水，与其前任相比也并没有太大变化。

位居克雷格之下的三名总统副法律顾问——丹尼尔·梅尔策、凯珊德拉·布兹以及玛丽·特罗沙的年薪则略逊一筹，每年15.85万美元。而12位总统助理法律顾问的年薪中，有10人是13.05万美元，有2人是11.4万美元。在这40多名律师中，薪水分为17万、16万、15万、14万、13万、11万、10万、9万、8万、7万、6万等多个不同层级，薪水最低的两名法律职位雇员的年薪是6.2万美元。

即使美国白宫的律师，其收入也比妓女的收入高不到哪里去。为什么妓女的收入如此之高呢？

决定一份工作报酬高低的主要因素有：工作所要求的专业技能水平，工作所让人产生的不快感，以及工作本身要求从业人员所付出的服务水平，以及这份工作的竞争程度。

当很多人愿意竞争同一份工作的时候，这份工作的报酬通常不会太高。可问题是，基本上没有任何一个女孩子梦想着自己长大后去当妓女。这也就导致潜在的妓女供应量相对很小，竞争不激烈。

在大多数人看来，妓女的收入不应该高于律师。律师通常需要接受更为专业的训练，而且受过更好的教育。但妓女的技能却是在非常具体的环境当中磨炼出来的，再加上她们所从事的工作会让她们感到很不愉快，因为这份工作至少会给她们带来两方面的危险：潜在的暴力威胁以及她们很可能会因此失去获得幸福家庭的机会。

2003年，一项发表于《外伤实践杂志》（Journal of Trauma Practice）上的研究报告采访了9个国家的854名性工作者（包括男性和变性卖淫者）。这份报告简直就是一部充斥着暴力和凄凉的长篇小说。在枯燥的数字背后，你会发现妓女们饱受拳头的脸、遭受殴打的躯体、折断的肋骨、被打黑的眼睛和被勒过的脖子。该报告显示，70% ~ 95%的受访者在卖淫期间曾被殴打。60% ~ 75%的受访者曾经遭到强奸，在这部分人里，半数以上被多次强奸。同时，65% ~ 95%的受访者在孩童时代曾受到性虐待，而在儿童时期遭受性侵犯和成年后从事卖淫活动之间有明确的关联。

所以从工作的不快感以及工作的风险性等几个方面来看，妓女的收入就可能比律师要高。

为什么女模特比男模特收入高

1995年，美国一家时尚杂志计算了诸多国际名模的薪水。出生于1966年的女模特辛迪·克劳馥，成为整个20世纪最赚钱的模特，年收入高达650万美金。到2005年，时装女模特海蒂·克鲁姆的年收入已突破750万美元。这还不是最高的收入，著名女模特吉赛尔·邦辰1500万美元的年收入更让众人跌破眼镜。2005年，有5名顶尖女模特跻身《福布斯》杂志“2005年年度收入最高名人百强排行榜”。与女模特的风光相比，该榜单上却没有一名男模特。

女模特的工资如此之高，说明其在消费市场非常受欢迎。那么，厂家为什么更愿意把钱消费在她们身上呢？

经济学帮我们回答了这个问题。在劳动力市场上能够进行交易的并非是人本身，而是人力服务。人力服务的流通同样受制于供求关系原理，当一种服务的需求量上升时，提供此类人力服务的工资水平也会“水涨船高”。这一点完全符合竞争性劳动力市场的基本原则：员工的工资与他们为企业在盈亏平衡点之上所创造的价值大致成正比关系。

时装模特们提供的正是一种人力服务。服装厂商们雇佣时装模特的目的很明确，就是为了更好地展示自己的服装产品。模特的工作，就是将厂商生产出来的衣服，在众多潜在买家面前更完美地展现出来。

大多数的衣服如果穿在身材出众、长相漂亮的人身上会更加引人注意，所以厂商必然会挑选最好看的男女模特来宣传自己的产品。在模特圈里，无论男女，总是长得好看的薪水高。

由于社会对男女两性的美丽标准不同，简单地认为女模特薪水高是因为她们比男模特长得好看，是不符合经济学道理的。

女模特工资更高，最根本的原因在于市场的需求。在服装行业，女装市场要远远高出男装市场。以美国为例，女人们每年买衣服的钱，要整整高出男人2倍。而其他国家的这个差距还要明显。

根据供求关系以及劳动力市场的基本原则，既然女装市场的需求如此可观，那么对于生产厂商来说，女装的潜在市场价值更值得期待。厂商因而会找到一个更高的盈亏平衡点，以此为根据来决定对女装市场的投入成本。而在最能展现女装的女模特身上投入更多，一切就显得合情合理了。

比如，一些拥有众多读者的时尚类时装杂志，在引导消费者选择怎样的服装和化妆品上有着巨大的影响力。往往这类杂志每一期都会刊登着数量众多的女模特照片，这样能够更好地引起读者的关注。而服装的生产厂商们当然希望自己的产品能够被人关注，所以他们会不惜大价找一些顶尖的女模特来做自己服装的代言人，以便吸引更多潜在买家的注意。有了这些杂志读者的关注，服装厂商的潜在效益也会随着增加。

与之对应的是，男模特在杂志上的附加值就显得小很多。多数男性并不会过多关注时装杂志，他们甚至都很难说出一本男性时尚杂志的名字。即使服装厂商聘用了男模特拍摄服装照片，投入的成本虽然要比女模特少，但带来的效益是远比不上女模特的。这样一来，厂商当然不愿意花钱雇佣男模。

同样的道理，在化妆品领域，厂商们也多会找女模特来做广告，一个漂亮女模特带来的潜在效应对于厂商来说是难以估量的。大多数男人根本不使用化妆品，市场的潜在消费需求很小，因而能够参与这一劳动力市场的男模数量不多，价格也就不会太高。

身高1.90米、外形出众的周雷鸣曾经是武汉模特圈里炙手可热的人物，也是武汉为数不多的A级男模之一。现在的他却在广州一所学校里担任体育老师。问及模特行业的感觉，周雷鸣惋惜地说："男模太难混了。"每名男模平均每场秀的出场价约300～500元，去武汉参加一次车展，辛辛苦苦站一整天的收入也只有500～800元，而且还没扣除模特公司的佣金。拍摄杂志的费用在每本1000元/天～2000元/天。在周雷鸣最辉煌的阶段，一天能接3场的服装秀，但是即使这样，一个月也只能赚上4000多块。

周梦吟，年仅20岁的她已有5年的模特从业经验。15岁那年，梦吟刚刚中专毕业，当时认识了一个摄影师，然后带着她走进了模特这一行。刚刚开始，梦吟基本上接不到什么活，最久的一次，半年都没有人请她。无奈之下，梦吟只能请身边的摄影师多多推荐自己。"有时候，商家选择我们这些代言人，就像选择商品一样，把照片摆在面前一个一个的评头论足。"但是，为了能接到代言，梦吟总能成为最耐心的那一个。凭借自己的努力，梦吟渐渐打开了局面。她十分能吃苦，无论在什么样的情况下都能保持她的敬业精神。有一次，正是寒冬季节，摄影师要求她光脚站在冰冷的沼泽里，冷水一直漫到膝盖，她还是坚持露出专业的微笑。有时候，穿着12cm的高跟鞋，要在山路上攀爬一整天拍照，脚上已经磨出血泡，梦吟也毫无怨言。她自己都说，能有今天，全都是靠吃苦的精神。她最辉煌的业绩莫过于创下了单个代言数万元的高价。如今的梦吟已经可以月收入2万。

模特界基本就是女模的天下。男模也有知名的，像20世纪80年代的胡兵和已顶替他多时的李学庆，但男模这个群体有那么点尴尬，人少，出名的更少。很多干脆就转行。

面对着诸多领域都不如女模特的情况，男模特的工资水平自然和女模特相差甚远。一般情况下，男模的出场费只有女模的1/3，顶级男模的出场费也不过能到顶级女模的一半左右。

在经济市场中，商品的价格除了生产成本外，更多地取决于市场的供求关系。男模与女模的生产成本，实际上相差并不大。造成两者工资收入差异的根源，显然是市场的供求关系。而决定供求关系的正是作为消费者的我们，我们的购买力实际上才是决定男女模特工资的关键所在。商家愿意花更多的钱在女模身上，目标很明确，他们希望以此交换到更大的利益。

为什么工资随着工作年限增长，而不是随着工作效率增长

郭台铭在出席“台湾苏州周”活动时，说道：“鸿海12月将调薪。”在此之前，台积电董事长张忠谋也表示将招聘新员工，并加发奖金；联电也同样决定加发奖金。

鸿海集团副总暨发言人丁祈安表示，鸿海考量通货膨胀、公司业绩等因素，本来每年年底都会例行性的调整薪资方案。由于鸿海的薪资结构中，除了基本薪资外，奖金部分会与绩效挂钩，因此每个地区、每名员工的薪资调整方式、幅度都不尽相同。

该公司2009年以元月60余元（新台币，下同）均价让员工认购持股，至年中股票发放时股价已上扬至百元价位，员工分红均倍数成长。

除了员工分红之外，一向年终奖金为2个月月薪的鸿海，2009年年终奖最高达到6个月，是去年同期3倍。

深圳40万富士康员工与企业行政方首席协商代表、富士康总经理陈振国签订集体合约，在富士康实际工作时间满一年（包含）以上且符合绩效考核要求的员工，平均加薪幅度不低于3%，且每年12月定期进行员工工资集体协商。

富士康要求员工满一年的工作时间，这就是我们所说的“工龄工资”。工龄工资，又称“年功工资”，是企业按照员工的工作年数，即员工的工作经验和劳动贡献的积累给予的经济补偿。工龄工资是企业分配制度的一个重要组成部分。虽然金额不是很高，但工龄工资的作用不可小瞧。

提供长期就业岗位的公司，员工的薪资一般是随年限递增，而不是按其生产效率的提高而上浮。假设在此员工为公司效力的整个时期，平均薪资不超过平均生产效率，那么可得出结论，这种公司的员工，在事业初期获得的收入比个人价位要低，而在事业后半段，获得的收入超过个人价位。

可一旦员工的薪资超过其劳动力价值，公司为什么还会留下他呢？对于这一薪资模式，解释之一，是它的作用实际上相当于一种防止员工作弊和怠工的机制。光是在美国，员工渎职行为每年就要耗费公司数以亿计的金钱。如果公司能找到减少这种行为的方法，就可以支付给员工较高的工资，同时又赚取较高的利润。采用工资随年限增长的速度高于生产效率增长的速度，不诚实或者懒惰的员工肯定不愿意签订这样的就业合同。即便这种合同的薪资总额较高，可前几年的薪水却比其他地方要低，不诚实的员工肯定会担心，自己还没拿到后期的奖励工资，就被炒掉了。

反之，诚实的员工愿意接受这种合同，他们会待在自己的岗位上长久干下去，最终获得迟到的奖金。从公司的角度来看，如果它们不对诚实的员工履行合同，以后招募新员工就会碰到麻烦。

2005年年底，浙江绍兴市红光纺织有限公司办公室负责人陈主任忙得不可开交。日前，公司作出决定，给进厂2年以上的“老”员工发放工龄工资，要求办公室尽快拿出符合政策标准的“老”员工名单。这家经营纺织、服装业的民营企业，员工有1000多人。

按照新规定，从2005年1月1日起，进厂2年以上的员工都可以在领取月工资的基础上享受发放工龄工资的待遇。其中，工龄2年的发月工资的4%，3年的发6%，4年的发8%，5年及以上的员工发10%。陈主任说，仅此一项，公司每年将多支出200万元。

红光公司为何不惜百万巨资给员工发放工龄工资？原来，公司是为了“留住技术好的‘老’员工”。作为纺织、服装企业，公司最需要的是2年以上的熟练工。福利待遇是吸引员工的最具说服力的因素，给员工发放工龄工资，无疑是一种具有积极意义的尝试。

为什么你月薪只能800，而他月薪却有8000

小杨和小李两人从小一起长大，后来又考上了同一所大学，大学毕业后两人进了同一家公司上班。

工作一年后，两人的工资有了很大的不同：小杨的工资已经达到8000元，而小李却依然拿着800元的薪水。

这天，两人的大学老师来看望他们。在和公司老总交流后，老师得知了两人工资上的差距。老师表示出了很大的疑问，就问公司老总："他们两人在学校的时候，成绩都差不多，怎么工作一年后会有如此大的差别？"

老总听完老师的话，没有马上回答，只是微笑着说："老师，您稍微等一下。我现在叫他们两人来做一件相同的事情，您观察下他们的表现，就知道答案了。"

于是，老总把两人同时找来，然后对他们说："公司准备订一批服装作为工装，现在请你们去调查一下市场上的服装情况，看看有没有合适的服装适合咱们公司用，希望你们能够尽快给我答复。"

小杨和小李得到任务后，就离开了。一小时后，小李先回到了公司。

小李向老总报告："市场上有种款式的服装卖得很不错，我们可以订购。"老总问道："批发价是多少呢？有多少供应商？订购多少有优惠？"小李只能说出批发价，其他的一概不知，他还辩解道："这些问题您没有让我打听。"老总看看一旁的老师，老师一副若有所思的样子。

这时，小杨正好回来了。老总就问小杨调查得怎样，小杨回答道："是这样的。市场上有种款式的服装不错，我已经问过了，批发价是300块钱一套，一共有10多家供应商，其中有一家表示，如果起订在50套以上的话，一套还可以优惠50块钱。在去之前，我已经计算过了，公司有100多人，工装起订应该在100套以上，所以优惠应该还可以更大。另外，我这里还有几个供应商的联系方式，详细细节咱们还可以继续和他们沟通。"

听到这里，老总微笑着连连点头。

小杨和小李的不同汇报结果，相信任何人都已经明白，为什么他们的工资会有如此大的差别了。其实，在任何一家公司，都能够看到这两种人。两者之间的工资差异完全取决于他们各自的付出，个人的"投入"决定了公司的"产出"。

在人力市场中，小杨和小李都属于人力资源。很显然，小杨更懂得付出和努力，所以他具有的人力资本要比小李更能给公司带来市场回报。小杨的个人努力是一种"投入"，因此带来的"产出"则是老板给予的高薪。对于企业老板来说，他们也更愿意雇佣像小杨这样的人才，因为付出的同时会为公司带来更大的效益。

积极提升自身的能力，会为自己赢得更好的回报。在"投入"达到一定数量时，有时候回报和产出会来得意想不到。

曾有一位飞机维修工程师，退休后一直赋闲在家，偶尔会为一些企业做下技术顾问。他是飞机维修的专家，在国际知名飞机制造企业工作多年。

有一次，一家航空公司的飞机出了故障，很多技术人员都不能找到原因的所在。航空公司最终决定请退休在家的老工程师来看看。

老工程师先是听取了飞机检修员的问题汇报，然后又亲自去飞机的几个部位看了看。最后，老工程师随手拿起一个扳手，将几个地方的螺丝换了换位置。弄完之后，老工程师拍拍手，对陪同的航空公司人员说："问题解决了，你们可以测试下。"说完，老工程师就回家去了。

航空公司的人员有些不相信，问题居然这么简单就解决了。技术人员再一次对飞机进行检查，结果显示：一切恢复正常。

后来，航空公司收到老工程师寄来的一个账单，账单上显示服务费是10000美元。航空公司的负责人有些意外，他亲自拜访了老工程师。见到老工程师后，负责人问道："您老一共就只在飞机上看了 5 分钟，拧了几个螺丝，为什么价钱这么高？”

老工程师笑一笑，回答道：“拧螺丝只值 1 美元，但是在哪拧、怎么拧值 9999 美元。我 5 分钟发现的问题，为你换来了一架运行完美的飞机。”负责人听完老工程师的回答，哈哈一笑，不再多说，马上拿出填好的支票。

老工程师之所以能够轻而易举地获得航空公司的高额服务费，在于他之前的工作积累。如果没有多年的维修经验支持，老工程师也不能轻易发现飞机存在的问题。航空公司的负责人正是明白了老工程师早期的“投入”积累，才会心甘情愿地为他付出万元的支票。

在现代社会中，那些舍得付出，懂得投入的人，才会赢得更多的回报。任何一家企业，只有那些愿意为企业付出、具有高素质与高技能的员工才会更受器重。

社会是不断进步发展的，在按劳分配的基础上，按生产要素分配的比重扩大是一种必然趋势。经济市场是残酷的，要想在竞争中获得升迁，得到更多的价值回报，就必须不断地学习，不断地加大对自身的“投入”。当“投入”有了一定的积累后，享受“产出”就成为理所当然的事情。

为什么工资是自己要的而不是老板给的

杜拉拉的上司李斯特告诉拉拉：玫瑰有孕身体不便，所以她的工作量会加重。公司决定给拉拉特别加薪 5%，以示鼓励。他说相信拉拉会在这样的重任中“学到前所未有的有价值的东西，从而使得自己的职业竞争力上升到一个决定性的新台阶”。

拉拉天性是个勤快人，一见有活干就兴奋，她的注意力全放在怎么把活干好，至于干好了能够怎么样、可以怎么样，她就几乎不想。拉拉以为，那 5% 是一个光荣的象征，是组织上对她的信任，而且，像李斯特说的，她可以在项目中“学到东西”。

拉拉没想过，“学到东西”当然很重要，可“学到东西”，不就是为了谋得更好的收入和更好的前途吗？她没有想过，假如一个人把这样一个项目干下来，公司应该给这个人什么。

因为觉得受到器重，拉拉就高高兴兴地接受了指派，从此开始了昏天黑地的忙碌。拉拉每天晚上都要加班到 11 点以后，基本上都是最后一个离开办公室的人。

……

拉拉在磨炼中，飞快地成长。她认识到了自己的力量，确定自己把这个项目拿下，是卓越的表现——而且，这个项目如果没有她，李斯特就是不行。所谓“地球离了谁都照样转，”可不见得都是对的。

因为了解了自己的价值，拉拉看明白了李斯特对自己的刻薄。她还未掌握讲价之道，但是明白碰到老李这号不自觉的老板，就只有自己捍卫自己的利益了，难为情也得开口，否则，就白被剥削了一场。

可是，在这场为自己讨价钱的战役中，拉拉显然处于劣势。

可怜拉拉如此辛苦，却只得了 5% 的加薪。好在拉拉有觉悟，她逐渐明白了“学到东西”固然重要，但要清楚自己的付出应该得到怎样的回报。尤其是当她意识到“地球并不是离了谁都能照样转”的道理时，就意味着她清楚自己掌握了向老板讨价钱的筹码。这时，就该抓住这个最有利时机，为自己争取利益！

其实，我们应该首先理解老板。换位思考一下，要想挣钱，就要学会省钱，从谁那省，自然是员工，所以，谁会愿意在员工身上大大方方撒钱？暂且不提这份钱是你应该得到的，不像李斯特那样给出寒碜的 5% 就不错了！尤其是遇到像拉拉这样的实干派外加“学东西至上”的精神主义者，那老板更是捡到宝了。冲着这一点，作为员工，我们就更应该提高觉悟了，我们不多要，想要也要不来，但起码，应要回本该属于自己的那份。这才是维护利益。甚至是尊严所应该要做的！绝不能让老板白白剥削！

有人担心为此而被老板穿小鞋，甚至丢了饭碗。多虑了，只要你具备了“地球离了你不能照样转”的能力，以及张嘴要求为自己加薪的勇气和智商，老板心如明镜，他自然清楚孰重孰轻。更何况，只要稍微正规些的公司都具有一整套完善的制度，他不会也不能明目张胆地开除你，只因为这个合理而且适当的要求！

都是为了挣钱，过相对舒服的日子，追求再高点，就是为了稍微有品位的生活，犯不着委委屈屈地。有资本就张嘴，怕什么，有价才讨价。否则，冲着自己“地球离了自己好像转不起来”的能力，哪个庙不能待啊。人走了，反而是老板的损失！

觉悟 + 行动 = 价值 / 意义，还说什么呢，行动吧！

李爽大学毕业后，去了一家私企工作。刚刚毕业的他，并不懂得社会的诸多“规则”。每当公司发工资的时候，他总喜欢追问别人：“你的工资是多少？”结果可想而知，同事们都纷纷避之不及。李爽起初还很纳闷：问一下有什么大不了的，难道这还需要保密？慢慢的，李爽明白了其中的原因：原来在公司里，不同职务员工的工资存在很大的差别。

一次无意中，李爽看到和自己同样职位同事的工资条，他发现自己的工资比这个同事少了好几百。李爽觉得有些奇怪，因为自己早已过了试用期，怎么工资会存在这么大的差距。正好李爽也打算和老板提下加薪的问题，于是他决定趁这个机会和老板谈谈。

一次午饭后，李爽找到了老板，他直接开门见山：“老板，有一件事我不是很明白。我发现这几个月来，我的工资一直比别的同事少好几百块钱。是不是我的试用期过了，人事那边正式聘用的手续还没有办好？”老板听完后，没有马上做出反应，而是很认真地答应先去人事了解下情况。

第二天，老板便正式通知李爽：“你的工资早几个月就应该加上去了，只是人事和财务在交接上一时没办好手续。这样，作为补偿，我会把你的工资再往上提一提，这也符合你的工作表现。”

通过一次合理的试探，李爽便得到了加薪的机会。这是一种直接提出加薪的要求，当然还可以通过“曲线救国”的方式获得加薪，比如假意辞职。

不过，以辞职作为加薪的手段需要有一个重要前提，那就是辞职者得具有足够的价值。如果老板完全可以重新聘请别人来代替辞职者，那么辞职者很可能“搬起石头砸了自己的脚”，加薪不成，工作也会丢掉。

李勇是一家创业型公司的骨干。他的一个老同学在另一家公司干得不错，老同学力邀李勇加盟自己的公司，还说他们老板已经给他留好了位置，月薪也要比李勇现在的工资多出1000多元。

李勇有自己的考虑，公司创立之初，他就进入，毕竟有一些感情。同时，公司的老板平时对自己不错，自己在公司也一直蛮开心的。不过薪水毕竟是个诱惑，如果公司老板再给他每月加个五六百元钱，他就不会离开现在的公司。

于是，李勇在一次和老板单独吃饭的时候，把老同学的邀请和老板说了，并表示如果老板找到接替他的合适人选，他才会考虑离开，如果暂时还没有合适人选，他会继续留在公司干。老板是个聪明人，在感动之余，当然也明白李勇的心思。当月的月底，李勇的工资卡里就比平时多了800块钱。这样一来，李勇也安心继续留在公司。

提到加薪问题，很多上班族们一直很苦恼。“加薪”是一场员工和老板的博弈，绝不仅仅是简单地老板“随口说说”。员工一方面想让薪水符合自己的付出，而老板则需要让自己的支出更贴合自身的利益。

作为员工要想获得这场博弈的胜利，成功为自己加薪，首先需要了解加薪的来源。

一些业绩优秀的企业员工每年工资都有一定的向上浮动，这就是所谓的“例行加薪”，这是好的企业用来留住人才的最常用手段。另外，职务的升迁也会带来薪水的增加，这与个人的核心竞争力直接相关，工作能力要求不同，贡献自然不同，回报增加是当然的事。提升核心竞争力，就需要掌握新的技能，读硕、读博、出国留学等等都很有效。只要不放弃过去的职业积累，有了这些新技能，加薪是迟早的事。

当然，跳槽也能带来加薪。根据“核心员工在局部可以实现溢价”，就会发现很多人能够通过跳槽不断提高“身价”。所以，在做好本职工作之余，还要用心包装自己、展示自己。一旦被猎头盯上，其实就是被“加薪”盯上。

在了解完加薪的来源后，就需要有一定的策略。

首先，如果想要让老板加薪，那么就必须主动提出来。改用一下周星驰电影《大话西游》中一句台词："加薪，你要你就说嘛，你不说我怎么知道你要呢？"如果员工不提，任何方法都是无用的。

谈加薪也讲究天时、地利、人和。"天时"就是了解自己企业的实际情况，不要在不适当的时机提出要求；"地利"就是分析自己是否已经做出可以加薪的成绩；"人和"自然是要揣摩老板的心理和作风。

在分析清楚状况后，需要有一个强有力的加薪理由来帮助自己的愿望达成。"我要承担更多的责任，我想要创造更多的价值。"这是一个现今职场中最常用，也最为容易使老板接受的理由。

在选定加薪理由后，最后一步与老板的加薪沟通就变得至关重要。要选对合适的时间、合适的场合以及合适的姿态。选择老板情绪愉悦、相对关注度高的时间段，反过来理解就是，不要选择老板心情不好和公司扎堆谈加薪的高峰期与老板沟通。

在向老板要求加薪时，除了把加薪的理由说清楚外，更重要的是确定自己提出的加薪数额。提出的数额，应该超出自己觉得应该得到的数额。一般人请老板提工资，提的数额不多。但是这种低数额的要求对他们有害无益。

提的数额越低，在老板眼里的身份也就越低。这就是博弈的特点。标价太低的物品，反而比标价过高的物品更容易把买主吓跑。如果提的数额合理或者略高一些，老板反而会重新考虑你的价值，对你的工作和贡献做更公正的评价。即使没有得到要求的数额，老板也会改变对你的看法，会试图进一步了解你。

其实，在与老板形成的加薪博弈中，通常情况下，老板会综合考察员工的能力和价值，判断出加薪的幅度，并以此作为讨价还价的依据。如果员工的理由充分，又有事实根据，即使与老板的看法存在出入，那么老板也会设法协调，让双方达到均衡。

如果员工迟迟不提加薪的问题，在加薪的对局中始终处于被动，那就像斗鸡博弈中的公鸡。在加薪的选择上，选择退却，那么老板可能会分配给你更多的工作，报酬却不一定增加。因为在这场博弈中，最终取得胜利的是老板。

为什么工作不能太卖命

从某报纸看到这样一则新闻：2004 年 5 月 22 日凌晨 4 时，在塘沽某私营汽车公司任司机的小明（化名）被他的老板从睡梦中叫醒，让他将一集装箱货物运往北京。小明早已习惯了这样无规律的生活。于是，他迅速收拾完，立即与老板一同上路。而这一走竟成了他与家人的永别。

由于时间紧急，从 5 月 22 日凌晨 4 时至次日早上 7 时，小明连续驾驶 27 个小时，数次往返于京津两地，终于完成了运输任务。而此时，他突然感到身体不适。

据其老板回忆，运完货后，小明跟他说胃疼得厉害，实在坚持不住，要到医院就诊。看到小明表情十分痛苦，老板立即将他送往附近医院。可在半路上，小明就停止了呼吸。医院的检查结论是心脏病突发致死。

小明的家人对于他的突然离去毫无思想准备。他只有 30 岁，平日里身体十分健康，别说大病，连小病都很少得，怎么会得心脏病呢？家人无论如何也不能接受。

这是一例典型的"过劳死"案件。

"过劳死"最简单的解释就是超过劳动强度而致死，是指在非生理的劳动过程中，劳动者的正常工作规律和生活规律遭到破坏，体内疲劳蓄积并向过劳状态转移，使血压升高、动脉硬化加剧，进而出现致命的状态。

小明的"过劳死"给人们敲响了警钟。诚然，工作对于一个人来说至关重要，因为工作是人生存和发展的根本，是创造物质财富的前提。但是休闲作为工作的孪生姐妹，对人们的生活同样起着举足轻重的作用。只有通过休闲缓解紧张、积蓄体力，人才能够重新获得劳动能力和焕发生命力。工作和休闲这对孪生姐妹，始终伴随着人类的生存和发展。当经济学家把劳动作为一种经济活动来研究的时候，休闲活动也不可避免地纳入到了经济学研究领域。

工作和休闲的关系可通过劳动理论解释：每个人每天的时间都是有限的 24 小时。时间资源配置主要有两种用途：工作和休闲。工作是指有报酬的活动，如上班或从事商业活动。休闲是指没有报酬甚至需要支出的活动，如睡觉、读书、旅游等。一个人把多少时间花在工作或休闲上，主要取决于劳动的价格，即实际工资水平。

实际工资水平的变动会引起替代效应和收入效应。当实际工资水平增加时，人们会放弃休闲娱乐，转而增加工作时间。因为工作越多意味着收入越多。比如平时的工资是每天 80 元，但是节假日加班可以获得三倍于平时的工资，为了获得更多的报酬，有的人会放弃节假日的休息，选择在单位加班。这是替代效应，即用工作替代休闲。

收入效应是实际工资变动的另一种效应，这种效应是指实际工资提高了，随着收入的增多，人们开始产生拥有更多的时间休息和娱乐的想法，从而减少工作时间增加休闲时间。

替代效应和收入效应是正好相反的两种效应，至于哪种效应会在人们身上起作用，则取决于实际工资增加的多少。通常，如果实际工资增加水平较低，替代效应就大于收入效应，人们会把更多的时间用于工作，即劳动供给增加；当收入水平达到一定程度，即收入非常高时，收入效应就会大于替代效应，一个人投入工作的时间就会减少，即劳动供给减少。

我们先听一位个体运输老板与一位返乡农民工的对话。

老板：“一年能挣多少钱？”

农民工：“今年不行，2 万不到。”

老板：“也不错了。”

农民工：“没你们跑运输的挣得多。”

老板：“我们也挣不了多少钱，除去车子的折旧费，基本上也就没有钱了，不像你们挣多少就是多少，是纯收入。”

农民工：“说的也是！”

显然，这位农民兄弟忽视了生命折旧计算。冒昧地问一句：“一年又一年之后，您身体的各个部位还健康吗？”

折旧是资产价值的下降。无论在企业核算中，还是在国民经济核算中，折旧都是指在所考察的时期中，固定资本所消耗掉的价值的货币估计值。

固定资本的物质形态在报废之前是在生产中长期被使用的，它的价值却是按照其在生产中的损耗程度一部分一部分逐渐地转移到产品中去的。为了保证再生产的正常继续进行，必须在产品销售以后，把那部分已经转移到新产品中去的固定资本的价值，以货币形式提取并积累起来，以便若干年后即在固定资本价值全部转移完毕时用于更新固定资本。

这种按固定资本的损耗程度进行补偿的方法就称为折旧。

累计折旧是企业用来计算资产累计耗费的指标，用来计算资产的净值。累计折旧的计算，打个比方，你买了一台电脑用了 5000 元，然后你打算用 5 年，并且 5 年后这台电脑值 1000 元，那么每年的折旧额就是（5000-1000）/5=800，第一年的累计折旧就是 800，第二年的累计折旧就是 800+800=1600，第三年的累计折旧就是 1600+800=2400，到第五年的累计折旧就是 4000，最后就剩下残值 1000 元。

根据生理学的研究报告发现，设定 30 岁为一个人生命力的巅峰，但往后每年长一岁，其器官功能则以 0.8%的比率下降；也就是说，人到了 40 岁，其内脏器官功能仅剩下其在 30 岁时的 92%，而假若个体可以活到 80 岁，则其器官的自然折旧率亦高达 40%；此时，个体的机能存留度仅剩下 60%而已。况且，人在一生中是不可能不会经历病痛的。因此自然折旧再加上不当的使用折旧，也就使得个人的天年有所折寿。

作为一名精英白领，张均无疑有着太多骄傲的资本，大学一毕业就被一家有着外资背景的公司录用，经过两年的打拼就坐到了客服经理的位置上，超过 10 万的年薪更是让不少人羡慕。但是，没有人知道她的压力有多大：

“我每天醒来的第一件事情，不是洗脸刷牙，而是看头天夜里记的备忘录；下班前的最后一件事情，是看看哪些东西夜里必须做完，明天有哪些工作要做。早上我第一个到公司，晚上我最后一个下班。别人对我的工作上稍有不满意，我就会紧张半天。应酬时，哪怕快吐了也得把手中的酒喝完，然后跑到卫生间再吐。只要你停下来，马上就会有人取代你。

“我经常是凌晨两三点回到家。没有周末，每个星期都要写很多报告。所谓的周末，就是在家里继续上班。尽管我每天都回家，却很少见到家里人……知道心累是什么感觉吗？就是身体好好的，而心里却是软绵绵的，没有丝毫力气。你自己明明还好好地活着，但你觉得自己像是即将死去一样。

“有一天，头晕得要死，上吐下泻，不得已，只好请假去看医生。医院的一位主治医生告诉我，按照医学上的解释，我的身体状态介于健康与疾病之间。由于工作压力繁重，已经超出了身体所能承受的负荷。美国疾病控制中心把这种状态诊断为‘慢性疲劳综合征’，日本叫‘过劳死’。我决定正式辞职，全心治病。1 年多时间，已经花去了 10 多万，但病情不见好转。

“生病后，我时常想：这一辈子已经完了，再也回不到以前的生活和状态了。心里很难受，很多时候甚至觉得死比活着好。终于明白日本当初为什么有那么多年轻人会从楼上跳下去、会‘过劳死’。现在，当看到年轻人在选择职业时，以能够进入高级写字楼为荣，以在外企、跨国公司工作为荣，以高收入为荣，我就想上去提醒他们一句：别过度追求物质而使身体加速折旧。”

这是一个让人感到痛心的案例。中国的医疗专家们呼吁：“重视精英健康已刻不容缓，必须马上行动。”可悲的是，对精英的调查让人大吃一惊：20% 的精英白领几乎不做任何形式的体育锻炼；半数的精英白领说没有时间或者工作太累而不想锻炼；还有 40% 的精英白领则说不愿意将时间浪费在锻炼上，因为有重要的事情要做。

医疗专家指出，精英白领要努力寻找工作和生活的平衡、事业和家庭的平衡、外界和自我的平衡，应该选择一项或几项真心喜欢的运动，同时把它作为一个爱好和快乐投资长久坚持下来，不仅身体可以变得强健，意志也会更坚强，心胸更开阔。

不要让你的身体加速折旧，因为我们的生命只有一次，我们没有更换生命的机会。

为什么会哭的孩子有奶喝

“傻”有很多注解，职场上就有一种，以黄牛般默默无闻的苦干家为主体。

有人认为这是美称，这是温暖的赞扬。诚然，但当这种“傻”没有得到认可和回报的时候，一味地“傻”下去意义何在？大概很少有人愿意空着肚子自我陶醉，毕竟嘴巴还是要吃饭的！

北京的惠普大厦，有位老者抱着一台年久失修的打印机来到了维修柜台，当时柜台人员很热情地接待了这位老者。当工作人员看完这台惠普打印机后不禁皱起了眉头，说：“老先生，这台打印机已经出厂很多年了，目前都已经更新换代了多次，确实没法再帮您修了，即使修好了也没什么利用价值了。”老者什么都没说，出门后一屁股坐在大厦门前的广场上，鼻子一把泪一把地哭起来，很是伤心。一会就围上来一群人。惠普工作人员见状，迅速请那位老者进屋，又是端茶又是倒水的。最后的处理结果是，老者得到了一台惠普最新款的打印机。

这位老人用哭的办法得到了一台新打印机，这就是会哭才能得到你自己想要的。同样在工作中，员工如果想要加薪一定要会在老板面前哭。这里的“哭”就是让老板知道你的重要性。只有你让老板知道你很重要，老板才会给你加薪。

可是，纵观职场，发现“黄牛者”不在少数。他们总是埋着头踏踏实实地耕耘着自己的那一亩半分田，他们甚至乐呵呵地接过同事强塞的活，他们抱着绝不给老板惹麻烦，什么问题都自己解决的理念。

结果呢？辛苦耕耘，最后却只能埋在人群堆里，即使跳起来也进不了老板的视线。眼瞧着别人风光无限，而自己始终灰头土脸。于是忍不住埋怨老天爷近视眼，看不见自己挥洒的汗水……接着嘀咕、暗骂老板有眼无珠，见不着自己的忠诚、勤奋、踏实、敬业和能力……

实际上，问题完全出在你自己身上。想一想，老板日理万机，必然不能事无巨细，如果你只顾闷着头干活，老板怎么知道这中间你究竟做了多少？在他的概念里，他接收的只是一个结果，至于过程，几近空白。而且，就算你完成了工作，由于环境和局面的复杂性，老板也未必喜欢你，你不出声，人家又怎能知道你想要什么呢？

这是战术上的策略问题，也是经济学的信息问题。老板不知道你做的事，无从推出“你很重要”的信息。也就是说，你与老板之间没有一个良好的信息互递渠道，而突破这一僵局的起点，就是你首先让自己主动起来。

那该怎样做呢？不妨尝试杜拉拉的招数，据说会非常有效！

首先，把每一阶段的主要工作任务和安排都做成清晰简明的表格，发送给老板，告诉老板如果有反对意见，在某某日期前让你知道，不然你就照计划走——这个过程主要就是让他对工作量有个概念。

其次，不要以为不给老板找麻烦，什么困难都自己解决，老板就会欣赏你。这样只能使老板轻视你，因为他根本不了解工作的难度。合适的做法是遇到问题时先带着你的解决方案去找老板开会，让他了解困难的背景，等他听了头痛的时候，再告诉他你的两个方案，分析优劣给他听，他就很容易在两个中挑一个出来了。

再其次，在每次大一点的项目实施过程中，学会主动地在重要阶段给老板一些信息，就算过程再顺利，也要让他知道进程如何，把这当中的大事 brief（摘要）给他。最后出结果的时候，再及时地通知他，这样他也不需要问你要结果。

最后，在和其他部门工作的时候，一定要清晰简洁而主动的沟通，尽量考虑周到。写 Email 或者说话，也要小心，避免出现有歧义的内容，这样就避免了与他人之间的摩擦。这样的结果就是你的老板会认为你很牢靠，不会给他找麻烦。

随着职场竞争得越来越激烈，诸如“你值多少钱”、“你到底几斤几两”之类的问题已经不再“伤人”。相反，由于这些问题够直接、够泼辣、够现实，越来越受大家的欢迎。很多人都在问别人的同时应自我叩问：我到底值多少钱？

这是值得你深思的问题，是你在职场市场上的价值衡量问题。

齐林，28 岁，自 22 岁大学毕业就进入某大型电子集团工作，几年下来已经从一个业务员上升到区域经理，薪水也从 1000 元升到年薪百万。

这位职场上的常胜将军如此回答自己步步高升的秘诀：“要想晋升和高薪，就要弄明白影响自己职场身价的竞争到底有哪些因素。”他笑着说，“将自己看做是商品，才能实现最大化自身利益。任何一个人进入职场，身价都会受到同类人才数量、市场价格水平、自身资源稀有性、人才竞争环境四个因素的影响，只有善用分析自己在这四项因素中所处环境的优劣，才能从中自抬身价。这就是你的职场市场价值。”

由此我们可以总结出影响市场价值变化的因素：商品总量、价值总额、商品的稀缺性、正常公平交易。

由此也能总结到：同类人才数量类似于商品总量——总量越多，商品越不值钱；市场价格水平类似于价值总额——价值总额越大或者市场价格水平越高，个人越可能获得高薪；自身资源稀有性类似于商品的稀缺性；人才竞争环境类似于公平交易——暗箱操作从来不按市场规律办事。

我们处于一个时时对比、事事对比的时代，要想出类拔萃，就必须要经历别人对你的各种考量。当商品市场化、企业市场化、甚至婚姻市场化时，人才也不可避免市场化。如同一件商品一样打造自己，建立核心竞争力、创造稀缺，建立定价，精准走向市场，才能让你的市场价值越来越高。

第三章 给员工高薪，老板有没有钱赚

为什么老板给 CEO 天价薪酬有天理

因 2007 年 6600 多万元“天价年薪”备受舆论压力的中国平安保险（集团）股份有限公司董事长马明哲，决定 2008 年不领薪酬，以“零薪酬”的方式表达诚恳接受社会批评之意。

2007 年年报显示，中国平安连续第二年成为最贵 A 股高管的聚集地。掌门人马明哲的税前薪酬达 6616.1 万元，其中底薪约 400 余万元，约占 7%，其余 93% 是奖金与期权。

以马明哲为首的高管层的高薪，源于平安的薪酬制度及长期激励计划。随着 2007 年中期该公司长期激励计划的首次支付，4.93 亿元的奖金被超过 400 名中国平安员工分享，这使得马明哲的税前年薪达到天价的 6600 多万元。

2008 年，世事巨变。金融海啸，股灾，投资失利，融资时机不当，等等，一夜间把马明哲这个一年前的金融明星推入负面批评的旋涡，他的高薪成为舆论火力轰击的焦点。

尽管马明哲作出 2008 年连底薪都不领取的决定，但因他引发的“年薪门”争议依然继续。问题的焦点在于：CEO 应该得到多少薪酬？

和 CEO 同样高薪的是球星。贝利、马纳多拉、齐达内、罗纳尔多、卡卡、贝克汉姆，这些球星不仅名声显赫，而且身价不菲。

一个超级巨星的身价是多少？乔丹在第二次退役前年薪达到 3000 多万美元；罗纳尔多的转会费是 5000 万美元以上。球星周薪 10 万美元，年薪就是 500 万美元以上，并不在 CEO 的收入之下。

有趣的现象是：人们对这些球星似乎没有任何意见，认为他们应该得到这样的高收入。

与球星相比，CEO 们显然在公众那里受到了不公正待遇。有人对此鸣不平：一个足球明星的年收入可以达到几千万美元，一个拳击手一场比赛也可以得到几千万元，一个篮球明星做一个品牌广告就得到几千万美元，为什么一个 CEO 就不能得到几千万美元的收入呢？

这些仗言者认为，给银行家比较高的收入，可以激励他们进行管理，提高效益，为股东创造价值，为社会创造价值。他们对社会的贡献是足球明星、拳击手和篮球明星没法比的。

中国平安分管人力资源的副总经理王利平针对“年薪门”事件，也曾表示：“平安的目标是成为国际一流的金融集团，为了达到这个目标，要有国际化的人才；而要吸引这些人才，自然也要有国际化的薪酬水平。”平安是最早大规模聘请海外高管的内地企业，平安前 100 名高管中，有近 60% 来自海外。有人说：张子欣当年加盟平安前据说年薪就是 800 多万港元，不拿出与国际接轨的高薪，他们会来吗？

也有人肯定了高薪的好处。比如，有些CEO没有明拿高薪，在暗地里却大肆贪污受贿，这比高薪更可怕。因为，高薪毕竟是透明的，而贪污受贿却是暗箱操作，是无底洞。拿不该拿的钱，分不该分的公款，而这往往是以损害公司利益为代价的，就会出现权力寻租。

我们重新回归到原始问题上，去讨论“CEO应该得到多少价值”这个问题。其实，公众可能更关心形式，而非实质。他们关心那个涉及金额巨大的数字、关心数字之间的比较、关心怎么定出这个数字胜过经理人究竟值多少钱。感性对于理性。

理性的态度是不要为这些年薪数字所迷惑，而是去分析他们为公司为社会到底创造了多大价值。我们都知道董事长的年薪体现了他对于企业的贡献程度。这在概念上探讨容易，单要具体把贡献和薪酬联系起来，是个相当复杂的工作。还好，唐骏的天价薪酬，为我们提供了值得认真思考的一个案例。

10亿元人民币的天价，让中国史上最牛的“打工皇帝”唐骏完成了从盛大网络到新华都集团的华丽转身。他成功的奥秘到底是什么？

唐骏：“对我而言，报酬不是跳槽的原因，但没有报酬的提升，我绝对不会跳。”

在担任盛大总裁的4年中，唐骏兑现了超过5000万美元的巨额报酬。而新东家新华都集团将使唐骏的财富之路更加宽广，唐骏在合约期内将拿到约10亿元人民币的报酬。

按照民营企业CEO通常以3年为合约期来看，唐骏一年的回报为3.3亿元人民币，如果人民币持续升值，唐骏的平均年报酬完全可能突破5000万美元。

在2007年，IBM全球总裁兼CEO彭明盛到手的报酬为2090万美元，戴尔公司的创始人、CEO迈克尔·戴尔的报酬为450万美元。即使是美国最著名的“打工皇帝”思科公司的董事长兼CEO钱伯斯的薪酬加上卖股票的获益也不过6370万美元而已。

唐骏的职业经理人生涯并不长，从1997年在上海筹建微软大中国区技术支持中心算起，不过10来年。但两次完美的离开，使唐骏一举跨入到全球顶级CEO的行列。

2004年2月离开微软公司时，盖茨和鲍尔默给了他一个“微软（中国）公司终身荣誉总裁”的称号；2008年4月离开盛大网络时，陈天桥给他打了100分，盛大众多高管称他为“完美的职业经理人”。

针对以天价10亿元转会费跳槽的消息，前盛大网络总裁唐骏向外界证实，新公司给他开出的薪酬的确是10亿元。不过唐骏对传闻进行了纠正：这10亿元并不是之前媒体传言的“年薪”，而是整个合约期内的薪酬。之前盛大给的是分4年付清的期权，还要看公司业绩做得如何，而从新公司拿到的10亿元是一次性付清的原始股。

有人问：“唐骏真值这么多钱吗？”当然，也有人支持唐骏，他们说：“唐骏值这么多，他太优秀了。”更有人比喻：微软好像是中国职场的“黄埔军校”，因为离开微软的高层往往会得到中国企业甚至跨国公司的追捧，从吴士宏、唐骏到陈永正无不如此。

至少在另一个“唐骏”出现之前，唐骏的升值之道将成为这个时代许多人都想解开的一个谜。唐骏到盛大之前是微软（中国）公司总裁，那时他的收入就超过了1亿元。

在中国，特别是在IT界，像唐骏这样天价身家的“打工者”虽说不多，但也有一些。比如，阿里巴巴的总裁卫哲，去年一年的收入超过5.79亿港元。然而，我们却很少听到有人说，他们拿得太多了，根本不值这么多钱。

为什么能拿这么多？这自然有天理，一句话：“物有所值”。唐骏离开微软中国区加盟盛大时，盛大还是一个亏损的公司。在2007年第四季度财报公布之后，盛大马上要过季收1亿美金大关，成为中国最赚钱的互联网公司。可以说，在唐骏供职的4年间，盛大在历经上市到重新规划战略的过程中，再到对平台战略的坚守中，逐渐成为一家成熟的公司。

当然这不是说盛大的今天是唐骏一手缔造的。但唐骏的作用是不可忽视的。如果不是他有很好的沟通能力和在微软工作的背景，说服华尔街投资者投资盛大；如果没有他改造盛大的管理结构，将一个家族企业改造成现代企业，盛大的发展可能就不会这么顺利。以市值增长计算，有了唐骏的盛大得到了13亿美元的直接收益，以现价折合人民币也在90亿元以上。4 ： 90，这当然值得。

唐骏曾表示，自己要在中国树立一个职业经理人的标杆，改变中国人过去的看法，这就是：打工有前途，也可以受到社会尊敬，也会很有钱。

为什么股票期权会成为郭士纳的核动力

有一年夏天，曹操率领部队去讨伐张角，天气热得出奇，骄阳似火，天上一丝云彩也没有，部队在弯弯曲曲的山道上行走，两边密密的树木和被阳光晒得滚烫的山石，让人透不过气来。到了中午时分，士兵的衣服都湿透了，行军的速度也慢下来，有几个体弱的士兵竟晕倒在路边。

曹操看行军的速度越来越慢，担心贻误战机，心里很是着急。可是，眼下几万人马连水都喝不上，又怎么能加快速度呢？他立刻叫来向导，悄悄问他："这附近可有水源？"向导摇摇头说："泉水在山谷的那一边，要绕道过去还有很远的路程。"曹操想了一下说："不行，时间来不及。"他看了看前边的树林，沉思了一会儿，对向导说："你什么也别说，我来想办法。"他知道此刻即使下命令要求部队加快速度也无济于事。脑筋一转，办法来了。他一夹马肚子，快速赶到队伍前面，用马鞭指着前方说："士兵们，我知道前面有一大片梅林，那里的梅子又大又好吃，我们快点赶路，绕过这个山丘就到梅林了！"士兵们一听，仿佛已经吃到嘴里，精神大振，步伐不由得加快了许多。

这是个我们熟知的故事——望梅止渴。曹操在适当的时候给予士兵的期权激励是这次行军成功的关键。期权是通过赋予管理者，以当前的价格购买未来公司股票的权利，来激励管理者努力经营的机制。期权是曹操惯用的伎俩。但是股权购买权作为激励的工具，在经济学上是很有道理的。公司经营得越好，经理们的报酬就越高，因此经理们就有动力使公司的市场价值达到最大。如果一个经理成功地将公司的价值提高了1亿元，那么他可能获得100万元的期权奖励。虽然只有1%，也足以激励他领导公司走正确的发展道路。如果说曹操原来用"望梅止渴"的方法激励将士还是一种虚幻的"期权"，那么现在对于经理们的股票期权则是可以兑现的激励。

1993年郭士纳入主IBM公司时，该公司亏损达160亿美元。在郭士纳任CEO的9年期间，IBM持续赢利，股票价格上升了10倍，成为全球最赚钱的公司之一。郭士纳使用股票期权制，成为IBM公司的"核动力"。

总裁郭士纳在薪酬制度的改革中，推行了一种与过去完全不同的理念。实行完全的绩效工资制，而不论员工的忠诚度和资历如何。它也是一种差别工资制，也就是说，将公司所有的薪酬支出都建立在市场的基础上。员工会因市场的变化以及自己各不相同的工作绩效而呈现出不同的工资水平，员工的奖金也建立在业务绩效以及个人的贡献基础上。并且实行的股票期权奖励也会建立在个人的关键性技能以及公司的竞争风险基础上，随着后者的变化而不同。特别值得一提的是，在股票期权奖励上，郭士纳做了三个重大改革。

第一，扩大公司股票期权的授予范围。1992年有1294名员工获得公司股票期权，到了2001年有72494名被授予了公司股票期权，而且授予非高层经理的股票期权数量是高层经理所获得数量的2倍。

第二，对高层经理授予更加直接、建立在股票基础上的工资待遇制度，构成高级经理薪水最大的一块。

第三，高级经理必须将自己的钱投入到公司的股票中，才能够被授予股票期权。股票期权在IBM除了可以扮演通向公司外部的连接器外，还为大多数IBM人提供了一个统一的激励性工资待遇的机会——一个主要由公司的整体运营情况而决定的机会。正如郭士纳所说："我希望IBM人都能够像一个股东那样思维和行动——能够感觉到来自市场的压力，并充分利用资产和制定战略以便为公司创造竞争优势。"

股票期权是公司董事会给予公司员工在一定时期内按某种协议价格购买一定量本公司股票的权利。由持有者向公司购买未发行在外的流通股，即是直接从公司购买而非从二级市场购买。薪酬制度的重点从依据职位付酬转移到依据员工的贡献来付酬。企业关注鼓励参与和承担义务、论功行赏。非传统报酬方式或替代性报酬方案主要包括了能力或技能薪酬和计点奖励、团体激励和利益分享等。

股票期权是一种不同于职工股的崭新激励机制，它能有效地把企业高级人才与其自身利益很好地结合起来。实行股票期权制的目的，是要在公司人员与企业长期利益之间建立一种资本纽带，将个人命运与企业命运牢牢地捆在一起。

世界上第一个股票期权计划在1952年产生于美国。1974年，这个计划得到美国联邦和州政府的认可。尔后股票期权制在美国开始迅速发展。据有关资料统计，20世纪90年代初，美国在全球排名前50位的大公司中，有80%的企业已向其高级经理人员实行经营者股票期权（ESO）的报酬制度，高收入中来源于ESO的比重越来越大。到1999年几乎100%的高科技公司、大约90%的上市公司都有股票期权计划。硅谷绝大部分企业采用经营者股票期权报酬制度，还采用员工持股制度，如微软公司等。股票期权的分配形式除美国外法国等国家也较流行。

经济学家的开山鼻祖亚当·斯密，被后人反复提到的一个基本论点是："所有的个人都以利己心为动机从事经济行为，在公正律的支配之下经由看不见的手引导，走向私利和公益的和谐一致。"这一论点不但被今天的人们，而且在200年前就遭到了许多人的反对。但是200年的资本主义发展的事实证明了亚当·斯密是对的。资本主义社会将人类的生产率提高了几百倍，靠的并不是"天下为公"的思想，恰恰是个人的发财心理。可以想象：一个连自己都对不起的人，怎么能对得起他人？一个连自己父母都不尊敬的人，怎能善待其他的老人？一个自私自利，以自我为中心的人，怎能实现个人财富的聚集？所以，企业管理也应该是符合人性化的。

这说明期权确实是一种很有价值的激励机制。但是，经济学家们对股票期权的激励机制仍然存在争议，认为这种方式是以现有股东的所有权被稀释为代价的。特别是当美国的安然公司丑闻出现以后，很多人更认为"都是期权惹的祸"。不过，对安然公司我们应该有冷静的认识。安然公司的那帮老总们，为了得到个人的私利，不惜通过弄虚作假的会计信息，把公司做得虚胖浮肿，自己从中渔利，本身就已经突破了"诚信"的道德底线。

俗话说得好："家贼难防！"如果职业经理人没有诚实信用的道德约束，任何激励约束机制都是难以奏效的。

为什么马云说员工第一客户第二

阿里巴巴在刚创立时，马云就要求创业的伙伴们必须住在离办公室步行5分钟就能到的地方，而办公室就是马云位于湖畔花园的住房。

于是，阿里巴巴的几个年轻工程师在湖畔花园附近的南都花园租了一套毛坯房，租金每月500元，几人分摊。那是真正的家徒四壁，屋里除了床垫几乎什么都没有，其简陋凄凉让人心酸。年轻的工程师们，用报纸把四周的水泥墙糊了起来，这是唯一的装修，所用中英文报纸全部是IT技术类的。年轻的工程师们，既能彻夜苦战，也能苦中取乐。半夜闲下来时，他们就玩"杀人游戏"，据说这个游戏能使每个人的个性显露无遗。

正是有了这帮年轻气盛的"普通"手下，马云创造了今天阿里巴巴的"奇迹"。对于成功后的阿里巴巴，马云仍不愿用精英团队。马云认为，大家都是平凡的人，平凡的人在一起做一些不平凡的事，这就是团队精神。只要每个人都欣赏团队，就一定能够成功。

阿里巴巴CEO马云经典语录："我认为，员工第一，客户第二。没有他们，就没有这个网站。也只有他们开心了，我们的客户才会开心。而客户们那些鼓励的言语，又会让他们像发疯一样去工作，这也使得我们的网站不断地发展。"

"Judge一个人、一个公司是不是优秀，不要看他是不是Harvard，是不是Stanford，不要Judge里面有多少名牌大学毕业生，而要Judge这帮人是不是发疯一样干，看他每天下班是不是笑眯眯回家。”

马云对外宣称：“创业人员只能够担任连长及以下的职位，团长级以上全部由MBA担任。”当时，在阿里巴巴12个人的高管团队成员中除了马云自己，全部来自海外。

接下来几年，阿里巴巴聘用了更多的MBA，包括哈佛、斯坦福等学校的MBA，还有国内大学毕业的MBA。但是后来这些MBA中的95%都被马云开除了。

马云后来回忆道：“我跟北大的张维迎教授辩论，首先我承认我水平比较差，95%的MBA都被我开除掉了，难道他们就没有错吗？怎么可能95%都被我开除掉？他们肯定有错。因为这些MBA一进来跟你讲年薪至少10万元，一讲都是战略。每次你听那些专家跟MBA讲的是热血沸腾，然后做的时候他们都不知道从哪儿做起。”

马云说，进商学院首先学什么？作为一个企业家，小企业家成功靠精明，中企业家成功靠管理，大企业家成功靠做人。因此，商业教育培养MBA，首先要教的是做人。马云对这些MBA的评价是：“基本的礼节、专业精神、敬业精神都很糟糕。”这些人一进阿里巴巴就好像是来管人的，他们一进来就要把前面企业家的东西都给推翻。

马云从不否定那些职业经理人的管理水平，他们的水平如同飞机引擎一样。但问题在于，如此高性能的引擎适合拖拉机吗？马云由此总结出一个关于人才使用的理论：只有适合企业需要的才是真正的人才。他把当初开除MBA的事情做了一个比喻：就好比把飞机的引擎装在了拖拉机上，最终还是飞不起来一样。我们在初期确实犯了这样的错。那些职业经理人管理水平确实很高，但是不合适。公司当时的发展水平还容不下这样的人。

长期以来，在不少人眼里，只有高学历、高职称的人才能算是人才，否则即使有通天的本领，没有一纸文凭或职称，也不能称其为人才。但是，西方却有这样一句名言：“垃圾是放错位置的财富。”是不是人才，关键是看把它放在什么位置上。让他去做事，只要他在这个位置上能够做好，做出成绩来，他就是人才；如果不行，即使顶着再多的桂冠，他也不是人才。

所以，从某种意义上说，“适用”即人才。马云在办公室的墙上挂着一幅题字：“善用人才为大领袖要旨，此刘邦刘备之所以创大业也。愿马云兄常勉之。”这幅字是金庸2000年的时候给马云题的。马云说：“我挂在办公桌前面，这是给自己看的，挂在后面是给别人看的。天天看到这个，也是对自己的一种提醒。”

2008年年底，与许多IT企业年终忙着裁员、减薪不同，虽然最早提出“过冬”，但是阿里巴巴董事局主席马云却向阿里巴巴员工作出加薪以及丰厚年终奖的承诺。

马云，中国中小企业教父，希望他给员工加薪、加年终奖的举措能让更多企业借鉴和学习，这样大家就真能过个“牛”年了。

以下为马云邮件全文：

各位阿里人：

昨天有个老阿里人找到我，他听说自己2009年的工资会有不小幅度的提升，而且2008年的年终奖高出自己的预期，坚持要求自己不加工资。前几天也有阿里的高管要求给自己减薪但给员工加工资。每次阿里集团加工资和发年终奖的时候，总有人会坚持不要给自己加工资。感动之余，我想和大家谈谈我对提薪和奖金的看法。

2008年是不平凡的一年。经过全体阿里人的不懈努力，我们克服了重重困难和挑战，取得了我认为阿里巴巴9年来最为难得的进步和业绩！尽管经济大环境面临空前困难，公司仍然作了2009年加薪和2008年丰厚的年终奖计划，根据“2–7–1”原则，绝大部分员工将会获得加薪和不错的年终奖金。这不仅是因为我们现金充足，更因为勤奋工作并取得出色成绩的阿里人值得褒奖。

此次调薪唯有一点不同往年，包括副总裁在内的所有高层管理人员全部不加薪。我们认为，越是困难时期，公司资源越应该向普通员工倾斜，紧迫感和危机感首先要来自公司的高层管理者。

尽管经济环境不好，但只要公司实现了战略目标，我们仍会奖励优秀员工，不会受外界和其他公司做法的影响；这同样意味着，即使经济环境好了，而我们的成绩差了，即使所有公司都在加薪、发奖金，我们也会选择相反的做法！

工资是付给岗位的。加薪意味着我们对这个岗位提出了更高更新的要求。（拒绝加薪但不能拒绝我们对你在岗位上的进步要求。呵呵！）2009年，集团将会有巨大的培训预算，希望能大幅度提升各个岗位的职责和要求。

而奖金是根据公司整体业绩结果来肯定和激励那些在职位上做出出色表现的人。奖金不是福利。不是每个人都理所当然获得的，它必须是自己努力才挣出来的！分配上，我们坚决不搞平均主义，平均主义是对辛勤付出且绩效优秀同事的不公平！不如此，阿里巴巴不可能实现“今天最好的表现是明天最低的要求”，也不可能挑战更高的目标！

各位阿里人，2009年是阿里巴巴的十周年。而这次全球经济危机是阿里巴巴的“成年礼”。今天的一切都是任何一家希望基业长青的企业必然要经历的周期，我们所经历的一切也将必定成为我们今生的骄傲！

辛苦一年了。请带上你的家人去花钱！！去消费！！！去享受我们一年的辛苦成果！

马云

从管理的角度来看，员工就是企业的内部客户。企业必须先服务好员工，让他们有良好的情绪，让他们一想到工作就觉得快乐、喜悦，愿意并且能够在企业的平台上不断成长，在工作中获得超越工作本身的价值与意义，他们才能把这种使命感与情感传递给客户。客户在接触到这种情绪与情感时，他们才会相信企业的承诺。

公司是否应该给员工加薪和发年终奖，从严格的意义上说，与经济大环境如何没有任何关系，而是取决于一个企业的经济效益如何，以及企业管理和激励机制是否愿意为员工着想。马云及其公司的做法就是从公司是否实现了战略目标来考虑的。

员工是企业发展的根本和动力。每一个管理完善、发展良好的企业都必须善待员工，并充分体现在对员工的考核、培养和奖励的各项管理制度上。作为一个非常成功的企业的领军人、国际级的经营管理大师，马云当然深谙此道。

为什么史玉柱能东山再起

史玉柱在总结自己能够东山再起的原因时表示，一个原因是他这些年经受的挫折和教训；另外就是他的核心团队，能和他一样去拼杀的团队。

1995年6月，20岁的程晨从南京大学毕业，在父亲安排的期货经纪公司和巨人集团之间，她选择了后者作为自己的第一份工作。

程晨进入巨人集团的1995年，正是史玉柱最辉煌的时期：巨人集团产值超过10亿元；巨人大厦动工；“脑黄金”热销后，新开发的12种保健品投放市场；史玉柱也被《福布斯》列为内地富豪第8位。

她从最底层的促销员开始做，3个月后转为正式业务员，半年后升为业务主管，后成为史玉柱的行政助理。在得到更多机会参与巨人的核心业务后，程晨也意识到公司正面临困难。

1996年下半年，巨人集团的会议越来越多。从初期的事务性会议，慢慢变成资金协调会，最后变成还款计划会。员工工资开始缓发，报销也暂停，建设巨人大厦随时可能引起巨人集团的资金链断裂。

1997年1月18日，史玉柱率领巨人集团30多位核心成员汇集安徽黄山脚下的太平镇，召开一场名为“批评与自我批评”的内部会议。那时他已经取得一笔意向中的贷款，能帮助巨人渡过难关。会议中，史玉柱是最后一个作自我批评的，他总结了自己三点过失：一、决策过程不科学；二、带着公司搞大跃进，太急功近利；三、不尊重员工的想法。

1997年春节，巨人集团近10000名员工被遣散，巨人倒地。“当时真的很感伤，以前每个隔断要挤2个人的办公室，最后就剩下30几个人。”程晨说，“大家同吃同住，不愿意离开，谁都不相信巨人会真的倒下，史玉柱会站不起来。”

程晨每天要处理的事情多如牛毛：躲债、抵押、合作、借款。很多事情都来不及向史玉柱汇报，她就必须立即做决定。“那时我学会了把事情分类，先处理最重要、最急切的事，然后做急切的事，最后做重要的事。”

深处债务危机的史玉柱非常潦倒，他成了中国“负债最多的人”。发不起员工工资，和员工一起吃住在公司，去外地也只能住几十元的招待所。在最困难的时候，程晨向父亲寻求帮助。“那时候很多人都帮过公司，我也跟父亲说，能不能帮公司一把”。

程晨最终从家里筹到了 10 万美元，解决了史玉柱的燃眉之急。“当时可能是要处理的事情太多，根本没有时间想离开，就想挺过去，而且史玉柱也没说要放弃。”

1998 年 6 月，史玉柱借到了 50 万元，带着一批人来到江苏，用“脑白金”这个新产品启动无锡和江阴市场。为确保万无一失，史玉柱和程晨等核心团队每天都下到农村，和消费者面对面访谈，推销产品。一个月后，公司账面余额从 50 万元变成了 75 万元。巨人看到了希望。

8 月 18 日，程晨请缨带着 25 万元开拓南京市场，她天才的销售能力和地缘优势迅速打开了市场。一个月后，她用 25 万元赚到了 23 万元，第二个月赚到了 50 万元，第三个月赚到了 100 万元。“整个集团一片沸腾，离开的人也回来了，通过滚雪球的方式把‘脑白金’做起来了。”

在南京市场开拓了一年，程晨就创造了一个亿的销售额，她成了史玉柱最得力的臂膀之一。在南京市场的刺激下，巨人业务全面恢复，2001 年，巨人资产超过 5 亿元，史玉柱也履行了当年的承诺，将欠下的债务一一还清。2002 年后，程晨成为巨人集团常务副总裁，全面负责公司的战略规划和品牌管理。

包括程晨在内的几个骨干，像“上海健特”总经理陈国、副总费拥军，在最困难的日子里，好几年不仅没有工资，而且还借钱给史玉柱，他们一直跟着史玉柱吃苦、打天下，他们陪史玉柱爬完了珠峰。“脑白金”问世之前，史玉柱吃不准，问他们：“行吗？你们觉得有戏吗？”他们非常肯定地回答：“行，没问题，肯定行。”

现在脑白金已经做了 11 年，有 1 万人，直到今天这些人还保持着极高的创业激情。大年三十中午他们还都在全国 1 800 个县、300 多个市的商场里做促销。

“脑白金”在尼尔森的调查中，认为史玉柱在全国各地做的广告投放金额有三四十亿，但其实他一年投放只有 3 亿，加上终端包装等一年投放在 5 亿左右。与国际品牌在中国做广告的成本相比，他们的价格不到国际品牌的 1/10。为什么会有这么大的差距？这就是靠团队。

他要求他的团队必须最大限度地降低成本，这样他们就会琢磨怎样使用广告时间。一般电视台广告能卖掉 70% 就不错，大部分卖不到一半，签约的客户突然不播了，那这一段（时间）电视台就是空的。他们把这个时段要下来，当然价格就很低了。

在降低成本方面有很多创新的思路、方法，他们的执行力也是这样培养出来的。他在全国有 300 多家办事处，只要降低一点成本，不赚钱也就变成赚钱了。想一想，一年需要投 30 亿的广告因为团队执行力变成了 3 亿，利润空间一下子就出来了。

所以史玉柱说：“一个企业产品的成功是靠团队的心血灌输出来的，这个东西没有什么捷径。”他一直坚信天下掉不下来桃子，要想有桃子的话，就要靠一点一点地浇灌，该打农药打农药、该施肥施肥、该浇水浇水才行。

为什么亨利·福特不是慈善家

20 世纪初的美国私营企业，曾经最大的问题就是工人怠工现象严重。尽管工厂有许多的监工，而且处罚制度也严厉，但是一直无法杜绝此类现象。这给工厂造成了很大的浪费，加大了企业的生产成本。使许多老板绞尽脑汁也无济于事。

当时的社会，平均每天的工资是 2.34 美元。1914 年福特宣布，把汽车工人每天的工资，由 2.34 美元提高到 5 美元，大大高出了其他厂家的平均工资。有人认为这是亨利·福特的慈善之举。我们暂且不论这些，我们看一下是谁领到了 5 美元的工资，这 5 美元的工资又创造了多大的价值：

1912年秋天，在高地的福特汽车公司的办公室里，福特召集有关人员开了一个意义重大的会议，会议讨论的核心议题是：如何提高生产效率，满足不断增长的市场需求？

1909 ~ 1910年，T型车共销售18644台。1910年高地新厂房开始使用后，1910 ~ 1911年的产量猛增到34528台。然而面对急剧扩大的市场，亨利和他的伙伴们仍在为源源不断的订单伤透了脑筋。

1914年1月5日，福特汽车公司董事会通过决议，郑重宣布："本公司将实现5美元工作日！任何合格的福特汽车厂的工人不论年纪，不分工种都能领到他自己的一份。"亨利当然也留了个心眼，他把这种加薪称作"利润分享"，以便在未来如果有了麻烦，可以堂而皇之的借口停止这一制度。同时，公司废除了每天工作9小时的制度，而代之以每天8小时的三班倒制度。

福特汽车董事会结束后，在正式举行的记者招待会上，库兹恩斯正式宣布了公司进行工资、工时改革的方案。福特则表情轻松地坐在一边，回答记者们提出的问题。当有记者问亨利对这项改革措施有何看法和打算时，福特是这样回答的："我宁愿我的公司里有2万富裕起来的新一代的工人，也不愿我的公司里只有一小撮新贵族和百万富翁！"接着公司宣布，为了适应8小时三班倒的新工作制，福特汽车公司将招收4 000名工人。

1月6日凌晨2点，就有上万名求职者聚集在工厂的大门口，等待得到新的工作。一连几天的情况都是如此。而且在越聚越多的人群中，来自外地的人所占的比例越来越大。这一下子福特公司顶不住了，库兹恩斯自作聪明地宣布"优先招收本地人"。

结果并没有使情况有丝毫好转，反而进一步增大了簇拥在工厂门口的外地人的比例。各大报社的记者们也在人群当中忙碌。结果根据他们的调查，发现前来求职的人来自全国各地，包括职员、工人、水手、农民和矿工，而且每天还有大批的求职者乘货车来到底特律。

"福特汽车公司引起了一场全国性的人口大迁移。"记者们这样评价说。对亨利的举措，全国的各大新闻报刊褒贬不一。像《华尔街日报》等许多有影响的大报带头讨伐福特，甚至认为他的这一行为不仅违反了"道德规范"，而且是"犯了经济罪"。记者们也把高地的福特工厂围得水泄不通，希望能得到进一步的消息。

反应最强烈的，莫过于以美国的汽车制造商为首的资本家们。他们一致认为："亨利·福特是阶级的判徒，他这么做是想毁掉美国的汽车工业。"那些依靠低工资来剥削工人的矿主，面对越来越少且正在因为工资过低而罢工的工人更是暴跳如雷。就连没有受到波及的大银行家、金融家们也迫不及待地跳了出来，举办各种活动，通过各种渠道攻击福特。一个密歇根州的木材商赤裸裸地说："'5美元工作日'的做法会永远破坏'下等阶级'的驯服和满足，会给某些人带来较高的生活水平。"他厚颜无耻地说："如果一个男人娶了一个每周要2件以上花布衣服的女人，那么这个女人一定是一个不正派的女人！"他的话激起了在场大亨们的一片掌声。"让我们瞧着吧，'5美元工作日'很快会使福特公司破产！"

然而，大亨们的预言破灭了，他们只看到"五美元工作日"给公司造成的负担，却根本没有看到它给公司带来的高效率，特别是"福特制"带来的飞跃。亨利·福特和库兹恩斯首先是一个商人，然后才是一个慈善家。1914 ~ 1916年，福特公司的税后纯利分别为3000万美元、2400万美元和6000万美元。仅以1914年为例，按照福特宣布的"利润共享原则"，这一年工人应当得到总共1120万美元的工资，而福特只支付了不到1000万美元。

高工资产生的效益是显而易见的。首先，来自全国各地（应该说是世界各地，因为据1914年11月福特公司进行的一项调查，仅有29%的福特工人出生在美国，其他71%的工人来自22个不同的国家）成千上万的劳动者中最优秀的分子被吸收进厂；其次，这些进厂的工人只有两条路可以选择——要么无条件地服从，拼命跟上传送带的转动速度，以挣到诱人的5美元工资，要么被淘汰，由云集在厂门口跃跃欲试的其他人来代替自己；再次，诱人的5美元并不是为每一位福特工人准备的，例如公司规定，新工人只有在干满6个月的试工期合格后，才能得到5美元的工资，而那些女工、22岁以下的未婚男工、不赡养家眷独立生活的已婚男工、涉及离婚诉讼的男工以及其他"生活方式有问题"的工人都拿不到5美元。根据公司1916年的统计，当年中有1.4万名工人（即全体工人的1/3）的日工资达不到5美元。而从

1914 ~ 1919 年的 5 年中，总共约有 5% ~ 10% 的工人没能得到他们向往的 5 美元工资。难怪亨利·福特得意地说："'五美元工作日'是降低生产成本的最好方法。"

尽管劳动强度极大，可是工人们还是愿意到福特的工厂工作，劳动力的变更率降低了 90%，每天无故旷工的工人比重从原先的 10% 下降到 3‰。

首先，高工资吸引了大量的求职工人，使企业在很短的时间里聚集了一大批一流的技术和管理人才。其次，高工资加大了每个工人就业的机会成本，若被辞退很难在短时间内找到同样工资待遇的就业机会。于是，工人们自动取消了怠工，工作变得更加勤奋了。再则，大大减少了工人的流动性，节约了大量的培训费用，减少了新工的企业磨合期。使福特公司打破了企业发展瓶颈，大踏步进入了企业发展的快车道。当然，工资是企业员工个人利益的直接代表，但并不是员工个人利益的全部，它还应该包括福利、工作环境、企业文化等。

为什么聘请专业人士帮忙的做法越来越普遍

"对不起，这个星期的家政服务都订满了，你挑个别的日子吧。" 1 月 7 日上午，在滨河路中段一家家政公司，负责接待的王女士忙着向客户解释。临近春节，许多家政公司的家政服务非常火爆，市民想在周末预约，更是难上加难。

王女士说："由于其中绝大部分客户都预约周末进行家政服务，再加上一部分服务人员提前返乡，所以直到除夕前的周末基本上都安排满了。在客户预约时，如果平时家中有人，我们都会和客户商量安排在其他时间。"

每年年底家政服务就开始升温了，部分市民还特别要求由 2 ~ 4 名家政服务人员去家里彻底打扫。为什么我们现在不自己打扫卫生了？

一些市民平时很忙，没时间打扫卫生。春节快到了，为让家里干干净净，他们便来家政公司预约周末打扫卫生。更重要的是，很多人觉得相对于专业的家政员工来说，自己做家政既费时又浪费，还不如花钱请人去做。

家住上海长宁区的女工李红下岗后，从事家政工作。每天早上 6 时到一户外籍人士家做西餐早点，打点琐碎事情；下午到一对白领夫妇的寓所做 3 小时保洁工作；傍晚 5 时至 7 时到另一户家庭做晚餐。一个月收入约人民币 1400 元。

在上海，工作节奏越来越快，许多家庭不愿意把有价值的时间花费在做家务上，雇用保姆变得越来越普遍。据香港《文汇报》援引香港中通社报道，上海约有 90 万户家庭雇用保姆，其中至少有 10 万个家庭有 2 个以上的保姆。

有个人询问了自己的 16 名亲戚，问他们是否知道如何换轮胎，有 9 人回答不会，剩下的 7 人说会，但其中又有几个人承认自己从来没换过。此外还存在这样一个清晰的模式：9 名回答不会换轮胎的人，比回答说会换的那 7 个人都要年轻。为什么会换轮胎的人越来越少呢？

要从经济学的角度回答这类问题。首先要看相关成本和效益上出现的变化。学习如何换轮胎的成本，在过去几十年里似乎并未出现太大变化，而且由于支撑汽车用的千斤顶在设计上有了改进，其成本甚至还稍有下降。

但学习如何换轮胎所带来的效益，则出现了显著的变化。一是轮胎设计上的改进，使得轮胎漏气的情况比过去要少得多。不少汽车还装有防漏气轮胎，即便轮胎气压低得不像话时，汽车也能安全行驶。还有一个显著变化是，现在大多数人开车都带着手机，哪怕维修人员距离很远，呼叫起来也很方便。

考虑到以上两点，学习如何换轮胎的效益较之从前变得少了；轮胎质量更好，用得上这项技能的机会比从前少得多，即便轮胎漏了气，找人帮忙也容易。出于这样的变化，不少年轻司机认为，学习如何换轮胎的效益比不上为此付出的成本。

为什么晋升要看业绩而不看能力

1998年计算机本科毕业时，李万钧选择进入名气很大对他又有吸引力的软件行业的老大——微软公司作为走向社会的第一步。初进微软，他只是技术支持中心一名普通的工程师。当时上司考核他们的标准是量化的，比如每个月完成了多少任务，解决了多少客户的问题，等等。这些都记录在公司的报表系统每月给他出的“成绩单”上。

每月只有在得到这个“成绩单”之后，他才能知道自己上个月做得怎么样，在整个队伍里处于什么样的水平。这让急于上进的李万钧感觉这种报表系统有缺陷。他想，如果可以比较快地得到“成绩单”报表，从数据库内部推进到每天都有一个报表，从经理的角度，岂不是可以更好地调配和督促员工？而从员工的角度，岂不是会更快地得到促进和看到进步？

于是，他花了一个周末的时间，利用微软服务器上的一种脚本，编写了一个具有他所期望的基础功能的报表小程序，并在唐骏经过工作区时展示了一下这个小程序。唐骏马上认识到这些想法和小程序的价值，鼓励他完成这项开发，并花了很多时间与他探讨经理们希望看到哪些数据。

一个月后，他的作品——基于WEB内部网页上的报表系统，开始在公司内部投入使用。由于在报表系统上出色的创新性工作，2000年唐骏将一个重要的升迁机会给了李万钧。那一年由于有了更多企业级的产品，微软公司决定除电子邮件和电话外，还在主要城市为一些大企业提供直接上门的现场服务。

虽然他在报表系统方面的“副业”与之并无直接的联系，但唐骏从中看到了他的一些潜在品质，认为他可以从更高的管理角度思考问题，便让他组建亚洲现场支持部。就这样，年仅24岁的他就被提拔为微软历史上最年轻的中层经理。

2001年，李万钧转任亚洲地区业务分析经理。2002年6月，刚赴任微软中国总裁的唐骏向总部推荐李万钧做微软总部技术支持业务的高级财务分析工作。李万钧再一次成为这个团队中最年轻的成员。

有人说，晋升要看能力，因为这样可以实现员工和职位之间的匹配；也有人说，晋升要看业绩，因为业绩反映了员工对企业的贡献。这两种观点并不矛盾，为员工提供哪种晋升路径，主要看企业处于什么阶段。一般而言，对于面对生存压力、还未形成长期发展战略的企业而言，晋升应该多看业绩；而对于那些实力较强、管理比较规范的企业，以能力为晋升依据则更为妥当。

然而，有些经济学家却一概而论，指出人力资源管理的一个基本原则是“晋升看能力，奖励看业绩”。他们认为，晋升主要是考察能力和岗位需求的匹配度，所以应该以能力为导向；业绩反映的是员工对公司所做的经济贡献，所以应该根据业绩对员工进行奖励。

他们还假设了一种情况：如果只按业绩提拔员工，被提拔的员工可能并不具备新岗位需要的能力——他的业绩是在原来岗位上产生的，在新岗位能否有出色的业绩是个未知数。如果他不能适应新岗位的需要，就会产生“彼得效应”，即被升职的员工在新的岗位上不能产生与过去一样辉煌的业绩。

爱德华·拉泽尔对此持有不同观点。他在1981年提出了关于晋升的“竞赛理论”，即所谓的“晋升看业绩”。他将企业内部员工之间的竞争描述为一场竞赛，获得胜利的员工将得到提拔，获得高薪。“竞赛理论”在得到很多学者肯定的同时，也招致了很多批评。

批评者们认为，首先，他的理论忽视了岗位的动态和变化：一个员工在目前的工作岗位上成绩突出，就可以推论他会在更高的岗位上有所成就——这种假设和推断是天真的、幼稚的、不成立的。岗位的变化必然带来工作性质、工作难度的变化，与这种变化匹配的是新的能力要求，而不是旧有的能力和技艺。

其次，他们认为“竞赛理论”以表面的公平掩饰事实上的不公平，牺牲了企业总体效率。“晋升看业绩”往往导致企业选择善于创造直接经济效益的人去担任需要很强协调能力的管理工作。这等同于让千里马成为马夫——千里马因为跑得快，应该驰骋沙场，而不应该去担任马匹的管理工作。避免浪费优势和突出才能。

企业领导者该怎么做选择？回答这个问题之前，我们先看激励的导向。相对物质而言，职位的高升对员工激励的导向作用更大。因为提拔不仅意味着工资的增加，还是能力和身份地位的体现。换句话说，提拔不仅使员工获得了物质增加，还获得精神享受，尤其是尊重感需要的满足。在绩效管理中，业绩最好的员工理应得到最有价值的奖励。因此，晋升作为激励的一种手段，以业绩为导向是符合绩效考核理论的。由此可以促进员工的工作行为一切以业绩为导向，从而使企业获得最大经济效益。

我们应该换个角度来考虑以业绩为导向的正确性。假设企业实行的是以能力为导向的晋升制度，很大可能造成的结果是：员工不再将业绩作为最重要目标，他们会努力让领导感受到他们的管理才能，以及会通过拍马屁等手段来获得人际关系上的优势。与此同时，那些有可能创造最好业绩的员工，因为缺乏晋升的激励而会变得消极怠工，或者直接选择跳槽。这样，企业将会出现的局面是：业绩不好的人热衷于与上级搞好关系，有业绩能力的人选择离开。

根据以上分析，我们就会明白了企业为什么要实行绩效考核，以及为什么大部分企业喜欢用业绩作为员工晋升的主要依据等诸如此类的问题。任何人都应该明白，虽然晋升和能力相关，但和业绩更密切一些。你要想获得晋升机会，你唯一要做的事情就是要使自己的业绩更漂亮一些。

为什么放错地方的金子就是石头

一位乡村邮递员，名叫希瓦勒，每天奔走在各个村庄间。有一天，他在崎岖的山路上被一块石头绊倒了。

他发现，绊倒他的那块石头样子十分奇特。他拾起石头，左看右看，有些爱不释手了。

于是，他把那块石头放进邮包里。人们看到他的邮包里除信件之外，还有一块沉重的石头，都感到很奇怪，便好意对他说："扔了石头吧，你还要走那么多路，石头很沉的。"

可他炫耀地说："你们见过这么美丽的石头么？"

人们都笑了："这样的石头，山上到处都是，够你捡一辈子。"

回到家里，他端详着自己爱不释手的这块石头，突然产生一个念头：如果用这些美丽的石头建造一座城堡，将多么美丽啊！

从那时起，他每天都在送信途中捡几块好看的石头。虽然他很快便收集了一大堆石头，但离建造城堡的数量还差得很远。

于是，他开始推着独轮车送信。只要发现中意的石头，就装到独轮车上。

他再也没有过上一天安闲日子。白天，他是邮差和运输石头的苦力；晚上，他是一个建筑设计师，按照自己天马行空的想象来构造城堡。

20多年后，在他偏僻的住处，出现了许多错落有致的城堡，有印度神教式的、有基督教式的……当地人都知道有这样一个性格偏执、沉默不语的邮差，在干如同小孩建筑沙堡一样的游戏。

1905年，美国波士顿一家报社的记者到此地采访，偶然发现了这群城堡，令他惊叹不已，为此写了一篇介绍希瓦勒的文章。新闻刊出后，希瓦勒迅速成为新闻人物。许多人都慕名前来参观，连当时最有声望的大师级人物毕加索也专程参观了他的建筑。

在城堡的石块上，希瓦勒刻下的话还清晰可见，有一句就刻在入口处的一块石头上："我想知道一块有愿望的石头能走多远。"

据说，这就是当年那块绊倒过希瓦勒的第一块石头。

在众人看来满山遍野的石头，其价值几乎可忽略不计，但在邮递员希瓦勒这里却被缔造成了奇迹城堡，价值增值不可估量。我们可以感性地说，是主人翁的爱和梦想让石头成了城堡。而在理性的经济学家那里，如何来解释这种价值的巨大变化呢？

在经济学上，任何物品要想成为商品拥有价值，都必须具有可供人类使用的价值。毫无使用价值的物品是不会成为商品的。作为一个普通石头，人们用它来建筑房屋、修公路等的时候，它的使用价值就很有限，再加上漫山遍野都是石头，边际效应很小，自然，它的价值就很小；可当一个石头被赋予“愿望”的标签时，就变得具有“稀缺性”，这些“有愿望的石头”在邮差20多年的历练下被建筑成“错落有致的城堡”，不仅具有使用价值，还有了美的欣赏价值，具有了资源的稀缺性，边际效应增加，价值自然大幅增加。

这与英国管理学家德尼摩的“德尼摩定律”有着异曲同工之妙。德尼摩致力于解决管理中如何“知人善任”的难题，并在多年研究之后总结出了“德尼摩定律”理论：凡事都应有一个可安置的所在，一切都应在它该在的地方。

德尼摩进一步解释说，每个人，每样东西，都有一个它最适合的位置。在这个位置上，它能发挥它最大的功效。运用到实践中，对个人来说，“德尼摩定律”要求应在多种可供选择的奋斗目标及价值观中挑选一种，然后为之而奋斗。这样才可能激发我们的热情和积极性，也才可以心安理得。“选择你所爱的，爱你所选择的”，道理也是在此。

对一个企业来说，“德尼摩定律”要求管理者要按员工的特点和喜好来合理分配工作，最大化的发挥员工的价值。如让成就欲较强的优秀职工单独或牵头完成具有一定风险和难度的工作，并在其完成时给予及时的肯定和赞扬；让依附欲较强的职工更多地参加到某个团体中共同工作；让权力欲较强的职工担任一个与之能力相适应的主管。同时要加强员工对企业目标的认同感，让员工感觉到自己所做的工作是值得的，这样才能激发职工的热情。

日本东芝株式会社致力于推行“适才所用”的用人路线，在企业内部实行内部招聘，让职员自己申报最能发挥自己专长的职位。公司以最大的努力实现职员的要求，使职员各得其所。在此基础上，公司要求职工人人挑重担，“谁能拿得起100公斤，就交给他120公斤的东西。”公司认为只要用人所长，就能发挥其最大的聪明才智，就能挑起更重的担子。正是这种按人才的不同特长进行工作分配的做法，使东芝公司做到了“人尽其才，才尽其用”。

“汽车大王”福特能取得成功，是和他注意招揽人才，并善于根据人才的特点和要求，让他们发挥最大作用的做法密切关联的。广告设计师佩尔蒂埃在产品的营销方面有相当的天赋，而且迫切需要有一个可以一展雄心的机会。福特发现了这一点，让他负责T型汽车的营销策划，取得了巨大的成功。

纵观中外企业界，每一个成功的企业，无不聚集着若干乃至一群为企业贡献知识与智力的人才——当然，光拥有人才还远远不够，重要的是把人才放在合适的位置上，为人才找到最合适发挥自己价值的位置和机会。只有这样，才能使他们获得一种满足感和成就感，产生对企业认同的向心力。实现人才的价值，才能实现你的企业的价值。

所有的东西都有它的价值，关键看你如何发现与运用。当你把它看做是一批无用的废料时，那你只能得到一批废料的价值；当你把它当做财富看时，它真的能为你获得不菲的价值。一样的石头，一样的人，可以一文不值，也可以价值连城。在你的手里，它们会有几分价值呢？

为什么行贿的成本大于不行贿的收益

狐狸和老虎是一对死对头，在动物王国里，它们一直明争暗斗。不过，老虎的能力要强过于狐狸，因此老虎得到了提拔，拥有了更大的权力和地位。

老虎的提升，让狐狸很不甘心。为了把老虎拉下马，经过一番冥思苦想，狐狸终于想出一个办法。

这一天，狐狸特意去看望老虎，他态度诚恳地对老虎说：“虎大哥，过去我有对不起你的地方，是我错了，你一定要原谅我。”老虎见狐狸主动登门认错，心里很是得意，忙说：“过去的事就让它过去吧，不用再提了，咱们以后经常合作就是了。”

于是，狐狸与老虎进行了长谈，还积极为老虎未来的发展出谋划策。临走时，狐狸非得将自己带的一点小礼品留下。老虎觉得不能不给狐狸面子，狐狸的礼物也不多，于是老虎就理所当然地收下了。

这以后，狐狸就经常隔三差五地来老虎家，每次都会带些礼物，既不多也不少。老虎慢慢也就习以为常了。

有一天，狐狸找到老虎，对老虎说："现在牛和羊在争一块草地，牛跟我关系不错，你看能不能帮牛说句话？"老虎觉得这也不是什么大事，就替狐狸办了。事成之后，狐狸拿了更多的礼物来感谢老虎。

长此以往，狐狸求老虎办的事越来越多，礼物也越来越多。慢慢地，狐狸让老虎办的事已经渐渐超出了原则之外。

终于有一次，狐狸让老虎办一件很危险的事。老虎觉得这事会危及自己的前途，表示不干。狐狸拿出一个小本，上面记着老虎每次接受礼物的时间、事由等，证据俱全，这些足以毁掉老虎的前程。万不得已，老虎只得答应再帮一次忙。

可惜，这一次老虎东窗事发。老虎被赶出了动物王国，而接替老虎位置的正是狐狸。

老虎贪图一时的利益，没有考虑长远的发展。在面对狐狸的小恩小惠的时候，老虎一步一步走向狐狸设计好的圈套。老虎之所以上当，就在于他没有认清收受狐狸礼物的交易成本。

狐狸用礼物换取老虎替自己办事，双方实际上是在进行着一场交易。随着狐狸礼物的增加，其交易的成本在扩大。为了使交易平衡，狐狸当然期望能从老虎那得到更多。老虎在得到礼物的同时，也需要付出成本，老虎付出的成本就是他的发展前途。

在我们的职场上，也会存在老虎和狐狸的故事。职场上的智者要把控好交易成本，看清职场贿赂的本质。受贿会让职场人的信誉丧失，会增加其信用交易成本。懂得受贿成本的人，能够拒绝贿赂的发生。

东汉末年，政治腐败，整个政坛一派乌烟瘴气，受贿、行贿之事屡见不鲜。朝廷甚至公开出卖官爵，上至公、卿，下至郎、吏，都是明码标价："公"价千万钱，"卿"价五百万钱……在这样的风气之下，仍有坚持原则，不为高官厚禄所动的官员。羊续就是其中之一。

东汉灵帝时，羊续在南阳郡担任太守。刚刚到位不久，便有下属开始送财物，羊续一概不收。慢慢地，大家发现这个新太守的确是分文不取，送钱财的便少了很多。不过，还有不死心之人，觉得不收钱财，总会收别的。有个下属打听到羊续很喜欢吃鲤鱼，于是，他专门给羊续送来一条当地有名的特产——白河鲤鱼。

起初，羊续再三推让，表示不收。下属一直劝说："鲤鱼又不是什么贵重之物，太守收下就是。"最后，下属直接丢下鲤鱼走了。下属走后，羊续把这条鲤鱼挂在屋里的横梁上，任其风干、发臭。

下属第一次送鱼成功后，得意万分。过了没多久，他又带了一条更大的鲤鱼去找羊续。这一次，羊续没有多说，直接把下属拉到屋里，指着横梁上早已风干的鱼，对下属说："上次送来的鱼在这，已经成了鱼干，这次就麻烦你把它一起拿走吧。"

下属没想到羊续竟如此廉洁，羞愧万分，只得把鱼取走。从此再无人敢给羊续送礼。此事后来传到朝廷，汉灵帝得知后，特别提拔羊续为三公之一的太尉。"悬鱼太守"羊续的美名也流传千年。

羊续把握住了受贿的成本。他拒绝贿赂，为自己赢得了声誉，更增添了自身的竞争价值，所以才会得到皇帝的器重，以及后世的称赞。

从经济学上来看，受贿行为的发生是受贿者追求自身利益最大化的理性选择。受贿行为是否发生，取决于受贿者的预期收益和预期成本的比较。只有当受贿的预期收益大于预期成本时，受贿行为才可能发生。并且，预期收益超过预期成本的幅度越大，受贿的可能性就越大。

在职场上，受贿行为的发生也是如此。实际上，职场上的受贿得到的无非是物质方面的直接利益，这是受贿者的收益。而他需要付出的成本，是需要违背自己的原则或者损害公司的利益，这些成本最终都体现在受贿者的职场声誉之上。

一个人的职场声誉需要常年的积累，付出的时间成本和人力成本是巨大的。一旦受贿行为败露，职场人的声誉会轻易毁于一旦，多年的成本积累会付之东流。相对于物质的收益，显然职场人受贿的成本要高得多。根据成本与收益的比较，职场智者的最佳选择当然是不受贿。

为什么工资只许升不许降

资本主义市场经济都应该遵循这样的经济规律：商品供过于求就要降价。但工资在美国市场就是个例外。它很少受到经济萧条的影响。经济不好，老板可能少涨或不涨工资，也可能干脆解雇部分员工，但却很少给现有员工降薪。

按理说，公司盈利减少，工资就该下降。为什么工资偏偏不遵守供求关系的经济规律呢？减薪对公司来说同样可以节约成本，为什么美国公司可以一批又一批地解雇员工，却不愿意采用给现有雇员减薪的办法呢？减薪可以避免或基本避免裁员，大家都实行弹性工资岂不是两全其美？

经济学家用“工资刚性”来解释这种现象。“工资刚性”从某种意义上说，取决于人性中的某种天性，比如人们往往会把“失去”看得比“得到”更重要。

2007 年 5 月 11 日，德国某电信运营商的固话部门有超过一万员工举行罢工。这些员工主要来自该公司计划转移到 T-Service 新服务部门的员工。此次罢工主要集中在德国西部的北莱因——威斯特法伦州、黑森州和下萨克森州，公司的呼叫中心、线路安装和技术服务部门。转岗后工资降低，是这次罢工的主要原因。

其实早在 2007 年 4 月，该公司就已经遭遇了数千名员工的“警告性”罢工活动，波及全国 13 个州。这两次罢工的目的是一致的，旨在继续反对公司董事会抛出的改制计划，抗议降薪 41%。罢工员工担心，公司多年管理不善的损失要由他们来承担。他们希望通过罢工来施加压力，在企业改制过程中自身权益能得到维护。

类似的事件在任何国家都不鲜见，并且原因是出奇的相同——都是因为员工对薪资的向下走向表示不满。这就引发了一个值得关注的问题：为什么工资只许升不许降？

“工资不能降”的问题看似简单，其实它是经济学家们多年来面对的一个著名难题。在劳动力市场中，工资应像所有其他商品一样，由劳动力供求关系决定。劳动力需求量大，工资就高，反之工资就低。但实际情况是，工资对外部经济环境的变化反映滞后，常常不能灵敏地反映劳动供求关系的变化并作出及时调整。

经济学家把这个现象称为“工资刚性原理”。他们认为，工资本来也是可以上下浮动的。但是企业认为，如果工资降得太低，员工会选择离职——因为他们认为不工作比低薪工作更好。所以减薪有害，它会让公司想留住的有价值员工另谋高就。

另外的经济学家们解释说，公司内部一些年老资深员工不愿意降薪，他们向管理层施压要求解雇“新招来的”员工。事实上，美国公司近年来的裁员几乎首先裁掉那些资深员工。资深员工高昂的薪酬成为公司扭亏转盈的负担，而不是那些工资相对较低的新员工。

耶鲁大学经济学教授杜鲁门·彪利对“工资刚性”提出来最令人信服和最具创意的解释。彪利是美国最杰出的数理经济学家之一。他曾任《数量经济学学刊》编辑多年。在具有无穷性质的一般均衡理论、宏观经济学的微观基础方面做出了重大贡献。他研究了无数种商品经济中均衡的存在性、具有无穷性质经济的核与均衡的等价性、劳动力市场、最优货币数量重大理论问题。

他说：“除了一个例外，我的发现不支持任何现有的经济学解释。这个例外就是减薪会极大地损害员工的士气，打击他们的工作积极性。”经济不好就减薪，这会让员工产生管理层趁火打劫的嫌疑。尽管解雇也会打击积极性，但它的影响与减薪相比没有那么严重和漫长。

受访的管理人员认为，减薪会把员工搅得心烦意乱无心工作。一位经理在采访中说：“遭到解雇的员工可能心情更加不好。他们已经出了公司的大门，心情再糟也不是我该操心的事。我更关心留在公司内的员工心情如何。”

另外，在西方国家，企业和员工的工资报酬往往是通过契约的形式事先规定的，如果随意变动，则会受到当事人的控告和法律的制裁。而企业裁员导致的社会失业问题，则主要由政府来承担。减薪不仅会损害在职员工的利益，而且也会损害失业员工的利益。因为，他们无法保证当他们再次就业时，他们是否还能得到原来的报酬。

经济问题，往往不是一条是非曲直都很分明的“数学”题。

为什么老板奖励那些不守纪律的员工

经常看到绿地、花园边上树立着牌子：“偷盗花草罚款。”但花草被偷事件仍时有发生。有一个植物园写着：“凡举报偷盗花木者，奖励若干。”令人诧异的是，这个植物园花木保护得很好。

从这个例子中可以看出：与惩罚相比，激励更有效。

其实这样的例子有很多。一些调皮捣蛋的学生，总让老师无计可施。老师让班长监督那些调皮捣蛋的学生，发现一次即受严重的批评，甚至开除。但作用并不大，因为调皮捣蛋的学生太多，即使班长再敬业，也监督不过来。后来，教师采取了一项措施：不守纪律的学生，如果规规矩矩，不违反纪律，就给予奖励。这样，那些学生都守起纪律来了。

公园的情况与此类似。尽管偷盗花木被惩罚，但被管理者发现的风险并不大，毕竟不是每个地方都站着管理者。但当对举报者进行奖励时，公园的游人受此激励都成了管理者，偷盗花木被发现的可能性变大了，成了一件风险极大的事，居心不良者当然不敢下手了。在这种情况下，对公众监督的激励当然要比对偷盗花木者的惩罚有效得多。

激励与惩罚要达到的目的是相同的。但这两种机制产生作用的方式不同，成本也不同。采用激励机制时，其作用是自发的，行为者按激励所要达到的目的行事，简单而有效。给举报者奖励，就自发地把游人变成了不领工资的管理者。这种激励措施，无须管理者监督。采用惩罚机制时，其作用是消极的，还需要更多支出，例如，用专门监督人员及必要的设施等。这又引出了两个问题。一是监督者也是人，他们也有个人利益，可能收取被监督者的贿赂，共同作案，这类事情现实中也不少见。即使用机器监督，操纵者还是人。二是只要收益大于成本，被监督者就会用各种方式逃避监督。

严厉的管理者看到员工犯错，总是会立刻加以批评；可当员工做得出色的时候，却迟迟不予表扬。反之，敦厚的管理者却是热心表扬，迟于批评。哪一种风格更有效呢？由于没有正确答案，新上任的管理者在培养最适合自己的风格时，大多会先做实验。可这类实验往往带着先入为主的偏见。它们会让不少管理者得出结论：表扬效果比较差，批评更管用。可实际情况并非如此。

“万杰隆”是以生产运动休闲服饰为主的民营企业，曾邀请到“国球少帅”刘国梁先生出任企业形象大使。对一些企业来说，实行严格的惩罚制度，特别是把“罚款”作为管理员工的不二手段。但在万杰隆却没有“惩罚”二字。公司老总许木杰有一个深入人心的理念，就是认为员工永远没有错。员工一旦出现失误，那只能是企业对员工教育不到位，或者是没有交代好事情的原委。

有一回员工出了差错，给厂里造成不少损失。当时，老板急得红了眼，可硬是没骂人。他说：“许总告诉中层干部，出现了问题，关键是探讨解决问题的办法，而不是埋怨和指责。许总认为，如果不是主观性问题，对于员工出现的问题，要多加理解，碰到问题要多出手援助。既然大家都在公司，就不要见外，大家都是一家人。”

人性永远渴望着激励，好的激励会激发人内在的潜能，发挥出不可估量的作用。相反，如果经常惩罚一个人，必然会出现不正常的行为。反映在企业管理上，一个带着惩罚的心态工作的员工，肯定会缺少积极性的，工作效率自然低下，产品质量在无意中会出现问题。这便是为什么中国企业经常出现质量问题的原因。

和棒球选手一样，员工不可能随时都保持同样的绩效标准。有的时候，他们的绩效比长期平均值要高一些，有时候要低一些。不管得到管理者什么样的反馈，员工在某个星期绩效低于正常水平，下一个星期很可能会提高——回归一个更为正常的成绩。反过来说，不管上司表不表扬，员工这个星期超水平发挥，下个星期很可能会回潮。结果，对员工失误偏重于批评的管理者，会把其后的绩效改观（其实本来就会出现）错误地认为是自己严厉的批评产生了效果。反过来，在员工表现出色时给予表扬的管理者，则会错误地将其后的回潮（也是本来就会出现的）归功于自己宽厚的管理风格。

实验表明，至少在某些环境下，鼓励性的管理风格比严厉的批评风格更容易激发出员工良好的表现。这一类的证据，可能比因“回归平均”而产生偏差的偶然印象更可靠。

激励优于惩罚的道理并不复杂，但实施起来并不那么容易。一些民营企业（尤其是中小企业）的老板仍然改不了对“惩罚”的崇拜。愿意制定制度，设立专门岗位，对员工规定各种惩罚条款，却舍不得给员工增加工资。

企业领导者在经营过程中，如何设计一个有效的激励机制的关键就是如何理解员工的偏好。当人力资源主管建立各种各样的激励机制时，必须能够预见激励对象对此作出怎样的反应，无论是设计薪酬制度，还是出台招聘、解雇、职称、职位、工作环境等政策，只有深入理解员工的偏好，才能找到符合企业发展需求的最优方案。

作为经济学中的重要原理之一，激励现象存在于人们的任何决策和行为之中。就个人而言，根据行为科学理论，只有尚未满足的需要才有激励作用，已经满足的需要只能提供满意感。需要本身并不能产生激励，对满足需要的期望才真正具有激励作用。当员工因为一个小小的成就而尝到甜头，受到激励后，就会作出相对比较大的成就。“激励”会使员工在追求成功的道路上产生良性循环。企业自然也会从中受益。

为什么齐桓公能够成就霸业

张老师非常喜欢组织班上同学参加集体活动，如郊游、联欢会等。但几次活动后，张老师发现了一个棘手的问题：每次活动，如果张老师通知早上8：00集合，一定总有几个同学拖拖拉拉，导致大家8：15才出发，白白耽误一刻钟的时间。

于是，张老师决定改变策略，如果他希望大家8：00到齐，便通知7：45集合。结果最晚的几个同学一般也是在8：00赶到，从而保证按照预期时间出发。

不过，时间久了，同学们都发现了张老师通知的集合时间故意提前，甚至可以根据张老师的通知，猜测出真实的集合时间。因此，每当张老师通知7：45集合时，大家仍然按照8：00来做安排，从而导致几个同学在8：00后才赶来。而那些准时即7：45到达集合地点的同学都开始抱怨，进而也变得不那么守时了。

实际上，在这个情形中，存在的就是“劣币驱逐良币”的怪圈。准时到达的同学是所有人都欢迎的“良币”，而迟到的同学则是让大家产生抱怨的“劣币”。然而，和故事中的情形一样，我们在生活中需要集体集合时，永远都是提前到达或准时到达的“良币”们吃亏，浪费大量的时间等待迟到的“劣币”们。渐渐地，“良币”们当然也明白，自己准时到达没有任何益处，既然反正都要等大家，不如下次就和迟到的人一样，晚15分钟到。而当大家都把晚15分钟作为正常时间后，新一轮的“劣币驱逐良币”的规律又开始了……

企业领导者在创业之初招聘时，就应注意选择“良币”。开始时用了“良币”，“劣币”就难以进入；开始时用了“劣币”，“良币”就会被挡在门外。从下面的这个事例中，我们将体会得更加深入。

齐桓公霸业的成就，很大程度上得力于相国管仲。有一次，齐桓公与管仲聊起马棚的工作，相国管仲说：“其实作为马夫，最难的是搭建马棚的栅栏。先用弯曲的木料编排，以后就都要求用弯曲木料，弯曲木料都编上了，笔直的木料就用不上了；先用直木料编排，以后就都要求用直木料，直木料都编上了，弯曲木料也就用不上了。”

相国的话给了齐桓公极大的启示。管仲其实是在告诫他用人之道：用人之道贵在慎始，曲直不相容而相斥。

对于某些产品来说，其质量检测是比较简单的，各行各业都会有相应的客观标准。而“人才”这种特殊商品的优劣鉴定则要复杂得多，正如在企业运作过程中“良币”与“劣币”的相互作用一样复杂。

第一，人才是一个特殊的商品，很难有一套相对客观公正的评价体系。一般来说，品德和才干是最重要的两个方面。有德无才，无法胜任工作、创造效益；有才无德，可用但不放心。德才兼备为最理想的人才。才干有一套客观的评判标准，如业绩等；可品德则需要较长的时间才能作出比较公允的评价。

第二，人是具有惰性的。在刚进入一个新环境时，一是出于保护自己、融入集体的需要会比较勤奋，时间长了，就会有些懈怠。良币用的时间长了也会磨损成劣币，何况人？二是环境对其潜移默化的影响，所谓“近朱者赤，近墨者黑”也。三是公司制度人性化。太多的人为因素使“劣币”的去留变得复杂起来。也许曾经是“良币”，为公司作出过贡献；也许最近状态不太好；也许随着公司业务的调整，他有些不适应；也许他与自己感情很好；也许自己不愿意得罪人……在多种因素的影响下，驱逐一个“劣币”是很困难的。

如何走出上述怪圈呢？

第一，管理者自己不能磨损成“劣币”，不能有任何的懈怠。如果自己以及创业元老累了，有变成“劣币”的危险，一定要及时把新的“良币”提拔到领导岗位上来，自己则可退居二线。

第二，要留住“良币”，给予他们应有的待遇，同“劣币”有明显的区分。并且，在制度上给予足够的保证。

第三，对待任何“劣币”，要有足够清醒的认识。即使不能及时将之清理出去，也一定要限制其发展，不能听任其形成规模。

掌握了挑选人才的方法之后，企业还要学会留住人才。

南宋军事家、民族英雄岳飞，可谓是难得的帅才，不但能征善战，屡破金兵，还对南宋王朝忠贞不二。可就在南宋王朝急需用人之际，岳飞却被秦桧之流以“莫须有”之罪名杀害。这不仅是岳飞的悲哀，更是大宋王朝的悲哀。就是因为没有了岳飞，金军的铁蹄才得以肆无忌惮地蹂躏大宋那仅存的半壁江山。

对于现代企业来说，只有知人善任、建立健康的用人制度，才能够很好地遏止“劣币驱逐良币”的现象。而要做到这一点，首先要有一个合格的人力资源管理者。

在市场上，来了一个瞎子，据说他是来买羊的。所有人都等着看好戏，谁也不相信一个瞎子能从一大群羊中间选出好的品种来。甚至还有人恶作剧地把一只小狼放进去了。

瞎子被领到羊圈门口，卖羊人将羊赶到他的面前。瞎子一只一只地挑选小羊羔。奇怪的是，他虽然眼睛看不见，但挑出来的羊羔确实都是非常优良的。

这时，恶作剧的人故意把小狼递到他的手上去。瞎子接过来，歪着头，摸了一会儿，说：“这不是一只羊，我也说不清楚这是什么。但我能肯定地说，这个动物不是什么好东西！”

周围的人大惊，便向他请教。瞎子说：“你喜欢羊吗？你了解羊吗？你能像我这样不用眼睛而用心去看羊吗？这就是我的秘诀！”

一个优秀的人力资源管理者，就像是寻找千里马的伯乐一样，要具有天赋的才能、丰富的经验和全面的综合能力。因此，企业和组织必须重视对人力资源管理者的选拔，并善待人力资源管理者。因为“千里马常有，而伯乐不常有”。

其次，企业还要有一套用人、留人的科学方法。

就因为“求贤若渴”，所以很多企业一旦求到了人才，就把他们高高地供起来，用高薪、住房、福利来挽留人才。实际上，这样的企业犯了一个根本性的错误，他们忽略了人才的真正需求。

诚然，要挽留住优秀员工，提高物质待遇是一个可取的方法，但是，却不能仅此一法。因为，久而久之，公司的薪酬管理有可能陷入恶性循环，物质待遇还会成为员工讨价还价的本钱。

对于企业来说，要留住人才就要搞清楚人才的真正需要。他们的离职往往不是待遇的问题，而是对公司的目标缺乏认同、对公司的管理方式不满。另外，缺乏个人成就感也是员工离职相当重要的因素。说到激励，很多人会想到晋级、加薪，但仅靠晋级、加薪并不一定能有效激励员工。企业必须使优秀的员工融入到企业的发展中来。这样，虽然会使优秀员工压力加大，但是却能够让他们有成就感。

总而言之，真正的人才不仅需要有挑战性的工作，更需要工作的胜任感、成就感和责任感。只有他们感到自己受重视、有价值的时候，才会更积极地做出更大的贡献。

第七编

森林遇险怎么办：博弈论中的经济学诡计

- 博弈是好事还是坏事，拼勇气不如拼智慧
- 使力不如借力：小猪的生存智慧
- 信息有毒：不可避免的决策盲区
- 你够聪明但为何并不富有
- 刺猬取暖：管理要懂点博弈

第一章

博弈是好事还是坏事，拼勇气不如拼智慧

为什么两个嫌疑人自愿坐牢

一天夜晚，某富翁家中被盗。警方在调查案件的过程中，逮捕了两名嫌疑犯——斯卡尔菲丝和那库尔斯。但是两人都矢口否认偷过东西。由于缺乏足够证据指控他们所犯下的罪行，所以无法将他们定罪。于是警方将两人隔离，以防止他们串供或结成攻守同盟，并分别跟他们讲清了他们的处境和面临的选择：如果他们两人中有一人认罪，则坦白者立即释放，而另一人将判5年徒刑；如果两人都坦白认罪，则他们将被各判2年监禁；最后，如果两人都不认罪，因警察手上缺乏证据，则他们会被处以较轻的妨碍公务罪各判3个月徒刑。

此时两个罪犯会怎样做？他们如何将自己个人的刑期缩至最短？

由于两名囚徒被相互隔离，根本不能得知对方的选择。而在这几个选择中，他们基于对彼此的怀疑，显然会排除最后一个选择。而从个人的理性选择而言，检举背叛对方所得刑期，总比沉默要来得低。

这样，我们可设想一下，困境中两名理性囚徒的抉择：若对方沉默、背叛会让我获释，所以会选择背叛。若对方背叛指控我，我也要指控对方才能得到较低的刑期，所以也是会选择背叛。

结果，两人理性思考的结论相同，那就是选择背叛。

所以，这场博弈中唯一可能达到的“纳什均衡”，就是双方都背叛对方，最后二人同样服刑2年。

这就是博弈论中经典的“囚徒困境”。

在“囚徒困境”中，最基本的一个前提假设就是，双方都是完全理性的。即双方都以自己利益的最大化为目标，并基于此做出果断的判断和选择，不犯逻辑上的错误。经过理性认识、推理分析等多方面的理性行动后，人们最终做出的行为也必将符合完美性要求，即属于完全理性。在主流经济学中，一直将“完全理性”作为其体系的一个重要前提假设：行为人具有理性的思维，完全按照经济学的逻辑来进行个人经济行为的选择。

回头看，“囚徒困境”中，双方的确都是按照这样的形式来分析和决定自己的行为的。根据推断采取行动对于各自而言是完全理性的，但得到的结果却是错误的。

在生活中的每个角落，其实都存在着“囚徒困境”。不过，由于人们并没有注意去观察，将这些现象都忽略了。下面我们就以平日里最常见的企业广告竞争为例。

甲乙两个公司通过广告相互竞争。若甲公司提高广告质量，乙公司不提高，则当甲公司广告被顾客接受时，会夺走乙公司的部分收入。但若二者同时推出质量类似的广告，收入增加很少但成本增加。而若两家都不提高广告质量，谁的生意都不会被对方夺走。

于是，双方可以这样选择：

达成协议，谁也不再提高广告的质量——合作。

一方提高广告质量，抢夺对方市场——背叛。

两方都提高产品质量，展开更激烈的争夺——互相背叛。

试想一下，甲乙两个公司会如何选择？

从个人理性的角度看，两个公司就像两个囚徒一样，不信任对方、无法合作。想当然，被选择的选项还是背叛。这样，当背叛成为支配性策略时，两公司将陷入广告战，而广告成本的增加损害了两公司的收益。走到最后，甲乙公司便陷入“囚徒困境”。

甲乙公司互相背叛，选择增加广告质量。这对于唯利是图的商人来说，是正确的选择。但这一举动，增加了两个公司的负担和资源的浪费。他们在彼此信息不对称、不信任的氛围下，让企业的个体利益占据了主导地位，最终换来两者都费力不讨好的结果——让竞争更加剧烈。

通过两个例子，“囚徒困境”的作用已经完全被展现在我们眼前，这足够引起人们的思索。每当面临利益攸关的选择时，人们是否也会做出利己的选择？是否成为“被困的囚徒”？

在“个人利益至上”氛围的渲染下，人们似乎已经不再相信这样的思维——合作与“利他”将会带来更好的“利己”——反而成为了“被困住的囚徒”。无论如何，希望更多的人慎重思考，做出对自己真正有利的选择。

在一个大学的酒吧里，4 个男生正商量着如何去追求一个漂亮女生。旁边一个男生却在喃喃自语：“如果他们 4 个人全部去追求那个漂亮女生，那她一定会摆足架子，谁也不睬。之后再去追其他女孩子，别人也不会接受，因为没有人愿意当‘次品’。但如果他们先去追其他女生，那么漂亮女生就会感到被孤立，这时再追她就会容易得多。”

男女双方在彼此互相追求的阶段，就是博弈论的经典模型“囚徒困境”。如果双方一见钟情，彼此爱慕，当然是好。但是很多时候都是只知道自己喜欢对方，却不确定对方是否喜欢自己，这种情况下就拿不定主意该怎么办。

因为此时会有如下考虑：一是如果自己先表白，而对方对自己没有意思，自己脸上会没光，尤其是女性容易这么想；二是尽管能断定对方对自己有意，也不愿抢先表白，因为抢先表白的一方，在今后的感情生活中往往会比较被动。这样一来，双方陷入“囚徒困境”都不愿抢先表白，按捺着不动，也许就错过了一场美丽的恋情，甚至一段美好的姻缘。

现实中，大多数情况是，男生主动出击，抢先表白。但此时的男生仍然不知道女生的真实想法（女生的逃避是矜持羞涩，还是拒绝），而女生也不知道男生的真实想法（是真心爱自己，还是玩玩而已）。也正是由于双方的信息不对称，一方使劲地追，一方又使劲地躲，双方仍然处在“囚徒困境”之中。

因此，经济学家认为，若想有情人终成眷属，最好的方法是有一方主动表白，而另一方能积极回应。当然，若是自己羞于表白，找个中间人沟通也可以。但不管哪一种方式，关键是让男女双方的真实信息得以呈现，确定双方是否“郎有情，妹有意”。爱情是迷宫，更是囚徒的困境，只有够聪明的人，才能走出困境，收获幸福。不过，我们毕竟不是经济学家。很多人都说，正因为爱情一开始的这种朦胧猜不透，才让爱情有了更多的回味和美丽。如果“三下五除二”迅速搞定，那样的爱情回忆起来，也少了几分光彩。

“囚徒困境”在生活中也有不少例子，如两国之间的关税。对于两个国家而言，在关税上可以有以下两个选择：提高关税，以保护自己的商品；与对方达成关税协定，降低关税以利各自商品流通。当一国因某些因素不遵守关税协定，独自提高关税（背叛）时，另一国也会作出同样反应（亦背叛），这就引发了关税战。两国的商品失去了对方的市场，对本身经济也造成损害（共同背叛的结果）。然后两国又重新达成关税协定。

为什么不能第一个摘花

在一大户人家门前的路两旁摆满了很多鲜花，很长一段时间都很整齐，花也开得很鲜艳。可是有一天，一个过路的女孩看见花好看，就顺手摘了一朵。渐渐地，摘花的人越来越多了。后来干脆有人把花盆一起搬走了……

很多男人同情茶花女的悲惨命运，但他们却更想占有茶花女。被污辱的漂亮女孩让人同情，更让男人产生邪念。

早晨上班时分，路口人流如织，等红灯的人们焦急地望着交通信号灯。终于有一个性急的小伙子等不及了，开始横穿马路。在这种情况下，如果交警或协警不制止这个"愣头青"，其他人就会像潮水一样紧跟其后，视红灯若无物。

在干净整洁的广场上，你不好意思随手丢弃纸屑或烟头，而是四处寻找垃圾箱。但如果是一地污物、满街尘土，你会毫不犹豫地将烟头弹出一个漂亮的抛物线，任其跌落。

一面洁白的墙上，如果出现了第一个"办证"的涂鸦，在不能及时清除的情况下，这面墙很快就会长满"牛皮癣"。

环境既有约束力也有诱导性。个体的行为在无约束的情况下，会引起"多米诺骨牌效应"，犹如蚁穴之不掩，会造成大堤溃决。社会学家将这种现象称之为"破窗效应"。

美国斯坦福大学心理学家菲利普·辛巴杜（Philip Zimbardo）于1969年进行了一项实验，他找来两辆一模一样的汽车，把其中的一辆停在加州帕洛阿尔托的中产阶级社区，而另一辆停在相对杂乱的纽约布朗克斯区。停在布朗克斯的那辆，他把车牌摘掉，把顶棚打开，结果当天就被偷走了。而放在帕洛阿尔托的那一辆，一个星期也无人理睬。后来，辛巴杜用锤子把那辆车的玻璃敲了个大洞。结果呢，仅仅过了几个小时，它就不见了。以这项实验为基础，政治学家威尔逊和犯罪学家凯琳提出了一个"破窗效应"理论，认为：如果有人打坏了一幢建筑物的窗户玻璃，而这扇窗户又得不到及时的维修，别人就可能受到某些暗示性的纵容去打烂更多的窗户。久而久之，这些破窗户就给人造成一种无序的感觉。

从"破窗效应"中，我们可以得到这样一个道理：任何一种不良现象的存在，都在传递着一种信息，这种信息会导致不良现象的无限扩展。同时必须高度警觉那些看起来是偶然的、个别的、轻微的"过错"，如果对这种行为不闻不问、熟视无睹、反应迟钝或纠正不力，就会纵容更多的人"去打烂更多的窗户玻璃"，就极有可能演变成"千里之堤，溃于蚁穴"的恶果。

人性中还有一个弱点，就是从众性。对第一个闯红灯者不予制止，就会给所有等红灯的人们这样一个暗示：违反规则不会受到惩罚且能获益。他们还会这样想：反正我不是第一个，前有车后有辙，再说法不责众嘛！

在日本，有一种称作"红牌作战"的质量管理活动。日本的企业将有油污、不清洁的设备贴上具有警示意义的"红牌"，将藏污纳垢的办公室和车间死角也贴"红牌"，以促其迅速改观，从而使工作场所清洁整齐，营造出一个舒爽有序的工作氛围。在这样一种积极暗示下，久而久之，人人都遵守规则，认真工作。实践证明，这种工作现象的整洁对于保障企业的产品质量起到了非常重要的作用。

对于个体来说，"破窗效应"的启示是：不要受不良的心理暗示，下滑就是跌落甚至堕落。尽量培养自己好的行为习惯，虽然费力，但于己、于人、于社会都有好处。爱护每一扇窗户，及时修补第一扇破碎的窗户，尤其是自己的心灵之窗。

制度化建设在企业管理中已经是老生常谈了。但是，现实的情况往往是制度多，有效的执行少。长此以往，企业的发展会很尴尬。对公司员工中发生的"小奸小恶"行为，管理者要引起充分的重视，适当的时候要小题大做，这样才能防止有人效仿，起到"修补破窗"的作用。

美国有一家公司，规模虽然不大，但以极少炒员工鱿鱼而著称。有一天，资深车工杰瑞在切割台上工作了一会儿，就把切割刀前的防护挡板卸下放在一旁。没有防护挡板，虽然埋下了安全隐患，但收取加工零件会更方便、快捷一些，这样杰瑞就可以赶在中午休息之前完成 2/3 的零件了。不巧的是，杰瑞的举动被无意间走进车间巡视的主管逮了个正着。主管雷霆大怒，令他立即将防护板装上之后，又站在那里大声训斥了半天，并声称要作废杰瑞一整天的工作。第二天一上班，杰瑞就被通知去见老板。老板说："身为老员工，你应该比任何人都明白安全对于公司意味着什么。你今天少完成了零件，少实现了利润，公司可以换个人换个时间把它们补起来。可你一旦发生事故，失去健康乃至生命，那是公司永远都补偿不起的……"

离开公司那天，杰瑞流泪了。工作了几年时间，杰瑞有过风光，也有过不尽如人意的地方，但公司从没有人对他说不行。可这一次不同，杰瑞知道，这次碰到的是公司灵魂的东西。

在管理实践中，管理者必须高度警觉那些看起来是个别的、轻微的，但触犯了公司核心价值的"小的过错"，并坚持严格依法管理。不及时修好第一扇被打碎玻璃的窗户，就可能会带来无法弥补的损失。

为什么三个和尚会没有水喝

山上有座小庙，庙里有个小和尚。他每天挑水、念经、敲木鱼，给观音菩萨案桌上的净水瓶添水，夜里不让老鼠来偷东西，生活过得安稳自在。不久，来了个长和尚。他一到庙里，就把半缸水喝光了。小和尚叫他去挑水，长和尚心想一个人去挑水太吃亏了，便要小和尚和他一起去抬水。两个人只能抬一只水桶，而且水桶必须放在扁担的中央，两人才心安理得。这样总算还有水喝。后来，又来了个胖和尚。他也想喝水，但缸里没水。小和尚和长和尚叫他自己去挑，胖和尚挑来一担水，立刻独自喝光了。从此谁也不挑水，三个和尚就没水喝。大家各念各的经，各敲各的木鱼，观音菩萨面前的净水瓶也没人添水，花草枯萎了。夜里老鼠出来偷东西，谁也不管。结果老鼠猖獗，打翻烛台，燃起大火。三个和尚这才一起奋力救火。大火扑灭了，他们也觉醒了。从此三个和尚齐心协力，水自然就更多了。

一个和尚挑水喝，两个和尚抬水喝，三个和尚没水喝。这也是一个经济学的定律。后被管理学界广泛引用和流传，这就是"华盛顿合作定律"。即，一个人敷衍了事，两个人互相推诿，三个人则永无成事之日。

为什么人多反而影响工作积极性呢？早在 1920 年，德国心理学家黎格曼就进行过一项实验，专门探讨团体行为对个人活动效率的影响。他要求工人尽力拉绳子，并测量拉力。参与者都参加 3 种形式的测量：个人单独拉、3 人同时拉和 8 人同时拉。结果是：个体平均拉力为 63 公斤；3 人团体总拉力为 160 公斤，人均为 53 公斤；8 人团体总拉力为 248 公斤，人均只有 31 公斤，只是个人独自拉时力量的一半。黎格曼把这种个体在团体中较不卖力的现象称为"社会懈怠"。

之所以会产生"社会懈怠"现象，可能是每个人觉得团体中的其他人没有尽力，为求公平，于是自己也就减少努力；也可能是觉得自己的努力对团体微不足道，所以没有全力以赴。

不管发生这种现象的具体原因是什么，这种"社会懈怠"现象在生活中普遍存在。比如我们时常会抱怨"人多事杂"，以至于难以高效地完成一项任务；"三个臭皮匠赛过诸葛亮"，而现在大家却将其调侃成"三个诸葛亮不如一个臭皮匠"，这实际也是对"社会懈怠"现象的一种讽刺。

"华盛顿合作定律"似乎与我们"三个和尚"的故事有着异曲同工之妙。不管是分工合作，还是职位升迁，抑或利益分配，不论出发点是何其纯洁、公正，都会因为某些人的"主观因素"而变得扑朔迷离、纠缠不清。随着这些"主观因素"的渐渐蔓延，原本简单的上下级关系、同事关系都会变得复杂起来。

可见，人与人的合作不是人力的简单相加，而是要复杂和微妙得多。在人与人的合作中，假定每个人的能力都为 1，那么 10 个人的合作结果有时比 10 大得多，然而有时却甚至比 1 还要小。

查理和他的搭档史蒂夫都是盗窃高手，身手不凡、技艺高超，一起效命于意大利黑手党。一次，他们联手抢劫了一批来自中国的价值3500多万美元的黄金。在警察的追捕中，史蒂夫出卖了查理，把他送进监狱，自己独吞了巨额黄金。

在查理熬过了几年的牢狱生涯，走出监狱大门后，他决心夺回那笔黄金。因此，他四处网罗帮手，首先找到的是一位擅长在最短时间内撬开保险箱密码锁的美女斯黛拉。然后，查理又找到了一位身手不凡的打手罗布。

查理又打探到史蒂夫的所在地是洛杉矶，便迅速策划了一个详细周全的盗窃和逃跑计划，以躲避警察和史蒂夫的双重追捕。因为有密码高手斯黛拉，撬开保险箱不成问题，关键就在逃跑。查理决定制造一场洛杉矶大塞车，控制市区内各个路口的红绿灯，从而为他们的胜利逃跑开辟出一条绿色通道。

为了这个天衣无缝的计划，三人进行了详细的分工：一人负责侵入交通部门的电脑，控制洛杉矶路口的红绿灯，并通报最快捷、最安全的逃跑线路；另外两人，分别驾驶蓝色和红色的Mini Cooper，载着偷来的黄金，负责安全逃脱。

而他们的对手史蒂夫也不是省油的灯，决不会轻易放弃黄金。同时他也察觉到查理的阴谋，所以没有驾车追击，而是开着一架小型直升机跟在查理的头顶。驾着Mini Cooper的查理终于逃脱了警察的追捕，却无法逃出开着直升机追击的史蒂夫。最后，这两位曾经的盗贼搭档，展开了一场一对一的决斗……

在这场斗争中，查理从分工协作、制定天衣无缝的计划后一起努力行动，在他们的行动中起到关键性的作用。

如同谚语“三个臭皮匠赛过诸葛亮”中说的那样，三个智力水平普通的人只要肯合作，他们的总体智力水平就可以高于一个智力超常的人。更何况电影中三个高手的合作无间呢。

人或多或少都拥有些自私与惰性，而且相互间信任的建立也是一个漫长的过程。然而从信赖到猜疑甚至排斥的过程，往往却只需一件事的时间。正是由于这些特性，使得团队合作变得复杂起来，团队管理也成了一门伟大的学问。如何避免“华盛顿合作定律”的弊端，尤其在现今这个提倡团队合作的社会，是各个团队管理人所必须面对的。明智的管理者，不但会不断提高员工整体素质，而且还会建立分工合理、职责明确、奖罚分明的管理机制，形成一个有利于人才成长与竞争的舞台，这样才能“揽天下英才为我所用”。

同样，对于普通个人来说，处在钩心斗角且毫无生气的环境中，会使得你的精力慢慢消失殆尽，整个人也会变得庸俗而不思进取；选择一个公平且充满活力的环境，则会让自己不断获得“质”的提升。“近朱者赤，近墨者黑”，你会选择何者呢？

为什么马屁股会成为火车的宽度

美国的铁路据传是由英国工程师设计建造的。电车的轨道标准为4.85英尺，这一标准最初又是来源于马车的轮宽。问题是马车为什么要用这个轮距标准呢？因为如果马车用任何其他数值，马车的轮子就会在英国的老路上被撞坏。正巧，这些路上的辙迹宽度就是4.85英尺。这些辙迹又是从何而来的呢？这回答案就追溯得远了。古罗马时，罗马战车的宽度正好是4.85英尺。而这个宽度，恰恰是两匹拉战车的马的屁股的宽度。

后来，是道格拉斯·诺斯第一个明确将其引入了经济学的领域，建立起了新的“路径依赖”理论，从而获得了1993年的诺贝尔经济学奖。实际上，他无非是想证明，在日常生活中，某项事物的一次选择，或许是历史的偶然，像美国铁路的宽度，像某学生购买当当网的图书。但在这一次之后，使用者就会觉得继续这样做是有效率的。于是，过去的选择影响了现在以及未来的选择。然后，人们就会在没有任何质疑的情况下，一条路一直走下去。

诺斯关于“路径依赖”的理论很快得到了证实。甚至实验者们可以发现，个体的全部行为几乎都受到路径依赖的影响。区别只在于，不同情况下，好的路径效应能带来正面作用，提高行为的效率而进入良性循环，甚至形成规模效应；坏的路径效应则让行为一直锁定在低效率的状态。

“路径依赖”又译为“路径依赖性”，它的特定含义是指人类社会中的技术演进或制度变迁均有类似于物理学中的惯性，即一旦进入某一路径（无论是“好”还是“坏”）就可能对这种路径产生依赖。

有人将5只猴子放在一只笼子里，并在笼子中间吊上一串香蕉。只要有猴子伸手去拿香蕉，就用高压水教训所有的猴子，直到没有一只猴子再敢动手。

然后用一只新猴子替换出笼子里的一只猴子。新来的猴子不知这里的“规矩”，竟伸出上肢去拿香蕉。结果触怒了原来笼子里的4只猴子，于是它们代替人执行惩罚任务，把新来的猴子暴打一顿，直到它服从这里的“规矩”为止。

试验人员如此不断地将最初经历过高压水惩戒的猴子换出来，最后笼子里的猴子全是新的，但没有一只猴子再敢去碰香蕉。

起初，猴子怕受到“株连”，不允许其他猴子去碰香蕉，这是合理的。

但后来人和高压水都不再介入，而新来的猴子却固守着“不许拿香蕉”的制度不变，这就是“路径依赖”的自我强化效应。

在当前经济学界，“路径依赖”是一个使用频率极高的概念，它说的是人们一旦选择了某种制度，就好比走上了一条不归之路，惯性的力量会使这一制度不断“自我强化，让你轻易走不出去”。

“路径依赖”效应，用通俗的话来讲，就像是人们的一种经济惯性，这种力量会使这一选择不断“自我强化，让你轻易走不出去”。

“淘宝”上买东西，炒股的系统交易，企业管理，其实也是缘于“路径依赖”。你的系统交易、企业治理模式不一定对，但一旦你使用了很长时间，你就会产生依赖，即便明知是错误的，也可能一直使用下去。

某学生从国外留学回来，曾在淘宝网购买过图书，此后就经常光顾淘宝网。

一日，女友问他：“网上哪里买化妆品便宜？”

某学生：“淘宝网。”

女友：“网上哪里买衣服便宜？”

某学生：“淘宝网。”

女友：“网上哪里买手机便宜？”

某学生：“淘宝网。”

女友笑着推了他一下：“你家是开淘宝网的？”

某学生只因使用了一次淘宝网，就继续光顾。当女友要购买东西时，他就积极向女友推荐。可是，反过来想想，就如女友说的那样，买东西一定要上淘宝网吗?

回答当然是否定的。还有很多网站可供选择，例如卓越、当当等，那某学生为什么给女友推荐淘宝网呢？因为他熟悉淘宝网，让女友直接去买，提高了行为的效率。（尽管未必会减少，甚至会增加付出的成本。）这种状态，在经济学中就是典型的“路径依赖”效应。

为什么选美大赛会成为选丑大赛

“09港姐竞选”首轮面试后选出的15人，被媒体评作“触目惊心”：平胸、龅牙、罗圈腿都成了佳丽。看到参赛佳丽们的种种表现，主办方——香港无线电视台（TVB）的高层不但震惊且震怒，甚至气愤得大拍桌子。

走过了36年，“港姐”已成了香港人血肉的一部分，和这个城市的脉搏一起跳动。这个看重“香港制造”的地方，早有人下过定论：什么最能代表香港？不是尖沙咀钟楼，不是太平山老衬亭，不是海洋公园，不是大富豪夜总会，而是“香港小姐”。

而“港姐”冠军第一次被人说“丑”，始于1993年的冠军莫可欣。据说，评委成龙对“读了很多书”的莫可欣推崇备至。莫可欣的最后当选，引发了香港传媒关于选美标准的大争议。在意见统一之前，无线的大老板邵逸夫已经用行动抗议。他在一次大型活动中，一改由应届“港姐”冠军陪伴的铁例，而由女艺员曹众搀扶出场，摆明对莫可欣的冠军身份不以为然。

其实，最不想“港姐”颓败下去的，还是香港人自己。尤其是主办方——无线电视台。为了力保收视不失，“港姐”选美逐渐蜕变成花样百出的综艺晚会。尤其是外景拍摄，为了达到“靓”的效果，佳丽们要“上刀山、下火海”。2000 年的“港姐”，先在海南岛酷热的沙滩上“加热”，然后去云南高原的雪山上“淬火”，病倒好几个。2001 年的“港姐”，在日本的冷风冷雨中拍泳装特辑，冻得涕泪交流。

在这场“挽救港姐”的战斗中，香港媒体也是功不可没。为了增加话题、制造看点，他们只能挖空心思炮制丑闻。不是盯着佳丽腰间的“猪腩肉”，就是“八字波”、“甲组脚”，香港小姐“高贵”一说，完全沦为笑话。

主办方锻炼“港姐”的各种招式，加之媒体的刻薄，让人觉得选美真的需要勇气。素质超群的美女，自然有很多方式出名致富，不用受这种煎熬。所以参选“港姐”的女孩越来越少。“港姐”保卫战，反倒陷入了“越来越丑”的恶性循环。

在网络上，流传着这样一句比较激烈的话：“选美选出的永远是最丑的，选秀选出的永远是最差的。”很多人对此都有同感，不只选美和选秀，从古至今，很多事情都是类似的结局。

枪手博弈的故事告诉我们：在多人博弈中常常由于复杂关系的存在，而导致出人意料的结局。一位参与者能否最后胜出，不仅仅取决于其实力，更取决于实力对比关系以及各方博弈的策略。

比如，《红楼梦》里王夫人给贾宝玉选妾，无论是按照“贤妻美妾”的传统标准，还是以聪明、口才、针线等为衡量尺度，都轮不上容貌次等、手脚笨笨、惹人烦腻的袭人，但是结果恰恰是袭人取胜，在前八十回中，她已经坐稳了“准姨娘”的位子。

古代帝王的后宫争斗也是如此，真正在后宫屹立不倒、隆宠不衰的，一般都不是身世最显赫、最有才华、最貌美、最贤惠的。但凡在某一方面占了一个“最”字，就不太容易在尔虞我诈的环境中生存下去。大多数时候，最后胜出的是在任何方面都不弱，同时又懂得权谋、智慧和平衡的人。

21 世纪的选秀和选美也是如此。拿“超级女声”来说，很多人对于 2006 年的“超女”冠军心生疑问，尚雯婕既没有美丽的容貌、突出的个性，也没有深厚的歌唱功夫，她的夺冠似乎毫无道理。

由此可见，“胜出的未必是最好的”。此种现象由来已久，结合博弈论的知识，人们就大致可以解开心中的疑惑了。

其实，这也是“枪手博弈”模型的一种演绎，无论是选秀、选美、选妾，最后胜出的“资质略差者”与“枪手博弈”中的枪手，丙有着共同的处境和结局。最终的胜利，不是他们一个人得到的，而是各种利益相关方共同博弈的结果。

在《红楼梦》中，利益相关方有王夫人、宝玉房中的小丫头、贾府中的丫鬟婆子，等等；在后宫中，利益相关方有后宫的众多妃子，以及其娘家所代表的各种势力，等等；“超级女声”的比赛中，则有主办方、评委、参赛的选手们、电视观众、媒体、各位选手的支持者们，等等，在各种博弈中，都有着方方面面的利益在影响最终结果，从而造成了出人意料的结局。

而其中，真正最优秀的人，比如《红楼梦》中的晴雯，帝王后宫中的德才兼备者，“超女”中的内外兼美、唱功一流者，则可能最先成为众矢之的，被下面那些人联合打压、排挤出局。最终的胜利者，不是实力最强者，也不是实力最差者。这种结局虽然不尽如人意，却表现了各方面利益的均衡，是博弈论科学性的有力证明。

为什么乌龟要和兔子合作

春秋战国时期，越国人甲父史和公石师各有所长。甲父史善于计谋，但处事很不果断；公石师处事果断，却缺少心计，常犯疏忽大意的错误。他们经常取长补短，合谋共事，好像有一条心。这两个人无论一起去干什么，总是心想事成。

后来，他们在一件小事上发生了冲突，吵完架后就分了手。当他们各行其是的时候，都在自己的事业中屡获败绩。

一个叫密须奋的人对此感到十分痛心，他哭着规劝两人说："你们听说过海里的水母没有？它没有眼睛，靠虾来带路，而虾则分享着水母的食物。这二者互相依存，缺一不可。北方有一种肩并肩长在一起的'比肩人'。他们轮流着吃喝、交替着看东西，死一个则全死，同样是二者不可分离。你们两人与这种'比肩人'非常相似。你们和'比肩人'的区别仅仅在于，'比肩人'是通过形体，而你们是通过事业联系在一起的。既然你们独自处事时连连失败，为什么还不和好呢？"

甲父史和公石师听了密须奋的劝解，感到很惭愧。于是，两人言归于好，重新在一起合作共事。

这则寓言故事说明个体的能力是有限的，在争生存、求发展的斗争中，只有坚持团结合作，才有可能获得最终的成功。这便涉及了经济学中的"正和博弈"。为了更好地理解，我们不妨用"猎鹿模型"来解释在博弈中合作的必要性。

在古代的一个村庄，有两个猎人。为了使问题简化，假设主要猎物只有两种：鹿和兔子。如果两个猎人齐心合力，忠实地守着自己的岗位，他们就可以共同捕得 1 只鹿；要是两个猎人各自行动，仅凭一个人的力量，是无法捕到鹿的，但可以抓住 4 只兔子。

从能够填饱肚子的角度来看，4 只兔子可以供一个人吃 4 天；1 只鹿如果被抓住将被两个猎人平分，可供每人吃 10 天。也就是说，对于两位猎人，他们的行为决策就成为这样的博弈形式：要么分别打兔子，每人得 4；要么合作，每人得 10。如果一个去抓兔子，另一个去打鹿，则前者收益为 4，而后者只能是一无所获，收益为 0。在这个博弈中，要么两人分别打兔子，每人吃饱 4 天；要么大家合作，每人吃饱 10 天。这就是这个博弈的两个可能结局。

通过比较"猎鹿博弈"，明显的事实是，两人一起去猎鹿的好处比各自打兔子的好处要大得多。"猎鹿博弈"启示我们，双赢的可能性是存在的，而且人们可以通过采取各种举措达成这一局面。

但是，有一点需要注意，为了让大家都赢，各方首先要做好有所失的准备。在一艘将沉的船上，我们所要做的并不是将人一个接着一个地抛下船去，减轻船的重量，而是大家齐心协力地将漏洞堵上。因为谁都知道，前一种结果是最终大家都将葬身海底。

在全球化竞争的时代，共生共赢才是企业的重要生存策略。为了生存，博弈双方必须学会与对手共赢，把社会竞争变成一场双方都得益的"正和博弈"。

厉以宁曾经讲过新龟兔赛跑的故事：龟兔赛跑，第一次比赛兔子输了，要求赛第二次。第二次龟兔赛跑，兔子吸取教训，不再睡觉，一口气跑到终点。兔子赢了，乌龟又不服气，要求赛第三次，并说前两次都是兔子指定路线，这次得由它指定路线跑。结果兔子又跑到前面。快到终点了，一条河把路挡住，兔子过不去，乌龟慢慢爬到了终点，第三次乌龟赢。于是两个就商量赛第四次。乌龟说："咱们老竞争干吗？咱们合作吧。"于是，陆地上兔子驮着乌龟跑，过河时乌龟驮着兔子游，两个同时抵达终点。

这个故事告诉我们双赢才是最佳的合作效果，合作是利益最大化的武器。许多时候，对手不仅仅只是对手，正如矛盾双方可以转化一样，对手也可以变为助手和盟友，微软公司对苹果公司慷慨解囊就是一个最好的案例。如同国际关系一样，商场中也不存在永远的敌人。

为什么驴子和驴夫都会遭受损失

试想有两只公鸡遇到，每只公鸡有两个行动选择：一是退下来，一是进攻。如果一方退下来，而对方没有退下来，对方获得胜利，这只公鸡则很丢面子；如果对方也退下来，双方则打个平手；如果自己没退下来，而对方退下来，自己则胜利，对方则失败；如果两只公鸡都前进，那么则两败俱伤。因此，对每只公鸡来说，最好的结果是：对方退下来，而自己不退。

伊索寓言中有一个“驴子和驴夫”的故事：

驴夫赶着驴子上路，刚走一会儿，就离开了平坦的大道，沿着陡峭的山路去走。当驴子将要滑下悬崖时，驴夫一把抓住它的尾巴，想要把它拉上来。可驴子拼命挣扎，驴夫便放开了它，说道：“让你得胜吧！但那是个悲惨的胜利。”

这故事说明，驴子的胜利是一个悲惨的胜利。驴子胜了，但却是以自己的牺牲为代价。

有时候，双方都明白二者相争必有损伤，但往往又过于自负，觉得自己会取得胜利。所以，只要把形势说明，等双方都明白自己并没有稳操胜券的能力，僵持不下的“斗鸡博弈”就会化解了。

我们可以发现生活中常有这样的例子，比如男女双方结婚之后，因为一些家庭琐事就像两只斗架的公鸡，斗得不可开交。婚姻双方的“斗鸡博弈”，使整个家庭战火纷纷，硝烟弥漫。一般来说，到关键时候，总有一方对于对方的唠叨、责骂要避开。如果丈夫装聋作哑，或者妻子干脆回娘家去冷却怒火，或者丈夫摔门而出找朋友去诉苦，一场干戈化为玉帛。

凡事都要决出输赢胜负，那么必然会给自己带来不必要的损失。只有一方先撤退，才能使双方获利。特别是占据优势的一方，如果具有这种以退求进的智慧，提供给对方回旋的余地，就会给自己带来胜利，而且双方都会成为利益的获得者。

康熙时期，文华殿大学士兼礼部尚书张英在京做官。在老家桐城，他的邻居吴氏是当地的豪绅大户，欲侵占张府的宅地。家人驰书京城，要张英凭官威压一压吴氏的气焰。谁知张英却回诗一首：“一纸书来只为墙，让他三尺又何妨。长城万里今犹在，不见当年秦始皇。”意思很明白：退让。家人得诗，主动退让三尺。吴氏闻之，也后撤三尺。于是形成了六尺宽的巷道。这就是“六尺巷”的由来。

由此可见，懂得退让并不是一种懦弱和失败，而是一种智慧。我们在工作和生活中要知道进退的道理，不要等到斗得两败俱伤的时候才灰溜溜地败下阵来！

在现实中，哪一只斗鸡前进，哪一只斗鸡后退，要进行实力的比较。谁稍微强大，谁就有可能得到更多的前进机会。但这种前进并不是没有限制的，而是有一定的距离。一旦超过了这个界限，只要有一只斗鸡接受不了，那么“斗鸡博弈”中的严格优势策略就不复存在了。

2008 年，金融危机到来。华为总裁任正非提出“抱团过冬”，他说的“抱团过冬”也就是在“斗鸡博弈”中选择后退。

与合作伙伴。任正非说：“在目前残酷的竞争环境下，宁亏华为不能亏同盟军。华为现在有 200 多个同盟军，要保护同盟军的利益。比如，我们的通信代理口，分销这个口，会出现很大的困难。当价格越来越低，给代理的利益越来越少，你们要研究怎么能保护我们的同盟军。我们期望有一定的同盟军。一旦春天到来，这些同盟军就可以生龙活虎出去抢单，我们就缓过劲来了。”

与竞争对手。在竞争的基础上，加强彼此间的相互了解和合作。和对手联合起来搞研发，共同研发一个产品，研发成本降掉一半，华为的成本就降了一半。竞争对手也要手拉手，也要走向合作。因为都要度过这场灾难啊！

与内部员工。为度过这个最困难时期，转变使华为自己能够有利于迎接困难这方面，所有的华为员工都要有共同清楚的认识，要一起来想办法。公司现在有很多的措施，大家也都来想更多的措施。每个人都要围绕着自己的工作多想措施，想出新的机会点来，想怎么降低成本、想怎么提高服务……

由此可见，任正非深谙“斗鸡博弈”之道。如果在这个时候，华为向供货商施加压力，转移成本，就会让供货商在这场危机中死掉；如果华为与同行“斗鸡博弈”，打压竞争对手，那么同行的死去将会让华为陷入孤独之中，不利于华为的进步；如果华为与员工“斗鸡博弈”，华为未来的发展就会失去员工和人才的支撑。

为什么丈夫会要求严惩妻子

故事发生在一个村庄。村里有100对夫妻，他们都是地道的逻辑学家。

但这个村里有一些奇特的风俗：每天晚上，村里的男人们都将点起篝火，绕圈围坐举行会议，议题是谈论自己的妻子。在会议开始时，如果一个男人有理由相信他的妻子对他总是忠贞的，那么他就在会议上当众赞扬她的美德。另一方面，如果在会议之前的任何时间，只要他发现他妻子不贞的证据，那他就会在会议上悲鸣恸哭，并企求神灵严厉地惩罚她。再则，如果一个妻子曾有不贞，那她和她的情人会立即告知村里除她丈夫之外所有的已婚男人。这些风俗虽然十分奇怪，但是人人遵守。

事实上，每个妻子都已对丈夫不忠。于是每个丈夫都知道除自己妻子之外其他人的妻子都是不贞的女子，因而每个晚上的会议上每个男人都赞美自己的妻子。这种状况持续了很多年，直到有一天来了一位传教士。传教士参加了篝火会议，并听到每个男人都在赞美自己的妻子，他站起来走到围坐圆圈的中心，大声地提醒说："这个村子里有一个妻子已经不贞了。"

在此后的99个晚上，丈夫们继续赞美各自的妻子。但在第100个晚上，他们全都悲鸣恸哭，并企求神灵严惩自己的妻子。

这是一个有趣的推理过程：由于这个村里的每个男人都知道另外的99个女人对自己的丈夫不忠，当传教士说"至少有一个妻子不贞了"，由此并不能必然推出这个"不贞"的女人是自己的妻子，因为他知道还有99个女人对自己的丈夫不忠。

于是这样的推理持续了99天，前99天每个丈夫都不能确切怀疑到自己的妻子。而当第100天的时候，如果还没有人恸哭，那表明所有的女人都忠于自己的丈夫，而这显然与"至少有一个妻子不贞"的事实相悖。于是，每个男人都可确定地推理出自己的妻子已经红杏出墙了。于是，总体的推论结果便是：这100个妻子都出轨了。

应该说，传教士对"至少有一个妻子不贞了"这个事实的宣布，似乎并没有增加这些男人对村里女人不忠行为的知识，他们其实都知道这个事实。但为什么100天后他们都伤心欲绝呢？根源还在于"共同知识"的作用。

传教士的宣布，使得村子里的男人的知识结构发生了变化。本来"至少一个妻子不贞了"对每个男人都是知识，但却不是共同知识，而传教士的宣布使得这个事实成为大家的"共同知识"。

由"共同知识"我们可以引出"脏脸博弈"模型：

三个学生的脸都是脏的，但是他们各自都看不到自己的脸。老师对他们说："你们中至少有一个人的脸是脏的，请脏脸的学生举手。"三个学生对视一番后无人举手，随即又都举手表明自己的脸是脏的。这是为什么？

我们可以还原一下他们的判断过程：

（1）三个学生对视后，都看到了另外两个人的脸是脏的，满足"至少一个脏脸"的判断，因此无人举手。

（2）三个学生都没有举手，这意味着，每个人的眼中都看到了至少一个脏脸。但是，更重要的推断是，三个人中至少有两个脏脸。很简单，如果只有一个脏脸，那么肯定有人在第一步的时候就举手了。由于三个学生同样聪明，因此大家都得出了同样的推断。这个关键的推断就是三个人之间产生的"共同知识"。

（3）既然"至少一个脏脸"，从任何一个人的角度而言，他已经看到了两个脏脸，他仍然可以不举手。

（4）三个人都还是不举手，意味着三个人看到的都是两个脏脸，即所有人都是脏脸。因此，所有人都举手了。

这就是"共同知识"的作用。"共同知识"的概念，最初是由逻辑学家李维斯提出的。对一个事件来说，如果所有博弈当事人对该事件都有了解，并且所有当事人都知道其他当事人也知道这一事件，那么该事件就是“共同知识”。

事实上，在生活交际中，“共同知识”起着一种不可或缺的作用，只不过多数时候我们并没有留心而已。举一个简单的例子。小王决定做一个体检，在经历抽血、B超等多方位检查后，发现有一项“屈光不正”需要去眼科诊疗。花了8元钱的挂号费后，根据指引去做光学检验，但仔细一看，原来就是配眼镜的地方。原来，“屈光不正”就是近视眼！“屈光不正”是医学工作者的“共同知识”，但小王却并不清楚这样的知识，以至让自己多花了冤枉钱。

由此可以看出，没有“共同知识”的博弈，会给整个社会无端增加许多交易成本。比如你去买菜，肯定知道猪肉比白菜贵，不过这是最浅显的“共同知识”。其实，这类知识无处不在。对于我们而言，多掌握一些“共同知识”，对于生活具有重要的意义。

为什么丈夫不敢真打妻子

清人的《笑笑录》中记载有这样一则笑话：

有一个人去理发铺剃头，剃头匠给他剃得很草率。剃完后，这人付给剃头匠双倍的钱，什么也没说就走了。

一个多月后的一天，这人又来理发铺剃头。剃头匠还想着他上次多付了钱，觉得此人阔绰大方。为讨其欢心，多赚他的钱，便竭力为他剃，事事周到细致，多用了一倍的工夫。

剃完后，这人便起身付钱，反而少给了许多钱。剃头匠不愿意，说：“上次我为您剃头，剃得很草率，您尚且给了我很多钱；今天我格外用心，为何反而少付钱呢？”

这人不慌不忙地解释道：“今天的剃头钱，上次我已经付给你了。今天给你的钱，正是上次的剃头费。”说着大笑而去。

这个故事说明，当发生有限次的博弈时，只要临近博弈的终点，博弈双方就会采取不合作的策略。因为理发的人必定不会再到这个理发铺来剃头，因此他才采取了不合作的策略。

在现实的世界中，所有真实的博弈只会反复进行有限次。正如剃头匠不知道客人下一次是否还会光顾一样，没有人知道博弈的具体次数。既然不存在一个确定的结束时间，那么这种相互的博弈一定会持续下去，博弈双方往往会采取合作的方式，实现阶段性的成功。因此，从博弈的角度出发，只要双方仍然存在继续合作的机会，背叛将会受到抑制。

在现实生活中，我们往往能发现这样的情况：在公共汽车上，两个陌生人会为一个座位而争吵，可如果他们相互认识，就会相互谦让。这是因为人们之间是一种“不定次数的重复博弈”。在较长的视野内，人与人交往关系的重复所造成的“低头不见抬头见”，因此使得自私的主体之间走向合作。事实上，“重复博弈”更逼真地反映了日常人际关系。在“重复博弈”中，合作的长期性能够纠正人们短期行为的冲动，为以后长期利益计算，必须维持好周围人的人际关系。

“重复博弈”同样可以解释很多商业行为。我们可以发现，在车站和旅游景点等这些人群流动性比较大的地方，不但商品和服务质量差，而且假货横行，因为商家和顾客没有“下一次”的博弈机会。旅客因为质优价廉而光临的可能性微乎其微，因而，大多数人的选择是“一锤子买卖”，不赚白不赚！一次性买卖往往发生在双方以后不再有买卖机会的时候，特点是尽量牟取暴利并且带有欺骗性。而靠“熟客”、“回头客”为主要顾客群的厂商，他们一般会通过薄利多销的行为使得双方能继续合作下去，他们一般不会选择“宰客”。

实际上，我们也可以借用博弈论来解释夫妻之间的一些行为。夫妻之间的博弈不是一次博弈，而是多次博弈。也正是由于夫妻之间博弈的重复性，所以在博弈过程中只要双方还在理智的情况下，谁也不敢动真格地整治对方，只是吓唬吓唬而已。

丈夫打妻子，他不敢真正下狠手，而妻子一般也不敢闹得太过分，因为他们都明白，仅为一时出口气而给对方造成的伤害，到头来还得自己来承担。也正因为这样，夫妻之间都知道：“别看你现在这么凶，其实你并不敢真的把我怎么样。”所以有许多家庭，只要一方挑起事端，另一方就会积极应战，夫妻之间的博弈就时断时续。

所谓“争争吵吵，相伴到老”，其实就是对这种博弈情形的形象写照。因为对于夫妻而言，博弈的目的不是在分手时能得到更多的“好处”，而是希望能更好地维持合作的稳定性，从而缔结连理，白首偕老。

一般而言，在经历多次的博弈之后，会达到一个均衡点——纳什均衡。在纳什均衡点上，每个参与者的策略是最好的，此时没有人愿意先改变或主动改变自己的策略。也就是说，此时如果他改变策略，他的收益将会降低。每一个理性的参与者都不会有单独改变策略的冲动。因此，在经历了多次的“重复博弈”后，博弈的双方都不希望这种最优状态发生改变，这种相对稳定的结构会一直持续下去，直到博弈的终点。

为什么婚纱照会超出自己的预算

不久前，刘宁和先生在北京一家有名的婚纱店拍了一套结婚照。那天化妆的时候，化妆师首先将她盛赞了一番，接着便推荐她使用一盒装有3瓶彩色液体的化妆品。“多少钱？”“240元。”“不是80元吗？”“那是一瓶的价格，这3瓶的效果都是不一样的，红的是防过敏的，蓝的是抗油的，黄的是隔离的。”“我皮肤不错还要用吗？”“当然要了，用了妆面才持久啊，而且效果自然，晶莹剔透，还可以保护皮肤不受妆粉的伤害。”“真有那么好？那我听你的，你把我弄漂亮点就行。”

那天整套拍下来，刘宁一直都在欢笑和称赞中度过，一点儿也不觉得累。按她的套系，其实应该只有40张照片，但是摄影师却拍了200张。照说这该是好事，但是她为了挑照片整整花费了一个上午的时间。这些相片中，拍得新娘子漂亮，新郎神态就一般，而新郎神采焕发了，新娘子又有不如意的地方……就是没有完美一点儿的。到最后，本来打算只挑40张照片的，不得不加钱又多买了40张照片。“如果你再多买10张，我们可以送你一个水晶的相框，这个质量可是非常好的。”“什么？还要再买10张？你送我一个吧！”“对不起，我们这个水晶相框单个可是600元一个呢，不是看你照片挑得多，我们是不送的。”“我倒还占便宜了，这样一加，完全超出了自己的预算嘛……”最后的结果是又加买了5张照片，“免费”得了一个水晶相框。

一面是自己付出了昂贵的代价、一天的时间与精力拍下的美丽的照片，一面是店方超高价的要挟。换言之，或放弃付出很高成本而自己又特别希望获得的美丽的照片，或是接受店方“抢劫式的要挟”。刘宁也只好选择后者。可以说，人们一进入婚纱店，就进入店方早已设计好的陷阱，只能一步一步往里钻。一开始，从店方提供的格式化合同来看，它就明显地告诉你，送照片20张，入册100张，但入册的是否收费并没有告诉消费者，解释权完全归店方。当消费者进入照相的过程中时，看上去店方的服务是非常的周到和热情，会尽量满足消费者的要求，但这仅是店方为以后更容易地进行“抢劫式的要挟”埋下的伏笔，因为照片照得越多，消费者出高价的机会就越多。当看到自己喜欢的照片时，消费者早已付出很高的成本。如果所选择的照片越少，那么每张照片的单位成本就越高，作为一个理性的消费者，这时会尽量选择自己喜爱的照片，以便降低每张照片的单位成本。店方这种“抢劫式的要挟”为什么会得逞？原因在于这种交易是一次性交易，根本不希望有回头客。而在这种一次性交易中，店方“宰客”越厉害，其获得的超额利润就越高。

类似的事情还有很多。我们在旅游风景名胜区往往容易购买价高质次的商品，而在自己生活的城市的百货商店却不容易被欺诈。我们在方言区的菜市场买菜，如果我们讲普通话，往往要比我们说当地的方言支付更高的价格购买蔬菜和肉类。

为什么长赌不赢不输

传说很久很久以前，有一个国王，他惩罚罪犯时有个古怪的习惯：把罪犯送进竞技场，在竞技场的一端有两扇一模一样的门，门后分别关着一只凶猛的老虎和一位美女。国王惩罚犯人的方式就是让他自己挑一扇门，如果他选中老虎，那么后果可想而知；如果选中少女，他不但可以马上获释，还可以抱得美人归。

一天，这个国王发现有位英俊潇洒的臣子与公主私通。一怒之下，他把这个青年送到竞技场，处以传统的惩罚。事前，公主已经知道哪扇门背后藏的是什么。于是她很苦恼，不知该把爱人送入虎口，还是送到另一个女人的怀抱。

命运攸关的这一天如期来临。在别无选择的情况下，站在竞技场上的这位臣子望了公主一眼，公主示意他选择右边那扇门，他打开门……

故事到此为止，留给我们一个悬念：臣子遇到的是美女还是老虎？

如果你陷入故事中的那个境地，你该如何选择？两种选择结果的好坏是明摆着的，可是指导我们选择的信息却很少，而且不可靠。除了碰运气，我们还有没有更好的机会呢？

其实这个故事反映了一个人们熟知的概念，那就是“概率”。明天会不会下雨？她喜不喜欢我？我买的彩票会不会中奖？扔一枚硬币，它会不会帮我？这都是概率。

简单地说，指某种事件在同一条件下可能发生也可能不发生，表示发生的可能性大小的量叫做概率。被巴菲特称为“生活的真正指南”。但这个“生活的真正指南”却因解决赌博问题而发展起来。

拉文当年是一只 6 岁的猩猩，受雇于华尔街互惠基金的猩猩。它用掷飞镖方法，从 133 家互联网公司中选出它的投资组合。

有位学者还让拉文和一组专家进行炒股比赛的实验。专家们运用各种投资分析手段去选股，包括选啥股、何时买、何时卖，等等，无不经过了所谓“交易系统”的严格论证；相对来说，拉文的选股方法就简捷得多了。它随意地用飞镖投向一块写满股票代码的木板，只要投中哪只股票，就买哪只股票。这个指数 1999 年的回报高达 213%，赢了华尔街的大部分专业投资家。

其实，并非是猴子比经济学家还要聪明，而是在猴子投飞镖的过程中，它的运气比较好。这个运气，就是概率。我们在日常生活中所说的运气好，就是说我们概率比较大；而运气差，则是说概率比较小。

在 17 世纪，法国有两个大数学家，一个叫做巴斯卡尔，一个叫做费马。

巴斯卡尔认识两个赌徒，有一天，这两个赌徒向他提了一个问题。他们说，他俩下赌金之后，约定谁先赢满 5 局，谁就获得全部赌金。赌了半天，A 赢了 4 局，B 赢了 3 局，时间很晚了，他们都不想再赌下去了。那么，这个钱应该怎么分？是不是把钱分成 7 份，赢了 4 局的就拿 4 份，赢了 3 局的就拿 3 份？还是，因为最早说的是满 5 局，而谁也没达到，所以就一人分一半呢？

为了解决这个赌博问题和类似的难题，“概率论”就这样发展起来了。这朵自赌博中诞生的“邪恶之花”后来却成为统计学、遗传学、量子力学学科的基础，被广泛运用于科学、技术、经济和生活的各个方面。

博弈中，为了作出正确的决策，很多时候都要用概率论来解决问题。因为在大多数情况下，你希望发生的结局一定不是 100%出现或绝不出现。但如何分析其结果“可能发生的概率”或“可能不会发生的概率”，就比较容易解决了。如果该结果发生的概率小，在做之前一定要有失败的心理准备。另一方面，也不要等到事情成功的概率达到 100%时才去做，因为这时，即便做成了也没有什么值得骄傲的。就像前美国国务卿鲍威尔曾在阐述“领导力”时指出：“当你自估的成功概率达到 40% ~ 70%，你就该去做这件事了。也许你会失败，但拖延或等待的代价往往更大。”

所以，做概率分析时，可以列出“最好的可能”和“最坏的打算”，以帮助自己综合考虑。

当然，许多抉择并没有这么好的“后路”。在这种时候，既要谨慎地评估风险因素，也要在适当的时候有勇气挑战自己。就像故事一开始的臣子，赢得性命的概率就掌握在公主的性情里。如果公主有成全爱人性命舍弃自己爱情的宽广胸怀，那右边出现美女的可能性就比较大；如果平日的公主绝对爱情至上，宁可玉碎不予瓦全，自己得不到的爱情别人也别想得到，那右边出现老虎的概率就比较大。所以，自己挑选的爱人自己知道，如果相爱，你就该知道门后出现的是什么。

为什么洛克菲勒会成为超级富豪

两个乡下人，外出打工，一个去上海，一个去北京。可是在候车厅等车时，这两人又都改变了主意。

因为邻座的人议论说，上海人精明，有时外地人问路都收费；北京人质朴，见吃不上饭的人，不仅给馒头，还送旧衣服。去上海的人想：还是去北京好，挣不到钱也饿不死，幸亏车还没到，不然真进了地狱。去北京的人想：还是上海好，给人带路都能挣钱，还有什么不能挣钱的！幸亏还没上车，不然真失去了一次致富的机会。于是他们在退票处相遇了。原来要去北京的得到了去上海的票，要去上海的得到了去北京的票。

去北京的人发现，北京果然好。他初到北京的一个月，什么都没干，竟然没有饿着。不仅银行大厅里的太空水可以白喝，而且大商场里欢迎品尝的点心也可以白吃。

去上海的人发现，上海果然是一个可以发财的城市，做什么都可以赚钱。带路可以赚钱，看厕所可以赚钱，弄盆水让人洗脸也可以赚钱。只要想点办法，再花点力气，都可以赚钱。

凭着乡下人对泥土的感情和认识，第二天，去上海的人在建筑工地装了10包含有沙子和树叶的土，以“花盆土”的名义，向爱花的上海人兜售。当天他在城郊间往返6次，净赚了50元钱。一年后，凭着“花盆土”，他竟然在大上海拥有了一间小小的门面。

在常年的走街串巷中，他又有一个新的发现：一些商店楼面亮丽而招牌较暗淡。一打听才知道是清洗公司只负责洗楼不负责洗招牌的结果。他立即抓住这一空当，买了人字梯、水桶和抹布，办起了一家小型清洗公司，专门负责擦洗招牌。如今他的清洗公司已有150名员工，业务也由上海发展到杭州和南京。

不久，他坐火车去北京考察清洗市场。在北京车站，一个捡破烂的人把头伸进软卧车厢，向他要一只啤酒瓶时，两人都愣住了，因为5年前，他们曾换过一次票。

两个策略不同的人选择了不同的人生路，结果一个沦为乞丐，一个成了老板。策略固然能改变我们的人生，但不要忘了，我们之所以进行策略选择，只有一个目的，那就是：为了获得更大的效益。

在博弈中有了局中人，就要开始进行策略的选择了。所谓“策略”，就是直接、实用地针对某一个具体问题所采取的应对方式。一局博弈中，每个博弈者都要对局势和整体状况进行分析，确定局势特征，找出其中的关键因素，为达到最重要的目标进行手段选择。如果在一局博弈中，博弈者都只有有限个策略，则称为“有限博弈”，否则称为“无限博弈”。

有一个算命的道士，对于占卜吉凶、推演因果很有一套。有一次，有3个书生进京赶考，听说那道士算命非常灵验，便一同前去道士那里算命，虔诚地向道士说：“我们3个此番进京赶考，劳烦道长算一算谁能考中？”

那道士眼都没睁，嘴里煞有介事地叨念了一会儿，向他们伸出一个手指，但却只字未说。3个考生莫名其妙，有个着急地问道：“我们3人谁能考中？”那道士还是一言不发，依旧伸出一只手指，算是回答。3个考生见道士迟迟不肯开口说话，以为是天机不可泄露，只好心怀疑惑地走了。

3个考生走后，道士旁边的小童好奇地问：“师父，他们3人到底有几个得中？”

道士胸有成竹地说："中几个都说到了。一只手指可以表示他们中的一个人中，可以表示只有一个不中，还可以表示 3 个人一齐中，当然也可以表示一个人都不中。"

小道童这才恍然大悟。

正是因为道士知道自己的一个手势便能将可能的四种结局都概括了。事实上这种两头堵的策略是很多"未卜先知"者惯用的手法。这就涉及博弈论中的"策略欺骗"。

在现实博弈活动中，参与者之间往往对自己和对方的优势和劣势都了如指掌，而且往往会想方设法地加以利用，把弱点作为突破对方防线的重点。正因如此，也就提供了策略欺骗的基础。

因此在现实博弈中，参与者都会想方设法地去猜测对手的策略，以图打破平衡。基本策略是：先随机出招，维持一个平局的局面，同时尽量从对方的行动中寻找规律，当捕捉到这种规律时就利用它。但是如果博弈双方都采用这种保守策略，博弈将永远维持在平衡状态。必须有一方首先出击，从而诱使对方也走出堡垒，这时才能开始一场真正的斗智。

一个善用策略行动的人，既要有自知之明，更要能利用对手对自己习惯及固有特点的了解，出其不意，把对手诱入局中。不过最重要的是，我们应该在生活中合理利用其中的策略。

19 世纪中期，在美国宾夕法尼亚州已经发现了石油，成千上万人奔向采油区。一时间，宾夕法尼亚土地上井架林立，原油产量飞速上升。克利夫兰的商人们对这一新行当也怦然心动，他们推选年轻有为的经纪商洛克菲勒去宾州原油产地亲自调查一下，以便获得直接而可靠的信息。"

经过一段时间考察，洛克菲勒回到了克利夫兰。他建议商人们不要在原油生产上投资，因为那里的油井已有 72 座，日产 1 135 桶。而石油需求有限，油市的行情必定下跌，这是盲目开采的必然结果。他告诫说："当别人全都开始进入一个行业时，我们自己的策略选择就是退出。"

每一个行业的利润是有限的，当人们全都涌入其中疯狂争抢这有限的一块蛋糕时，在这场博弈里最理智的选择就是退出。洛克菲勒因此理性地选择了退出。

果然，不出洛克菲勒所料："打先锋的赚不到钱"。由于疯狂地钻油，导致油价一跌再跌，每桶原油从当初的 20 美元暴跌到 10 美分。那些钻油先锋一个个败下阵来。3 年后，原油一再暴跌之时，洛克菲勒却认为投资石油的时候到了。

此时，别人全都不干石油了，洛克菲勒却出乎意料地选择干石油。洛克菲勒总是根据众多商家的策略选择来判断自己的行为选择。这实际上就是博弈论的精明运用。

1865 年洛克菲勒初进石油业时，克利夫兰有 55 家炼油厂。1870 年，洛克菲勒的公司成了克利夫兰最大的一家炼油公司，并成立了标准石油公司。标准石油公司成立之初，只有 26 家生存下来。1872 年年底，标准石油公司就控股了 26 家中的 21 家。

洛克菲勒成了美国十大超级富豪之一。从此后洛克菲勒家族成了美国威望最高的家族之一。

正是博弈中正确的策略选择，成就了洛克菲勒的辉煌。他每一次都根据别人的选择，判断出自己进入的最佳时机。每一次选择，对洛克菲勒的事业都是一次极大的进步。

由于在人生中每个人都随时扮演着局中人的角色，人生也就随时要面对各种选择。所以在人生这场大游戏里，策略的选择也就异常重要。一旦选择不慎，则可能出现整个人生的败局，正所谓"一着不慎，全盘皆输"。

第二章

使力不如借力：小猪的生存智慧

为什么小猪能不劳而获

猪圈里，有一大一小两头猪。

在猪圈的一头，有个踏板，每踩一下踏板，在远离踏板的猪圈的另一边的投食口就会落下食物。如果有一只猪去踩踏板，另一只猪就有机会抢先吃到另一边落下的食物。

现在，分别让两头猪去踩动踏板。当小猪踩动踏板时，大猪会在小猪跑到食槽之前吃光所有的食物；若是大猪踩动了踏板，则还有机会在小猪吃完落下的食物之前跑到食槽，争吃一点残羹。

那么，请问，两只猪会采取什么策略？是让大猪踩踏板，还是让小猪踩踏板？

答案是：大猪踩踏板，小猪选择等待。

为什么？

根据上面给出的条件，对于小猪来说，选择去踩踏板将一无所获，相反，不踩踏板反而能吃上食物。而对于大猪而言，无论谁踩踏板，它都能吃上食物。问题是当小猪不干的时候，它只能选择自己亲力亲为，毕竟踩踏板总比不踩强。

故事讲的是有名的“智猪博弈”。大小两只猪的智斗，体现了以猪圈为背景的小社会中的博弈。故事中，小猪不参与竞争，而是舒舒服服地等在食槽边吃东西；大猪为一点残羹不知疲倦地奔忙于踏板和食槽之间。看起来，十分不公平，却反映了社会上普遍存在的一种现象，即“搭便车”现象。

“搭便车”理论，首先是由美国经济学家曼柯·奥尔逊于1965年发表的《集体行动的逻辑：公共利益和团体理论》一书中提出的。其基本含义是不付成本而坐享他人之利。

假如有一天过道的灯坏了，你去换了一个灯泡，它在照耀了你的同时也照耀了你的邻居，但是他们没有为此付费却得到了好处。那么对你来说，最平等的方法是让你的那些邻居们也为此付费。但你的邻居也许会告诉你，他们愿意让过道灯继续黑下去也不愿意为此付费。尽管他们并不是希望过道灯继续黑下去，而是将自己真实的想法隐藏起来。希望搭你的便车，由你来替他们付费。但是，假如那个灯泡的市场售价是50元，会怎么样呢？100元，或者是10000元呢？市场就这样趋近于失灵：假如没有任何外力作用，我们的过道灯多数都会黑掉。

关于“搭便车”所产生的问题，在曼昆的《经济学原理》第二版中讲到“搭便车”的故事时给出了解答。

美国一个小镇的居民喜欢在7月4日这天看烟火。设想这个小镇的企业家艾伦决定举行一场烟火表演，可以肯定艾伦会在卖出门票时遇到麻烦。因为所有潜在的顾客都能想到，他们即使不买票也能看到烟火。烟火没有排他性，人人都可以看烟火。实际上，人人都可以“搭便车”，即得到看烟火的机会而不需要支付任何成本。

尽管私人市场不能提供小镇居民需要的烟火表演，但解决小镇问题的方法是显而易见的：当地政府可以赞助7月4日的庆祝活动。镇委员会可以向每个人增加2美元的税收，并用这种收入雇佣艾伦提供烟火表演。

因此，政府可以潜在地解决这个问题。如果政府确信，总利益大于成本，它就可以提供公共物品，并用税收为它支付，可以使每一个人获得“搭便车”的权利。因此，对于可能产生“搭便车”的物品或服务，理应由政府来提供。

为什么鳄鱼与牙签鸟是好朋友

公元前450年，古希腊历史学家希罗多德来到埃及。在奥博斯城的鳄鱼神庙，他发现大理石水池中的鳄鱼，在饱食后常张着大嘴，任凭一种灰色的小鸟在那里啄食剔牙。

这位历史学家非常惊讶，他在著作中写道：“所有的鸟兽都避开凶残的鳄鱼，只有这种小鸟却能同鳄鱼友好相处，鳄鱼从不伤害这种小鸟，因为它需要小鸟的帮助。鳄鱼离水上岸后，张开大嘴，让这种小鸟飞到它的嘴里去吃水蛭等小动物，这使鳄鱼感到很舒服。”

这种灰色的小鸟叫“燕千鸟”，又称“鳄鱼鸟”或“牙签鸟”。它在鳄鱼的“血盆大口”中寻觅水蛭、苍蝇或食物残屑。有时候，燕千鸟在鳄鱼栖居地营巢，好像在为鳄鱼站岗放哨。只要有风吹草动，它们就会一哄而散，使鳄鱼猛醒过来，做好准备。正因为这样，鳄鱼和小鸟结下了深厚的友谊。

这是生物界中动物们的生存法则，也就是竞争中的“共赢”。无论是小动物们还是人类，共赢绝对是最好的结果。不过，要实现共赢也没有那么容易——双方必须有互补的优势，有诚实合作的一员，有相互信任的约定或是协议……合作中的任何一方想要破坏合作的话，都很有可能从“双赢”走向“双输”。无论在企业界还是人与人的交往中，共赢竞争中为了避免对方得益、自己受损，而不惜破坏合作，让双方都受损的例子比比皆是。

松下幸之助早年曾在一家电灯公司工作。他对电灯泡着了迷，后来组成了松下电器公司。不巧公司成立之初，恰遇经济危机，市场疲软。怎样才能使公司摆脱困境、转危为安？松下幸之助权衡再三，决定拿出一万个电灯泡作为宣传之用，借以打开灯泡的销路。

灯泡必须备有电源，方能起作用。为此，松下亲自去拜访一家灯泡公司的董事长，希望双方合作进行产品的宣传，并免费赠送一万个干电池。对方听了此言，不禁大吃一惊，因为这显然是一种违背常理的冒险。但松下诚挚、果敢的态度实在感人，对方终于答应了他的请求。松下公司的电灯泡搭配上干电池，发挥了最佳的宣传效用。很快，电灯泡的销路直线上升，干电池的订单也如雪片般飞来。

从此，松下电器公司名声大振，一步步走上了辉煌的道路。

不是谁都有如此魄力去到对手的公司寻求合作。在生活中，我们常见的是，竞争的双方打得不可开交，恨不得将对方彻底驱赶出市场之外。你降价10%，我就降价30%；你买一赠一，我买一赠二；你把发布会开到北京大饭店，我就到凯宾斯基饭店；你请刘德华做代言，我恨不得请成龙……然而，这样做的结果常常是“仇人相见，分外眼红”；明的竞争不过，就来暗的。因此很多市场就做烂、做臭了。中国现代商战的挑起者和里程碑——因郑州亚细亚商场降价所引起的恶性竞争，让郑州至今经济未恢复，在全国人民面前都抬不起头。

其实，让合作来加强自己的竞争力，让共赢成为合作双方的共同目标，这不仅是人类社会追求的至高境界，也在全球化发展的今天至关重要。地球变得越来越狭小，资源也变得越来越稀少，南北差距拉大，国际关系复杂，要想在这种机遇中崛起，就只有抱着共赢的战略，才能够积极发展。

“互利共赢”是一种新的思维方式，也是一项能够付诸实践的主张。它既包含了对利益的追求，但又不止于对利益的追求。是更好地实现经济合作的基础，可以更快地促进发展，实现双方共同发展，是一种理性的科学的选择。

“双赢”一词，来自于英文“win-win”的中文翻译。营销学这样认为：双赢是成双的。对于客户和企业来说，应是客户先赢企业后赢；对于员工和企业来说，应是员工先赢企业后赢。而中国的“双赢”模式是传统文化中“和合”思想与西方市场竞争理论相结合的产物。

为了共同的利益，同类企业或者生产替代品的企业也会暂时放弃竞争的关系，建立一定时间段的合作。例如两家或者多家同类企业，合作研发一种新产品，以共同对付外敌。而由一家企业研发的话，就会势单力薄。这时的合作可以加快进程，使全体受益。日本的索尼、松下、日立等企业就有类似的合作，还有温州的打火机企业合作，对付欧盟的反倾销从而获胜，也是一个成功的例子。

在现代经济中，各个企业都是共荣共损的。竞争也不一定就是“你死我活”，而是在竞争的过程中，让整体效率得到提高。从这个角度来讲，竞争也是另一种合作的形式。把握竞争，做好合作，才会在竞争之道中获得共赢。

为什么两倍的许愿机会让朋友成仇人

从前，有两位很虔诚、很要好的教徒，决定一起到遥远的圣山朝圣。两人风尘仆仆地上路了，发誓不达圣山朝拜，绝不返家。

不久，他们遇见一位白发圣者。圣者看他们如此虔诚，就十分感动地说：“这里离圣山还有10天的脚程，但很遗憾，我就要和你们道别了。分手前，我要送给你们一个礼物！就是你们当中一个人先许愿，他的愿望一定会马上实现；而第二个人，可以得到那愿望的两倍！”

此时，一个教徒心里想：“太棒了，我知道我想要许什么，但我先不讲，因为先许愿就吃亏了，对方有双倍的礼物！”而另外一个教徒也自忖：“我不想让他得到加倍的礼物！”于是，两位教徒客气起来：“你先讲嘛！”“你年长，先许愿吧！”“不，应该你先！”

两位推来推去，“客套”一番后，就不耐烦起来：“你干吗！你先讲啊！”“为什么我先讲？我才不要呢！”

终于，一人生气了，大声说：“喂，你真是不知好歹！你再不许愿，我就把你的狗腿打断！”另外一人听了也很生气，没想到朋友居然恐吓自己！于是想：我得不到的东西，你也休想得到！这一教徒心一横，狠心说：“好，我先许愿！我希望我的一只眼睛瞎掉！”很快，这位教徒的一只眼睛瞎了。而他的好朋友，两只眼睛都瞎掉了！

原本一件十分美好的礼物，但因人的狭隘、贪念与嫉妒，使得“祝福”变成“诅咒”，使“好友”变成“仇敌”，让“双赢”变成瞎眼的“双输”！

经济学承认人的利己之心，承认人的一切行为都是为了实现个人利益最大化。但同时，经济学也承认“帮助别人就是帮助自己”。因为如果把利己性再往前走一步，就变成了“人不为己，天诛地灭”的荒谬言论。而“帮助别人就是帮助自己”才会更大化实现自己的利益。

市场经济中，崇尚的道德应该是利己又利他。从根本上讲，这两点并非不可实现。如果市场上每个人都只为自己，自私自利，与邻为壑，甚至损人利己，最终结果还是损害自己。而为别人考虑的同时，往往也会为自己带来好处。在社会生活中，当个人从利己的角度出发从事经济活动时，也同时可以为企业实现利润最大化；当企业财富增加，反过来又会增加个人财富。这是一种良性循环。同样，当你从利己的角度出发去帮助别人的时候，就会达到“利己又利他”的效果；反之，为了利己而做伤害别人的事，自己虽然会有一时之益，但从更长的时间段来看，你的所失一定大于所得。

有两个重病人，同住在一家大医院的小病房里。房间很小，只有一扇窗子可以看见外面的世界。其中一个人，因诊疗被允许每天有一个小时靠窗。但另外一个人终日都得平躺在自己床上。

每当下午睡在窗旁的那个人在那一个小时内坐起的时候，他都会给另一个人描绘窗外的景致：他看到公园里的湖，湖内有鸭子和天鹅；孩子们在那儿撒面包片，放模型船；年轻的恋人在树下携手散步；人们在鲜花盛开、绿草如茵的地方玩球嬉戏；还有美丽的天空。

另一个人倾听着，享受每一分钟。他朋友的述说几乎使他感觉到自己亲眼目睹了外面发生的一切。然而，在一个天气晴朗的午后，这个人想：为什么只有他可以独享看风景的权利呢？为什么我不可以？他越想越不是滋味。他一定要换位子！有天夜里他盯着天花板，另一个人忽然惊醒了，拼命地咳嗽，一直想用手按铃叫护士。但这个人只是旁观而没有帮忙——尽管他感觉同伴的呼吸已经慢慢停止了。第二天早上，护士来的时候那人已经死了，只能静静地抬走他的尸体。

过了一段时间，这人问医生，他是否能换到靠窗户的床上。医生帮他换了位子，他觉得很舒服。医生走了以后，他用手肘撑起自己，吃力地向窗外望去——窗外只有一堵空白的墙。

为了看到窗外的风景从而起私心，最后的确如愿换了靠窗的位子，但他失去了太多。他的同伴失去宝贵的生命，他自己也失去对美好生活的憧憬。在你举心动念准备行动的瞬间，你的所念所想如同为你后面的行动打基地。念头是歪的，行动执行再完美，最后都会功亏一篑。

为什么骂名也会成为借力

古印度，有个大财主摩诃密，他有 7 个女儿，均有沉鱼落雁、闭月羞花的姿色，而她们的姿色也获得了当地人的啧啧称赞。

一天，一名来访者对摩诃密说："听说您的女儿容貌绝色，但我发现，她们还没有我做出的衣裳漂亮。"财主一听，不免怒火中烧。这时，裁缝说："我们打个赌，假如大家都说您的女儿比我的衣服漂亮，那我就输给您 500 金，否则您就输给我 500 金，怎么样？"摩诃密一听，立即答应了。

第二天，摩诃密带着女儿们来到裁缝的店铺。女儿们穿上裁缝的衣服，顿时周围发出一片赞叹声。人人都夸奖摩诃密的女儿美貌绝伦，同时也赞叹裁缝的手艺巧妙精良。不过，当提到哪个更胜一筹时，大家一致认为——摩诃密的女儿们更漂亮。得到了人们的肯定和 500 金，摩诃密非常高兴。奇怪的是，输了钱的裁缝似乎比他更高兴。

摩诃密很疑惑，便偷偷派人观察。结果发现，自从这次打赌后，没几天裁缝店里就挤满了爱美的女子，人人都要购买裁缝店的衣服。而裁缝所卖的衣服也从打赌的那天开始，由 1 金变成了 3 金。

裁缝利用了摩诃密贪财和好胜的心理，借用美女的"时装秀"，为自己的手艺做了宣传。通过这样的手段，他成功地吸引了人们的注意力，扩大了衣服的销售。只可惜，精明的摩诃密未能看到这其中的陷阱，白白地为裁缝做了"垫脚石"。裁缝的聪明之处在于借助"美女效应"推动了自己的服装销售量。

其实，"借"字绝活玩转了不知多少个年代。在我们这个世界中，每天甚至是每时每刻，都在发生着各种不同的事件。这些事件的起因各异、表现形式各异、结果各异，但有一个共同点，就是这些事件尤如大海中欣起的一个个巨浪。

这些事件，无心人也就听之任之了。但有心人却往往可以从中发现重大的契机，顺势而为，从而为自己开辟一片崭新的天地。

在激烈的市场竞争中，善借势者善生存。有势时借势，无势时造势也要借，而且顺势要借，逆势也要借。当大多数的商人都懂得巧妙借势的道理之后，那些更聪明的人，不仅借顺势，更懂得借逆势。

英国麦克斯亚的一位妇女，一纸诉状将丈夫告到法院，理由是丈夫有"外遇"。法官问第三者是谁，这妇女居然说是足球！法官觉得没法控告足球，便劝该妇女控告生产足球的厂家。

这起无厘头的控告引起了广大媒体的关注。大家都以为该厂家会对这起官司不予理睬，可出乎意料的是，该足球厂不但欣然应诉，居然还赔偿给这个位妇女孤独费 10 万英镑。当时，一直关注该场官司的媒体争相报道这桩奇案。

表面上看，是足球厂败诉，又赔了钱。实际上这次官司为足球厂做了一次绝妙的广告。这一事件之后，该厂名扬四方，其产品也供不应求。足球厂的老板是聪明的，他知道如何借势扬名。这种隐蔽的炒作方式，更容易让消费者接受。

这家足球厂的老板就是一个借逆势的高手，表面上的“败”，其实是“大赢”，搭“奇案”的便车以达到宣传本企业的作用。如果这家足球厂是一家弱势品牌，那这桩案件的轰动效应足以使它全国皆知。如果这家足球厂是一家强势品牌，那会很好地巩固自己的品牌优势。有什么广告会比妇人状告足球是老公“小蜜”的宣传更为强劲呢？

“恒源祥”的广告词“羊羊羊”是人们对“恒源祥”的最深印象。但在2008年，“恒源祥”推出了新广告：在长达1分钟的时间内，由北京奥运会会徽和“恒源祥”商标组成的画面一直静止不动，广告语则由原来的“恒源祥，羊羊羊”，变成了由童声念出的“恒源祥，北京奥运会赞助商，鼠鼠鼠、牛牛牛、虎虎虎……猪猪猪”。此广告一出，骂声一片。大家的一致反映是：这则广告有些变态，很恐怖，让很多人以为自家的电视坏了。

有人说，“恒源祥”这次广告遭到观众普遍厌恶，广告策划是失败的。其实“恒源祥”的广告是成功的。因为“恒源祥”的广告已经成为社会议说的一个热点，所有媒体资源全部被调动起来了，网民的注意力也被吸引过去了。大家不管是反对，还是凑热闹骂两句，对“恒源祥”的印象出奇的深刻，永远忘不了。“恒源祥”因此成功收获了自己品牌的社会知名度。“恒源祥”要的就是这个目的。

俗话讲：“买的没有卖的精”。在广告使用上同样也是：“看的没有策划的精”。“恒源祥”广告缺德他们难道事先没听出来吗？不会，他们要的就是这个效果。他们就是要用“缺德”来胜出，“不缺德”你印象能深吗？就像一些歌星，在卖专辑前，总是给自己制造点风流韵事，为的就是调动社会人群购买自己的专辑。这方法基本是回回使用，回回成功。

周杰伦与江语晨的绯闻一年多来一直是媒体和大众关注的焦点。两人虽多次表示否认，却总有相恋新闻爆出。2009年2月14日情人节前夕，周杰伦又被发现在台湾驾着蝙蝠车，与开着BMW小跑车的江语晨，一前一后朝牯岭街住处方向驶去。他俩比翼双飞一路猛飙，仿佛把竞速当调情。

2009年2月16日，在北京召开的《熊猫人》新闻发布会上，面对媒体的询问，周杰伦表示两人将要有电视剧方面的合作，当天只是定装完成后大伙一起相约吃饭。他说，不管怎么解释，狗仔想怎么写还是会写出来。“既然都是炒作，还不如我们自己炒。媒体利用我们，我们也可以利用媒体，互相利用。现在的人还是活得自在比较重要。”

利用绯闻进行炒作，正是很多电影公司在宣传新片时惯用的伎俩和手段。

实际上，骂名也是一种助力。善于在逆势中寻找有利于自己的支撑点，必定能为自己开创新的天地。

为什么大商店旁边的小卖部生意好

在人们周围，很多企业都存在“搭便车”行为。例如，一些精明的小商店经营者会开在大商场旁边，大商场的人气也为小商店带来了生意。

最明显的“搭便车”现象，莫过于在生活中普遍存在的盗版现象。以仿冒的名牌皮包为例。一般当大企业花了数额巨大的投资和创意将皮包推向市场时，很快，一些小的厂商就会将其买回，然后拆分，第二天就能做出一批盗版产品。在市面上，真的名牌皮包价格平均在几百元左右，甚至有的达到上万元。可是等盗版产品出来时，估计也就几十元的成本。商家可以以假乱真，获得暴利。

“彼阳牦牛”在电视、报纸媒体上进行密集性广告轰炸，而这恰恰给“神奇牦牛”窥见了行销机会。“神奇牦牛”悄悄渗透终端，采用终端跟进策略，争取哪里有“彼阳牦牛”铺货，哪里就有“神奇牦牛”守阵，也取得了很好的销售业绩。“神奇牦牛”的包装色调与“彼阳牦牛”几乎雷同，包装盒面积比“彼阳牦牛”要大，但价格稍低，其终端展示形象比“彼阳牦牛”更显牛气。

厂家经常采用“搭便车”策略。一些弱势产品跟进强势产品，借力“铺货”，最大限度地减少新产品进入市场的阻力，使新产品快速抵达渠道的终端，从而尽快与消费者见面。对没有强大实力的弱势产品而言，搭强势品牌的“广告便车”是一条切实可行的策略。

“搭便车”现象，若从经济学的角度来解释也是有原因的。在市场经济中，取得市场上的信息必须付出时间和精力成本。而作为中小企业者，为了得到相同的利益却不愿意付出这些成本。像有的皮包是著名的品牌，它拥有自己富有宣传性的名称和样式，形成了良好的品牌形象。而这一切，必然是建立在对品牌形象及产品质量的大量投入之上的。那些中小企业者因为对产品的生产、营销等信息获得的并不多，也无法独立负担庞大的生产营销费用。所以更愿意以直接仿冒的产品进入市场。

这就是为什么有的企业热衷于侵权盗版的最重要原因。可以完全不费力，只要等着别人开发出了现品，自己再免费享有他人努力的成果。

这些“搭便车”者的存在，从某种程度上对整个社会的消费者有利，因为人们可以享有价格低廉、更多样化的商品。但对于想买真品的消费者和生产真品的厂家来说，是非常不利的。

生产真品的厂家，也会选择一些方法来阻止“搭便车”的现象出现。例如，每当推出新的产品时，厂商会开通辨别真假的电话或者网站，让消费者自己去辨别。再例如，企业会利用法律中的“竞业条款”来防止内部员工和其他人对商业机密的偷取。社会会加大对“搭便车”现象的严厉惩罚，等等，都将对类似现象实现抑制。

金喜善因为拥有姣好的面容与身材，非常受到广告商的青睐。其受欢迎的程度，可从她拍一个广告就3亿韩币看出来。

2001年，TCL为了打造“国产手机第一品牌”的国际化形象，斥巨资1000万元聘请“韩国第一美女”金喜善，并力邀国际级导演张艺谋担纲广告片的拍摄。

金喜善在出演的TCL手机品牌形象的广告中，没有一句台词，只是利用自己的肢体语言和表情，表达出她对TCL手机的喜爱和信赖。这部广告片在中央电视台的黄金时段进行了投放，取得了很好的传播效果。TCL手机“中国手机新形象”的传播语传遍全国。

金喜善美丽、高贵、大方，符合产品本身的特质，同时她的国际化背景和对中国年轻时尚群体的巨大感召力，也是TCL品牌可以“搭便车”的重要因素。应该说，TCL手机品牌搭上金喜善的便车策略，是正确而有效的。

善于投机的企业，总是可以充分利用“搭便车”坐收渔翁之利。同时也正是由于“搭便车”的便利性的存在，行业的先导者在大张旗鼓地进入某个领域的时候，也应该尽量减少投机者利用自己的宣传声势所形成的“搭便车”的机会。

清朝军机大臣左宗棠的知己有个儿子，名叫黄兰阶，在福建候补知县多年也没有候到实缺。他见别人都有大官写推荐信，想到父亲生前与左宗棠很要好，就跑到北京寻求左宗棠的帮助。

可左宗棠却不轻易给人写推荐信。黄兰阶没有得到帮助，又气又恨，就闲踱到琉璃厂看书画散心。忽然，他见到一家小店老板学写左宗棠字体，十分逼真，心中一动，想出一条妙计。

这天，是参见总督的日子。黄兰阶手摇纸扇，径直走到总督堂上。总督见了很奇怪，问：“外面很热吗？都立秋了，老兄还拿扇子摇个不停。”

黄兰阶把扇子一晃：“不瞒总督说，外边天气并不太热，只是这柄扇，是我此次进京左宗棠大人亲送的，所以舍不得放手。”

总督要过黄兰阶的扇子仔细察看，确系左宗棠笔迹，一点不差。第二天就给黄兰阶挂牌任了知县。黄兰阶没过几年就升到了四品道台。

黄兰阶能够官拜道台，是以左宗棠这个大贵人为背景，让总督给他升了官。实在是棋高一着的“鬼点子”。我们暂且撇开清政府官场的腐败和黄兰阶欺世盗名的卑劣做法不谈，单从借力的角度来看，黄兰阶正是看准了清政府官场的特点而想出了求官的对策。真可谓对症“下药”，“药”到“病”除，达到了自己的目的。

在明星争奇斗艳的好莱坞，曾流行一句话：“你的成功与否不在于你是谁，而在于你认识谁。”这或许就是黄兰阶成功的真谛。实际上，作为一种资源，“贵人”已经成为各行各业日益重视的财产。站在巨人的肩膀上，我们才能走得更远。这对我们每个人都会有所启示。只不过，我们首先要做的是要找到自己可以借势的“巨人”。

为什么“利他”才能“利己”

每当秋天，当你见到雁群为过冬而朝南方沿途以“V”字队形飞行时，你也许会想到某种科学论点已经可以说明它们为什么如此飞。当每一只雁展翅拍打时，造成其他的雁立刻跟进，整个雁群抬升。借着“V”字队形，整个雁群比每只雁单飞时，至少增加了71%的飞升能力。

当一只大雁脱队时，它立刻感到独自飞行时的迟缓、拖拉与吃力，所以很快又回到队形中，继续利用前一只雁所造成的浮力。

当领队的雁疲倦了，它会退到侧翼，另一只大雁则接替飞在队形的最前端。这些雁定期变换领导者，因为为首的雁在前头开路，能帮助它左右两边的雁造成局部的真空。科学家曾在风洞试验中发现，成群的雁以“V”字形飞行，比一只雁单独飞行能多飞12%的距离。

布莱克说过：“没有一只鸟会升得太高，如果它只用自己的翅膀飞升。”人类也是一样，如果懂得跟同伴合作而不是彼此争斗的话，往往能飞得更高、更远，而且更快。

一位没有双腿的男子，遇见了一位瞎子，就向这位瞎子提议，两人联合起来，可以给双方带来莫大的好处。他对瞎子说：“你让我趴到你的背上去，这样我可以利用你的腿，而你可以利用我的眼睛。我们两人合作，做起事来可以更快一点。”

不幸的是，许多年轻人没有这位缺腿男子的远见。他们被灌输了垃圾式的思想，那就是必须践踏别人、糟蹋别人、利用别人才能达到高峰。这些问题值得每个人、每个企业深思。

与此类似的是“邦尼人力定律”：“1个人1分钟可以挖1个洞，60个人1秒钟挖不了1个洞。”在人与人的合作中，如果每个人的能量都为1，那么10个人的能量可能比10大得多，也可能比1还小。因为人的合作更像方向各异的能量，互相推动时自然事半功倍，相互抵触时则一事无成，他并不是静止不变的。所以人与人的合作不是力气的简单相加，其中的关系要微妙和复杂得多。

“合作”与“如何合作”是两个不同的问题。企业里常会有一些嫉妒别人的成就与杰出表现的人，他们天天想尽办法进行破坏与打压。如果企业不把这种人除去，长此以往，组织里就只剩下一群互相牵制、毫无生产力的“螃蟹”。

在小溪的旁边有三丛花草，并且每丛花草中都居住着一群蜜蜂。一天，小伙子看着这些花草，总觉得没有多大的用处，于是，便决定把它们除掉。

当小伙子动手除第一丛花草的时候，住在里面的蜜蜂苦苦地哀求小伙子说：“善良的主人，看在我们每天为您的农田传播花粉的情分上，求求您放过我们的家吧。”小伙子看看这些无用的花草，摇了摇头说：“没有你们，别的蜜蜂也会传播花粉的。”很快，小伙子就毁掉了第一群蜜蜂的小家。

没过几天，小伙子又来砍第二丛花草。这个时候冲出来一大群蜜蜂，对小伙子嗡嗡大叫道：“残暴的地主，你要敢毁坏我们的家园，我们绝对不会善罢甘休的！”小伙子的脸上被蜜蜂蜇了好几下。他一怒之下，一把火把整丛花草烧得干干净净。

当小伙子把目标锁定在第三丛花草的时候，蜂窝里的蜂王飞了出来，它对小伙子柔声说道：“睿智的投资者啊，请您看看这丛花草给您带来的利益吧！您看看我们的蜂窝，每年我们都能生产出很多的蜂蜜，还有最有营养价值的蜂王浆，这可都能给您带来很多经济效益啊。如果您把这些花草给除了，您将什么也得不到，您想想吧！”小伙子听了蜂王的话后，忍不住吞了一口口水。于是，他心甘情愿地放下了斧头，与蜂王合作，做起了经营蜂蜜的生意。在这场人与蜂的博弈中，面对小伙子，三群蜜蜂作出了三种选择：恳求、对抗、与其合作，只有第三群蜜蜂达到了最终的目的。

上面的例子告诉我们，如果博弈的结果是“零和”或“负和”，那么，对方得益就意味着自己受损或双方都受损，这样做的结果也只能是两败俱伤。因此，为了生存，人与人之间必须学会与对方共赢，把人际关系变成是一场双方得益的“正和博弈”，而这样也是使人际关系向着更健康的方向发展的唯一做法。

为什么越聪明得到的越少

经常乘飞机的朋友会发现，托运的行李会不翼而飞，或者里面有些易损的物品遭到损坏。这是很麻烦的事情，向航空公司进行索赔，航空公司一般是根据实际价格给予赔付。但有时某些物品的价值不容易估算，且物件又不大，那怎么办呢？

假设有两个美丽的女大学生，一个叫雨荷，一个叫飘雪，她们互不认识，却各自在某旅游景点购买了一个一模一样的玻璃工艺品。经过几个小时的航空旅行，她们从云端降落在某国际机场。在检查行李的时候，她们发现行李中的工艺品由于运输途中的意外而遭到损坏，于是她们随即向航空公司提出索赔。因为物品没有发票等证明价格的凭证，所以，航空公司无法确定该工艺品的确切价格，公司内部的评估人员只能估计出其价值在1000元以内。后来，航空公司想出了一个办法：他们分别告诉这两位漂亮的小姐，让她们把该瓷器当时购买的价格分别写下来，然后告诉航空公司。如果她们写出的价格不一样的话，公司将按照较低的价格进行赔偿，并给予那个给出更低价格的诚实小姐200元的奖励。

航空公司的做法有一定的道理。因为如果这两位小姐都是诚实可信的老实人的话，那么她们写下来的价格应该是一样的。如果不一样的话，则必然有人说谎，可以认为申报瓷器价格较低的那位小姐应该相对更加可信。

但这却给两位小姐出了一道难题。她们可能都会这样想：航空公司认为这个瓷器价值在1000元以内，而且如果自己给出的损失价格比另一个人低的话，就可以额外再得到200元。雨荷想：“航空公司不知道具体价格，那么另一位小姐肯定认为多报损失多得益，只要不超过1000元即可，那么她最有可能报的价格是900元到1000元之间的某一个价格。那么我就报890元，这样航空公司肯定认为我是诚实的好姑娘，奖励我200元，这样我实际就可以获得1090元。”

而飘雪也想：“有句话说得好‘人不犯我，我不犯人；人若犯我，我必犯人’。她有可能算计我，写低于900元的价格。那么我也要报复，就填888元。”

而雨荷也进一步想了下去：“估计她会算到我要写890元，她可能就填真实价格888元了，我要来个更绝的，我来个以退为攻的战略，我填880元，低于真实价格，这下她肯定想不到了吧！”

接下来她们的想法就像下棋一样，关键是要能算得比对方更远。于是这两个极其精明的人相互算计，最后，她们可能都会填689元。她们都认为，原价是888元，而自己填689元肯定是最低了，加上奖励的200元，就是889元，还能赚1元。

这两个人算计别人的本事是旗鼓相当的，她们都暗自为自己最终填了689元而感到兴奋不已。最后，航空公司收到她们的申报损失，发现两个人都填了689元。料想这两个人都是诚实守信的好姑娘，航空公司本来预算的2199元的赔偿金，现在只要赔偿1378元就行了。

而两个人各自只能拿到689元，还不足以弥补瓷器本来的损失！本来她们俩可以商量好都填1000元，这样她们各自都可以拿到1000元的赔偿金。而就是因为互相都要算计对方，要拿的比对方多，最后搞得大家都不得益。

这个就是著名的“旅行者困境”博弈模型。这个模型告诉我们一个博弈思想：做人不能够过于“精明”，太“精明”的人未必是真的聪明，有时“精明”过头了往往会变得更糟糕。

当然现实生活中，未必会真的出现这种超级“精明”的人，可以算到几十步以外，而作出自认为最终的最优策略。可能人们往往只能算计到中间某个价格，不至于会这么低。但其实道理是一样的。

博弈论本来是想告诉人们怎样变得更“聪明”，如何判断人与人之间的利益关系和作出对自己最有利的选择。但恰恰是这个教人“聪明”的学问却告诫大家：做人不能太“精明”了，否则得不偿失。聪明反被聪明误，弄巧成拙。

为什么美洲虎也有烦恼

美洲虎是一种濒临灭绝的动物，世界上所剩无几，其中有一只生活在秘鲁的国家动物园里。为了保护它，秘鲁人专门辟出一块1500英亩的“虎的天堂”供其生活，里面花草树木郁郁葱葱，更有成群的牛、羊、鹿、兔供其享用。然而，这只老虎从未威风凛凛地从山上冲下来捕捉这些动物，它每天就只是在自己房间吃睡。动物管理员想：“也许它太孤独了。”所以，通过集资和外交渠道，从哥伦比亚定期租雌虎来与它做伴。

但情况并未改观。那只老虎最多陪“女友”晒晒太阳，然后又回到自己的卧房。动物管理员不知该怎么办。

有一位参观的市民建议：“虎是林中之王，动物园里只有吃草的小动物，根本提不起它的兴趣，应该放几只豺狼、鬣狗之类的对手。”于是，动物园又引进了3只美洲豹投进虎园。

这招果然灵验。自从3只豹子进了虎园，美洲虎就再也没有回过虎房，不是站在山顶上长啸，就是冲下山在草地上游荡。它很少睡觉，从不吃管理员送来的肉。没多久，它还让一只雌虎生下了一只小虎崽。

我们赖以生存的自然界，就是在这种竞争和选择中发展得如此瑰丽多姿。美洲虎如此，人类也一样，我们熟悉的经济领域的竞争则更为如此。上下游企业间的竞争，同类型企业间的竞争，一个企业与同地区、同行业、异地区企业之间都有着残酷的竞争。没有竞争，就没有琳琅满目的商品；没有竞争，就没有精彩纷呈的生活。

无竞争，更无发展。竞争就是争夺对稀缺资源的控制，竞争是社会配置资源，即决定谁得到多少稀缺资源的方式。我们就是在这些众多竞争者的不断激励下，才能够不断地完善自我，才不在激烈的竞争中被淘汰。

有竞争，就会有输赢，就会产生成功与失败。如果一个人不能承受失败，没有进取精神，没有顽强的毅力和百折不挠的气概，很难设想，他会取得成功。同样，不管面对多么大的对手，都要坚信自己一定会取得成功，用平日积累的扎实功底做地基，坚持到最后一秒。

在一次新兵入伍欢迎大会上，有一个老兵讲了这样一则故事：

美国内战时，这个老兵十分荣幸地参加了战斗。

战斗进行得异常激烈，但时间不长就结束了，老兵端着步枪搜索着残余的敌人。他刚转过一块大岩石，迎面撞上了一个也端着步枪的人。两个人同时将枪口对准了对方的胸膛。要想都保全性命，必须有一方投降。

双方对峙着，枪口对着枪口，目光对着目光，意志对着意志。老兵大脑中一片空白，他征战沙场多年，从未遇到过这种情况。但此时只有一个信念支撑着他：“必须有一方投降，但投降的绝不是我！”双方僵持了很长时间，老兵眼睁睁看着那个人的精神垮掉，扔掉步枪，“扑通”一声跪了下去，对老兵连喊饶命。

老兵努力控制着自己，没有晕厥过去。当他押着敌人见到自己人时，再也坚持不住了，一屁股跌坐在地上。

虽然老兵的故事讲完了，但这个故事永远刻在了新兵们的脑海里。他们在以后不论遭遇多么大的竞争，总用老兵的那句话鼓励自己：“必须有一方投降，但投降的绝不是我！”

“狭路相逢勇者胜”，生死关头的竞争，就是两个人的意志较量，坚持下去才有生的希望。

竞争是残酷的，是你死我活的拼杀，是当仁不让的较量。但有时候对手也是自己的一面镜子，能照到自己的不足，能促进你不断地完善自己。对手是挑战者，也是同行者。聪明的人或企业会在竞争中向自己的竞争对手学习，将激烈的竞争转化为自己不断提高与改进的历程，在充分了解与认识竞争对手的基础上，不断地督促自己改进销售策略与服务质量，让自己在长期的竞争中立于不败之地。

为什么吃亏还是福

一天早晨，父亲做了两碗荷包蛋面条。一碗荷包蛋在上边，一碗上边无蛋。端上桌，父亲问儿子："吃哪一碗？"

"有蛋的那一碗。"儿子指着有蛋的那碗。

"让爸吃那碗有蛋的吧。"父亲说，"孔融 7 岁能让梨，你 10 岁啦，让爸一次吧？"

"孔融是孔融，我是我——不让！"说着儿子一口就把蛋给咬了一半。

"不后悔？"

"不后悔。"儿子又一口把蛋吞了下去。

待儿子吃完，父亲开始吃。没想到父亲的碗底藏了两个荷包蛋，儿子傻眼了。

父亲指着碗里的荷包蛋告诫儿子说："记住，想占便宜的人，往往占不到便宜。"

第二天，父亲又做了两碗荷包蛋面。一碗蛋在上边，一碗上边无蛋。端上桌，问儿子："吃那碗？"

"孔融让梨，我让荷包蛋。"儿子狡猾地端起了无蛋的那碗。

"不后悔？"

"不后悔。"儿子说得坚决。

可儿子吃到底，也不见一个荷包蛋。倒是父亲的碗里，上边一个，下藏一个。儿子又傻了眼。

父亲指着蛋教训儿子说："记住，想占别人便宜的人，终究要吃亏。"

第三次，父亲又做了两碗面。还是一碗蛋在上边，一碗上边无蛋。

父亲问儿子："吃那碗？"

"爸爸您是大人，您先吃。"儿子诚恳地说。

"那就不客气啦！"父亲端过上边有蛋的那碗。儿子发现自己碗里面也藏着一个荷包蛋。

父亲意味深长地说："不想占别人便宜的人，生活也不会让他吃亏。"

这就是从表面吃亏中学到的智慧，即"吃亏是福"。不要因为一开始吃一点亏而斤斤计较，开始时吃点亏，是为以后的不吃亏提前投入成本。不计较眼前的得失是为了着眼于以后更大的收益。

生活中总有这样的人，他们做事时总怕自己吃了亏，一门心思绝不能便宜别人，生活中处处抢先，眼睛总是盯着利益生怕被人抢走。这样的人首先在做人上就吃了大亏。周围的人肯定对他很反感，合作几次后就再也不想与他继续了。合作伙伴一个个离他而去，那不是吃了大亏吗？

所以，我们应当将"成本——收益"法则谨记心中，记住将每一次的吃亏都看作是成本投入。做事不要怕便宜了别人，不妨放开心胸，给别人点甜头，就当是为未来的收益提前交上了学费好了。有些时候，糊涂处世，主动吃亏，是"便宜"别人又"得益"自己的有效"手腕"。因为合作中得到好处的友人还会再次跟你合作，甚至拉着朋友一起跟你合作。合作机会多了，利益自然来，何乐而不为呢？

小于是一家机械公司的销售经理。山东的一个客户打电话过来说想订一台设备，并且再把他们原来用的老型号的机器修理一下，让小于他们过去一趟，并且说得很着急。小于他们决定去一趟，一来帮对方维修一下机器，另外还能签订一台设备的合同。

于是，小于带上他们的维修师傅和司机几个人开车去山东。一大早出发，路上还下起了大雨，下午才到。客户厂的主管设备的还有一副总接待了他们。他们直接就先去看了他们的旧机器，并且帮他们连修理带清理的（很破烂不堪的设备）维修好了。等他们返回来跟他们谈订新机器时，副总说老板出门去韩国了，这次订不了，并说先请他们去吃饭吧。

想到订新机器无望，天又黑了，还下着雨，他们也就没吃饭，连夜返回了。回来的路上，几个人都大喊："上当了，骗我们来这里修机器，他们根本就没想订什么新设备。"小于跟他们说："也别太计较吃亏了，有时吃亏可能是好事。我估计，他们这个单位不上设备了便罢，一旦哪一天他们决定买时，肯定会先想起咱们的。"

没过多久，这家厂那台太破旧的机器终于不能再用了，直接给小于打电话订了两台新设备。老板很爽快的直接就说："那次你们帮我们维修机器不收费用，连饭都没吃冒雨前来的事，我们很感动。因此，这次毫不犹豫直接跟你们签订！"

小于和他的同事帮别人修理机器却没有拿到订单，看似那家厂占了便宜而小于吃了亏，可有道是"吃亏是福"，正是小于他们的免费修理，无形之中为拿下 2 台机器的订单起到了心理攻势的作用。

在行人拥挤的闹市，突然有人无意中踩着了你的脚，你赶紧抢在前头说一句"对不起，耽误您落脚了"的话，此人不管是白领阶层还是灰领人士，肯定会"投之以桃，报之以李"地说句客套话，以表歉意或者无言以对地笑脸相送。这时候你的脚即使还痛，心里也是春风和煦，脚痛用心暖来疗养，受益的肯定是身心健康。这也算是一种福气了！

"吃亏是福，持续吃亏是大富"不是句套话，而是经济学的大智慧。尤其是关键时候敢于吃亏的气量，不仅体现你大度的胸怀，同时也是做大事业的必要素质。把关键时候的亏吃得淋漓尽致，才是真正的赢家。这是李嘉诚成就首富的秘诀，也是你成就未来的秘诀。

万一你和朋友的合作失败了，你宁愿自己吃亏也愿意成就他人的口碑，会让朋友记得你。这是双方日后友好合作的基础，也是一项长期投资。

商业促销中的"名人效应"

为了能在竞争中取胜，为了能战胜其他对手，各大商家都发动了"名人擂台赛"。这种现象越来越多，从而形成了现代商业经济中特有的"名人效应"。

1984 年，耐克和阿迪达斯同时研发了一项将气垫放入运动鞋内以减轻鞋重的技术。两家公司几乎同时将各自的鞋推向市场。

当时，耐克还只是家平凡无奇的小公司，根本无法同阿迪达斯相抗衡。为了战胜对手，耐克重新进行了广告定位。邀请乔丹做耐克的品牌代言人，并利用完美的广告把乔丹与耐克气垫鞋结合在一起，使其成为耐克市场战略和整个运动鞋、运动服生产线的核心，不但增加了耐克的形象魅力，也为其创造了展示新技术的最佳途径。于是，迈克尔·乔丹就成为了耐克进行广告传播的工具，也变成耐克新的品牌标识。

在一系列的广告策略后，耐克新系列的球鞋马上脱销，而且还带动了其他运动系列产品销售量的大幅增长。1984 年至 1987 年短短 3 年，其销售量从不到 100 万美元一路飙升到近 2000 万美元。而相比之下，阿迪达斯产品的销量并无突破。

从此，"耐克"这一运动鞋品牌挤入了世界知名运动品牌之列。其产品销售总量超过"阿迪达斯"和"锐步"这两个老品牌，逐渐取代"阿迪达斯"成了全球第一运动品牌。

耐克球鞋的一朝成名，说明了名人对消费者的潜在引导作用。它运用乔丹是"篮球飞人"——众多美国民众心目中的篮球英雄的名气，让乔丹穿自己的鞋，从而在大众对偶像崇拜和信服之时，引导他们消费自己的产品。尤其是当人群中有乔丹忠实的"拥护者"时，这种引导就更为有效。因为，消费者会受到偶像的暗示，注意和模仿乔丹的举动和行为，也去购买球鞋。

可见，"名人效应"并不是让名人直接介入商业行为，而是利用名人的价值强化产品的形象。"名人"因其是某一领域成功之人，他们有足够的能力吸引人们的注意力。所以他们对商品的选择和使用，都会带来无限的潮流和商机。

某日，一位明星参加某栏目演出，当快到他出场的时候，匆忙中他发现牛仔裤上刚破了一个大洞。因为时间紧迫，他来不及换掉就走上台去。在表演之时他已经完全忘了衣服的状况。由于他卖力地演出，节目非常成功。而更让人没想到的是，他衣服上的洞也成为“粉丝”们的新宠。一些痴迷的观众为了效仿他的服装，还故意将自己最喜爱的衣服剪出破洞。精明的商家发现了这一商机，迅速推出了带着“破洞”的牛仔服，并美其名曰“乞丐服”。于是，“乞丐服”成为时尚，购买者络绎不绝。

明星不会想到自己的错误，竟能引起如此大的市场消费；而歌迷们没有想到的是，这种消费时尚只是一个意外造成的。

商家邀请名人做产品代言的特殊用意显而易见。名人就像是商家产品推销员，将大众对他们的喜爱和追捧转嫁到对产品的喜欢、信任和使用上。于是，名人频频成为商家垂青的销售法宝。

当前，在百货市场、电影市场、图书市场等，都可以看到泛滥的“名人效应”。借助名人的个人魅力，利用人们的慕名心理，产品都找到了畅销的诀窍。例如，一家中外合资企业的糖果包装中推出“名人”系列包装，每购一颗糖，可得一个名人画像及简单介绍。据店铺反映，这种糖果可边吃边看，特别好销。

许多企业将“名人效应”看作经营成功的法宝；将聘请名人做广告，看作是企业的一堂必修课，也许他们就决定着自己的身家性命。况且，市场也证明，只要企业能运用好名人效应，自然能获“利”匪浅。

第三章

信息有毒：不可避免的决策盲区

为什么皇帝会杀重臣

很多史实都证明了，皇帝总是拿重臣开刀。嘉庆帝杀和珅，康熙帝杀鳌拜，朱元璋手下众多的功臣良将都被他杀死。

春秋时期，越王勾践手下有两位重臣：文种和范蠡。勾践被吴王打败后，能够东山再起，得益于这两人的协助。

这其中文种的贡献不可磨灭。当初，勾践准备率兵抗吴的时候，文种认为时机还未成熟。可惜勾践一意孤行，最终战败。文种又忍辱负重，多方奔走，促使吴王夫差答应不杀勾践。勾践作为人质，留在吴国服侍吴王 3 年。在这期间，文种代替勾践治理越国，打理朝政。文种一直尽心尽力，大力发展越国经济，为越国后来的称霸打下了坚实基础。

在勾践回到越国后，文种又向勾践提出了“破吴七策”。勾践采纳文种的意见，励精图治，最终得以报仇雪恨，打败吴国，迫使吴王夫差自杀。

勾践伐吴胜利后，举办了庆功大会。大臣们都争相祝贺。但勾践却没有流露出太多的喜悦之情，相反他还有些愁容。善于察言观色的范蠡首先注意到了勾践的变化。很显然，勾践不太乐意承认大臣们的功劳，他更担心这些功臣们日后不好领导，对他们的猜忌之心也显露无遗。足智多谋的范蠡权衡再三，决定急流勇退，他主动向勾践提出要告老还乡。尽管勾践一再劝留，范蠡还是留下官印不辞而别。

范蠡临走前，念及旧日情分，特意给文种写了一封信，信中写道：“还记得当初吴王夫差临死的时候说过的一句话吗？他说‘狡兔死，走狗烹；敌国破，谋臣亡。’他其实是说给咱们听的。越王的为人，你我都很清楚。他既能忍受屈辱，又很忌妒他人的功劳。这样的人，只能共患难不能共安乐。所以，我劝你也跟我一起退隐，不然只怕日后会遭遇不幸。”

文种看过范蠡的信后，不以为然，他觉得自己对越国的贡献足以保证自己的安全。不过，他还是小看了越王勾践的手段。勾践深知文种的才干，现在吴国已经灭掉，越国称霸诸侯，文种的作用已经不大。像文种这样的人才，一旦参与造反作乱，对勾践会构成极大的威胁。继续任用文种的收益要小于留着文种的风险，所以，勾践决定除掉文种。

有一天，勾践亲自去看望文种。谈及往事，勾践对文种说：“当年你有 7 条破吴计谋，我只用了其中的 3 条就消灭了吴国。你这还剩下 4 条计谋，将来准备用来对付谁呢？”文种听出勾践话中有话，又不敢贸然回答，只是低头不语。勾践也不多说，起身离开的时候，特意送给文种一把宝剑。

文种拿过宝剑，看到剑匣上刻有“属镂”二字，这才明白勾践的意思。按当时的规矩，国君如果将刻有“属镂”字样的兵器赠给大臣时，意思就是让这个大臣自杀。文种想起范蠡的告诫，只能长叹一声：“不听范蠡的劝告，终于落得如此下场，我太天真了！”说完，文种拔剑自刎了。

文种的死，暗合了夫差的预言。在中国数千年的历史上，“飞鸟尽，良弓藏”的事情一直周而复始地上演着。明朝的开国皇帝朱元璋，可以说是这方面的典型代表。他手下众多的功臣良将，没有战死沙场的，绝大部分都被他一一除掉。

秦末，烽烟四起，秦之统治，岌岌可危。项羽刘邦，逐鹿中原。韩信者，幼年受胯下之辱，励精图治，学兵法，为万人敌，与赵背水一战3万灭其20万！一时所向披靡。后从汉明修栈道，暗度陈仓，袭强楚之不备。霸王自刎，天下初定，大将韩信却被陈平、吕后、萧何诛于长乐宫钟室！

皇帝为什么要杀掉自己的重臣？历史学家自有一番见解。其实，在经济学中，运用信息经济学的理论来分析重臣与皇帝间的关系，也能发现其中的奥秘。

信息经济学中有一个“委托——代理”理论：由于信息的不对称，代理人有多种类型。代理人知道自己属于什么类型，但委托人不知道。为了显示出类型，代理人会选择某种信号。委托人根据观测到的信号来判断代理人的类型，同代理人签订合同。这就是所谓的“信号传递”模型。

通过这个经济学理论，皇帝与大臣间的关系就可以看作是一种“委托——代理”的关系。皇帝作为国家的所有者，虽然控制着国家的所有权，但他一个人是没法直接治理国家的，他需要委托一个或数个代理人来帮助他治理国家。皇帝会给予大臣们高官厚禄，要求他们勤奋工作，为自己效命。大臣们是否能够勤奋工作，这属于激励机制。皇帝最关心的还是大臣们的忠心，担心他们是否会造反。

对皇帝来说，江山的稳定是第一重点。大臣们了解皇帝和国家机制，他们是最有可能成为造反的力量。当然，并不是所有的大臣都会造反，于是皇帝就需要识别哪些大臣最可能造反。于是便会出现信息不对称的现象：大臣们清楚自己会不会造反，皇帝却不知道谁忠谁奸。

根据信息经济学的理论，大臣们必须发出一个信号，或皇帝必须用一个信号，来区分忠臣和奸臣。在一般的经济活动中，由于每种经济活动的成本和收益不同，可以根据一个信号制定出分离条件。但造反这样的事却很特殊，当皇帝的收益太高，以至于任何成本都值得付出，皇帝用来识别忠奸的信号就比较模糊，寻找分离条件的困难程度大大提高。

于是，皇帝就会陷入这样的困境：他无法从大臣中分离出忠臣和奸臣，但他又必须保证自己的江山能够千秋万代。这个时候，皇帝只有用一种非常规的分离信号来进行识别：有能力造反的和没有能力造反的。

有些开国重臣在交出兵权后，仍会被杀，这也可以用经济学理论来解释。重臣除了拥有职位、兵权这些有形资产外，还有声望、才能、人际关系等无形资产。即使交出了有形的兵权，那些潜在的无形资产是无法上交的。对于皇帝来说，他们仍构成威胁。

皇帝只有将那些有能力造反的重臣们杀掉，剩下的大臣即使有造反之心，也无造反之力。这样一来，皇帝在面临同样困境的时候，都会作出同样的选择：宁可错杀三千，不可放过一个。

你是否是“皇帝”身边的重臣？你是否用你的诚信来说服“皇帝”信任你？可能你是危险的，也可能你是幸运的。毕竟，谁都很少有机会与“老虎”和平共处。与其“狐假虎威”，不如衷心辅佐。

为什么老虎会害怕毛驴

话说一头毛驴刚到贵州的时候，老虎见它是个庞然大物，不知道它有多大的本领，感到很神奇。——给定这个信息，老虎就躲在树林里偷偷地瞧毛驴，这就是一种最优选择。

过了一阵子，老虎走出树林，逐渐接近毛驴——想获得有关这个庞然大物真实本领的信息。有一天，毛驴突然大叫一声。老虎吓了一跳，急忙逃走。——这也是最优选择，因为毛驴的叫声是老虎预料之外的。

又过了一些天，老虎又来观望，发现毛驴并没有什么特别的本领，对毛驴的叫声也习以为常了，但老虎仍然不敢下手——因为它对毛驴的真实本领还没有完全了解。

再后来，老虎跟毛驴挨得更近，往毛驴身上又挤又碰的，故意冒犯它。毛驴在忍无可忍的情况下，用蹄子去踢老虎。这一踢向老虎传递的信息是——毛驴不过就这点本事而已。所以，老虎反倒高兴了。到这时，老虎对毛驴已经有了完全的了解，毫不费力地扑上去把它吃掉了。

在故事中，老虎通过观察毛驴的行为逐渐修正对它的看法，直到看清它的真面目，再把它吃掉，老虎的每一步行动都是在给定它的信息下最优的。

老虎没有见过驴子，因而不知道自己比驴子强还是弱。老虎的战略是：如果自己弱，那就只能躲；如果自己强，那就吃驴子。对于自己并不了解驴子，老虎的做法是不断试探。通过试探，修改自己对驴子的看法。如果驴子表现温顺无能，老虎就认为驴子是美食的概率比较大。起初驴子没有反应，老虎认为驴子不像强敌，胆子越来越大。后来驴子大叫，老虎以为驴子要吃它，吓得逃走。但后来想想，又觉得不一定，于是继续试探。直到驴子踢老虎，老虎才觉得驴子“仅此技耳”，于是采取自己强时的最优行动——吃驴子。

孙膑少年时便下定决心学习兵法，准备作出一番大事业。长大后，他四处游学，到深山里拜精通兵法和纵横捭阖之术的隐士鬼谷子先生为师，勤奋地学习兵法阵式。鬼谷子把《孙子兵法》教给孙膑，不到三天孙膑便能背诵如流，并且根据自己的理解阐述了许多精辟独到的见解。鬼谷子为他奇异的军事才能而兴奋，说：“这一下，大军事家孙武后继有人了！”

庞涓是孙膑的同学，他很忌妒孙膑的才能。但表面上却装作和孙膑很要好，相约以后一旦得志，彼此互不相忘。后来庞涓在魏国做了官，他派人邀孙膑下山共同辅佐魏王。孙膑到来之后，他先是虚情假意地热烈欢迎，而后委之客卿的官职，孙膑自然对不忘旧日同窗之情的庞涓感激万分。此时的庞涓其实是想害孙膑，他给孙膑传达的信息是假的。

半年之后，庞涓玩弄阴谋手段，捏造罪名，诬陷孙膑私通齐国，对他施以膑刑，脸上也刺上字，目的在于从精神上销蚀孙膑。庞涓终于开始行动了，采用的策略就是陷害孙膑。在这场“动态博弈”中，庞涓是先行动的一方。

开始，孙膑并不知道庞涓害他。知道以后，他下定决心要报仇雪恨。他摆脱庞涓手下的监视，暗地里潜心研究兵书战策，准备有朝一日逃离虎口。为了蒙骗监视他的人，他甚至装疯卖傻，以粪便为食，与牲畜作伴。之后齐国的使者来到魏国，暗地里把孙膑带回齐国。孙膑得以在齐国大显身手。

公元前354年，魏国派庞涓率大军围攻赵国都城邯郸，企图一举消灭赵国。孙膑准备帮助赵国。孙膑与田忌商量，提出“围魏救赵”的作战方针，用兵假装攻击魏国。庞涓不知道孙膑的真实意图，率兵回魏。正好中了孙膑下怀，解了赵国之围。

孙膑的确是位杰出的军事家，同时也是一个深知“动态博弈”秘诀的人。面对命运的不公，面对“朋友”的诬陷，他仍能隐忍不发，潜心等待时机的到来。不断制造假信息以迷惑敌人，利用信息不对称的优势，在适当的时候选择正确的策略。这不但需要一份惊人的耐力，同时也需要有一种卓越的审视力和观察力，才能在不完全信息的“动态博弈”中取得胜利。

在北京秀水街一个摊位前，一个女孩子问摊主：“这个包多少钱？”

摊主回答：“480元。”女孩子头也不回地就往前走。

摊主急了，随口一喊：“我可以便宜一些，360元怎么样？”

她回头一笑，继续往前走。摊主又喊：“这位美女，那你给个价吧！”

女孩子不慌不忙地回到摊位，伸了两个手指头：“80元。你不卖我就走。”

然后，摊主就例行地表达了一下“这个价格太低啊”、“亏本啊”等为难之情。当然，女孩子最后没花多少力气，就以80块的价格把这个包拿走了。

其实这个女孩子和摊主的故事也是不完全信息下的一局博弈。作为摊主，并不知道女孩子的购买底线，只能一次次去试探；而作为女孩子，也不知道摊主的价格底线，只能用“不理睬”去试探。

一家小旅馆里，一位住店的男青年走入厕所。突然一个打扮得花枝招展的女郎闪电似的跻身跟着进了厕所，并迅速地把厕所门关上，对青年说道：“把你的钱和手表给我，不然我就喊你非礼。”

厕所里没有第三者，真相难以说清，不给钱女郎就喊非礼，弄不好会使自己声名狼藉。男青年遇此困境，并未惊慌失措，而是急中生智，用手指指自己张大的嘴巴，又指指自己的耳朵，然后“呜呜啊啊”地叫起来。

女郎见事情不顺利，便想转身溜走。此时男青年掏出钢笔递给她，并将自己的手掌伸出来，示意女郎把刚才的话写在他的手掌上。

青年这一动作如此逼真，女郎以为真的遇到了哑巴，失去了警惕。她还想继续敲诈，便拿起笔在男青年的手上写道：“把钱和手表给我，不然就喊你非礼！”

这位青年取得了女郎的罪证，便一把抓住她，大喊一声：“抓抢劫犯！”

这位女郎是个资深劫犯，每天抢劫别人，没想到今天被人抓了。在这场博弈中，先是女郎威胁青年，接着是青年急中生智装哑巴，这一先一后的行为就是“动态博弈”了。青年是根据女郎的威胁策略做出装哑巴的行动的。但这时“动态博弈”并未结束。接着女郎根据小伙子的行动，判断出小伙子是哑巴，然后做出在小伙子手上写字的举动。最后小伙子又做出行动策略——喊“抓抢劫犯”。至此，整个博弈过程结束。

在“动态博弈”中，每个局中人都要根据对方的行动做出下一步行动。就如下棋一样，你走一步，对方走一步。行动策略上有一个先后顺序，谁先动第一步，紧后谁动第二步，这就大大地给了被动方反被动为主动的余地。故事中的青年在明白姑娘的动机后，急中生智想出了“装聋作哑”的方法，将对方一步步引入自己的圈套中。

历史上著名的“请君入瓮”的故事也是“动态博弈”的经典实例。来俊臣问周兴说：“因犯若不肯招认，应该采取什么办法？”周兴说：“这太容易了！抬个大瓮来，用炭火在四面烤，再叫犯人进到里面，还有什么能不招认的！”于是来俊臣立即派人找来一口大瓮，按照周兴出的主意用火围着烤，然后站起来对他说：“有人告你谋反，太后让我审查你。请老兄自己进到瓮里吧！”周兴大惊失色，只得叩头认罪。

为什么娱乐报纸可以赚钱

明朝时，远离都城的城市里，有一个富甲一方的贵族。据传，他的儿子生下来时，胸口有日月星辰胎记，堪称一奇，引来众人观看。只是这贵族贪财，哪肯让人们白看。只有有钱人才能看上一眼，因为看一次要掏白银 50 两。正因看到的人少，结果事情越传越悬。有人说这孩子身上长的不是胎记，是天上的日月本尊；还有人说那胎记会发光发热，犹如真的日月一般……一夜之间，这个小孩子的事情传遍了大街小巷。

事情传到宫中，皇帝听闻，感到十分好奇，这么有趣的事情还是第一次碰到。他想，一定要亲眼见见这孩子。于是，皇帝几日内便赶到贵族家门口，说自己愿意出重金看这婴儿一眼。贵族没见过皇帝，但是见这人架势非常，随从甚多，便琢磨此人非富即贵，前几日来的几个有钱人都要了 50 两，这个就要价 200 两吧。

他一说出价格，皇帝身边的公公就不愿意了：“什么东西啊，居然要价 200 两？”

贵族一听，也不高兴了，说：“小儿的事是我家里的私事，小儿的身体自然也是极其私人的，怎么能随随便便让人看，要您 200 两还贵么？不然，我给您 200 两，您脱光了让我看看？”

贵族能用儿子身上的胎记大做文章，赚取钱财，正是利用了人们对孩子隐私的好奇。隐私就是被贵族掖着藏着的孩子的私密信息，竟变成了一种可以生财牟利的商品。当好奇心让人们心甘情愿地掏出钱来时，其实这也构成了消费行为。贵族无意中导演了一场“隐私经济”

戏码。

在报纸杂志上，我们常常可以看到某某明星曾经整过容，某美女大学生为了生计甘当二奶，某某富商因其身体残疾离婚，某某老翁为了娇妻偷偷注射激素，等等。这些都是人们的隐私。只是不知道从何时起，原本的秘闻充斥在各式各样的杂志上，成为最鲜亮的卖点。并在一片“大爆隐私”、“情感独白”等的吆喝声中，引发“洛阳纸贵”的现象。

现实告诉我们，隐私也可以卖钱。那这种现象是如何形成的？该如何解释？

“隐私”可以作为一种商品来售卖，说明它具有一定的交换意义，能够满足人们的某种消费需求，能够形成市场上的供给和需求。也就是说，有人愿意买，有人愿意卖。

人们对“隐私”的消费，先源自需求，也就是有人想知道这些隐私。知道这些隐私做什么？无非是满足人们的好奇心和窥视心理。经济学家梁小民说过：“好奇心是人类的天性，满足好奇心和满足人类其他欲望一样没有差别，对隐私的了解也是人们的一种欲求。”当这种隐私激发起的好奇心越强烈，人们就越愿意掏钱来得知这些隐私。就像八卦上的名人隐私一样，明星的名气越大，大众对他的关注越多，也就越好奇，这样的隐私也越卖钱。

2005 年 5 月，民间流传出一本据说收录了影、视、歌众多明星电话号码的通讯录，其上面不仅有诸多演员、导演、主持人，还有著名电视栏目的记者、中央电视台台长，等等。名单以北京明星居多。除了内地明星，吴倩莲、曾志伟等港台明星的电话也在其中。据行家说，该电话录被以 800 元的高价叫卖。

另外，有人在北京街边的地摊上还会看到同其一起出售的“世界 500 强 CEO 通讯录”。而两本通讯录售价高达 2000 余元。

“隐私”可以转化为财富，可以被出卖，而市场上的人也有了“消费隐私”的机会，所以隐私便“形成了自己的价值”。在这种市场需求的刺激下，有人想要花钱买，自然就会出现一部分人来提供。

众所周知，提供隐私最重要的来源就是“狗仔队”，是娱乐八卦记者和杂志。随着现在休闲和娱乐经济的发展，演艺明星的增加和崇尚艺人的文化氛围的形成，娱乐圈的酷男美女、闲资逸事都成了社会“好奇需求”的目标。

在世人日涨的需求刺激下，“狗仔产业”逐渐发展起来。越来越多的“狗仔队”涌上街头，并产生了狗仔报刊、狗仔杂志，像香港的《壹周刊》、《8 周刊》就是非常有名的专业的八卦刊物。它们以爆料艺人私生活为能事，以刊登明星的隐私来满足许多人的窥视欲，从而达到赚钱的目的。

据报道，香港最有名的娱乐杂志《壹周刊》自 1990 年创刊以来，引起极大轰动。1991 年，凭着 75000 份的发行量，成为全香港读者人数最高的杂志，其读者群体高达 31.5 万人。1995 年，发行量增加一倍，高达 162500 份，读者高达 106 万。根据 2003 年 AC. 尼尔森的调查，《壹周刊》是同类刊物中香港第二高销量的周刊。

根据《壹周刊》于 2007 ~ 2008 年财政年度报告，《壹周刊》的广告收入共达 178600000 港元（折合人民币约 170000000 元），较上年度 175600000 港元上升 1.7%。《壹周刊》的赢利增长，较上个财政年度 29300000 港元上升 112.6%，增至 62300000 港元（折合人民币约 60000000 元）。

随着“消费隐私”趋势的发展，“经营隐私”已经成为一个前景广阔的产业，而且是一个市场门槛极低，社会需求量极大，投资少、收效快、赢利空间巨大的产业。何况被贩卖的是别人的隐私，无须成本，又真假难辨。就算信息是假的，也不怕人投诉。商业“唯利是图”的原则告诉人们，这是个稳赚不赔的“好营生”。

赢利如是，又引起了人们对另外一个重要问题的思考——以窥探个人隐私为卖点的商业活动，是否会侵犯别人的正当权益？市场上的供需的确会带来“隐私交易”，但它应与其他交易一样也需要法律和道德的约束。在未经当事人同意的情况下，“贩卖隐私”的行为也会受到法律追究。娱乐杂志在将别人的“私家猛料”报道之前，是否要考虑来源的合法性？如何合理地利用“隐私资源”，以满足公众心理消费的需要，这也是“贩卖者”首先要考虑的问题。

为什么二手车市场买不到好车

“柠檬”在美国俚语中表示“次品”或“不中用的东西”。“柠檬市场”也就是次品市场。为什么呢？

柠檬原属印度西部的喜马拉雅山脉。早先那里的人们是不吃柠檬的，人们欣赏的是柠檬树的美丽。但后来西欧人到了印度，被柠檬的香气所吸引，后传遍整个世界。现在柠檬竟成为最美味的水果被人们喜欢，真是“三十年河东，三十年河西”。但柠檬毕竟有些涩，甜味不足，于是英国人就用“柠檬”来比喻性能和品质都比较差的低等商品。后来，经济学家更进一步，将交易低的商品和市场称为“柠檬市场”。

旧车市场上，买者和卖者有关汽车质量的信息是不对称的。卖者知道所售汽车的真实质量。一般情况下，潜在的买者，要想确切地辨认出旧车市场上汽车质量的好坏是困难的。他最多只能通过外观、介绍及简单的现场试验等，来获取有关汽车质量的信息，而从这些信息中很难准确判断出车的质量。因为车的真实质量，只有通过长时间的使用才能看出。但这在旧车市场上又是不可能的。

有一个二手车市场，里面的车虽然表面上看起来都差不多，但质量有很大差别。卖主对自己的车的质量了解得很清楚，而买主则没法知道。假设汽车的质量由好到坏分布比较均匀，质量最好的车价格为 50 万元。买方会愿意出多少钱买一辆他不清楚质量的车呢？最正常的出价是 25 万元。很明显，如此一来，价格在 25 万元以上的“好车”的主人将不再在这个市场上出售他的车了。于是便进入恶性循环。当买车的人发现有一半的车退出市场后，他们就会判断剩下的都是中等质量以下的车了。于是，买方的出价就会降到 15 万，车主对此的反应是再次将质量高于 15 万元的车退出市场。以此类推，市场上好车的数量将越来越少，最终导致这个二手车市场的瓦解。为什么会这样？

这就是一个典型的“柠檬市场”。购买二手车的人不知道市场上所有车的优劣，而卖主知道所有车的底细。但卖主为了能够卖个好价钱，肯定会隐瞒有关车的性能、运行信息和发生事故与否等。

于是，买者和卖者之间就不能实现信息共享。卖方永远比买者拥有更多的信息。而买方呢？就会觉得，似乎所有的车都不可信任，买还是不买就拿不定主意，唯一的解决之道，似乎就是拼命压价。但卖主肯定不会同意啊，觉得自己的车这么好，哪里能这么便宜就被开走呢？但如果提价的话，买主也不同意，谁知道你的车出过什么事故呢？

无奈之下，卖主要么低价卖出，要么将自己的好车开出二手车市场。长此以往，二手车市场上的好车越来越少。“山中无老虎，猴子称霸王”，在没有好车的市场上，劣车占据了绝大多数。这时，价格低廉、品质不好的名声就会越传越远，而前来买车的人出价就只会越来越低，“劣币驱逐良币”。这种恶性循环的结果就是让所有的“劣车”将“好车”赶出了二手车市场。于是，“柠檬市场”全是便宜货。

可见，“柠檬市场”是道德松懈和信息不对称所带来的不良后果。在这里，良货消失，劣货畅销，这是谁也不希望看到的场景。要想消除“柠檬市场”，就是要竭力营造出一种讲究诚信的社会风气，卖方的价格合理，买方得到高质量的产品。或者双方用一种特殊的方式证明商品的相关信息，例如质量保证、建立信誉、建立品牌等；或者买方迫使卖方披露信息，例如要卖方作出承诺，或请第三方专业人员出面作证等，如果卖方拒绝，那将表明他卖的车是次品。买卖双方如果真诚，共享某一商品的所有信息，就能实现公平、公正的交易。

当然了，在现实当中，一部分二手车的转手原因，跟它们性能的可靠性没有关系。在这种情况下，卖方会尽力沟通自己迫不得已卖车的原因。“因为我被公司调职到伦敦，只好卖掉这辆沃尔沃。”或者“刚生了个孩子，只好忍痛卖掉这辆保时捷。”

在很长的一个历史时期，人们在市场交易活动中使用的货币不是我们今天大量使用的纸币，而是用金属铸造的货币——类似我们今天的硬币。但不同的是，今天的硬币只是作为辅币使用，而在当时，有钱人出门则要带上一袋沉甸甸的货币——金币或银币，这是财富的象征。

与今天纸币不同的是，当时的铸币本身即有价值——其所采用的金属的价值，其面值的基础就是其重量和成色。随之而来的有两个问题：一是在铸造的时候，不能保证每一个货币都有一样的成色和重量；二是在长久的使用和流通中，有一定的磨损而导致重量的下降。换句话说，同样面值的货币，其实际价值会有差别。

那么，每个人都想着把“好”的钱（良币）留在自己手里，把“差”的钱（劣币）花出去。时间长了，市场上流通的就都是“差”的钱，于是“劣币驱逐良币”的现象产生了。

为什么郑堂会烧掉名画

明朝正德年间，有个叫郑堂的秀才，他开了一家字画店，生意还算兴隆。

某天，有个叫龚智远的人，拿来一幅《韩熙载夜宴图》来押当。郑堂初看之下，非常高兴，认为此画是真品，当场付给对方 8000 两银子。龚智远也答应到期愿还 15000 两。

谁知，过了赎抵的日期，也不见龚智远来赎画。郑堂发觉上当，再细看那画，这才发现原来是一幅赝品。郑堂被骗 8000 两银子的事，一夜间传遍全城。

大家都以为郑堂吃了亏，会在家里生闷气。谁知郑堂竟办起酒席，大宴宾客。酒过三巡，郑堂向人们赌咒发誓，日后绝不收假画。然后，将龚智远的那幅假画扔入火炉。

不料第二天，龚智远就上门来取画，还解释说是有事误了期限。郑堂说：“只误了三天，无妨。但需加利息，共计本息 15240 两银子。”龚智远早已得知烧画一事，爽快地答应下来。没想到，郑堂却从内室中取出一幅画来，龚智远打开一看，正是自己的那幅假画。无奈之下，只能交付银两。

原来，郑堂在宴席上烧的画，是仿造的。为了让龚智远就范，故意设宴毁画，让龚智远主动送来本息。

郑堂怒烧假画，引出骗子。其高明之处，就在于巧妙地应用了信息的不对称性。一开始，骗子用假画骗了郑堂 8000 两银子。在这场交易中，骗子占有信息优势。真相暴露后，郑堂为了引出骗子，当众烧掉了另外一幅仿品。这一次，他传递给骗子的信息是不完整的。于是，第二场交易便出现了。当骗子来赎画，郑堂拿出原画，不但将被骗子骗走的钱拿回，还得到了应有的利息。

聪明的郑堂狠狠地惩治了可恶的骗子。在这个过程中，信息不对称体现出来的玄妙效果，让人大长见识。实际上，作为一场交易的双方主体，没人会完全占有市场信息，总是会有一方相对于另外一方更有利。这时，信息不对称必定导致信息拥有方为牟取自身更大的利益使另一方的利益受到损害。

在三国时期，曹操率领号称的 83 万大军，准备渡过长江，占据南方。当时，孙、刘联合抗曹，但兵力比曹军要少得多。

曹操的队伍都由北方骑兵组成，善于马战，可不善于水战。正好有两个精通水战的降将蔡瑁、张允可以为曹操训练水军。曹操把这两个人当做宝贝，优待有加。

一次，东吴主帅周瑜见对岸曹军在水中排阵，井井有条，十分在行，心中大惊。他想，一定要除掉这两个心腹大患。

曹操一贯爱才，他知道周瑜年轻有为，是个军事奇才，很想拉拢他。曹营谋士蒋干自称与周瑜曾是同窗好友，愿意过江劝降。曹操当即让蒋干过江说服周瑜。

周瑜见蒋干过江，一个“反间计”就已经酝酿成熟了。他热情款待蒋干。酒席筵上，周瑜让众将作陪，炫耀武力，并规定只叙友情，不谈军事，堵住了蒋干的嘴巴。

周瑜佯装大醉，约蒋干同床共眠，并且故意在桌上留了一封信。蒋干偷看了信，原来是蔡瑁、张允写来，约定与周瑜里应外合，击败曹操。这时，周瑜说着梦话，翻了翻身子，吓得蒋干连忙上床。过了一会儿，忽然有人要见周瑜。周瑜起身和来人谈话，还装作故意看看蒋干是否睡熟。蒋干装作沉睡的样子，听周瑜他们小声谈话，听不清楚，只听见提到蔡、张二人。于是蒋干对蔡、张二人和周瑜里应外合的计划确认无疑。

他连夜赶回曹营，让曹操看了周瑜伪造的信件。曹操顿时火起，杀了蔡瑁、张允。

等曹操冷静下来的时候，才发现中了周瑜的计。

从周瑜所施的这个计谋来看，不仅可以看出周瑜的聪明之处，还有周瑜的设局之策。如果他不采取这个策略，那么蒋干就会处于主动的地位，即使是不被蒋干说服，也不会得到什么好处。

然而，他采用了这个“反间计”，不仅没有给蒋干做说客的机会，而且还除掉了蔡瑁、张允两个心腹大患，可谓是一举两得。曹操派蒋干来刺探军情，是想充分了解敌人的信息。在这种情况下，“将计就计”无疑是最佳策略。

因为表面上虽然曹操掌握了对方的信息，而实质上正中了周瑜的将计就计，这其实是一种虚假的公共信息环境。

在信息是公共的情况下，彼此都知道对方的情况和虚实，就需要利用公共信息中存在的一些漏洞和问题，来取得竞争的胜利。所谓“兵不厌诈”，在知己知彼的情况下，善用计谋者才能笑到最后。

古典经济学有一个重要假设，就是“完全信息”假设，即假设市场的每一个参与者对商品的所有信息都了如指掌。实际生活中却常常不是这么回事。

比如超市经常进行的打折营销。古往今来，商家皆谋三分利！10元钱进货的商品8元钱卖，是不会有的事情。实际上，商店也不可能把所有的商品都打折销售。我们能够注意到的是，只有部分商品打折，并且是轮流打折。

在经济生活中，消费者掌握的商品信息往往是不完全的，“买的没有卖的精”。以不完全信息为出发点，会让我们在市场交易中陷入困境。要想摆脱困境，需要我们对信息有更深入细致的把握。当信息的不对称被打破时，我们的经济利益才会免遭损失。

为什么买家没有卖家精

某日，某城市中的一家餐厅挂出一块招牌：“明天吃饭不要钱！”

消息不胫而走。第二天，这家餐厅里果然宾朋满座，非常热闹。等酒过三巡之后，众人已有些微醺。这时，店主人才踱着方子步走出来，笑眯眯地说：“大家一会儿走之前可不要忘记到柜台结账啊。”

顿时一片欷歔声响起，每个人都觉得店主说话出尔反尔、不守信用。

只见店主不慌不忙地解释说：“我明明写的是——明天吃饭不要钱，又不是今天。”

这则笑话反映的是我们在日常经济生活中经常会遭遇一些“温柔的陷阱”，让我们深陷其中，无可奈何。

李先生在一家超市购买了一大包某品牌方便面。回家后，他发现其中有一包中了该公司“大骨赢家”促销活动的四等奖。根据兑奖内容，他可以再获得半包方便面。

于是，李先生依据奖券上显示的“去购买处领取中奖方便面”的提示，来到超市进行兑换。工作人员表示，该奖项需2张奖券一同使用，才能换取一小包方便面。

“我认为不对，食品怎能半包发奖。在5连包中中了一个四等奖，就应该奖励5连包的一半，也就是2个或3个小包装。”

面对坚持领奖的李先生，店方找出一包方便面，掰了半包，递给了他。

“这种方便面怎么吃呀，这不是侮辱人吗？”一怒之下，李先生将整包方便面扔在地上。随后，双方发生冲突。最终，在店方要求下，李先生赔偿了另外半包方便面的价钱。

李先生认为，生产厂家的奖项设置非常不合理，“食品怎能设置无法领取的半包奖项。若中了半瓶矿泉水，你怎么分？”

该公司市场部工作人员表示，确有这种“半包奖”的奖项设置。它有两种兑奖方式，可以集齐2张奖券换取一整包奖品，或者再出一半的价钱兑换一整包奖品。另外，在兑奖券上也标明了“本活动最终解释权归本公司所有”。

生活中，商家的低价限量销售、打折销售、赠送礼品、购物返券等优惠酬宾活动，让消费者如坠烟海不辨东西。在这场销售者与消费者的博弈中，为何消费者就没有胜出的把握?

作为买卖双方的理性的经济人，在信息博弈之中，再次显露了信息不对称的弊端。其实，商家能得逞，无非还是信息不对称造成了交易双方的利益失衡。毕竟，在商家和消费者的对弈中，商家总是要比消费者获得更多的消息，他也更容易在信息上为消费者设置各种障碍和门槛。例如上文欺骗了食客的餐厅老板，又如提供半包奖项的某厂家，他们利用自己的优势，引导消费者甚至误导消费者进行消费。消费者了解到的只是商品信息的表面，处于信息劣势。

信息的不对称，导致了消费者必须为之付出更多的成本。也就是说，双方的较量中，信息如同资本、土地一样，是一种需要进行经济核算的生产要素。俗话说“隔行如隔山。”现在，这座“山”就是信息不对称，而要获得准确的信息，消费者就要付出代价。商家对商品信息和营销策略的占有，才保证了每一次交易的获利。所谓“买家没有卖家精”说的都是这个道理。

在双方信息不对称的情况下，消费者的劣势，并不总是令人同情。因为若不是消费者贪小便宜，在利益面前失去理智，也不会自惹麻烦。经济学则认为这一切很正常，因为在利益面前，任何人都会心动的。经济学上的理性人永远不会失去理性，即永远都会朝着有利于自己的方向做出选择。他掌握的信息达到什么程度，他便会做出和他掌握的信息相一致的选择。

知名作家李福亮有一篇文章叫《小心鹿》，在开头说道：“鹿实在是美丽得让人心动。我一直感到，形容女孩子可爱的最有表现力的一句话就是‘她的眼睛像一只受惊的小鹿’。那年在小兴安岭参观鹿苑，一行作家全都被悠闲漫步在青青草坡上的梅花鹿群迷住了。大鹿仪态万方，气度高贵，小鹿精致乖巧，温顺整洁。”由衷地表达了自己对鹿的喜爱之情。

然而随着李福亮作家阅历的增长，发现其实并不是这样的，事实上鹿是一种非常残忍的动物。如劳伦兹的《所罗门王的指环》里所说的：“这是我所知道的一种最恶毒的动物。同时它还有一对使用起来绝不留情的凶器——角。大自然所以没有赋予它约束自己的能力，是因为在自然的环境里，就是最弱的雌鹿也可以逃开最强的公鹿的攻击。只有在极大的园场里，我们才能将公鹿、雌鹿放在一起。不然，公鹿迟早会将它的同伴母鹿、小鹿一起赶到角落里抵死。”

由此可见，在现实生活中，信息不对称带来的问题，并没有让经济人得到真正理性的认识。小鹿的外表和内在，都是信息不充分的示例。所以，我们今后在面对那些诱人的厂家宣传的时候，就要特别留意。

为什么股市没有内幕消息

每周五，一份名为《掘金报告》的股评报告就会出现在东方财富网、搜狐网、新浪网、全景网以及《上海证券报》、《证券时报》等媒体上，向股民推荐下周即将上涨的牛股。和众多的证券投资咨询报告相比，《掘金报告》显得颇为神奇。因为很多股民发现，这份报告所推荐的股票，往往都会成为第二个星期沪深股市涨幅榜前十名的牛股。

2007年3月9日，这份报告向股民推荐了股票“交大博通”。在接下来的一个星期里，周一、周二、周三，该股连续三个交易日涨停，14日报收13.78元。按最高值计算，买入该股就有可能在不到一周的时间里获利40%。这份报告因其缔造的多个这样的“红色星期一”而声名鹊起。也因其“点股成金”的神奇魔力而一度被众多股民视其为股市“淘金宝典”。

这份《掘金报告》是由北京首放投资顾问有限公司发布的，汪建中正是这家投资公司的董事长。据统计，在2003年8月1日至11月13日期间，上证综合指数跌幅达10.7%。但这段时间内，北京首放共推荐了18只股票，所有的股票都在下一个交易日出现了上涨行情。其中涨停的有6只以上，涨幅在9%的有2只，其他股票最少的涨幅也在3%以上。

一向信赖专业咨询机构的老王，渐渐将北京首放的《掘金报告》作为自己炒股的重要参考。2007年5月，老王根据《掘金报告》的推荐，以23元左右的价格重仓购入“万科A”。

但是让老王没有想到的是，买入之后没两天，“万科A”的股价就开始下跌，从20多块钱一直跌到6块多钱。被套牢的老王认为是大势所趋，依然对《掘金报告》深信不疑。除了“万科A”之外，老王又根据《掘金报告》另外购入了“中信银行”和“中国石化”。两只股票随后的走势，都与“万科A”如出一辙。

为什么看起来总是“点股成金”的《掘金报告》却让自己血本无归？这一点老王一直没有想明白。

在股市投资中，专家的意见影响着投资者对股市信息的判断。有些会让人们在投资中大获全胜，但是一些有名的“黑嘴”股评家，却是在明目张胆地诱导投资者进入股市的陷阱。在现实生活中，很多投资者由于迷信股评家而被深度套牢，以至于血本无归，欲哭无泪。

痛定思痛，作为投资者，如何识别那些利用股评，欺骗和误导投资者而被广大中小股民斥为“黑嘴”的股评家呢？极少数股评家之所以能成为“黑嘴”，就是利用信息的不对称来蒙蔽投资者的眼睛。对于投资者而言，应该做的是对其所提供的信息作出正确的判断，使自己掌握的信息更充分，才能不至于总是给别人“抬轿子”。还有一些股民听从这些专家的内幕消息，企图凭借不对称信息谋利。

内幕交易，指个人或组织通过工作、私人关系等途径获得未经正常渠道对外公布的信息后，利用该信息进行交易获取利益。

股市中存在着建老鼠仓、内幕交易等非法圈钱的手段，从而破坏了股市投资的环境，影响了股市的健康发展，严重损害了其他投资者的利益。这种直接圈钱的手段自然不会被允许。

当然，不仅是投资，生活中我们同样面临很多这样的情况。比如邻居大妈会骄傲地告诉你：“某专家说了现在流行的某某牌子的营养品，经科学鉴定那里含有人体需要的××成分。”而你对于某人的第一印象，或许也不过是源于一些关于他的小道消息、流言飞语。在信息空前开放的现代社会，我们不得不擦亮眼睛，不仅要掌握更多的信息，更要懂得识别信息，抓住最准确真实的有利信息。

在信息无处不在的现代生活中，如果还想要做生活的智者，请记住：智慧绝不是凭空的猜想，而是基于对信息作出正确的判断。

为什么三菱能够拿到订单

一位工程师和一位经济学家是无话不谈的好友。一次，两人相约赴埃及参观著名的“金字塔”。到埃及后，工程师某天独自徜徉在街头，忽然耳边传来一位老妇人的叫卖声：“卖猫啦，卖猫啦！”

工程师一看，在老妇人身旁放着一只黑色的玩具猫，标价500美元。这位妇人解释说，这只玩具猫是祖传宝物，因孙子病重，不得已才出售，以换取治疗费。工程师用手一举猫，发现猫身很重，看起来似乎是用黑铁铸就的。不过，那一对猫眼则是珍珠镶的。

于是，工程师就对那位老妇人说：“我给你300美元，只买下两只猫眼吧。”

老妇人一算，觉得行，就同意了。工程师高高兴兴地回到了宾馆，对经济学家说：“我只花了300美元，竟然买下两颗硕大的珍珠。”

经济学家一看这两颗大珍珠，少说也值上千美元，忙问朋友是怎么一回事。当工程师讲完缘由，经济学家忙问：“那位妇人是否还在原处？”

工程师回答说：“她还坐在那里，想卖掉那只没有眼珠的黑铁猫。”

经济学家听后，忙跑到街上，给了老妇人200美元，把猫买了回来。

工程师见后，嘲笑道：“你呀，花200美元买个没眼珠的黑铁猫。”

经济学家却不声不响地坐下来摆弄这只铁猫。突然，他灵机一动，用小刀刮铁猫的脚，当黑漆脱落后，露出的是黄灿灿的一道金色印迹。他高兴地大叫起来：“正如我所想，这猫是纯金的。”

原来，当年铸造这只金猫的主人，怕金身暴露，便将猫身用黑漆漆过，俨然一只铁猫。

工程师在为自己的精打细算和以低价格买到两颗大珍珠而沾沾自喜的时候，却不曾想自己其实错过了更大的便宜；他当然也不曾想到，自己简单的两句话，让自己的经济学家好友，轻易就捡到了这个更大的便宜。

其实生活中我们都会遇到类似的情况。只是工程师有经济学家好友对信息正确的判断，帮他了解到了自己的失误。而我们有时候就没有如此的幸运。只收获信息表象带给我们的收益，却不知道如果我们能够对市场所提供的信息做出正确的判断，我们可能收获更多。

现实中，我们能够捕捉到的信息是有限的，如果估计不到情况的变化，所作出的选择自然受到影响。面对信息的变化，我们需要作出准确的变化，自己的选择才能有章可循——才不至于像现实中的某些人，这山看着那山高，今天换专业，明天换单位，跳来跳去，自认为是时代的弄潮儿，其实却在信息汪洋大海中竹篮打水一场空。由于没有对信息作出正确的判断，最终只能一事无成。

我国在 20 世纪 60 年代的时候，勘探开发出了著名的大庆油田。当时，绝大多数的中国人都不知道大庆油田的具体位置。但是日本三菱重工集团，却对大庆油田了如指掌。

当时，由于各种原因，大庆油田的具体情况是保密的。然而，日本三菱重工集团的信息专家们却从一些普通的信息中，发掘出了极为重要的经济信息，揭开了大庆油田的秘密。

三菱重工首先从刊登的“铁人”王进喜的大幅相片上，推断出大庆油田在东三省偏北处。因为相片上的王进喜身穿大棉袄，背景是白茫茫的积雪。接着，他们又从另一幅肩扛人推的照片，推断出油田离铁路沿线不远。然后，这些信息专家又从《人民日报》的一篇报道中看到这样一段话：王进喜到了马家窖，说了一声：“好大的油海啊，我们要把中国石油落后的帽子扔到太平洋里去！”据此，三菱重工判断出，大庆油田位于东北马家窖。

1964 年，王进喜参加了这一年举办的第三届全国人民代表大会。三菱重工又得出大庆油田已经开始产油的结论。因为如果不出油，王进喜是不会当选为人大代表的。

同时，从刊登的王进喜照片所站的钻台上手柄的架势，他们又推算出油井的直径是多少；从王进喜所站的钻台油井，与他背后隐藏的油井之间的距离和密度，又推算出油田的大致储量和产量。当时三菱重工的信息专家推算出大庆的石油年产量为 3000 万吨，这与大庆油田的实际年产量几乎完全一致。

根据中国当时的技术水准和能力，及中国对石油的需求，三菱重工断定中国必定要大量引进采油设备。于是，三菱重工迅速集中有关专家和人员，在对所获信息进行剖析和处理后，全面设计出适合大庆油田的采油设备，做好了充分的夺标准备。

果然，中国不久便向市场寻求石油开采设备。三菱重工以最快的速度和最符合中国要求的设计、设备获得了这笔巨额订单，赚取了一大笔利润。

随着经济全球化的来临，面对世界性的竞争与挑战，无论是企业还是个人都需要重视对外界信息的收集和利用。企业的经营者如果注重收集社会信息情报，就能及时预测到新的社会需求，便能在市场竞争中“领先一步”，击败对手。而个人注重信息的积累，才能在激烈的人才竞争中“脱颖而出”，为自己赢得未来。

我们生活在信息社会中，每天都要接收到来自四面八方的信息，这些信息泥沙俱下，真假夹杂。提升自己提取有效信息的能力，是每一个经济人的基本能力。有句话说得好，“世界上从来不缺少美，而是缺少发现美的眼睛。”其实运用到经济生活中也是同样的道理——生活对大家都是平等的，成功也从来不是缺少机会，而是需要我们有一双敏锐的慧眼，来发掘有效信息。

为什么所罗门王能辨别孩子的妈妈

《列王纪上》所罗门王判案的故事：

两位母亲争夺一个孩子，双方都声称自己是孩子的亲生母亲，僵持不下。在那个没有亲子鉴定、DNA 检测的时代，不可能用科技手段证明事实的真相。主持调解的所罗门王下令手下拿把刀来，告诉她们，将孩子一斩两半，两人各得一半。这时一位母亲的反应是："我得不到孩子，她也别想得到，斩就斩。"另一位母亲则哀求道："王啊，求您不要斩孩子，我把孩子让给她好了。"所罗门王此时已经知道，心疼孩子的是真正的母亲，就把这个孩子判给了她。

"所罗门王判案"是一个典型的信息甄别案例。在市场经济中，消费者面对琳琅满目的商品和纷繁的信息，甄别是一项非常复杂的工作。信息甄别，是市场交易中没有私人信息的一方，为了减弱非对称信息对自己的不利影响，能够区别不同类型的交易对象，而提出的一种交易方法。

在"所罗门王判案"的例子中，其实所罗门王并没有将孩子劈为两半，而是发出"将孩子劈为两半"的信号，来甄别谁才是孩子的母亲。在我们经济生活中，信息发送与信息甄别是比较常见的。

一天，邻居盗走了华盛顿的马。华盛顿也知道马是被谁偷走的。于是，华盛顿就带着警察来到那个偷他马的邻居的农场，并且找到了自己的马。可是，邻居死也不肯承认这匹马是华盛顿的。华盛顿灵机一动，就用双手将马的眼睛捂住说："如果这马是你的，你一定知道它的哪只眼睛是瞎的。""右眼。"邻居回答。华盛顿把手从右眼移开，马的右眼一点问题没有。"啊，我弄错了，是左眼。"邻居纠正道。华盛顿又把左手也移开，马的左眼也没什么毛病。

邻居还想为自己申辩，警察却说："什么也不要说了，这还不能证明这马不是你的吗？"

华盛顿利用那句"它的哪只眼睛是瞎的"的暗示，致使邻居认定"马有一只眼睛是瞎的"。他成功地给邻居设置了这个陷阱，使其露出了破绽，邻居的辩解也就不攻自破。

市场中的卖方，如果手中的商品有可能不为顾客所熟悉，但是商品质量确实比较高，他就会主动将商品信息向买方传递，让买方了解商品的信息。我们在市场中可以看到这样的情形：卖西瓜的小贩，会问你要不要给你挑好的西瓜切个三角形口子，如果不是鲜红的瓜瓤就不要你的钱了。这就是信号发送。

市场中的买方，因为怕自己得不到商品的真实信息而吃亏。面对纷繁的信息来源，买方必须运用自己的信息甄别能力来做决策。比如你要买一件羽绒服，就要想方设法知道里面究竟是鸡毛还是鸭绒。

为了降低信息甄别的成本，买方往往会要求卖方提供有关私人信息的可靠证据。当你买一件较贵重的物品，对实际价值与价格不能鉴别，正在犹豫要不要买时，老板有可能将他进货的发票在你面前晃一下，以表示这样的价格他只赚点毛利。当你真的看到发票上的价格时，你便坚定了买的决心。

一般来说，甄别信息的方法主要有以下几种：

1. 根据信息来源途径判别。第一手信息资料是相对可靠的，如果是道听途说，可靠程度就会降低。

2. 不盲目相信自己已获取的信息。根据自己的理性判断以及原有的经验来判断，不对获取的信息轻易下结论。

3. 多渠道获取信息。扩大信息获取的途径，广泛的信息量有助于自己作出理性的决策。

4. 向权威机构核实。比如自己不能对市场上的高仿真钞票进行鉴别，应该向银行或其他部门核实。

日本德斯特自动售货机公司董事长古川久好12年前曾是一家公司的小职员，平时为老板干一些文书工作，跑跑腿，整理整理报刊材料。这份工作很辛苦，薪水又不高。他时刻琢磨着想个办法赚大钱。

有一天，古川久好从报纸上看到这样一条介绍美国商店情况的专题报道，其中有一段提到了自动售货机的便捷性和今后的发展前景。古川久好想到："自己所处的地区，还没有一家公司经营这个项目。将来必然会迈入一个自动售货的时代。这项生意对于没有什么本钱的人最合适。我何不趁此机会去钻这个冷门，经营此新行业？"

于是，他就向朋友和亲戚借钱购买自动售货机。共筹到了30万元，这笔钱对于一个小职员来说可不是一个小数目。他以一台1.5万元的价格买下了20台售货机，设置在酒吧、剧院、车站等一些公共场所，把一些日用百货、饮料、酒类、报纸杂志等放入其中，开始了他的新事业。

当地人第一次见到公共场所的自动售货机，感到很新鲜。因为只需往里投入硬币，售货机就会自动打开，送出你所需要的东西。古川久好的自动售货机第一个月就为他赚了100多万元。他把每个月赚的钱投资于自动售货机上，扩大经营规模。5个月后，古川久好不仅早已连本带利还清了借款，而且还净赚了近2000万元。

在知识经济时代，要在变幻莫测的市场竞争中立于不败之地，你就必须准确、快速地获悉各种情报：市场有什么新动向？竞争对手有什么新举措？……在获得了这些情报后，果敢、迅速地采取行动，这样你不成功都难。信息与情报的商业价值在于，它们直接影响到企业的命运，是企业成功的关键因素。所以，美国企业家S.M.沃尔森提出“沃尔森法则”，强调信息的重要性。

市场竞争的优胜者往往就是那些信息前沿的人。在同样的条件下，获取信息最全面的人，就会优先抢得商机。有人说市场经济就是信息经济，其精髓就在于此。从某种意义上说，关注信息就是关注金钱。信息已经成为一种不可忽视的资源。在商海中搏击，学会收集信息，这样才能抓住有效信息。现代商业竞争越来越激烈，及时、准确地掌握信息，对赢得竞争十分重要。信息就是资历，信息就是竞争力，信息就是利润。

信息与情报给企业带来巨大利益的同时，也给许多企业敲响了警钟：信息既能带来滚滚财富，同样，信息的外泄也会让企业遭到致命的打击。

在日本成为汽车生产大国之前，日本的许多企业只能生产卡车与公共汽车。但是，许多企业经营者敏锐地预见，不久，世界市场对小汽车的需求量将会大增。这对企业来说是一个难得的商机。可是由于日本汽车制造技术落后，无法自行生产小汽车，于是，一些企业在世界范围内纷纷开始展开一场情报战。日产公司想方设法从英国搞到装配小汽车的技术；日野公司不甘落后，通过努力也从法国获得了“雷诺”小汽车的生产技术。一场场情报战过后，日本汽车开始逐渐走上成熟，直至成为商场中的最大赢家。然而欧美汽车企业却因此丧失了市场份额。

沃尔森认为，具备了一流的人才与技术只可以说明企业具备了生产一流产品的可能，而这种可能如果没有灵活地、高效地、及时地把握市场前沿信息的信息系统作保障，也会化为乌有。同时，沃尔森认为，信息与情报关乎企业的方方面面，企业不但要注重内部信息，而且更要重视外部信息；不但注意搜集、把握信息，而且要做好信息保密工作。

为什么难就业和难招工同时存在

2007年，围绕就业问题，南开大学对450名本科毕业生、100家企业和10家中介机构进行了调查。结果显示，用人企业和求职者之间的信息供需不匹配，成为大学生就业困难、企业难招人的根本原因。

74.26%的被访大学生表示，最关心企业的发展潜力。其次为薪金福利和诚信度，分别占到41.12%和27.81%。而这些最被求职者看重的信息，往往在企业的招聘信息中很难看到，求职者也无法获知这些信息。

调查中，有6成的企业表示，薪金福利、公司效益等因为涉及商业机密，不便轻易透露。而岗位、企业规模和工作地区等这些并不被求职者学生关注的信息，却往往被用人企业作为重点信息公布。

同时，调查中有68.48%的大学生认为自身专业水平是应聘时最重要的砝码。不过，这一点却不被企业所看重。有超过半数的企业表示，最看重的是求职者的“道德诚信”和“发展潜力”。对“专业水平”关注的仅占27.63%。大学毕业生们没有捕捉到企业的这些信息，也就无法做到有的放矢，从而造成求职命中率不高，就业率低下。

实际上，在劳动力市场上信息的不对称广泛存在。求职者对自己的优缺点和能力很了解，而企业却无从得知；企业需要求职者具有的条件，求职者又不能从企业招聘信息中得到充分解答。于是，就会出现求职者不知道好工作在哪，企业不知道好员工在何处的尴尬局面。解决这一问题的方法并不难，那就是劳动力市场中的信息传递。

美国经济学家斯宾塞，以研究劳动市场上的“信息不对称”问题而著称。根据斯宾塞的理论：劳动力市场是一个信息极不对称市场。因此，在这样信息不对称的市场中，求职者要想找到好工作，信息传递的重要性就不言而喻了。

求职者的信息既包括企业很容易获得的公开信息，例如年龄、学历、毕业院校、所学专业等等，也包括实际能力、个人性格与爱好、勤奋程度等企业不易获得的私有信息。企业总想找到最好的员工，但他们拥有的信息却比求职者要少得多。

同样，企业也有一些私有信息是求职者所不了解的。求职者想找到好的工作，但他们拥有的信息又比企业少。企业因为私有信息无法雇到好员工，求职者因为私有信息找不到好工作。这就是供求双方的信息不对称引起的就业问题。

在现实社会中，求职者往往能够提供详细的个人资料，而招聘企业却对自己的具体情况有诸多隐瞒。求职者因信息不全，而难以作出自己的选择。这种情况和国家提倡的“双向选择”是相悖的。尽管如此，作为卖方的求职者，在买方市场主导的劳动力市场之中，求职竞争的关键还在于如何向企业传递信息。只有让企业通过传递出去的信息了解求职者，这样才能赢得好工作。

在找工作的过程中，最简单、最直接的传递信息方式就是简历。因此要想找到好工作，能将有效的信息传递给企业，简历是第一步。如果一个人靠简历中对自己虚假或不实的吹嘘来传递信息，这很容易会失去企业的信任，丧失工作的机会。因此，传递信息的首要条件是真实性。

企业并没有求职者想象的那么简单，负责企业招聘的人员大都有着丰富的职场经验。虚假不实的信息，一旦被他们看穿，工作就会随之成为泡影。虽然存在信息的不对称，但传递信息首先需要传递正确、真实的信息。找到好工作的一个重要前提是，不用虚假的信息骗人。

当然，传递信息不仅有简历，还有应聘时的每一个细节。例如，面试时得体的打扮与举止，约谈时间的准时到达，甚至说话的声音大小，看人的眼神等等。求职者与企业在整个交往的过程中都在互相传递信息。有人会因为一些细节问题而失去机会。这些都是求职过程中传递信息的技巧。

在劳动力市场上，要使自己脱颖而出受到企业青睐，还要有自己的“特色牌”。换言之，求职者不能拿那些人人都有的东西去吸引企业，而要让企业知道自己的特长。这就要根据职业要求向企业传递自己适于这种工作的特点。比如，如果去应聘销售主管，就要在面试中显示出自己的口才和亲和力，要提到自己过往的成功推销案例。也就是说，向企业传递的信息是具有特色和针对性的，而不是一般的泛泛而谈。这是在劳动力市场上，传递信息的关键所在。

把握好自身的信息传递，然后尽可能多的掌握作为买方的招聘企业的信息，做到这两方面，好工作就不再遥远。一份设计独特的求职简历，和千篇一律的模式化简历相比，肯定会更加引人关注；在介绍自己信息的时候，更要分清主次，针对用人企业的招聘信息，重点突出自己的特长，肯定比眉毛胡子一把抓的“高大全”更能抓住企业的心。

在经济市场中，我们要学会用信息铺路，这样好工作才会出现在我们脚下，我们才能赢得未来，赢得成功。

猎头公司对于信息的调度，能够很好地为我们服务。这也是我们为什么越来越依靠猎头公司的原因。如果将猎头公司的作用取消掉，又会出现怎样的问题呢？

由于信息不完全，每个人都希望向对方传递对自己有利的信号。比如，在招聘时，应聘者总是显示自己最好的一面；谈判中，企业总是把最能显示自己实力的一面展示出来；公司越来越注意企业形象的塑造；女孩子总是把自己打扮得漂亮；人们总是把最好的衣服穿在外面；等等。问题是，对方不一定相信你所传递的信号是真实的。有的信号，一下子是难以识别真伪的，需要时间。所以，“百年老店”是最好的信号传递方式。

为什么招聘单位看重学历？因为学历容易甄别，而且比起能力的描述来，相对可靠。为什么顾客喜欢买名牌产品？因为名牌是经过很多年才形成的，广告、产品质量、服务质量等因素起了很大的作用，名牌传递的信号就是：质量好、服务好。

长期在 CCTV 黄金时段做广告的厂商传递的信号是：我有实力，企业经营一直不错。出示自己的高学历证书和各种获奖证书的求职者，传递的信号是：我是一个优秀的应聘者。有的小公司对业务采取不冷不热的态度，传递的信号是：我不愁没业务做。故意装着要离开的顾客，传递的信号是：把价格再降点，否则我就走了。

第四章

你够聪明但为何并不富有

为什么要送礼物给别人

在日本，讲究“送礼”是众所周知的。每年的中元（6月底至7月中）和岁末（12月底至1月初），是日本人送礼的高峰时期。

日本人送礼的对象主要是关照过自己的上级、长辈以及同僚好友等。礼物多为食品、土特产品、生活日用品等，礼物的价格并不贵，其象征意义大于实际意义。日本人迁入新居时，也要向邻居赠送小礼物，表示关照和友好；还有外出旅游时，日本人也往往会带回一点小礼物，送给同僚或邻居，表示大家“有福同享”。

因为日本人收到别人的礼物后要“还礼”，回赠对方一件与收到礼物的价格大致相同的礼品。你送的东西太贵重了，对方回赠你的东西也要贵重。为了不让自己的送礼，成为对方破费钱财的负担，日本送礼的标准是：礼物不能太贵重，既表示了自己的心意，又不会引起对方的不安。

深受中国传统文化影响的日本人，尚有如此深厚的“送礼文化”，在中国自不必说。元旦、春节将至，走亲串友，少不了拎上一份或多或少的礼品。但送礼的人和被送礼的人或许都没有仔细想过，到底应该不应该送礼？该送什么礼，才能使自己效用最大化呢？

所谓的“礼尚往来”，早就成为国人做人的一个基本准则。究其原因，应该有以下三方面。

一是人格上的成本与收益。公共汽车上你给一个陌生人让了座位，你也许并不希望下次碰上他，他会给你让座，再说，能碰上的机会太小了。但你绝对需要他的一声“谢谢”，以获得心理上的平衡。

二是物质形式的礼品。中国人办红白喜事，都会准备一本礼簿，谁送了多少礼金，送了什么礼品，都会一一记录。等对方将来办事，也会备一份相当的礼品给对方，作为回报。尤其有趣的是，一般人在送礼时，都会根据关系的亲疏程度和对方的实际情况，反复掂量，看到底送多少合适。一副相当务实的态度。

三是送礼的穷富之分。给富人该送什么，给穷人该送什么，是有讲究的。给富人送礼，主要是为了借此和权势人家拉拉关系，联络联络感情，以后求人办事就好说了。而给穷人送礼，打水漂的风险就要大得多。

不论是东方还是西方，也不论是古代还是现代，“礼”始终是贯穿与维持人际关系的一个尺码。礼节和送礼也不是一门简单的学问。人们之所以这样崇尚“礼”，也是为了一种预期的收益。对于送礼的掌握程度以及运用技巧的差异，则决定了一个人在人际关系中优劣势态的不同。

从经济学的角度来看，最好的礼物就是其效用能得到最大限度发挥的礼物。第一，在送礼前，尽量掌握收礼人的个人偏好信息，然后，投其所好就能使礼物的效用最大化；第二，如果有关收礼人的个人偏好的信息难以获得，那就送他最稀缺的物品。这是经济学上“钻石和水的悖论”，告诉我们的简单道理，一种物品的效用主要取决于它本身的稀缺性。第三，如果你连收礼人什么信息也不知道的话，那就送他变现程度较高的礼物（或者用凯恩斯的话说就是流动性最强的礼物）。因为一种物品的变现程度越高，他就越可以方便地将它换成自己最急需的那种物品。从而，送礼人的礼物效用就能得到最大限度发挥。

人常说“好朋友，勤算账”，也是一种理性。崇尚“礼尚往来”是因为人与人之间说到底是一种利益关系。朋友之间如果账算不清，彼此都感到自己好像是吃了亏。久而久之，好朋友也会反目成仇。

1993 年，耶鲁大学的一位经济学家约尔·沃尔德福吉尔也曾对此问题进行过研究。

一次，在过完圣诞节后，他向讲台下的学生们提出了两个问题：第一，圣诞节期间你们多数人都收到礼物了，收到了多少？你预期它的价值是多少？第二，如果你没有收到礼物，在感情上你愿意花多少钱为自己购买这些礼物？

当把学生们的答案收集上来后，经济学家不禁大吃一惊。因为，从学生们的答案里，他发现，平均来说，收礼者普遍低估送礼人的礼物价值。即使是最保守的人的估价也只有礼物实际购买价格的 90%左右，而物品的真实价格中有 10%凭空消失了！

并且，根据他的粗略估计，仅圣诞节期间，整个美国每年将至少有几十亿美元，在“迎来送往”中被损耗掉了（美国圣诞期间的礼物消费额约为 400 亿美元）。

10%的价格损失，在送礼的过程中，没有产生任何的效用，由此变成了资源的浪费。或许对个人来说，这个百分数并不算大。但如上面所统计的，当“礼尚往来”形成一种国家的行为时，就会造成巨大的资源浪费。并且这种“礼尚往来”不过是一种财富的再分配，它既没有导致贫富之间差距的缩小，也没有促使新的经济活动产生。

送礼者辛辛苦苦挑选的礼物，付出了成本和心力，不仅没有使礼物实现应有的价值，还造成了社会的损失。这样的说法，无论怎样理解，都让人沮丧。

那么，人们该如何做才能尽量减少这种损失？

对于每个人来说，最好的礼物就是其效用能得到最大限度发挥的礼物。如果送礼者能在送礼前对收礼者的口味、喜好加以了解，投其所好，就能使礼物的价值发挥到最大。

除此之外，还有没有其他方法可以减少无谓损失？答案是肯定的。那就是人们可以将现金当做礼物。这样个人和社会福利损失就为 0，从而实现资源的最优配置。并且对于现代人来说，红包的实际效用最大，也不必花费送礼者过多的心思，能省去不少心力、财力。

晋人鲁褒写文章的时候，常常把钱称作“家兄”。后来，人们也常用“家兄”来指钱。

在某个县城中，有个大财主，为人吝啬贪财。他有 3 个女儿，分别嫁了 3 个有钱的女婿。一日，财主过寿，女儿、女婿们带着精心准备的礼物前来拜寿。

先上来的，是大女儿买的寿桃饼盒。财主见包装十分精美，很是喜爱，私底下问大女儿价钱。大女儿不敢明着回答，只比了一个大拇指，意思是白银 100 两。财主一看，怒火不打一处来，这么贵的饼盒他哪里吃得下？于是他大骂道：“你们带着礼物回家吧，告诉家兄，礼物太硬，我吃不下！”

随后，上来的是二女儿买的新衣，做工精细，样式富贵。财主爱不释手，又拽过二女婿问价钱。二女婿也不敢直接说，就比了一个大拇指和一个小拇指，意思是白银 110 两，结果财主火更大了，喊到：“我这造什么孽了！把女儿嫁给了你这败家子！你们也快回去吧，告诉家兄，礼物太沉，我穿不动！”

到第三个女儿时，小女婿只递给了财主一个红包。财主心里想：“3 个女婿中，小女婿最有钱，怎么空手来？”正要发脾气，谁知他往红包里一瞧，里面是 200 两的银票！财主立即喜笑颜开，将小女儿和女婿请进内厅，边走边拍着小女婿的肩膀说道：“嗯，还是你家‘家兄’

最懂我心意！”

生活中，有很多人不赞成小女婿的做法，认为直接送现金不能体现自己的心意，“有伤感情”。所以送礼物有损失的情形仍普遍存在。

然而，随着经济社会的发展，产品的增加和人们口味的差异化逐渐增加，想要购买到称心如意的礼物越来越难。可“礼尚往来”又是我国几千年来的文化传统，“不送礼”、“不会送礼”往往会被视为同社会现实格格不入。没办法，在现实社会的倡导下，人们应当也必须会购买礼物。

所以，今后人们在送礼之前，都应当“三思而后买”。以避免造成不必要的损失，带来“费力不讨好”的结果。

为什么人脉就是钱脉

一个刚踏上工作岗位的年轻人讲了他自己的一件事。第一天上班前，父亲把他拉到身边，问他：“你知道在社会上立足的关键是什么吗？”“是学历吗？”“不对。”父亲说。“是知识吗？”“不对。”父亲说。“是能力吗？”“不对。”父亲还是这句话。“那是？”年轻人大惑不解地望着父亲。父亲说：“是人际关系！”

为什么人际关系对人如此重要？用经济学家的话说，人际关系能够给人带来效用。什么是效用呢？效用，是某一种物品给人带来的满足程度，如米饭能填饱肚子，是米饭给人的效用；衣服能给人御寒，是衣服给人的效用，等等。生活在社会中，人际关系能帮你办成个人不能办成的事，能助你走向成功。

在中国，“人脉就是钱脉”这句话，似乎是长者常来训斥刚踏入社会的年轻人的。就算在国外，也有很多人认为：“一个人是否能够成功，不在于他知道什么，而在于他认识了谁。”

一名华侨在祖国内地经商几年后认识到在内地为人处世，特别要花心思。很多时候，会交际确实比会做事重要。一个人缘好、有声誉的人，因为有人际关系作为资源，所以很多事可以轻而易举地做成。

美国学者卡耐基说：“一个人的成功，15%是由于他的专业技术，85%则要靠人际关系和他的做人处世能力。”可见，一个人的社交能力是多么重要。

人际关系网对一个人事业的成败及工作的好坏具有极大的影响，所以说成功在很大程度上取决于人有多大的权力和影响力。因此，与合适的人建立稳固关系至关重要。

如果你知道人际关系的重要性，懂得运用人脉，你会发现，几个好朋友就可以决定你的“富贵指数”。

在纽约有一位白手起家的女士，她最初只带了几千美元到纽约。她在从事贸易的朋友处得知美国市场对一些消费品的需求，于是立刻委托在中国内地及香港的朋友，帮她寻找有商机的货品来源。但为了让产品更有销路，她需要找到更多的买主。于是她虚心地请教小区大学的教授。教授以自己的经验告诉她，可以通过展销会找销路。随后她又借着大学同学的人脉，在商展中顺利取得了摊位。因此才有机会把产品全部销售出去。

现在，她的公司有稳定的收益，拥有上百位客户。能拥有现今这样的成就，其实靠的只是5位好朋友。这5位好朋友中的3位，成为她生意上的伙伴，共同创造了商业上的最大利益。另外2位朋友，则经常与她分享彼此的财经信息与人生经验，成为人生道路上相互扶持的知己。

大多数营销业务上的失败，原因往往不是在于不懂推销，而是在于不懂得如何拓展人脉。有人说，20岁靠“体力”赚钱，30岁靠“经验”赚钱，40岁以后则是要靠“人脉”赚钱。如果你能善用自己的魅力，积极建立自己的关系网，就不怕赚不到钱！

成功建立关系网的关键是选择合适的人建立稳固的关系。良好的人际关系能开拓你的视野，让你随时了解周围所发生的事情，并提高你倾听和交流的能力。

如何让人际关系发挥最大效用呢？

当你对职业关系有所意识，并开始选择你认为对自己有帮助的人时，你必须放下那些关系网中的额外包袱，其中或许包括那些认识已久却对你的职业生涯毫无益处的人。当然，你们仍然是朋友，只是你不用浪费宝贵的时间去维系这种老关系。

保持联系是建立成功关系网络的另一重要条件。当《纽约时报》记者问美国前总统克林顿是如何保持自己的政治关系网时，他回答说："每天晚上睡觉前，我会在一张卡片上列出我当天联系过的每一个人，注明重要细节、时间、会晤地点以及与此相关的一些信息，然后输入到秘书为我建立的关系网数据库中。这些年来朋友们帮了我不少。"

要与关系网络中的每个人保持密切联系。最好的方式就是创造性地运用你的日程表，记下那些对你的关系至关重要的日子，比如生日或周年庆祝等。在这些特别的日子里准时和他们通话，哪怕只是给他们寄张贺卡，他们也会高兴万分，因为他们知道你心中想着他们。观察他们在组织中的变化也不容忽视。当你的关系网成员升迁或调到其他的组织时，你应该衷心地祝贺他们。同时，也把你个人的情况透露给对方。去度假之前，打电话问问他们有什么需要。

当他们处于人生低谷时，打电话给他们。不论你关系网中谁遇到了麻烦，你都要立即打电话安慰他，并主动提供帮助，这是你支持对方的最好方式。

充分利用你的商务旅行。如果你旅行的地点正好离你的某位关系成员很近，你可以与他共进午餐或晚餐。

只要是你关系成员的邀请，不论是升职派对，还是他子女的婚礼，你都要去露露面。

至少每 3 个月调整一下你的关系网。要多问问自己："为什么要保留这个关系？" 如果你不能定期更新或增加新人，你的关系网络就会老化，其威力会大大减弱。

时刻关注对网络成员有用的信息。应定期将你收到的信息与他们分享，这很关键。

优秀的关系网络是双向的。在你希望别人为你带来效用时，别人也在考虑你是否能给他们带来效用。这符合经济学上成本与收益的原则，即他们给你带来了效用，也必定要从你身上获得效用。因此，不要一味地希望别人为你付出，否则无论什么人都会疏远你。

有这样一个规律：你的年收入是你交往最密切的 5 位朋友年收入的平均值。打个比方说：你的 5 位朋友年收入分别是：6 万、7 万、10 万、13 万、14 万，总和是 50 万，那你的年收入就应该在 10 万左右。当然，这个数字只是理论上的，但我们接触的事实大多也是如此。这个规律说明"选择朋友就是选择命运"这句话，有着一定的合理性。

银行业是非常注重资历和经验的。但一个年轻人只用了不到 10 年的时间，就登上了"金字塔尖"，他的成功经历引起了很多人的兴趣。

有记者采访这位年轻的银行家，问他："请问您是如何用这么短的时间来获得成功的？"

"这需要花许多工夫。"年轻的银行家解释道，"但真正的秘诀是，我结识了一位良师。"

"在我大学快毕业时，有一位退休的银行家到班上做讲座。他当时已经 70 多岁了。他的临别赠言是：'如果你们有什么需要我帮忙的地方，请尽管找我。'听起来像是客套话，却引起了我的兴趣。我需要他给我建议，告诉我步入银行业时该走哪一步。可我又很怕碰钉子，毕竟他有钱而杰出，而我只不过是个即将毕业的大学生。但最后，我还是鼓起勇气给他打了电话。"

"结果怎么样？"记者问道。

年轻的银行家回答说："他非常友善，给我非常好的指导。他告诉我，应该在哪家银行做事，如何获得想要的工作。他甚至提议：'如果你需要的话，我可以当你的指导老师。'"

"后来我们有非常良好的关系。"银行家继续说，"我每周都给他打电话，而且每个月都会一起吃午餐。他从来没有出面帮我解决问题，不过他使我了解要解决银行问题有哪些不同的方法。而且，我的指导老师还衷心地感谢我，因为我们的交往使他保持年轻。"

世人皆言"失败是成功之母"，这是从吸取教训、不断进步的角度说的。但是，只有为数不多的人才知道"成功也是成功之母"。知晓这个道理的人们，恰恰很容易成为成功人士。这是因为，他们懂得"马太效应"的原理，并且能在现实生活中恰如其分地应用。

二三十岁的年轻人，或许暂时没有太多的基础。但我们为了进一步深造、累积财富潜力，需要从人脉、资金还有阅历、经验方面，开始着手建立自己的人脉宝库。有时一个人的失败并不是因为他不勤奋或没有才能，而是因为他没有抓住机遇，获得贵人的提拔。其实很多时候，成功者就在身边，前提是你必须有意识地去主动寻找。所以，为了将来你能成为成功者，请先让自己靠近成功者。

为什么多个朋友多条路

有一个关于朋友的故事：

他是在生活潦倒不堪时，才想起他的朋友的。因为决策的失误，他苦心经营了数年的公司一夜之间倒闭了，他也由万众瞩目的明星，变成了人人追打的“过街老鼠”。现在他不仅一文不名，还欠了一屁股债。回家只能给家人带来连累。“还是回省里的朋友那躲躲吧！”

朋友和他是发小，光着屁股，一起玩到大。高考后，他考到了外省的一所名牌大学，朋友只上了本省的一所普通学校。大概两人离得远了吧，开始时断断续续地联系着，以后就没了音信。最近的一次联系是朋友要结婚，请他过去喝喜酒。而他正在国外出差，当然没去成，便给朋友邮寄了一件异域的工艺品当作结婚的贺礼。

当他按照朋友当年给的地址，来到朋友的家门前，又不由地犹豫起来。这么多年没见，朋友还是当年的朋友吗？现在自己这般落魄，朋友会嫌弃自己吗？跟朋友的妻子从未谋面，这么住到朋友家他妻子会高兴吗？他把已经举起来的手又拿了回来，叹了口气，找到了一家旅店就地住下，住一天是一天吧。

就在他心灰意冷的时候，想不到朋友找来了。朋友一身的尘土和倦怠，生气的数落他：“你真不够哥们，来省城也不找我，害得我到处找你，要不是你妈偷偷地打电话给我，我还不知道呢！”他低着头瞅着脚尖，小声地嘟囔着：“还不是怕给你添麻烦么？你看我现在，又脏，又穷，又臭，恐怕连狗都不如了。”

朋友在他的胸口擂了一拳：“你还是那个倔脾气。朋友就是用来麻烦的，你不麻烦我，我才生气呢！”

那一刻，他千言万语噎在喉咙里，一句话都说不出来。只当全世界都抛弃了自己，却原来，还有一个人深深地记挂着自己，并没有因为落魄而嫌弃自己。有这样的朋友，还能说什么呢？他只得乖乖地收拾行李跟着朋友去他家。

朋友妻给他收拾了一间明亮宽敞的屋子，为他准备了可口的饭菜，还叮嘱他千万不要客气，当成自己家一样。他洗了澡，换了衣服，美美地睡了一觉。

在朋友的帮助下，他去银行贷了款，从自己跌倒的地方重新做起。由于朋友在当地的人脉甚广，加上他有丰富的经验，没几年公司便又发展起来了。他偿还了所有的债务，又把以前抵押的公司购回，规模比原来扩大了一倍。当人们纷纷对他交口称赞时，他总是摇摇头笑而不语。他明白，要是没有朋友的话，就没有他的今天。

人们常说“朋友是用来麻烦的”、“多个朋友多条路”，这恰恰说明了朋友的效用。所谓效用，是一件物品能带给人的满足程度。在遇到困难的时候需要朋友来帮助，在心烦的时候需要有个朋友来倾诉，在快乐的时候需要有个朋友来分享，是为朋友的效用。

在经济学家的眼里，朋友是资源，一个朋友就是一份资源，一个人的朋友越多，他所拥有的资源也就越多。他在进行资源配置的时候，就能做到游刃有余，使资源配置达到最优化；朋友是信息，一个朋友就是一个信息库，同时又是一条传递信息的路径。一个人的朋友越多，他的信息来源就越多，他获得信息的路径就越多。经济学认为，一个人对某种事物所掌握的现有信息和这种事物的所有信息总是不对称的。也就是说一个人对某种事物所包含的信息，只能是多掌握一些，而不可能全部掌握。正是由于信息的不对称，给人们判断、选择和决策带来难度。要减少判断和决策失误，就要多获取信息。

“寸有所长，尺有所短”，每一个人都有自己的资源优势。而朋友就是这样一种能够用他的优势弥补你的劣势的资源，即实现资源互补。如果你的朋友很少，或者都只是某一领域的，也就意味着你办事的途径很单一，你也就无法在众多的事情上游刃有余。环视你的周围就会发现，靠单枪匹马的闯斗没有几个能成功的。相反，每一个成功人士的背后都有一批生死之交鼎力相助。

现代社会是一个信息社会，我们每天都生活在大量的信息流中。因为信息流太快，我们捕捉到的太少，能够为我们自身所用的就更少。而每个人的教育背景、社会经历等又各不相同，所以，每个人的信息资源会不一样。正因为如此，我们与人沟通的欲望就更加强烈，我们需要从朋友那里获取信息。通过与朋友交流所获得的信息，则是一种你和朋友融化了的信息，是一种活信息，同时也是一种更为可靠的信息，一种更有利于带来利益的信息。由于朋友的信息经过了自己的思考加工，是直接可以运用的，这就省却了不少麻烦。

我们平常所讲的“人脉”，其实就是人际关系资源。美国史丹福研究中心发表的一份权威报告显示，一个男人一辈子所赚的钱，仅有12.5%来自知识，其余87.5%都来自关系！

人们常说“在家靠父母，在外靠朋友”。朋友就是一笔无价的财富。有了朋友，我们的生活就会时常沐浴到友情的芳泽；有了朋友，我们才能更好地利用自己身边的资源，这样才会在人生的征途上走得更远。

为什么利他才能利己

从前，有两个饥饿的人得到了一位长者的恩赐：一根渔竿和一篓鲜活硕大的鱼。其中一个人要了一篓鱼，另一个人要了一根渔竿。于是，他们分道扬镳了。

得到鱼的人在原地用干柴搭起篝火煮起了鱼，他狼吞虎咽着。转瞬间，连鱼带汤就被他吃了个精光。不久，他便饿死在空空的鱼篓旁。

另一个人则提着渔竿继续挨饿，艰难地向海边走去。当他看到那片蔚蓝色的海洋时，浑身一点气力也没有了。他只能眼巴巴地带着无尽的遗憾撒手人寰。

后来，又有两个饥饿的人，他们同样得到了长者恩赐的一根渔竿和一篓鱼。只是他们并没有各奔东西，而是共同约定去找寻大海。他俩每次只煮一条鱼。经过长途跋涉，终于来到了海边。

从此，这两个人开始了捕鱼为生的日子。几年后，他们盖起了房子，有了各自的家庭，有了建造的渔船，过上了幸福安康的生活。

许多时候，与人分享自己所拥有的，我们才能找到自己的位置和方向，也才能使自己的价值最大化。但在经济学中，并不否认人的自私性。从经济学角度看，人的自私自利行为可以分为两种：第一种是只利己而不妨碍他人。也就是自食其力，无需别人帮助或者不占别人的“便宜”，也不会无偿帮助别人。这类行为在经济学上称为“行为内部化”。第二种是自私自利，且妨碍了他人。经济学上称之为“行为外部化”或经济行为的“外部性问题”。

承认所有人的目的都是实现个人收益的最大化，而这并不代表着损人利己。因为，因损人而得到的利己收益，只是一时的，它会因损人而让你的口碑效应变差，在“劣币驱逐良币”的效应下，愿意与你合作的人越来越少。留在你身边的愿意与你合作的，最后剩下的都是损人利己的“主儿”，与这样的人合作，你还能侥幸多久呢？相反，如果变“损人利己”于“利己又利他”，变“个赢”于“共赢”，合作中大家都有收益了，难道还怕未来的收益变少吗？

在《左传·僖公五年》中，有这样一个故事：

春秋时，晋献公想要扩充自己的地盘，就找借口说邻近的虢国经常侵犯晋国边境，要派兵灭了虢国。可是在晋国和虢国之间还隔着一个虞国，讨伐虢国必须经过虞国。“怎样才能顺利通过虞国呢？”晋献公问手下大臣。

大夫荀息说：“虞国国君是个目光短浅、贪图小利的人，只要我们送他美玉和宝马，他不会不答应借道的。”晋献公一听有点舍不得。荀息看出了他的心思，就说：“虞、虢两国是唇齿相依的近邻，虢国灭了，虞国也不能生存了，美玉、宝马不过是暂时放在那里罢了。”晋献公采纳了荀息的计策。

果然，虞国国君见到珍贵的礼物，顿时心花怒放，听荀息说要借道虞国之事，当时就满口答应下来。虞国大夫宫之奇听说后，赶快劝阻："不行，我们和虢国是唇齿相依的近邻，可以彼此帮助。万一虢国灭了，我们也就难保了。俗话说：'唇亡齿寒'，没有嘴唇，牙齿也保不住啊！借道给晋国万万使不得。"虞公说："晋国是大国，现在特意送来美玉、宝马和咱们交朋友，难道咱们如此小气？"宫之奇连声叹气，知道虞国离灭亡的日子不远了，带着一家老小离开了虞国。

之后，晋国军队借道虞国，消灭了虢国，随后又灭了虞国。这就是"唇亡齿寒"的故事，这个故事比喻双方关系密切，相互依存。

唇、齿本是互相依存、休戚相关的关系，却因损人利己而付出亡国的代价。想想，如果我们的嘴唇都没有了，牙齿怎么能好端端地生长呢？

不可否认，"利己"是人的本性，但互助才能使每个人都实现最大化的"利己"。我们要在经济活动中按照这一原则行事，必须明白只有互助才能互利。"唇亡齿寒"这个故事应该给现代人敲响警钟。

"损人利己"和"利己又利他"如同一枚硬币的正反两面。当个人或企业为个人收益最大化而劳动或为企业利润最大化而生产时，整个社会的财富都增加了，其他国家也会通过国际贸易或资本流动而获益。自私自利则会让人以邻为壑，损人利己，其结果正如故事所讲的那样，因一己之利给对手让路，落个国破家亡的结局。

比尔·盖茨曾说过："懂得分享是一种聪明的生存之道。"当我们摒弃自私，为别人付出的时候，从某种程度上就是帮助了自己。因为，在这个崇尚合作的世界上，没有一个人能担当全部。一个人价值的体现，往往就维系在与别人互助的基础之上。

为什么朋友卖的东西比市场价还要贵

"杀熟"是眼下的一个流行语，指的是通过坑害亲戚或朋友来发财致富。在第5版《现代汉语词典》中，"杀熟"正式成为一个名词，被定义为"做生意时，利用熟人对自己的信任，采取不正当手段赚取熟人钱财"。

通过托关系，本想买点便宜货，结果买回来的东西比市场价还要贵，这是一种常见的"杀熟"。最厉害的"杀熟"大概要算传销了。

前几年，我们经常听到传销引起的父子夫妻不和、兄弟姐妹反目的故事。有一回，一个同事聊起老同学聚会的事。在聚会时，其中一位大吹大擂地讲起他搞传销致富的故事，刚流露出要大家一起来搞传销的意思，立刻就有人斥道："都是老同学，你害我们干什么！"常言道："兔子不吃窝边草"。"杀熟"者偏偏是连"窝边草"也不放过，实在令人痛恨。

"朋友妻不可欺"代表了过去人们对"杀熟"的警示，但这其中并没掺杂经济利益的因素。可现在的"杀熟"，更多是侵犯他人的经济利益。如一项资料显示，60%的经济犯罪案件都是"杀熟"。"杀熟"在现代经济社会中的表现尤其突出。那么，为什么在前市场经济体制（市场经济体制之前的各经济体制），这种"杀熟"较为少见呢？

这是因为在前市场经济体制下，个体的道德品行都是获取资源的一个重要条件，若因"杀熟"留下污点，以后再也没有机会获取很多的利益，甚至会毁了一世英名。

"衣不如新，人不如故"，"人熟为宝"，这些向来是人们坚守信奉的观念。熟悉，相对来说就比较了解，知根知底。可以说，"熟"是"关系"的另一种表达。拉关系、找关系、建立关系、利用关系等，首先需要熟悉，人熟才好搭上话、贴上边、凑上前，办事容易成功、奏效。有的人热衷于搞"感情投资"、"联络感情"，就是对用得着的人，先千方百计地用"物质好处"当桥梁攀上，进而混熟了，到关键时刻再去谋取个人利益。

换句话说，在前市场经济体制下，对于一个理性的"经济人"而言，他是轻易不会"杀熟"的，因为"杀熟"的成本往往要远远高出它的收益。在传统的社会结构里，人们的交际范围有限，重复互动的频率很高，相互的利益联结也紧密，道德监督也相对容易，"杀熟"容易败露。而一旦败露，就等于触犯了整个网络中的人情法则，代价不仅仅是个别关系的终止，更会影响到他在所属关系网络中的声誉。所以无论是从“面子”方面考虑，还是从长远利益考虑，“杀熟”不是一个理性人愿意去做的事情。

在传统社会中，熟人关系是沿着血缘、地缘的路径而生成的。受传统社会结构的影响，熟人之间关系的运作包括经济活动，基本上是在一定的伦理实体中展开的，它不可避免地要受到利他主义和人情法则的制约，所以很少会有“杀熟”现象。

在现代经济社会中，原先的熟人之间的关系受到了挑战，原先的交往、交易所受到的文化约束现在受到了市场经济工具理性的侵蚀。原来的乡土社会是一个狭小的地域性社会，受传统和历史支配，讲究身份，个人很难基于自身特质来获得成就。而随着转型期市场经济制度的转轨，个体经济理性的加强，传统社会中的交往、交易规则在一定程度上受到了侵蚀，情理规则和利益规则由统一逐步走向分离。这意味着“集体意识”再也不能像过去那样控制个体了，熟人关系在运作中的风险也随之大大增加了。

几年前，到处可以看到“保安培训班”的招生简章。宣传小传单上把培训班吹得天花乱坠，让贫困地区的一些青年以为是天赐良机，从农村拥入城市，梦想着将来也穿上制服，在城里谋一份工作，改变自己的命运。一个叫陈程的小伙子经不住一个远方亲戚的鼓动，向亲友借了几千块钱，到西安去“学习”。但没过几天，陈程就摇身一变，成了保安学校“招生办”的人，跑回来“大量招生”。结果陈程或远或近的亲戚、邻居都把孩子交给了他。后来大家才知道，陈程的“待遇”，就是从亲自招的“学员”身上“提成”出来的；而所谓的“保安学校”，只不过是一个空壳子而已，“结业分配”等承诺只是一句美丽的谎言。

这是一桩典型的利用传统熟人关系来“杀熟”的事件。在市场经济中，人们会充分借助于自己的熟人关系网络来获取信息和资源，就像陈程的亲朋好友想充分借助陈程这个熟人关系来求职一样。但人们往往只看到熟人关系中的这种正功能，即把熟人这种中间关系作为信息桥，作为可贵的社会资本，陈程的那些亲朋好友认为陈程和自己都是乡里乡亲的，相互间都值得信赖，都不认为有意外，而没有看到其中的风险，更没想到陈程会“杀熟”。

当陈程的亲朋好友在利用陈程这种熟人关系来求职时，他们是按照乡土社会中的人情法则来考虑问题的。认为陈程帮了他们的忙，他们感谢不尽，以后陈程若求助于他们，他们也会鼎力相助的，因为“知恩不报”是有悖于乡土社会的法则的。而对于陈程来说，乡土社会中熟人交往的规则几乎没有什么约束力了。陈程不但没有帮助亲朋好友们，相反，他还利用这个机会来赚一笔。熟人关系，在陈程眼里，已被视为“外人”，而且还利用这种熟人关系，利用乡亲们对他的信任，通过“杀熟”这种非法手段来获取利益。

通过上例，还可以进一步看出来，当人们在利用这种熟人关系网络，并把它作为一种社会资本来经营时，很可能没有意识到这里面的风险。在市场经济中，熟人的关系运作情境显然和前市场经济中熟人的关系动作情境，已经不能同日而语了。

“杀熟”伤了感情，但更可悲的是，人与人之间的社会信任感，以及人际关系安全感，成了最大的牺牲品。据一项调查显示，现在有 29.8% 的中国人，认为陌生人值得信任和完全信任，而对于熟人的信任度仅为 20.6%。

人际关系的缺失不是一朝一夕能够改变的，我们应该学会用一些方法来保护自己。一是只要自己有疑虑，不管关系有多好，都要直接讲出自己的担心，让他明白你不是好骗的。二是必要时，不要害怕面子，要敢于撕破脸皮。当对方油腔滑调地反复说服你时，或者用“你不够意思”、“忘恩负义”的语言激你时，对这样的人，撕破脸皮可能是最好的办法。三是不怕啰嗦，反复提醒。这适用于对方向你借一笔数目可观的钱时，要经常提醒他还钱，不要觉得难为情，难以启齿。

为什么做人要避免“零和博弈”

所谓“零和博弈”，是指博弈一方所得到的，正是博弈另一方所失去的。假如博弈胜利的一方获得的收益是：1，那么另一方获得的收益必将是：-1，两人获得的收益总和是：1+（-1）=0。“零和博弈”正是来源于这个公式。

在生活中，“零和博弈”的情形非常多见。如任何的游戏都是一场“零和博弈”，因为游戏总有输赢，一方赢了，另一方就是输了。为什么在赌场赌博总是输的多呢？这就是因为赌博是一场“零和博弈”。开赌场的老板是要赚钱的，他赚的钱从哪里来呢？显然只能靠赌徒输钱了。因而在“零和博弈”，实际上是一种你死我活的争斗。这种博弈是残酷的。

不过更多的情况下，幸好我们既有共同利益，也有利益冲突，因而这种博弈就不再是“零和博弈”了，它有可能出现共同受益或者共同受损的情形。社会越发展，“零和博弈”的存在将越少，而追求合作和双赢的局面将更多的是我们博弈的目的。

一群年轻人在一家火锅城为朋友过生日，其中有一个年轻人拿着吃了几口的蛋饺要求更换。火锅城相关人员指着墙上的告示告诉年轻人，吃过的东西不能换。面对火锅城员工的强硬态度，年轻人非换不可。两方发生冲突，打了起来。火锅城最后以人多势众的优势，打败了那几个青年人。从表面上看是火锅城的一方赢了，而实质上，他们真的赢了吗？从长远来看，他们并没有赢。

虽然火锅城一方的人赢了，但从实际角度去分析，我们不难发现，火锅城的生意也会因此造成影响。传出去就会变成“这家店的店员竟然打顾客，服务太差劲了，以后还是少来这里了”、“前些天，这家店的人把顾客打得送医院了，以后谁还敢来”、“什么店，竟打人，肯定做不长”等等。

“零和博弈”属于非合作博弈。在“零和博弈”中，双方是没有合作机会的。各博弈方决策时都以自己的最大利益为目标，结果是既无法实现集体的最大利益，也无法实现个体的最大利益。“零和博弈”是利益对抗程度最高的博弈，甚至可以说是“你死我活”的博弈。

有这样两个人，一个人很有钱，却不善于交际；而另一个人缺少资金，但在人际关系方面很善于疏通，是个交际神通。有一天，这两个人碰到了一起，并聊得相当投机，有一种相见恨晚的感觉。于是，两人决定合伙做生意。有钱的人出资金，善于交际的人疏通关系。经过两人的共同努力，他们的生意做得很红火，事业也越做越大。此时，那个善于交际的人起了歹心，想自己独吞生意。于是，他便向那个出资金的人提出，还了合伙时的那些资金，这份生意算他一个人的了。当然，那个出资的人肯定不会愿意。因此，双方开始了长时间的僵持，矛盾也越来越尖锐。最后，这件事也只有让法院来解决了。不过，那个善交际的人在两人开始做生意的时候，便已经给对方下了套，在登记注册姓名时，他只注册了他一个人的名字。虽然那个出资金的人是原告，但却因为那个善于交际的人早就下好了套，使得出资人最终输了官司，眼睁睁地让那个善于交际的人独吞了生意而无能为力。那个不善于交际的人一怒之下把善于交际的人的货物全烧了，结果两个人谁也没捞到好处。

由此我们不难看出，交际中的“零和博弈”使双方交锋的结果都没有所得，或者所得到的小于所失去的，其结果还是两败俱伤。双方受挫交际中的“零和博弈”，只能加大双方的矛盾和抵触，使双方失和。如果交际中发生“零和博弈”，那么，一般情况下都会因为两败俱伤而不再交往或反目成仇。

在社会生活的各个方面，都能发现“零和博弈”。胜利者的光荣后面，往往隐藏着失败者的辛酸和苦涩。从个人到国家，从政治到经济……到处都有“零和博弈”的影子。

在一个家属院里住着五六户人家，平时由于太忙，各家都互不来往，关门过着平静的生活。邻里之间谁也不认识谁，如同陌生人一样。但不久前，这个家属院热闹了。原来，有一户人家为女儿买了一把小提琴，小女孩没有学过小提琴，所以拉得难听极了。但小女孩坚持天天拉，还总挑人们午休的时间拉，弄得家属院的人都难以忍受，矛盾就这样产生了。有的人直接找上门去提意见，结果闹得不欢而散。小女孩依然我行我素。大家私下里议论纷纷，有年轻人发了狠说，干脆一家买一个铜锣，到午休的时候一齐敲，看谁斗得过谁。几家人还真那样做了。结果合计的几家人，终于让那个小女孩停止了拉提琴。但从那以后，小女孩见了邻居，更是如同见了仇敌一样。小女孩认为，自己不能再拉小提琴，都是他们跟自己过不去。邻里关系更是进一步恶化。

可以说，这个典型的一方吃掉另一方的“零和博弈”，是完全可以避免的。对于这件事，其实双方都有好几种选择。对于小女孩这一家来说，最好的选择是让女儿去培训班参加培训：稍次一点的选择，是在被邻居告知后，改变女儿拉提琴的时间。最坏的选择是在被邻居告知后，不去理会。而其邻居也有如下选择：最好的选择是建议这家的家长，让小女孩学习一些有关音乐方面的知识；稍次的选择是建议他们让小女孩不要午间休息拉琴。最坏的选择是“以其人之道，还治其人之身”。

结果，双方的选择都很令人遗憾，因为他们都选择了最坏的方案。事实证明，在很多时候，参与者在人际博弈的过程中，往往都是不知不觉作出最不理智的选择。而这些选择都是由于人们的为己之利所得出的结果，要么是“零和博弈”，要么是“负和博弈”，都是非合作性的对抗博弈。

如果博弈的结果是“零和”或“负和”，那么，对方得益就意味着自己受损或双方都受损，这样做的结果只能是两败俱伤。因此，为了生存，人与人之间必须学会与对方共赢，把人际关系变成一场双方得益的“正和博弈”。与对方共赢，也是使人际关系向着更健康方向发展的做法。如何才能做到这一点呢？这要借助合作的力量。

可以说，在这个世界上，没有一个人可以不依靠他人而独立生活。这本来就是一个需要互相扶持的社会，主动伸出友谊的手，你会发现原来四周有这么多的朋友。在人生的道路上，我们更需要和其他人互相扶持，共同成长。

因此，在发生矛盾和冲突时，如果能从对方的利益出发，能从良好的愿望出发，便能使人际交往达到互利互惠的“正和博弈”。也就是说，在人际交往中，要达到效益最大化，就不能以自己的意志作为和别人交往的准则，而应该在取长补短、相互谅解中达成统一，达到双赢的效果。

例如，夫妻之间的互利互惠，可以使彼此间的感情更亲密。有这样一对夫妻，妻子是个瘫子，丈夫是聋哑人。外人看来他们很不幸，但他们生活得很幸福。譬如他们要去镇上买一些日用品，由于丈夫不会说话，当然不好交际，所以，在去镇上买东西的时候，这个聋哑丈夫一定会骑着三轮车，让妻子坐上。到了要买东西的地方，妻子便坐在三轮车上谈价钱购货物。更可贵的是，他们从来没有因为某件事情而发生过争吵。为什么呢？这倒不是因为他们有多大本领，而是因为他们能互相补充彼此之间的缺陷：妻子走路不方便，丈夫却有强健的身体；丈夫不会说话，妻子却有很好的口才。由于他们能取长补短，所以他们在一起生活得十分美满。这种在交际中能互利互惠的情况，便是“正和博弈”。

其实，在交际中，如果遇到与交际对象发生冲突的时候，互相之间若能为对方着想，采取一种双方合作的态度，那么，就一定能避免交际中的对抗性博弈发生。

拥有博弈中的双赢思维，拥有平等、互惠的思想，采取合作的态度，这样才能使人际关系呈现“正和”状态，并向着健康的方向发展，从而收到良好的交际效果。

为什么要向落魄的人伸出援手

我们常说，要多做“雪中送炭”的事——向落魄的人伸出援手；不要只想着“锦上添花”——向成功的人送上掌声。这话符合经济学理论。对于困难中的人，他能得到别人的支持，其“效用”也许足以改变他一生；而对于一个正青云直上、风头正劲的人来说，别人同样程度的“支持”或者就不值一提。

“雪中送炭”和“锦上添花”，都是常用的感情投资的手段。虽然二者都是“给”，都是感情投资，但由于给的对象不同、东西不同、时机不同，效果也自然不同。

比如，你有100元钱，给一个街头饥肠辘辘的乞丐，也许就能救活一条生命；而这100元，如果你给了一个百万富翁，他眼皮也不会抬一下。如果用一个数值来衡量100元钱的作用，这100元钱对于乞丐来说，其作用可能达到100；而如果给了富翁，其作用也许就仅有1。

从社会总效用来看，将这100元钱给了乞丐，社会总效用（即社会整体满足程度）就会增加100个单位，而给了富翁，社会总效用仅增加了1个单位。显然，为求得社会福利最大程度的改进，这100元钱自然应该给乞丐。

“炭”对于“雪中人”来说，效用很大；而“花”对于“锦上人”来说，效用就小得多。因此，“雪中送炭”的价值远超过“锦上添花”。

既然“雪中送炭”的价值远超过“锦上添花”，为什么这个世界上有那么多人却热衷于“锦上添花”的功夫而不去做“雪中送炭”的好事呢？这里涉及的是另外的经济学分析方法，即成本与收益分析法。

还是假设你有100元钱，如果你送给了一个乞丐，尽管对于乞丐来说意义重大，但作为出资者，你或者根本就没有任何“收益”；而如果这100元钱给了一个百万富翁，尽管他眼皮也未必抬一下，但一高兴，说不定回报你更多。于是，便有了“穷在闹市无人问，富在深山有远亲”的现象出现。

再比如在婚丧娶嫁的时候，有权有势的人家总是高朋满座，而穷苦人家则冷冷清清。人们之所以都愿意提着重礼为权势人家祝贺或者哀悼，就是因为他感到他能得到预期的收益，即送出去的礼将来能够回报。另外，借此和权势人家拉拉关系，联络联络感情，说不定日后还能为自己办什么事情。而给穷人送礼，打水漂的风险就要大得多。

传统的观念认为这是一种势利。但在经济学家的眼中，这是一种理性。理性地处理人际关系，能够使人更加理智和严谨，减少麻烦和损失。人们都会有这样的感受：富人借钱，很容易；而穷人借钱，却很难。

其中缘由，就是有着付出与回报的问题。借钱给富人，一是不担心富人将来还不起，再者就是我今天帮了富人的忙，日后我也可能有用得着富人的时候。而借钱给穷人，则风险相当大，很可能是“刘备借荆州，一借不还”。即便穷人人品很好，不是那种赖账的人，但他偿还能力的有限性，却不能不让人担忧。

那么，“雪中送炭”的事到底谁应该去做呢？从经济学道理看，应该是政府去做。在经济学中，政府与“经济人”是有分工的。“经济人”讲求净收益最大，任何一笔投资都不能不计算回报，因此，“经济人”更多的就是做“锦上添花”的事；而政府的角色是使社会福利最大化，因此，政府需要担当起“雪中送炭”的角色。

实际上，对于理性的经济人来说，“雪中送炭”要比“锦上添花”更划算。首先，相对成本要低。“炭”的价钱比“花”更便宜。其次，“雪中送炭”的回报高。“汉初三杰”之一的韩信，年轻的时候饿过肚子，一位漂洗衣服的大娘经常给他饭吃。待韩信封侯后，回报漂母1000金。以几碗米饭换得千金，可见“雪中送炭”的回报之高。

当他人口干舌燥之时，你奉上一杯清水，这胜过九天甘露。如果大雨过后，天气放晴，再送给他人雨伞，就已没有丝毫意义了。

做人也有成本和边际效应的问题。在他人陷入困境时，主动上前帮忙，在别人发达时再去拉拢，效果自然不同。所以，平时在别人最困难之时伸出援手，会让人感动一生，一辈子记住你的好处。那么当你需要帮忙时，他必定会竭力相助。

在现实生活中，有很多人常常主动帮助那些身陷困境中的人，如接济身边生活困难的人能够生存，帮助那些失学儿童重返校园，给贫困地区和灾区的人们以物质援助，或者向社会公益事业进行捐献。

他们的做法在经济学家看来，是一种超乎理性之上的理性，是一种高境界的理性。他们的付出，也许终生都不会得到受助者的回报，但是却从另外一个方面增加了他们做人的道德砝码，即提高了他们在人们心目中的威望和声誉。而这种威望和声誉，是一种无形的财富，是用金钱难以买到的财富。

大家可以将眼光放得长远一些。一个人在身陷困境的时候，虽然“雪中送炭”看起来是一时难以得到回报，但事情并不是一成不变的。“三十年河东，三十年河西”，那些一时穷困潦倒却最终成功的人也不少。说不定你以后也会有需要他们的时候。

即便一时，甚至永远也得不到受困者的回报，但却能够得到另外方面的收益。你的行为增加了你做人的道德砝码，充实了人生，让你的个人价值得到提升。帮助了别人，别人感恩你，你同样也会感到充实而愉快。你也会因此而受到更多人的爱戴和认可，有助于你良好人脉的形成和个人形象的提升。

“锦上添花”给人的回报是现实的，而“雪中送炭”给人的回报却是潜在的。

没有“雪中送炭”，这个世界会是一片寒冷，没有人情味；没有“锦上添花”，这个世界又会少一些美丽，仍然没有人情味。遇到受困者，送去你的温暖；遇到成功者，送上你的祝福。“雪中送炭”是一种美德，“锦上添花”也是一种美德。

为什么“AA制”在中国很受伤

“AA”是“Algebraic Average”的缩写，意思是“代数平均”。可以从字面看出，就是按人头平均分担账单的意思。这个意思最初来自英国人对荷兰人的偏见，因为古荷兰人就是平分账单的。

电影《喜福会》中女儿爱上她的老板。两人从婚前到婚后，一切费用要求均分。而丈夫却处处找机会占她金钱的便宜。事实上，他的薪水是她的7倍还多。

她订杂志，他看，但她付费；她不吃冰淇淋，但买冰淇淋的钱均摊……当她日复一日看着他在计算器前面摊算费用，她知道他们婚姻的基础正在逐步瓦解，但他一点都不觉得有任何不妥。

她的母亲去他们的家，只看几眼，就知道了问题所在。她跟女儿说：“其实你知道你在婚姻中要的是什么。告诉我，是什么？”女儿说：“尊重、温柔与爱。”母亲说：“那么，除非他能给你，否则离开他。”

中国人向来比较讲究礼节，连一起吃饭都要抢着付钱。而西方人却是不争不抢，“AA制”，简明了事。为什么会有这样的差异？

通常的回答是因为文化的不同。中国人讲面子、好客气；西方人比较实在，崇尚独立。但要是再问，为什么中国人的文化与西方人不同？不同的文化是如何形成的？有没有什么道理？恐怕很多人就答不上来了。“文化”是一个很难说清楚的东西。用“文化不同”来回答中国人请客吃饭方式与西方人的不同，是在用一个说不清楚的东西，解释另一个说不清楚的东西，这样的回答很难让人感到满意。

其实，可以从经济学的角度来看这个问题。这涉及经济学的成本与收益的问题，即一个人无论做什么事情，付出了成本，就要得到预期的收益。

首先，中西方的“流动性”有差异。在经济学家们看来，历史上的中国社会以农业文明为特性，人群的流动性较差。因此，一个人请客买单的时候，完全可以预期到被请的人日后也会请他。所以请客的人其实并不吃亏，大家轮着来就是了。

也就是说，中国人的生活、生存状态相对稳定。买单不过是一个轮流的程序而已。而在西方，海洋和商业文明使得人群的流动性很强，一个人今天在这个地方，明天就有可能到了那个地方。一个人请别人的客，被请的人说不定这辈子再也碰不到了。为了大家都不吃亏，彼此分摊，各人付各人便是最好的办法。

人都是理性的。他今天付出成本为别人买单，就是想得到以后预期的收益，即让别人以后也为他买单。相互间的生存状态越稳定，一个人为他人买单的风险就越小，他被别人日后回报的可能性就越大。反之风险就越大，回报的可能性也越小。

其次，中国人也不是一味地由一个人买单。两个人第一次在一块儿吃饭，大家都抢着买单。第二次大家虽然也是抢着付钱，可往往是上一次没付钱的一方极力阻止另一方，并将钱付上，而上次付钱的一方也就顺势将掏钱包的手放下，并客气一番。这样看来，中国人实际上实行的也是一种“AA制”，只不过形式上不一样，相对含蓄一些而已。

去年刚结婚的张先生26岁，是个典型的“80后”。他大学一毕业就找了份薪酬很不错的工作，高收入使他养成了消费大手大脚的习惯。他的妻子潇潇是从小娇生惯养的独生女。

张先生为了体贴老婆，家务活基本都是请“钟点工”来做，三餐也是轮流在双方父母家解决。他们在家庭开支方面采取“AA制”。两人拥有一个共同的账户，他管密码，潇潇管卡，每月两人分别往里面存2000元，用于请钟点工、水电气费和物管费等家庭日常琐碎开支。若是要购买上万元的东西，两人也会共同商量合计，确定如何均摊。剩余的收入则用来买自己喜欢的东西。

人的本性是利己的，现代经济学对人的研究，也是建立在这种对人性承认的基础之上的。所以经济学家眼里的人，都是理性人，他所从事一切活动的目的，都是实现个人利益的最大化。在人际关系的处理过程中，大家都是顺应人性，遵循经济学道理。

第五章

刺猬取暖：管理要懂点博弈

为什么联邦快递和腾讯 QQ 都能成功

在“路径依赖”的作用下，人们之间往往存在着一种可以称为惯例的共同知识。这些共同知识能提供给博弈的参与者一些确定的信息，因而它也就能起到节省人们在社会活动中的交易费用的作用。最明显的例子是格式合同。

“格式合同”又称“标准合同”、“定型化合同”，是指当事人一方预先拟定合同条款，对方只能表示全部同意或者不同意。因此，对于另一方当事人而言，要订立合同，就必须全部接受合同条件。现实生活中的车票、船票、飞机票、保险单、提单等都是格式合同。在进行一项交易时，只要交易双方签了字就产生了法律效力，也就基本上完成了一项交易活动。

可以想象，如果没有这种标准契约和格式合同，在每次交易活动之前，各交易方均要找律师起草每份合同，并就各种合同的每项条款进行谈判、协商和讨价还价，那么所浪费的不仅仅是金钱还有时间。

弗雷德·史密斯给联邦快递设立的口号是“不计代价，使命必达”，就是无论面临怎样的困难，都要想尽一切办法，排除万难，不计代价地完成任务。因为联邦快递人运送的不仅仅是包裹，更运送着对顾客的承诺。弗雷德·史密斯说：“货物本身对寄件者和收件者而言是极具时间价值的，他们愿意为节省时间付出额外费用。我们说服客户把货物交给我们，就必须做到‘使命必达’，并保证货物在运抵前绝不会离开我们的手。”我们来看联邦快递发展史上的一个经典故事。

一天下午，联邦快递印第安纳州分公司的包裹跟踪员黛比接到了一位小姐的电话。

“我想知道我的结婚礼服在哪。”一位自称是琳达的小姐伤心地说，“昨天它在佛罗里达州，今天中午你们就应该把它送到我的手中。可现在还没有送到，都下午三点了。我不知道联邦快递是做什么的，我只知道明天我就要结婚了。我们的镇子比较小，我的婚礼是镇上的一件大事，更是我一生中的大事，你能帮我吗？”

放下电话，黛比立刻利用公司的跟踪系统查找，挨个给取送站打电话，询问是否有错放的包裹。终于，第 6 个电话打通后，她找到了那个包裹，它在 300 里之外的底特律。

在黛比看来，公司既然承诺了，就必须在当天下午把包裹送到琳达小姐手中。当时，底特律及其附近所有的运输机都在运货途中，无法调借。于是，黛比租用了塞斯纳公司的一架飞机和一名飞行员，把包裹空运到琳达所在的印第安纳州的小镇。

租专机和飞行员运送一个包裹，黛比真是敢想敢做！但黛比清楚送达这个包裹，对琳达意味着什么，而且这也完全符合联邦快递“使命必达”的服务理念。客户遇到问题，公司一定要尽力解决，虽然当时公司处于艰难的境地，但为了兑现对客户的承诺，仍可以“不计代价”。

两周之后，小镇上的RCA工厂开始使用联邦快递的服务，每天都有20件包裹需要邮递。原来，RCA工厂的几位领导也参加了琳达的婚礼，听到了这个故事后，其中一位领导直截了当地告诉他们的运输经理，不妨试用一下联邦快递公司的服务。运输经理照做了。他们对联邦快递的服务也感到满意。此后，RCA工厂开始经常使用联邦快递的服务。“使命必达”成为全体员工的共同知识，这是联邦快递成功的一个重要原因。使命、价值观、制度，管理者要让这些东西成为全体员工的共同知识。

依据“路径依赖”原理，很多企业的管理者选择了相关多元化战略。企业发展是一个循序渐进、环环相扣的过程。如果将企业战略比作鲜花，专一化就好比前期精心培育好的花蕊（核心竞争力），相关多元化就是后期逐渐开出的花瓣，一层一层，一朵一朵，含苞待放，然后有序绽放，沁人心脾。

比如家电巨头美的，尽管它一再扩张，却没有选择进入彩电和手机领域。对此其董事局主席何享健解释说：“时机不成熟。美的要在这个行业最强、最有竞争力、地位最稳固的时候才会进入新的行业。就是要考虑一个企业的资源承受能力，包括资金、人才、品牌等。不量力而行的话对美的很危险，它本身在很大程度上靠自我积累滚动发展，也是因为这样的原因，美的经营稳健，讲究效益。”

而改换业务，不固守原来的业务又是对“路径依赖”的一个反向运用。著名经济学家魏杰认为：“实行专一化战略，把企业的业务范围限定在某一领域，业务风险无法规避，企业发展受行业环境的局限，甚至在行业环境不好的时候导致企业业务下滑而步入消亡期。因此很多企业都走上了多元化道路。但多元化战略是要有前提的：一是企业的主业发展已经到了一个非常高的程度；二是进入的领域必是优势所在。”这种多元化就是相关多元化。

腾讯是相关多元化战略的经典案例。马化腾将QQ.COM定位为“青年门户网站”，全力打造成国内时尚娱乐第一门户，并延伸到无线服务，推广腾讯门户网站上的网络影片、在线新闻广播、音乐点播、电子商务等新的应用。通过QQ.COM，实现门户意义上的增值目的。

QQ.COM的定位，与传统的新浪、搜狐、网易三大门户网站，以及后来崛起的TOM并不一样。QQ.COM的定位，是建立在腾讯QQ软件的主要用户群上。目前QQ在国内即时通讯市场占主要地位。在推出门户网站时，腾讯已经注册用户2.26亿，活跃用户超过7100万人，其中青少年占大多数。

马化腾说，腾讯的目标就是要搭建一个网络生活的平台。他认为差异化将是腾讯竞争的法宝。未来，在深度整合的基础上，腾讯将采取“一横一竖”的业务模式。原有的即时通讯工具和门户网站将从两个维度叠加无线增值服务，形成三大主要业务，一是包括网络游戏在内的互动娱乐服务，二是包括多媒体、音乐、电子杂志等在内的网络内容服务，三是包括B2C、C2C、拍卖在内的电子商务。

腾讯的多元化，是围绕自己的核心竞争力（庞大的QQ用户群）展开的，是对“路径依赖”原理的一次反向运用，值得广大企业学习。

其实，很多企业都在反向利用“路径依赖”。我们熟知的联想不仅仅在造电脑，还在做房产、投资银行、做药业等。

为什么好消息会变成坏消息

春秋时期，楚国的令尹（宰相）公子元，在他哥哥楚文王死了之后，非常想占有漂亮的嫂子文夫人。他用各种方法讨好，文夫人却无动于衷。于是他想建立功业，显显自己的能耐，以此讨得文夫人的欢心。公元前66年，公子元亲率兵车六百乘，浩浩荡荡攻打郑国。楚国大军一路连下几城，直逼郑国国都。郑国国力较弱，都城内更是兵力空虚，无法抵挡楚军的进犯。

郑国危在旦夕。群臣慌乱，有的主张纳款请和，有的主张拼一死战，有的主张固守待援。这几种主张都难解国之危难。上卿叔詹说："请和与决战都非上策，固守待援倒是可取的方案。郑国和齐国订有盟约，而今有难，齐国会出兵相助。只是空谈固守，恐怕也难守住。公子元伐郑，实际上是想邀功图名讨好文夫人。他一定急于求成，又特别害怕失败。我有一计，可退楚军。"郑国按叔詹的计策，在城内作了安排。命令士兵全部埋伏起来，不让敌人看见一兵一卒。令店铺照常开门，百姓往来如常，不准露一丝慌乱之色。大开城门，放下吊桥，摆出完全不设防的样子。楚军先锋到达郑国都城城下，见此情景，心里起了怀疑：莫非城中有了埋伏，诱我中计？不敢妄动，等待公子元。公子元赶到城下，也觉得好生奇怪。他率众将到城外高地眺望，见城中确实空虚，但又隐隐约约看到了郑国的旌旗甲士。公子元认为其中有诈，不可贸然进攻，应先进城探听虚实。于是按兵不动。

这时，齐国接到郑国的求援信，已联合鲁、宋两国发兵救郑。公子元闻报，知道两国兵到，楚军定不能胜，好在也打了几个胜仗，还是赶快撤退为妙。他害怕撤退时郑国军队会出城追击，于是下令全军连夜撤走，人衔枚，马裹蹄，不出一点声响，所有营寨都不拆走，旌旗照旧飘扬。第二天清晨，叔詹登城一望，说道："楚军已经撤走。"众人见敌营旌旗招展，不信已经撤军。叔詹说："如果营中有人，怎会有那样多的飞鸟盘旋上下呢？他也用'空城计'欺骗了我们，急忙撤兵了。"

这种"虚者虚之"的策略，用真实信息去引诱对手并且利用对手的疑虑误导对手的做法，正是为人们所津津乐道的"空城计"。实际上，"空城计"并非创始自三国时代的诸葛亮，而是早在春秋时期就已经投入使用，并且在此后的历史上"批量生产"了。

而对于信息的披露也有学问，一件好消息和一件坏消息，你会怎样发布呢？同时有几个好消息你会全部发布吗？

某知名网站的CEO说："在互联网时代的今天，若想经营好网站，就要懂得细节决定成败。特别是在网上，同用户交流的过程中，应当注意信息披露的方法。"

第一，你有很多个好消息，要分开告诉客户。

例如，该网站将提供某些特殊功能，应当做提前预热。先分别推出试用模式，逐渐将大家的吸引力都聚集起来，再一个一个进行正式使用，从而增加客户对网站的关注度。

第二，你有很多的坏消息，要一起告诉客户。

例如，当网站出现资金少、带宽小、访问慢等问题时，应当借助时机，一次性将问题摆出来。这样，除了能获得客户的体谅外，还能保证客户流失量最小。

第三，你有一个大大的好消息和一个小小的坏消息，要一起告诉客户。

例如，网站启动了某个众人期盼已久的程序，但是由于是新技术，仍有些许不完善。将这些一同告诉给客户，就可以换来大家的接受，甚至还会得到支持与帮助。

第四，你有一个大大的坏消息和一个小小的好消息，要分开告诉客户。

例如，坏消息是网站经受了黑客攻击，在较长一段时间内不能访问。而好消息是客户的隐私秘密有望得到恢复。这时，就可以先把坏消息发布出来，再过几天发布好消息。这样客户更能体谅你的辛苦，更增加对网站的依赖。

知名网站的CEO认为，信息的披露方式，在很大程度上决定了网站经营的业绩。作为一个管理者，懂得如何披露信息是至关重要的。也就是说，在客户或消费者面前，如何选择信息输出的策略，是极为关键的。作为信息劣势的客户或消费者出于"知己知彼"的需要，自然希望能够获得更多的信息。但不同的说法，将会带来不同的结果。

为什么阿迪达斯会联姻体育明星

阿迪达斯公司每生产一种新产品，都要请世界体坛明星穿着它参加比赛。为了让明星们心甘情愿地使用它们，还另赏数目可观的报酬。1936年柏林奥运会时，该公司把刚发明的短跑运动鞋，赠送给夺标有望的美国黑人选手欧文斯使用。结果，这位“飞人”一连夺得4枚金牌。阿迪达斯的运动鞋，也因此名声大振，畅销世界各地。1982年的西班牙世界杯足球赛上，在参赛的24支球队中，有13队身穿阿迪达斯球衣，8队足穿阿迪达斯球鞋。决赛时，绿茵场上就有3/4的人员——球员、裁判员、巡边员等都穿有该公司的产品，连决赛用的足球也是阿迪达斯公司制造的。公司因这次比赛大出风头，在世界体坛广为颂扬，它的产品成了世界体坛最时髦的抢手货。

阿迪达斯公司不但拿产品馈赠体坛明星，而且还馈赠给各界人士。仅1985年一年，该公司所赠总额就达3000万美元。它还在公司总部独出心裁地创建了世界上唯一的一座运动鞋博物馆，专门陈列体坛明星、能手穿过的阿迪达斯运动鞋。其中，有欧文斯穿过的钉鞋、拳王阿里穿过的高统拳击鞋，等等。当许多著名运动员来博物馆参观时，公司总是免费给予招待。名人们确实为阿迪达斯公司带来了更大的名气。

名人和名声是一种资源，古今皆然。只不过在商品社会它的价值得到了极大地利用和提高罢了。利用别人的前提是不损害别人的利益，并在此基础上让自己的利益最大化。双赢才是两全其美的最佳选择。

离开微软后，在一片质疑声中，唐骏走马上任成为盛大公司的总裁。他所做的第一件大事，就是带领盛大赴美国纳斯达克上市。此前中国还没有网游公司上市的先例，而且当时的美国股市环境也很糟糕，盛大面临的困境可想而知。在这样的环境下，唐骏开始游说国外的投资商们。

有一次，唐骏走进某位投资人的办公室。对方在听完唐骏的叙述后，问道：“中国的概念股昨天又全面下跌，我凭什么要投钱给你们？”说完，投资人不再答理唐骏，反而悠闲地抽起了雪茄。

看着完全不把自己放在眼里的投资商，唐骏微微一笑，他问了投资商一个问题：“那么，你相信微软，相信比尔·盖茨吗？”投资商抬起了头，回答道：“当然，我相信比尔。”

唐骏接着又问：“那你知道比尔·盖茨相信谁吗？”

“谁？”

唐骏自信地回答道：“比尔·盖茨信我。”

投资商觉得很不可思议，唐骏解释道：“我是微软历史上唯一拿到‘终身荣誉总裁’的人，这应该能说明盖茨相信我吧？盖茨信我，你也应该信我。”

唐骏的这招果然奏效了……

唐骏借比尔·盖茨的名气说服投资商。名人本来就有一定的社会影响力和号召力，利用名人做宣传更是一种双赢的选择，让名人出尽风头的同时也让自己出尽风头。当然，这其中的效益也是明显的。

为什么索尼公司能长治久安

宋太宗雍熙三年（公元986年），刚至不惑之年的吕蒙正当上了参知政事，一跃而为位高权重的当朝一品。

是时，北宋王朝开国仅20余年，功臣宿将大多健在，不免有几个自命不凡、目中无人，以为吕蒙正初出茅庐，既未征战杀伐浴血疆场，又未运筹帷幄安邦定国，不过金榜题名考中了进士，却官上加官，位居文武百僚之首，心中不服乃至轻慢。

一日五更早朝时，与往常一样，因时间尚早，大臣们在朝房歇息等候，三五成群闲聊起来。这时，又有一人向朝房走来，正是新任参知政事吕蒙正。一个胡子花白官指指他说：“这小子本一介寒士，穷困潦倒在破窑里栖身，居然美梦成真擢登相位，真是不可思议。”另一个又接着说道：“想你我拥戴先皇登位，功劳莫大，反倒屈居他之下，受他节制，好不气人也！”

这两个高声大气，毫无顾忌，吕蒙正听得清清楚楚。这时宫门大开，他神态自若，缓步入宫，如同未闻。倒是在他身后的御史打抱不平，紧走几步，拉拉他衣襟愤愤而言："大人谅也听到了，可恶之极！查明其姓名职差，治以不敬上官之罪。"吕蒙正边走边说："不必多言，奏事要紧。"

上朝既毕，文臣武将各回官邸。吕蒙正刚换下朝服，御史就已赶到："刚才那两个倚老卖老口出狂言，竟然当众侮辱大人。卑职已查明他俩身份，特来报告大人，请大人奏告陛下，严加追究！"吕蒙正招呼他坐下："不必告知了。本就是小事一桩，无须如此认真。"

御史以为他胆小怕事，自告奋勇："大人如有不便，就由卑职面奏圣上，为大人出这口恶气。"

吕蒙正摇手不迭："我倒以为，一旦晓得了他俩姓名，恐会耿耿于怀成见难消，甚至持权挟嫌报复，故还是不知的为好。再说我资历浅薄、才学平平，不甚熟习治国安民之道，理应广闻博采，虚心听取各方见地。若是对僚属品评穷加追究，即会堵塞言路，于国于己何利之有？"

这事传到了那两个老臣耳朵里，感动之余，对吕蒙正的敬意油然而生，心悦诚服地对他令行禁止，又带头献计献策。吕蒙正因此得以广集视听，大展宏图。古人言："宰相肚里能撑船。"领导者凡事让三分，可为自己今后的工作做好铺垫。

吕蒙正在"冲突博弈"中选择避让，主动示弱，却赢得了朝廷老臣的尊重，并心悦诚服的听从吕蒙正的管理和领导，这种策略的宽容赢得结果的胜利。

西方政坛上"费厄泼赖"式的宽容，也就是网开一面于人活路的政治斗争，相形之下显得更为可取。一方撤退，才能双方获利。特别是占据优势的一方，如果具有这种以退求进的智慧，提供给对方回旋的余地，也将给自己带来胜利，那么双方都可成为利益的获得者。

狭路相逢勇者未必胜。有时候，双方都明白"两虎相争必有一伤"的道理，所以，此时只要我们把形势看清，该退一步就退一步，僵持不下的"斗鸡博弈"也就自然被化解了。

对于一个企业，领导者的心胸宽广，能容纳百川。优秀的管理人员会尽量对冲突说"不"，以免伤害对方。他们不采取任何行动，希望问题会自动消失。

一旦你做出了某种让步，对方也很可能做出同样的反应。而且当你发现对方做出了让步之后，也会跟着做出让步。互惠互利是合作的基础。只有付出了，才可能得到回报。付出并得到回报是人与生俱来的、根深蒂固的思维方式。

有一天，宋太宗在北陪园与两个重臣一起喝酒，边喝边聊。两臣喝醉了，竟在皇帝面前相互比起功劳来。他们越比越来劲，干脆斗起嘴来，完全忘了在皇帝面前应有的君臣礼节。侍卫在旁看着实在不像话，便奏请宋太宗，要将这两人抓起来送吏部治罪。宋太宗没有同意，只是草草撤了酒宴，派人分别把他俩送回了家。第二天上午他俩都从沉醉中醒来，想起昨天的事，惶恐万分，连忙进宫请罪。宋太宗看着他们战战兢兢的样子，便轻描淡写地说："昨天我也喝醉了，记不起这件事了。"

现代的领导，都难免遇到下属冲撞自己、对自己不尊的时候。学学宋太宗，既不处罚，也不表态，装装糊涂，行行宽容。这样做，既体现了管理者的仁厚，更展现了管理的睿智，不失其尊严，而又保全了下属的面子。以后，上下相处也不会尴尬，你的员工更会为你任劳任怨。

企业管理者要尽量避免冲突的负面效应，而寻找诸如盛田昭夫和田岛道治之间的正面效应。我们在前面说过，今天的企业，管理者不能消除冲突，但可以引导冲突，寻找冲突的正面效应，把恶性的冲突变成良性的、积极有益的冲突。一场正面的博弈冲突，也可以给企业和个人带来积极的结果。

多年前，盛田昭夫担任副总裁，与当时的董事长田岛道治有过一次冲突。田岛道治负责皇室的一切事宜，是位老派的望族。

当时，盛田昭夫的一些意见激怒了他，虽然盛田昭夫明知他反对，仍坚持不退让。最后田岛道治气愤难当地对盛田昭夫说："盛田，你我意见相左，我不愿意待在一切照你意思行事的公司里，害得索尼有时候还要为这些事吵架。”

盛田昭夫的回答非常直率，他说：“先生，如果你和我的意见完全一样，我们俩就不需要待在同一家公司里领两份薪水了，你我之一应该辞职。就因为你我看法不一样，公司犯错的风险才会减少。”

盛田昭夫和田岛道治之间虽然有冲突，甚至田岛道治因为和盛田昭夫的激烈冲突而内心难过，想到离开，但盛田昭夫却极力挽留。这看似“虚伪”的背后，就是冲突对于企业的正面效应。

人和人之间不可能没有冲突，没有博弈。千人千面，观念意见的分歧无时无刻不在。作为管理者，应该让冲突发挥积极的作用，而避免其负面效应。

为什么斯蒂芬能成为银行大王

美国曾有一位博士毕业的年轻人踌躇满志地一心想找一个高级管理职位，可是一来他没有工作经验，二来由于求职要求太高，屡屡碰壁。多次碰壁之后他恍然大悟，想出了求职新招。他把博士、硕士等学位证书统统藏了起来，只凭一份高中毕业证书应聘一家自己一直向往的公司打字员的工作。他马上被录用了。很快，老板就发现他跟别的打字员不一样，竟然能够看出程序中的错误，有心想提拔他。这时，他拿出了学士学位证书，老板很满意，马上改聘他为程序员。慢慢地，老板又发现这个程序员和其他程序员也不一样，对于程序系统和管理等都有着比别人高出一筹的独到见解，认为他才堪重任，提拔他当了某个项目的负责人。这时他不仅圆满地完成了自己所承担的项目任务，而且又拿出了硕士学位文凭。老板又惊又喜，经过几次考察之后，觉得他专业功底深厚，能力出众，决定提拔他当公司的技术负责人。这时候他再拿出了博士学位文凭。这下，老板没有再让他多等待，毫不犹豫地马上提拔重用了他，让他一举升任公司主管技术的副总经理，成为本公司的管理人才。

这个故事蕴含着许多道理。虽然与博士出众的才能有关，但更与老板选用人才的眼光有关。能否优选出出色人才，关键要看主管领导甄才选才的本领。主管领导在关注员工的工作业绩的同时，要区分下属的个性类型，在具有同等个性类型时，还要识别他们之间的不同点，这些差异虽然小，但不能忽视，否则会产生不同的后果。

领导应当怎样挖掘人才呢？其中很重要的一条是识同辨异。在同一工作岗位上发现他们的能力差别，在同一类型人才中发现他们各自的差异，优选出具有优良特质的部下。

企业的管理者要洞悉“枪手博弈”、学会识同辨异，通过对具有同一品质的不同人进行比较，以发现他们之间的重要差异。比如，同样都是干事积极、劲头十足，有些人是在瞎胡闹，看上去忙忙碌碌，其实什么成果也没有；而有些人则卓有成效，一件一件的事情都安排得井然有序，成果斐然。同样都是能言善道，有些人只是在空口说白话，虽然口若悬河、滔滔不绝，但是真把什么事情交给他，不会有什么好结果；而另一些人说话算数、说到做到，办起事情来非常可靠。所以，领导不要求才心切，发现某人有一技之长，便不问其他，委以重任。首先要能分清这些人，通过比较辨别，了解他们的优点和不足。

法国的“银行大王”斯蒂芬就是“小心拾起大头针”而被发现的。早在读书时，斯蒂芬就立志要当个银行家。大学毕业后，他鼓起勇气到巴黎一家最有名气的银行碰运气，结果很不理想，吃了一个闭门羹。然而这位年轻人雄心勃勃，并不气馁，又先后走进几家银行去求职，可是连连被拒之门外。几个月后，斯蒂芬再一次去了开始到过的那家最好的银行，并且有幸见到了董事长，但是又遭拒绝。他慢慢地从银行大门出来，突然发现脚边有一枚大头针。

想到进进出出的人可能会被地上的这枚针所伤，小伙子马上弯腰将其拾了起来，然后小心翼翼地放进了旁边的垃圾桶里。

第二天，斯蒂芬意外地发现自己的信箱里有一封信。拆开信封一看，天哪！原来是那家赫赫有名的银行发出的录取函。这真是喜从天降，小伙子怀疑自己是在做梦。原来，斯蒂芬昨天在银行大门外拾大头针的一幕被董事长看见了。他认为精细小心正是银行职员必须具备的基本素质，于是改变了原先的想法，决定录用这个年轻人。

斯蒂芬日后在工作中创造辉煌，并成为法国的“银行大王”。

领导者要独具慧眼，善于由显见隐，从貌似平常的事物中发现下属不凡的特质；学会由小见大，从一些细小的事情里，透视出人才的重要特质。

一个企业的生命在于人才。企业管理者要有效地发现所有下属的才智，使其各尽所能。但是由于有些领导经常使用自己信得过的下属，而疏远那些尚待发现的人才，致使某些工作难以开展。有些下属，也会认为“我没有能力完成这项工作，因为我缺乏这方面的才能。”从而不喜欢新的挑战，常常说出自暴自弃的话；有些下属则说：“单位领导从来就不让我独立地完成一些重要工作，只是随着别人干些下手活，充当副手而已。而我的才能，从来就没有被发现过，也从来就没有被验证过，所以也就失去了挑战自我的信心。”下属的这些想法，说明了人才需要发掘的道理。

领导者要发现人才，必须根据所要做的工作的特点，来寻找合适的人选。可以先多挑选几个人，然后再从不同的方面加以精选；或者组成一个协作团体，使他们的才能组合起来，构成整体。这从另一角度看，发现人才的过程，实际上也是对下属工作能力的评估过程。

发掘人才，既需要眼光，也需要耐心，二者缺一不可。一个不善于发掘人才的领导者，只会埋没人才，给单位带来经济损失。因此，发掘人才是体现领导者眼力和能力的标志之一，不应忽视。

有些领导者总是抱怨单位里能人太少，他恨不得自己的下属都变成能杀能闯的“猛将”。

不用说，这种想法是不切实际的。如果单位里的每一个人都是精英荟萃、技艺超群，领导者的命令就没有威力啦！其实每个人都有他的长处。犹太人认为，只要你能很好地掌握他们的特点，把他们放到最能发挥其作用的位置上，你就会变成人尽其才、物尽其用、团结一致的领导者。

第八编

潜规则还是钱规则：怪诞行为背后的经济学诡计

◆ 死刑问题：为什么监狱不能阻止犯罪

◆ 草地荒漠：重复上演的公地悲剧

◆ 分粥智慧：为什么不患贫而患不公

第一章

死刑问题：为什么监狱不能阻止犯罪

为什么苏比会做监狱梦

苏比躺在麦迪生广场他那条长凳上，辗转反侧。每当雁群在夜空引吭高鸣，每当没有海豹皮大衣的女人跟丈夫亲热起来，每当苏比躺在街心公园长凳上辗转反侧，这时候，你就知道冬天迫在眉睫了。

苏比明白，为了抵御寒冬，布莱克威尔岛监狱是他衷心企求的。在那整整3个月不愁食宿，伙伴们意气相投，也没有“北风”老儿和警察老爷来纠缠不清。在苏比看来，人生的乐趣也莫过于此了。

于是，苏比打定主意实施自己的“入狱计划”。

他先是想在哪家豪华的餐馆饱餐一顿，然后声明自己身无分文，这样就可以把自己交到警察手里。然而，侍者嫌弃他裤子和皮鞋过于破旧，没让他进门。

在马路拐角处有一家铺子，灯火通明，大玻璃橱窗很惹眼。苏比捡起块鹅卵石往大玻璃上砸去。苏比站定了不动，笑着等警察抓他走。警察认为他连个证人都算不上，没人会这么蠢，转而去追一个赶车的人了。

接着，苏比想通过调戏一个衣着简朴颇为讨人喜欢的年轻女子来引起不远处的警察注意。

“啊哈，我说，贝蒂丽亚！你不是说要到我院子里去玩吗？”

“可不是吗，迈克。”她兴致勃勃地说，“不过你先得破费给我买杯‘猫尿’。要不是那巡警老盯着，我早就要跟你搭腔了。”

没想到她竟反过来勾引起了苏比。

看来他的自由是命中注定的了。情急之下，苏比拿了一位衣冠楚楚的绅士的一把绸伞。为了能让自己的罪名加重一些，苏比和上前要伞的绅士争执起来。没想到这位绅士倒心慌了，拱手把伞让给了苏比。原来这把伞来路不正。

最后，苏比受到从教堂飘出来的赞美诗的“感召”想从善。半路跳出来一个警察认为，一个流浪汉绝不会与教堂周围幽静的环境、柔和的灯光、动人的音乐有联系。苏比因为“闲荡”的罪名被捕了。

第二天早上，警察局法庭上的推事宣判道：“布莱克威尔岛，3个月。”

流浪汉苏比在冬季来临时，为了解决自己的温暖与食宿问题，才不得不一次又一次地实施自己的犯罪行为。

人们为什么要犯罪？如故事中的苏比一样，很大一部分原因是物质激励在作怪。在物质激励的作用下，人们往往会有两种不同的反应：一种是非法的，即犯罪；另外一种是合法的，即在有效的激励制度安排下，通过自己超额的合法劳动以谋得更多的物质利益。

据媒体报道，日本在押犯人有10%是老年人，而大多数犯罪根源是对社会福利保障不满。可见，物质是人生存的基本前提，物质的短缺会直接诱发犯罪。其实，在日常生活中我们每天奔波劳累，目的只有一个，即最大限度地占有物质资料。犯罪，不过是人在物质资料短缺情况下的一种极端表现。

从1954年第一次入狱起，孙来有先后5次因盗窃被判入狱，他在监狱里先后度过了43年。2009年10月24日，86岁的孙来有刑满释放。但已经适应监狱生活的他非但不高兴，反而担心出狱后会因无人照管，死在街头，哭着不愿出狱。而当得知监狱领导已帮他安排好出狱后的生活后，老人再次激动地哭了。

孙来有生于1923年10月，家住漯河市天桥街。根据档案显示：老人在1954年，因盗窃罪入狱一年；1964年，因盗窃罪被判无期徒刑；1985年被假释后，1988年，又因盗窃罪被判刑8年；1993年，因盗窃罪被判刑10年，随后其因病被保外就医，正保外期间，老人又于1996年7月因强奸，被判有期徒刑17年。服刑期间，由于表现较好，老人先后被减刑3次。

“领导，我不走了！”2009年9月，当监狱干警向孙来有宣布刑满释放后，老人的情绪激动。

由于孙来有年纪较大，患有高血压后遗症。几年前，因脑血栓病又出现行走不便、小便失禁症状。但监狱照管让他非常满意，监狱在给孙来有看病的同时，还专门派两个人照顾他。这两人专门为他叠被子，打饭，换洗衣服，推着他到医院打针治疗。为保证孙来有的营养，监狱领导专门要求，除正常伙食外，每天必须保证孙来有吃两个鸡蛋，喝一碗鸡蛋汤、一杯牛奶。

由于细心照料，孙的身体好转很快。目前，除行走不便外，他能吃能喝、身体硬朗，已具备出狱条件。但随着出狱日子的临近，老人的情绪却日渐烦躁。几次找到分管干警哭诉，表示不愿出狱。而干警调查后得知，老人不愿出狱的原因是，担心出狱后无人照顾，会死在大街上。

这位老人不愿意出狱是担心出狱之后，他享受不到他人对他的照顾，他的物质生活没有保障。其实很多人在常年坐牢之后都不愿意出狱。我们在看电影《肖申克的救赎》的时候可以发现：在监狱里服刑越久，就越不愿意出狱，甚至出狱后会选择自杀。

一个人愿意坐牢，一个人不愿意出狱，选择坐牢在于牢狱里有保障的生活，这就是坐牢的物质激励。

虽然物质激励对人们有着显著的作用，但是人们很快发现在制定激励制度时，物质激励并不是万能的。霍桑试验后人们有了“经济人”和“自动人”等更深刻的认识，较好地解释了“物质激励万能”的怪圈。如过分迷信物质刺激，干好了就给钱，干不好就扣钱，组织与成员的关系被简化成劳资关系，会削弱成员的“主人公”意识，客观上诱发“多给钱多干活，少给钱少干活，不给钱不干活”的思想。因此，人们在进行物质激励时又会进行一定的精神奖励，这样就收到了事半功倍之效。

综上可见，物质资料在整个社会民众的生活中，占有第一位的前提地位。而如果我们在进行物质资料分配时，能尽量实现社会公平，并建立起一套行之有效的社会激励制度，就会有利于整个社会的安定，也有利于和谐社会的实现。

为什么坏人总是欺凌弱小

太空中，A星球与B星球之间有一条贸易通道。每月往返10次的贸易运输船都在此通过。不知从何时起，这里来了一群宇宙海盗团，他们常常在中途把货物劫持。由于缺乏有效的打击，海盗越来越猖獗，导致每月有将近一半的船货落入其手。对此，A、B两星球非常苦恼。

因为船只如果都配备武器和加大人力，那么装备武器的成本和增加的人力成本之和会使贸易的利润丧失。况且装满货物的船只很难在与海盗的太空大战中取胜。

后来有个太空船员想到一个办法——A、B 两国可以将用于运输的 10 艘太空船中的 3 艘，改成全副武装的战斗型太空船，随机地在 10 艘中出现。如此一来，每月 10 艘 20 次的航行中，就会随机有 6 次是战斗太空船。这样，在海盗抢劫时，必然有 6 次被沉重打击的几率。而只要有一次打击，就能够让海盗损失惨重。

果然，伴随着一两次被打击的经历，海盗们逐渐放弃了这条通道，劫持的事件再也没有发生。

从这个故事中可以看出，罪犯是充分理性的，即希望以最小的代价获得最大的收益。因此，理性的海盗就开始斟酌，自己持续下去面临的风险会很大，犯罪成本也会很高。

所以，理智的罪犯都会尽量降低自己所承受的风险。据有关调查显示，90% 以上的暴力犯罪均是针对妇女、儿童、老人等弱小个体的，很少有罪犯专门针对五大三粗的大汉下手。

出于犯罪风险这一点考虑，反对实施枪支管制的人经常在这上面做文章。他们认为，虽然枪支管制的实施可以让犯罪分子得不到武器，但是同时也剥夺了人们利用枪支进行自卫的权利。实际上，犯罪分子从黑市上可以买到枪，而遵纪守法的公民却手无寸铁。如果放开枪支管制，则罪犯的犯罪风险会大大提高，这有利于整个社会犯罪率的下降。

设想一下，一位瘦弱的老太太晚上出门买菜，并随身携带一把手枪，在遇到歹徒抢劫的时候，开枪自卫。如果按照 10 名歹徒就有一个被打死的比例算的话，显然拦路抢劫是一笔“赔本的买卖”，那么做的人就会慢慢少起来。

孩童时代，我们认识了各种不同的动物。在我们的脑海里，这些动物之间存在严格的等级，凶猛的动物必然会吃掉比它弱小的动物，实际上并不是这样。狮子可以打败豹，但一头经常与豹搏斗的狮子肯定活不长久。因为豹也是很凶猛的动物，狮子稍有不慎，就有可能被豹杀死。即便每次获胜，也免不了伤痕累累。所以，不到万不得已，狮子不会把豹作为捕食对象，这也是它选择更弱的斑马作为食物的原因。

抢劫一个老太太可能获得 300 元，抢劫一个青年男士可能获得 500 元，一个理性的罪犯大多会选择前者。因为很可能在跟青年男士动武后抢劫不到钱，反而被抓进警察局。这就是他的犯罪行为的所得小于犯罪的预期成本时的抉择。

近年来生活在国外的华人华侨频频成为犯罪分子们的“猎物”，这跟华人的“弱小”不无关系。

一名华人中年男子从银行取出 1.5 万欧元，刚走出银行大门，两名身穿便衣、自称是“警察”的人掏出带有照片和警徽的“证件”，强行对他的手提包进行“检查”。该男子交出手提包后，“警察”命令他在原地等候，然后上了停在路边的汽车。瞬间，“警察”将空包从车窗扔出，迅速驾车逃离现场。华人男子连车牌号码都没有看清。这是发生在意大利首都罗马市中心维多里奥地区的惊人一幕。

究竟是什么原因导致罪犯敢对华人华侨频频作案并每次都能轻易得手呢？从形体上来看，华人华侨一般没有西方人体格强壮。而一般华人华侨被抢后通常以“自认倒霉”的心态面对抢劫，这在很大程度上助长了犯罪分子的嚣张气焰。犯罪分子选择华人华侨作为目标猎物，显然风险较小。

西方经济学家道格拉斯·米勒说：“人们可以像分析经济活动一样分析犯罪行为，潜在的罪犯‘在他或她对犯罪行为及其法律后果’所做的‘成本——利益’分析中作出经济决策。”罪犯之所以犯罪，原因在于他是一个理性的精于计算价值最大化者。在他权衡犯罪所得大于犯罪预期成本损失时，追求利益的动机就会刺激他实施犯罪。

同样的逻辑，也为我们考虑如何预防犯罪提供了契机。由于大多数罪犯都希望自己不被逮住，即使被逮住以后判刑不重也没关系。那么，遏制犯罪最有效的办法是增大犯罪成本。若想达到这样的效果，有两条主要途径：

一是增大犯罪分子被抓获的概率。加大执法力度，是一种提高犯罪成本的高明手段。警察多了，反扒凶，自然出没的小偷会少很多。或者说小偷要想偷个钱包，至少比以前需要更多的技术和胆量。

二是对犯罪分子实施更有效的惩罚。经济学家更关注预期的刑罚成本。刑罚的作用在于对犯罪行为施加额外的成本，因为一般的惩罚不足以起到有效的威慑作用。这样也可以预防社会上类似犯罪行为的发生。如果小偷平均一个月能偷10个钱包，平均每个钱包有500元，但是平均每个月10个小偷里有1个会被抓，每抓一次就得罚50000元。那么很大一部分小偷将会放弃偷窃的想法。

为什么犯罪分子会组成集团

2009年11月3日，重庆市第五中级人民法院对谢才萍等22人涉黑案作出一审宣判，昔日坐庄重庆地下赌场的“黑赌教母”谢才萍被判刑18年，其余21人分别被判处1年至13年不等有期徒刑。这个犯下聚赌、“放水”、“嗑药”、伤人等累累罪恶的黑赌团伙，终于被依法铲除。

2004年以来，在重庆主城的高新区、渝中区、九龙坡区、南岸区等地，谢才萍开设赌场有10余处，而这些赌场更有“重庆最安全的赌场”之称。其他人开赌场都是越隐蔽、越低调越好，而谢才萍开赌场却是“越危险的地方越安全”、“什么地方豪华就开到哪里”。谢才萍的赌场实行“股份制”，除谢才萍、刘井勇固定坐庄外，汤炳等10余名团伙成员临时坐庄，均带领各自网络的大批赌徒集资入股。为了控制团伙成员和赌客，谢才萍还制订了严格的“帮规”：赌场股东必须轮流坐庄参加赌博，输赢2万元左右才能下庄；赌客必须受邀约，才能参与赌博；在赌客少的情况下，股东还必须无条件充当闲家参与赌博；进入赌场的赌客，必须确认身份后才能进场，“放水”人员进入赌场，必须经过股东同意或其他赌客介绍。

在谢才萍的黑赌组织中层级分明、分工明确：股东负责选择赌场地点、坐庄和组织赌徒，领导并管理赌场经营活动；放哨者分为“外围”和“内保”，“外围”负责打通关节，联络相关部门，确保赌场经营期间不被查处；“内保”则在门外放哨，应对纠纷、吵架等意外情况；还有人专门在赌场“放水”。此外，还有专人提供后勤保障，负责赌客的一日三餐，同时安排住宿，负责赌场的清洁整理。

读完这个故事，我们或许已经知道了为什么犯罪分子要结伙作案了。因为西方经济学家指出集团作案可以分工合作。犯罪集团成员在分工过程中，专职做好自己的工作，在多次重复作案中，也就熟悉了自己的工作环节，作案会更加有效率。这里又涉及了经济学中的两个概念——科层组织和规模经济。

公司中有总经理管理下的各个职能部门分工，财务部只是负责财务，销售部只是负责销售业绩，行政部只是负责日常公司事务……就是在这样的分工下，各个部门才更好地高效率地完成了各自的工作。分工让工作更有效率。试想让一个人同时做N件事他总会力不从心，但是如果让他只做一件事，他就能专心做好。犯罪团伙很懂得经济学中的这个规律，也是利用这个规律，一次次高效率地作案，并逃脱警察的追捕。

在大量的作案过程中，犯罪集团中的犯罪分子各司其职，对自己的那一环节越来越熟练，因此，整个集团的作案也就比个人作案更有效率。这也就是犯罪分子都更愿意组成团伙作案的原因。

为什么人们会违章停车

在诺贝尔经济学奖的获得者加里·贝克尔的孙子的回忆里有这么一段：

一次，祖孙俩去购物中心。不巧，他们赶到时，停车场已没有停车位。思考一阵后，满头银发的祖父决定把车停在最多只允许停车半小时的地方。这时，孙子问祖父：“这里只能停半小时，连吃顿饭的时间都不够，难不成我们要被警察罚款吗？”祖父说：“停这里有可能被罚款，但我想警察应该查得不严。”孙子听了听，似乎困惑着什么，又接着问：“这是理性违章吗？”祖父干脆地答道：“是。”

好奇的孙子和理性的祖父，再现了加里·贝克尔传奇般的故事。这位诺贝尔奖得主，最主要的贡献就是“理性犯罪”理论。而他所应用的这个理论的雏形，实际上源于40年前停车场上的同样一幕。当时，加里·贝克尔作为考官去考一个读博士的学生，没想到，路上遇到事故，他迟到了，来不及再去找免费停车场。于是，他衡量了一番，在收费停车场停车的成本与违章停车被抓的风险之间做了一次选择。就是这一次的决策，让他在头脑中形成了一个当时还比较罕见的想法：罪犯对日后受到惩罚的风险与成本，可能都有所反应。他随即将这个问题作为考题与考试的学生讨论起来。

后来，在经过深入思考和研究后，加里·贝克尔提出了“理性犯罪”理论。

所谓“理性犯罪”，是指当人们从事犯罪活动的效用（收益），超过他把时间及其他资源用于从事其他活动所能带来的效用（收益）时，他就会选择从事犯罪活动。也就是我们平常所说的“明知故犯”。

美国著名的经济学家加里·贝克尔，以研究微观经济理论而著称。他运用微观经济分析方法构建理论体系，坚持用经济人假设逻辑一贯地解析全部人类经济行为。1992年，他因“把微观经济分析的领域，推广到包括非市场行为的人类行为和相互作用的广阔领域”而获得诺贝尔经济学奖。

如现实生活中有企业家所犯的“操纵证券罪”。根据效用函数的原理，比如集中资金控制流通股这样操纵证券，量刑是有期5年，而在这次操纵中可以得到的资金回报是1亿，就是说每坐一年牢可以得到2000万，而在市场上过着犯人都不如的生活也未必能每年挣1000万。所以在这种情况下不法分子会采取理性犯罪。

有一个从贫困山村走出来的青年，村里人对他的评价都很好，说他老实、善良。孰料，几年后这个青年沦为一个抢劫杀人犯，以被判处死刑的方式结束了自己年轻的生命。

接受记者的采访时，他说，穷他可以忍受，只要别人能善待他。他又说，他打工四个月了，都没有休息过一天，但只旷工一次就被开除了。如果不是每天工作12小时，如果一个月能休息一天，如果他的工钱再多一点，他绝不会走这条路。他考虑到与其选择忍耐，一个月累死累活挣不到几个钱，不如去抢劫，只要得手一次就可有几千元，乃至上万元的收入。

青年也知道抢劫被抓后会坐牢，甚至被判处死刑。但在高成本和高风险的衡量下，他甘于冒险。

其实我们生活中有很多这样的例子。他们并不是不知道这样做会犯罪，会受到惩罚，而是他们衡量了犯罪的得与失。很多人的一句口头禅是“抓不着就算我走运”。

出于维护正常经济秩序的考虑，国家必须严厉打击这种经济犯罪。其直接有效的方法就是打碎企业家的小算盘，提高犯罪分子预期的犯罪成本，对犯罪分子实施更有效的惩罚，产生刑罚威慑作用。比如，我国刑法对“操纵证券罪”刑罚规定：情节严重的，处5年以下有期徒刑或者拘役，并处违法所得1倍以上5倍以下罚金。

为什么堕胎可以降低犯罪

20世纪90年代，整个美国社会的青少年犯罪率急剧增加。枪杀、抢劫、强买强卖、强奸，几乎每天都在发生。一时之间，人心惶惶，似乎世界末日将要来临。

1995年，犯罪学家James Alan Fox给美国司法部长写了一份报告，他认为在接下来的10年当中，美国的青少年犯罪率将上升，乐观来说是增长15个百分点；而悲观的话，上升将超过100%。时任总统克林顿也说：“我们只有6年时间来扭转当前青少年犯罪的形势，否则我们的国家将陷入一片混乱。而我的继任者在发表演讲的时候，他所讨论的将不是全球经济的辉煌前景，而是如何让市民们能够更加安心地生活。”

可就在人人自危，感觉在劫难逃的时候，出现了让人尴尬而欢喜的转折：自90年代中期之后，犯罪率一路狂降。美国突然又回到了歌舞升平的太平年代！

一时间，很多学者专家都在为“犯罪率下降”寻找各种理由。众说纷纭时，著名经济学家史蒂芬·列维特抛出了颠覆性的结论：“堕胎合法化”是犯罪率下降的唯一合理解释！

诺玛只是想进行一次人工流产手术。她是一个贫穷，没有受过教育，也没有任何专业技能的女孩子。整天酗酒，吸毒，虽然只有21岁，可她却已经生了两个孩子，并且都已交给别人领养。1970年，诺玛发现自己又怀孕了。而在当时的得克萨斯等几个州，堕胎是违法的。诺玛的请求得到了一些权势人物的支持。他们推举她成为第一诉讼人，向政府提交申请，希望能够将堕胎合法化。这时案子已经转到了美国最高法院（the U. S. Supreme Court），诺玛的名字也被改成了Jane Roe。1973年1月22日，法庭宣判罗伊女士获胜，允许在全美实现堕胎合法化。

美国政府最终颁布的这个著名的“Jane Roe法案”（该法案颁布于1973年，其内容为美国联邦法院赋予妇女堕胎权，此法案被视为过去100年中美国历史上最重要的两个决策之一。）是如何在整整一代人之后，导致有史以来最大的犯罪率下降呢？

从犯罪统计的角度来说，并非所有的孩子一生下来都是平等的。他们之间存在着巨大的差距。研究证明，那些出生在不幸家庭中的孩子成为罪犯的可能性，要远远大于出生在幸福家庭中的孩子。在堕胎合法化之后，成千上万名贫穷的、未婚的，甚至未成年的女性都去医院实施堕胎手术。可以想象，她们的孩子出生后，成为罪犯的可能性要远远大于普通孩子。

可见，真正导致犯罪率下降的原因，并不是严格的枪支管理，也不是经济增长率，更不是严格的巡逻制度，而是潜在的罪犯数量的急剧减少！

为什么死刑并不是多多益善

2000年4月1日深夜，时任中德合资扬州亚星—奔驰公司副总经理普方及其妻子、儿子和女儿，在南京一栋别墅被杀害。时年51岁的于尔根·普方为人谦和，行事严谨，循规蹈矩。亚星—奔驰公司远在扬州，但因为孩子在南京读书，注重家庭的他每天都要驱车100多公里上下班，以便有更多的时间陪伴家小。妻子佩特拉·普方比丈夫小11岁，是一位和善的全职太太。他们的一双儿女，15岁的女儿桑德拉和13岁的儿子托斯腾，都是南京国际学校的学生。

在贺杰克的印象中，1998年才来到南京生活的普方一家4口，总是喜欢骑着自行车出行。普方先生喜欢运动，尤其爱打网球。小男孩托斯腾爱玩，每次到餐厅来都牢牢地捧着他的GAME BOY（一种掌上游戏机）。

那天早上，贺杰克实在无法接受那个让人心痛的消息。他马上打电话给另一个朋友。当确认“这是真的”之后，他又宁愿“这一切只是一个很坏的玩笑”。他一向认为，在这座治安一直较好的城市里，女孩子甚至可以半夜独自在街上走。“你可以问每一个在南京生活的外国人。”他说，“在那件事以前，所有人都觉得这座城市比自己的国家还要安全。”

在法庭上，普方一家的亲友们见到了那4个刚成年不久的疑凶。原本在他们的想象中，凶手是那种“看起来很强壮、很凶悍的人”，可实际上，“跟你在马路上碰到的普通人没有区别”。

这4个男青年并非有预谋要杀人。他们一开始只是想偷摩托车，但换来的钱并不多。后来他们看到一个广告，得知玄武湖畔的金陵御花园是南京最高档的别墅区。那晚，他们潜入小区，也只是想去洗劫一间不亮灯的空宅，结果那套正在装修的别墅没有东西可偷。最终他们选择了隔壁的普方家。盗窃的行动被普方一家察觉，因为言语不通，惊惧之中，他们选择了杀人灭口。

据说案发后，普方先生的母亲从德国赶到南京。在了解了案情之后，老人作出一个让中国人觉得很陌生的决定——她写信给地方法院，表示不希望判4个年轻人死刑。“德国没有死刑。”贺杰克解释说，“我们会觉得，他们的死不能改变现实。”

在当时中国外交部的新闻发布会上，也有德国记者转达了普方家属希望宽恕被告的愿望。外交部方面回应“中国的司法机关是根据中国的有关法律来审理此案的”。最终，江苏省高级人民法院驳回了4名被告的上诉，维持死刑的判决。

从普方家属一方来看，他们认为死刑对罪犯没有意义，所以他们阻止对犯罪分子施行死刑。

我国1979年刑法典，明文规定判处死刑的罪名有27种。其中，经济类犯罪最高刑为死刑的仅有两种，所占比例约为7.4%。后来，随着我国市场经济的发展，法典的不断修订和完善，国家立法机关逐渐增加了适用死刑的经济犯罪罪名。据统计，在1997年修订刑法之前，我国刑法中可以适用死刑的经济犯罪罪名达到22种，占到可适用死刑的罪名数量的1/3以上，比原来提高了近2倍多。截至目前，基本情况仍如此。

针对犯罪被判处死刑的问题，自从其数量增加的那一天开始，就引起了国内众多学者的讨论。尽管，在改革开放以后，因经济飞速发展，经济类的犯罪危害对社会程度加大，影响加深，但是否需要以极刑的方式解决仍颇有争议。

经济学界的学者认为，死刑对于人们来说，应当是犯了最严重的犯罪行为，例如杀人、持刀抢劫等，在这种情况下，因其对社会的危害性极大，所以处以重刑可以理解。

从成本收益上看，死刑的效益性在于要起到社会防卫的作用，即最小的社会代价换取最大的社会收益。这是基于经济学的基本衡量。这个“最小代价”，就是犯罪人的死亡；而“最大的收益”，就是对其他人的威慑和社会秩序的维护。此处，既然强调的是“最小的社会代价”，也就是说，犯罪分子的罪行应当是从任何角度看都应当处死的，例如前面伤害甚至残杀他人生命的行为。

经济学家们在对经济类的罪犯是否处死的问题上，产生了分歧。有学者认为，用死刑来预防经济类犯罪，有失必要。因为，要考虑到，经济类犯罪与侵害他人生命与身体权利的暴力犯罪不同，它并不侵害他人的生命，而是造成一定数额的财富损失。嫌疑人却需要为之付出生命的代价。可以说，代价沉重。并且，在任何法律中，死刑所剥夺的生命权都被规定为人们最关键的权利，而以经济损失和个人的生命权益相比较，并不合理。

另外，虽然死刑具有威慑作用，但它的作用能维持多久，起到怎样的效用，还需要立法者合理运用。

西方经济学家以萨卡·恩里希曾经在一篇论文中提到，美国每执行一次死刑，就可以减少7次杀人案件。根据他的理论，1991年美国有14例死刑案件，10年后，执行了66例死刑案件，根据这样的差额，计算出，其减少的杀人案至少应当为364起。没想到，实际减少的案件数量还要高出这个预期。证明了死刑的确能减少犯罪的数量。

并且还有经济学家表示，我国如此频繁地使用死刑让人质疑。因为，就算死刑具有吓阻作用，当过多地加大刑法的痛苦程度，甚至以极刑来治理犯罪时，死刑的效用会减少，即符合经济学上的“边际效用递减规律”。

前面我们提到过，“边际效用递减”指的是随着某种物品消费量的增加，满足程度（总效用）也在增加，但是所增加的效用（边际效用）在递减。以死刑为例，若将其看做是一种是为了威慑其他人、维护社会稳定必需的“消费”，那么能否实现这个目的，实现到什么程度，就是其满足的程度。但伴随着死刑数目的增加，人们对死刑的态度将逐渐麻木，死刑带来的效用将逐渐减少。当立法者以增加人的生命价值为成本，来换取的预防犯罪的“边际效用”时，显然这个效用是会逐渐被削弱的。所以，死刑并不应设立过多。这或许也就是西方国家主张削减死刑数目的原因之一。并非任何犯罪都适用死刑。只有在人们衡量死刑带来的成本的收益后，才能判断出某种犯罪适用死刑的必要性。不过，西方学者认为，对经济类的犯罪分子来说，支付各项赔偿金后，再被剥夺生命的权利，实属代价太大。就像美国经济学家莱科尔说的：“在今天，考虑到所有代价，包括财政消耗与我们的法院和监狱消耗等。有死刑的刑事司法体制，明显比无死刑的刑事司法体制昂贵。”

但由于各国国情差异，因此在设立死刑的数目上，仍需根据实际情况来由政府定夺，并不能总是跟从经济学的思维和角度。因为符合国情的，才是最适合、最正确的。

为什么成功的缉毒行动并不能直接降低犯罪率

2009年5月19日，满文军夫妇因涉嫌吸毒被北京警方拘留。满文军被警方治安拘留，其妻李俐因涉嫌提供毒品被警方刑事拘留。

19日凌晨，警方接到了在包间外布控的警察的通知，称已有人吸食了毒品，并且吸食毒品的迹象十分明显，于是警方立刻出动。“警方在赶到酒吧后，迅速对满文军夫妇所在的包间进行了抓捕行动，据说有十几人落网。在回到警局后，警方对所抓人员一一进行了尿检，结果满文军夫妇还有其他几人均显示阳性。警方在录完口供后，暂时拘留了吸食毒品的人员。其他人员在配合完调查后，进行了一番教育，随后放行。据调查，他们所吸食的是新型的、被称为‘开心水’的毒品，该毒品可刺激血液循环，吸食后人会很兴奋。整个抓捕过程十分顺利。”

其实不止是明星满文军吸毒，在午夜彩灯炫耀的迪厅里，经常可以看到如此场景：三三两两的男女们聚首一起，深吸锡纸卷起的粉末，微闭着眼，似乎无限惬意地陶醉着。有的还可能疯狂地摇着头舞蹈，一时之间忘却随时可能进来盘查的警察们。

警察和吸毒者的斗争，像自古就有的猫和老鼠，总是“道高一尺，魔高一丈”。不管警察们取得多少成功的缉毒行动，毒贩子们都能找到自己的生存之道，也总不能被消灭掉。那用经济学如何解释这种现象呢?

众所周知，吸毒需要很多钱。没有钱，就很可能采取非法途径弄钱，于是很多人走上了犯罪道路。这是大多数人关于“吸毒等于犯罪”的逻辑推理。例如，为了买毒品，一个吸毒者可能会抢劫，或者盗窃。于是，更近一步推论，如果没有毒品，犯罪必然会减少。因为减少了为取得毒品而进行的犯罪行为。或换种说法，减少毒品的供给量，就会减少与毒品相关的犯罪行为。

于是，按照此逻辑推论，如果警察的缉毒行动成功，就能减少可卡因的供应量，犯罪率也应下降。但要注意的是，毒品的价格因此会上升。

例如，缉毒行动前，可卡因价格是每单位100元，每天交易量是1000单位，可卡因日交易额就是100000元。再假设，每100元中有10元是通过犯罪行为取得的，那么，每天可卡因交易额中，就有100000元 ×10% =10000元，是通过犯罪途径得来的。现在，由于采取缉毒行动，可卡因供给量减少到每天只有600单位。结果，可卡因价格上升到每单位200元，可卡因的日交易额就增加到200000元，其中有10%即20000元是通过犯罪活动所得。

可见，缉毒行动不但没有减少犯罪活动，恰恰相反，反而增加了犯罪行为。其原因就在于，可卡因需求价格弹性（即可卡因的需求量变动百分比与价格变动百分比的比率）小于1，即交易量降低百分比（从1000单位到600单位，降低了40%）低于其价格上升的百分比（从100元增加到200元，上升了100%）。

不过，也有特殊情况，例如其交易量可能会从1000单位降低到100单位（降低90%），而价格从100元上升到120元（上升20%）。如果是这样的话，可卡因日交易额就从100000元降至72000元。在这种情况下，如果毒品交易额中的犯罪金额还是10%，那么，总犯罪规模将会减少，犯罪金额也会减少。

这时应注意，如果可卡因需求价格弹性等于1，即交易量降低的百分比与其价格上升的百分比相同，可卡因日交易额将保持不变，由此，犯罪活动不增加也不减少。

结论：一次成功的缉毒行动不一定减少与毒品相关的犯罪活动。或许会减少，或许会增加，或许没有任何影响。

由此可知，警察、毒贩、毒品，三者处于同一链条上，只有采取合理的政策和手段，才会保持一种理想的降低犯罪率的结果。如果一味的强制执行，只会“赔了夫人又折兵”，让事情发展到另一个极端。这一启示对于我们在教育孩子、说服别人接受我们的观点等之类的场景时，同样有效。

第二章 草地荒漠：重复上演的公地悲剧

为什么公园的樱桃没熟就被摘光了，而路边的李子却没有人摘

红红的樱桃不仅样子可爱，而且味道鲜美、营养丰富，自然成了不少人的喜爱之物。婺州公园的樱桃一熟，就被大家“追捧”。网友“毛虫妖精”在论坛发帖称：“今天早上和家人一起到公园玩，发现那里的一片樱桃熟了。很多人都在摘，有折树枝的，有爬上树的，还有的竟然搬来梯子（虽然搬梯子的人说是公园管理员），一起动手，可热闹了。看了半天都弄不懂了，这样子怎么就没人管呢？是不是谁都可以摘啊？”

有人表示：“樱桃不摘也会烂掉，明天也去摘几颗尝尝鲜。”

和所有水果一样，樱桃有着一个自然的成熟周期。还没成熟的时候，它们味道很酸，但随着时间的推移，樱桃的含糖量提高了，吃起来也就可口了。专门种植樱桃的农户到了收获时节才采摘樱桃，所以，超市里的樱桃都是到了成熟期才上架的。然而，长在公园里的樱桃，却总是在尚未成熟、味道太酸的时候就被人摘下吃了。如果人们能等久点再采摘，樱桃的味道会更好。可为什么人们等不得呢？

专门种樱桃的农户，是在私人土地上种植樱桃树的，要是有人胆敢擅闯民地，采摘樱桃，必然会被告上法庭。而农户也毫无道理要提前收获果实。毕竟，收购商为成熟的果实出价更高，而消费者也愿意多出钱买甜樱桃。

但在公园里，人人都自由采摘樱桃，所以动机也就不同了。人人都知道再等久点樱桃的味道更好，可要是真等太久的话，树上早就没有樱桃可摘了。

公园里的樱桃，稍一成熟能下口的时候就开始从树上消失。在这个时候，它们的味道并不好。可由于不能阻止其他人采摘樱桃，想等到樱桃成熟时再采摘几乎是不可能的。

王戎是“竹林七贤”之一，小时候的他就聪明过人了。

一天，他同村里的孩子跑到村外去玩，去到离村子很远的地方了。突然他们发现前面不远的路边，长着一棵李子树，树上长满了鲜润的李子，十分诱人。

几个动作快的同伴，眨眼之间就像灵巧的猴子一样爬上了树。王戎却在后面慢慢地走着，对眼前的景象一副漠不关心的样子，并说，李子肯定是苦的。大家问他为啥？

这时，树上和地上的孩子都拿出最大最红的李子尝了尝。哇！大家全都不约而同地吐了出来。“真的，真的太苦了！王戎，你吃过吗？你怎么知道这些李子是苦的呢？”王戎说：“路边的李子树不归任何人所有，来来往往的人这么多，如果是好吃的李子早被人摘光了，哪还

轮得到我们？”

大家听了王戎的话，信服地点点头，沮丧地扔掉了手中的李子。

为什么王戎能够从李子树不归任何人所有这点，就能推断出树上的李子是苦的？这就牵涉到经济学中的产权概念。产权，指的是财产的实物所有权和债权，它侧重于对财产归属的静态确认和对财产实体的静态占有，基本上是一个静态化的范畴。而在市场经济高度发达的时期，产权更侧重于对财产实体的动态经营和财产价值的动态实现。它不再是单一的所有权利，而是以所有权为核心的一组权力，包括占有权、使用权、收益权、支配权等。“路边苦李”的故事表明，既然李子树的产权是属于公众的，不属于某个人，自然就没有人愿意对李子树进行培育，树上的李子苦也就情有可原了。如果李子树上是好李子，自然会被别人摘光了。

因此，只有通过产权界定，才能使资源得到有效的保护和利用。市场经济的制度基础是产权明晰。所以，实行市场经济的国家的立法无一不把保护产权作为基本原则。产权之所以重要是因为产权使所有者权责一致，即所有者有权使用自己的资源，获得由这种使用得到的利益，也承担使用不当的责任。在这种情况下，所有者就会最有效地利用自己的资源。

面对目前产权制度缺失的实际情况，我们更应该在实际的经济生活中，注意保护自己的财产权利。在经济活动中要保护好财产获得的法律依据，比如购买房屋的凭证，它是你合法取得房屋的主要凭据。据此你才可以在房产管理部门办理房屋产权登记证，有了这个证件，你的房产才能够被合法地使用、抵押、保险、出租、转赠、出售等。

1866年，刚打赢对奥地利的战争的普鲁士国王威廉一世，来到他在波茨坦的一座行宫。他兴致勃勃地登高望远，然而，行宫前的一座破旧磨坊却让他大为扫兴。威廉一世让侍从去跟磨坊主交涉，付他一笔钱，让他拆除磨坊。磨坊主不肯，说这是祖业。威廉一世很生气，命令人强行拆除了磨坊。

不久，磨坊主一纸诉状将威廉一世告到法庭。法庭裁定：威廉一世擅用王权，侵犯原告由宪法规定的财产权利，被责成在原址重建一座同样大小的磨坊，并赔偿磨坊主的损失。威廉一世只好派人将磨坊在原地重建了起来。

现在这座磨坊还屹立在波茨坦的土地上，成为著名的游览景点。

皇帝与磨坊主的故事表明，磨坊属于磨坊主所有，磨坊主作为这一财产的所有者，其财产所有权和产权必须得到国家法律的相应保护。威廉一世的权力再大，也得服从法律。磨坊主的磨坊挡住了国王的视线，但磨坊的产权属于磨坊主，国王无权处置。也就是说，产权是受到法律保护的。

可以说，产权制度是市场经济的基础，建立一套完整、有效、可操作性强的产权保护制度，无疑是重要和必要的。

为什么公路独立的北行车道上发生了车祸，却使南行车道堵了车

2009年10月28日晚11时，围观人群已将春风路、人民南路路口东北角挤得水泄不通，人群中央，戴眼镜、皮肤白净的刘虹正与邱仰松的女性友人激烈争执。

晚10时许，深圳一宝马车与一奥迪车在春风路、人民南路北行转弯辅道内发生轻微擦碰，宝马车的女司机下车后二话不说，直接扇了奥迪司机一耳光，并用脚踹奥迪车，宣称“打你像打狗”。

两车擦碰几乎不着痕迹，但车主在午夜闹了足足6个小时。

奥迪男的女性友人表示：“这个世界讲公理，你不该打人。”刘虹扭过头去：“你没资格跟我讲话！”随后转向沉默的邱仰松：“反正你得给我赔。”邱仰松一脸委屈：“我赔什么呀，大姐？”

双方互指超车。自称做生意的刘虹情绪激动地说，事发一刻，她在后视镜里看见对方正低着头打电话，一不小心，奥迪就贴了上来。她下车找对方理论，没想到副驾驶座上的男子

说“撞坏了就赔钱嘛”，这句话惹恼了她，“即使我动手了，也是因为他们这话说得太过分！”

刘虹：“他开车时低着头打电话，撞了车还态度不好。他说我318（宝马）没他奥迪贵。我318怎么啦？你就1000万也买不到我这个宝马车。怎么啦？你就有一亿也买不到我这个独一无二的车！”

目睹了争执过程的人指称：“真是不讲道理啊，太过分了。没见过这么嚣张的女孩子。”双方争执期间，旁人劝阻，刘虹一一指点：“信不信连你我也敢打？”

……

在交警和男友的反复劝慰下，刘虹最终同意，让交警将奥迪车拖回口岸交警大队，自己驾车驶离，次日再就处理结果提起申诉。凌晨3时50分许，人群散去。此时距事发已有6个小时。

这两位豪华车车主因为一小点事故而起激烈争执的时候，围观了很多的群众，从而使交通瘫痪。

同样，要是高速公路的北行道上发生了一起事故，想必各位很清楚这条道上为什么会堵车吧。撞毁的车辆、救护车、警车，往往使北行车道一连几个小时都走不通。可为什么车祸也会让南行的车道堵车呢，而且经常一堵就堵上好几里地？

到达事故现场后，往南行驶的司机们会简单地估计一下成本效益。他们减速慢行、仔细观察事故现场的成本只是耽搁几秒钟。而收益则是通过这么做，满足自己的好奇心。按照大多数司机们的行为来判断，收益似乎大过了成本。当然，大多数司机并没想到，一个人耽搁几秒钟的决定，会让后面的成百上千辆车都耽搁几秒钟。仔细看一眼事故现场的累积成本，可能会让每一名司机都耽搁一个多小时。

许多司机或许都不愿意为了看一眼事故现场而耽搁一个小时。如果司机们能就此问题全体投票的话，他们肯定不会放慢速度。可他们是在到达事故现场后一个接一个做出决定的。到了这一阶段，由于每个人都已支付了好奇心带来的成本，所以大多数司机——连那些赶时间的司机也不例外——会选择放慢速度。

为什么高额烟草税会让犯罪组织从中受益

自1997年提高卷烟税率后，英国海关缴获的走私卷烟数量比1996年增加了1倍以上。英国阿尔伯玛市场研究所的一项调查也表明，该国卷烟市场上至少有10%的卷烟为走私烟，并至少导致90%以上的卷烟零售商的合法卷烟销售量下降。英国海关的调查也表明，英国每年总的商品征税的流失额中，有75%是由于卷烟走私造成的。即仅卷烟走私就使国家税收流失高达5.6亿英镑，占税收流失总额的3/4。据英国烟草制造商协会主席吉尔先生称，由于英国已加入了欧洲单一市场体系，政府又一味地认为增加烟税能提高国家的财政收入，使得打击卷烟走私工作力度有限，其走私活动已陷入了一种屡禁不止的怪圈。政府愈增加烟税，卷烟走私活动就会愈加猖獗。

2004年10月27日德国一电视台报道，统计数据显示：2003年黑市香烟销量占全德国烟草总销量的5%，而现在已经上升为10%，烟草走私给德国税收造成的损失已经达到11亿欧元。分析人士认为，造成德国烟草走私猖獗的主要原因是德国提高烟草税，而烟草税的提高直接导致德国香烟价格的上涨。在波兰和捷克等国，一包香烟的平均价格在1.5欧元到1.7欧元之间，而德国的价格却是3.5欧元至4欧元。高额的利润使得走私分子铤而走险，将大批香烟走私到德国。德国联邦财政部长艾歇尔预计，2004年德国烟草税的收入会达到158亿欧元。但经济界人士对此并不抱希望，2003年艾歇尔就曾预计烟草税收入为141亿欧元，而实际收入仅为138亿欧元。

烟草公司还声称，高额烟草税是走私的主要原因。提高烟草税却让犯罪分子从众受益。这就是烟草税的负外部效应。

外部效应的产生是人们决策范围之外的，料想不到的结果或影响，是随着生产或消费的进行而产生的某种副作用。美国第一个诺贝尔经济学奖得主保罗·萨缪尔森说："外部效应（externalities）或溢出效应，指的是企业或个人向市场之外的其他人所强加的成本或利益。"由此可以看出：对于资源配置要求最优的经济学来讲，出现外部效应或溢出效应，说明市场机制相对于交易主体有非效率的一面。

外部效应是在实际经济活动中，生产者或者消费者的活动对其他生产者或消费者带来的非市场性影响。外部效应理论指出：只要某人的效用函数所包含的变数是在另一个人的控制之下，就有外部效应的存在。也就是说：在经济活动中，一个人的行为或某些资源的使用影响到另外一些人的利益或福利，但他们之间却没有使用某种交换手段来协调两者之间的关系。

这种影响可能是有益的，也可能是有害的。有益的影响被称为"外部效益"，"外部经济性"，或"正外部性"；例如：一个养蜂人的到来增加了果园的产量，反过来果园的扩大又会增加养蜂人的收益。这就是正外部效应。一个化学工厂污染了水源，对下游的居民和河中的鱼类造成了损害。这就是负外部效应。

新技术研究也具有正外部性，因为它创造了其他人可以运用的知识。如果一个公司知道自己的创新技术会被其他公司所利用，那么它就不会去创新。或者往往倾向于用很少的资源来从事研究，这当然不利于科技创新。所以，各国的专利法正是为了解决这一外部性而设立的。专利制度使发明者，可以在一定时期内排他性地使用自己的发明。其他公司依据法律没有使用该技术的权利。所以，由于专利法的保护，知识产权得到了保护，促进了科技创新。

有害的影响被称为"外部成本"、"外部不经济性"，或"负的外部性"。通常指厂商或个人，在正常交易以外为其他厂商或个人提供的便利或施加的成本。

从2003年上半年开始，陈乃智就和其兄陈乃强（另案处理）从事走私汽车活动牟取暴利。大部分情况下，他们先与内地买车者谈好，在香港帮买车者垫付车款后，从香港的车行将车提出。随后，陈氏兄弟委托香港一家公司，办理这些汽车在香港的出境手续，并将汽车从香港运到越南，藏在越南的汽车修理厂内。

而在此之前，陈氏兄弟冒用美国一家公司的名义，与越南当地一家公司签订了加工汽车合同，委托这家越南公司办理好了汽车在越南的进出境手续。随后，陈乃强雇人将这些汽车用船从越南芒街经中越界河北仑河偷运到中国广西的东兴市，再从东兴市运到广东佛山南海区的九江镇，从这里再运到全国各地进行贩卖。

为了让走私活动隐蔽化，该团伙在香港设立专门账户，还设法窃取国内同型号合法车辆的信息资料，制造假车牌、假车证。

检察机关最后查实，从2004年2月至2005年9月案发，陈氏兄弟团伙以上述手法走私汽车共计2043辆，海关核计偷逃应缴税额223706411.54元。

龙永图曾经直言不讳地表示："高关税保护实际上刺激了汽车走私。"1997年世界银行统计，由于汽车以及汽车零部件的大量走私，中国汽车关税虽然是180%，但是实际关税只有26%。汽车走私当时相当猖獗。

企业排放生产污染物，是一种典型的负外部性。企业排放的废水、废气，不对企业造成任何影响，所以，企业不会在它们的生产成本里去考虑这种影响。但是，这种排放出来的废水废气，确实会对周围居民的生活造成影响。因为废水的随意排放，人们日常的饮用水可能受到污染；由于废气的排放，人们呼吸的空气不再新鲜。生活中，除了废水、废气的例子属于负外部性外，负外部性的例子还有很多。

负外部性的主要问题在于外部性会影响其他人，但却无法以市场机制来达到最适的数量。既然负外部性是由于缺乏市场所造成的，所以政府就可以实行一些政策，可以把这些社会成本都转换成私人成本，也就是把这些外部效应"内部化"。政府经常采用的社会成本"内部化"的方式有三种：许可制度、污染费用和污染标准。

2008年2月全国人民代表大会常务委员会修订通过的《中华人民共和国水污染防治法》规定："直接或者间接向水体排放工业废水和医疗污水以及其他按照规定应当取得排污许可证方可排放的废水、污水的企业事业单位，应当取得排污许可证；城镇污水集中处理设施的运营单位，也应当取得排污许可证。排污许可的具体办法和实施步骤由国务院规定。"并明确规定："禁止企业事业单位无排污许可证或者违反排污许可证的规定向水体排放前款规定的废水、污水。”

为什么草地会变成沙地

一群牧民一同在一块公共草场放牧。有一个牧民想多养一头牛，因为多养一头牛增加的收益大于其购养成本，是有利润的。虽然他明知草场上牛的数量已经太多了，再增加牛的数目，将使草场的质量下降。但对于单个牧民来说，他增加一头牛是有利的，因为草场退化的代价可以由大家分担。于是他增加了一头牛——“公地悲剧”上演了。慢慢地，其他的牧民都认识到了这一点，都增加了一头牛。结果草地被过度放牧，导致草场退化，不能满足牛的需要，所有牧民的牛都慢慢饿死了。

“公地悲剧”最初由英国留学生哈定（Garrit Hadin）于1968年提出，人称“哈定悲剧”。哈定说：“在共享公有物的社会中，每个人，也就是所有人都追求各自的最大利益。这就是悲剧的所在。每个人都被锁定在一个迫使他在有限范围内无节制地增加牲畜的制度中。毁灭是所有人都奔向的目的地。因为在信奉公有物自由的社会当中，每个人均追求自己的最大利益。公有物自由给所有人带来了毁灭。”

官船是最破烂的，国有企业是亏损最严重的，城市公用设备是最容易破损的，公共场所的卫生是最令人头疼的……理性的经济人都知道，对公共物品而言，你不从中获得收益，他人也会从中获得收益，最后损失的是大家的利益。所以人们只期望从公共物品中捞取收益，但是没有人关心公共物品本身的结果。

对公共资源的悲剧有许多解决办法。哈定说，我们可以将之卖掉，使之成为私有财产；可以作为公共财产保留，但准许进入，这种准许可以以多种方式来进行。哈定说，这些意见均合理，也均有可反驳的地方。“但是我们必须选择，否则我们就等于认同了公共地的毁灭，我们只能在国家公园里回忆它们。”

哈定说，像公共草地、人口过度增长、武器竞赛这样的困境“没有技术的解决途径”，所谓技术解决途径，是指“仅在自然科学中的技术的变化，而很少要求或不要求人类价值或道德观念的转变。”对公共资源悲剧的防止有两种办法：一是制度上的，即建立中心化的权力机构，无论这种权力机构是公共的还是私人的——私人对公共地的拥有即处置便是在使用权力；第二种便是道德约束，道德约束与非中心化的奖惩联系在一起。在实际中也许可以避免这种悲剧。当悲剧未发生时，如果建立起来一套价值观或者一个中心化的权力机构，这种权力机构可以通过牧牛成本控制数量或采取其他办法控制数量。

英国解决“公地悲剧”的办法是“圈地运动”。一些贵族通过暴力手段非法获得土地，开始用围栏将公共用地圈起来，据为己有。这就是我们历史书中学到的臭名昭著的“圈地运动”。由于土地产权的确立，土地由公地变为私人领地的同时，拥有者对土地的管理更高效了。为了长远利益，土地所有者会尽力保持草场的质量。同时，土地兼并后以户为单位的生产单元演化为大规模流水线生产，劳动效率大为提高。英国正是从“圈地运动”开始，逐渐发展为“日不落帝国”的。

有人可能说，避免“公地悲剧”的发生，就必须不断减少“公地”。但是，让“公地”完全消失是不可能的。“公地”依然存在，这就要求政府制定严格的制度约束，将管理的责任落实到具体的人。这样，在“公地”里过度“放牧”的人才会收敛自己的行为，才会在政府干预下合理“放牧”。

在20世纪90年代初，莫斯科街道上出现过这样的怪现象。一方面，街道两边的店铺大量空置；另一方面，街道旁涌现出许多金属做成的箱型销售摊。在高峰期的1993年，莫斯科街道上有1.7万只这样的金属箱子。为什么在莫斯科寒冬里街道两边叫卖的商贩不搬到温暖的店铺里去？为什么街边店铺的拥有者要放弃可观的租金收入？美国密执根大学的经济学者黑勒认为原因是莫斯科店铺有许多拥有者，而且他们的每一个都有权阻止其他人使用，最终没有人能够使用。他把这种现象概括为“反公共地悲剧”。

黑勒于1998年在《哈佛法学评论》中正式提出“反公共地悲剧”概念：“反公共地”作为一项资源或财产也有许多拥有者，但他们中的每一个都有正式的或非正式的权力阻止其他人使用稀缺资源，最终没有人拥有有效的、实质性的使用权。“反公共地”的产权特性不是虚置、不明晰的产权，而是支离破碎的产权，导致资源的闲置或使用不足。

为什么灯塔只能由政府建设

早期的英国，灯塔设施的建造与管理是由私人提供的。由于海上航行经常出事故，为了满足航海者对灯塔服务的需要，一些临海人家自己出钱建设了灯塔，然后根据过往船只的大小和次数向船只收费，以此作为维护灯塔日常运行的费用并获取一定的利润。

经营一段时间后，灯塔的建造者逐渐发现，过往的船只总是想方设法逃避缴费。他们或者绕过灯塔行驶，或者以自己熟悉海路为名干脆就拒绝缴费。建造者们只能增雇人手加强管理，但他们又没有执法权，就是真碰上不交费的人，他们也无可奈何。而且，增雇人手也加大了建造者们的成本，慢慢地他们就变得入不敷出了，于是，私人建造的灯塔慢慢地也就关闭了。

可是，海上航行必须需要灯塔的指引，那么灯塔就只能由政府出面来建设了。过往的船只从此不用再向政府交费，他们将免费使用灯塔资源。

这个故事说明，并不是所有的产品和服务都可由私人提供。政府和其他公共组织的重要职责之一，就是要向民众供给私人不愿意提供的产品或服务——公共物品。

经济学家认为公共物品非排他性和非竞争性。所谓“非排他性”，是指某人在消费一种公共物品时，不能排除其他人消费这一物品（不论他们是否付费），或者排除的成本很高。“排他性”是指一件商品我用了别人就不能再用，比如我吃了一口苹果，别人就不可能再吃我已经吃的这口。所谓“非竞争性”，是指某人对公共物品的消费，并不会影响别人同时消费该产品及其从众获得的效用，即在给定的生产水平下，为另一个消费者提供这一物品所带来的边际成本为零。“竞争性”是指我用了一件商品别人就会少用一件，我吃了一个苹果其他人可以吃的苹果就少了一个。

比如，城市道路上的路灯照亮了我回家的路，并不妨碍照亮我邻居回家的路；我得到了路灯照亮道路的好处，也并没有减少我的邻居得到相同益处的机会。路灯便是由政府提供的公共物品。可以试想一下，假如路灯有一天坏了，政府不去维修，你会去维修路灯吗？对大多数人来说答案是否定的。假如没有政府维修，我们的路灯多数会黑掉。

在我们生活中，我们能经常享受到免费的产品和服务。总体而言，公共物品基本上可以分为三类：第一类是纯公共物品，即同时具有非排他性和非竞争性；第二类公共物品的特点是消费上具有非竞争性，但是却可以较轻易地做到排他。有学者将这类物品形象地称为“俱乐部物品”；第三类公共物品与俱乐部物品刚好相反，即在消费上具有竞争性，但是却无法有效地排他，有学者将这类物品称为“共同资源”或“公共池塘资源”物品。

“俱乐部物品”和“共同资源物品”通称为“准公共物品”，即不同时具备非排他性和非竞争性。准公共物品一般具有“拥挤性”的特点，即当消费者的数目增加到某一个值后，就会出现边际成本为正的情况。而不是像纯公共物品，增加一个人的消费，边际成本为零。准公共物品到达“拥挤点”后，每增加一个人，将减少原有消费者的效用。

通常而言，纯公共物品都需要政府来提供。其中一个最典型的例子就是国防。对于一个国家来说，没有什么比国家安全更重要了。但国防作为一种经济品，与面包等私人物品完全不一样。10块面包可以按人头分为许多份，而且一个人吃过的面包另一个人就不可能再吃一遍。而国防一旦有人提供，就会对所有人产生平等的影响。无论是和平主义者还是好战分子，无论是老人还是青年，无论是目不识丁者还是饱学之士，都会享受到同样质量的国防服务。

为什么公众会为环保塑料袋买单

陈红梅是一位普通市民，她的生活和很多人一样，离不开各种塑料袋。在早点摊买早点，上菜市场买菜，下了班去超市买日用品，她用的都是塑料袋。

陈红梅大致算了一下，她一天少说也要用掉 10 个塑料袋。买一次馒头、油条等早点一般要用 3 个白色超薄塑料袋，买菜要用 4 个至 5 个塑料袋；如果遇到节日，买的生鲜鱼肉要比平常多，用到分类包装的手撕塑料袋也就更多；买日用品一般需要塑料袋 2 个至 3 个。

陈红梅是一个会过日子的家庭妇女，对塑料袋总是尽量充分运用。通常买早点的超薄塑料袋因为用处不大，就随手扔掉了。而从超市或者商场拿回来的、容量大的塑料袋则存放在一个塑料袋筐里，供装厨房垃圾用，最后塑料袋与垃圾一起被运往垃圾填埋场。

陈红梅存了 10 多年的塑料袋，边存边用，现在存起来的塑料袋，还可以供家里装垃圾好几年。陈红梅对自己的做法很是自豪，似乎并不知道塑料袋已成为污染环境的大敌。

像陈红梅这样用惯了塑料袋的人占大多数，由此带来的环境污染危害日渐加剧。据中国塑料再生利用专业委员会介绍，我国每天买菜要用掉 10 亿个塑料袋，其他各种塑料袋的用量每天在 20 亿个以上。

这些塑料袋填埋后经过几百年才腐烂。如果作燃烧处理，会释放出大量有害人体健康的气体。没有被环卫工人收集到的塑料袋垃圾，一旦“跑进”土壤，则会破坏土壤肥力，导致农作物减产；被动物误食，会导致动物死亡。

面对塑料袋造成的资源浪费、环境污染，国务院办公厅在 2008 年出台规定：自 2008 年 6 月 1 日起，所有超市、商场、集贸市场等商品零售场所的塑料购物袋，必须明码标价、有偿使用。

有专家称，塑料袋收费后，全国塑料袋使用量将有减少 2/3 的可能。但是，收费能否如一些专家预测的那样，大大降低塑料袋的消费需求呢？

从实施限用塑料袋以来的几个月，调查研究发现，效果并不如想象的那样好。如环保购物袋因为“外表不好看、使用不方便”不受消费者的欢迎；消费者为省去在收银台支付购物袋的钱，开始大量使用超市内分装食品、果蔬的塑料袋。如果所有超市、商场等商品零售场所都对塑料购物袋实行收费制度后，消费者却加大使用手撕塑料袋的量，这样的结果可能就是，单纯的收费制度无法从根本上限制塑料袋的实际使用量。

超市的塑料袋收费后，人们会少用塑料袋吗？当然会。网络民意显示，大多数民众对于这项措施表示理解和支持。但少用并不代表不用。因为没有塑料袋的生活将给我们的生活带来很大的不便。

首先，从经济上来讲，禁止免费塑料袋，实质上是以经济惩罚的手段使民众在环保性和便利性之间作出取舍，并以此来压制塑料袋的消耗，但并不必然带来民众环保意识的提升。上面的调查结果就很好地说明了这个问题。

政府在提供经济诱因的同时，能不能替百姓考虑一些不降低购物便利性的替代措施呢？

另外，2008 年 6 月 1 日起在全国范围内禁止生产、销售、使用厚度小于 0.025 毫米的“超薄塑料购物袋”。为什么要对这种厚度的塑料袋进行禁止呢？它与超市经常使用的保鲜纸和保鲜袋有何区别？为什么直接盛装生熟食品的塑料袋，又可以免费？这些问题让老百姓很是困惑。

当我们重拎布袋子、重提菜篮子，重复使用耐用型购物袋，去菜市场或超市购买肉类、家禽类、海鲜类食物时，我们会遇到这样的难题：如何处理才能将这些有腥味、容易污染别的食物的生食品，放进环保的袋子和篮子里？很大程度上，为了保证卫生，我们会将此类食物用保鲜纸或保鲜袋多包几层，这样一来。即使它们不属于超薄塑料袋，但也属于塑料，同样会对环境造成污染，而且加大了商家和顾客的劳动成本。

在实施禁止免费塑料袋之前，很多家里都不用专门购买垃圾袋，超市的塑料购物袋完全可以替代家中的生活垃圾袋。而实行塑料袋有偿使用制度之后，人们没有了替代功能的超市购物袋，只有购买垃圾袋。国际经验也证明了这一点。爱尔兰政府征收塑料袋税收后，当地塑料袋消耗由每人每年340个锐减至20个，但最终塑料袋总消耗量并没有减少。原来开征塑料袋税前人们主要用塑料购物袋做垃圾袋，开征塑料袋税后市民只好另购垃圾袋使用，这样一来，塑料袋总消耗量仍维持在一个高水平。由于垃圾袋的材料仍然是塑料，即使可生物降解，对生态环境仍会造成污染，只不过形式变了而已。

日常生活经验中的这些困惑，直指此项政策的可操作性和预期效果。政府除了以经济惩罚的手段使民众在环保性和便利性之间作出取舍，并积极“鼓励企业及社会力量免费为群众提供布袋子等可重复使用的购物袋”外，是否还有不增加市民额外经济负担，能更有效地激励市民作出理性选择的措施?

不论采取何种措施解决塑料袋问题，归根到底是要把增强环保消费的意识摆在首位。例如，学校应加强学生的环保意识，对学生进行拒绝使用塑料袋的“绿色教育”，让学生把在学校里受到的“绿色教育”带回家，带回社区，带动全家共同参与，这样的效果会比单纯依靠经济手段的作用更好。同时，有关部门和商场在对购物塑料袋实行收费后，应向消费者免费提供更多的环保购物袋，减少消费者的购物支出。在设计环保购物袋时，要兼顾购物袋的美观和便利性，这样消费者更乐于接受和使用。

实施购物塑料袋收费制后，超市经营者应允许消费者将自带的篮子或布袋带入购物区，而不应限制他们必须在超市进入口处寄存所带的篮子或布袋。

从根本上做到环保，需要政府加大扶持塑料可替代品的研制和生产。淀粉降解塑料和全生物降解塑料都是优良的可替代品，但这些塑料袋的生产受到技术限制，成本较高，需要国家有关部门对此类企业加大政策扶持力度。

为什么医疗收费会越来越贵

新中国成立初期，由政府举办公办医疗机构、企业举办医院和医务室、农村实行合作医疗制度的公共医疗卫生体系，被世界卫生组织一度视为经济落后的发展中国家有效解决健康问题的两大思路之一。而时间进入二十世纪八九十年代，医疗改革和“市场化”联系到了一起，公共医疗日益走向逐利化。不仅催生出以药养医的恶性体制，患者不堪重负，也导致城市大医院病患通宵排队，一号难求，小医院门可罗雀，农村则缺医少药的资源不均和体系失衡。其间更形成职业道德滑坡、宗旨灵魂败坏和医患关系紧张的社会难题。

一位古稀老人在哈尔滨市的一家三级甲等医院住院期间，用550万元（包括住院费及其家属按照医生吩咐从国外购买药品用于治疗的费用）“买”来中国目前“最昂贵的死亡”。

医生大开处方心狠手辣。这位古稀老人在医院缴纳的收费账单显示，他最多一天输血94次，还有一天注射盐水106瓶。输一次血的最小单位是100毫升，输血94次即输进9400毫升血液。一名成人的全身血液总量有4500毫升左右，这就相当于一天给老人全身置换血液2次多。

重复检查使患者雪上加霜。这位古稀老人的收费账单还显示，在住进医院心外科重症监护室的两个多月里，仅血糖一项就化验了563次（不排除错误登记或虚假填报），平均每天将近9次。化验密度之大，让老人的主治医生都感到困惑。

医疗监管还在“自己监督自己”。哈尔滨市的这家三级甲等医院自己组织的调查组，“对天价医药费”事件的调查结论是:“（对于该患者）医院不是多收了，而是少收了。”患者的医疗安全该由谁来负责？医院的医疗行为该由谁来监管？从哈尔滨“天价医药费”事件中，人们不难看出：对于部分医院医疗行为的监管，仍然存在真空状态。

“看病贵”刺痛着老百姓们越来越脆弱的神经。审计署审计长李金华发表的审计报告再次令人触目惊心：2003年至2004年，卫生部所属10家医院违规向患者多收费1127万元。

为什么医疗费用越来越贵？很明显是医疗的市场化改革，背离了医疗的公益性质，这使得一部分医院和医生为了赚钱，而放弃了对医疗道德的遵守。卫生部部长陈竺在第十二届全国实验血液学学术会议上，怒批一些医院在大病治疗中的天价收费现象，并提出了医院按病种收费可有效扭转以药养医困局的观点。“按病种收费就像到餐馆点菜，如果你给老板定下100元的标准配菜，前提是保证营养，肯定能吃饱。但是如果你在老板的推荐下点菜，肯定不知不觉几百元就花掉了。”

陈竺认为，当前医院的收费制度，特别是大病医疗方面，是造成医生要赚钱就要多开药、开贵药的一个重要原因，使之陷入以药养医的怪圈。如果给一个病种定一个价格，医生在治好的前提下就一定会合理用药来节约成本，其结果是患者节约了，医院也挣了钱。“这种方式发达国家在用了，我们就更应该用。”

同时国家在医疗卫生服务投入过少，我国人均医疗资源大大低于发达国家，甚至一度比阿富汗还低。目前政府对公立医院的投入太少，以武汉协和医院为例，政府每年投入该院大约三四千万，这个数字远不够工作人员的工资开销。过去是计划经济，医疗由政府买单，但在市场经济体制下，现在要政府全部买单做不到，所以只能先搞试点，摸着石头过河。

全国政协委员、农工党市委主委蔡威毫不客气地说：“农村合作医疗的公益性体现得还不够。”为了解决农民看病难、看病贵的问题，成立了以国务院副总理李克强为领导的医疗改革小组。2009年1月21日，国务院常务会议审议并原则通过《关于深化医药卫生体制改革的意见》和《2009年—2011年深化医药卫生体制改革实施方案》。从2009年到2011年，将重点推进基本医疗保障制度、基本药物制度、基层医疗服务体系、基本公共卫生服务均等化和公立医院五项改革，旨在落实医疗卫生事业的公益性质，把基本医疗卫生制度作为公共产品向全民提供，努力实现人人享有基本医疗卫生服务。

拥有再庞大的企业、再有钱的个人也害怕得病。医疗卫生改革只有坚持公益性的道路，看病难、看病贵的问题才有出路。当然，医疗保障问题本身就是一个比较棘手的问题。即使世界第一超级大国美国，也为医疗保障问题头痛不已。建立一个人人享有健康保障的计划，是全世界所有人的要求和共识。

为什么气候大会未能达成协议

2009年10月17日，马尔代夫总统纳希德，将在该国水下6米处的海底主持一次内阁会议。纳希德和其他内阁成员身穿潜水服，在该国首都马累东北约35千米处的吉利岛海域水底，举行了为时30分钟的会议，会议期间内阁成员签署了一项要求各国减少温室气体排放的决议。呼吁世界各国领导人采取措施减少温室气体排放，以减缓海平面上升的步伐。

集中了全国约1/3人口的马累只有不到6平方千米，它周围的大部分都修筑了防波堤，以抵御海水入侵。尽管如此，在2004年12月的海啸中，海水还是冲上马累城，给首都造成了不小的破坏。

马累西北约100千米处有一个图拉杜岛。图拉杜岛岛长杜斯马尔说，从2002年填海造地开始，海水侵蚀现象越来越严重。在小岛的东侧，椰子树的树根在海潮的拍打下已经裸露出来，有的椰子树已经倾倒。

在全国约200个居民岛中，大约有50个岛面临着海水侵蚀问题，其中有16个岛需要立即采取行动。此外，很多居民岛的地下淡水资源正在枯竭，居民饮水出现困难。

对平均海拔只有1.5米高的印度洋岛国马尔代夫来说，这条消息并不轻松，因为气候变化关乎它的生死。根据科学家最新发布的研究报告，如果全球变暖的趋势以目前的速度持续下去，那么这个由1 192个小岛组成的国家将在本世纪消失。

作为一个人口不到40万的小国，马尔代夫在世界上的影响力有限。但在气候变化面前，马尔代夫已经成为人类命运的一面镜子。纳希德总统和他的部长们潜入水下开会的另类行为，希望能让更多的人醒悟过来，采取行动拯救马尔代夫，同时也拯救人类自己。

哥本哈根世界气候大会，全称是《联合国气候变化框架公约》第15次缔约方会议暨《京都议定书》第5次缔约方会议，这一会议也被称为哥本哈根联合国气候变化大会，于2009年12月7日至18日在丹麦首都哥本哈根召开。

12月7日起，192个国家的环境部长和其他官员们，在哥本哈根召开联合国气候会议，商讨《京都议定书》一期承诺到期后的后续方案，就未来应对气候变化的全球行动签署新的协议。

根据2007年在印尼巴厘岛举行的第13次缔约方会议通过的《巴厘路线图》的规定，2009年年末在哥本哈根召开的第15次会议将努力通过一份新的《哥本哈根议定书》，以代替2012年即将到期的《京都议定书》。考虑到协议的实施操作环节所耗费的时间，如果《哥本哈根议定书》不能在2009年的缔约方会议上达成共识并获得通过，那么在2012年《京都议定书》第一承诺期到期后，全球将没有一个共同文件来约束温室气体的排放。会导致遏制全球变暖的行动遭到重大挫折。因此，很大程度上，此次会议被视为全人类联合遏制全球变暖行动一次很重要的努力。

在哥本哈根峰会的最后12个小时，全球主要强权国家的领袖以及最贫穷落后国家的领袖穿梭会面，为了一个共同的目标：行动起来，对抗气候暖化。

《联合国气候变化框架公约》第15次缔约方会议和《京都议定书》第5次缔约方会议，于当地时间19日下午在丹麦首都哥本哈根沉重落幕。会议通过的《哥本哈根协议》无法律约束力，低于外界预期。

潘基文当天发表了一篇充满感情色彩的讲话。他说："过去的两天令人'筋疲力尽'。我们进行的讨论'时而有戏剧性，时而非常热烈'。"

从《京都议定书》，到《巴厘岛路线图》，再到《哥本哈根协议》，发展中国家和发达国家两大阵营分歧严重，数十年的谈判更像是口水仗难获突破。这其中就因为涉及了利益问题。不同的国家，有着不同的个体利益，有着不同的诉求。气候合作不是一个国家的事情，需要各个国家为此作出牺牲，也是各个国家之间的一个博弈的过程。

美国也在中国减排的监督、核查等问题上大做文章。毫无疑问，美国已将中国视为头号经济对手。中美在气候变化问题上的博弈，似乎也已成为两国争夺未来世界经济主导地位广泛竞争的一部分。

减排需要发达国家利用资金和技术帮助发展中国家。欧盟和美国，他们手中掌握着节能减排的高新技术和雄厚的资本优势。如果美国等西方发达国家不帮助发展中国家，发展中国家必然要走粗放型的发展方式。如中国，在电力、钢铁、交通、水泥、化工、建筑等重点行业与高耗能行业及通用技术领域中，未来低碳经济发展需要60余种骨干技术的支撑。但中国目前仍有42种尚未掌握核心技术和核心知识产权。美国同意带领西方国家每年筹措1000亿元，援助贫困国家对付气候暖化，直到2020年。这等于承认西方贪婪的发展，是气候暖化的一个历史原因，也需要为此负责并作出补偿。

如果能达成具有法律效力的强有力的协议，全球碳市场将持续增长并成为支持发展中国家低碳产业发展的重要来源。2012年全球碳交易市场容量为1400亿欧元，约合1900亿美元，全球碳交易在2008年至2012年间，市场规模每年可达500亿欧元。

在这次大会上，中国提出放弃西方的环保援助。中国总理在最后24个小时积极斡旋，提出有区别的共同责任。中国同意国际社会对其落实减排目标可以有某种程度的监督确认。

全球变暖问题将日益严重，在这场博弈中如果大家互不让步，没有真正的赢家。

第三章

分粥智慧：为什么不患贫而患不公

为什么老公害怕说真话

老王正在给妻子过 40 岁生日，妻子很高兴。在一顿气氛祥和的晚餐过后，妻子问了老王一个问题："请如实地回答我，我还年轻么？"

老王迟疑道："呃……"

在老王对妻子的问题做出回答之前，我们先来给"撒谎"一词做出定义。字典上说：撒谎是指人故意说些虚妄之语。简单地说，只有最初动机本来就是欺骗性的，才是撒谎。但在我们这里，我们把撒谎的定义扩大化了，我们说，只要后果具有欺骗性，即行为后果不符合行为承诺，就是撒谎。打个简单的比方，我们告之朋友会在第 2 天晚上 8 点去朋友家拜访，如果我们从一开始就没打算去朋友家，只是随口与朋友一说，这就是字典意义上的"撒谎"。而我们当时确实是决定去拜访朋友，只是第 2 天我们发生了各种情况，思考再三我们决定放弃去朋友家拜访的计划，这就是经济学意义上的"撒谎"。

那么。老王要怎么回答才能既不得罪妻子，又不撒谎呢？

回答"亲爱的，你在我眼里永远年轻。"显然符合我们对撒谎的定义。而回答"不，岁月的痕迹如同年轮一般准确无误地显现在你的脸上。"怕是我们的老王将会面临难缠的家务问题了。

聪明的老王当然有办法避免上述尴尬的情况出现。他是这样回答妻子的问题的：

"亲爱的，你就是你的那个年龄段人群的坐标，看起来比你老的，年龄都比你大。看起来比你年轻的，年龄也都比你小。"

笑话归笑话，笑过之后我们聊聊。我们似乎总在说谎，我们也总对自己撒谎。好像旁边的同事总在念叨减肥计划，却又总在不停地吃东西。好像我们不经意地放了朋友鸽子没有参加某次约会。"知易行难"应该是我们说谎的原因。"说"的成本远远大于"做"。所以我们总是说得很多，但做得很少。

于是，我们需要好的制度，因为它会对真话予以鼓励，对假话予以惩罚，而且这只是它作用中的一小部分。

1790 ~ 1792 年间，英国政府将流放澳洲的犯人，交给往来于澳洲和英国之间的商船来运送，经常会发生因商船主或水手虐待犯人，而导致大批流放人员死在途中的惨剧。后来大英帝国对运送犯人的制度稍加改变，流放人员依然由来往于澳洲和英国之间的商船来运送，但是运送犯人的费用，要等到犯人被送到澳洲后才由政府支付给商船。仅就这样一点小小的改变，几乎杜绝了犯人死于途中的事情。

这就是制度的作用。所谓制度，就是约束人们行为的各种规矩。“没有规矩，不成方圆”。制度在维护经济秩序方面起着重要作用。一个好的制度并不是要改变人利己的本性，而是要利用人这种无法改变的利己心去引导他做有利于社会秩序的事。

合理的制度具有重大作用。首先，可以避免人们在生活交往过程中的不可预见行为。如果没有制度，很多人不清楚下一步该做什么。有了制度以后，就会以此为评判标准，严格指导人们的行为。

其次，制度能规避机会主义行为。那些不遵守市场交易规则、一有机会就损人利己的人，在计划经济向市场经济转型过程中，因为制度的不健全，专门钻空子牟取暴利，这就是典型的机会主义行为。

在企业界有句名言:“制度大于总经理。”一套规章制度只要出台，就应严格遵守。如果不讲“法制”只讲“人制”，规章制度的权威性就会受到质疑和贬低。制度缺乏严肃性，又怎能使他人引以为戒呢?

为什么南郭先生会迁怒齐宣王

战国时期，齐国有一位南郭先生，身无长物，却有些小聪明。当时齐国国君齐宣王很喜欢听吹竽。南郭先生本不会吹竽，但为了养家糊口，决定铤而走险，去齐宣王那碰碰运气。齐宣王是个讲排场的人，他喜欢听300人的大合奏，正在四处招人吹竽。于是，南郭先生跟着一帮子人就混进了齐宣王的吹竽乐队之中。

刚开始的时候，南郭先生还有些心虚。时间一长，南郭先生发现，在这个300人的大乐队中，他一个人吹与不吹都无足轻重。南郭先生慢慢放下心来，他就在齐宣王的乐队中装模作样的混了好几年。

几年后，齐宣王死掉了，他的儿子齐缗王继位当了国君。受父亲的影响，齐缗王也很喜欢听吹竽。不过，齐缗王和他爹有些不一样，他更喜欢听独奏。齐缗王让300个乐手一一上殿独奏，众多吹竽高手们被齐缗王挖掘了出来。乐手们的待遇也有了差别对待，齐国的吹竽水平也得到长足发展。

不过，相对于那些吹竽高手，南郭先生的日子可不好过了。自己对于吹竽是一窍不通，要是被国君知道自己在滥竽充数，可是要掉脑袋的。于是，南郭先生最终选择在一天夜里偷偷溜走了。

“滥竽充数”的故事有着深刻的经济学意义。南郭先生能够“滥竽充数”，原因在于齐宣王实行的工资制度存在问题。

面对300人的大乐队，齐宣王实行的是一种平均主义制度。不管每个人吹竽的技术如何，付出努力的多少，都会得到同样的待遇。经济学认为人是理性的，在获得利益既定的情况下付出的劳动会尽量最小化。对于齐宣王的吹竽手来说，吹得好与坏，待遇都是一样的，于是便有了南郭先生的存在。

假设齐宣王一直活下去，那他的这个吹竽乐队一定会解散。原因很简单，南郭先生“滥竽充数”必然会成为乐队的榜样，大家都会纷纷效仿。到最后，300人的合奏，恐怕没有一个人在真正的吹竽。最终的结果是，齐宣王不得不解散吹竽乐队。这就是平均主义所引起的集体无效率。

南郭先生“滥竽充数”大大降低了整个乐队的效率。有了他的榜样，那些勤奋有才华的吹竽手也会跟着变懒。很显然，齐宣王的这一制度从效率的角度讲，是失败的。

到了齐缗王，集体演奏的方式变成了个人演奏时。演得好的，奖励也多；差一点的，还能吃饱饭；南郭先生这样根本不会的，就只能选择跑路了。齐缗王考核的方法显然要有效率得多，他会促使吹竽的乐手们更加勤劳。

当齐缗王改变乐手的演奏方式时，像南郭先生这样的人只有两条路可走：要么努力学习吹竽，要么赶紧走人。南郭先生没有吹竽的本事，只得一走了之。

后来，人们取笑南郭先生，但没有想到南郭先生反咬一口，说："你们为什么不从齐宣王身上找找原因？"

几千年来，人们一直把南郭先生作为以次充好、以外行充专家的典型。实际上我们不能不说，在"合奏"的环境下，南郭先生的表现无疑是个理性人：他不劳而获。齐宣王实行的是一种平均主义"大锅饭"制度，无论竽吹得如何，付出了多大劳动，都得到同样的一份食物，吹竽者当然要出力越少越好——装出一副吹的样子而不用力吹。但是，南郭先生是个理性人，其他竽手也是理性人，并且会效仿。南郭先生不吹竽仍可获得同样的食物，会成为一个榜样，引起更多人效仿。长此以往，乐团的竽声只会越来越小。这就是平均主义"大锅饭"所引起的集体无效率。这也就是经济学家常说的"坏的制度使好人也会做坏事"——许多勤奋而有才华的吹竽手变懒。

要使南郭先生这样的懒人变得勤劳，靠的不是道德说教，而是"大锅饭"制度的改变。当齐缗王改变了"大锅饭"，淘汰了南郭先生这样的人，就激励了其他的人，效率必定提高。

人的懒惰或勤奋不是天生的，很大程度上是后天养成的。平均主义大锅饭制度可以把勤劳者变为懒人，而有效率的激励制度可以把懒人变为勤劳者。这就是经济学家常说的另一句话"好的制度使坏人也会做好事"——懒惰的南郭先生不得不勤劳，否则就被淘汰了。

其实，1958 年下半年开始的"人民公社化"运动中，由于分配上搞平均主义、吃大锅饭，影响了人们生产积极性的发挥，粮食产量极低。

1978 年年末，小岗村 18 户农民在"大包干协议"上按下了手印。说得通俗一点就是"单干"。1979 年秋天，小岗村获得大丰收，粮食总产 6 万多公斤，相当于 1955 年到 1970 年 15 年的粮食产量总和。

小岗村"包田到户"激发了农民的种粮积极性，而他们的创举正式拉开了中国改革的序幕，中国的发展从此掀开了新的一页。

从人性利己的角度来说，"大锅饭"并不能有效激励人。用道德说教去改变人性是无用的，要用制度去引导人性。在合理的制度之下，恶的人性也会产生好的行为；在不合理的制度之下，善的人性也会产生坏的行为。

产生南郭先生的行为，不是南郭先生本人的人性如何，而是齐宣王的平均主义"大锅饭"制度；使南郭先生逃跑的也不是他良心发现，而是齐缗王改变了制度。打破了"大锅饭"制度，虽然打破了南郭先生之流的"饭碗"，但是却为更多的人提供了公平。

要使懒人变得勤劳，具体方法应该是这样的：

方法之一，实行效率工资。"效率工资"一词最初来源于发展经济学。发展经济学家发现，在发展中国家，较高的工资待遇可以提高劳动生产率。他们认为，由于发展中国家人们营养普遍不良，因而较高的工资可以改善工人的营养，增强身体素质，这样也大大提高了劳动效率。

但是很快经济学家们发现"效率工资"现象在发达国家也同样存在，于是原来的解释显然不合理。最后，经济学家们统一解释为：较高的工资是企业为防止工人偷懒而采取的激励办法。在这里，工资构成了工人偷懒被发现进而被解雇的机会成本：工资越高，解雇的机会成本越高。为了避免过高的机会成本，就必须努力工作，以免因偷懒而被解雇。所以，较高的工资有利于减少工人偷懒的机会主义倾向。

方法之二，实行团体激励或惩罚。在团体合作的过程中，要测定或监督每个成员的业绩是不容易的，因而监督成本就会变高。替代的办法就是对整个团体的最终业绩进行评估，达到一个给定的目标时给以团体奖金，达不到则给以团体罚金。因为每个人都渴望得到奖金，谁也不愿意受罚，于是每个人就会努力工作。当然在团体活动中很难避免偷懒行为。如果奖金足够高，罚金也足够高，每个人在进行利弊权衡后都会减少这种偷懒倾向。

在故事中，南郭先生不学无术，只靠蒙骗来混饭吃的日子是不长久的，最终他会失去饭碗。同时，我们究其根本原因，是由于齐宣王制定的制度不完善，才导致了"滥竽充数"的结果。

人的懒惰或勤奋不是天生的，而是制度引导的结果。因此，组织要开发制定一套更完善的制度体系，以杜绝这种“滥竽充数”现象的再次发生。

有7个人在一起共同生活，每个人都是平凡而平等的。他们每天要分食一锅粥，但并没有称量用具和有刻度的容器。他们分粥的方法经历了以下几个阶段：

第一阶段：拟定一个人负责分粥事宜。很快大家就发现，这个人为自己分的粥最多，于是又换了一个人，但总是主持分粥的人碗里的粥最多最好。

第二阶段：大家轮流主持分粥，每人一天。这样等于承认了个人有为自己多分粥的权力，同时给予了每个人为自己多分的机会。虽然看起来平等了，但是每个人在1周中只有1天吃得饱而且有剩余，其余6天都饥饿难挨。

第三阶段：大家选举一个信得过的人主持分粥。开始这品德尚属上乘的人还能基本公平，但不久他就开始为自己和溜须拍马的人多分。

第四阶段：选举一个分粥委员会和一个监督委员会，形成监督和制约。公平基本上做到了，可是由于监督委员会常提出多种议案，分粥委员会又据理力争，等分粥完毕时，粥早就凉了。

第五阶段：每个人轮流值日分粥，但是分粥的那个人要最后一个领粥。令人惊奇的是，在这个制度下，7只碗里的粥每次都是一样多，就像用科学仪器量过一样。每个主持分粥的人都认识到，如果7只碗里的粥不相同，他确定无疑只能拿到那份最少的。

这个“分粥规则”高度体现了制度的作用：公平公正，相互制衡。制度的设计要顺从人的本性，而不是力图改变这种本性，这样才能形成一种因势利导的有效激励机制。

自从人类群居开始，就力图营造一种秩序，一种适合大家共同遵守的秩序。秩序一旦确定，大家便无条件遵守。制度便是这种状态下的产物。制度在于保护群体的共同利益，只有如此，才能有效地贯彻下去。

如果我们仔细品读“分粥”的故事，不难发现，分粥的过程也是中国近代经济改革的过程。从大锅饭到分田到户，再到国企改革。大锅饭的绝对平均，显然早就退出了历史舞台。而把分粥的大权过分集中于一人，实际上是一个危险的举动。我们很难保证一个人如何科学地、客观地进行决策，这和个人的素质毫无关系，不论谁来做这个决策人，都有他自身难以逾越的局限。把“个人一言堂”决策换作类似“分粥委员会”的集体决策，表面上看起来民主，然而这种层面上的民主让公平的效率大打折扣。我们不仅要喝等量的粥，还要喝热粥。

制度不能“置别人于死地，度自己上天堂”，制度不能只为别人而定。如果不能跳出这个怪圈，那么制度永远是一种强弱势力不对称，甚至沦为划分阶层的界线。让分粥的人最后喝粥，这是一个极其朴素却又绝对高明的方法。分粥人知道，如果分给每个人的粥有多有少，那么自己一定喝到的是最少的那一碗。

同样的粥、同样的人因为不同的分粥制度，也会产生截然不同的结果。我们应该可以从“分粥”的故事中汲取一定的营养：不同的制度形成不同的结果。好的制度让人奋发向上、积极进取、团结共处；一个不好的制度让人好吃懒做、不思进取、勾心斗角。

为什么交通肇事没判死罪

2009年6月30日晚，醉酒驾车造成5死4伤重大交通事故的嫌疑人张明宝，已被警方依法刑事拘留。

经抽血化验，肇事司机的血液中酒精含量为每百毫升381毫克。而每百毫升80毫克，就属于醉酒驾车。显然，肇事司机属严重醉酒驾驶。

经警方调查，肇事司机张明宝，44岁，是个体施工队负责人，挂靠淮安第五建筑工程公司南京分公司，家住江宁区东山街道金盛路某小区。审讯过程中，张明宝交代说，30日晚上8点15分左右，他跟人在金盛路一家饭店吃饭，喝了七八两白酒。饭后，他驾驶苏ATH900

牌号黑色别克君越轿车，在金盛路由南向北行驶准备回家。车辆失控后沿途先后撞倒 9 名路人，撞坏 6 辆路边停放的轿车。

由于这起事故影响恶劣，7 月 1 日，警方对于张明宝是涉嫌交通肇事罪还是以危险方法危害公共安全罪拘留，会集法院、检察院进行了紧急研究。但警方没有透露张明宝是以何种罪名被刑事拘留。

酒醒后的张明宝意识到自己闯了滔天大祸，面对警方的讯问，他声音发颤，两眼通红，他的手和腿都在不停地颤抖。张明宝说，自己成了“刽子手”十分后悔，愿意尽最大努力赔偿。他说，他愿意卖房、卖车，尽最大努力赔偿死者和伤者家属，同时希望广大开车人吸取他的教训，千万不要酒后驾车，防止害了自己又害他人。说完，他低下头，双手紧紧捂住脸。

2009 年 11 月 27 日上午 9 点 30 分，江苏省南京市中级人民法院在第二法庭，开庭审理张明宝特大醉驾肇事案。检察机关指控，被告人张明宝于 2009 年 6 月 30 日晚，醉酒驾车危害公共安全，致 5 人死亡、4 人受伤、6 辆机动车不同程度受损，应当以“以危险方法危害公共安全罪”追究其刑事责任。辩护律师则认为此案属于过于自信导致的过失犯罪，应定“过失以危险方法危害公共安全罪”，请求从轻量刑。庭审持续约 2 个小时，因案情重大，法庭没有当庭宣判。

2009 年 12 月 23 日上午，南京张明宝醉酒驾车肇事案一审宣判，被告人张明宝犯“以危险方法危害公共安全罪”被判处无期徒刑，剥夺政治权利终身。

自古有仇必报。一个害死 5 个人的司机没有被判死罪，这在社会上引起了很大的讨论和反响。但张明宝的定罪只能依照现行法律制度来定。张明宝一案中，他的犯罪行为是大醉之后实施的，从发生前后的情形看，张明宝并没有打算“放任”自己的行为。如果张明宝“放任”的话，就是在涉嫌间接故意杀人了。看待这个案子时，要尊重事实。张明宝是酒喝得太多了，在开车后不能控制自己的行为。他故意追求杀人结果是不可能的。犯罪行为发生后，在查处和审理过程中，张明宝的认罪、悔罪的态度很好，也积极赔偿受害人。而且也有人证实，生活中的张明宝待人不错，不是非杀不可的。

南京市法院中院吴文康院长这样回复：最高院在《关于醉酒驾车犯罪法律适用问题的意见》（以下简称《意见》）中指出，对醉酒驾车犯罪案件具体决定被告人刑罚时，要综合考虑此类犯罪的性质、被告人的犯罪情节、危害后果、主观恶性及人身危险性。行为的危害后果并不是决定被告人刑罚的唯一标准。被告人张明宝归案后能如实供述自己的罪行，认罪态度较好；对东山街道代其向被害人或被害人亲属垫付的赔偿款均表示认可，有悔罪表现；其在醉酒致辨认和控制能力下降的情况下酿成惨祸，主观上并不希望和积极追求严重危害结果的发生，与直接故意犯罪相比，张明宝犯罪的主观恶性与人身危险性有所不同。综合以上，我院慎重研究决定判处其无期徒刑。

张明宝酒驾案件，在过去法律中没有明确规定。过去类似的情况大部分都是以“交通肇事罪”定罪，现在可以“以危险方法危害公共安全罪”定罪了，后者是更严厉的罪名。

2009 年以来醉驾案件不断，先是广东黎景全案，然后是成都孙伟铭案，后来又是南京张明宝案。酒驾在全国范围内引起了公愤，这种舆论态势催生了最高院的指导意见。意见出台后，应该说对于酒驾的惩处标准更为严厉了。

我们痛恨张明宝类似的司机酒驾，也希望他们能受到制度的约束和法律的制裁。虽然很多人都希望张明宝被判死刑，但死刑并不是多多益善。

为什么少数服从多数并不民主

菲利普・希尔茨在《保护公众健康：美国食品药品百年监管历程》一书中提到美国食品药品监督管理局（FDA）和药品帕拉巴的故事。帕拉巴于 1957 ~ 1970 年间在市场上销售，属于普强公司的产品。该产品的疗效较差，病人服用后，有的人病情没有好转，有的人还受到严重伤害甚至死亡。

最后，面对越来越多的科学数据和科学家的反对意见，普强公司不得不召开特别董事会。结果董事会不仅决定继续销售帕纳巴，而且决定积极采取法律手段，尽量延长药品的销售时间。

宾夕法尼亚大学沃顿商学院管理学教授阿姆斯特朗注意到这个案例。在他的课堂上请学生们进行案例分析，并让他们进行选择。结果，不论他采取何种方式，只要在“董事会”没有外来人员的情况下，总有3/4左右的“董事会”成员选择“尽全力销售帕拉巴”，令他十分震惊。但是当“董事会”里加入了公众代表、股东代表和供应商代表之后，只有不到1/4的人作出上述选择。

公共选择理论的主要假设是经济人假设，它的含义是指人都是理性的自利主义者，即人们会在约束条件下使自身利益最大化。公共选择就是将经济学用来研究政治，也就是如何把个人偏好转化为公共偏好的问题。

大致来说，公共选择是这样一种理论：其研究对象为集体的非市场决策过程；其使用的研究工具和方法为经济学的工具和方法，尤其是价格理论；它把政治舞台理解为市场，把选民、官僚和政客视为经济市场中的博弈者，把选票看成是货币。公共选择讨论的是政治市场中的经济人行为。政治市场中的经济人可以细分为三类：

1. 选民：他们手中的选票相当于经济市场中消费者手中的货币。

2. 政客：是靠选民而生活的人。

3. 官僚：作为政策的职业执行者的经济人。

有4位律师在争论某个犯人是有罪还是无罪，甲、乙、丙3位律师说犯人有罪、丁律师说犯人无罪。

丁律师一人吵不过甲、乙、丙3位律师，所以他说：“上帝会主持公理！如果现在打了雷，那就是上帝支持我！”

此时，突然打了一个雷。

丁律师说：“哈！我是对的！”

但甲、乙、丙3位律师说这只是自然现象。

丁律师又说：“如果现在又打了雷，那就是上帝真的支持我！”

此时，突然又打了一个雷。

但甲、乙、丙3位律师还是说这只是自然现象。

丁律师再说：“上帝啊，请你告诉他们我是对的。”

这时天上传来一个声音说：“丁是对的！”

甲、乙、丙3位律师惊讶地说不出话来，等他们回过神。甲律师说：“好吧！上帝是站在你那边，现在是3 ：2！根据少数服从多数，我们赢了！”

呵呵！气死“丁”不偿命的“少数服从多数”。这也是我们一般在在民主制度下，表达自己意见的多数方式。执行方式就是投票。一般而言，投票有两种：一是全体一致规则，这种规则可以保护每一位成员的利益，但决策成本太高，可执行性不高。二是少数服从多数，它降低了决策成本，因而被广泛应用，但也存在一些外部性成本。

有3个投票者甲、乙、丙，就A、B、C3个公共决策方案进行投票，结果如下：

	甲	乙	丙
第一选择	A	B	C
第二选择	B	C	A
第三选择	C	A	B

首先，我们只答应投票者分别投一票，结果就是一个方案一票，没有解，即没有结果。这表明投票者虽然各有各的偏好次序，但没有集体偏好次序，因为结果是这3个投票者构成的社会认为方案都差不多，没有什么差别。3个解都是可以的，没有任何差别。

其次，假如我们进行两两投票，先在A与B之间进行投票，发现A比B好；然后在B与

C之间投票，发现B比C好；最后在C与A之间投票，发现C比A好。

再其次，我们进行两两投票，先在A与B之间进行投票，结果是A优于B取A，然后再在A与C之间进行投票，结果是C优于A，取C。然后我们重新开始，先在B与C之间进行投票，选B。再在B与A之间投票，结果选A。

最后，我们再重新开始，在C与A之间投票，选C。再在C与B之间投票，结果就是C。

可见，在特定情况下，选择的结果是不确定的。由于选择次序不同，任何方案均可能成为最后的结果。只要该方案能够在第一轮投票时，不进入投票程序，而只在第二轮投票时才进入投票程序，它就会成为最后优胜方案。这说明，投票结果并不决定于社会对方案的真正偏好，而是决定于社会投票的次序。次序决定结果，这显然不符投票制度的初旨。

由这个例子可以知道，投票结果与投票顺序无关，即少数服从多数的原则并不是有效的。明白了这一点，人们会在投票之前选择对自己有利的投票顺序。于是许多场合下，人们就会表决程序而争执不下。

一般来说，公共选择的两大基本问题是集体行动和偏好加总问题。由于不管是集体行动还是偏好加总都取决于规则，因此规则才是最根本的。公共选择理论的最终目的就是寻找一种规则，使理性的经济人在自利的同时也造福社会。

在某些情况下，人们可能投票选择大多数人最不喜欢的方案。比如有一个7人委员会，成员中有2个左派、2个中派、3个右派，他们的表决如下所示：

	左派		中派		右派		
	1	2	3	4	5	6	7
最佳选择	左	左	中	中	右	右	右
次佳选择	中	中	左	左	中	中	中
最次选择	右	右	右	右	左	左	左

根据简单多数规则，有3个人赞成右方案，构成了简单多数，所以右方案成为入选的公共决策。再仔细看可以得知，右方案是左派和中派最不喜欢的方案。在这里，大多数人最不喜欢的方案被选中了，这种结果使得大多数人受到了损害。

由此可见，尽管少数服从多数的原则被人们在各种场合运用，但也不能盲目崇拜，否则也会产生有害的效果，甚至会动摇人们对于“民主”的信心。

为什么农民工悬赏讨薪良策

一个来自重庆的农民工班组长，带领农民工到位于四川遂宁的一个工地打工。由于种种原因，最终导致农民工们拿不到足额的血汗钱。如何才能拿到血汗钱？

几个农民工实在想不出好办法，便集资了3000元钱赏金，到《天涯社区》天涯论坛天涯杂谈、《四川新闻网》麻辣社区网友爆料等论坛中，发帖征集讨薪良方。

该帖子的大概内容是：他们为拿到欠薪，用了许多办法都没有效果……所以邀请网友为他们出谋划策，想出一个讨薪良方。如方法管用，他们将给予3000元的答谢……悬赏的额度尽管十分有限，但这3000元钱还是他们在农民工中募集的。“我也想无赖”还在帖子中说明了“讨薪良方”的标准：新颖独特，不违法、不犯罪，尽量做到文明讨薪，不搞跳楼，不去上访。

或许为了向网友说明“悬赏征集讨薪良方”并非恶作剧，“我也想无赖”还在帖子上公布了他的电话号码，“有什么好的主意，请给我打电话或发短信！”

“我也想无赖”是个农民工。2007年，他组织了数十个农民工到位于遂宁的一个工地上打工，目前还有20多万元工钱没拿到。

“我们有老婆娃儿，我们不想跳楼讨薪，更不想采取其他不合法的手段，因为家人还在指望我们呢。所以我发这个帖子，希望网友给我找个讨薪良方。”“我发这个帖子，还不敢公布出欠薪公司的名字，是因为我还有求于他们！”他说。

这个帖子，引来网友热顶，跟帖不断。许多网友对农民工寄予了莫大的同情。农民工讨薪难的终端就是政府不作为。欠薪主体是重庆某公司也好，遂宁某开发公司也好，他们再强横、再无赖、再刁难，也不敢越过政府部门。如果有关政府部门真为农民工权益着想，对民工讨薪积极作为，还会有民工讨薪难的新闻吗?

广西贵港市数十个农民工，爬上该市最高楼盘欲跳楼讨薪。情绪激动的农民工，还挂出“最苦农民工、最累购房人、最黑开发商”、“还我血汗钱”等横幅声讨开发商。两女子进入大厦时称：“有本事就跳下来，最好一了百了。”

收入低，而往往要讨，且往往讨而无获。农民工的收入偏低，这是不争的事实。而因多方面原因，在建筑、水利、交通、市政等建设项目中，欠薪问题似乎愈见严重。由于一些地方政府是实际上的最大欠薪户、劳动等相关部门不作为或者力不从心、黑恶势力介入，加大了讨薪难度，农民工往往讨而无获、洒泪而归。

背起行囊，辞别亲友，到异地打工。或者为谋生而来，或者为创业而来，或者为支持国家建设而来，或者为城市良好的教育机会、博大的发展空间、优越的社会保障而来等。做城市人享受城市美妙的一切，是农民工共同的梦想。然而，背井离乡、辞别故乡的温馨祥和，最不怕苦的农民兄弟在自己亲手建起来的楼盘顶上，以跳楼之生死一搏试图来讨回血汗钱。

从攻击式讨薪到自残式讨薪，再到网络悬赏讨薪，其背后是社会制度没有有效保障农民工的权利。如果有制度的保障，农民工的工资就会得到制度的保障。现在一些地方政府试行一旦工厂或者老板欠薪，由地方政府负责偿还工资的办法。但农民工的工资、医疗、工伤等保障，还依赖于社会制度的完善。

有一位包工头每年年关，都要“消失”一段时间，然后等到除夕夜才出现。他之所以玩“消失”，就是为了逃避农民工讨工资。

但在这年年关，却不见他开车，而是打的。他自己的车子呢？原来卖掉了。一问原因才知道，年关到了，该收的钱没有收进来，而要付的农民工工资却一分不能少，他不得已才典当了车子。

要追究这个中缘由，是因为政府出台了一项制度，只要拖欠农民工工资的包工头，下一年一概不再承包给他们工程。而这位包工头的主要服务对象就是政府部门组织的多项建设。他思前想后，没辙了，只得卖了车子，先付了农民工工资再说。

包工头本来也不想给农民工发工资，但制度的约束力和威慑力摆在面前，他的最佳选择只有：发放农民工工资。其实，我们行为准则还有许多需要硬性制度约束。如危害自己和他人健康的公共场所吸烟现象；校园和医院的“大嗓门”现象；公交车上面对病人、老人不让座现象；病危病人来不及交费，医生见死不救现象……硬性的制度是维护社会道德氛围的最好武器，人们会在制度面前做出自身利益最大化的选择。

一套规章制度只要出台，就应遵守“热炉法则”，既能给人以警示作用，又能使犯规者得到应有的惩戒。如果不讲“法制”只讲“人制”，规章制度的权威性就会受到质疑和贬低。在执行规章制度方面必须从严，这样才能体现规章制度的严肃性，才能使他人引以为戒。

制度不是贴在墙上的一纸空文，而是实事求是的一把尺子。我们应该认识到：制度是基础，是建立软性约束的坚定磐石，处于不可替代的重要位置。

为什么高税收是强盗逻辑

2006 年 4 月，中国对消费税的税目、税率及相关政策进行了大幅度的调整。具体内容包括：调整小汽车、摩托车等税目的税率；新增高尔夫球、高档手表、游艇、木制一次性筷子、实木地板等税目；取消“护肤护发品”税目等。

这次对消费税进行调整有一个很明显的目的，那就是对奢侈品进行征税。奢侈品的使用者是通常意义上的富人。曾有统计数据显示，占中国人口20%的富人，上缴的个人所得税还不到国家个人所得税收入的10%。而对奢侈品征税，也就意味着富人要为自己的奢侈性消费支付更多税收。如此一来，可以更好地进行财富的再次分配，实现“社会公平，缩小贫富差距。”

然而，增收奢侈品税是否真能实现“劫富济贫”呢？

征收奢侈品税的前提是，有人消费了这些产品。而且，必须考虑到“税收归宿”，即由谁最终税收负担的问题。依照经济学理论，无论向谁征税，最终都是由生产者与消费者共同分担的。奢侈品税看起来是向“富人”征收，但最终受到伤害的很可能是“穷人”。

因为当某些商品与服务由于征收消费税而提高价格时，富裕群体可能选择其他消费行为来替代。这样做的结果是，税收实际上最终落到了生产者身上，某些行业的工人可能会面临失业困境。

比如在1990年，美国国会曾决定对豪华汽车、私人飞机、珠宝、皮草、游艇等高档消费品征税，其目的是让消费这些物品的富人交税，以帮助穷人。表面看来，这是向富人征税的一种合理方式。但实施效果与国会期望的完全不同，反对者并不是富人，而是生产这些奢侈品的企业与工人，其中绝大部分是这项税所要帮助的低收入者。

奢侈品与生活必需品有着本质的区别。奢侈品的消费需求是极富弹性的，它不像食物和水这类很少能被其他产品替代的消费品。一旦国家要对消费豪华游艇等奢侈品征税，富人的理性经济行为就会苏醒。他们可以避开豪华汽车和游艇，转而进行其他无须纳税的消费行为。

由于税务负担总是由生产者和消费者共同承担，当税收导致奢侈品的消费者减少，势必会影响到此类产品的生产者。这些生产者不仅仅是某个厂商或者企业主，还包括每一个从业者。游艇和豪华汽车的生产模式相对稳定，当市场需求减少时，企业主不会轻易转型，而要想摆脱企业的困境，降低生产成本势在必行。裁员便成为企业主的首选，而生产这些奢侈品的工人就因为奢侈品税而失业。

美国政府原打算从富人腰包里掏钱，最终却害了“穷人”，这是美国政府在增收奢侈品税时面临的最大窘境。奢侈品税降低了富人在国内的奢侈性消费，结果，税收额没有大幅增加，税收的负担，也更多地落在了制造奢侈品的企业和生产者身上。面对尴尬境遇，美国国会不得不于1993年废除了大部分奢侈品税。

美国国会的政策，没有充分考虑“税收归宿”问题。而税收在生产者与消费者之间的分摊与“弹性”相关。美国经济学家格里高利·曼昆在其《经济学原理》中曾有个这样的解释：“当对一种商品征税时，这种税收由生产者承担还是由消费者承担，主要取决于该商品的需求弹性与供给弹性。”

需求弹性，是某种物品价格变动时所引起的需求量变动程度。一般商品又分为需求富有弹性与需求缺乏弹性两类。需求越富有弹性，说明消费者对这种商品的依赖性越弱，当价格由于税收而上升时，需求量大幅度减少，税收主要由生产者承担。同样，供给弹性，也分为供给富有弹性与供给缺乏弹性两种情况。供给越缺乏弹性，说明生产者改变产量的可能性越小，即使价格大幅度变动，产量变动也很有限。因此，税收依然由生产者承担。

总之，一种商品需求越富有弹性而供给越缺乏弹性，税收就主要由生产者承担；需求越缺乏弹性而供给越富有弹性，税收就主要由消费者承担。

而在中国，如高尔夫球、高档手表等，正属于需求富有弹性而供给缺乏弹性的消费服务。这类商品并非生活必需品，而且替代品很多。当这类商品由于税收而提高价格时，富人可以选择通过国外旅游等同样高档的消费来替代。

生产这些奢侈品的企业，不仅要承受“转嫁”而来的奢侈品税收，还面临因需求减少而不得不减少生产、降低价格的窘境。这就使得这类企业生产经营困难，不得不解雇员工。行业所有者利润减少，工人收入则减少。本来这些行业的工人大多属于财政税收政策要帮助的对象，结果却不得不为奢侈品税收买单。

印尼政府和国会在有关机车累进税的地方税收问题上开始达成一致，即拥有多车民众现在必须缴付更多车税。一辆私人汽车或摩托车的征税价目是1%至2%，两辆以上者将课以

2%至10%累进税。

地方税和地方服务税法令草案特别小组组长哈利（Harri Azhar Azis）披露，地方政府通过地方条例将根据地方税和地方服务税法令草案定下的价目方案决定最新的价目。如此第一辆车纳税为1%至2%，第二辆往后以此类推的最大纳税价目是10%。课税是依据相同名下或住址，汽缸容量和车辆使用龄。累进税征收除为节省燃油消费之外，也能增加政府税收。

不过公共汽车、救护车、消防车、宗教社会公益车、中央/地方政府用车、国军/警察用皆免课累进税，上述车类课税仅0.5%～1%。至于私人机车燃油税和泊车税价目，将在特别小组接续召开的会议上讨论。

目前提议的私人机车燃油税最高价目是10%，较高于此前提议的5%。公共汽车燃油税价目比私人机车低50%。泊车税价目最高30%，有关泊车费最高限价将通过地方条例决定。

累进税纳税人的负担程度和负税能力成正比，具有公平负担的优点。从其负效应来看，累进程度太大，又会导致奖勤罚懒，不利于鼓励人们工作。

以交换税为理论依据而主张实行累进税制的观点认为，所得和财富多的人，其享受国家保护和国家提供的各种服务的利益，比所得和财富少的人要多，因而就应多纳税。只有采用累进税，才能达到这一目的。这种观点符合受益多多纳税、受益少少纳税的税赋公平原则。但这种观点存在的问题是，每个人的各种收入和所拥有的财产中究竟各享受了多少国家提供的利益，往往是无法确定的，从而累进税也难以设计。因此，多数学者主张实行比例税或者以能力税为依据实行累进税。

为什么对拥挤的高速公路收费是拙劣的政策

有这样一道“笑话”题：世界上最长的车是什么车？我答：是火车。他说：不对，是堵车。公路堵车的问题由来已久、愈演愈烈，老百姓的生活已经遭受到严重影响。“公路有多长，拥堵车辆就有多长”，“270千米有10来个各式各样的站点”，读着一串串触目惊心的文字，心也开始“堵”了。

从10月7日起，连通陕西省神木县和山西省兴县的神（木）盘（塘）公路发生严重堵车，最多时被堵车辆超过2000辆，绵延近50千米，过往司机苦不堪言。虽然在媒体的关注下，有关部门迅速采取措施进行疏导，并最终恢复了这条道路的畅通，但陕晋交界频繁发生的堵车事件，折射出的问题不得不令人深思。到底是什么原因导致了如此严重的堵车现象？

神盘公路全长近60千米，横跨陕西、山西两省，于2002年建成通车，作为一条煤炭出境专用公路，是西北地区连接华北、华东的交通要道。

据了解，从2009年9月起，连通陕西省神木县和山西省兴县的神（木）盘（塘）公路就经常发生堵车，只有60千米的路段少则车辆拥堵十几千米，多则四五十千米，司机通过这一路段需要2天至3天甚至更长时间。

神木县交警大队大队长毛永东说，由于运煤车辆剧增、路况较差、超限站设置不合理等原因，导致了神盘公路的长时间堵车。堵车发生后，神木县交警部门立即增加了40多名警力，24小时巡逻疏导被堵车辆，力争尽早恢复交通。

重要原因，就是陕西、山西两省在这条路上都设有收费、煤检、治超等站点，站点对车辆的收费和检查客观上造成了车辆运行速度缓慢。山西省交通部的领导却认为这条公路之所以堵车就在于免费，所以说核心在于将来要把这条公路改造成一级公路来解决。

为什么司机们不愿意绕路？因为3条绕行的路段，要么交通状况非常糟糕，要么通行费用非常高，有的通行费用要贵1000块钱，这对于一个大货车的司机来说，费用相当沉重。与其在别的路段上花这么多钱，还不如在这个路段上堵，堵一天的时间也合算。所以，堵与不堵，其实还是收费与不收费的博弈。像神盘公路原先是二级公路，在燃油税改革之后就开始不收费了。那与周边其他还在收费的公路相比，这条公路就变得很堵，这是一个非常正常的情况。这个情况也不会是个案。在我们国家其他地方，随着二级公路逐渐开始取消收费，很多公路可能陆陆续续都会出现这种堵塞的情况，只不过陕西的情况会比较集中。

解决堵车难题的关键还是要扩大免费公路的里程。免费公路是政府投资来兴建的公路。前些年我们国家没有钱，所以很多高速公路，甚至包括很多低等级公路，都采取贷款修路、收费还贷的方式来修路，这也就导致了全国到处都是检查站、收费站的情况。

中国有世界上最长的收费公路。每年公路部门收取的天文数字般的路桥费，除了一部分进入国库外，大部分作为福利基本被内部所消耗。这有审计部门的审计为证。此点且不说，各地关卡林立所导致的公路运输效率的损失折算成财富的话，也非常庞大。然而，多年来，取消路桥费的吁求就是实现不了，一个冠冕堂皇的理由是：贷款修路，收费还贷。例如，兰州有关部门就声称，兰州前些年为了修路，先后向银行贷款 106.2 亿元，平均每年需偿还本息 22.05 亿元，如果取消路桥费，银行就会收回贷款。

从公共产品的一般定义看，公路显然属于不具有完全的非排他性和非竞争性的准公共产品。对这类产品，在许多环节是可以收费的。这样来看，政府的“贷款修路、收费还贷”政策就具有一种理论上的正当性。这也是地方政府理直气壮征收路桥费的根本原因。

尽管对于准公共产品，政府可以收费，但是，政府的角色应该是提供者或安排者而不应该是生产者。然而，我国收费公路的投资、建设、管理和运营，目前仍是“四位一体”，即投资者不仅负责投资，还负责公路的建设，公路建成后，又自己运营管理，“坐地收银”。这种投、建、管、用不分的体制，不仅带来大量的工程腐败，而且无论修路花去多少钱，最后都由消费者通过“车辆通行费”全部“买单”，实际上不承担任何风险。

不仅如此，它还导致以下一些弊端。例如，公路未使用贷款或贷款已还清，但仍收费；在国家明文禁止收费的三级公路上收费；采用“一站多点”的办法，异地设置收费站；未建公路先收费或边建边收；擅自提高收费标准或者违规流转公路经营权，隐蔽分肥；像邯郸那样，“特权车”和“人情车”泛滥，等等。

收费站比服务站多，过路费比燃油费贵，是很多长途车主的普遍感受。而更让人郁闷的是，不少收费站收费时限绵绵无期，收费站旁的“公示牌”形如摆设，任意延长期限的例子比比皆是。所以，首都即将在 10 月 1 日起施行新条例公布后，如一石激起千层浪，迅速引起境内外媒体热议。虽然有人叫好，有人质疑，但几乎所有人都承认一个事实：中国公路收费已让民众不堪重负。

“在中国大陆，收费公路比世界上任何国家都要多，众多司机不得不尝试各种办法躲开那些收费站。”《纽约时报》甚至用“狂热”来形容中国的收费公路建设。

“收费公路成了聚宝盆，一旦征收开始，谁都想喝点汤。”经常跑长途运输的货车司机林彦庆告诉《国际先驱导报》，自己在南方很多县乡之间，经常遇见不足百公里的路段横亘着三四个收费站的情况。

根据公开的资料显示，全世界收费公路不过 14 万千米，竟有 10 万千米在中国！

美国号称“汽车上的王国”，除了拥有 2 亿多的汽车保有量外，还有遍布全国四通八达且收费超级便宜的高速公路。据美国公路管理局的官方数字，2003 年美国高速公路总里程为 9 万多千米，而其中收费里程仅为 7 800 多千米，约占总里程的 8.8%。 在美国高速公路上开车一般很少看见收费站，即使偶尔遇到一些，费用也是非常便宜。一次记者驾车从贯穿新泽西州南北的新泽西收费高速公路上行使了大约 167 千米，2 个小时的车程下来，最后只付了 4.25 美元的过路费。

收费之所以便宜，主要原因在于，已经建成的高速公路资金来源基本上是联邦政府的税收，州政府仅通过对一些年久失修的“老字辈”高速公路收费以用于维护和保养。根据 1956 年通过的《联邦资助公路法案》，美国州际高速公路由联邦政府和州政府按照 9 ： 1 的比例出资。当时的美国政府认为，如果公路收费，势必会给行车带来诸多不便，这违背了高速公路的意义。

不仅如此，为了让汽车真正实现“飞速”行驶，美国高速公路还不设交通控制灯，同时尽量减少收费站数目。这样，发达的路网和完善的设施，再加上便宜的收费，促使更多的人习惯驾车出门，提高了运输效率，扩大了资源和商品流通，在很大程度上促进了美国经济的发展。

为什么同命不同价

《中国青年报》曾经报道了重庆市江北区某中学的3名花季少女，搭乘同一辆三轮车，在同一条街，遭遇车祸丧生，3个家庭遭受了同样的悲痛。然而，遭遇同一车祸的2个城市户口女孩都得到20多万元赔偿；农村户口的女孩却只得到5万多元的赔偿，不及城市户口的同学的一半。

很多人发出这样的质疑：3名少女同遭车祸，为何赔偿不同？不是说人人平等吗？法律为什么不一视同仁地对待死亡？

类似的案件及相关的新闻报道，经常可以在报纸和网络上看到。媒体反映的舆论也高度地一致，齐声讨伐这种由于现行户籍制度差别，所导致的所谓“同命不同价”的现象。

如果从法律经济学的视角观察，应该如何看待这一类“同命不同价”的问题？在上述相关案例中，死者家属所获得的金钱赔偿，是否等同于死者生命的经济学意义上的“价格”呢？

经济学意义上的“价格”，是资源、产品、劳务等本身的货币所值，是通过供求关系来衡量与确定的。简单地说，商品的价格发生在市场交易中，可以由买卖双方在实际购买前进行估价乃至讨价还价。但是，在意外事故如交通事故导致的死亡案件中，经济学意义上的交易根本不存在。而且因意外导致的人身侵害，皆在双方意料之外，不可能事先估价或讨价还价。另一个客观原因是，法律绝不允许任何人在事先对他人的生命进行估价及交易的。

由此可以得出，因意外事故的金钱赔偿并非死者生命的“价格”，那它到底是什么呢？

假定案例中死者的家属在各自所获得的赔偿中均不包括相关的精神损失方面的赔偿。从经济学的有关成本和收益的角度来观察，在文章开头的案例中，3名死者均为未成年人，在家庭中均属于被抚养者。因此，3名死者的家属所获得的赔偿，事实上是按照成本原则来计算的，即死者的家庭，为孩子的成长所支付的一切费用之和。

大连曾发生过这样一起车祸。在2006年10月9日下午4点左右，王亮驾驶平安运输公司的大货运车由北向南行驶，因旅途疲劳，在途经规划路路口时违法闯红灯，与由东向西由李水驾驶的轿车相撞，导致李水重伤，后因抢救无效死亡，年仅39岁。交警大队经勘察，最终作出《事故认定书》，认定王亮对这起交通事故负全部的责任，李水无责任。

经查实，李水系农村户口，其从2001年4月份起，就在大连经商，在某建材市场从事木材、涂料的批发业务。因李水是农村户口，到底应按农村居民还是城镇居民的标准进行赔偿，平安运输公司和李水的亲属发生了严重分歧。平安运输公司认为既然李水是农村户口，身份是农民，就自然应按照农村居民标准进行计算；但李水的亲属却认为，从2001年起李水就在城市经商，城市已经成为死者李水的经常居住地，因此，死亡赔偿金等应该按照城镇居民的标准进行确定。

根据《民法通则》的规定：“经常居住地与住所地不一致的，以经常居住地视为住所地。”因此，李水应该是大连市甘井子区的城镇居民，对其赔偿也应按照城镇标准进行。

这个案例中的死者为具备劳动能力的成年人，能够通过工作获得相应的报酬。因此，死者家属所获得的赔偿，事实上是按照收益原则来计算的，即赔偿金额的确定，是以死者在正常情况下有生之年，所可能从事的工作及相应可以获得的预期收入为依据。

如果将死者家属所获得的赔偿从经济学的角度来理解，即金钱赔偿，赔偿的是与死者生命有关的抚养成本和劳动收益，并不是死者生命的“价格”，人们对所谓的“同命不同价”现象就可以从一个更为合理和客观的角度来冷静地看待了。

换句话说，不同家庭对孩子的抚养成本不一样，成人的劳动能力及所得收益也不一样，死者的家属所获得的赔偿金额也理应不一样。所以，按照抚养成本和劳动收益的计算原则来确定死者的家属所获赔偿金额的多少是最公平的原则。当然，以死者的户口为标准来划分不同的家庭，并直接据此计算与死者有关的抚养成本和劳动收益，确实存在着种种严重的不合理之处。就像文章开头案例中的农村户口的女孩的父母指出的：“女儿10多年来一直生活在城里，一直和城里娃一起上学，为什么她读书时不因为她是农村户口而少收学费？为什么她购物时必须支付完全一样的价格？”但是，这种不合理与死者的生命“价格”毫无关系，只能说明以户口为标准的划分方式不合理而已。

第九编

人民币和美元，谁动了谁的奶酪：金融战争中的经济学诡计

- 货币具有神秘魔法：为什么美国能玩转世界
- 次贷危机：谁来为消失的财富买单
- V 型思维：中国的危机还是机遇

第一章
货币具有神秘魔法：为什么美国能玩转世界

为什么钱不是个好东西

魏晋时期有一位重臣王衍，字夷甫。王夷甫是“竹林七贤”之一王戎的胞弟，和王戎一样是闻名的风流名士，为人清高，从不说及“钱”字。他为官清廉，视钱为堕落肮脏的化身，从来不碰。一日，他的妻子想试一试他，就把铜钱串起来在他的床边绕了一圈。王夷甫醒来，无法下床，便大声呼叫婢女：“快拿开阿堵物！”“阿堵物”，是当时人们的口语，意思是“这个东西”。由于王衍的这个典故，从此，“阿堵物”成了“钱”的别名，并且带有轻蔑的意味。

“钱”，实际上就是货币的俗称。世人对它褒贬不一，有人把它与宝贵的时间相提并论——时间就是金钱；也有人视它为粪土，大骂它是人类灵魂的迷药。那么，钱到底是个什么东西呢？

了解金融，首先要了解货币。货币是开启金融学的一把钥匙。虽然我们每天都要与货币打交道，但真正了解它的人并不多。比如说，你能想象随处可见的玉米曾经是叱咤风云的“钱”吗？从历史上说，人类的货币经历了实物货币、金属货币、信用货币的演变。除了玉米，贝壳、布帛、可可豆、鲸鱼牙等都曾经被当做货币使用。

是什么让货币这么神奇？似乎什么东西都可以拿来充当货币。而事实又是怎样的呢？

在历史上的不同地区，也曾有过不同的商品被充当过货币，后来就逐渐过渡为金银等贵金属。而随着商品生产的发展和交换的扩大，金银等贵金属的供应，越来越不能满足人们对货币日益增长的需求，所以后来又出现了纸币，以弥补流通手段的不足。到20世纪时，金银等贵金属货币渐渐地退出了货币舞台，纸币和银行支票，成为各国主要的流通手段和支付手段。这里所说的“纸币”当然是指不能兑换金属的不兑现纸币。

那么，世界上有那么多的货币，我们使用的又是哪一个币种呢？

通常情况下，一个国家只使用一种纸币，并由中央银行发行和控制。不过也有多个国家使用同一种货币的。如欧盟国家普遍使用欧元，欧元是在欧洲联盟内部自由流通的等值货币。另外，一个国家也可以选择别国的货币作为法定流通货币，如巴拿马就选择美元作为法定货币。而在英国，在不同的自治体还可发行不同版的货币，如英格兰、苏格兰或甚至偏远离岛的泽西岛、根西岛，都拥有各自发行的不同版本的英镑，并且可以在英国境内的所有地区交易。但是只有英格兰英镑才是国际社会唯一承认的交易货币，其他版本的英镑在英国境外也可能会被拒绝收受。

而我们所说的这些英镑、法郎等，其实只是货币的一个币种。要想了解金融在经济活动中所起的作用，货币的本质才是我们最需要了解的东西。因为哈伯特曾有一句名言："在一万人中只有一人懂得通货问题，而我们每天都碰到它。"而这个"它"指的就是货币。货币貌似简单，实际上却很复杂。

为什么钱也不值钱了

19世纪中叶英国有一位议员格莱顿曾经说过这样一句话，就是："在研究货币本质中受到欺骗的人，比谈恋爱受欺骗的人还要多。"真的是这个样子。直到今天不论是马克思也好，西方经济学的学者们也好，关于货币的本质仍然存在大量的争论。

货币就是钱，由各国的中央银行发行，政府以法律形式保证它在市场上流通。宏观经济学中所说的货币，要比日常生活中的"钱"，更具有广义的概念。

货币的购买力不是一成不变的，同一货币在不同时期的购买力不尽相同。"钱"也有不值钱的时候。比如20年前，你可能花5元就能看上一场电影，但现在不行了，你得花上50元。有人感叹，10年前100元钱放在兜里，非常神气，出去应酬朋友，逛街购物，都应付有余，底气十足。而现在出门，哪怕是几百元揣在囊中，仍感羞涩。三下五除二，钱就无情地到了商家的口袋了。相比之下，今天的钱已经没有过去那么值钱了。这是历史的比较。

纸币出现的另一个深层次的原因是由此建立的法定货币体制彻底摆脱了黄金和白银对货币总量的制约。这使得当局对货币的控制更加有弹性，更加灵活。这样政府就可以无限制地增加货币供应，来获得政府收益。当然，由此引发的通货膨胀问题，也逐渐被引导到经济学研究的重要课题上。

其实严格来说，纸币并不是货币，因为货币是从商品中分离出来的、固定充当一般等价物的商品。纸币由于没有价值，不是商品，所以也就不是货币。

纸币的发行量由国家决定，但国家不能决定纸币的实际价值。在我国，人民币是法定货币，由政府授权中国人民银行发行。

在第一次世界大战后的德国，有一个小偷去别人家里偷东西，看见一个筐里边装满了钱，他把钱倒了出来，只把筐拿走了。

1923年在德国的街头上，一些儿童用大捆大捆的纸币玩堆积木的游戏；一位正在煮饭的家庭妇女，她烧的不是煤，而是本应该用来买煤的纸币……你肯定感到难以置信。但事实确实如此——当时的德国，正在经历人类历史上最疯狂的通货膨胀，货币贬值到了今天看来几乎无法相信的程度：年初1马克还能换2.38美元，到了夏天1美元能换4万亿马克！一份报纸从0.3马克涨到7000万马克！

当时的德国人民经受了可怕的梦魇。工人和教师一领到工资，就要以百米冲刺的速度冲到商店购买面包和黄油，跑得慢一点，面包和黄油的价格就会上涨一大截。因为物价上涨的速度实在是太疯狂了。老人们积攒了一辈子的积蓄，顷刻间化为乌有。工人罢工、农民罢产，在这样巨大的经济危机之中，德国人民遭受了极大的苦难。没有工作、没有粮食，走投无路。德国人民对外国帝国主义、对本国政府极为不满。德国各地，斗争、骚乱不断发生。德国处于严重的动荡之中。

钱也不值钱了，这就是传说中的"通货膨胀"。在宏观经济学中，因货币供给大于货币实际需求，而引起的一段时间内物价持续而普遍地上涨现象。

通货膨胀只有在纸币流通的条件下才会出现，在金银货币流通的条件下不会出现。因为金银货币本身具有价值，作为贮藏手段的职能，可以自发地调节流通中的货币量，使它同商品流通所需要的货币量相适应。而在纸币流通的条件下，因为纸币本身不具有价值，它只是代表金银货币的符号，不能作为贮藏手段。因此，纸币的发行量如果超过了商品流通所需要的数量，就会贬值。

可以说，通货膨胀和货币是紧紧联系在一起的。诺贝尔经济学奖得主米尔顿·弗里德曼曾有一个著名的论断："无论何时何地，通货膨胀无一例外都是货币现象。"

事实上，从历史经验我们可以看出，货币供给增长率与通货膨胀之间存在着正相关关系：高通货膨胀率的国家往往有很高的货币增长率。例如，白俄罗斯、巴西、罗马尼亚等国在1992年到2002年都出现了较严重的通货膨胀，而它们的货币增长率同样很高。反之，英国和美国同期的通货膨胀率和货币增长率都较低。

为什么钱只是虚拟富贵

钱不过一张印得花花绿绿的纸片，可它为什么能够代表巨额财富？并让无数人为这些纸片如痴如狂？

为此，经济学家们解释到，货币本身不具有价值，它不过是一种“价值符号”，一种“交换价值”，一种价值的“象征”和计算标准。因为人们的交换活动越来越复杂、越来越频繁，早期人类社会的“物物交换”就变得十分不方便。于是，人们发明了货币。开始，它是一些珍贵、美丽、人们都承认的东西，比如贝壳、石块、金属等。渐渐的，人们又把金、银、铜等金属铸成规范的、便于称量计算的形状，主要是圆形的薄币。

再后来，人们嫌金币、银币太沉重，索性换成了印有数字和图案的纸片——虽然纸不值钱，但人们需要的只是个价值的“凭证”而已。而在今天数字化的时代，钱，甚至是无形的、虚拟的。一张带有磁条的塑料卡片，就可以把很多信息输入电脑，完成一次交易。

这样来看，金钱和财富显然是两回事。金钱，本来是一个交易工具，它并不等同于我们吃的食物、穿的衣服、使用的种种商品，更不等于财富。但人们已经形成一个古老的习惯，把交易工具看成财富本身。就像亚当·斯密曾说过：“财富由钱币或金银构成这一普遍存在的观念，是自然而然地因货币有两重作用而产生的，一是作为交易的媒介，二是作为价值的尺度……想要富有，必须取得金钱。按照通俗的说法，财富和金钱，无论从哪一点看来，都是同义语。”

当代，对于货币问题最有权威性的经济大师、诺贝尔经济学奖得主、“货币主义”的代表人米尔顿·弗里德曼，把货币被为“一种虚构的东西”，而赋予这种东西价值的是人们的信念。在《货币的祸害》一书中，弗里德曼写道：“这些绿色的纸张（美元）之所以有价值，是因为每个人都认为这些纸张有价值。每个人都之所以认为这些纸张有价值，是经验告诉他们，这些纸张有价值……”也就是说，我们整个货币体制所依赖的是，人们都接受的但以某种观点来看只不过是一种虚构的东西。

这种人们对“虚构”的坚信，就极易在某种条件下造成通货膨胀。人们不到万不得已，不会放弃对金钱的信任。直到发生德国20世纪20年代那样的通货膨胀，才会出现“以货易货”的行为。

随着科学技术的发展，钱也变成了电子符号，成为真正的虚拟财富。

一大早到了办公室，小王就显得垂头丧气，早餐也没心思吃。原来，他的“魔兽”账号被盗后虽然要了回来，可里面的财产被洗劫一空，这已是他第二次被黑了。他还不知道，国内互联网虚拟货币市场规模已达数十亿元，而且还在以每年超过20%的速度增长。而网上盗号行为也如影相随。以腾讯公司为例，每年因网络盗窃损失的QQ号、Q币、网游装备等虚拟财产，总值就达近千万元。

近年来，随着计算机网络的发展，我国上网人数逐年递增，网络正在成为许多人生活中不可缺少的一部分。据估计，内地网络游戏爱好者达到数百万人，每天约有100万玩家同时在线玩网络游戏。越来越多的人把网络游戏当成了他们的最爱，网络游戏账号、装备和QQ号码、收费邮箱账号等，成为许多人的“虚拟财产”。

现在网络“虚拟财产”主要有两个来源：一个是玩家投入大量的时间、精力和金钱从游戏中获得。许多玩家耗费了大量的时间泡在游戏里，靠不停“修炼”提高自己的等级，获得自己心仪的武器，以达到在游戏中“叱咤风云”的目的。二是游戏玩家用现实中的货币购买。在许多游戏交易网站上，各类游戏装备都有明码标价，玩家们可以在线下交易。其他像QQ号码、电子邮箱账号、网络实名等，自从实现收费注册之后，也可以进行现实的货币交易。

有人认为，就本质而言，网络“虚拟财产”不过是存储在网络服务器中的各种数据和资料，而且完全是无形的。这种虚拟的财产，不能算是法律意义上的财产。因为玩游戏积累的装备和武器，没有任何经济意义，它就是用一种形式表现出来的一组数据，这些数据在电脑游戏这个软件里面运行的时候，可能是起到了某种作用，本身独立出来，没有任何意义。这里面的智力劳动是相对于整个游戏来看的，显然是属于游戏公司的网络制作者。

但是，我们应该看到，网络现在已经完全融入日常生活，人们可以通过网络进行商务、消费、创作等各种活动，产生的数据普遍被认为是有价值的。“韩国明确规定，网络游戏中的虚拟角色和虚拟物品独立于服务商而具有财产价值。服务商只是为玩家的这些财产提供一个存放的场所，而无权对其作任意的修改或删除。这种‘网财’的性质，与银行账号中的钱财并无本质区别。”越来越多的专家学者都开始认同“虚拟财产”存在其固有价值，应当受到现实的法律保护。

不过，也有人认为，如果虚拟财产与真实货币之间发生了交易行为，或者游戏厂商开列出了正式的虚拟物品交换的价值标准，那么这些虚拟财产就具有了现实性。“如果出现盗取，实际被盗者是损失了实际性质的财产，这就是侵犯财产权的问题了。我国早已有财产法，对类似事件作出了相关的规定。”

“虚拟财产”的获得，主要是通过个人劳动和财产投入而取得的。在游戏过程中，游戏参与者获得的“虚拟财产”，往往是通过数百小时乃至数千小时的时间和精力投入，以及个人智力投入来获取的。“虚拟财产”获得时所投入的劳动量，丝毫不比现实社会中真实财产所投入的劳动量小。同时，玩家在游戏过程中所消耗的数千小时的上网费也是不可忽视的。因此，“虚拟财产”的价值及其重要性，绝对不亚于实体世界里的真实财产。而像QQ号码、电子邮箱账号、网络实名等，自从实现收费注册之后，其实也具备了真实财产的性质。这些“虚拟财产”已经具备了商品的一般属性，寻求法律的保护是合情合理的。

为什么格林斯潘具有神奇的魔力

1987年10月19日，这一天对于华尔街的投资人来说是难忘的“黑色的星期一”。这一天的道琼斯指数，在3个小时内暴跌了22.6%，6.5小时内股票市值缩水5000多亿美元。当天，38名富豪告别了《福布斯》富豪榜。当时的亿万富翁亚瑟·凯恩在家中饮弹自尽。第二天早上，刚任美联储主席2个月的格林斯潘下令降低联邦基金利率，随后，市场长期利率也随之下降。经过几个月的调整，华尔街的投资者们逐步获得了投资回报和信心。美国有惊无险地度过了一场经济泡沫破裂的浩劫。格林斯潘由此挥舞着“利率”这根魔棒开始了他辉煌的传奇人生。

在格林斯潘导引下的美国经济经历过两次衰退、一次股市泡沫和一次历史上最长的增长期。最著名的是他用灵活的利率政策，创造了美国战后历史上最长的经济繁荣期。格林斯潘对经济运行进行调整的“油门”和“刹车”主要是利率，他几乎将通过改变利率对经济进行微调发挥到了极致。

1992 ~ 1995年，在美国经济一片向好的情形下，格林斯潘未雨绸缪，7次提高联邦利率，为经济适度降温。而1998年亚洲金融危机扩散到全球，格林斯潘又在10周内连续3次减息，创造了美国历史上最快的减息速度，稳定了经济。同样在2001年网络泡沫破灭、恐怖分子袭击美国后，格林斯潘在短短一年内将利率从6.5%降至1.75%，刺激经济增长。那些悲观论者曾经认为恐怖袭击后，美国经济不可避免地将出现负增长，但当年美国经济增长达到了3.5%。

这是所有人闻所未闻的奇迹。格林斯潘担任美联储主席的18年，美国经济持续增长，期间只被两次小规模的经济衰退打断；从1987年到1998年，更是创造了90多个月的战后经济连续增长的纪录；更重要的是，尽管失业率已经低至5.5%，通货膨胀依然被控制在3%以下。被传统经济理论认为不可能两全的低失业率和低通货膨胀竟然同时出现，美国出现了所谓“零通货膨胀型经济”。

英格兰银行行长默尔文·金曾用挽歌般的语调赞美这个人：“伟大的经济学家极其少见，这种人必须具备几种人的天赋，数学家、历史学家、政治家和哲学家，艾伦·格林斯潘正是这些天赋的化身。”

有学者说，格林斯潘在任时的货币政策受到各界一致好评，美国政府、美国老百姓、美国华尔街都说他是有史以来最伟大的中央银行家。2002 年，当他的声誉达到顶峰之时，他赴英国领受“爵士”封号。他最忠实的拥趸——现任英国首相戈登·布朗——曾证实，称格林斯潘得到这项嘉奖是因为他促进了“经济稳定”。

现在，所有国家都把利率作为宏观经济调控的重要工具之一。当经济过热、通货膨胀上升时，便提高利率、收紧信贷；当过热的经济和通货膨胀得到控制时，便会把利率适当地调低。因此，利率是重要的基本经济因素之一。

利率是经济学中一个重要的金融变量，几乎所有的金融现象、金融资产均与利率有着或多或少的联系。当前，世界各国频繁运用利率杠杆实施宏观调控，利率政策已成为各国中央银行调控货币供求，进而调控经济的主要手段，利率政策在中央银行货币政策中的地位越来越重要。合理的利率，对发挥社会信用和利率的经济杠杆作用有着重要的意义，而合理利率的计算方法是我们关心的问题。

中国央行领导人曾用“橘子是不能跟苹果相比的”形象比喻，来说明各个国家利率手段的内涵和定价机制不同。受金融危机的影响，2009 年西方很多国家和过去 10 年中的日本一样，开始实行零利率政策。西方各国对于中国实行零利率政策的呼声很高。这是为什么呢？

利率是货币供求关系的产物。增加货币投放量，市场上货币增多，供大于求，利率下降；反之减少货币投放量，市场上流通的货币减少，供不应求，利率提高。

利率政策是货币政策的重要组成部分。利率上调有助于吸收存款，抑制流动性，抑制投资热度，控制通货膨胀，稳定物价水平；利率下调有助于刺激贷款需求，刺激投资，拉动经济增长。

利率这个经济杠杆使用起来要考虑它的利弊，在什么时间、用什么幅度调整都是有规律的。

但随着美国金融危机的逐渐深化，打破了美联储前主席格林斯潘的“金融神话”。他所奉行的宽松货币政策，被越来越多的人视为当前金融危机的“罪魁祸首”。

格林斯潘在回答美国众议院监督委员会主席沃克斯曼的问题时表示，他从自己的思路中“发现了一个缺陷”。格林斯潘说：“当时我犯了一个错误，以为以自身利益为中心的各银行和其他企业有能力保护自己股东的利益和公司内部的公正性。”格林斯潘承认他遵循了 18 年的“自由资本主义”指导市场的信条出了问题，并为此道歉。他承认信贷危机“与我所能想象的任何情形相比，涉及面都要大得多”。

格林斯潘也为自己辩解：“纵观当时的情况，美联储作出的哪一次加息、减息不是必要的呢？”不过，格林斯潘在《华尔街日报》发表的文章中也承认，他任职期间实施的低利率政策可能助长了美国房价泡沫。但他却认为次贷危机的真正根源在于全球经济扩张，正是一段时期以来全球经济前所未有的高速增长导致投资者低估了风险。

世界银行高级副行长、首席经济学家林毅夫表示，金融危机之所以发展成为全球性经济危机，与美国政府没有很好处理 2001 年互联网泡沫破灭有关。“当时泡沫破裂美国经济就应该陷入衰退，但那次衰退很短。为什么那么短？因为是美联储用降息来刺激房地产经济。”他说。经过一年多加息，美联储又大幅度减息，基准利率从 3.5% 降低到过去近 50 年来的最低点 1%。他认为，由此造成美国房地产市场一度高度繁荣。“代价是房地产更大的泡沫，泡沫破灭以后就更难解决。”随着 2006 年年初美国房地产泡沫破裂，次贷危机逐步显现，并愈演愈烈，成为影响全球的金融危机。

批评者认为，格林斯潘当初奉行的低利率政策导致流动性过剩，正是当年颇有成效的宽松货币政策可能导致了房地产泡沫以及次贷危机的爆发。

正是格林斯潘主张低利率政策，美国从而大肆开动印钞机，源源不断地印钞票，从而给美国人造成有钱的假象，无节制的消费和信贷进而引发经济危机。

为什么热钱会成为战争

在1848年的美国政府中，专业的马戏团小丑丹·赖斯，在为扎卡里·泰勒竞选宣传时，使用了乐队花车的音乐来吸引民众注目。此举为泰勒的宣传取得了成功，越来越多的政客为求利益而投向了泰勒。到1900年，威廉·詹宁斯·布莱恩参选美国总统选举时，乐队花车已成为竞选不可或缺的一部分。由此学术界产生了一个术语：从众效应，又被称为“乐队花车效应”。

因为“从众效应”同样在平民中得到应验：在总统竞选时，参加游行的人们只要跳上了搭载乐队的花车，就能够轻松地享受游行中的音乐，又不用走路，因此，跳上花车就代表了“进入主流”。于是，越来越多的人跳上花车。这种效应在资本市场被称为“热钱羊群效应”，指的是一种典型的“套利投机性质”的“异常情况”：受“从众效应”影响，当购买一件商品的人数增加，人们对它的偏爱也会增加。这种关系会影响供求理论所解释的现象，因为供求理论假设消费者只会按照价格和自己的个人偏爱来买东西。比如在股票市场中，如果某一只股票有很多人在买，那么买的人就会越来越多。所以在证券交易市场中，“从众效应”可以使一支证券短时间内提升至一个不合理水平。而这些在短期内推动证券大幅上涨的资本，就是投机性短期资本，即热钱。

热钱，又称“游资”或叫“投机性短期资本”，为追求最高报酬，以最低风险而在国际金融市场上迅速流动的短期投机性资金。国际间短期资金的投机性移动主要是逃避政治风险，追求汇率变动、重要商品价格变动或国际有价证券价格变动的利益。而热钱即为追求汇率变动利益的投机性行为。当投机者预期某种通货的价格将下跌时，便出售该通货的远期外汇，以期在将来期满之后，可以较低的即期外汇买进而赚取此一汇兑差价的利益。由于此纯属买空卖空的投机行为，故与套汇不同。在外汇市场上，由于此种投机性资金常自有贬值倾向货币转换成有升值货币倾向的货币，增加了外汇市场的不稳定性。因此，只要预期的心理存在，唯有让升值的货币大幅波动或实行外汇管制，才能阻止这种投机性资金的流动。

热钱的可怕之处在于巨大的不确定性。热钱来无影去无踪，热钱的掌门人更是若隐若现、神出鬼没。无法确定它的规模和流进、流出的时间，因此也无法预先估量它所带来的冲击。热钱代表着一种“弱肉强食”的生活方式、一种“狼性”文化。为了保卫我们的财富，避免金融动荡，要始终对热钱保持高度警惕，又要阻塞热钱流入的渠道。

热钱进入渠道多达10余种，主要有以下4种：

其一，虚假贸易。在这一渠道中，国内的企业与国外的投资者可联手通过虚高报价、预收货款、伪造供货合同等方式，把境外的资金引入。

其二，增资扩股。即有的外商投资企业在原有注册资金基础上，以“扩大生产规模”、“增加投资项目”等理由申请增资，资金进来后实则游走他处套利；在结汇套利以后要撤出时，只需另寻借口撤销原项目合同。这样热钱的进出都很容易。

其三，货币流转与转换。市场有段顺口溜可说明这一热钱流入方式：“港币不可兑换，人民币可兑换，两地一流窜，一样可兑换。”国家外汇管理局在检查中发现，通过这样货币转换和跨地区操作的办法，也使得大量热钱“自由进出”。

其四，地下钱庄。地下钱庄是外资进出最为快捷的方式。很多地下钱庄运作是这样的：假设你在香港或者境外某地把钱打到当地某一个指定的账户，被确认后，内地的地下钱庄自然就会帮你开个户，把你的外币转成人民币了。根本就不需要有外币进来。

2009年以来，包括“金砖四国”在内的新兴市场股票出现大幅上涨。俄罗斯莫斯科时报指数自年初以来累计涨幅已经高达135%，在彭博社跟踪监测的全球89个股票市场中涨幅第一；从3月到10月，200多亿美元外资涌入巴西股市，将圣保罗股市的博维斯帕指数推高至

67239点，比年初上升了79%；而印度和中国股市目前累计涨幅也均超过了75%。而与之形成鲜明对比的是，覆盖20多个发达市场的MSCI世界指数自年初以来仅涨了约25%，美股涨幅不到14%。

此外，在彭博社跟踪的10种货币中，8种货币出现大幅升值，其中，涨幅靠前的依次为：印度尼西亚盾、韩元、印度卢比。

热钱的流入将造成一国资本项目顺差、外汇储备激增、本币大幅升值、流动性过剩以及资产市场行情火爆；而热钱流出则造成一国资本外逃（资本项目逆差）、外汇储备骤降、本币大幅贬值、流动性紧缩以及资产价格泡沫破灭等大难题。最令人不安的是热钱流动方向的突然逆转，通常会成为新兴市场国家金融危机的导火索。

近年来，人民币持续、渐进升值在一定程度上导致了“一边倒”的市场预期。在国内外升值舆论鼓噪下，“热钱”持续通过各种途径进入国内。尤其是外汇转换成人民币资金，可以获取高于9%的汇兑收益和息差收入，丰厚的资金转换所得大大刺激境外热钱大量流入。

2009年11月18日央行发布的数据显示，截至10月末我国外汇占款达18.766万亿元，月度新增2286亿元，增量较9月份下降超过4成。不过，这一增量仍属较高水平。此外，10月份我国FDI增量达71亿美元，贸易顺差达240亿美元，超过9月份近一倍。

美元贬值和中国经济复苏带来的逐利冲动，正催促国际热钱潮涌中国。在适度宽松的货币政策和贸易便利化的外汇政策下，押注人民币升值预期的热钱不断翻新资本流入方式，加剧境内流动性过剩，推高资产价格。

过多热钱进入中国会加大市场的流动性，造成流动性过剩。货币供给越多，中国面临的通胀压力就越大。此外，热钱还加大了人民币升值压力。而投机资金进入股市、楼市后，容易制造泡沫。2008年随着全球经济的动荡，游资撤离使得中国股市和楼市泡沫破灭。

而热钱还会给那些散户造成严重伤害。追风热钱的分散投资者就如同羊群。热钱就在人们的这种心理下大肆嚣张。在热钱的推动下，越来越多的人义无反顾地往前冲。一朝泡沫破灭，人们才发现在狂热的市场气氛下，获利的只是“领头羊”，其余跟风的都成了牺牲者。而有时，“领头羊”也会成为猎物。“资本大鳄”索罗斯也栽过跟头。

在当前复杂的内外金融环境下，稳定的人民币汇率可以引导人民币汇率预期，防止热钱大规模的流入对中国资本市场产生巨大冲击，从而可以提高中国宏观政策调控的灵活性。需要特别强调的是，保持主要国际货币汇率和人民币汇率的基本稳定，对减少短期跨境流动资本的规模非常重要。

2002年，曾经担任美国总统经济顾问委员会主席、世界银行首席经济学家、诺贝尔奖得主斯蒂格利兹教授出版专著《全球化及其对它的不满》，详尽剖析了投机热钱对国家金融稳定的巨大危害。他的结论是：“我们必须采取措施对‘热钱’实现监管和征税。国际金融组织不仅不应该反对和阻挠对热钱的监管和征税；相反，它们应该行动起来，更好地监管投机热钱。”2007年的G8峰会上，德国总理默克尔继续呼吁各国加强对对冲基金和投机热钱的监管。

为什么石油想与美元“悔婚”

石油不仅是当今最重要的国际贸易商品，而且是现代工业化经济体的血液。但石油和美元有着千丝万缕的纠葛。是石油值钱还是美元值钱呢？

1973年5月的彼尔德伯格俱乐部年会上，84位国际银行家、跨国公司巨头和被选中的政客会商如何应付令人头痛的失去黄金支撑的美元颓势。戴维·洛克菲勒带来了心腹谋士布热津斯基。大家讨论的结果是：必须重振美元信心，夺回业已失控的金融战场的主导权。

国际银行家提出了一个惊人的计划：让国际油价上涨400%！这一大胆的计划将达成几个目的：一方面，由于世界石油交易普遍使用美元结算，石油价格暴涨4倍，将导致世界各国对美元的需求激增，抵消美元失去黄金支撑后各国对美元抛售所产生的副作用。另一方面，由于前几年“经济刺客”们的出色工作，拉美和东南亚的许多国家已经中了“过度贷款”的狠招，一旦石油价格猛涨，美国顺势大幅提高利率，这些经济落后而资源丰富的国家将成为一群肥美待宰的羔羊。

布热津斯基出谋划策，基辛格作为尼克松政府的情报“沙皇”直接参与执行。在基辛格的诱惑和威逼下，沙特是第一个与美国达成合作的欧佩克国家，用“石油美元”购买美国债券，从而实现“石油美元回流”。然后基辛格过关斩将，到 1975 年，欧佩克的部长们同意只用美元进行石油结算。世界货币于是进入了“石油本位”的时代。

从 1949 年到 1970 年，世界石油价格一直稳定在 1.9 美元一桶。从 1970 年到 1973 年，油价逐步上升到 3 美元一桶。1973 年 10 月 16 日战争爆发后不久，欧佩克将油价调高 70% 到 5.11 美元一桶。1974 年 1 月 1 日，油价又上涨了一倍，到 11.65 美元。从 1973 年彼尔德伯格会议之前的油价到 1974 年 1 月，石油价格果然上涨了近 400%。

石油价格暴涨导致了石油贸易结算对美元需求的暴涨，终于使美元在国际上重新获得有力支撑。正如美国一位前外交官所言：“从此之后，美国财政部就可以通过印刷钞票来购买石油，这是其他任何国家都没有的特权。”美国可以通过输出美元这一虚拟符号，来换取石油这一真实资源的注入。

“石油美元”计价机制，意味着美国能够有效地部分控制世界原油市场：你买石油时必须要用美元，而这个世界上只有美国才能发行美元。既然石油交易以美元计价，美国就可以通过国内的货币政策影响甚至操纵国际油价。美国国内的利率调整和汇率政策都会直接影响国际油价。至于如何调整，要看美国国内的经济情况以及美国对外政策的考虑。

从 20 世纪 80 年代之后，国际油价走上了不断攀升的轨道，但世界日均石油产量并未超过 20 世纪 70 年代的水准。OPEC 国家的石油出口收入，随着油价攀升再次呈现强烈的增势。国际市场上的石油期货价格，在 2000 年 12 月份为每桶 25 美元，2001 年 12 月份为每桶 20 美元，2002 年 12 月份为每桶 29 美元。之后，石油的价格就开始了节节攀升，到了 2003 年 12 月份每桶 31 美元，2004 年 12 月份每桶 43 美元，2005 年 12 月份每桶 62 美元，2006 年 12 月份每桶 63 美元，2007 年 12 月份暴涨至每桶 94 美元。自 2008 年 2 月 26 日，历史性地突破每桶 100 美元之后，就急速上涨，到 2008 年 6 月份达到每桶 140 美元。自 2007 年 1 月份开始，国际市场的石油价格曲线图基本上是呈 45 度角向上攀升。从 2008 年 1 月份开始，价格曲线的延伸完全又换了一个角度，以更陡峭的图形展开，形成了更加凌厉的上涨攻势。7 月 11 日，纽约、伦敦的油价突破每桶 147 美元，再创新高。有评论说价格很快就会突破每桶 200 美元，并且说我们将永远告别低油价时代。

石油价格像一匹脱缰的野马，朝着上涨方向一路狂奔。市场似乎没有一种制衡力量，非理性地上涨。伊朗石油部长诺扎里说：“问题不是油贵，而是美元太便宜了！”从 2001 年到 2008 年，美元对世界主要货币已贬值了 37%。美元实际上一直在走下坡路。

美元持续疲软加剧了油价攀升。美元持续贬值成为油价上涨的重要推动因素。美元是世界货币，石油交易结算大都是以美元为主进行。美元贬值的同时，相同价值的石油就等价于更多的美元。近年来，美国极度宽松的货币政策和放任美元贬值的政策，使得全球美元流动性泛滥。而美元持续贬值强化了投资者在石油等商品上套期保值的冲动，直接推高了油价。另外，美元贬值使得石油出口国实际石油收入缩水，这在一定程度上促使欧佩克等产油国抬高油价。

但很快美国爆发了金融危机，油价也一路下跌。自 2008 年第四季度深度回落，最低达到每桶 30 多美元。此后逐步回升，自 2009 年 3 月下旬开始在每桶 50 美元左右震荡，到 2009 年 10 月，国际油价重新站回 70 美元以上。

关于美元未来贬值的疑虑已促使各国央行官员和财政部幕僚重新思考石油计价货币和储备货币多样化的重要性。改变石油交易使用的货币，一直是经久不衰的话题，每隔几年就会突然冒出来。波斯湾阿拉伯国家正在与俄罗斯、中国、日本及法国进行密谈，讨论在石油交易中以“一篮子货币”取代美元。其中包括日元、人民币、欧元、黄金以及海湾合作理事会（GulfCo-operationCouncil）国家使用的新统一货币。

从长期趋势看，全球石油定价和结算中的美元垄断地位除了对美国有利，对美国以外的各国几乎都未必有利。这决定了石油出口国，必然采用符合自己利益的国际货币定价和结算的基本战略。

为什么美国对人民币说错了

中国和美国是世界上最大的发展中国家和最大的发达国家，两国之间的贸易关系自1979年两国建交以来获得了迅速而全面的发展，这对中美双方和世界经济都是一件大事、好事。自2002年起，伴随着中国加入世界贸易组织，中美经贸关系更是进入加速增长的新阶段，接连跃升新台阶。至2006年年底，5年中两国贸易年均增长率达到27.2%，堪称世界之最。中美贸易额2003年突破1000亿美元大关，达到1263亿美元，2005年突破2000亿美元大关，达到2116.3亿美元，2006年更达2626.8亿美元。目前，美国是中国的最大贸易伙伴国和最大的海外市场。2006年中美贸易额占中国外贸总额的14.9%，对美出口额占中国出口总额的20%。在中美贸易额飞速增长的同时，美中贸易逆差不断加大。按美方计算，从1983年起，美国对华贸易年年逆差，1983年为3.2亿美元；到2006年增为2325亿美元，增加了700多倍；2006年美国对华逆差，占美国外贸逆差总额的1/3以上。

按照传统经济学理论，一国货币汇率走高，将导致该国出口减少。因此，美国政界、商界和舆论界都有一股要求人民币升值的声浪。人民币升值的压力主要来自美国，而美国压迫人民币升值的理由是中美间存在的经常项目顺差（主要是贸易顺差）与资本项目顺差（主要是FDI）。在一些美国人看来，要想减少美国对华巨额贸易赤字，最简单的方法便是让人民币升值。

在湖水蔚蓝的青海湖畔，游客们都看到这样一幕：一群衣着讲究的中国人和“老外”弯着腰，蹲在地上一一捡起散落在地上的啤酒罐和硬纸壳。

如何处理捡起来的啤酒罐？一位身材高大、头戴棒球帽、身着蓝白格衬衫、米色休闲裤和运动鞋的“老外”为大家做出示范：一脚将啤酒罐踩扁，再用硬纸壳托住运到垃圾桶里。

这个做示范的“老外”就是代表美国与中国进行经济战略博弈的财长鲍尔森。不谈汇率和贸易，鲍尔森带着白宫官员一行人等在盛夏7月来到中国最大的内陆咸水湖畔捡垃圾。

是日，鲍尔森一行首先来到湟源县日月乡山根村村民张世德家中，了解当地村民使用清洁能源的情况。沼气池、太阳灶、牛粪饼……鲍尔森都一一询问使用方法、频率和来源等，还饶有兴趣地与主人张世德交流牛粪饼使用心得。

鲍尔森说：“我出生在农场，小时候也经常看到农场使用动物粪便来做肥料，这样对改善土质有好处。”张世德忍不住问：“那您家里烧什么呢？”鲍尔森回答：“烧天然气。”

时任中国副总理的吴仪，在紫光阁会见鲍尔森时当众表示：“我很高兴鲍尔森去青海，这是他第一次去中国西部。这样他可以看到中国贫穷的地方，和北京上海这些富裕的城市大不相同。”

吴仪表示，中国还有2300万贫困人口，中国正在努力让13亿人都达到温饱和小康生活，因此中国无法“威胁”任何人。她希望鲍尔森能够在回国后向国会作证时，用到自己在贫穷的青海的所见所闻。

在鲍尔森访华前，美国参议院财政委员会以罕见的压倒性票数，通过了《2007年货币汇率监督改革法案》。这一法案要求对被认为操纵汇率的国家征收反倾销税，针对中国的倾向相当明显。美国国会议员们毫不掩饰地表明，他们正是在对2009年5月第二次中美战略经济对话和财政部的态度感到失望的情况下，决定用自己的方式向中国施压。

只要中美之间还存在着大幅的“双顺差”，美方就会不断压迫人民币升值。但是，其实美方也知道，人民币升值根本不可能减少美国的贸易逆差，正如1985年《广场协议》之后，日元的升值没有减少美国的逆差一样。原因很简单，自美元与黄金脱钩以来，美元一直逐渐贬值，而近10年，美元货币印刷总量超过过去40年印刷总量。

美国乔治·梅森大学经济学教授泰勒·科文，日前在接受新华社记者专访时如实表示，正是中国价廉物美的产品，为美国人节省了大量美元进口开支。科文教授表示，确实许多美国经济学家不认同他的看法。但他则坚持认为，美国人误读了人民币，美国对华贸易赤字增加，主要是因为亚洲制造和组装产业链向中国的转移。科文教授指出，其实在大多数问题上，西方人对中国的指控是出于行业利益，很多提起诉讼者害怕的是公平的竞争。“中国正在生产价廉物美的产品，这对全世界都有利。假如美国制造商感到不高兴，我认为他们不过是‘可怜的失败者’。”

美国斯坦福大学经济学教授罗纳德·麦金农，在美国《华尔街日报》上发表文章指出：迫使中国人民币升值，不是解决美国贸易逆差问题的正确办法。

在这篇题为《美元的价值》的文章中，麦金农说：“假如中国被迫大幅度提高人民币币值，那么，中国就有可能面临与日本20世纪80年代和90年代通货紧缩的相同命运，而中国的贸易顺差并不会减少。”

麦金农认为，美国经常项目逆差是美国家庭和政府开支过度、而储蓄率又极低的结果。美国要解决贸易逆差问题，首先要减少结构性财政赤字，并争取做到盈余；其次要采取激励措施，促使美国家庭增加储蓄。这两点都要求对美国公共财政进行重大变革，而且应该逐步和审慎地进行。

此外，麦金农认为，拥有较大贸易顺差的国家和地区也需要进行调整。例如，中国、日本、德国和多个石油生产国应该在美国努力降低消费的同时积极增加消费，以减轻美国消费降低对世界经济的不利影响。

麦金农强调，就上述情况而论，美元汇率的任何重大变动都是不必要的，也是不受欢迎的。他还警告说，如果人民币升值，亚洲其他货币甚至欧洲货币也会跟着升值，那么，美国就有可能会像20世纪70年代那样，出现严重的通货膨胀问题。

中美的贸易顺差从宏观看是由两国产业结构决定的。中国出口到美国的低端消费品在美国是刚性需求，美国已经几乎没有这些产业，也不准备再大力发展这些产业，而中国如此大量的制造能力又是其他国家一时无法代替的。从微观看，顺差的产生跟中国外贸企业的生产要素价格（主要是工人工资）偏低有关。可以说，人民币升值后，短期内，美国将仍然向中国进口大量的产品，但中国产品换回的美元将比原来增多，这意味着中美顺差将进一步扩大。

中美顺差过大，主要责任在美国。美国对华高科技及高科技产品出口实行严格管制，限制中国从美国进口。中国要实现产业升级需要的高新技术及高新技术产品美国不卖，这是中美两国贸易不平衡的主要原因。美国还严格限制中国对美国高科技产业的投资。这是中国对美双顺差的主要原因。2009年11月，奥巴马访问中国之际，胡锦涛希望美国放开高科技领域，并出口中国以平衡中美之间的贸易差异。

为什么朝鲜大嫂们生气了

2009年11月，朝鲜开始执行币值改革措施，兑换比率是100 ：1，也就是说1000元的旧货币现在只能兑换成10元的新货币。改革导致了一些混乱，人们纷纷前往黑市将朝鲜货币兑换成人民币或美元。

朝鲜元不能与外国货币自由兑换。韩联社称，朝鲜的一些外汇官员将外国货币走私进朝鲜，然后将其中一部分“捐献”给朝鲜中央银行。再加之，朝鲜缺乏现代化的金融及货币体系，使朝鲜的货币供应量大增，造成最近一些资产价格上涨，如豪华公寓等。

但是本次货币改革，遇到了40岁至50多岁在集市做生意的中年妇女商贩们的“抵抗”。也就是说，朝鲜的市场商贩们，大都是养活子女的40岁至50多岁的妇女，但她们因本次货币改革，其间苦苦储存的现金都变成了一堆废纸，加上做生意也变得不可能，从而对此直接表示不满。

一位朝鲜内部消息人士表示：“那些拼命做生意的朝鲜大嫂们都生气了。”再说，情况紧急的中年妇女商贩们不怕被抓走，三五成群地聚在一起发泄心中不满。该消息人士透露说：“年轻的保安前去制止却受到大嫂们的强烈抵抗，她们愤怒地说‘滚蛋’、‘你没有父母吗？’等。”

朝鲜币值改革看似有利于清除黑市交易，但也对普通民众造成了伤害，朝鲜大嫂辛辛苦苦一辈子积攒下来的钱瞬间就成了一堆废纸，一些经济学家认为，这实际上是政府对公众的掠夺。

凯恩斯对此曾说：“用（通货膨胀）这个办法，政府可以秘密地和难以察觉地没收人民的财富，一百万人中也很难有一个人能够发现这种‘偷窃行为’。”而这些都是建立在以不兑现纸币为基础的法定货币体制之上的。

1945年8月到1948年8月，南京国民政府法币的发行量从5000亿激增至660万亿元，增长1320倍。1948年8月，又停止法币，发行“金圆券”，原有的法币，按照1∶300万收兑。这就是说，300万法币只能换1元金圆券。并且声称，金圆券发行以20亿为限。事实上，从1948年8月发行金圆券以来的不到一年里，其发行额就超过了原来限额的几万倍。当时曾出现了类似“天方夜谭”的一幕：印钞厂昼夜不停地赶印纸币，仍然供不应求，情急之下只好赶到美国、英国大量印刷。据报道，到1949年5月，国民党政府的货币发行额比1937年6月增加了1445亿倍，而全国物价上涨85000亿倍。有人根据国民政府的物价统计，对100元“法币”购买力做过这样一个对比计算：

1937年可买2头黄牛，
1938年可买1头黄牛，
1939年可买1头猪，
1941年可买1袋面粉，
1943年可买1只鸡，
1945年可买2个鸡蛋，
1946年可买1/6香皂，
1947年可买1粒煤球，
1948年可买0.002416两大米，
1949年可买1粒米的千万分之2.45。

那么，那些价值哪里去了呢？被掠夺走了。被谁掠夺走了呢？被控制银行的“四大家族”蒋介石、陈果夫、宋子文、孔祥熙掠夺走了。这“四大家族”在1927年时并不富有，但在此后特别是在40年代进行反革命内战过程中，他们就掠夺高达200亿美元的民脂民膏（那时的200亿美元约相当于现在的4000亿美元）。到全国解放前夕，“四大家族”的官僚资本占旧中国资本主义经济的80%，全部官僚资本占全国工业资本的2/3左右，占全国工矿、交通运输业固定资产的80%。除了增加赋税、大量举债、收受贿赂等方法外，利用银行滥发纸币，制造通货膨胀是一个重要的掠夺方法。正如列宁所说：“滥发纸币就是鼓励投机，让资本家靠投机而大发横财。”

为什么挤兑会成为银行的致命“软肋”

通商银行是中国第一家现代意义上发行纸币的华资私人银行。20世纪初，上海滩中、外银行林立，创立于1897年的通商银行也是其中一家。它的创始人及大股东是盛宣怀。通商银行总部设在上海。清政府给了它印制和发行钞票的权力。但在它的历史上，发生了中国近代银行第一桩伪钞案，并且由此引发了中国近代第一次银行挤兑风潮。

清光绪二十九年，即1903年。据说在通商银行内，一个钱庄伙计拿着一些通商银行的钞票去兑换，被柜台发现其中有几张10元的伪钞，当场拒绝兑换。有另一种说法是有人持伪钞去商店购物，事后店主发觉有假。更有人说，持伪钞者是日本人。伪钞的消息传出以后，许多持有通商银行钞票的人，害怕手中的钱会变成一堆废纸，便争先恐后地去兑换现银。当时的上海银行和钱庄并存，钱庄对此事颇有些幸灾乐祸，纷纷拒绝使用通商银行的钞票。次日，上海便出现了一股空前的挤兑浪潮。

第二天，就是挤兑爆发时，通商银行又验出伪钞，银行职员将其当场撕破，并盖上“假币”字样。为了安抚市民，通商银行还特别派人将伪钞贴在门的旁边，又贴上一张辨别伪钞的说明。但是，持币者还是人心惶惶。银行大股东盛宣怀命令银行做到随到随兑，因为挤兑会引起其在整个金融界的信誉大跌，后果无法预料。但就在通商银行开门“欢迎”兑现几天以后，现银就所剩无几了。只得向汇丰银行求助。最终以库存的金、银为抵押，向汇丰银行换得 70 万两现银，艰难地度过了这场风波。事后伪钞案的调查结果表明，伪造假钞的是一名日本商人。盛怀宣为了严惩造假者曾与日本政府交涉，但最后仍然不了了之。

挤兑是银行的致命“软肋”。存、放款业务是银行的基本业务，对于顾客存入的存款，各银行都只保留极低比例的准备金以供存款人提领，而大部分的存款则用于放款或投资等生利资产上，以赚取收益，便于支付存款利息及各项营业费用，并对股东分派股息及红利。银行提拨存款准备金的比率愈低，固然可提高银行的获利能力，同时却也会提高银行因流动性不足而倒闭的风险。因此，当发生挤兑现象时，银行就会面临巨大的支付压力。这也是挤兑会这么容易就引发整个银行体系危机的原因所在。

2004 年 6 ~ 7 月，俄罗斯信誉最好的私有银行之一——古塔银行，遭遇信任危机和挤兑危机。当时，俄罗斯中央银行宣布整顿银行市场，并吊销了一家银行的营业执照。社会上立刻出现了流言，有传言说古塔银行已经进入俄罗斯中央银行治理整顿的“黑名单”。于是储户开始对古塔银行失去信任，从 6 月份开始，古塔银行出现挤兑。但古塔银行为了稳定储户信心，对外不承认面临支付危机，同时银行紧急调集资金应付挤兑。但临时注入的资金很快被挤兑一空。7 月 6 日早晨，古塔银行的新闻发言人信誓旦旦地说，他刚刚从提款机上顺利提取了现金。然而到了中午，古塔银行向俄罗斯中央银行报告：“完了，我们停摆了！”古塔银行尽管“身强体健”，最终却也走上了绝境，被俄罗斯外贸银行收购。

在信用危机的影响下，存款人和银行券持有人争相向银行和银行券发行银行提取现金和兑换现金的一种经济现象，就叫做挤兑。当存款户出现不寻常的大量提兑存款的现象，而银行现金准备及流动性资产变现资金不够支应客户提兑时，就势必要将其可变现的低流动性资产折价求现，因而承受巨额的变现损失。这种现象是金属货币流通条件下货币信用危机的一种表现形式。

最好的例子，就是 20 世纪 30 年代的美国大萧条时期，发生的大规模的挤兑现象。那时成群结队的人蜂拥至银行，希望将手中的存折和银行券换成现金。而近几年，受次贷危机的影响，美国的 Countrywide 和 Indy Mac 银行，英国的北石银行和印度的 ICICI 银行都不同程度的发生了挤兑现象。

那为什么会发生挤兑现象呢？引起挤兑的原因有两个：一是由于银行券持有人或存款人对发行银行的信用产生动摇，纷纷撤回存款；二是由于银行券贬值，银行券持有人不得不赶快把银行券抛出，以防经济上蒙受重大损失。它往往是伴随着普遍提取存款的现象发生的，并进一步形成金融风潮。

历史上，挤兑风潮通常是伴随着信用危机而爆发的。第二次世界大战以前，信用危机一般是伴随周期性生产过剩危机产生的。由于工业繁荣时期商品价格上涨和利润优厚，大量信贷被投机者用来从事投机活动，信用膨胀大大超过生产的增长。而当生产过剩的经济危机爆发时，大量商品滞销，商品价格急剧下降，生产停滞，市场萎缩，信用就会急剧收缩。在这种情况下，债权债务的连锁关系发生中断，整个信用关系就会遭到破坏，从而出现信用危机。不仅周期性的生产过剩危机引起了周期性的信用危机，而且信用危机也加深了生产过剩危机。商业信用的停顿使过剩商品的销售更加困难，银行信用的混乱更加加重了过剩商品的销售困难，从而使生产过剩危机趋于尖锐化。

除了由资本主义生产过剩的经济危机引起的周期性信用危机之外，还有一种主要是由战争、政变、灾荒等原因引起的特殊类型的信用危机。例如，1839 年英国出现的信用危机就是由农业歉收引起的。

总之，在出现挤兑时，市场银根异常紧缩，借贷资本短缺，利息率不断上涨，这就会迫使一些银行和金融机构倒闭或停业，从而更进一步加剧货币的信用危机，引起金融界的混乱。

挤兑具有传染效应。2001 年发生在印度的银行欺诈案中，尽管只有一家大银行受到信用危机的冲击，但那些与之无任何关系的小银行，也发生了严重的挤兑现象，而这些小银行准备金充足，具有偿付能力，与大银行之间没有任何关系。为什么银行挤兑还会传染呢？因为银行存款市场存在信息不对称。也就是说，虽然每一家银行都知道自身的情况，但存款人却并不了解。存款人认为所有的银行都是类似的。当一家银行倒闭时，其他存款人担心自己存款的银行也有可能遇到同样的困难。为了得到自己的所有存款，行动得越早越好，于是对自己存款的银行发动挤兑。

第二章

次贷危机：谁来为消失的财富买单

为什么钱多也会产生危机

人类自古以来都选择某些确切的实物作为货币，例如黄金、白银、铜等。这种方式使得货币比较稳定，财富的真正价值能够得到比较客观的体现。虽然金、银、铜等也会因产量增加而贬值，但它也会有所消耗。因此贵金属货币贬值的速度不会太快，通货膨胀的速度也不会太快。后来出现了纸币。长期以来，纸币作为一种方便的工具，背后都有金、银等实物支撑，例如曾经长期存在的金本位制等。相对稳定的货币，使得社会能够积累真实的财富。

在美国实行金本位制的时候，每一张美元纸币，背后都有相应的黄金。美元不能乱印乱发，通货膨胀的速度较慢。自从美国取消了金本位制后，美元背后便失去了真实的支撑。那么，没有真实财富支撑的美元变成什么了呢？美元变得只是一个许诺，以及相信这种许诺的心理程度。

没有了可参照的黄金，当人们卖出自己的真实财富，收到的美元，其实就是印着数字的一张纸。从此，美国人有了一个人类历史上最方便的获得财富的方法：印钞票。只要人们相信美国能够还钱，相信美国有能力还钱，人们就还愿意把真实财富交给美国，收入绿纸。说得简单一点，绿纸就是美国政府打的欠条、白条。

于是，以金融资本主导的美国经济出现了"从纸到纸"的循环，美联储发行纸币支付巨额贸易逆差——各顺差国再以得到的美元购买美国发行的其他类型的纸：政府债券或公司股票——美元回流进入美国资本市场。正是这种"从纸到纸"的循环支撑了美国资本市场的虚假繁荣。

美国疯狂的印钞票使得各个国家持有的美国国债越来越多，而美元就越来越不值钱了。美元贬值已经成为了不可逆转的趋势。

"美元贬值了，我们得考虑可能的损失。"在广交会的香港进口展区，尼华（香港）食品有限公司的几位老板正谈论着如何应对近期美元的贬值。

营销经理庄心宝，其公司是一家年销售额为6000万马币（1.2亿港元）的企业。2009年3月初，美元对马币汇率为3.7259，与3.3665的中间价相比，美元贬值超过10%。因汇率的变动带来的损失达到600万马币，约合港币1200万元。

"如果美元继续贬值，或者人民币像去年那样升值，我们2009年可能就亏本了。"生产塑料玩具的敏腾（广州）实业有限公司负责人陈志光表示，做塑料玩具只有3个百分点的利润，如果人民币像去年那样升值，就很可能亏本。

由于美元不断贬值而致使他们的财富严重缩水，给他们投资、出口造成了一系列不良后果。现在，外国投资者持有的美国固定收益资产价值超过 10 万亿美元。如果美元贬值 10%，他们将损失 1 万亿美元，相当于整个次级抵押贷款市场的余额。

美元不断贬值也蒸发了社会财富，有学者说："看看今年提供的数据，美国股市从年初到现在，蒸发了多少亿资金？ 8.5 万亿美元是什么概念？这就是我们中国 2005 年、2006 年、2007 年 3 年 GDP 的总和全部白干了。"

如果美国为了一己之利，继续开动印钞机，那么美元会不断地贬值，那些拥有美元资产的人和主权国家其财富都会大大缩水。

随着金融危机的深入，据俄罗斯官方统计，从 2009 新年到 2 月初，卢布便贬值了 23.1%。从 2008 年年初到 2009 年年初，卢布贬值了 47.4%。而从 2008 年 8 月到 2009 年 2 月，卢布贬值了 35%。而更坏的情况是，市场交易显示未来一年卢布可能进一步贬值 20%。俄罗斯国内弥漫着一股悲伤情绪。俄罗斯的经济学家们对卢布充满了悲观，他们已经达成了一致，认为照目前的跌速，卢布继续贬值已经无法阻挡。对于俄罗斯央行在此次货币危机中的表现，俄罗斯央行前第一副行长阿列克萨申科批评说，在卢布贬值问题上，央行犯了个大错误：去年该贬的时候不贬。现在市场已经开始疯狂测试卢布贬值的临界点，看央行"是否能撑到只剩最后一滴血"。

为了支撑卢币，俄罗斯政府动用了外汇储备的 1/3 来做支撑。但这依然没有起到正面效果。经济学家称，卢布在未来仍将继续贬值。在外汇储备骤减、资本流出加快的时候，人们对俄罗斯主权的评级，下调到仅比"垃圾级"高两档。内外交困之中，执著于卢布挂钩美元的俄罗斯当局，未来的选择将变得更加艰难。

也就是说，俄罗斯不可避免地将遭遇一场严重的货币危机。2008 年至 2009 年，伴随着金融危机，货币危机已经开始在许多国家上演。

货币危机的概念有狭义和广义之分。狭义的货币危机与特定的汇率制度（通常是固定汇率制）相对应，其含义是，实行固定汇率制的国家，在非常被动的情况下（如在经济基本面恶化的情况下，或者在遭遇强大的投机攻击情况下），对本国的汇率制度进行调整，转而实行浮动汇率制，而由市场决定的汇率水平远远高于原先所刻意维护的水平（即官方汇率），这种汇率变动的影响难以控制、难以容忍，这一现象就是货币危机。

广义的货币危机泛指汇率的变动幅度超出了一国可承受的范围这一现象。通常情况表现为俄罗斯的这种急剧贬值。

20 世纪 20 年代，随着"一战"的结束，世界经济进入衰退时期。欧洲各国的货币都摇摇欲坠，德国、苏联、法国的马克、卢布、法郎都经历了混乱的时期。德国和苏联的劳动人民，因此陷入绝望的境地。在没有储备、没有外国支援的情况下，大部分人民为了填饱肚子不得不卖命地劳动。很多人被迫流亡，连有声望的贵族这时也变得非常贫穷。但在这个时期，法国却上演了一个精彩的成功捍卫货币的故事。

法郎危机也是伴随着第一次世界大战开始的。法国政府在一战中花掉了 1 030 亿金法郎，这个数字是 1913 年到 1914 年所有主要参战国军事费用的两倍。一战结束后，法国财政出现了 62 亿法郎的缺口，并且还有巨额贷款。1926 年，法郎的汇率开始下滑。人们相信，法郎将会面临和德国马克一样的命运。

1924 年 3 月到 1926 年 7 月 11 届法国政府内阁的努力都无济于事，物价不停上涨，法郎持续贬值。约瑟夫·凯约政府在 1926 年换了 8 位财政部长，但谁也无法解决这个难题。这时，总理雷蒙·普恩加来开始掌权。他通过提高短期利率来把短期借款转为长期借款，并提高税收和削减政府支出，同时他从纽约的摩根银行借来了一笔使法国银行的现汇得以补充的巨额贷款。他的一系列措施恢复了人们对法郎的信任，并由此取得了成功。从此，法郎币值开始走稳，经济和政局也渐趋稳定。这是一场当之无愧的"货币保卫战"。

从另一个通俗的角度说，货币危机也可以说是人们对一国的货币丧失信心，大量抛售该国货币，从而导致该国货币的汇率在短时间内急剧贬值的情形。如 1994 年墨西哥比索与美元的汇率下跌，和1997年泰国铢兑美元的汇率骤然下跌，都属于典型的货币危机。货币危机是金融危机的一种，它既包括对某种货币的成功冲击，即导致该货币的大幅贬值；也包括导致某国国际储备大幅下降而未导致该货币大幅贬值的情况。对于国家而言，货币危机的程度可以用“外汇市场压力指标”来衡量，该指标是汇率月变动率与国际储备月变动率相反数的加权平均数。当该指标超过其平均值的幅度达均方差的3倍时，就将其视为货币危机了。

在全球化时代，由于国民经济与国际经济的联系越来越密切，而汇率是这一联系的“纽带”，因此，如何选择合适的汇率制度，实施相配套的经济政策，已成为经济开放条件下，决策者必须考虑的重要课题。

当代国际经济社会，很少再看见一桩孤立的“货币动荡”事件。一国货币危机常常会波及别国。货币危机在国际社会中的扩散现象被称为“传染效应”（contagion effect）。

随着市场经济的发展与全球化的加速，经济增长的停滞已不再是导致货币危机的主要原因。经济学家的大量研究表明：定值过高的汇率、经常项目巨额赤字、出口下降或经济活动放缓等，都是发生货币危机的先兆。就实际运行来看，货币危机通常由泡沫经济破灭、银行呆坏账增多、国际收支严重失衡、外债过于庞大、财政危机、政治动荡、对政府的不信任等引发。

为什么中国不能独善其身

当美国经济严重受挫，作为竞争对手的中国人本以为危机帮了中国的大忙，但中国却高兴不起来。在经济全球化的今天，不管是哪一个经济板块有问题，其他板块都会受到波及，正所谓“唇亡则齿寒”。

次贷危机主要影响我国出口。2007年，由于美国和欧洲的进口需求疲软，我国月度出口增长率已从2007年2月的51.6%下降至12月的21.7%。美国次贷危机造成我国出口增长下降。中国外贸企业向美国企业追债的案例，在2007年年末呈现上升趋势，而美国的次贷危机则是“始作俑者”。

林国钧是金华一家饰品生产企业的老板，在2005年的义乌小商品博览会上，认识了在美国做批发生意的王伟。王伟回到美国后，林国钧在没有签订正式合同的情况下开始向其发货，并口头约定到货10天至1个月付款。

“刚开始，发货之后总能及时汇款。”林国钧说。几次合作下来，觉得对方信誉很好，也就没有说签正式合同，更没有采用信用证等工具，仅凭传真订单来往。但从2006年圣诞节开始，汇款的速度明显变慢了。

“2008年4月份以后，汇款就没有了。我打电话去问货款的事情，他总说美国经济不好，东西卖不动，要等产品卖完后才能付款。”这几笔总价为32万美元的货款本来在8月份就应该结清的，可对方至今都没有将款项付清。

林国钧说，上个月他去美国，绕了半个地球去要钱，可对方说零售市场不景气，钱收不回来，最终只能空手而归。

林国钧无可奈何地说道：“利息、赔偿金什么的我也不指望了，把欠的32万美元货款给我就行了。”

同样在2007年年末遭遇美国企业欠债的，还有从事汽配出口的余姚市林盛电器有限公司。其总经理潘登顺说，美方欠了他70多万美元，理由也是现在美国经济不好，汽配产品卖不出去。

金融危机加大了我国的金融风险和经济风险。2009年，我国拥有2万亿美元的外汇储备，总量位居世界第一。这2万亿美元的外汇储备中，有7 000多亿美元表现为美国国债。在危机因素的作用之下，美国国债的收益率节节下降，目前已趋近于零。还有一些以公司债券形式存在的外汇资产，由于受金融危机的影响，收益也呈现出不稳定的状态，甚至出现了风险。

招商银行公告，经统计，截至公告日其持有美国雷曼兄弟公司发行的债券敞口共计7 000

万美元，其中，高级债券6000万美元，次级债券1000万美元。另一家可能受雷曼兄弟公司破产牵连的银行则为中国银行。9月15日，雷曼兄弟提交给纽约南区的美国联邦破产法庭的文件显示，中国银行纽约分行在雷曼兄弟的无担保债权人名单之列。

2008年席卷全球的金融海啸，中国的A股甚至一度回落到1500点以下，回到了10年前的发行价格。市场低迷业绩整体下降，券商已经进入“过冬”状态。东北证券发布的2009年三季度业绩预告，该公司前三季度业绩较去年同期下降65%～70%，其中第三季度盈亏基本持平。广发证券第三季度净利润同比降幅在80%以上。11月17日，我国三大证券公司之一的华夏证券申请破产，初步确定的华夏证券债权总额为66亿余元。

在发达国家经济放缓、我国经济持续增长、美元持续贬值和人民币升值预期不变的情况下，国际资本加速流向我国寻找“避风港”，将加剧我国资本市场的风险。

金融危机让中国的实体经济受挫过冬。2008年10月15日，全球最大玩具代工商之一——合俊集团旗下两家工厂倒闭。

受金融风暴影响，大多数行业都提前“入冬”。阿里巴巴集团董事局主席马云给全体员工发布了题为《冬天的使命》的邮件，号召阿里巴巴全体准备“过冬”。信中有这样一段话：“我们对全球经济的基本判断是经济将会出现较大的问题，未来几年经济有可能进入非常的困难时期。我的看法是，整个经济形势不容乐观，接下来的“冬天”会比大家想象得更长！更寒冷！更复杂！我们准备“过冬”吧！”

为什么次贷危机是人性危机

理查德·比特纳在他的《贪婪、欺诈和无知：美国次贷危机真相》中描述了这样一个故事：

约翰尼·卡特是南卡罗来纳州乡村的新好男人，他和妻子帕蒂想要实现一个小小的“美国梦”，他们看中一处面积1800平方英尺、刚刚竣工的新房。他们找了一个抵押经纪商申请贷款，这家经纪商过去一直为他们忙活融资贷款。后来，卡特夫妇得到了这笔贷款。但是仅仅90天后，他们就因为无法偿还贷款，而被迫失去了房子。而这时同样倒霉的还有贷款给他们的银行，银行不得不用他们的房子作为抵押。但房子却卖不出去。

其实这不是一个故事，而是美国次贷危机形成的一个缩影。为了赚取房地产的利润，银行等放贷机构纷纷降低贷款标准，使得大量收入较低、信用记录较差的人加入了贷款购房的大潮，成为所谓“次贷购房者”。简单地说，次级抵押贷款，就是为那些经济能力比较低的人所提供的贷款，所以在少数族裔高度集中和经济不发达的地区很受欢迎。

2001年后，美国次级住房抵押贷款几乎呈几何级数增长，从1900亿美元猛增到2005年的6350亿美元，6年间，次级贷款占房地产贷款的比例从8.6%增加到20%。全美国有近300万个家庭拥有次级贷款，每月偿债金额占家庭总收入的40%以上，贷款占房产价值的85%左右。

美国次级抵押债券及其衍生品市场的繁荣，是建立在一个“美丽”的假设上——只要房价一直在上涨，万一抵押贷款人偿还债务的能力出了问题，可以及时将房子高价出手，不仅归还了贷款，还能赚上一笔；而只要房贷违约率不高，建筑在次级抵押贷款之上的结构化债券及其衍生品市场大厦就不会坍塌。

在这个美丽的假设蛊惑和引诱下，大量信用记录不高的美国低收入阶层，纷纷申请按揭贷款买房。而美国的各类房贷机构为赚取更多利润，居然不顾一般信贷原则，将大把按揭贷款发放给这类购房申请者。从而为日后注定要爆发的次贷危机，早早埋下了定时炸弹。

美国低收入者向银行借款以后，随着利率上升和房地产降温，其偿债风险也逐步产生。为了尽快将次级贷款收款权变现和防范风险，放贷银行通过金融衍生品出让收款权。而投资银行又再次甚至多次通过金融衍生品，将收款权出让。次级贷款的房贷机构，将手中几千亿美元的次级贷款债权转化为证券后，再卖给全世界的投资者。

在房地产市场向好，低利率政策的形势下，投资银行赚取了高额利润，保险公司和金融机构等投资者，也获得了丰厚的投资回报，可谓是皆大欢喜。华尔街大牌金融机构，如花旗银行、高盛、美林证券、雷曼兄弟公司、贝尔斯登等的介入，使这场资产证券化的金钱游戏进入到高潮阶段。

经过多次打包重组后，华尔街的金融“天才们”，就在次级房屋抵押贷款这一最初的基础资产之上，吹起了一个巨大的“次贷”信用衍生品泡沫市场。据统计，2004 年至 2007 年中期，发行总量高达 1.2 万亿美元。

在这条次贷金钱游戏的链条上，不仅拴住了美国国内的商业银行机构、大批政府托管基金、养老基金、教育基金和保险基金，而且还圈住了来自欧洲、亚洲、加拿大、澳大利亚等国家和地区的大量外国基金。华尔街同行们自身设立的对冲基金，以及其他私募基金更是这场游戏中当仁不让的要角，它们多以高达 1 ：30 甚至 1 ：40 左右的高杠杆比例，拆入资金加入这场游戏，使次债资金链条更加复杂化，危机累积的爆发能量和破坏力更加巨大。

然而，好景不长，当美联储从 2004 年中期开始连续 17 次加息历程，联邦基准利率从 1% 跃升到 2006 年中期的 5.25%。房地产市场的好日子终于风光不再，房价自 2005 年 10 月掉头向下。受到利率高与房价下跌两个方向的同时打击，美国次级抵押贷款年违约率到 2007 年 2 月迅速爬升到 12.6%，而普通贷款违约率仅为 1.5%。一批房贷公司倒闭，危机显现。随着美国第二大次级抵押贷款机构——新世纪金融公司被纽约证券交易所停牌，旋即宣告申请破产保护。曾经“红透半边天”的次贷市场，终于大爆发。

人性的贪婪铸成了这次金融危机。从贷款经纪商到贷款公司，再到投资银行、评估机构、证券公司，无一不在使着欺骗和自欺欺人的伎俩，最后导致了这场蓄势已久的危机。

任何在这一链条上的人，都十分清楚会有链条断裂的那一天。这一链条得以一直正常运转的前提，是美国房地产市场的欣欣向荣，一旦房地产市场发生逆转，问题马上就显现了。房地产市场价格的影响因素之多，任何的供需、政策都会导致其反转。而自罗斯福新政以来，持续的低利率政策，是房地产市场发展的契机。而全球性的通货膨胀的出现，不得不催生政府对利率的干预，提高利率从而影响到房地产市场，最终影响到全球金融市场。

由于贪婪，人们又会心生恐惧，恐惧又导致了危机；而当人们从恐惧中恢复过来的时候，又再次陷入贪婪之中。一次次的恶性循环，也就导致了一次次的经济危机。

西方谚语说：“上帝欲使人灭亡，必先使其疯狂。”回归人性，或许能使我们在贪婪和恐惧之间，找到一条财富之路。

为什么经济无法摆脱“由盛到衰”的规律

1981 ~ 1982 年间，美国经济中商品与服务的生产总量出现了下滑，失业率上升到 10% 以上。1982 年之后，经济开始迅速扩张，到 1989 年，失业率已经下降到 5%。1990 年结束了这次长达 8 年的经济扩张，失业率已经上升到 7 %以上。经济的谷底出现在 1991 年。但之后的经济复苏，却是美国历史上最长的一次，失业率基本都在 4 %左右波动。2001 年 3 月以来，出现了较为温和的经济下滑，失业率上升到 6 %。

为什么美国经济会在 1982 ~ 1900 年间扩张，在 1990 ~ 1991 年收缩，又在 1991 ~ 2001 年迅速增长，2001 年之后又开始一次收缩呢？这实际上是一个经济周期。而在这个起伏的过程中，货币扮演了重要的角色。

那么首先，我们要了解什么是经济周期。

经济周期，也称“商业周期”、“景气循环”，它是指经济运行中周期性出现的经济扩张与经济紧缩交替更迭、循环往复的一种现象。是国民总产出、总收入和总就业的波动，是国民收入或总体经济活动扩张与紧缩的交替或周期性波动变化。过去把它分为繁荣、衰退、萧条和复苏四个阶段，现在一般叫做衰退、谷底、扩张和顶峰四个阶段。

经济波动以经济中的许多成分普遍而同期地扩张和收缩为特征，持续时间通常为 2 年到

10年。现代宏观经济学中，经济周期发生在实际GDP相对于潜在GDP上升或下降的时候。每一个经济周期都可以分为上升和下降两个阶段。上升阶段也称为繁荣，最高点称为顶峰。然而，顶峰也是经济由盛转衰的转折点。此后经济就进入下降阶段，即衰退。衰退严重则经济进入萧条，衰退的最低点称为谷底。当然，谷底也是经济由衰转盛的一个转折点。此后经济进入上升阶段。经济从一个顶峰到另一个顶峰，或者从一个谷底到另一个谷底，就是一次完整的经济周期。现代经济学关于经济周期的定义，建立在经济增长率变化的基础上，指的是增长率上升和下降的交替过程。

经济周期波动的扩张阶段，是宏观经济环境和市场环境日益活跃的季节。这时，市场需求旺盛，订货饱满，商品畅销，生产趋升，资金周转灵便。企业的供、产、销和人、财、物都比较好安排。企业处于较为宽松有利的外部环境中。

经济周期波动的收缩阶段，是宏观经济环境和市场环境日趋紧缩的季节。这时，市场需求疲软，订货不足，商品滞销，生产下降，资金周转不畅。企业在供、产、销和人、财、物方面都会遇到很多困难。企业处于较恶劣的外部环境中。

而在每次经济衰退的时期，都伴随着货币增长率的下降。事实上，20世纪以来，每次衰退前的货币增长率下降都表明，货币供给的变动是经济周期波动的推动力之一。货币主义学派认为，在经济的起步阶段，货币的增长会刺激社会总需求，而此时的社会失业率水平低于自然失业率，因此会导致工资水平的提高，推动总供给增加，而此时的经济又回到总产出的自然水平上，由此物价上升。如果货币供应量持续增加，那么这个过程就不会停止，物价水平就会越来越高，通货膨胀就会发生，经济由上升转为下滑。货币主义学派的分析表明，严重的通货膨胀一定是货币供应量的高增长率导致的。

然而，并非货币增长率下降之后就会出现经济衰退。确切地说，是经济衰退发生之后，货币的增长率开始自然的下降。凯恩斯主义者与货币主义学派对于货币增长在经济周期中扮演的角色观点并无多大差别。

经济周期既有破坏作用，又有“自动调节”作用。在经济衰退中，一些企业破产，退出商海；一些企业亏损，陷入困境，寻求新的出路；一些企业顶住恶劣的气候，在逆境中站稳了脚跟，并求得新的生存和发展。

经济周期可以通过很多重要的渠道影响到我们。例如，当产出上升时，找工作相对变得比较容易；当产出下滑时，寻找一份理想的工作就会比较困难。

为什么美元资产安全是大国总理的隐忧

截至2006年2月底，中国大陆的外汇储备总额为8 537亿美元（不包括港澳的外汇储备），首次超过日本，位居全球第一。截至2008年4月末，中国的外汇储备增加到1.76万亿美元，比东北亚其他国家和地区外汇储备的总和还多。有学者认为，这个数字已经超过了世界主要7大工业国（包括美国、日本、英国、德国、法国、加拿大、意大利，简称G7）的总和。随后，中国的外汇储备持续上升，截至2008年9月末，达到创纪录的19056亿美元。受全球金融危机的影响，加之美元、欧元、人民币汇率的波动，2008年10月末，中国的外汇储备已降至1.89万亿美元以下，为自2003年年底以来首次下降。截至2008年12月，中国外汇储备已达19460.30亿美元。2009年6月，中国的外汇储备超过了2万亿美元。中国成为全世界第一个外汇储备超过2万亿美元的国家。

为了应付国际支付的需要，各国的中央银行及其他政府机构所集中掌握的外汇即外汇储备，同黄金储备、特别提款权，以及在国际货币基金组织中可随时动用的款项一起，构成一国的官方储备（储备资产）总额。外汇储备的主要用途是支付清偿国际收支逆差，还经常被用来干预外汇市场，以维持本国货币的汇率。外汇储备的主要形式有政府在国外的短期存款，其他可以在国外兑现的支付手段，如外国有价证券，外国银行的支票、期票、外币汇票等。第二次世界大战后很长一段时期，西方国家外汇储备的主要货币是美元，其次是英镑。1970

年以后，又增加了德国马克、日本日元、瑞士法郎、法国法郎等。在国际储备资产总额中，外汇储备比例不断增高。外汇储备的多少，从一定程度上反映一国应付国际收支的能力，关系到该国货币汇率的维持和稳定。它是显示一个国家经济、货币和国际收支等实力的重要指标。

美国财政部国际资本流动报告（TIC）数据显示，10月末中国持有的美国国债较9月大幅增加659亿美元，刷新2009年以来月度增幅的最大值，继续领先于日本，居于各国持有美国国债总量的首位。

报告数据显示，截止到2008年10月，我国持有美国国债6529亿美元，较9月份的5870亿美元增加了659亿美元。继9月超过日本后，继续保持美国国债的第一大持有者地位。而居于第二位的日本，本月也增持123亿美元，总量达到5855亿美元。

报告显示，10月美国国际资本净流动为2863亿美元，其中，外国私人所有者净持有资金为2745亿美元，外国官方净持有资金119亿美元。

从各国持有美国国债的结构来看，已经出现了较为明显的变化：增持短期债券，减持长期债券。10月份数字显示，经调整后，外国投资者净卖出美国长期债券133亿美元，而同时，外国投资者增持美国短期国债1474亿美元。

报告显示，中国、日本、英国依然居于各国持有美国国债规模的前三位，截至10月末，持有美国国债总量分别为6529亿、5855亿、3602亿美元，占各国持有美国国债总量的52.5%。

面对中国2万亿美元的巨额外汇储备，很多人热议转为欧元等他国货币。但欧元、日元、英镑目前无法替代美元的地位，其他国家货币更不可选择。

首先，欧洲区的经济和金融形势比美国更坏；其次，日元可能是发达国家货币中唯一保持稳定或升值的货币，但其作为国际贸易和资本流动的计价标准、交易、支付手段和国际储备的作用很小；再次，英国经济比欧洲大陆和美国更差，已经陷入衰退。近年来，英国主要依靠发展金融来发展本国经济，这一模式已受到严重挑战。

仅3月份一个月，中国直接持有的美国国债就增加了237亿美元，至创纪录的7679亿美元，继续保持美国政府最大债权人的地位。一位匿名西方官员说："由于外汇储备数额庞大，如果中国大举进入另一个市场，那么将立即引起混乱，如果它抛售太多美元，也很可能导致现有储备价值暴跌。"

《金融时报》引述中国官员及驻北京的西方官员的话称，中国掉进了"美元陷阱"，只能将大部分日益增加的外汇储备不断注入美国国债市场。美国国债在规模和流动性方面是唯一能够支撑中国巨额购买的市场。

为什么冰岛的麦当劳生意兴隆，可利润奇低

冰岛经济因银行过度扩张和过度杠杆，大量提供高风险贷款，结果在去年金融海啸下崩溃。彭博通讯社称，在过去19个月，克朗兑欧元汇价大跌近8成。虽然冰岛后来实施了资金管制，但2009年克朗兑欧元还是再跌了8.1%，是26个新兴市场货币中表现第二差的国家。

2009年，自2004年起成为冰岛麦当劳特许营运商的奥格蒙德森表示，虽然冰岛麦当劳的生意十分兴隆，但冰岛货币克朗（krona）崩溃，令原材料入口成本高得难以负担。他说："过去几个月卖出的汉堡包从未如此多，但利润却是从未如此低。那实在无奈。"

他解释，公司受专利权规定，所有在冰岛出售的产品包装、肉类、蔬菜、芝士和各种独特酱汁等，都必须从德国进口。然而由于冰岛经济遭金融海啸重创，克朗汇价大幅缩水，入口货成本急增，现在"要买1公斤德国入口的洋葱，我要付出等同一瓶上好威士忌的价钱。"再加上当局向进口食物征重税，使麦当劳难以和当地食肆竞争，面对冰岛经济未来几年都无望复苏，他不得不结束营业止血。

克朗大跌令经营成本在过去18个月增加一倍，若要获得一定利润，一个"巨无霸"的售价，必须从目前的640克朗调高逾20%到780克朗（约6.36美元）。奥格蒙德森说："我们难以如此加价，客人不会接受多付钱。"

到了10月31日午夜，3家位于冰岛首都雷克雅未克（Reykjavik）的麦当劳分店将全面关闭。但奥格蒙德森表示会在麦当劳分店原址，开设新的汉堡包连锁店“Metro”，销售食物的原材料将源自当地。麦当劳美国总部发言人赖利（TheresaRiley）则说：“在冰岛经营的独特营运复杂性，与该国严峻的经济气候合二为一，继续业务显得叫人却步。”

英镑显然是目前世界上最值钱的货币。截止到2008年年底，英镑对人民币汇率约为1：9.9，即1英镑差不多能兑换10元人民币。

其次是欧元，同一时期1欧元大约可以兑换9.7元人民币；而随着美国经济的走软，同期1美元仅能兑换人民币6.8元。英镑、欧元和美元仍是当今世界最值钱的3种货币。

而世界上如今最不值钱的3种货币，当属索马里先令、伊拉克丁那和朝鲜元了。

戏谑地说，在索马里任何人都可以用钱砸死你。据说索马里一个茶杯也要500先令，人们出行都提着大包小包的钱。出现这样的原因，还是在于索马里局势混乱，导致索马里的经济一度也十分混乱。

其次就是伊拉克丁那了。伊拉克战争给伊拉克社会和人民带来了深重的灾难，新伊拉克丁那也随着萨达姆的倒下而一路下跌。石油天然气的黑市交易，更使伊拉克经济变得混乱不堪。生活在伊拉克的人们，竟然没事就烧钱玩，让人匪夷所思。

朝鲜元也好不到哪里去。由于美国冻结了朝鲜在国外银行的账户，直接导致了朝鲜元的下跌。与此同时，近几年来，朝鲜国内物价飞涨，最高时甚至达到了550%。这就是所谓的“捏着钞票不如包着馒头踏实”。

钱和钱之间为什么会有这么大的差距呢？这是因为一国的货币价值会随着一国的经济水平有升有降。

货币的升值和贬值，代表一国货币的购买力是增强还是减弱。升值是指一国货币兑换另一国货币的数量增多了，货币的购买力增强了。以前要8元人民币才能换1美元，如今只要6.8元人民币就可以换1美元了。这就是货币购买力的提高。升值一般是一个国家为了抵御外汇冲击，制止通货膨胀所采取的措施。增加本国单位货币的含金量或提高本国货币对外币的比价，或者直接宣布提高本国货币对外国货币的比价，以提高本国货币价值，抑制大量外汇的涌入。因为外汇太多将给本国货币流通市场造成流动性过剩的压力，将可能引起国内通货膨胀。

货币贬值，是指单位货币所含有的价值或所代表的价值下降，即单位货币价格下降。又称通货贬值，是货币升值的对称。货币贬值可以从不同角度来理解。从国内角度看，货币贬值在金属货币制度下，是指减少本国货币的法定含金属量，降低其对金属的比价，以降低本国货币价值的措施；货币贬值在现代纸币制度下，是指流通中的纸币数量超过所需要的货币需求量即货币膨胀时，纸币价值下降。从国际角度看，货币价值表示为与外国货币的兑换能力，它具体反映在汇率的变动上，这时货币贬值，就是指一单位本国货币兑换外国货币能力的降低。而本国货币对外汇价的下降，也就是指一国货币兑换另一国货币的数量减少了。如人民币汇率改革之后，美元对人民币贬值，原先1美元可以兑换8元人民币，而现在只能兑换到6.8元人民币。货币的升值和贬值都是相对于参考货币而言的。

货币贬值在国内引起物价上涨现象。但由于货币贬值在一定条件下能刺激生产，并且降低本国商品在国外的价格，有利于扩大出口和减少进口，因此第二次世界大战后，许多国家反而把它作为反经济危机、刺激经济发展的一种手段。

在客场挑战沃尔夫斯堡的足球比赛中，巴西人马塞利尼奥用一个“帽子戏法”帮助柏林赫塔战胜对手，同时也让自己的进球数达到了8个。

马塞利尼奥的能力无人可以怀疑，但仅仅局限在球场上。一旦离开了球场，马塞利尼奥就成为了一个“超级大傻瓜”。

2002年8月13日，马塞利尼奥与柏林赫塔达成共识，将自己的合约延长至2007年，但是马塞利尼奥坚持俱乐部应该用美元来支付自己的薪水。当时的美金比欧元稍微贵一点，大约是1美元兑换1.02欧元。更重要的是，在马塞利尼奥看来，近似于硬通货的美金只会升值，而不会贬值。

在续约的时候，马塞利尼奥肯定在偷偷发笑，因为俱乐部答应了他的“苛刻要求”，并且将这一点写进了合约里。但是过了两年之后，马塞利尼奥即使想哭也来不及了，因为美元已经大幅度地贬值。11 月 30 日的外汇牌价上清清楚楚地写着：1 美元兑换 0.75 欧元。马塞利尼奥的年薪是 180 万美金，兑换成欧元就只有 135 万了。也就是说，马塞利尼奥的无知使得他在 2004 年就减少了 45 万欧元的收入。更为可笑的是，如果美元一路跌下去的话，他每年的收入都会减少，直到 2007 年。这是合约上白纸黑字写明的。

或许是个人财富上的沉重打击，让马塞利尼奥将全部精力都放到了球场上。所以当有记者问及此事时，马塞利尼奥旁顾左右而言他：“我希望能在这个赛季踢进 20 个球。”

如果美元继续贬值的话，马塞利尼奥的每个进球都会越来越便宜。马塞利尼奥选择美元而放弃欧元造成了财富损失。

第三章

V 型思维：中国的危机还是机遇

为什么美国向自己的港口扔石头

2009 年 4 月 20 日，美国钢铁工人联合会以中国对美轮胎出口扰乱美国市场为由，向美国国际贸易委员会提出申请，对中国产乘用车轮胎发起特保调查。6 月 29 日，美国贸易委员会建议在现行进口关税（3.4% ~ 4.0%）的基础上，对中国输美乘用车与轻型卡车轮胎连续 3 年分别加征 55%、45% 和 35% 的特别从价关税。

本案是美国奥巴马政府对中国发起的首例特保调查。根据中方统计，2008 年中国对美国轮胎出口金额约 22 亿美元。此案遭到中美业界的广泛反对。中国商务部官员就此案多次与美方相关部门进行交涉。此前，美国布什政府曾对中国发起六起特保调查，最终均未采取特保措施。

目前，我国轮胎年出口量占总产量的 40% 以上，如果削减输美轮胎半数产量，就意味我国会出现 12% 的剩余轮胎产量。此外，根据 WTO 规则，如果奥巴马批准了对中国的特保制裁，相关国家可以直接援引美国的制裁方案。

奥巴马的决策，非但不能解决美国钢铁工人联合会申请“特保案”提出的解决轮胎制造产业 2 万名工人的失业问题，反而会严重影响到依靠中国轮胎产品从事进口和销售的 10 万员工的就业。对中国轮胎实施 3 年惩罚性关税，必将大大提高美国国内消费者的购车成本，提高美国汽车业的成本，损害美国汽车业的竞争力，从而也将削弱奥巴马政府力图振兴汽车工业的政策措施和经济效应。

美国对中国轮胎进口问题的处理，一直被视为奥巴马及其政府贸易政策的“试金石”。美决定对中国轮胎实行惩罚性关税，标志着美国贸易保护主义不仅向中国，而且向世界发动了贸易保护战。奥巴马及其政府的这一贸易战争行动，不仅给中美经贸合作造成严重伤害，也对全球贸易合作造成严重影响，而且有害于世界经济早日复苏。当年，胡佛及其政府率先大幅提高关税，大举实行贸易保护主义，引发全球贸易战，加剧了美国和世界经济危机。历史的教训是值得奥巴马及其政府记取的殷鉴。

一件件制裁措施，将我国的产品拒之门外。但这样的现象在全世界非常普遍，国与国之间的贸易摩擦也是频频上演。而这些举动，在国际经济学上，有一个专门的词语可以来形容，即“贸易壁垒”。

众所周知，各国间因全球化的进程加快，进行贸易的规模和频率也逐渐增加。在这种背景下，难免会有贸易摩擦。而各国政府为了保护本国的相关行业和产品不受外来经济的伤害，或者由于某些政治、军事目的，选择使用贸易壁垒。

通常情况下，贸易壁垒可分关税壁垒和非关税壁垒两类。在20世纪，各国倾向于使用的是关税壁垒，自从进入21世纪，越来越向非关税壁垒转变。若按照今时今日的情形，国际上非关税壁垒正在逐渐取代关税壁垒。特别是一些发达国家利用其自身的技术优势对来自其他国家产品的认证要求，极大地阻碍了欠发达和发展中国家制成品的出口，导致了世界上南北经济发展差距的拉大。

美国商务部以存在政府补贴为由，初步裁定对中国输美金属丝网托盘实施2.02%~437.73%的惩罚性关税。

美国商务部当天发表声明宣称，由于得到政府补贴，中国产金属丝网托盘2008年对美出口额高达3.17亿美元，较2006年增长了49%。

根据美国商务部的初步裁定，部分中方相关企业将被征收2.02%~3.13%的惩罚性关税；另有相当一部分中方企业因在配合美国政府调查方面“反应不迅速”，将面临437.73%的高额惩罚性关税。

根据调查材料显示，近5年来，中美贸易摩擦增加，美国时常会采取不合理的措施抑制从中国进口的商品，例如，美国对从中国进口的中低档陶瓷制品征收较高的关税，对高档陶瓷制品征收较低的关税；对中国的鞋类，鞋面用皮面积超过鞋面总面积51%的运动鞋，征收不到10%的关税，对低于的，征收高达3倍以上的关税。

除了美国，中欧之间的贸易情况也不容乐观。2008年10月，欧盟对中国皮鞋发起反倾销日落复审调查。2009年1月31日，欧盟对我国出口的紧固件采取最终反倾销措施，5年内征收平均高达80%的反倾销税。

有资料显示，1990年以来，针对中国的反倾销案件占世界总量的1/7 ~ 1/6。而在中国加入WTO后，更成为各国反倾销的“众矢之的”。

另有资料表明，中国有3/5以上的出口企业和2/5以上的出口产品面临技术性贸易壁垒的限制。且根据中国国家质检总局2008年12月30日公布的最新调查结果表明，仅2007年一年，国外技术性贸易措施就让中国出口企业损失上百亿美元。全年出口贸易直接损失494.59亿美元，占同期出口额的4%以上，企业新增成本264.31亿美元，比2006年增长了72.76亿美元。

中国为捍卫国家利益，理所当然地作出了应急回应，坚决回击美国的贸易保护主义。9月13日，中国迅即宣布，已启动对从美国进口的部分汽车产品和肉鸡产品的“反倾销和反补贴”立案审查程序。这是中国不得已而出手应对美国发起的贸易保护战。显然，中国可能从反补贴角度对从美国进口的产品实施报复性征税。除对从美国进口的部分汽车产品和肉鸡产品可能征收报复性关税之外，一旦同美国的贸易战升级，中国还可能对从美国进口的大豆、玉米、小麦、棉花等进行报复性征税。

中美之间爆发贸易战，双方都会遭受巨大损失，没有赢家，只会两败俱伤。但是相对而言，在世界金融危机和美国经济衰退的形势下，似乎中国比美国更不怕贸易战。毕竟中国现已是经济增长最快的世界第三大经济体，并有望取代日本成为第二大经济体。2009年实现了经济增长8%的目标，率先在全球实现经济复苏。中国也是世界第一大外汇储备国、美国的第一大债权国。中国还是美国的第三大出口市场，而且是自2002年以来一直保持年增长20%的最快、最重要的出口市场。显然，中国手中掌握的王牌并不比美国少。中国在贸易战的决战关键期，只要抛售手中的美元资产，虽然自身会遭受巨大损失，但对美国的损害将是灾难性的。再者，中国13亿人口的巨大市场被开发，中国对美国市场的依赖将退之次要地位。相反，美国一旦失去中国市场则是不可想象的。最后，对长期以来习惯使用物美价廉的中国商品的美国广大消费者，特别是中低层消费者而言，如果买不到廉价的中国商品将是不堪设想的。

在世界经济日趋一体化的今天，贸易壁垒的存在为自由贸易添加了不和谐的因素。国际间竞争的加剧，导致发达国家和发展中国家都纷纷采取了各种贸易壁垒。但发达国家技术先进，这使得他们能够更有效地冲破发展中国家的贸易壁垒，冲击发展中国家的市场，相反，发展中国家的产品往往要受到发达国家的严苛管制。基于此，各国之间也产生了贸易争论。

奥巴马向自己的港口扔石头，其结果是造成中美之间贸易的不顺畅，必将导致美国民众生活成本的进一步上升。同时，贸易保护对于美国经济发展的作用也很有限，美国经济只有在世界的大舞台上参与竞争才能生命力旺盛。如果继续扔石头，只会阻碍美国经济的复苏。

为什么美国农民比中国农民更逍遥

美国政府从 1995 到 2002 年，共提供农业补贴 1 140 亿美元，粮食利润的 1/3 来自政府的补贴。2002 年 5 月，美国总统布什批准通过的《新农民法案》，计划在今后 10 年内，为农业和畜牧业提供 1900 亿美元补贴，比旧农业法规定的补贴增加了 80%。

非洲联盟委员会主席科纳雷说："富国对农业的补贴是发展的障碍，它削弱我们的经济，让我们的农民变得越来越穷。"美国等西方发达国家一直倡导自由贸易，可就农业补贴问题的谈判，从多年前的"乌拉圭回合"到今天的"多哈回合"，始终不能取得任何进展。

早在 2002 年 9 月 18 日国际货币基金组织在公布的一份报告中，就论及世界各国普遍削减农业补贴时，对美国 2002 年 5 月通过大幅提高农业补贴的新农业法提出了批评。这份报告指出，如果全世界的各个国家都能取消农业补贴，每年将会带来 1 280 亿美元的收益，其中发达国家获利高达 3/4，发展中国家占 1/4。工业国家 2001 年在农业补贴上的支出超过 3000 亿美元。虽然这一补贴对这些工业国的部分农民有利，但由于这种行为压低了国际农产品价格，发展中国家的农民得到政府支持相对较少而利益受到损害。

美国是世界上贸易补贴最多的国家之一，尤其是农业补贴最多。对于美国的农民而言，无论在地里种什么，他们都不用担心将来卖不出去，因为在他们背后，有美国的农业补贴。美国农业补贴的形式繁多、种类各异，几乎覆盖了所有大宗农产品，每年平均每个农户能从政府那里得到 1 万多美元的补贴。巨额的补贴使得美国农产品在国际市场上长期占据"半壁江山"，美国的小麦、大豆和玉米占有率分别高达 45%、34% 和 21% 以上。

高额的农业补贴使美国农产品在国际市场上具有显著的价格优势。比如在 2000 年，美国对小麦的直接补贴为每吨 45 美元，对玉米的直接补贴为每吨 27 美元。这也就意味着：美国的农民可以将每吨小麦降价 45 美元，每吨玉米降价 27 美元，降价后再与其他国的生产者竞争。这样，对于那些无力提供补贴的发展中国家而言则极为不公，因为他们的农民无法与美国进行价格战。相比较其他国家的农民而言，美国农民的日子过得更加舒适。

贸易补贴在很大程度上可以被利用为实行贸易保护主义的工具，成为国际贸易中的非关税壁垒。长期以来，各国政府为了国内经济发展或其他政策的需要，或者为了促进出口，在不同的时期对不同的行业或产品实行补贴，已经成了一种普遍的现象。一国政府有权采取它认为适当的任何政策，促进国内经济发展和提高人民的生活水平，这是一国的主权所在，也是符合联合国宪章精神的。一国政府采取什么样的经济政策，实行何种具体方法，对哪些行业予以补贴，这都是一国的内政，其他国家本来是无权干涉的。

然而，一国对国内工业的补贴会直接或间接地影响其对外贸易。而一旦这些国内措施影响了给予补贴国与他国的经济交往，则问题就不那么简单了。在国际贸易中，补贴与反补贴措施问题一直是一个复杂棘手、争议颇多的问题。

从下面列举的一些数字可以看出，一国政府采取补贴措施，受到补贴措施影响的国家采取反补贴措施，而受到反补贴措施影响的国家又采用其他方法对付，这种补贴与反补贴的斗争成了国际贸易中的一个重要方面。

2008 年 8 月 28 日，世界贸易组织的网站公开了美国政府的一封来信。在信中，美国就中国农产品（如猪肉、小麦等）关税、补贴和出口规则问题，向 WTO 提出一系列质疑。美国政府在信中的主要攻击点，是中国的生猪饲养政策。

信中称，中国的企业所得税税率为 25%，但中国生猪饲养等肉类企业似乎不必交纳此等所得税。美方要求中方解释猪肉生产商和加工商是否属于"从事农、林、牧、渔业项目的企业”，并要求中方公布猪肉生产商和加工商2007年和2008年的总收入。

2007年中国生猪存栏数因疾病等问题大幅下滑，导致市场猪肉价格飙升。为此，中国政府采取一系列措施，鼓励和促进生猪饲养和肉类加工。美国政府在致WTO的信中指责，中国对饲养的母猪每头补贴100元人民币，是过去补贴的2倍，而此前中国对生猪饲养补贴已高达8.86亿美元。美方要求中方提供新补贴方案细节和补贴总额。

美国是世界上农业补贴最多的国家之一，竟然指责中国的农产品补贴，实在是令人“匪夷所思”。贸易补贴是指一个国家的政府或公共机构，采用直接或间接的方式向本国出口企业提供现金补贴，或者提供财政上的优惠。此举有利于提高出口企业在国际贸易中的竞争力。但是从另一个角度来说，贸易补贴又会使外国同类企业受到不利影响，容易导致不公平竞争。因为这个原因，关于贸易补贴的争议从来就没有停止过。

而我国在对外贸易中，也遭遇到国外的反补贴调查。2004年4月至10月，加拿大边境服务署（CBSA）先后对原产于或出口自中国的烧烤架、碳钢和不锈钢紧固件以及复合地板发起了反倾销和反补贴合并调查。这三起案件标志着我国出口产品出现了新的挑战，国外对华贸易摩擦的新热点开始产生。加拿大CBSA于2004年12月9日作出最终裁决，裁定对原产于或出口自中国的碳钢和不锈钢紧固件100%地受到了中国政府的补贴；随着加拿大国际贸易法庭（CITT）也于2005年1月7日对涉案产品，作出了存在损害的肯定性裁决。自此，正式翻开了国外对中国出口产品征收反补贴税的序幕。

2008年全球新发起反倾销调查208起、反补贴调查14起。中国分别遭遇73起和10起，占总数的35%和71%。当前补贴与反补贴已经成为国际贸易中的突出问题，我国也应该切实重视起贸易补贴引起的纠纷问题，并开展补贴与反补贴的立法与实践。

为什么美国记者离不开中国产品

一位美国记者萨拉曾经突发奇想：如果没有中国制造，世界将会怎样？于是她决定从2005年1月1日开始带领全家不买中国产品，看看这一年的生活是怎么样的。萨拉把这一年的很多生活经历与有趣的故事记录了下来，这就是后来成为著名畅销书的《离开中国制造的一年》。

在这一年中，萨拉一家的生活接连遇到了很多有趣而充满挫折的真实经历——萨拉不得不给4岁的儿子购买标价为68美金的意大利鞋；老鼠横行，一家人还得为使用“人道”的中国捕鼠器还是“非人道”的美国捕鼠器而犯难。最后，为了不让老公造反、不让儿子失望，在2006年元旦，萨拉只能向“中国制造”“投降”。萨拉在《离开中国制造的一年》的结尾写道：“我们最终决定，还是跟中国进口产品共存的好。发誓一辈子不用中国产品，似乎不太现实。不靠中国产品过日子太难了，至少不懈地坚持下去太难了。我不知道自己还有没有勇气再来一次，从某些方面来说，我情愿不去设想，未来10年不靠中国产品过活，日子会有多难。”

提起“中国制造”，人们不禁感到颇为自豪——“中国制造”可以说创造了多项世界第一的记录，也让全世界的消费者重新认识了中国的制造能力。从新中国成立时连最简单的火柴和铁钉都被称为“洋火”和“洋钉”的一穷二白，到现在我们建立了完整的工业体系，飞机、卫星、导弹、轮船、火车、汽车、计算机、通讯电子等都建立了自己的品牌，这是一个质的飞跃。

我们来看一组振奋人心的数据：据商务部2008年最新统计，目前世界500强除了极少数公司没有在中国投资投产外，95%以上把中国作为自己的生产基地，通过合资或OEM代工的方式进行“中国制造、全球消费”的运营。现在我国在全球制造业中所占的份额，2006年已经达到8%，总量上超过日本，成为全球第二大制造国；有172类产品总量居世界第一；同时我国还参与大全球产业链的分工，作为世界工厂的地位已经形成了。这是我们制造业跨越式发展的一个重要标志。

“中国制造”取得如此世界瞩目的成就，是否意味着我们就可以高枕无忧了呢？答案当然是否定的。我们再来看看下面这些同样引自媒体的数据：据统计，近年来我国设备投资的2/3依赖进口，光纤制造装备的100%、集成电路芯片制造设备的85%、石油化工装备的80%、轿车工业设备、数控机床、纺织机械、胶印设备的70%被进口产品占领；中国每年要花费6000亿元从国外进口重大设备；劳动生产率大概只是美国的1/23……世界知名品牌少、核心技术创新少、拥有自主知识产权企业少、依靠低廉的劳动力和价格占领市场，要摆脱这些问题，“中国制造”还有很长的路要走。

除了自身具有的短板之外，“中国制造”还面临着诸多挑战。第一，随着中国国家经济水平逐步缩短与西方发达国家的差距，人民生活水平不断提升，低工资、低待遇的中国劳动力初期开发阶段已经成为历史，以往的核心竞争力是拥有低劳动力成本优势，但目前这种优势正在衰退，而且这将是一个不可逆转的发展大势。第二，各种原材料、能源价格的不断上涨，成本优势更加面临被遗失殆尽的危险。此外，全民环保意识的提升，以及知识产权保护的加强，更加对原有的中国制造业企业提出了挑战。

现阶段，如何能将“MADE IN CHINA”改为“MADE BY CHINA”？这一个单词替换的背后，折射出我国产业的价值取向必须发生巨变——“中国创造”升级“中国制造”。

诸多的调查结果显示，我国处于不利地位。在各国先后树立起来的贸易壁垒背后，中国很“受伤”。商务部进出口公平贸易局局长王世春表示，中国外贸发展面临的新挑战就是技术性贸易壁垒。而作为发展中国家，我国出口的产品多是低技术含量产品，市场被发达国家的众多指标卡在国门之外。

在这种情况下，中国该怎么办？

首先，应当在出口产品时增加技术含量，以出口高科技、高技术含量的产品为导向。为了减少我国的损失，在无法对诸多发达国家的贸易壁垒提出控诉时，应当积极加强自身应对风险的能力，减少低技术含量产品的出口，尽量向外输出符合其指标的产品。

其次，进入国外投资建厂。当然，这一点是针对生产规模较大的出口商来说的，其有实力在国外建厂，一方面可以利用当地的资源，另一方面也规避了贸易壁垒。这正是使用了“走出去”的战略，实现“曲线救国”。

最后，适当改变我国的出口格局与战略。商务部的官员表示，多年来，我国一直针对美、欧、日3个市场进行出口。但由于其市场相对成熟、运作规范，相关的规定也都比较完善，对我国目前的产品来说，非常不利。因此，应当在全世界开发其他出口地区，例如俄罗斯、拉美等新兴市场，积极扭转我国在对外出口中的不利局面。

为什么提高汇率是限制中国的发展

汇率是国际贸易中最重要的调节杠杆。因为一个国家生产的商品都是按本国货币来计算成本的，要拿到国际市场上去竞争，其商品成本一定会与汇率相关。汇率的高低也就直接影响该商品在国际市场上的成本和价格，直接影响商品的国际竞争力。

在江苏南京金陵会展中心，温家宝先后会见了欧盟轮值主席、瑞典总理赖因费尔特和欧盟执委会主席巴罗佐。

针对人民币汇率问题，温家宝表示，在前所未有的国际金融危机中，保持人民币汇率的基本稳定，有利于中国经济的发展，有利于世界经济的复苏。

他指出，现在一些国家一方面要人民币升值，一方面又对中国实行名目繁多的贸易保护主义，这是有失公允的，实际上是限制了中国的发展。

温家宝说，中国将按照主动性、可控性、渐进性的原则，不断按照人民币汇率形成的机制，保持人民币在合理均衡的水平上的基本稳定。

温家宝指出，中欧要彻底摒弃歧视、对抗和遏制，倡导平等、对话与合作，增强战略互信，永远做朋友，不做对手。

温家宝希望妥善处理贸易摩擦，反对贸易保护主义，“希望欧盟放宽对华高技术出口限制，平衡双方贸易。”另外，温家宝提及的双方合作的项目，还包括加强知识产权保护、贸易和投资便利化、中小企业领域等。在节能和提高能效、发展可再生能源及开发利用清洁煤和煤层气技术方面，双方应发挥双边机制的作用。

中欧领袖发表联合声明，并签署五项合作文件，包括科技、建筑、环境治理、可持续贸易和投资体系等方面。

美国要求人民币升值的一个重要考量就是，人民币升值可令中国出口商品在国际市场上的成本有较大幅度的增加，打击中国商品的竞争力，并反过来刺激中国大量进口美国的商品。

汇率的提高，将在一定时期内降低企业的盈利空间，使竞争力和在国际市场的份额下降，导致出口减少；将加剧某些国内领域的竞争。一些出口产品的生产厂家会加入国内市场竞争的行列，使本已竞争激烈的国内市场竞争更加惨烈；将造成某些领域的生产相对过剩。如食品、服装、文化用品等出口商品有40%～60%转移到国内市场，必然造成产品一定时期内的供过于求；将加剧就业压力，特别是会导致许多农民工失去工作；将增加外商在华投资的成本，利用外资可能会呈现逐渐下降局面；将导致海外游客在大陆旅游的花费增加，可能使他们转往其他国家或地区旅游。

人民币升值对出口商不利。从相对应的角度看，进口便宜，则出口时，中国的商家就要吃亏了。以前，有国外的订单，收到1美元，能换成8元人民币；可是现在，收到1美元，只能顶上不足7元人民币！尤其是劳动密集型的商品，曾大量出口，但现在人民币升值，商家挣到的利润少了，以至于很多企业的经营都受到了冲击，尤其是行业中本身经营成本较高的企业，根本维持不了往年的利润。再者，人民币升值，国内生产的产品成本上升，在国际市场上就降低了原有的价格优势，订单少了，利润更是无以为继。许多企业家认为，在最近几个年头，人民币一次次升值，企业本身就已经受到了很大冲击，而2008年又受金融风暴的影响，所以，能在年终保持不亏损就算不错了！如某服装企业的经理说：“作为劳动密集型产业，利润本来就非常有限，只有2%～3%。现在人民币升值和原材料涨价使得生产成本增加到3%～4%，加上人力成本的增加，如果无法提高出口价格的话，企业可能无法生存。”企业为了生存，只能尽量降低生产成本。于是，出现了这样一种趋势，一些数量大、利润低的订单（服装、鞋、家具等传统行业）逐渐从广州、深圳以及东莞这些制造成本偏高的地方，向成本相对偏低的广东两翼或中国中西部转移。

除了对进口商和出口商的影响，人民币升值的影响还波及国家经济的多个方面。例如，人民币的升值可能会影响中国经济的长远发展，而持续的人民币升值可能会对进入我国的海外投资有所影响，如果外国商人在我国进行投资的成本提高了，就会减少对中国的投资，阻碍一些地方吸引外资进行发展；可能会挫伤中国的优势产业，如前面第三点提到的，出口产业的受损，实际上也就是伤害了中国的优势产业（劳动密集型制造业），目前中国出口主要靠这些，高尖端技术出口的产品具有优势的并不多，所以，优势产业被伤害了，中国还拿什么跟人家竞争？国际市场上的竞争力还怎么提高？过去因出口而形成的贸易顺差是否还能形成？如此分析，情况并没有人们想象的那么乐观。

汇率对经济的影响是深远的，所以中国的汇率制度，正在朝自由浮动的汇率制度改革发展。但是，由于汇率的波动会给进出口贸易带来大范围的波动，因此货币汇率政策的首要关键是要稳定，改革也应当循序渐进。这正是中国的货币政策所希望达到的目标。

为什么信心比黄金更重要

一个女儿对父亲抱怨她的生活，抱怨事事总是那么的艰难，她不知道该如何去应付生活，总是自暴自弃。她已经厌倦了抗争和奋斗，好像一个问题刚刚解决，新的问题就又出现了。

她的父亲是位厨师，这位厨师把女儿带进了厨房，父亲先往三口锅里各倒入一些水，然后把它们放在旺火上烧。不久锅里的水开了，他往第一口锅里放了些胡萝卜，第二口锅里放鸡蛋，第三口锅里放入碾成粉末的咖啡豆。他将它们浸入开水中煮，一句话也没说。

女儿咂咂嘴，不耐烦地等待着，纳闷父亲到底在做什么。大约 20 分钟后，父亲把火关闭了，把胡萝卜捞出来放入一个碗内，把鸡蛋捞出来放入另一个碗内，然后又把咖啡舀到一个杯子里。做完这些之后，他才转过身问女儿："亲爱的，你看见什么了？""胡萝卜、鸡蛋、咖啡。"她回答。

他让女儿靠近些，并用手去摸摸胡萝卜。她摸了摸，注意到它们变软了。父亲又让女儿拿一只鸡蛋并打破它，将壳剥掉后，她看到的是只煮熟的鸡蛋。最后，父亲让她喝了口咖啡，品尝到香浓的咖啡，女儿笑了。她怯生地问道："爸爸，这意味着什么？"

父亲解释说，这三样东西面临同样的逆境——煮沸的开水，但其反应各不相同：

胡萝卜入锅之前是强壮的、结实的、毫不示弱的，但进入开水之后，它变软了、变弱了；鸡蛋原来是易碎的，它薄薄的外壳保护着它呈液体的内脏，但是经开水一煮，它的内脏变硬了；粉状的咖啡豆则很独特，在进入沸水以后，它们反倒改变了水。

父亲问女儿："哪个是你呢？当逆境找上门来时，你该如何反应？你是胡萝卜、是鸡蛋、还是咖啡豆？"

当遇到金融危机就畏缩吗？像是变得软弱失去了力量的胡萝卜，还是内心原本可塑的鸡蛋，或者像是咖啡豆呢？豆子改变了给它带来痛苦的开水，并在开水达到 212℃的高温时散发出最佳的香味，水最烫时，它的味道更好了。

当金融危机来袭，走出金融危机的阴影，困难重重、压力巨大。这在于我们的选择，更在于我们克服困难的信心。

2008 年 9 月 24 日下午，在纽约华尔道夫饭店，中国国务院总理温家宝，面对美国经济金融界知名人士，斩钉截铁地说："在经济困难面前，信心比黄金和货币更重要。"

在纽约出席联合国会议的温家宝总理短短 48 小时的行程中，特意安排了一场与美国经济金融界知名人士的座谈会。与会者都是美国经济、金融和学术界的顶尖人物：纽约联邦储备银行行长盖特纳，花旗集团董事长、美国前财长鲁宾，美中贸易全国委员会主席、陶氏化学公司董事长利伟诚，诺贝尔经济学奖得主、哥伦比亚大学教授斯蒂格利茨，美国外交关系委员会主席哈斯等。

温总理说："美国次贷危机引发国际金融市场剧烈动荡，全球经济前景不容乐观。同时也应看到，现在的情况与 20 世纪 30 年代不尽相同。美国实体经济，包括高科技经济，基础还是好的。过去几十年，世界经济历经风风雨雨，最终都度过了危机，实现了新的发展。今天，国际社会抵御金融风险的能力不断增强，经验更加丰富。面对危机，关键是要鼓起勇气和信心，这比黄金和货币更重要。"温总理还说："我们注意到美国政府和金融界已为稳定国内金融市场采取了一系列重要措施，希望这对缓解当前困难会起到积极作用。"

美方与会者纷纷表达了对中国的期待。盖特纳说："在当前世界经济下滑的形势下，人们更重视中国发出的信息。中国是全球经济金融稳定和信心的来源。"利伟诚说："在美国经济趋弱的情况下，保持中国经济的稳定和强劲有力，是对世界的福音。"斯蒂格利茨说："全球金融监管体系过去忽略了发展中国家的声音。今后应更多地倾听中国的声音。"斯蒂格利茨还向温总理建议：采取积极的财政货币政策，扩大内需，保持经济稳定增长；从美国金融危机中吸取教训，加强金融监管，重视金融衍生品安全和金融创新问题；此外，还应完善社会保障体系。

正是在信心比黄金更重要的选择下，温家宝总理呼吁全世界都提振信心、携手合作、共克危机，并提出实现 GDP 增长 8% 左右的目标，中央迅速出台扩大内需促进经济增长的 10 条措施。

为什么鼓励投资不如鼓励消费

2008 年 11 月 5 日，正值全球经济处于风雨飘摇中，本着"出手要快，出拳要重，措施要准，工作要实"的指导思想，中国政府果断宣布将在未来两年内投资四万亿元以刺激国内经济。或许是数字本身令人印象深刻，该一揽子财政刺激计划通常也直接用“四万亿”来指代。

国家发展改革委副主任穆虹称：“2008 年第四季度，中央财政将新增 1000 亿投资。明、后年还准备继续加大投入的力量，到 2010 年年底，中央投资可以达到 1.18 万亿元。”

穆虹透露，由于国务院已提前让有关部门和地方在 2008 年上半年就着手准备，因此第四季度的 1000 亿投资大部分可以在 2008 年 11 月底下达。余下的一小部分，可在 2008 年年底全部完成下达。

温家宝总理表示，在四万亿投资中，没有安排一个新建的工业项目，都是与民生相关的。经济危机本来就是生产过剩，所以四万亿的投资自然应是启动消费，消费过剩的生产。

经济危机要着力扩大消费需求，特别是居民消费需求。要把扩大消费与完善收入分配政策结合起来，与扩大就业结合起来，与发展服务业结合起来。最重要的是，要千方百计增加居民收入，提高消费能力，加大力度调整国民收入分配格局，提高中低收入居民收入比重，努力消除制约消费的制度和政策障碍，改善居民消费预期，引导和促进居民扩大消费需求。

而减、免税可以减轻生产者和消费者的负担，刺激生产者投资，刺激消费者消费，以促进经济的发展。

一般人认为，税率越高，对于相同数量的税基来说，能征收到的税收越多。比如对 100 元的收入征税，100 元是税基，如果税率是 5%，那么国家可以从中收取 5 元税收；而如果将税率提高到 10%，国家可以从中收取 10 元的税收，与原来相比，国库中就多了 5 元钱。下面故事中的哀公就是持这种看法的人。因为从他的话语中我们可以看出，他显然认为当税率为 20%时将比税率为 10%时多收到钱。

《论语》里面记载了哀公与有若的一段有趣的对话，大意如下：

哀公：“今年荒年收成不大好，国库又不足，该怎么办呢？”

有若：“能否将老百姓的赋税从 20%减到 10%呢？”

哀公：“收 20%的税务，国库里的钱都不够，如果减到 10%，岂不是更糟吗？”

有若：“如果老百姓手中没有钱，国库里又怎么能有钱呢？如果老百姓手中有了足够的钱，你又何必为国库里没有钱发愁呢？”

他的想法是：荒年农民收入本来就不好，如果国家想通过提高税率的办法来充实国库，无异于杀鸡取卵，最后的结果只会使农民更加贫困。而且农民想着一年到头干得那么辛苦，却都在给国家干，谁还愿意干活呢？这样下去，将会使国库因无税可征而更加空虚。而如果此时减税，表面上看，国家能征到的税少了，但农民却因此而休养生息了。一旦农民重新缓过气，整个国家重新富裕起来，税基扩大了，即使税率低一点，国家照样能征到更多的税，还会发愁国库里没有钱吗？

央行宣布，自 2008 年 10 月 27 日起，将商业性个人住房贷款利率的下限扩大为贷款基准利率的 0.7 倍；最低首付款比例调整为 20%。央行还下调了个人住房公积金贷款的利率。

2008 年 11 月 5 日，国务院常务会议公布拉动内需十项措施和四万亿元投资计划，包括在全国全面实施增值税转型改革。

2008 年 11 月 12 日，国务院提出扩大内需四项实施措施：核准审批固定资产投资项目；决定提高部分产品出口退税率；确定中央财政地震灾后恢复重建基金的具体安排方案；提出进一步加强林业生态恢复重建的政策措施。

2009 年 1 月 14 日，国务院通过汽车和钢铁产业调整振兴规划。决定从 2009 年 1 月 20 日至 12 月 31 日，对 1.6 升及以下排量乘用车的购置税从 10% 减到 5%。

单从汽车这一项来看，2009 年 1 月至 7 月，国产汽车销量达到 718 万辆，同比增长 23.38%。减税拉动了汽车的消费和生产，促进了经济的发展。而鼓励消费的另外一个办法就是消费补贴。

从 2009 年 2 月 1 日起，“家电下乡”在原来 14 个省市的基础上，开始向全国推广。产品也从过去的 4 个增到 8 个，除了之前推出的“彩电、冰箱、手机、洗衣机”之外，又新增了“摩托车、电脑、热水器和空调”，它们和彩电等产品同样享受国家 13% 的补贴。各个省市可以根据各地区不同的需求，在这 4 个产品中选择 2 个进行推广。

可以这样说，正是国家对消费者的补贴，从而使得人们觉得有利可图，促进了经济的循环，带动了经济的新一轮增长。

为什么中投千亿资金频频“亮剑”

2009 年 6 月 16 日，澳大利亚嘉民集团宣布，中投与澳大利亚麦格理银行一同参与该集团的融资计划，二者共同为嘉民集团提供 4.85 亿澳元（约合 26.2 亿元人民币）资金，其中中投提供 2 亿澳元（约合 10.8 亿元人民币）。嘉民集团是在澳大利亚证券交易所上市的最大综合性工业地产集团，也是全球最大的工业地产基金管理人之一，经营地域覆盖澳大利亚、新西兰、亚洲及欧洲。

2009 年 7 月 3 日，中国投资有限责任公司宣布，将出资 15 亿美元购买加拿大泰克资源公司 101 304 474 股次级投票权 B 类股票。在交易完成后，中投公司间接持有的 B 类股票约占泰克资源公司发行在外的 B 类股票的 17.5%，约占泰克资源公司发行在外的股票的 17.2%，并约占泰克资源公司的所有投票权（包括 A 、B 类股票）的 6.7%。

2009 年 8 月 28 日，英国歌鸟房地产公司发布公告称，其与包括中投公司在内的 4 家机构投资者达成股权认购协议。该笔融资将用来偿还歌鸟在花旗银行的 8.8 亿英镑贷款。与歌鸟签署协议的有中投公司、卡塔尔控股公司、摩根士丹利房地产基金和 G F 投资基金。中投公司是本次股权融资协议唯一的新参与者。歌鸟集团开发的“金丝雀码头”，是位于伦敦东南角的一片近 40 万平方米的新兴商业区，众多金融机构驻扎在此。

……

2009 年 11 月，中投公布三笔投资项目：15.8 亿美元、19 亿美元、5 亿美元。在短短 10 天时间里，中国投资有限责任公司（以下简称“中投公司”）闪电般连番出手，分别向美电力公司、印尼煤商、加拿大能源公司合计投入 39.8 亿美元。8 月至 11 月 3 个月的时间，中投在全球展开了一轮扫货大行动。短短 3 个月里出手掷金约 95 亿美元，已经超过了去年全年 48 亿美元的总和。

中投的这把投资“尚方宝剑”，在 2009 年下半年也慢慢“亮而出鞘”。由最开始金融投资巨亏到被称为“冤大头”坚持在金融危机下“现金为王”的政策，再到现如今慢慢转变向实业投资看好能源市场，即在能源、农业、房地产等项目的投资。

中投董事长楼继伟的一番话，或可对中投近期频繁出手的动因和方向作出解释。“2009 年以来，中投公司把握市场回稳的有利时机，在通过分散投资时点和资产类型、控制整体组合风险的基础上，加快了投资进度，并适当加大了资源、能源等行业的直接投资力度。”

中投是国家主权财富投资机构，也是中国最大的风险投资机构，注册资本为 2 000 亿美元。中国外汇储备超过 2 万亿美元，是世界第二大外汇储备国——日本的 2 倍多，使中国的主权财富管理方式格外受“青睐”。

但是中投诞生之初，外遇全球性金融危机，而自身又缺乏全球投资经验，“啼声初试”的结果并不理想。2007 年 5 月，筹备中的中投斥资 30 亿美元收购黑石总股本的约 10%。黑石上市后连续下跌，到 2008 年金融危机爆发时，中投 30 亿美元的 70% 蒸发了。而 2007 年年底，中投公司又购买了摩根士丹利 56 亿美元面值的到期强制转股债券，这笔投资也大幅缩水。中投公司遭到严厉批评，认为它是“冤大头”，是金融危机的“泡沫接收器”。

所以，中投这次出手成为人们的热议话题。它虽然是一支国家主权基金，但同样有资本的共同属性，那就是增值和赚到钱。中投公司的资金是国家财产，它也关系到所有纳税人的利益，如果投资不慎，势必要承担来自各方的舆论压力。但是，在谨慎选择投资时机、投资方向和项目的前提下，中投真正需要学会的不是“潜伏”，而是何时“亮剑”，在什么地方“亮剑”。

首先是投资策略的选择。中投近期投资主要以取得少数股权和获取债权为主，即不是以“并购者”的方式而是以“财务投资者”的形式进行，这使其不会遭遇海外并购的阻力。有分析认为，中投之所以近期能够成功运作这么多投资项目，与其明确定位于“财务投资者”的策略是密不可分的。

其次，需要研判的是公司选择的投资时机是否正确。中投判断全球市场将从谷底回升，这个判断与大多数国家和机构的观点一致。中、美等多国采取一系列的措施稳定经济，2009年的投资情况不差，中投需要抓住这个机会。虽然目前国际商品的价格已经较数月前低点有了明显上升，但考虑到今后全球经济复苏的大趋势，近期中投在海外大举投资的行为，从长期看不应该太悲观。

三是把钱投资在什么领域才是真正需要下大力气调研和准确判断的。2007年中投对大摩和黑石时，集中在金融领域，金融危机爆发，金融领域受到的冲击最大，损失也最惨重。而中投这一波投资集中在资源领域。如果我们承认未来世界经济总体向好的趋势，尽管资源价格相对前期的最低点已经有了上涨，但是资源价格仍有上升空间。此外，中国政府实施“走出去”战略，购买包括能源等资源在内的战略性资产，也可以为中国的长远发展做准备。

为什么中国企业要“走出去”

1990年，海尔冰箱开始出口德国和美国市场，拉开了海尔产品进入海外市场的序幕。经过9年努力，海尔的营销国际化取得了丰硕成果：冰箱、冰柜、空调、洗衣机等出口到美国、日本、澳大利亚以及欧洲、东南亚、中东、拉美等市场，共87个国家和地区；海尔的冰箱、空调、洗衣机的生产技术也出口到印度尼西亚、马来西亚、菲律宾、南斯拉夫和西班牙等国家；还在印度尼西亚、菲律宾、马来西亚、南斯拉夫、伊朗和美国等国投资设厂，并逐步推行海外投资的本土化。海尔成为中国企业“走出去”的典范。

2000年后，中国企业的跨国并购可谓风起云涌。华立收购飞利浦CDMA部门，TCL连续吞下德国施耐德电视公司、法国汤姆逊公司和阿尔卡特手机业务，京东方整合韩国现代显示器业务，联想收购IBM. PC业务，中海油收购印尼油田和澳大利亚西北大陆架天然气项目权益，五矿收购法国诺兰达……通过跨国并购，一批国内著名企业踌躇满志，真正“走出去”欲与世界同行。

越来越多的中国企业走出国门，对外投资、对外承包工程、对外劳务合作迅速发展，中国企业的身影出现在世界各地，多种形式的境外经济合作取得长足进展。

首先，我国对外投资的地区和行业分布广泛，增加较快，但投资规模仍较小。资源开发成为对外投资热点。我国对外投资领域涉及油气开发、矿产开发、信息传输、计算机服务和软件、加工制造、商贸旅游、农林牧渔、交通运输、劳务输出、医疗卫生和中介服务等方面，项目运作良好，经济效益逐步显现。其中，境外资源开发成为投资热点。油气、紧缺矿产、木材等境外资源开发合作开始取得成效。

2009年7月20日，武钢完成对加拿大联合汤普逊铁矿（CLM）公司增发股份的交割。武钢持CLM总股本增至4520万股，从而成为其最大股东。武钢与CLM合作的3个矿区，总资源量达到23亿吨。2009年11月2日，澳大利亚外商投资审查委员会正式批准武钢和澳大利亚南澳洲Centrex Metals Ltd（简称“CXM公司”）合作铁矿项目。CXM公司按每股0.25澳元向武钢增发15%的股份。收购完成后，武钢将成为CXM公司的第二大股东，拥有该公司一名董事席位。双方合作项目涉及铁矿石资源量约20亿吨。CXM公司是澳大利亚资源勘查类公司，在南澳埃尔半岛东海岸拥有多处铁矿权。

2009年11月4日，巴西最大的国有石油公司——巴西国家石油公司（Petroleo Brasileiro SA）宣布，巴西国家石油公司与中国国家开发银行贷款换石油协议的最终协议在11月3日落签，该协议总金额高达100亿美元。巴西国家石油公司发布的公告中说，巴西国家石油公司从2009年5月份开始就已经与中国国家开发银行根据协议展开，中国国家开发银行向巴西国家石油公司提供100亿美元贷款，用于技术升级、设备改造和提高产能。作为回报，巴西国家石油公司则将在未来10年内向中国石化公司（China Petroleum& Chemical Corp）供应石油。

巴西国家石油公司第1年的供应标准是每天15万桶原油，随后9年的供应标准则提升到每天20万桶原油。不过，中国国家开发银行向巴西国家石油公司提供贷款的细节条款，目前尚不得知。

其次，投资方式多样化，层次逐渐提高。对外投资由最初的货币投资、实物投资向跨国并购等方式扩展，并有越来越多的企业采取入股和股权置换等方式投资。企业到境外收购销售网络、许可证、技术专利、建立研发中心和工业园区的做法明显增多。

最后，对外承包工程大型项目增加，劳务合作稳步发展。通过对外承包工程，带动了劳务输出。此外，派到境外企业的工作人员、按供求双方签订劳务合作合同派出的劳务人员也不断增加。

2001年，《国民经济和社会发展第十个五年计划纲要》明确提出"实施走出去战略"。最近商务部也表态，支持中国企业"走出去"。当然，我国企业还处于"走出去"的起步阶段，需要政府在金融、财税、外汇、对外关系等多方面给予支持，建立和完善政策促进体系，并加快立法进程，建立和完善制度保障体系、监管和调控体系以及市场服务体系，推动"走出去"战略顺利实施。

为什么中国不需要带沙的GDP

2007年5月，无锡市城区大批市民家中自来水水质突然发生变化，散发出腥臭味，难以饮用。整个无锡都被"臭水"的阴影笼罩着。

为了寻求水质变差的原因，多位专家进行了实地考察。这才发现，水质的变化是由于太湖被严重污染。

入夏以来，气温日渐升高，太湖无锡水域的蓝藻（又称蓝绿藻，是一种原始古老的藻类植物）繁殖迅猛。由于蓝藻通常容易在一些营养丰富的水体中存活，而近年来太湖的水质污染严重，刚好为它的生长提供了绝佳的机会。于是，太湖水面上就形成了大面积的蓝绿色而有腥臭味的浮沫。受到蓝藻不断聚集和死亡的影响，太湖的水质逐渐恶化。久而久之，水就发臭了。而太湖又是无锡市民饮用水的主要来源，这也就说明了无锡的水质为什么会变差。

尽管在水危机发生以后，无锡市政府采取了一系列紧急措施，如增加了"引江济太"调水的力度和容量；令自来水公司不计成本地采取技术提高自来水水质；组织市民打捞蓝藻等，在一定程度上缓解了太湖的水质。但"蓝藻"事件已经在民众中形成了非常严重的影响。

可见，太湖蓝藻的爆发，一方面是夏季时节，蓝藻集中生长在作怪，另一方面也凸显出了太湖周围长期的污染排放问题。若不是近几年来无锡等地把化工作为发展经济的支柱产业，使各类化工、印染企业如雨后春笋般兴起，将无数吨的污水直接排放到太湖里，也不会造成这样的局面。但令人遗憾的是，时至今日，太湖治理的速度仍明显赶不上被污染的速度。

改革开放近30年来，我国的经济发展确实举世瞩目。但我们为此付出的环境代价，同样也是引起世人关注的。据国家环保局提供的数字显示：我国的单位GDP是日本的7倍，是印度的2.8倍，污染排放量是世界平均水平的几十倍，劳动生产率是世界的几十分之一；高耗能、高污染使我国的1/3国土被酸雨污染，3亿农民喝不上干净水，1/3的城市吸不上清洁空气。我们要发展经济，但需要绿色的GDP，经济的发展不能以环境的损耗为代价。

从GDP中扣除自然资源耗减价值与环境污染损失价值后剩余的国内生产总值，称可持续发展国内生产总值，是20世纪90年代形成的新的国民经济核算概念。

来自人民网的消息称，2008年3月14日，我国甘肃西部、内蒙古自治区西部等地出现沙尘天气，局部地区发生了沙尘暴。由于受其东移的影响，15日上午京津地区、河北南部及山东北部出现了浮尘天气，京津地区遭受2008年首次沙尘天气侵袭。

又介绍，这次沙尘天气影响范围广大，包括西北地区东部、华北大部和山东北部的10个省区近400个县市，受影响土地面积约105万平方千米，受影响人口约1.4亿，受影响耕地面积约1400万公顷、经济林地面积约180万公顷、草地面积约3500万公顷。

国家林业局重大沙尘暴灾害应急办公室专家说，当前我国北方地区已进入沙尘天气多发、频发时期。由于这次沙尘天气发生在初春季节，受影响地区的农事活动尚未开展，因而对农、林、牧业生产影响不大，但沙尘发生给城乡交通和群众的日常生活造成了一定的影响。专家建议，广大群众在沙尘天气发生时，应尽量减少户外活动，若需外出应戴好纱巾和口罩等防护用品。呼吸系统疾病患者、老人和儿童尽量不要外出。如果出现呼吸道不适，应及时就诊。建筑工地要覆盖好裸露沙地和废弃物，加固好易被大风吹落的搭建物，行人要远离高层建筑、工地和广告牌。户外驾车要谨慎，减速慢行。

我国首份绿色GDP核算研究报告，即《中国绿色国民经济核算研究报告》于2004年9月7日正式对外公布。该报告指出，2004年全国因环境污染造成经济损失5118亿元，占当年GDP的3.05%。如果在现有的治理技术水平下，全部处理2004年排放到环境中的污染物，需要一次性直接投资约10800亿元，占当年GDP的6.8%左右。同时每年还需另外花费治理运行成本2874亿元，占当年GDP的1.8%。而我国“十五”期间，环境污染投资仅占GDP的1.18%，两者差距甚大。

从以上数据不难看出，原先那种“先发展、后治理”的唯经济中心论的发展观，给环境带来沉重的压力，给人民生活带来重大影响，需要我们进行认真反思。那种以GDP统领一切，唯GDP马首是瞻的做法可以休矣。在长期不考虑环境影响的发展造成的恶果面前，我们必须有新的衡量标准，绿色GDP便是一个合理化的选择。

绿色GDP（可持续收入）的基本思想是由希克斯在其1946年的著作中提出的。这个概念的基础是：只有当全部的资本存量随时间保持不变或增长时，这种发展途径才是可持续的。可持续收入定义为不会减少总资本水平所必须保证的收入水平。可持续收入的衡量要求，是对环境资本所提供的各种服务的流动进行价值评估。可持续收入数量上等于传统意义的GNP减去人造资本、自然资本、人力资本和社会资本等各种资本的折旧。

绿色GDP是指一个国家或地区在考虑了自然资源（主要包括土地、森林、矿产、水和海洋等）与环境因素（包括生态环境、自然环境、人文环境等）影响之后经济活动的最终成果，即将经济活动中所付出的资源耗减成本和环境降级成本从GDP中予以扣除。改革现行的国民经济核算体系，对环境资源进行核算，从现行GDP中扣除环境资源成本和对环境资源的保护服务费用，其计算结果可称为“绿色GDP”。

从20世纪70年代开始，联合国和世界银行等国际组织在绿色GDP的研究和推广方面做了大量工作。近年来，我国也在积极开展绿色GDP核算的研究。2004年，国家统计局、国家环保总局正式联合开展了中国环境与经济核算绿色GDP研究工作。

由于经济产出总量增加的过程，必然也是自然资源消耗增加的过程，是环境污染和生态破坏的过程。而人们从传统GDP中，只能看出经济产出总量或经济总收入的情况，却看不出其背后的环境污染和生态破坏。在传统的GDP核算体系下，至少有3个问题没有考虑到：环境资源的耗减核算、环境资源损失成本的核算和资源环境的恢复成本、再生成本和保护成本的核算。环境和生态是一个国家综合经济的一部分，由于没有将环境和生态因素纳入其中，GDP核算法就不能全面反映国家的真实经济情况，核算出来的一些数据有时会很荒谬——因为环境污染和生态破坏也能增加GDP。推行绿色GDP就较好地克服了这一缺陷。

首先，绿色GDP有利于科学和全面地评价我国的综合发展水平。通过对环境污染和生态破坏的准确计量，我们就能知道为了取得一定的经济发展成就，付出了多大的环境代价，从而可以使我们客观和冷静地看待所取得的成就，及时采取措施降低环境损失。

其次，绿色GDP有利于促进公众参与环境保护。绿色GDP是一套公开的指标，通过发布绿色GDP，可以更好地保护公众的环境知情权。同时，公众通过绿色GDP，能直接判断一个地区环境状况的变化，对政府环境保护工作进行监督，并积极参与环境保护事业。

最后，绿色GDP有利于促进政府转变职能。政府的重要职能是向人民提供公共服务和公共管理。绿色GDP作为关系到一个地区综合发展水平的公共信息，必将促进政府更加关注本地的宏观发展战略，使政府从热衷于具体项目管理转向做好发展规划和创造更好的发展环境上来。

绿色 GDP 占 GDP 的比重越高，表明国民经济增长对自然的负面效应越低，经济增长与自然环境和谐度越高。

王先生一年辛苦工作换来了 30 多万元的年终奖金。与家人商量后，他决定去汽车市场把自己梦寐以求的奥迪 A8 买回家。王先生怀着热切而兴奋的心情到了汽车市场的奥迪专区。看到满场都是 A4 和 A6，却不见 A8 的影子。王先生很是纳闷。看到一名导购小姐，王先生就走过去想问清缘由。在导购小姐的解释下，王先生才知道为什么不见 A8 的踪影了。原来，自从国家提倡建设节能型社会，倡导绿色消费以来，奥迪公司就按照国家政策，减少了耗油量很大的 A8 的出厂数量。而许多消费者也真的响应了该政策，本来要买 A8 的消费者改选 A6，而本来要买 A6 的消费者改选 A4 了。王先生听了这些以后，也改变了自己本来的想法，为自己挑选了一辆 A4，心里依然很开心。王先生笑着说："现在我也做到绿色消费了。"

我国是发展中国家，国家提倡不走发达国家走过的"先污染、后治理"的老路，要实现绿色 GDP。而对于每一位消费者来说，国家提倡大家绿色消费。

而什么是绿色消费呢？我们怎么样才能做到绿色消费呢？

绿色消费，也称可持续消费，是指一种以适度节制消费，避免或减少对环境的破坏，崇尚自然和保护生态等为特征的新型消费行为和过程。

国家积极倡导绿色消费，作为消费者的我们平时怎么能够做到呢？这里，环保专家为我们提供了几条参考标准：

第一，买散装的商品。散装的商品最大的特点就是没有包装。其实包装有时并没有多大的用处，是一种浪费。美国大约 1/3 的垃圾都来自这些包装。而在人们每消费的 1 美元中就有 10 美分是花在这些我们要扔掉的包装上的。

第二，买可重复使用的商品。很多消费者喜欢买一次性的商品，用完就扔掉，省时省力。但是这实际上是一种很大的浪费。很多东西本质上是可以重复使用的，例如，充电电池不仅可以为消费者省不少钱，还可以节约能源。

第三，买二手的或者翻新的物品。并不是二手的物品就不好，只是有一些东西在别人手中没有用了，而在某些人手中则可以充分利用。

第四，购买水流小的水龙头。我们使用自来水洗澡、做饭，大水流的水龙头会造成水资源的浪费。而水流小的水龙头可以完成同样的事，不会造成浪费。

第五，买节能商品。现在许多电器都是环保节能型的，一般这种商品都会有节能标志。家用电器特别是空调、冰箱等制冷电器对大气的影响很大。这也就是现在小学课本上都教育大家使用无氟冰箱和空调的原因了。

第六，买简洁的日光灯。这是我们做到绿色消费最容易的途径。简洁的日光灯寿命是白炽灯的 10 倍以上。用简洁的日光灯每替换 3 个白炽灯，一年内就可以节省 60 美元和减少 135 千克的二氧化碳排放。

以上这些方法，都是我们日常生活常遇到，并很容易就做到的。我们想在美好的环境下生存，我们想要每天早上醒来都伴着鸟语花香。但是，这样的环境离不开我们每个人的责任和行动。做绿色的消费者，为我们美好的生存环境贡献自己的一份力量。

附录

不可或缺的经济学知识

经济学入门关键词

关键词：经济人

“经济人”是微观经济学得以建立的假设条件之一，是对经济生活中的一般人的抽象，其本性是自利的，其行为合乎“理性”，即总是在一定约束（如收入）下寻求讨价还价，以追求效用最大化方式行事，力图以最小的经济代价去追逐和获得自身的经济利益。

“经济人”这一概念，最早是由意大利经济学家V.帕累托明确提出来的，亚当·斯密把这一思想作为《国富论》研究的出发点和基础。但一些批评者认为，“经济人”假定是一种没有得到实证的虚构，并提出用“社会人”、“成就人”或“复杂人”来取代“经济人”，修正其单纯以经济利益最大化作为唯一目标的理论局限。

斯密认为，利己是人的本性，人们在从事经济活动时，都以追求自己最大的经济利益为动机和目的。尽管每个人盘算的只是他自己的利益，但他受着“一只看不见的手”的引导，尽力达到了一个并非他本意要达到的目标。由于追逐自己的利益，他经常促进了社会利益，其效果往往要比他真正想促进社会利益时所得的效果还大。

“经济人”能够根据具体的环境和自身经验判断自身利益，使自己追求的利益最大化。如“经济人”追求“财富最大化”、追求“利润最大化”等等。近20年来，许多西方学者认为“经济人”追求的是“效用最大化”，不仅仅包括物质上的效用，也包括心理上的效用。这种效用不仅仅局限于利润、财富，而且还包含了道德、正义等以前被人们视为伦理学范畴的“非理性”行为内容。

案例：

一天，在美国纽约市的多家报纸上刊登了这样一则广告：一美元卖宝马车。人们并不以为意，因为一美元不可能买到宝马车。一周过去了，没有人去买这辆廉价的宝马车。刚毕业的青年约翰看到这则广告，就满怀希望的拿着一美元，按着报纸上的地址去打算买这辆宝马车。很快约翰就和卖车的妇人办好了手续，约翰问道：“为什么这辆宝马车只卖一美元呢？”妇人说：“因为我老公去世了，他的遗产全是我的，只有那辆宝马车是属于他情妇的。根据他的遗嘱，要把这辆车拍卖，拍卖所得款项要全部给他的情妇。所以，一美元即可。”约翰高兴地开着宝马车回家。路上，他碰上了他的朋友汤姆，汤姆惊讶地说：“你怎么这么快就买了辆宝马车呢？”约翰给汤姆说了他买车的经历，汤姆差点晕倒，说：“我一周前就看到这则广告了。”

关键词：稀缺

稀缺性（Scarcity），是经济物品的显著特征之一。经济物品的稀缺并不意味着它是稀少的，而是指它不可以免费得到。要得到这样一种物品，必须自己生产或用其他经济品来加以交换。

“稀缺”二字，代表着两种不同的含义，一种是稀有的，另一种是紧缺的。在西方经济学中：“稀缺”是指相对于人们无穷的欲望而言，资源是稀少短缺的。在经济学里，“稀缺”被用来描述资源的有限可获得性。人的欲望是无限的，但资源是有限的，相对于无限的欲望，有限的资源就是“稀缺”。

资源的稀缺性是人类社会永恒的问题，经济学产生于稀缺性的存在。人类的欲望总是超过了能用于满足欲望的资源，正是资源的稀缺性引起了竞争与合作。竞争就是争夺对稀缺资源的控制。竞争是社会配置资源，即决定谁得到多少稀缺资源的方式。所谓合作就是与其他人共同利用稀缺资源、共同工作，以达到一个共同的目的。通过合作的形式，是为了以有限的资源生产出更多的产品。合作是解决资源稀缺性的一种途径。

案例：

伊拉克石油资源丰富。1993 年，已探明了其石油储量达 1120 亿桶，仅次于沙特阿拉伯，居世界第二位，约占世界已探明总储量的 10%。

2003 年 3 月 20 日，以美国和英国为主的联合部队正式宣布对伊拉克开战。澳大利亚和波兰的军队也参与了此次联合军事行动。军事行动是在美国总统乔治·W·布什对伊拉克总统萨达姆·侯赛因所发出的要求他和他的儿子在 48 小时内离开伊拉克的最后通牒到期后开始的。

战争爆发大约 3 个星期之后，美军顺利进入巴格达市区，途中并没有遇到任何顽强抵抗。伊拉克官员突然消失，去向不明，大批伊拉克军队向美军投降。伊拉克战争以美国付出极少的伤亡而迅速结束。

“海湾战争”时美国经过了联合国的授权。而伊拉克战争，联合国一再不通过美国开战的决议，然而美国绕开了联合国直接发动战争。也就是说这次战争是不合法的。但美国何以不遵循联合国宪章，逆国际民意而坚持打击伊拉克呢？其背后“石油战争”才是最根本的目的。

美政府官员从不讳言他们这一目的：控制伊拉克石油。白宫鹰派代表人物之一的国防部助理国务卿沃尔弗维茨公开声称，对伊动武的主要目的就是为了石油。据《世界日报》报道，美国防部副部长沃尔福威茨在新加坡参加亚洲安全会议期间，在回答记者提问时表示：“让我们简单地看这个问题，伊位克与朝鲜之间最大的区别在于经济资源，在这个问题上我们别无选择，伊拉克这个国家到处都是石油。”

关键词：市场

“市场”起源于古时人类对于固定时段或地点进行交易的场所的称呼。当城市成长并且繁荣起来后，住在城市邻近区域的农夫、工匠、技工们就会开始互相交易，并且对城市的经济产生贡献。显而易见的，最好的交易方式就是在城市中有一个集中的地方，像市场，可以让人们在此提供货物以及买卖服务，方便人们寻找货物及接洽生意。当一个城市的市场变得庞大而且更开放时，城市的经济活力也相对会增长起来。

市场是商品经济特有的现象，凡是有商品经济存在的社会都会有市场。市场是商品交换顺利进行的条件，是商品流通领域一切商品交换活动的总和。市场体系是由各类专业市场，如商品服务市场、金融市场、劳务市场、技术市场、信息市场、房地产市场、文化市场、旅游市场等组成的完整体系。同时，在市场体系中的各专业市场均有其特殊功能，它们相互依存、相互制约，共同作用于社会经济。

那么，哪一类市场同我们的生活联系最紧密呢？从现实生活中，我们可以直接感受到，商品服务市场与我们的关系最为密切。商品服务市场遍及我们生活的每一个角落。我们常见的大、小商场，各种各样的理发店、家具店，农贸市场，宾馆饭店等，这些都属于商品服务市场。随着市场经济的发展，各类市场也都在发展。网络经济等新经济形式的兴起，也促进了新的虚拟市场的产生和发展。

从市场行为方面看，它具有两个突出的特征，一个是平等性，另一个是竞争性。平等性是指相互承认对方是自己产品的所有者，对其所消耗的劳动通过价值形式给予社会承认。市场行为的平等性是以价值规律和等价交换原则为基础的，它不包含任何阶级属性，它否定了经济活动中的特权和等级，为社会发展提供了重要的平等条件，促进了商品经济条件下资源的合理流动。市场的竞争性来自要素资源的自由转移与流动，表现为优胜劣汰、奖优罚劣。市场竞争有利于提高生产效率和对要素资源进行合理利用。

案例：

市场上买卖的实况：

买者：你这件衣服多少钱？

卖者：550元。

买者：太贵了，我最多能给250元。

卖者：250多不好听啊，干脆我以进价卖给你！450元！

买者：还是太贵了，300元怎么样？

卖者：300元太便宜了，要不咱们都让让，400元就成交。

买者：350元给不给？不给我就走人。

卖者：等会儿等会儿，350元就350元吧。这次绝对是亏本卖给你了。

关键词：信用

在《新帕格雷夫经济大辞典》中，对“信用”的解释是：“提供信贷（Credit）意味着把对某物（如一笔钱）的财产权给以让度，以交换在将来的某一特定时刻对另外的物品（如另外一部分钱）的所有权。”

从经济的角度理解“信用”，它实际上是指“借”和“贷”的关系。“信用”实际上是指“在一段限定的时间内获得一笔钱的预期”。你借得一笔钱、一批货物（赊销），实际上就相当于你得到了对方的一个“有期限的信用额度”。你之所以能够得到对方的这个“有期限的信用额度”，大部分是因为对方对你的信任。

案例：

1596年，荷兰的一位船长带着17名水手，被冰封的海面困在了北极圈的一个地方。8个月漫长的冬季，8个人死去了。但荷兰商人却做了一件令人难以想象的事情，他们丝毫未动别人委托给他们运输的货物，尽管这些货物中就有可以挽救他们生命的衣物和药品。冰冻时节结束了，幸存的商人终于把货物几乎完好无损地带回荷兰，送到委托人手中。

荷兰人有充分的理由“权变”，他们可以先打开托运箱，把能吃的东西吃了，等到了目的地，再加倍偿还托运者。任何人都会同意这种“人道”的做法。但是，荷兰人没有这样做。他们把商业信用看得比自己的生命更重要。他们用生命作代价，守住信用，创造了传之后世的经商法则。在当时，荷兰本来只是一个100多万人口的小国，却因为商誉卓著，而成为海运贸易的强国，造福了世世代代的荷兰人。

关键词：边际

“边际”是经济学上的关键术语，常常是指新增的意思。“边际效用”就是消费者多消费一单位商品而得到的新增加的效用。

19世纪70年代初出现的“边际”概念，的确是西方经济学自亚当·斯密以来的一个极为重要的变化。经济学家把它作为一种理论分析工具，可以应用于任何经济中的可以衡量的事物上。正因为这一分析工具在一定程度上背离了传统的分析方法，故有人称之为“边际革命”。

在经济学上，这“额外”的部分便称之为“边际”。而把由某项业务活动引起的边际收入去和它的边际成本（而不是全部成本）相比较的方法，就叫“边际分析法”。

日常生活中，人们常常会碰到需进行“边际分析”的问题。譬如，你是一家小百货店的经理，是什么使你决定要24小时营业，而不是早8点到晚9点营业呢？你可能会这样考虑：24小时营业当然要额外（边际）花费一些成本（如水电费、营业员的工资等），但是也会有一定的额外收益（就是多开11个小时门的营业收入），只要额外收的钱比额外成本要高便可以干。

案例：

从北京开往石家庄的长途车即将出发。客车的票面价格是50元。一个匆匆赶来的乘客见一家国有公司的车上尚有空位，要求以30元上车，被拒绝了。他又找到一家也有空位的私人公司的车，售票员二话没说，收了30元允许他上车了。哪家公司的行为更理性呢？乍一看，私人公司允许这名乘客用30元享受50元的运输服务，当然亏了。但如果用边际分析法分析，私人公司的确比国有公司精明。

当我们考虑是否让这名乘客以30元的票价上车时，实际上我们应该考虑的是边际成本和边际收益这两个概念。

关键词：萨伊定理

萨伊（1767 ~ 1832）在《政治经济学概论》（1803）中论述了“供给创造需求”这一经济学中著名的萨伊定理。这一定理包括四个要点：

（1）一种产品的生产给另一种产品创造了需求；

（2）货币交换的实质是产品与产品之间的交换；

（3）某种产品过剩是因为另一种产品供给不足，所以造成生产过剩的原因是供给不足；

（4）局部的产品失调可以通过价格来调节。

由以上的观点又引出了四个结论：

（1）在一切社会中，生产者越多，产品越多样化，产品便销得越快、越多和越广泛，而且生产者得到的利润越多，因为价格随需求而上升。这就是供给决定需求；

（2）每一个人都与全体的共同繁荣有利害关系，一个企业办得越成功，就越可以帮助别的企业达到成功。这就是个人私利的追求，可以实现社会的公益；

（3）购买和输入外国的货物决不致损害国内或本国的产业和生产。这就是主张自由贸易；

（4）鼓励生产是贤明的政策，鼓励消费是拙劣的政策。这就是主张以发展生产来实现经济发展。

“萨伊定理”重视供给、主张自由放任、强调实物经济和充分就业均衡，是新古典宏观经济学的思想基础。所以，凯恩斯的宏观经济学的建立就是从批判“萨伊定理”开始的。

关键词：风险

各个经济行为人在从事正常经济活动时，如果他知道自己某种行为决策的各种可能结果，并且还知道各种可能结果发生的概率，即可能蒙受经济损失或获得经济收益的概率，则可以称这种不确定性的情况为“风险”。

在经济活动中，很大一部分的决策是为将来作出的，由于决策者在很大程度上对将来的认识是不完全的，必然会面对赢利或亏损的经济风险。

美国经济学家弗兰克·H. 奈特在《风险、不确定性与利润》（1921）一书中，第一次区分了“风险”与“不确定性”这两个概念。风险和不确定性的主要区别在于：前者具有客观的可能性，决策者可以通过精确的预期和保险加以避免，如火灾和被盗风险等；后者是天生不可能加以保险和不能精确地预见的可能性事件，如政治决策对经济所可能产生的影响。一项决策的成功与否，取决于未来风险和不确定性的大小。西方经济学家一般把利润的一部分归因于对决策者承担经济风险的回报。

案例：

在古希腊，有个人一次外出忘了带钱，便向他的邻居借，并向他的邻居立了字据。过了很久，这个人总是不还钱，邻居便向他讨债。这个人不想还钱了，于是便说："事物是运动变化的，此时的我已经不是当初借钱的我了，现在的我没有还钱的义务。"于是便赖账不还。邻居很生气，一怒之下狠狠打了他一记耳光。赖账的人要去见官告状，二人便闹到法官那里。法官问欠账的那个人："欠债还钱，天经地义，你为什么借钱不还？"这个人把他的理由陈述了一遍。法官觉得很在理，又问他的邻居："你为什么要打他？"邻居回答说："事物是运动变化的，此时的我已经不是打他时候的我了，现在的我没打他！"赖账的人无言以对。

关键词：核心竞争力

"核心竞争力"首次由美国战略学家普拉哈拉德（C.K.Prahalad）和哈默尔（G.Hamel）于1990年在《哈佛商业评论》上提出。其含义是组织的积累性学识或知识，特别是如何协调不同的生产技能和有机结合多种技术的学识或知识。

是多元化经营的一种模式，即所有进入的产业都有一个共同的圆心——核心竞争力。多元化就像一棵大树，树干和主要分枝是核心产品，小的树枝是经营单位；树叶、花朵、果实是最终产品；提供抚育、营养和稳定性的根系则是核心竞争力。他们着重分析了一些日本公司围绕核心技术进入多种相关行业的情况，如佳能公司的光、图像、微处理一体化的能力，索尼公司的微缩能力，本田公司的发动机能力等。于是，"核心竞争力"很快成为业界的流行词汇。

后来大家使用这个词时，不再限于多元化公司的核心技术能力，而泛指一个公司比同行做得好、能够给公司带来持续成功的某方面的知识、技能和能力，尤其是关于如何协调不同生产技能和整合多种技术的知识和技能，并据此获得超越其他竞争对手的独特能力。它是建立在企业核心资源的基础之上，是企业的智力、技术、产品、管理、文化的综合优势在市场上的反映。

竞争力是成功的原因，核心竞争力则是持续成功的原因。"核心"到什么程度，取决于你关注的持续成功能"持续"多久。因此，"核心竞争力"是组织持续有效的调控资源以适应外部环境、领先竞争对手，以创造超额顾客价值来保持竞争优势的处于核心地位的关键能力。它有两个主要特征：一是对最终产品中的顾客利益有突出贡献——创造顾客价值；二是竞争对手难以模仿——独特性。基于此，"核心竞争力"是组织独有的、超越竞争对手的一种能力。

关键词：亚当·斯密

亚当·斯密（1723 ~ 1790）是经济学的主要创立者，1723年出生在苏格兰克科底，青年时就读于牛津大学。1751年到1764年在格斯哥大学担任哲学教授。在此期间他发表了第一部著作《道德情操论》，确立了他在知识界的威望。但是他的不朽名声主要来源于他在1776年发表的伟大著作《国家康富的性质和原因的研究》（简称《国富论》）。该书一举成功，使他在余生中享受着荣誉和爱戴。他于1790年在克科底去世，终生未娶，没有子女。

亚当·斯密并不是经济学说的最早开拓者，其最著名的思想中也并非全都新颖独特。但是他首次提出了全面系统的经济学说，为该领域的发展打下了良好的基础。因此完全可以说《国富论》是现代政治经济学研究的起点。

亚当·斯密的经济思想体系结构严密、论证有力，使经济思想学派的理论在几十年内就被摒弃了。实际上，亚当·斯密把他们所有的优点都吸入进了自己的体系，同时也系统地揭示了他们的缺点。斯密的接班人，包括像托马斯·马尔萨斯和大卫·李嘉图等这样著名的经济学家，都对他的体系进行了精心的充实和修正（没有改变基本纲要）。今天这些体系被称为“经典经济学体系”。

从斯密开始，经济学有了突飞猛进的发展，以致他的一些思想已被搁置一边，因而人们容易低估他的重要性。但实际上他是使经济学说成为一门系统科学的主要创立人，因而成为人类思想史上的主要人物。

关键词：制度

舒尔茨在《制度与人的经济价值的不断提高》一文中提出了“制度”的定义：制度是一种管束人行为的规则，这些规则涉及社会、政治及经济行为。例如，它们包括管束结婚与离婚的规则，支配政治权力的配置与使用的宪法中所内含的规则，以及确立由市场或政府来分配资源与收入的规则。

舒尔茨关于“制度”的定义，普遍被以后研究“制度”的学者所接受。在舒尔茨看来，制度的存在是为经济提供服务的。他将制度做了经典性的分类：（1）用于降低交易费用的制度，如货币、期货市场等；（2）用于影响生产要素的所有者之间配置风险的制度，如合约、分成制、合作社、公司、保险等等；（3）用于提供职能组织与个人收入流之间联系的制度，如财产法，资历和劳动者的其他权利等；（4）用于确立公共品和服务的生产与分配的框架的制度，如高速公路、飞机场、学校和农业试验站等等。

道格拉斯·诺斯把制度划分为两种形式：非正式规则和正式规则。非正式规则是人们在长期交往中无意识形成的，具有持久的生命力，并构成代代相传的文化的一部分，主要包括价值信念、伦理规范、道德观念、风俗习惯和意识形态等内容。正式规则是指人们有意识创造的一系列政策法则，包括各种政治规则、经济规则和契约等，以及由这一系列的规则所构成的一种等级结构。从宪法等成文法和不成文法，到特殊的细则和个别契约都属于正式规则。从历史来看，在正式规则设立之前，人们之间的关系主要靠非正式规则来管束维持。即使在现代社会，正式规则也只占整个规则中很少的一部分，人们生活的大部分空间仍然由非正式规则来管束。

关键词：供给

根据供给的概念：它描述的是生产者提供商品的能力。它的构成需要两个条件——生产者的意愿和生产者的实际生产能力。生产者的意愿，指的就是生产者愿意在某一价格水平上生产多少商品或者提供多少服务。生产者的实际生产能力，则是指在现有的生产力发展水平和技术下，生产者能够生产多少商品或者提供多少服务。从根本上看，后一项条件对于生产者供给有更大的意义。

当生产者向市场上进行供给时，其最直观的表现就是市场上商品的数量增加。但要清楚的是，市场上的供给量不等于生产量，在生产的过程中，将有一部分用于生产者自己消费或储备。因此，在自由健康的市场上，“供给”应当是卖者用于交换的数量。

影响商品供给的主要因素有：（1）商品的自身价格，一般与供给成正比；（2）生产的成本，一般与供给成反比；（3）相关商品的价格。例如，当小麦的价格不变而玉米的价格上升时，人们就会增加对玉米的生产，使其供给量上升；（4）生产的技术水平；（5）消费者对商品的价格预期。当消费者预期某种商品的价格在下一期会上升时，就会在当期增加对该商品的供给；反之，则减少其供给。

关键词：需求

根据需求的概念，它描述的是消费者购买商品的能力。它的构成需要两个条件——消费者的意愿和消费者的实际生产能力。消费者的意愿，指的就是消费者愿意在某一价格水平上购买多少商品或者服务。消费者的实际生产能力，则是指在现有的收入水平和经济条件下，消费者能够购买的该商品的数量。

需求必须是既有购买欲望又有购买能力的有效需求。如果消费者对某种商品只有购买的欲望而没有购买的能力，就不能算作需求。

（1）商品本身的价格。一般而言，商品的价格与需求量成反方向变动，即价格越高，需求越少，反之则反是。

（2）相关商品的价格。当一种商品本身价格不变，而其他相关商品价格发生变化时，这种商品的需求量也会发生变化。

（3）消费者的收入水平。当消费者的收入提高时，会增加商品的需求量，反之则反是，劣等品除外。

（4）消费者的嗜好。当消费者对某种商品的偏好程度增强时，该商品的需求量就会增加，相反偏好程度减弱，需求量就会减少。

（5）消费者对未来商品的价格预期。当消费者预期某种商品的价格即将上升时，社会增加对该商品的现期需求量，因为理性的人会在价格上升以前购买产品。反之，就会减少对该商品的预期需求量。

（6）人口规模。为什么北京的超市出现抢购，而小县城的超市一天却稀稀拉拉的只有几个顾客。因为北京的消费者众多，你不买还有别人抢着买，排队买。

关键词：消费者偏好

“偏好”是微观经济学价值理论中的一个基础概念。“消费者偏好”是指消费者对特定的商品、商店或商标产生特殊的信任，重复、习惯地前往一定的商店，或反复、习惯地购买同一商标或品牌的商品。“偏好”是指消费者按照自己的意愿对可供选择的商品组合进行的排列。

偏好实际是潜藏在人们内心的一种情感和倾向，它是非直观的，引起偏好的感性因素多于理性因素。

消费者偏好的特性：

（1）完备性。指消费者对于某些商品所有可能的组合能够按照他的偏好程度大小，有顺序地排列出完整的、可供选择的商品组合。

（2）传递性。消费者对商品组合 A 的偏好大于 B 的商品组合，而对 B 商品组合的偏好又大于 C 组合的商品，则消费者对于 A 组合的商品的偏好必然大于对 C 组合的商品的偏好。否则该消费者的行为就是非理性的选择行为。传递性公理保证了偏好次序的一致性、连续性。

（3）选择性。消费者在购买或消费行为中总是选择最大和最佳状态。

（4）优势性。消费者对所有的物品总是喜欢多一点比少一点好，通常可称为“不满足原则”，即消费者的欲望永远得不到完全的满足。

案例：

三星的产品设计向来很酷。其推出的“蓝调”系列数码相机更是将此特点发挥到极致。从产品命名、设计理念、产品外观到丰富的功能等，处处体现了三星令人炫目的设计心思。它在中国甚至欧美市场，都曾引起一股风潮。然而日本的消费者对此却并不“感冒”。究其原因，“蓝调”系列产品品味，同日本消费者的消费习惯存在一定偏差。日本消费者更注重产品内在的性能而不是外观。在性能方面，三星较索尼等品牌并没有多少优势。同样，虽然“蓝调”系列产品的价格不高，能为大多数人所接受，但如上面调查所示，这远不是能够吸引日本消费者的关键因素。

2008 年 11 月 18 日，一年一度的广州车展正式拉开帷幕。20 余款新车在广州车展上首发，新一代奥迪 A4 就是其中一大看点。据悉，新一代奥迪 A4 在欧洲版 A4 的基础上加长了 60 毫米，达到 4763 毫米，已接近国内中高级轿车的尺寸（长安福特蒙迪欧 - 制胜的车身长度不过 4854 毫米），所以有些媒体猜测新奥迪 A4 有可能被称做“A4L”。

无论是合资汽车企业，还是原装进口车，他们针对中国消费者偏好“大车”这一需求，纷纷给自己的产品做“加长手术”。特别是在竞争激烈的中高级轿车市场，“加长手术”更为普遍。这源于中国消费者好大、好色的汽车消费理念。吉林大学汽车工程学院副院长于秀敏认为：“中国消费者购车以‘长’为美的观点影响到了汽车企业的研发，国内外汽车企业也正是看到中国消费者这一心理才推出‘有中国特色的加长车’。”

关键词：弹性

经济学上的“弹性”概念是由阿尔弗莱德·马歇尔提出的，它是指一个变量相对于另一个变量发生的一定比例改变的属性。弹性的概念可以应用在所有具有因果关系的变量之间。作为原因的变量通常称做因变量，受其作用发生改变的量称做从变量。常见的经济学弹性有：需求的价格弹性、供给的价格弹性、需求的收入弹性、需求的交叉弹性。

当一种物品的价格低时，当买者收入高时，当该物品替代品的价格高，或该物品互补品的价格低时，买者对该物品的需求通常更多。为了衡量需求对其决定因素变动的反应程度，经济学家用了“弹性”这个概念。

需求规律表明，一种物品的价格下降使需求量增加，需求价格弹性衡量需求量对其价格变动的反应程度。如果一种物品的需求量对价格变动的反应大，可以说这种物品的需求是富有弹性的。反之，需求是缺乏弹性的。

需求价格弹性 = 需求量变动的百分比 / 价格变动的百分比

当弹性大于 1 时，需求是富有弹性的；小于 1 时，需求是缺乏弹性的；等于 1 时，需求是单位弹性；等于 0，需求完全没有弹性。

那么，究竟是什么因素决定一种物品的需求富有弹性还是缺乏弹性呢？由于任何一种物品的需求取决于消费者的偏好，所以，需求的价格弹性取决于许多形成个人欲望的经济、社会和心理因素。

有弹性需求行业的买主并不情愿接受物品价格的上涨。他们的需求大小取决于价格。没有弹性需求行业的买主不在乎价格上涨。他们的购买数量和频率不会由于价格因素而下降。

关键词：垄断

垄断，意思是“唯一的卖主”，它指的是经济中一种特殊的情况，即一家厂商控制了某种产品的市场。比如说，一个城市中只有一家自来水公司，而且它又能够阻止其他竞争对手进入它的势力范围，这就叫做“完全垄断”。

既然整个行业独此一家，别无分号，显然这个垄断企业便可以成为价格的决定者，而不再为价格所左右。可以肯定的是，完全垄断市场上的商品价格将大大高于完全竞争市场上的商品价格，垄断企业因此可以获得超过正常利润的垄断利润，由于其他企业无法加入该行业进行竞争，所以这种垄断利润将长期存在。

但是，垄断企业是不可能任意地抬高价格的。因为，任何商品都会有一些替代品，如果电费使人负担不起的话，恐怕人们还会用蜡烛来照明。所以，较高的价格必然抑制一部分人的消费，从而需求量较低，不一定能给企业带来最大的利润。

垄断企业成为价格的决定者，并不意味着垄断企业产品的价格单一。有时候，垄断企业要面对需求状况变动不同的数个消费群体，必须分别情况制订出有区别的价格来。对需求价格弹性较大的可采用低价策略，对需求价格弹性较小的可采用高价策略，以便获得较理想的收益。

关键词：完全竞争

“完全竞争”又称为“自由竞争”，是指一个市场完全靠“一只看不见的手”，即价格来调节供求。完全竞争具备两个不可缺少的因素：所提供销售的物品是完全相同的，不存在产品差别；买者和卖者都很多且规模相当，以至于没有一个买者或卖者可以影响市场价格。

例如，小麦市场就是一个很典型的完全竞争市场，有成千上万出售小麦的农民和千百万使用小麦及小麦产品的消费者。由于没有一个买者或卖者能影响小麦价格，所以，每个人都把价格作为既定的。

完全竞争的特点：

第一，生产者所能提供的服务是无差别的。所有商品提供者的服务都是一样的，因而买什么样的商品对于消费者来说是没有差别的。

第二，在市场上有无数的买者和卖者。由于买者和卖者很多，大家都购买或出售相同的服务，并且其中任何一个买者或卖者的需求量或供给量都只占总需求或总供给的很小一部分，所以，大家无法左右市场价格，都是既定价格的接受者，而不是价格的决定者。

第三，在这个市场上，各种资源能够自由流动。也就是说，要想加入这个市场并无任何阻力，任何人都有资格进入该市场。另外，退出这一市场原则上也不存在任何障碍。

第四，在这个市场上，买者和卖者对市场的情况有充分的信息。买者和卖者都掌握市场的信息和动态。

关键词：帕累托最优

“帕累托最优”是指资源分配的一种状态，在不使任何人境况变坏的情况下，不可能再使某些人的处境变好的状态。“帕累托最优”只是各种理想态标准中的“最低标准”。也就是说，一种状态如果尚未达到“帕累托最优”，那么它一定是不理想的，因为还存在改进的余地，可以在不损害任何人的前提下使某一些人的福利得到提高。但是一种达到了“帕累托最优”的状态并不一定真的很“理想”。

一般来说，达到“帕累托最优”时，会同时满足以下 3 个条件：

交换最优：即使再交易，个人也不能从中得到更大的利益。此时对任意两个消费者，任意两种商品的边际替代率是相同的，且两个消费者的效用同时得到最大化。

生产最优：这个经济体必须在自己的生产可能性边界上。此时对任意两个生产不同产品的生产者，需要投入的两种生产要素的边际技术替代率是相同的，且两个生产者的产量同时得到最大化。

产品混合最优：经济体产出产品的组合必须反映消费者的偏好。此时任意两种商品之间的边际替代率必须与任何生产者在这两种商品之间的边际产品转换率相同。

“帕累托最优”是博弈论中的重要概念，并且在经济学、工程学和社会科学中有着广泛的应用。如果一个经济体不是“帕累托最优”，则存在一些人可以在不使其他人的境况变坏的情况下使自己的境况变好的情形。而这样低效的产出的情况是需要避免的。因此“帕累托最优”

是评价一个经济体和政治方针的非常重要的标准。

生意上成功的男人与漂亮妩媚的女人结婚，如李嘉欣嫁入豪门，张怡宁与商人徐威的婚姻等就是这个道理。

案例：

2009年10月某天早上大约9点，宾客陆续抵达。前“体操王子”李宁及郭跃、郭焱等现役乒乓球女队国手率先抵达婚礼现场。随后，中国乒乓球队教练员、运动员，已经退役的“前一姐”王楠与老公，“冰上伉俪”申雪与赵宏博，前中国乒乓球女队主帅陆元盛，国家体育总局副局长蔡振华，前国际乒联主席徐寅生，邓亚萍一家三口，前体操奥运冠军刘璇等“重量级”嘉宾陆续到来。

约11点，结婚典礼开始。张怡宁与徐威始终未在宴会厅门口出现，他们由酒店内部的通道直接进入了会场。据悉，本次婚礼由中央电视台名嘴崔永元担任司仪。

张怡宁老公徐威是何方神圣？徐威是香港金融圈商人，年龄比张怡宁大十八九岁，此前没有婚史，是典型的“钻石王老五”。

徐威非常喜欢乒乓球，也是因为这个原因与张怡宁相识。二人恋爱一年多。

关键词：交易成本

“交易成本”是产权理论中的一个核心概念，是指使卖者和买者走到一起、签订合同以及获得有关市场信息的费用，是除价格之外影响交易的成本的总称。这一概念是科斯于1937年在《企业的性质》一文中正式提出的。新制度经济学认为交易成本是制度的源泉。交易费用也是制度运行的费用，主要包括制度的建立、改变、自身运行的费用，以及交易者在该制度下从事交易活动所花的费用，如为克服市场交易摩擦及冲突而支付的费用。如果交易成本过高，将阻碍交易的实现。制度的存在价值就在于降低交易成本，促进交易的形成。

交易成本起因于所有权的转移，或指起因于财产所有权的转移。交易成本是分散的所有权、私人财产和交易的产物。在一个完全集中决策的集体经济中，将不存在交易成本，它将被管理成本所代替。广大契约的参加者必须相互寻找交易伙伴，双方必须传达和交换信息。商品还要被描述、检查、称重及度量。在此过程中，个人交易者面临的交易成本有两种形式，即：（1）交易者所拥有资源（包括时间）的投入；（2）交易者在市场上就同一商品所发现的买价与卖价之间的差价。利用价格机制的交易成本是企业存在的主要理由。

关键词：显性成本

又称“外在成本”，是指厂商会计账目上的实际货币支出。它是厂商在生产要素市场上，购买或租用所需要的生产要素的实际支出。例如，某厂商雇佣了一定数量的工人，从银行取得了一定数量的贷款，并租用了一定数量的土地。为此，这个厂商就需要向工人支付工资，向银行支付利息，向土地出租者支付地租。这些支出便构成了该厂商的生产的显性成本。一般来说，成本会计计算出来的成本都是显性成本。厂商收益中减去显性成本以后的余额为账面利润。

关键词：生产者剩余

生产者剩余是指生产者出售一种物品或服务得到的收益减去生产者的成本。如电影公司提供一部电影的成本是5元，可票价是20元，那么生产者剩余就是15元。生产者剩余是生产者所得到的额外利益。

生产者剩余等于厂商生产一种产品的总利润加上补偿给要素所有者超出和低于他们所要求的最小收益的数量，是生产者的所得大于其边际成本的部分。因为生产者按照最后一个商品的边际成本规定所有商品的价格，在这最后一个商品以前的商品的边际成本都低于最后一个商品，此低于部分就是生产者的额外收入。从几何的角度看，它等于价格曲线之下、供给曲线之上的区域。

生产者剩余是属于生产者所有的，是生产者的权益，生产者应该享有对它的要求权。因此，生产者权益应该是生产者作为人力资源所有者而享有的对企业占有的生产者剩余的要求权。

我们可以把生产者剩余表示为：生产者剩余＝卖者得到的量－卖者的成本

关键词：消费者剩余

指消费者从商品中得到的满足程度大于其所付出的价格的部分。因为消费者按照最后一个商品的边际效用决定所有商品的价格，而这最后一个商品之前的商品的边际效用都大于这最后一个商品，此大于的部分，消费者没有付钱。

它是消费者愿意为某种商品或服务所支付的最高价格与他实际支付的价格之差。因此，我们可以简单地把消费者剩余表示为：

消费者剩余＝卖者的评价－卖者支付的量

“消费者剩余”最早由法国工程师杜皮特在《公共工程效用的测量》（1844）一文中提出。根据边际效用递减规律，随着人们对商品或劳务拥有量的增加，每增加一个单位所带来的效用将逐渐减少。但他在实际购买时所付出的价格却是由最后一个单位的边际效用所决定的。因此，在他所愿意付出的金额（对称于他所获得的总效用）和实际支付金额之间就存在一个差额，这个差额是一种没有付出代价、由他的购买行为所带来的“超额满足”，即剩余。

关键词：效用

消费者效用是指消费者在消费商品时所感受到的满足程度。人们之所以要消费商品和服务，是因为从消费中他们的一些需要和爱好能得到满足，例如消费食品能充饥，多穿衣服能御寒，看电影能得到精神享受，等等。我们把这种从商品和服务的消费中能得到的满足感称为“效用”。

虽然效用是心理满足程度，无法衡量，但我们可以从每个人的行为中“看”出来。比如一个消费者在买一本书之前，先要看一看它的内容，至少是目录、介绍、前言、后记之类，还要看一下它的定价，衡量一下是否值得买。若他对这本书的评价（即这本书对他的效用）小于定价，他是不会掏腰包的，只有等于或大于时才会买。每个人对这本书的评价（效用）不同，才最终会有人买，而有人不买。

经济学依赖一个基本的前提假定，即人们在做选择的时候倾向于选择在他们看来具有最高价值的那些物品和服务。正如俗话讲“萝卜白菜，各有所爱”，有人喜欢抽烟，那么香烟对于他而言效用就很高，但对于一位不愿意闻烟味的女士来说，香烟就会是效用很低甚至是负效用。很显然，在做决定的时候，烟民自然会把香烟视为至宝，而女士们可能更钟情于化妆品或者衣服之类的东西。

在度量效用的问题上，西方经济学家先后提出了基数效用和序数效用的概念。在此基础上，形成了分析消费者行为的两种方法：基数效用论的边际效用分析法和序数效用论的无差异曲线分析法。

在19世纪和20世纪初，西方经济学中普遍使用基数效用概念。基数是指1、2、3……是可以加总求和的。基数效用论认为，效用可以具体衡量并加总求和，具体的效用量之间的比较是有意义的。表示效用大小的计量单位被称作“效用单位”。例如：对某消费者而言，看一场精彩电影的效用为10效用单位，吃一顿麦当劳的效用为8效用单位，则这两种消费的效用之和为18效用单位。

序数效用论认为，效用无法具体衡量的，也是不能加总求和，效用之间的比较只能通过顺序或等级表示。自20世纪30年代至今，西方经济学中多使用序数效用概念。序数是指第一、第二、第三……序数只表示顺序或等级，是不能加总求和的。例如，消费者消费了巧克力与唱片，他从中得到的效用是无法衡量的，也是无法加总求和的，更不能用基数来表示，但他可以比较从消费这两种物品中所得到的效用。如果他认为消费1块巧克力所带来的效用大于消费唱片所带来的效用，那么就叫1块巧克力的效用是第一，唱片的效用是第二。

关键词：通货膨胀

通货膨胀，主要是指价格和工资的普遍上涨。通货膨胀造成整体物价水平上升，货币之市值或购买力下降。而货币贬值为两经济体间之币值相对性降低。

在经济学上，恶性通货膨胀是一种不能控制的通货膨胀。在物价很快上涨的情况下，就会使货币失去价值。恶性通货膨胀没有一个普遍公认的标准界定。一般界定为每月通货膨胀50%或更多，但很多时候在宽松上使用的比率会更低。多数的经济学家认为的定义为“一个没有任何平衡趋势的通货膨胀循环”。当越来越多的通膨现象随着周期反复发生会产生恶性循环。有关恶性通膨的肇因虽有很多争议，可是当货币供给有异常的增加或钱币大幅的贬值，且常与战争（或战后）、经济萧条、及政治或社会动荡联系在一起时，恶性通胀便日益明显。

关键词：通货紧缩

通货紧缩既可以指总需求的减少，也可以指产品市场和资源市场上一般价格水平的下降。通货紧缩过程还指减少货币发行量以提高货币购买力或减轻货币贬值，并引起物价普遍下降的过程。通货紧缩与经济周期中的萧条阶段相关。当经济进入萧条阶段时，银行收紧银根，减少信贷，这就引起了通货紧缩，进而引起价格水平的普遍下降与生产的衰退。在国家干预经济的情况下，政通货紧缩（Deflation）是指货币供应量少于流通领域对货币的实际需求量而引起的货币升值，从而引起的商品和劳务的货币价格总水平的持续下跌现象。通货紧缩，包括物价水平、货币供应量和经济增长率三者同时持续下降；它是当市场上的货币减少，购买能力下降，影响物价之下跌所造成的；长期的货币紧缩会抑制投资与生产，导致失业率升高与经济衰退。

当市场上流通的货币减少，人民的货币所得减少，购买力下降，影响物价下跌，造成通货紧缩。依据诺贝尔经济学奖得主保罗·萨缪尔森的定义：“价格和成本正在普遍下降即是通货紧缩”，经济学者普遍认为，当消费者物价指数（CPI）连跌两季，即表示已出现通货紧缩。通货紧缩就是物价、工资、利率、粮食、能源等价格统统不能停顿的持续下跌，而且全部处于供过于求的状况。

通货紧缩对经济增长的影响有短期和长期之分。适度的短期通货紧缩有利于经济的增长。是因为，通货紧缩将促使长期利率下降，有利于企业投资改善设备，提高生产率。在适度通货紧缩状态下，经济扩张的时间可以延长而不会威胁经济的稳定。而且，如果通货紧缩是与技术进步、效益提高相联系的，则物价水平的下降与经济增长是可以相互促进的。

长期的货币紧缩会抑制投资与生产，导致失业率升高及经济衰退。因为物价的持续下降会使生产者利润减少甚至亏损，继而减少生产或停产；同时使债务人受损，继而影响生产和投资；生产投资减少会导致失业增加，居民收入减少，加剧总需求不足。

通货紧缩是比通货膨胀更危险的“敌人”。通货紧缩通常被认为是经济衰退的先兆，严重的通货紧缩将会造成经济的大萧条，使经济发展倒退几十年，并且在较长时间内难以复苏。难怪日本经济学家把曾经发生在日本的一场通货紧缩称为“可怕的通货紧缩幽灵”。很多经济学家由此得出一个结论：“通货紧缩对经济所造成的损害要比通货膨胀大得多。”

关键词：泡沫经济

它是指一种或者一系列资产在经历一个连续的涨价过程后，其市场价格远远高于实际价值的经济现象。

泡沫经济是由虚假的高额盈利的预期投机带动起来的，并不是实际经济增长的结果。它的产生和形成使国民经济的总量虚假增长，经济结构扭曲。在泡沫经济的形成过程中，开始的价格上升会使人们产生还要涨价的预期，于是又吸引了新的买主。这些新的买主一般只是想通过未来价格的变化牟取利润，并不关心这些资产本身的状况和盈利能力。当这些行为成为一种普遍的社会现象时，社会资产所表现的账面价值大大高于其实际价值，于是就形成一种所谓的“泡沫经济”。

泡沫经济一般通过股票市场和房地产市场得以直观反映。一旦形成就会对经济发展产生很大危害。泡沫经济不可能持续下去，总有破灭的时候。而它一旦破灭，在泡沫形成过程中发生的债权债务关系就难以理顺，而形成信用危机，给国民经济的运行带来相当大的冲击和危害。

我国曾在20世纪90年代中期发生过严重的泡沫经济。而日本近10年来所发生的泡沫经济，使日本陷入了战后最长的经济衰退时期，造成了严重的破坏。

关键词：独立品

独立品是指一种产品的销售状况不受其他产品销售变化的影响。

假设存在两种产品A和B，那么，A是独立品的情形会有两种。一是A和B完全独立，不存在任何销售方面的相关关系。日光灯与空调机之间的关系就属此类；二是尽管A和B从功能上讲是独立的，但是，产品A的销售增长可能会引起产品B的销售增长，而产品B的销售变化决不会作用于产品A的销售状况。换句话说，A对B的影响关系是单向的，B则不会影响A，那么A相对B而言仍是独立品。应该注意，这里的A产品和B产品之间并不存在任何因果关系。

案例：

20世纪60年代初，柯达公司意欲开辟胶卷市场。他们并不急于动手，因为他们深知要使新开发的胶卷能在市场上立竿见影，并非易事。于是他们采用发展互补品的办法。在1963年开发大众化相机，并宣布其他厂家可以仿制，一时出现了自动相机热。相机的暴增，给胶卷带来广阔的市场，胶卷成为独立品，柯达公司乘机迅速推出胶卷，一时销路遍及全球。“柯达”实现了创造胶卷市场的目标。

关键词：互补品

互补品是指两种商品之间存在着某种消费依存关系，即一种商品的消费必须与另一种商品的消费相配套。一般而言，某种商品的互补品价格上升，将会因为互补品需求量的下降而导致该商品需求量的下降。

在一个不成熟的市场中，对产品信息了解不多的消费者占了绝大多数。这时，企业通过广告宣传等方式强化消费者对互补产品联系的主观感知，从而可能确立互补产品之间的战略重要性。

反之，在一个较成熟思维的市场，有充分的产品信息的消费者占绝大多数，互补产品之间的紧密联系则较难建立。例如，对于洗衣者来说，洗衣机与洗衣粉是典型的互补产品。今天的消费者倾向于把对两者的购买独立决策，他们对洗衣机与洗衣粉都有自己独立的品牌偏好。这时候，厂家推荐的 A 牌洗衣机与 B 牌洗衣粉组合的方案就不一定能奏效了。

案例：

比如说软件卖得多，硬件也就会卖得多。软件做得非常好，有的人为了玩这个软件就会买一台电脑。比如说 eBAY，拍卖社区建得非常好，以前不知拍卖是怎么回事的人也想把自己不用的东西拍卖出去，因此，他自己也会买一台电脑。从这个角度讲，eBAY 是电脑的互补品。电信业抓得非常紧的就是增值服务。网站也是这样，社区建得非常好，增加了网站的黏性，观众多、客流量大，广告就有价值。

关键词：沉没成本

在经济学中，“沉没成本”指已经发生而且无法收回的成本，如因失误造成不可收回的投资。具有理性的人在决策时只能忽略它，因为无论我们做什么样的选择都无法将其收回。美国经济学家斯蒂格利茨用一个生活中的例子来说明什么是沉没成本。他说：“假如你花 7 美元买了一张电影票，你怀疑这个电影是否值 7 美元。看了半小时后，你最担心的事被证实了：影片糟透了。你应该离开影院吗？在做这个决定时，你应当忽视那 7 美元。它是沉没成本，无论你离开影院与否，钱都不会再收回。”

面对这种无法收回的“沉没成本”，最明智的选择就是视其没有发生。也就是说，不应该考虑以前做过什么，而应该考虑以后怎样做才能取得最佳效益。在爱情生活中，你或许会让那些无法挽回的“沉没成本”阻碍前进的脚步，会沉浸在“沉没”的泥沼里，犹豫、反思、患得患失，却看不见前面更明朗的路。

关键词：国内生产总值

国内生产总值（GDP）代表一个国家或一个地区所有常住单位和个人在一定时期内全部生产活动（包括货物和服务）的最终成果，是社会总产品价值扣除了中间投入价值后的余额，也就是当期新创造财富（包括有形和无形）的价值总量。国内生产总值是考察经济增长的最常用的指标。国内生产总值（GDP）及其增长速度对一国总体经济运行的表现作出概括性衡量，具有国际可比性，是联合国国民经济核算体系（SNA）中最重要的总量指标。

GDP 是考察宏观经济的重要指标，但它也有一定的局限性，并不是万能的。它并不能反映出社会成本，不能反映经济增长的方式和为此付出的代价，不能反映经济增长的效率、效益和质量以及社会财富的总积累，也不能衡量社会分配和社会公正。

GDP 是衡量一个国家宏观经济水平的重要指标，但对它我们应该持以科学的态度，不能只片面地注重经济总量和速度的增长，而不顾资源损失、环境污染、生态破坏，这样往往会造成这样的可能：经济增长了，而人民的生活质量却下降了，甚至经济本身也不可能持续增长。因此，对于一个国家来说，既需要高度重视 GDP，却又不能片面地去追求其增长速度。

GDP 核算有三种方法：

一是生产法，由一、二、三产业增加值的总和来表示，各产业增加值的计算方法是各产业总产值减去中间消耗；

二是收入法，用劳动者（个人）收入、国家税收（含规费）、企业利润和折旧的总和来核算；

三是支出法，用居民消费、政府消费、固定资本形成、存货增加、净出口几项的总和来核算。

实际上，任何国家的核算结果都不可能绝对准确地反映实际情况。但只要按照科学的态度去做，核算出的 GDP 及其增长率是可以基本反映总体经济增长水平和发展趋势的。

关键词：购买力平价

1916 年瑞典经济学家卡塞尔在总结前人学术理论的基础上，系统地提出：两国货币的汇率主要是由两国货币的购买力决定的。这一理论被称为“购买力平价说”，简称“PPP 理论”。

购买力平价是指各对比国的货币在各自国内的购买力的比价，也就是说购买对比国的一个货币单位所能买到的同等数量和同等质量的商品所应付出的货币数量。比如，购买一个汉堡包，在美国需花 1 美元，在中国需花人民币 8 元，则人民币对于美元的购买力平价是 8，或者美元对人民币的购买力平价为 0.125。购买力平价是衡量各国货币价值的重要指标。

如果一国的货币购买力下降，商品的国内价格上升，该货币就会对外等比例贬值；反之，购买力上升，货币则会相应升值。上述例子中，如果由于某种原因，汉堡包在中国售价上升为 10 元人民币，在美国仍卖 1 美元，那么就表明人民币贬值，美元对人民币的汇率降为 1 ： 10，反之，如果美国的汉堡包售价上涨到 1.5 美元，在中国仍为 8 元人民币，就说明人民币升值，美元对日元的汇率变为 1.5 ： 8。当然，该理论所说的货币购买力，不只表现在汉堡包一种商品上，而是就国内所有商品的平均水平而言的。

上述推论讲的是在某一时点，两国价格水平与汇率的关系，称为“绝对购买力平价”。与此对应还有一个“相对购买力平价”的说法，即在一段较长时间里，两种货币汇率变化的百分比，等于两国国内价格水平变化的百分比之差。举例来说，如果法国的物价一年上涨 10%，而荷兰的物价只上涨 5%，那么，根据相对购买力平价，法郎对荷兰盾将会贬值 5%。汇率变动将不多不少，刚好抵消法国通胀超过荷兰的 5 个百分点。照此看来，汇率的涨跌，与同一时期两国物价水平的相对变动，恰成反比关系。

购买力平价理论认为开放经济中存在单一价格规律。单一价格规律使得世界各国物品的价格趋于一致。理想的情况是不管是 1 元人民币，还是 1 美元，还是 1 欧元，他们在所有国家购买的物品量必然相等，其实际价格也必然相等。假如 1 公斤黑米在中国卖 21 元人民币，在美国卖 7 美元，那么中、美两国的名义汇率应该是 3 元人民币对 1 美元。不然，1 美元或 1 元人民币在两个国家的购买力就不一样。

关键词：套汇

套汇交易就是利用国际间两个或两个以上外汇市场上某一货币汇率不一致的机会，谋取市场间差价的做法。从原理上讲，它同商品市场上，人们从商品价格低的市场上买进，然后将其运转到价格高的市场上以高价卖出，赚取中间的价差的道理是一样的。例如，纽约与伦敦之间，英镑与美元之间，亦即伦敦市场的美元外汇与纽约市场的英镑外汇，按一价定律本来应该一致，但因各地外汇市场外汇的供求不均使两市场汇率产生不一致，因而可以利用这一机会进行赚取利益的交易。

国际间某种货币汇率在不同外汇市场上的差异引起了国际间套汇活动的发生。当人们在货币汇率低的市场买进该种货币时，对该货币的需求上升，因而将会提高该货币对其他货币的汇率。当人们在货币汇率高的市场上卖出该种货币时，市场上对该货币的供给增加，因而将会降低该货币对其他货币的汇率。这样，套汇活动将有助于汇率在国际范围内的趋同。

虽然套汇会使世界范围内的汇率相等，但必须记住，不同金融中心的营业时间不同，所以应该懂得比较市场发生重叠时汇率的牌价。如，我们不能用芝加哥市场下午 3 点的英镑兑美元汇率同伦敦市场相比，因为那时伦敦市场刚好收盘。

关键词：税率

税率是指税额与课税对象之间的数量关系或比例关系，是指课税的尺度。边际税率是指征税对象数额的增量中税额所占的比率。

税率的计算公式为：税率 = 税额 / 征税对象数量。税率是计算税额的尺度，反映了征税的深度和税率的高低，直接关系到国家财政收入和纳税人的负担水平；税率是税收政策和国家调节意图的具体体现，是国家宏观经济调控的重要工具之一。

以超额累进的个人所得为例。免征额为 800 元，则 800 元以下的这部分所得额的边际税率为 0；所得额为 1000 元时，增量 200 元，税额 10 元，则边际税率为：10 元 ÷200 元 =5%；当所得额为 1800 元时，增量 500 元（1800 元— 500 元— 800 元），税额 50 元，边际税率为 10%。

可见，个人所得税超额累进税率中的每一级税率，实际上就是相应级距所得额的边际税率。而不是平均税率。平均税率是指应纳税额和全部应税所得额的比例。

边际税率的高低会对经济产生不同的影响。边际税率越高，纳税人增加的可支配的收入就越少。虽然税收收入的作用增强，但却会产生某种程度的替代效应。如当工作的边际收入减少时，人们就会以闲暇去替代部分工作时间，从而妨碍人们努力工作。因此，累进税率中的边际税率要适度。

我国目前实行的个人所得税工薪收入的最高边际税率是 45%。这从世界各国特别是发展中国家来看，采用这么高税率的国家和地区是非常少的。香港的各税税率是 2% ~ 15%，新加坡是 2% ~ 28%，加拿大是 17% ~ 29%，日本是 10% ~ 37%，美国是 15% ~ 39%。

关键词：经济周期

经济周期（Business Cycle），又称“商业周期”或“商业循环”，它是指国民总产出、总收入和总就业的波动。这种波动以主要的宏观经济变量，如就业率、物价水平、总产量等普遍的扩张或收缩为基本特征。

作为市场经济中的任何一分子，对经济周期波动必须了解、把握，并能制订相应的对策来适应周期的波动，否则将在波动中丧失生机。在市场经济条件下，企业家们越来越多地关心经济形势，也就是“经济大气候”的变化。

而作为政府部门，认识经济周期在市场经济中的运行规律和特征，有助于政府在制定扩张性或收缩性的经济政策以及进行政策转换时，增强预见性，避免滞后性。

从 1978 年以来，我国经济增长率最高的波峰年分别是 1978 年（11.7%）、1984 年（15.2%）、1992 年（14.2%）和 2007 年（13%）；经济增长率最低的波谷年分别是 1981 年（5.2%）、1990 年（3.8%）、1999 年（7.6%）和 2009 年（假设 2009 年为本轮周期的波谷年，增长率为 8%）。如果依据波峰年计算周期的长度，从 1978 年到 2007 年的 29 年间，总共形成了 3 个经济周期，周期的平均长度为 9.66 年；若依据波谷年计算周期的长度，从 1981 年到 2009 年的 28 年间也形成了 3 个经济周期，周期的平均长度为 9.33 年。

关键词：奥肯定理

美国著名的凯恩斯主义经济学家阿瑟·奥肯，发现了周期波动中经济增长率和失业率之间的经济关系，即当实际 GDP 增长相对于潜在 GDP 增长（美国一般将之定义为 3%）下降 2% 时，失业率上升大约 1%；当实际 GDP 增长相对于潜在 GDP 增长上升 2% 时，失业率下降大约 1%。这条经济法则以其发现者为名，称之为“奥肯定理”。

失业有自然失业和周期性失业之分。自然失业是由于经济中一些难以克服的原因所引起的失业。这是一种任何经济都难以避免的失业，即正常失业。引起自然失业的原因很多，其中最主要的是由于劳动力流动引起的摩擦性失业和制度原因引起的结构性失业。

摩擦性失业是由于劳动力流动引起的失业。每人都想找到一份符合个人爱好与技能的工作，这就会使人们不断地辞去旧工作寻找新工作。在劳动力流动中，无论由于什么原因，从离开旧工作到获得新工作之间总需要一段时间，在这段时间内这些流动的人就成为失业者。

结构性失业是由于一种经济制度而引起的失业。任何一种制度都有利有弊，在给社会带来利益的同时也会使之付出各种代价。

周期性失业是由于总需求不足所引起的失业。因为总需求的变动具有周期性，这种失业也表现出周期性，因此称为“周期性失业”。奥肯解释周期性失业的原因时，强调了边际消费倾向递减引起的消费不足，以及资本边际效率奥肯（资本未来的利润率）递减和利率不能无限下降（心理上的流动偏好）引起的投资不足。

失业的存在对个人而言是人力资本的浪费和收入的减少，也成为各种社会问题的来源。从经济的角度看，失业意味着资源没有得到充分利用，是实际 GDP 的减少。根据“奥肯定律”的原理，在经济工作中，只有降低失业率，才能保持国民经济的稳定增长。

关键词：菲利普斯曲线

菲利普斯曲线又称“价格调整曲线”，是新西兰经济学家菲利普斯根据英国近 100 年的资料，作出的一条表示通货膨胀与失业之间关系的曲线。它表明工资增长率和失业率之间存在着交替关系，通货膨胀率高时，失业率低；通货膨胀率低时，失业率高。

由于一个国家的货币工资增长率基本上与通货膨胀率具有相同的变动方向，因而菲利普斯曲线被改造为通货膨胀率与失业率之间的关系，并用来研究通货膨胀问题，说明价格调整过程，故又名“价格调整曲线”。

在失业率低而通货膨胀率高时，采用紧缩性财政与货币政策，以较高的失业率换取较低的通货膨胀率；反之，在失业率高而通货膨胀率低时，采用扩张性财政与货币政策，以较高的通货膨胀率换取较低的失业率。这样，可以把通货膨胀率和失业率控制在社会可接受的水平之内。

关键词：知识经济

“知识经济”是一种全新的经济形态。它完全不同于农业社会以土地和劳动力为主要生产要素的农业经济；也不同于以资本和技能为主要生产要素的工业经济；而是一种以知识资源为基础的经济形态。

知识经济的繁荣不是直接取决于资源、资本、硬件技术的数量、规模，而是直接依赖于知识或有效信息的积累和利用。知识经济的特征是知识和经济的一体化，即知识的经济化、经济的知识化和知识的产业化。

与工业经济时代相比较，知识经济时代具有许多新的特点：

1. 知识资本化。在知识经济时代，起主导作用的资本不再是农业经济下的土地资本和工业经济下的金融资本，而主要是知识资本。知识作为生产投入越来越重要。知识投入可以代替物资投入，并可节约资源和能源，提高经济效益。

2. 知识价值日益凸现。在知识经济时代，产品逐渐由劳动密集型或资本密集型向知识密集型演化。知识产品是知识经济的最具代表性和最有竞争力的产品。知识价值在企业生产产品的总价值中所占比重不断上升，成为衡量商品和服务有效性的重要原则。

3. 资产无形化。在知识经济时代，一个突出的特点是企业资产从有形化向无形化方向发展。相对于厂房、机器设备等硬性资产而言，知识资本、知识产权、技术、人力资源等软性资产才是企业未来发展的动力所在。在企业中，凝聚着知识和智慧的专利权、商标权、人力资源、商誉等无形资产与日俱增，在企业总资产中所占比重越来越大，并逐步超过有形资产。

关键词：博弈

"博弈"是一种选择，是一场游戏。约翰·纳什是一个被称为"普林斯顿的疯子"的人，给"博弈"套上了神奇的光环，让人觉得"博弈"遥不可及。"博弈论"是一种"游戏理论"，其准确的定义是：一些个人、团队或其他组织，面对一定的环境条件，在一定的规则约束下，依靠所掌握的信息，同时或先后，一次或多次，对各自允许选择的行为或策略进行选择并加以实施，从中各自取得相应结果或收益的过程。

通俗地讲，"博弈"就是指在游戏中的一种选择策略的研究。"博弈"的英文为"game"，我们一般将它翻译成"游戏"。而在西方，"game"的意义不同于汉语中的"游戏"。在英语中，game 即是人们遵循一定规则的活动，进行活动的人的目的是让自己"赢"。而在和对手竞赛或游戏的时候怎样使自己赢呢？这不但要考虑自己的策略，还要考虑其他人的选择。生活中"博弈"的案例很多，只要涉及人群的互动，就有"博弈"。

博弈论的基本概念有参与人、行动、信息、策略、支付（效用）、结果和均衡。其中参与人、策略和支付是描述博弈的基本要素，而行动和信息是"构件"。参与人、行动和结果统称为"博弈规则"。

具体含义如下：

1. 参与人：又称为"局中人"，是博弈论中最基本的概念，是指选择自己的行为以使效用最大化的决策主体。

2. 行动：是指参与人在博弈的某个时点的决策变量。

3. 信息：参与人有关博弈的知识，特别是有关"自然"的选择，其他参与人的特征和行动的知识。信息集是指参与人在特定时刻有关变量值的知识。

4. 策略：是指参与人在给定信息情况下的行动规则，它规定在什么时候，选择什么行动。

5. 支付：是指在一个特定的策略集合中，参与人得到的确定的效用水平，或指参与人得到的期望效用水平。

6. 结果：主要是指均衡策略组合、均衡行动组合、均衡支付组合等。

7. 均衡：是指所有参与人的最优策略集合。

在"博弈"中要掌握几点：第一，在竞争中要掌握主动权；第二，在竞争中最重要的是规则；第三，在竞争中要保持头脑清醒。

关键词：财政政策

财政政策是国家整个经济政策的组成部分。财政政策是指国家根据一定时期政治、经济、社会发展的任务而规定的财政工作的指导原则，通过财政支出与税收政策来调节总需求。

增加政府财政支出，可以刺激总需求，从而增加国民收入；反之则压抑总需求，减少国民收入。

税收对国民收入是一种收缩性力量。因此，增加政府税收，可以抑制总需求，从而减少国民收入；反之，则刺激总需求，增加国民收入。

根据财政政策调节国民经济总量和结构中的不同功能，将财政政策划分为扩张性财政政策、紧缩性财政政策和中性财政政策。

1. 扩张性财政政策（又称积极的财政政策）是指通过财政分配活动来增加和刺激社会的总需求。

2. 紧缩性财政政策（又称稳健的财政政策）是指通过财政分配活动来减少和抑制总需求。

3. 中性财政政策是指财政的分配活动对社会总需求的影响保持中性。

关键词：货币政策

货币政策指国家通过银行金融系统，组织和调节全国货币的供应，确立和实施货币供应量与货币需要量的相互关系的准则，是实现宏观经济目标所采取的控制、调节和稳定货币措施的总和。

货币政策由中央银行执行，它影响货币供给。通过中央银行调节货币供应量，影响利息率及经济中的信贷供应程度来间接影响总需求，以达到总需求与总供给趋于理想的均衡的一系列措施。

货币政策分为扩张性的货币政策和紧缩性的货币政策两种。

扩张性的货币政策是通过提高货币供应增长速度来刺激总需求。在这种政策下，取得信贷更为容易，利息率会降低。因此，当总需求与经济的生产能力相比很低时，使用扩张性的货币政策最合适。

紧缩性的货币政策是通过削减货币供应的增长率来降低总需求水平。在这种政策下，取得信贷较为困难，利息率也随之提高。因此，在通货膨胀较严重时，采用紧缩性的货币政策较合适。

关键词：贸易壁垒

贸易壁垒又称“贸易障碍”。是对国与国之间商品劳务交换所设置的人为限制，主要是指一国对外国商品劳务进口所实行的各种限制措施。贸易壁垒一般分关税壁垒和非关税壁垒两类。

所谓关税壁垒，是指进出口商品经过一国关境时，由政府所设置的海关向进出口商征收关税所形成的一种贸易障碍。按征收关税的目的来划分，关税有两种：一是财政关税，其主要目的是增加国家财政收入；二是保护关税，其主要目的是保护本国经济发展而对外国商品的进口征收高额关税。保护关税愈高，保护的作用就愈大，甚至实际上等于禁止进口。

非关税壁垒，是指除关税以外的一切限制进口措施所形成的贸易障碍。可分为直接限制和间接限制两类。直接限制是指进口国采取某些措施，直接限制进口商品的数量或金额，如进口配额制、进口许可证制、外汇管制、进口最低限价等。间接限制是通过对进口商品制订严格的条例、法规等间接地限制商品进口，如歧视性的政府采购政策，苛刻的技术标准、卫生安全法规，检查和包装、标签规定以及其他各种强制性的技术法规。

中国成为“世界加工厂”，“中国制造”更是遍布世界各地。但与此同时，国际社会不断传来对“中国制造”的反倾销、反补贴措施，世界空前的贸易壁垒正在袭击“中国制造”。据世界贸易组织秘书处发布的数据显示，2008 年全球新发起反倾销调查 208 起、反补贴调查 14

起，中国分别遭遇73起和10起，占总数的35%和71%。对我国实施反倾销的国家不仅有欧美、澳大利亚、加拿大、日本等发达国家，也包括土耳其、印度等一些发展中国家。案件涉及钢铁、鞋、玩具、轮胎、铝制品、日用品、机电、矿产、养殖品等，中国在出口方面具有优势的行业。

关键词：外汇储备

外汇储备又称为“外汇存底”，指一国政府所持有的国际储备资产中的外汇部分，即一国政府所保有的以外币表示的债权。是一个国家货币当局持有并可以随时兑换外国货币的资产。

狭义而言，外汇储备是一个国家经济实力的重要组成部分，是一国用于平衡国际收支、稳定汇率、偿还对外债务的外汇积累。

广义而言，外汇储备是指以外汇计价的资产，包括现钞、国外银行存款、国外有价证券等。外汇储备是一个国家国际清偿力的重要组成部分，同时对于平衡国际收支、稳定汇率有重要的影响。

外汇储备的具体形式是：政府在国外的短期存款或其他可以在国外兑现的支付手段，如外国有价证券，外国银行的支票、期票、外币汇票等。主要用于清偿国际收支逆差，以及干预外汇市场以维持本国货币的汇率。

据2009年4月底数据，中国大陆外汇储备排名世界经济体第一，日本居第二，俄罗斯居第三，中国台湾居第四。

关键词：庞氏骗局

查尔斯·庞齐（Charles Ponzi）是一位生活在19 ~ 20世纪的意大利裔投机商。1903年他移民到美国。1919年他开始策划一个阴谋：他欺骗人们向一个事实上子虚乌有的企业投资，他许诺投资者将在3个月内得到40%的利润回报；然后，狡猾的庞齐把新投资者的钱作为快速盈利付给最初投资的人，以诱使更多的人上当。由于前期投资的人回报丰厚，庞齐成功地在7个月内吸引了3万名投资者。这场阴谋持续了一年之久，被利益冲昏头脑的人们才清醒过来。后人称之为“庞氏骗局”，亦称“金字塔骗局”。

关键词：酒与污水定律

“酒与污水定律”是指，如果把一匙酒倒进一桶污水中，你得到的是一桶污水；如果把一匙污水倒进一桶酒中，你得到的还是一桶污水。

几乎在任何组织里，都存在几个难弄的人物，他们存在的目的似乎就是把事情搞糟。他们到处搬弄是非、传播流言，破坏组织内部的和谐。最糟糕的是，他们像果箱里的烂苹果，如果你不及时处理，它会迅速传染，把果箱里其他苹果也弄烂。“烂苹果”的可怕之处在于它那惊人的破坏力。一个正直能干的人进入一个混乱的部门可能会被吞没；一个无德无才者能很快将一个高效的部门变成一盘散沙。组织系统往往是脆弱的，是建立在相互理解、妥协和容忍的基础上的，它很容易被侵害、被毒化。

破坏者“能力非凡”的另一个重要原因在于，破坏总比建设容易。一个能工巧匠花费时日精心制作的陶瓷器，一头驴子一秒钟就能毁坏掉。即使拥有再多的能工巧匠，也不会有多少像样的工作成果。如果你的组织里有这样的“一头驴子”，你应该马上把它清除掉；如果你无力这样做，你就应该把它“拴起来”。

经济学效应

棘轮效应

又称“制轮作用”，是指人的消费习惯形成之后有不可逆性，即易于向上调整，而难于向下调整。尤其在短期内消费是不可逆的，其习惯效应较大。这种习惯效应，使消费取决于相对收入，即相对于自己过去的高峰收入。简单来说，由俭入奢易，由奢入俭难。

案例：

商朝时，纣王登位之初，天下人都认为在这位精明国君的治理下，商朝的江山一定会坚如磐石。

有一天，纣王命人用象牙做了一双筷子，他十分高兴地使用这双象牙筷子就餐。叔父箕子见了，劝他收藏起来。而纣王却满不在乎，满朝文武大臣也不以为然，认为这是一件很平常的小事，箕子未免有点小题大做。

箕子忧心忡忡，有大臣问其原因。箕子说：“纣王用象牙做筷子，必定再不会用土制的瓦罐盛汤装饭，肯定要改用犀牛角做成的杯子和美玉制成的饭碗；有了象牙筷、犀牛角杯和美玉碗，难道还会用它来吃粗茶淡饭和豆子煮的汤吗？大王的餐桌从此顿顿都要摆上奇珍异品、山珍海味；吃着这些，自然穿着也要以绫罗绸缎为主，住的就更要富丽堂皇，还要大兴土木筑起楼台亭阁以便衬托自己身份的尊贵，那人民的苦难将横空出世。物极必反啊！”

仅仅5年时间，箕子的预言果然应验了。严刑桎梏下的人民怨声载道。商朝的500年江山，被以贤德著称的周武王取而代之了。

诱饵效应

人们对两个不相上下的选项进行选择时，因为新选项（诱饵）的加入，会使某个旧选项显得更有吸引力。被“诱饵”帮助的选项通常称为“目标”，而另一选项被称为“竞争者”。

“诱饵效应”最先是在消费品的选择中被发现的，现在已经被证明是相当普遍的现象。经济学认为，人们在做选择时很少做不加对比的选择。那么，为了让消费者做出有利于商家利益的选择，营销人员便会安排一些诱人的“诱饵”，从而引导消费者做出“正中商家下怀”的决策。

人们每天都要作出许多大小不一的选择，选择穿什么？选择吃什么？选择玩什么？……挑选商品、挑选职业、挑选爱人……每当我们认为作出对的选择的时候，都能获得满足感与控制感，因为我们总是认为这些选择都是我们内心深处的想法，都是我们自愿的。然而，殊不知，我们的“自愿”也是可以被利用的。

案例：

澳大利亚的一个小镇，有A、B两间经营衬衫的服装店。A店经营欧洲风格衬衫，B店经营北美风格衬衫，价格不相上下，营业额也不分上下。后来，同样经营欧洲风格衬衫的C店开张了，价格却比A店贵。C店的营业额较少，但是A店的营业额却有所增长。人们普遍认为C店迟早都会垮掉的，令人惊讶的是，A店、C店都一直存在了好久。后来人们才发现，这两家店的老板是同一个人。

同样是A、B两间服装店，为什么当C店开张后，人们倾向于选择A店呢？因为在这个情景中，C店只是“诱饵”而已。在我们对比A店和C店的价格后，我们会觉得选择A店有更好的性价比，而毫不犹豫地拿下我们爱上的时尚单品。实际上是我们被“诱饵效应”给“忽悠”了。

挤出效应

扩张性财政政策导致利率上升，从而挤出私人投资，进而对国民收入的增加产生一定程度的抵消作用，这种现象称为“挤出效应”。具体地说，就是政府和企业都在投资，在投资项目一定的条件下，政府投得多就把企业挤出去了，这就是“挤出效应”。

案例：

数据显示：长沙、武汉、西安等地2009年前11个月的销量已经超过2008年全年的销量。这些城市的新房成交量也伴随着房价的上涨而出现大幅增长，武汉平均房价达到8000元每平方米。二线城市购房者在抱怨房价不断上涨。

北京、上海、深圳等一线城市房价暴涨产生的“挤出效应”向二线城市扩散也是重要因素。

目前已经有不少在一线城市无力买房的潜在购房者，担心房价上涨形势继续蔓延，开始有了在家乡所在的二线城市购房的打算。这导致异地购房在武汉、长沙等二线城市重新活跃起来。

另外，职业炒房者将目标转向二线城市，也是房价上涨的幕后推手之一。据悉，目前已经有温州、深圳等地的职业炒房者，开始从一线城市转战武汉、长沙等二线城市。

乘数效应

乘数效应是宏观经济学的一个概念，是指支出的变化导致经济总需求与其不成比例地变化。乘数效应是一个变量的变化以乘数加速度方式引起最终量的增加。

案例：

一场暴风雨过后，一家百货公司的玻璃被刮破了。

百货公司拿出5000元将玻璃修好。装修公司把玻璃重新装好后，得到了5000元，拿出了4000元为公司添置了一台电脑，其余1000元作为流动资金存入了银行。电脑公司卖出这台电脑后得到4000元，用3200元买了一辆摩托车，剩下的800元存入银行。摩托车行的老板得到3200元后，用2650元买了一套时装，将剩余的550元存入银行。最后，各个公司得到的收入之和远远超出5000元这个数字。百货公司玻璃被刮坏而引发的一系列投资增长就是“乘数效应”。

鲶鱼效应

挪威人喜欢吃沙丁鱼，尤其是活鱼。市场上活沙丁鱼的价格要比死沙丁鱼的价格高许多，所以渔民总是千方百计地让沙丁鱼活着回到渔港。可是尽管经过种种努力，绝大部分沙丁鱼还是在中途就窒息而死。但有一条渔船总能让大部分沙丁鱼活着回到渔港。船长严格保守着秘密，直到船长去世，谜底才揭开。

原来是船长在装满沙丁鱼的鱼槽里放进了一条以沙丁鱼为主要食物的鲶鱼。鲶鱼进入鱼槽后，由于环境陌生，便四处游动。沙丁鱼见了鲶鱼十分紧张，左冲右突，四处躲避，加速游动。这样一来，一条条沙丁鱼欢蹦乱跳地回到了渔港。原来鲶鱼进入鱼槽，使沙丁鱼感到威胁而紧张起来，加速游动，于是沙丁鱼便活着到了港口。这就是著名的“鲶鱼效应”。

“鲶鱼效应”即采取一种手段或措施，刺激一些企业活跃起来投入市场中积极参与竞争，从而激活市场中的同行业企业。

案例：

日本的企业对管理人的工作颇为重视，以有效的“管理人”工作促进企业的经营成功。三泽之家公司原来经营停滞不前，其生产的机械设备卖不出去。后来找到了一种“管人”办法后，该公司业务迅速发展。现在，三泽之家公司的“鲶鱼效应”管理法在日本被普遍推广了。对此，三泽千代治解释说：“其实用人与捕鱼是一个道理，网罗到人才只是一个初期的目标，如何用活、如何活用才是最重要的问题。一个公司。如果人员长期固定，就缺乏了新鲜感和活力，容易产生惰性。因此有必要找些外来的‘鲶鱼’加入公司，制造一种紧张气氛。这样，企业自然而然就生机勃勃了。”

三泽之家公司根据“鲶鱼效应”原理，重点从外部“中途聘用”一些精明能干、思维敏捷的25岁至35岁的生力军。为了充分发挥这种促进效应，公司甚至着意聘请常务董事一级的“大鲶鱼”，让全公司上下的“沙丁鱼”都有“触电”的感觉。这样何愁整个公司不生机勃勃呢！

三泽之家公司自从推行了“鲶鱼效应”的管理办法后，企业的产品质量和产量大大提高，促销工作也大为见效，很快使本企业进入了大企业行列。

长尾效应

“头”（head）和“尾”（tail）是两个统计学名词。正态曲线中间的突起部分叫“头”，两边相对平缓的部分叫“尾”。从人们需求的角度来看，大多数的需求会集中在头部，而这部分我们可以称之为“流行”，而分布在尾部的需求是个性化的、零散的小量需求。而这部分差异化的、少量的需求会在需求曲线上面形成一条长长的“尾巴”，而所谓“长尾效应”就在于它的数量上，将所有“非流行”的市场累加起来就会形成一个比“流行”市场还大的市场。

“长尾效应”的根本就是要强调“个性化”、“客户力量”和“小利润大市场”，也就是要赚很少的钱，但是要赚很多人的钱。将市场细分到一定程度后，就会发现这些细小市场的累计会带来明显的“长尾效应”。

案例：

Google就是一个最典型的“长尾”公司。它的成长历程就是把广告商和出版商的“长尾”商业化的过程。

在商场里，除了那些商业巨头们利用广告疯狂地为自己敛财之外，还有数以百万计的小企业和个人此前从未打过广告。他们没曾梦想过有大笔资金可以打得起广告，而广告商们也根本没把这些小企业和个人放在眼里。

然而网络公司Google看到了这其中的商机。它将广告费降了下来，它让广告变得不再高不可攀，它让广告变得自助、变得廉价、变得谁都可以做。

如今，Google有一半的生意来自这些小网站，而不是搜索结果中放置的广告。数以百万计的中小企业代表了一个巨大的“长尾”广告市场，这条“长尾”能有多长，恐怕谁也无法预知，而这条“长尾”能带来多大的效益，恐怕一般人想想就可预知了。目前，Google凭借着这条“长尾”，让自己的市值超过了时代华纳，成为了世界第一媒体公司。

这就是互联网的力量，这就是“长尾”的魅力。

青蛙效应

19世纪末，美国康奈尔大学曾进行过一次著名的“青蛙试验”：他们将一只青蛙放在煮沸的大锅里，青蛙立即触电般地蹿了出去。后来，他们又把它放在一个装满凉水的大锅里，任其自由游动，然后用小火慢慢加热。青蛙虽然可以感觉到外界温度的变化，却因惰性而没有立即往外跳，直到后来热度难忍却失去逃生能力，最后被煮熟。

科学家经过分析认为，这只青蛙第一次之所以能逃离险境，是因为它受到了沸水的剧烈刺激，于是便使出全部的力量跳了出来。第二次由于没有明显感觉到刺激，因此，这只青蛙便失去了警惕，没有了危机意识，它觉得这一温度正适合。然而当它感觉到危机时，已经没有能力从水里逃出来了。

“青蛙效应”告诉人们，企业竞争环境的改变大多是“渐热式”的，如果管理者与员工对环境的变化没有“疼痛”的感觉，最后就会像这只青蛙一样，被煮熟、被淘汰了仍不知道。

费雪效应

是由著名的经济学家欧文·费雪揭示的通货膨胀率预期与利率之间的一个关系，它指出当通货膨胀率预期上升时，利率也将上升。

通俗的解释是：假如银行储蓄利率有 5%，某人的存款在一年后就多了 5%，是说明他富了吗？这只是理想情况下的假设。如果当年通货膨胀率为 3%，那他只富了 2% 的部分；如果通货膨胀率是 6%，那他一年前 100 元能买到的东西现在要 106 元了。而存了一年的钱只有 105 元，他反而买不起这东西了！

眼球效应

眼球效应就是采取各种手段和方法造成醒目、轰动的效果，以便把别人的目光吸引过来，引起人们的注意，从而达到某种目的。

案例：

20 世纪 90 年代中期，在奥兰多魔术队大行其道的时候，他们的队服也卖得出奇的好。除了球队本身的原因外，队服设计也是顺应了当时最为流行的条状设计。主场队服白底配蓝条，客场队服蓝底配白条的设计简洁、明快。反观当年总冠军火箭队队服，设计陈旧、呆板，所以销量极低。第二年他们在保留了队服原有风格的基础上加入了条状图案，结果销量大幅上升。

庇古效应

由英国古典经济学家阿瑟·庇古在 1943 年提出。它是宏观经济学中利率传导机制的一种，描述了消费、金融资产和物价水平之间的相互关系。具体是指物价水平下降造成金融资产实际价值的增加，从而产生的消费刺激效应。

物价水平的变化，将引起既定数量的金融资产的实际价值上升或下降。如果物价水平的上升与家庭现有可支配货币收入的上升相对应，则可使其实际收入不变；但是，由于物价水平变动对所拥有的资产的实际抑制效应，仍可能促使家庭实际消费支出减少。相反，如果物价水平的下降，与家庭现有可支配货币收入的下降比例相对应，那么它仍可以由于所拥有资产的实际价值上升产生刺激效应，从而增加消费支出。

收入效应

指由商品的价格变动所引起的实际收入水平变动，进而由实际收入水平变动所引起的商品需求量的变动。它表示消费者的效用水平发生变化。具体来说，就是当你在购买一种商品时，如果该种商品的价格下降了，对于你来说，你的名义货币收入是固定不变的，但是价格下降后，你的实际购买力增强了，你就可以买到更多的该种商品。这种实际货币收入的提高，会改变消费者对商品的购买量，从而达到更高的效用水平，这就是“收入效应”。

规模效应

又称“规模经济”，即因规模增大带来的经济效益提高。但是规模过大可能产生信息传递速度慢且造成信息失真、管理官僚化等弊端，反而产生“规模不经济”。

“规模效应”是一个经济学上研究的课题。就是你的生产要达到或超过盈亏平衡点，即规模效益。因为任何生产都是有成本的，一般包括固定成本和可变成本。要赢利，必须使销售收入大于生产成本。而这其中的固定成本是不变的，所以生产得越多，分摊到单个产品中的固定成本就越少，赢利就越多。

破窗效应

许多年前，美国斯坦福大学心理学家詹巴斗进行过一项实验。他找了两辆一模一样的汽车，把其中的一辆摆在帕罗阿尔托的中产阶级社区，而另一辆停在相对杂乱的布朗克斯街区。停在布朗克斯的那一辆，他把车牌摘掉了，并且把顶棚打开。结果这辆车一天之内就给人偷走了，而放在帕罗阿尔托的那一辆，摆了一个星期也无人问津。后来，詹巴斗用锤子把那辆车的玻璃敲了个大洞。结果呢？仅仅过了几个小时，它就不见了。以这项试验为基础，政治学家威尔逊和犯罪学家凯琳提出了一个“破窗理论”。正如上文故事讲到的，如果有人打坏了建筑物的窗户玻璃，而这扇窗户又未得到及时修理，别人就可能受到暗示性的纵容去打烂更多的窗户玻璃。久而久之，这些破窗户就给人造成一种无序的感觉，容易增加破坏行为和犯罪率。

在经济学领域中，学者们对“破窗理论”却持有两种完全不同意见。不同于一般的思维，有学者认为“破窗理论”有助于推动经济增长。这是为什么呢？经济学家解释道：小孩打破窗户，必然导致破窗人更换玻璃。假设理发店老板在玻璃没有打碎之前，就考虑要购买一套电器，那么小孩打破理发店窗户玻璃的行为，会迫使老板既要购买电器还要购买玻璃。这时，玻璃企业和电器企业都增加了就业或收入。玻璃的破裂带动了所需，拉动了经济增长。也就是说“破坏创造财富”。

后来还有经济学家把“破窗理论”应用于像洪灾、地震、战争等破坏性事件，把其都归为有助经济增长的因素。

例如 1998 年的长江洪灾和 2008 年的四川汶川地震，就有人引用“破窗理论”来分析灾害对经济的影响。甚至一些研究机构评估，这次汶川地震将影响我国 GDP 增长约 0.2 个百分点。

而另一些经济学家则强烈反对这种看法。古典经济学家巴师夏对“破窗理论”的分析认为，理发店不得不支付意外的费用，即安装新的玻璃，他将损失一些钱。也许，他本打算买套衣服，但现在他的计划泡汤了——衣服没有被生产出来。看来，玻璃商得到的商机只不过是制衣商损失的商机。从社会的角度讲，社会有了一扇新窗户，但它损失了旧窗户和一套新衣服。在净余额中，社会状况并没有得到改善。

配套效应

18 世纪，法国有个哲学家叫丹尼斯·狄德罗。一天，朋友送他一件质地精良、做工考究、图案高雅的酒红色睡袍，狄德罗非常喜欢。可他穿着华贵的睡袍在家里寻找感觉，总觉得家具风格不对，地毯的针脚也粗得吓人。于是，为了与睡袍配套，旧的东西先后更新，书房终于跟上了睡袍的档次。可他却觉得很不舒服，因为“自己居然被一件睡袍胁迫了”。200 年后，美国哈佛大学经济学家朱丽叶·施罗尔在《过度消费的美国人》一书中，把这种现象称作为“狄德罗效应”，亦可称为“配套效应”，也就是人们在拥有了一件新的物品后，不断配置与其相适应的物品，以达到心理上平衡的现象。

日历效应

是指金融市场与日期相联系的非正常收益，主要包括季节效应、月份效应、星期效应和假日效应，它们分别指金融市场与季节、月份、星期和假日有关的非正常收益。研究表明，美国、英国、德国等欧美的成熟股市中，“周末效应”都表现为周一收益率最低，周五收益率最高。

拉动效应

是指在公共工程项目之后带来的消费水平和私人投资水平的上升。政府通过扩大国债发行规模，扩大财政支出，投资于公共工程，可以发挥财政支出所产生的乘数效应，解决经济发展的资金短缺，增加就业，提高社会消费需求。

案例：

2008 年热水器行业增速较快，但是到了第四季度后受到国际金融危机的影响，热水器行业的增速开始放缓。2009 年，在家电下乡将热水器纳入其中等利好因素的带动下，热水器行业依然保持了增长的势头。2009 年 1 ~ 10 月，储水电热水器、燃气热水器、太阳能热水器、即热电热水器累计销售 434.03 万台，较去年同期增长 7.69%；销售金额为 66.54 亿元，同比增长 11.81%。

品牌效应

顾名思义，是由品牌为企业带来的效应。它是商业社会中企业价值的延续。在当前品牌先导的商业模式中，品牌意味着商品定位、经营模式、消费族群和利润回报。

树立企业品牌需要企业拥有很强的资源统合能力，将企业本质的一面通过品牌展示给世人。树立的方法：广告、公关、日常行销、售后售前服务等都对品牌树立有直接影响。

品牌效应是品牌在产品上的使用，为品牌的使用者所带来的效益和影响，是品牌使用的作用。品牌是商品经济发展到一定阶段的产物，最初的品牌使用是为了使产品便于识别。品牌迅速发展起来，是在近代和现代商品经济高度发达的条件下产生。其得以迅速发展，在于品牌使用给商品的生产者带来了巨大的经济效益和社会效益。“品牌效应”正是在这种背景下受到世界各国企业重视的。

啤酒效应

指的并非仅是啤酒行业的现象，而是营销流通领域一种具有普遍意义的现象。由于信息传递的失控，零售商对需求乐观，遂追加订货；零售商的需求提高又大大刺激了生产商；生产商的行为又更大地刺激了原料供给商。也就是说信号在逆向传递的过程中被不断放大了。消费者的需求可能只需要 10 瓶，但零售商的订单使得生产商对需求盲目乐观，造成了好像需要 100 瓶的印象。而生产商向上游供给商的大量订货，又给原料商造成好像需要 1 000 瓶的印象。反之，当需求缩减的时候也是一样。

案例：

某部队的一次命令传递的过程是这样的：

少校对值班军官说："今晚 8 点左右，在这个地区可能看到哈雷彗星，这种彗星 76 年才能看见一次。命令所有士兵身穿野战服在操场上集合，我将向他们解释这一罕见现象。如果下雨的话，就在礼堂集合，我为他们放一部有关彗星的影片。"

值班军官对上尉说："根据少校的命令，今晚 8 点，76 年出现一次的哈雷彗星将在操场上空出现。如果下雨，就让士兵身穿野战服前往礼堂，这一罕见现象将在那里出现。"

上尉对中尉说："根据少校的命令，今晚 8 点，非凡的哈雷彗星将军将身穿野战服在礼堂出现。如果操场上有雨，少校将下达另一个命令，这种命令每隔 76 年才下达一次。"

中尉对上士说："今晚 8 点，少将将带着哈雷彗星在礼堂出现，这是每隔 76 年才有的事。如果下雨，少校将命令彗星穿上野战服到操场上去。"

上士对士兵说："在今晚 8 点下雨的时候，著名的 76 岁的哈雷将军将在少校的陪同下，身穿野战服，开着他那辆"彗星"牌汽车，经过操场前往礼堂。"

集聚效应

是指各种产业和经济活动在空间上集中产生的经济效果，以及吸引经济活动向一定地区靠近的向心力，是导致城市形成和不断扩大的基本因素。集聚效应是一种常见的经济现象。如产业的集聚效应，最典型的例子当数美国硅谷，聚集了几十家全球 IT 巨头和数不清的中小型高科技公司。国内的例子也不少见。在浙江，诸如小家电、制鞋、制衣、制扣、打火机等行业都各自聚集在特定的地区，形成一种地区集中化的制造业布局。

比价效应

就是指与同类型公司之间通过诸如经营业绩、流通股本、募集资金、所投入项目等方面进行直观比较后，来影响二级市场中的股价最终定位。

目前在二级市场中新股的比价炒作方法一共分为两种：一是点对面的比价；二是点对点的比价。前一种比价方法相对宽松，主要是在新上市公司与整个行业所有公司之间展开，寻求的是与行业内上市公司平均股价的一种平衡。后一种比价方式相对较为狭隘，主要是在两家公司之间展开，寻求的是两者之间的共振。

财富效应

是指由于金融资产价格上涨（或下跌），导致金融资产持有人财富的增长（或减少），进而促进（或抑制）消费增长，影响短期边际消费倾向，促进（或抑制）经济增长的效应。简而言之，就是指人们资产越多，消费意欲越强。财富效应又称“实际余额效应”。

长鞭效应

是对需求信息扭曲在供应链中传递的一种形象的描述。其基本思想是：当供应链上的各节点企业，只根据来自其相邻的下级企业的需求信息进行生产或者供应决策时，需求信息的不真实性会沿着供应链逆流而上，产生逐级放大的现象。当信息达到最源头的供应商时，其所获得的需求信息和实际消费市场中的顾客需求信息发生了很大的偏差。由于这种需求放大效应的影响，供应方往往维持比需求方更高的库存水平或者说是生产准备计划。

推搡效应

是指把商品放在目标买主够得着的地方。比如，原本商场企图通过将领带货架放在人们容易够得着的通道旁以增加销量，但通道上的人流挤撞不但没有达到预期的效果，反而降低了销量。这就是所谓的“推搡效应”引起的销量下降现象。

案例：

有些零售店将非处方药品摆放在通往冷冻、软饮料等区域过往人数较多的主通道上，由此达到销售更多一些药品的目的。但是，事实却正好相反。冷饮的主要顾客是年轻人，许多年轻人进来后就直奔冷饮区。这些年轻的购物者对药品经常不感兴趣。真正需要药品的通常是那些年纪大些的购物者，他们会较长时间地站在货架旁，寻找他们常用的牌子或者算计买哪个更划算。

当年轻人在通道里频繁地走来走去时，药品的潜在购买者尽管没有被挤撞但被打扰了。他们宁可匆匆地中止购物，空着手离开，也不愿被人烦。

转嫁效应

本币贬值会使进口品的国内价格更高，这样的效应就是“转嫁效应”。税负转嫁是指纳税人为了达到减轻税负的目的，通过价格的调整和变动，将税负转嫁给他人承担的经济行为。

羊群效应

经济学里经常用“羊群效应”来描述经济个体的从众跟风心理。羊群是一种很散乱的组织，平时在一起也是盲目地左冲右撞。一旦有一只头羊动起来，其他的羊也会不假思索地一哄而上，全然不顾前面可能有狼或者不远处有更好的草。因此，“羊群效应”就是比喻人都有一种从众心理，从众心理很容易导致盲从，而盲从往往会使人陷入骗局或遭到失败。

“羊群效应”是指在从众心理支配下的投资行为带来的投资效应。即金融市场上“一人带头，大家跟风”的现象。在实际交易中，常常有些机构投资者利用国际资金流动的这一特点，故意将某一信息广为宣传，有意识地诱发市场恐慌情绪与从众心理，以实现有限资金无法达到的效果。

从众心理是产生“羊群效应”的重要原因。从众心理是投资者重要的价值感受之一。在从众心理支配下的投资者往往会盲目跟随市场中的大多数人，从而忽视对自己有价值的私有信息的理性判断，在群体压力下产生了非理性的投资行为。在信息不对称条件下，投资者没有关于投资的充分信息，所谓的私有信息和理性判断，能否有利于其作出最优决策也就具有不确定性。从这一方面看，羊群行为也应该看作是投资者的最优决策，这符合最大效用原则。

案例：

1711 年，英国南海公司成立。在英国政府的保护和支持下，该公司被赋予了对南美的贸易垄断权。18 世纪，因交通不发达，人们对南美了解得不多。众人多是听从远洋船队的描述，以为拉美的墨西哥和秘鲁地下埋藏着巨大的金银矿藏。而当时，这片有着“金砖银砖”的土地，被南海公司控制着。于是，所有的人都相信，南海公司会不负众望，将那里开采出来的宝藏源源不断地运回国内。

因此，南海公司的股票在国内非常受追捧，自从上市以来，价格就一路攀升。

等到 1791 年，英国国内更是掀起了热买南海股票的浪潮。在这时，人们关心的似乎已经不再是南海公司到底能运回多少金银珠宝，而是它的股票还能涨多少！只要它的价格上涨，人们就有机会因投机而一夜暴富！于是，短短半年之内，南海公司的股票就从每股 128 英镑蹿升至每股 1000 英镑以上，涨幅高达 700%！社会各界人士纷纷涌入交易所里，都抢着要购买南海股票。

后来，事实证明，众人对南美的想象是虚假的，南海公司带来的赢利非常少。随着人们对南海公司的失望，投资者们逐渐冷静下来，并开始向外抛售南海的股票。没想到，这一抛售不要紧，股市当初的繁荣变成了无情地崩溃！南海股票销售得太多了，一旦被抛售，对股市的冲击实在太过可怕。一个巨大金融泡沫就这样破灭了！

没想到，又是短短几个月的时间，南海的股价受到剧挫，下跌了几百英镑！成千上万的人在这场狂热的炒股运动中倾家荡产。此后近百年，英国人仍然“谈股票色变”。

杠杆效应

杠杆效应是指投资者购买的股票资产价值大于投资者所投入的资金总量。杠杆效应可以使投资者投资的每一块钱具有更大的“冲力”和“活力”。例如，在上涨的市场上，投资者用 10 美元的价格买了某一只股票，后来价格涨到 20 美元。如果开立的是现金账户，投资者付出 10 美元，获利 10 美元，100%的收益率。如果是开立的保证金账户，投资者仅付出 5 美元，得到 200%的回报率。当然净收益率必须是还本付息以后。杠杆效应使得投资者投资的每一个百分比都全面放大。杠杆作用使用得越多，放大效用越大。

但是杠杆效应是一把“双刃剑”，在下跌的市场上，它会带来负面效应。如上面的例子，当股价从 20 美元降至 10 美元时，如果是现金账户，损失是 10 美元，即为 50%的亏损率。如果是保证金账户，损失 10 美元，亏损率为 100%。另外再加上本金和利息，损失就要超过 100%了。

保证金交易中借钱越多，杠杆的放大效应越大。这种放大效应在股价上升的时候，能够带来巨大的收益。但是在股价下降的时候，也会变成巨大的灾难。

杠杆效应的风险主要有以下几个方面：首先是因为保证金账户是一种抵押贷款形式。抵押品一般是本身账户的投资者的证券资产，或其他金融资产的形大。通常，抵押资产的价值下降时，投资者的其他证券资产价值也是同时下降的。所以“补充维持保证金要求”发生时，投资者的补偿能力可能受到制约，而出现债务危机。

其次，风险来自保险金交易的杠杆效应。股票市场的波动，带来资产价值的变化和投资者财富的大起大落，杠杆效应自动放大这种巨大波动的幅度。当投资者选择保证金交易方式时，其证券组合变成高风险资产。当股票大市走低时，杠杆作用对一个高风险的证券组合产生“补充维持保证金要求”的概率，比对一个低风险的证券组合的负面的放大效应要大得多，带来难以估量的损失。

蝴蝶效应

“蝴蝶效应”是1963年气象学家洛伦兹提出来的。其大意为：一只南美洲亚马孙河流域热带雨林中的蝴蝶，偶尔扇动几下翅膀，可能在两周后引起美国得克萨斯的一场龙卷风。其原因在于：蝴蝶翅膀的运动导致其身边的空气系统发生变化，并引起微弱气流的产生，而微弱气流的产生又会引起它四周空气或其他系统产生相应的变化，由此引起连锁反应，最终导致其他系统的极大变化。

此效应说明，事物发展的结果，对初始条件具有极为敏感的依赖性。初始条件的极小偏差，将会引起结果的极大差异。

“蝴蝶效应”在社会学界用来说明：一个坏的微小的机制，如果不及时地加以引导、调节，会给社会带来非常大的危害，戏称为“龙卷风”或“风暴”；一个好的微小的机制，只要正确指引，经过一段时间的努力，将会产生轰动效应，或称为“革命”。

案例：

坏了一个钉子，坏了一只蹄铁；

坏了一只蹄铁，折了一匹战马；

折了一匹战马，伤了一位骑士；

伤了一位骑士，输了一场战斗；

输了一场战斗，亡了一个帝国。

马蹄铁上一个钉子是否会丢失，本是初始条件的十分微小的变化，但其“长期”效应却是一个帝国存与亡的根本差别。这就是军事和政治领域中所谓的“蝴蝶效应”。

马太效应

20世纪60年代，知名社会学家罗伯特·莫顿首次将“贫者越贫、富者越富”的现象归纳为“马太效应”。

“马太效应”无处不在，无时不有。一个突出的现象就是，人类在资源的分配上，《马太福音》所预言的“贫者越贫，富者越富”的现象十分明显：富人享有更多的资源——金钱、荣誉以及地位，穷人却变得一无所有。

日常生活中，这样的例子不胜枚举：朋友多的人，会借助频繁的交往结交更多的朋友，而缺少朋友的人则往往一直孤独；名声在外的人，会有更多抛头露面的机会，因此更加出名；容貌漂亮的人，更引人注目，更有魅力，也更容易讨人喜欢，因而，他们的机会比一般人多，有时，一些机会的大门甚至是专门为他们敞开的，比如：演员、模特；一个人受的教育越高，就越可能在高学历的环境里工作和生活。

金钱方面也是如此：即使投资回报率相同，一个本钱比别人多10倍的人，收益也多10倍；股市里的大庄家可以兴风作浪，而小额投资者往往血本无归；资本雄厚的企业可以尽情使用各种营销手段推广自己的产品，而小企业只能在夹缝中生存。

可以说，无论是在生物演化、个人发展，还是在国家、企业间的竞争中，“马太效应”都普遍存在。

口红效应

“口红效应”指一种有趣的经济现象，也叫“低价产品偏爱趋势”。在美国，每当在经济不景气时，口红的销量反而会直线上升。

20 世纪 30 年代，美国经济大萧条时期首次提出“口红效应”的经济理论。后来，人们发现，与口红同样在经济危机逆市繁荣的还有许多文化产品。

美国 1929 年至 1933 年期间，工业产值减半，但化妆品销售增加；1990 年至 2001 年经济衰退时，化妆品行业工人数量增加；2001 年遭受“9·11”袭击后，口红销售额翻倍。

一个世纪以来，经济学家发现，每当在经济不景气时，口红的销量反而会直线上升。到 2008 年，世界性经济金融危机爆发，再一次验证了经济学家发现的这一有趣的规律。美国媒体称，2008 年口红、面膜的销量开始上升，而做头发、做按摩等“放松消费”也很有人气，这与其他大宗商品和奢侈品的低迷销量呈现出鲜明的对比。全球几大化妆品巨头的销售额证实了这一观点，其中包括法国欧莱雅公司、德国拜尔斯多尔夫股份公司以及日本资生堂公司等。欧莱雅公司 2008 年上半年销售额逆市增长 5.3%。

经济学家将这一有趣的经济现象归结为“口红效应”，也叫“低价产品偏爱趋势”。在美国，口红是一种比较廉价的消费品，在经济不景气的情况下，人们仍然会有强烈的消费欲望，所以会转而购买比较廉价的商品。口红作为一种“廉价的非必要之物”，可以对消费者起到一种“安慰”的作用——尤其是当柔软润泽的口红接触嘴唇的那一刻。再有，经济的衰退会让一些人的收入降低，这样他们很难攒钱去做一些“大事”，比如买房、买车、出国旅游等，这样手中反而会出现一些“小闲钱”，正好去买一些“廉价的非必要之物”。

懂得经济学的诡计，让你识破机关，避开陷阱，有效地保护自身利益。